图1 青冢牌坊（呼和浩特市）

图2 嫱云浮雕壁（呼和浩特市）

图3 王昭君墓遗址前石碑（呼和浩特市）

图4 王昭君墓遗址及和亲铜像（呼和浩特市）

图5

汉代“单于和亲”瓦当

（包头召湾出土）

图6　昭君台（湖北兴山昭君故里）

图7
〔清〕倪田《昭君出塞图》

图 8
〔宋〕陈居中《文姬归汉图》局部

（图片由呼和浩特市昭君博物院提供）

文成天縱

王昭君
及昭君文化

上

马冀◎著

GUANGXI NORMAL UNIVERSITY PRESS
广西师范大学出版社
·桂林·

图书在版编目（CIP）数据

王昭君及昭君文化 ：全 2 册 / 马冀著. --桂林 ：广西师范大学出版社，2021.7（2022.1 重印）
ISBN 978-7-5598-3585-7

Ⅰ. ①王… Ⅱ. ①马… Ⅲ. ①王昭君（前 55-）—人物研究 Ⅳ. ①K828.5

中国版本图书馆 CIP 数据核字（2021）第 007405 号

广西师范大学出版社出版发行
（广西桂林市五里店路 9 号　邮政编码：541004
网址：http://www.bbtpress.com）
出版人：黄轩庄
全国新华书店经销
三河市三佳印刷装订有限公司印刷
（河北省三河市杨庄镇杨庄村　邮政编码：065200）
开本：880 mm × 1 230 mm　1/32
印张：29.75　　插页：4　　字数：540 千
2021 年 7 月第 1 版　　2022 年 1 月第 2 次印刷
定价：128.00 元（上、下）

目　录

序：近七十年昭君文化传播和研究的思考

两千年来，王昭君出塞和亲的故事不但在中国，而且在世界各国广泛传播，研究成果很多。中华人民共和国成立后的七十年是王昭君研究、传播翻天覆地的七十年。中国民族学学会昭君文化研究分会和呼和浩特昭君文化研究会同仁多年来密切关注相关情况，2012年出版了《昭君文化研究和传播大事记》[①]，我为此书撰写了长篇前言，回顾了自公元前33年昭君出塞至2010年之间的昭君文化传播、研究情况和特点。2010年之后的资料，现在正由昭君博物院的同志收集整理。我在上述工作基础上，思考近七十年来昭君研究、传播的成果，谈几点个人的想法。

---

① 郝存柱主编：《昭君文化研究和传播大事记》，内蒙古人民出版社，2012年。

“和亲”的概念及其研究价值

汉代以前“和亲”概念比较宽泛，包含和平、友好、亲善、上层联姻等内涵。根据汉唐以后的使用情况及研究需要，我想给和亲概念一个界定：和亲是两个政权或民族最高层决定的、以和平为目的的联姻。要点有三个：最高层决定（两国、两族平民的联姻没有最高层决定，不是和亲）；目的是和平（和亲的核心就是“和”字，目的是达成和平友好关系；即使是权宜之计的和亲，也是要尽快停止战争状态）；婚姻是标志（以男女婚姻及其后代的血缘关系来表达长期和平的诚意）。和亲者可以是王室、贵族、罪臣之女，也有民间女子，如昭君，但是要最高层决定并且赋予其最高层政治代表的身份，如封为公主等。和亲是国家大事，涉及战争与和平、边疆与民族、外交与内政相关政策的调整等重大问题，所以对和亲者的选择比较慎重。和亲是政治婚姻，不太重视个人意愿，这是其为人诟病的重要原因。一般说来，最高层会对和亲者进行个人服从国家、民族利益的教育，但如果本人坚决拒绝担当和亲重任，还是要换人的，因为她嫁过去不但不能完成维护和平友好的政治使命，而且会破坏双方关系。如刘邦和吕后之女坚决不去和亲，刘邦只好换人。然而，政治婚姻未必都是消极的，和亲未必都是屈辱的，和亲者个人的命运也未必都是悲剧性的，先结婚后恋爱的也不少。和亲的效果如何，固然主要取决于双方实力对比消长及政策是否正确，但也与和亲者自身的表现有密切关系。

有人把蔡文姬在匈奴与左贤王结婚生子类比于昭君和亲，是不妥的。蔡文姬在匈奴的身份是战争掳掠来的俘虏，相当于女奴隶，与王昭君宁胡阏氏（相当于皇后）的地位有天地云泥之别。女奴隶可以买卖，所以曹操能够用重金把蔡文姬赎回，而她和左贤王生的两个孩子却买不来。因此才有蔡文姬《悲愤诗》描写的那种撕心裂肺的母子分离悲剧。蔡文姬的遭遇说明战争给人民乃至上层妇女带来的痛苦，如果说她像昭君一样对民族友好有贡献，就太勉强了。

据崔明德《中国古代和亲史》统计，中国古代有记载的和亲事件多达八百多次。[①] 我觉得每一次都应该具体情况具体分析，每一次和亲的动因、经过、作用、结果都值得认真研究。但绝大多数达到了使双方停止战争、实现和平的目的，即使是暂时的和平。对普通百姓来说，大部分情况下，和平总是比战争要好。西方历史上虽不叫和亲，但通过上层联姻达到和平的例证很多，有的甚至促成两个国家的合并。

纵观古今中外，处理国家和民族之间的矛盾，主要方法无非是两种："战"与"和"。"战"往往是最后选项，"和"才是常见选项。如果选择"和"，那么在"和"的工具箱里，和亲就是那个能够表

① 崔明德：《中国古代和亲史》，人民出版社，2005年。

达最高层的最真实、最长久和平诚意的方法。事实上，和亲也的确是中外历史上处理国家关系、民族关系时经常使用的重要手段。在中国，和亲在先秦两汉隋唐元时期频繁出现，到清朝逐渐把满蒙联姻制度化（只有宋、明两个汉族政权排斥和亲，当时其他民族政权还是有和亲），对中华民族和中华文化的形成、发展产生过多方面的重大影响。但是过去我们对此重视不够，研究较少。

昭君出塞和亲，在中国古代和亲史上占有重要地位，这次和亲时代较早、形象最美、影响最大、效果最好、现实意义最强。因此对昭君和亲的研究实际是解剖一只麻雀，由此可以导入更多、更宏观问题的研究。我认为从昭君出塞入手研究和亲具有重要意义，是大有文章可做的，这也是我当初建议在昭君博物院专门设立“中国古代和亲馆”的原因。

昭君的形象由西汉和平女神的正剧形象，到魏晋以后逐渐变为悲剧人物，直到近七十年才恢复历史真相，转化为民族友好使者的正剧形象，弘扬了正能量，引导着主流舆论

王昭君的主流形象有一个从正剧到悲剧再到正剧的发展过程。发生于公元前33年的昭君出塞，是轰动汉朝和匈奴的大事件，匈奴单于求亲成功，举国欢腾，迎接新娘宁胡阏氏；汉朝专门为此改元“竟宁”，隆重举办临辞大会，双方民间产生了有

关昭君的文学与歌舞作品，等等。包头召湾出土的“单于和亲”瓦当和焦延寿《焦氏易林》中咏昭君诗就是留存至今的实证。焦延寿诗说“昭君守国，诸夏蒙德”（《萃之临》）、“交合结好，昭君是福”（《萃之益》）[①]，歌颂昭君出塞是为了民族间“交合结好”，赞扬昭君是国家之“福”、人民之“福”。《汉书》中《匈奴传》等篇记载了王昭君出塞的经过和她在塞外的生活，称赞昭君出塞后，“是时边城晏闭，牛马布野，三世无犬吠之警，黎庶亡干戈之役”。这些史实说明，昭君文化传播和广义的昭君研究是以王昭君的正剧形象开始的。

古代昭君题材的文学作品数量很多，我们初步统计，历代歌咏王昭君的诗词超过一千首，戏剧约五十种，小说约二十种，已搜集的民间故事约二十种。这些作品的作者身份多样，思想倾向复杂，体现着当时人们对王昭君的认识和评价有着各不相同的观点。东汉末年出现的《怨旷思惟歌》和西晋时期的《王明君辞》等作品以“怜其远嫁”为主调，主要抒发昭君的思乡念亲之悲。由于思乡主题的影响，在昭君题材文艺作品中，昭君的悲剧形象逐渐成为主流。直至宋代王安石的《明妃曲》，提出“人生乐在相知心”，在某种程度上冲淡了昭君形象的悲剧色彩。[②]而元代马致远的杂剧《汉宫秋》却又使这个悲剧形象更加深入人心。元明清时期，除了

① 焦延寿：《焦氏易林》卷四，〔明〕毛晋辑《津逮秘书》第二集。

② 参见马冀：《围绕王安石〈明妃曲〉的争论及其价值》，《内蒙古大学学报（哲学社会科学版）》2009年第4期。

诗词，大量的昭君题材戏剧和通俗小说在民间演出、流传，昭君坚守底线，拒不行贿，为了国家牺牲个人的悲剧形象深入人心，成为得到人们广泛同情的悲剧英雄。但从汉朝到明清，始终有一些作家能够坚持以历史上真实的王昭君为样本，塑造正剧的昭君形象。

五四运动之后，研究王昭君的专题论文开始出现，这些论文大多是从民俗学、考据学、文学流变角度去研究昭君或昭君墓。[①]作品方面，郭沫若于1923年创作的话剧《王昭君》把王昭君的故事写成性格悲剧，突出了她的倔强性格、反抗精神以及全剧的反封建主题。1934年顾海青写的三幕话剧《王昭君》，集中抒发反侵略反投降的爱国主义感情。

中华人民共和国建立不久，周恩来总理以马克思主义观点分析历史上的王昭君及有关文学作品，认为她是对维护中华民族大家庭的团结有贡献的人物。他多次讲话，鼓励支边知识分子作“当代昭君”，扎根边疆，建设边疆，还建议曹禺“要重写一出民族和睦的昭君戏”。[②]此外，董必武、陈毅、谢觉哉等老一辈革命家都曾写下歌咏昭君的诗作。

与此同时，史学界、文学界围绕昭君出塞的历史真相和昭君艺术形象塑造问题展开了热烈的探讨和研究。1959年1月21日，《人民日报》发表田汉《谈王昭君的塑造》，揭开文艺界讨论王

---

① 这一时期的论文要目见郝存柱主编：《昭君文化研究传播大事记》，157~159页。

② 《曹禺谈新作〈王昭君〉》，《解放日报》1979年2月4日。

昭君艺术形象的序幕。1961年2月5日，《光明日报》发表翦伯赞《从西汉的和亲政策说到昭君出塞》，全面分析昭君出塞的历史背景和昭君的贡献，指出“昭君出塞这个历史事件是标志着汉与匈奴之间友好关系的恢复，而王昭君在友好关系的恢复中起了很大的作用”。作者认为，“过去的诗人、戏剧家用大民族主义的态度去对待王昭君出塞这个事件”，今天我们不能再说“昭君出塞是民族国家的屈辱”，“应该替王昭君擦掉眼泪，让她以一个积极人物出现于舞台，为我们的时代服务”。紧接着，2月13日，《人民日报》又发表翦伯赞的《内蒙访古》，把关于昭君出塞真相的讨论推向高潮。在这次大讨论中，内蒙古学者发表了多篇重要文章。经过四年多的学术探讨，1963年2月12日，《内蒙古日报》发表《关于王昭君问题和西汉与匈奴战争问题的讨论小结》。同年10月，国家副主席董必武参观呼和浩特昭君墓，写下《谒昭君墓》：“昭君自有千秋在，胡汉和亲识见高。词客各抒胸臆懑，舞文弄墨总徒劳。”这首诗可看作是对这场全国性大讨论的总结。

2003年，呼和浩特昭君文化研究会编著出版《昭君文化丛书》五种，其中马冀撰写的《昭君文化研究》一书第一次界定了“昭君文化”的概念：“以王昭君出塞和亲为核心，两千年来与此有关的一切文化现象，其中包括物质文化和精神文化，而以精神文化为重点。”并全面、系统地阐述了昭君文化的理论。在论述昭君出塞历史真相的基础上，该书首次提出以下七个重要命题：中国传统的“和合”理论是昭君文化的哲学基础、民族团结友好是昭君文化的核心内容、昭君文化的重要内涵是促进不同经济区的互补和交流、昭君文化的重要载体是历代大量的文学艺术作品、昭君文化蕴含着丰富的人生哲理、昭君文化是追求完美的文化、昭君文化具有世界意义，并且分章节进行逐项论述。[①]上述观点逐渐被国内外学术界接受，进而引起内蒙古、湖北等地党政领导的重视。“昭君文化”概念的提出，进一步深化了人们对昭君的认知，促进了新时期的昭君题材作品大量产生，弘扬了正能量，引导着主流舆论，进而成为广大人民群众的共识。

在文艺创作领域，以1979年曹禺话剧《王昭君》首演成功为标志，一系列有关王昭君的戏剧、电影、电视剧、诗词、雕塑、绘画、音乐作品陆续诞生，王昭君新的正剧形象得以确立。

从总体上看，中华人民共和国成立后的昭君文化研究，出现了与以往任何时代都不同的崭新面貌。其最大的特点在于主题和观点的改变，人们纷纷肯定昭君出塞对民族团结友好做出的贡献。应当指出，历史上昭君悲剧形象的形成和流传是由多方面因素造成的。尽管过去时代的昭君作品普遍存在这样或那样的问题和局限，尽管昭君悲剧形象在一定程度上违背了历史的真实，我们也不应采取一概否定的态度。我们应该坚持历史唯物主义的观点，凡是反映了一定的社会现实或如实描绘了一部分人的心路历程，具有一定的认识作用或教育作用，在艺术上又有某种成就和影响的作品，都有其存在的理由，都应给予

---

① 马冀：《昭君文化研究》，内蒙古人民出版社，2004年。

其一定的地位。随着中华人民共和国的建立，历史翻开了新的一页，借昭君题材写远嫁之悲、红颜薄命、怀才不遇、政治黑暗、昏君佞臣等主题都失去了现实依据。特别是随着民族压迫和民族歧视被消灭，平等互助、团结友好、共同发展的社会主义新型民族关系已经建立并日益深入人心，再写悲剧的昭君就与我们的社会现实和时代精神太不协调、太不相称了，而且在政治上还会产生某些消极作用。正是在这种新的历史条件下，恢复昭君出塞的历史真相，恢复昭君的本来面目，如实肯定她对民族间实现和平友好的贡献，进而提出“昭君文化”的概念，对于塑造新的昭君形象，教育群众，增强社会主义时期的民族团结，建设和谐社会有重大的现实意义。

近七十年来，昭君形象由悲剧人物恢复为正剧人物的过程是一个理论与实践相互促进、紧密结合的过程，它生动地说明，以历史唯物主义和辩证唯物主义观点研究我国丰富的文学遗产和历史遗产，就能够拂去层层迷雾，恢复历史真相，也能够使人民从历史人物和历史事件中增长知识，受到教育，从而促进经济、社会发展。

七十年来，特别是近二十年来，昭君文化研究的队伍不断扩大，论文数量增加、质量提高，研究角度不断细化、深化，研究领域不断拓展

中华人民共和国成立后的七十年是王昭君研究全面、持久

繁荣的时期。据不完全统计，已出版的有关昭君的专著三十余种，发表论文七百多篇，其中近二十年来就达四百多篇。研究队伍不断扩大，形成老中青梯队，以昭君为题撰写硕士、博士学位论文的也日渐增多；[①]研究质量提高，角度更加细化、深化；经济、文化、旅游等方面的论文数量大增；新的研究领域不断拓展；与经济社会发展的联系日益紧密。还有一些党报和学术报刊，如《光明日报》《语文学刊》《三峡大学学报》《湖北民族学院学报》等长期关注昭君文化研究。中国民族学学会昭君文化研究分会主办的《昭君文化》于2013年至2017年出版十八期。这些都成为发表相关研究成果的重要平台。

历史学是昭君文化研究的基础。自翦伯赞之后，历史学家们发表了一系列文章，使昭君出塞的背景、经过、作用、影响更加清晰，评价也更加科学、中肯。林幹《论昭君出塞》《昭君与昭君墓》《试论呼韩邪单于稽侯珊在汉匈关系中的积极作用》《试论王昭君艺术形象的塑造》等著作和文章[②]，深入研究史料，

① 据不完全统计，近年来有内蒙古大学伏凌涛、赵艳萍、范佩佩，内蒙古师范大学赵云龙，重庆大学赵晓方等以王昭君为研究对象写作硕士学位论文；复旦大学过元琛以王昭君为研究对象写作博士学位论文等。国外有法国第七大学邝庆欢的博士论文《王昭君》（法文版）等。

② 林幹：《论昭君出塞》，《内蒙古日报》1963年3月7日；《试论呼韩邪单于稽侯珊在汉匈关系中的积极作用》，《蒙古史文稿》1976年第1期；《昭君与昭君墓》，内蒙古人民出版社，1979年；《试论王昭君艺术形象的塑造》，《内蒙古大学学报》1986年第3期。

用史实肯定昭君的贡献：昭君出塞使汉匈双方在长期战争对峙、付出极大代价后，实现了和平，是轰动朝野的大事、好事；昭君出塞播下了汉匈两族和平友好的种子，她死后，儿子、女儿、女婿、兄弟、侄子等仍秉承她的平生之志，继续为汉匈两族的和平友好努力奔走，维持和平局面长达六十多年；王莽至东汉时期，汉匈双方的交涉仍然大多是通过昭君家族、后人的关系进行的。林幹还从呼韩邪单于入手，通过挖掘北方民族史料，给世人展现了一个真实、全新的北方民族领导者形象。此外，邓拓《昭君无悔》，余尚、洁芒《王昭君——民族友好的使者》，崔明德《关于王昭君的几个问题》等都是比较重要的成果。[①]王全兴、侯广峰、吴郁芳、舒振邦、张传玺、祁和晖、陈迩冬等也有论文发表。[②]洁芒、刘志云、张慧君等有关昭君墓的研究也值得注意。[③]

在昭君出塞史实基本廓清的情况下，近二十年史学研究更加

---

① 邓拓：《昭君无悔》，《北京晚报》1962年6月17日，收入《燕山夜话》；余尚、洁芒：《王昭君——民族友好的使者》，《内蒙古师范学院学报》1962年1期；崔明德：《关于王昭君的几个问题》，《烟台大学学报》1991年1期。

② 如王全兴：《历史的昭君和艺术的昭君》，《牡丹江师范学院学报》1983年4期；侯广峰：《独具历史个性的昭君文化现象》，《内蒙古社会科学》1991年2期；吴郁芳：《昭君家族与汉胡外交》，《江汉论坛》1995年1期，等等。

③ 洁芒：《昭君坟漫话》，《光明日报》1961年10月14日；刘志云：《漫话青冢》，《人文杂志》1985年5期；张慧君：《青冢碑碣释》，《内蒙古文物考古》1995年1~2合刊。

深化、细化。例如围绕昭君出塞路线推定引起的争论。自林幹、马冀提出昭君出塞基本走秦直道说之后①，刘溢海、刘志尧提出经武州塞出塞说②。此后王子今、王绍东、郑方圆、靳生禾、姚生民等纷纷写文章参与争论，推动了研究的深入。③另外王生和、威文军关于昭君墓的研究，易行国关于昭君之子死因的探讨，张靖研、张丽关于召湾汉墓瓦当的研究也值得注意。关于历代和亲政策的研究，论文较多，如黎虎《解忧公主与王昭君比较研究》、孔令彬《特殊的文化交流使者——和亲公主的随嫁队伍》、唐建兵《汉唐"和亲"政策之比较——以王昭君和文成公主远嫁为例》、刘济民《论王昭君的政治才能和担当精神》等。④

历史学目前主要有两个拓展方向。一个是匈奴历史，这个领域具有国际性，昭君博物院建立的世界唯一的匈奴历史博物

---

① 林幹、马冀：《民族友好使者——王昭君》，内蒙古人民出版社，1994年，第35~40页。

② 刘志尧：《昭君经武州塞出塞考释》，《三峡论坛》2010年第3期；刘溢海：《昭君出塞路线考》，《三峡论坛（三峡文学·理论版）》2011年第6期。

③ 如靳生禾：《昭君出塞路线考辨》，《中国历史地理论丛》，第32卷第3辑（2017年7月）等。

④ 黎虎：《解忧公主与王昭君比较研究》，《西域研究》2011年第1期；孔令彬：《特殊的文化交流使者——和亲公主的随嫁队伍》，《西藏民族学院学报》2011年第4期；唐建兵：《汉唐"和亲"政策之比较——以王昭君和文成公主远嫁为例》，《河南师范大学学报》2013年1月，第40卷第1期；刘济民：《论王昭君的政治才能和担当精神》，《三峡大学学报》2015年11月，第37卷第6期。

馆吸引了匈牙利、法国等国的学者来内蒙古交流；另一个是中国古代和亲史，许多历史学家表现出浓厚的兴趣，相关论文越来越多。

自昭君文化的概念提出之后，从大文化角度研究昭君的成果越来越多。呼和浩特昭君文化研究会组织出版的《昭君文化丛书》（内蒙古人民出版社，2004年）五种影响最大。[①]五本书分工合作、成龙配套，标志着昭君文化的理论性、基础性、资料性著作系列基本成型，为当代和后人的昭君研究提供了很多方便。此后邹志斌 、蔡长明主编《昭君文化丛书》（全 6册）等十余种图书陆续出版，[②]显示出昭君文化比历史上任何时期都更加充满活力、内容丰富、形式活泼、传播广泛。

昭君文化涉及多种领域，从大文化角度研究的论文不少，如郝诚之《昭君文化是中华先进文化》、林幹《关于开展昭君文化研究的思考》[③]、马冀《论昭君文化》[④]以及李世馨、黄德炎、冯骏祥、

① 五种书即马冀《昭君文化研究》，可永雪、余国钦编《历代昭君文学作品集》，巴特尔编选《昭君论文选》，郝诚之编著《昭君文化与民族经济》，李世馨编选《昭君图册》。均为内蒙古人民出版社2004年出版。

② 主要有郝存柱主编：《昭君文化高层论坛文集》，内蒙古人民出版社，2009年；邹志斌 、蔡长明主编：《昭君文化丛书》（全六册），四川美术出版社，2010年；李学平、甘发根编：《昭君文化研究论文选》，三峡电子音像出版社；甘发根编：《世纪回眸——昭君文化研究与传播大事记》，三峡电子音像出版社等。

③ 参见巴特尔编选：《昭君论文选》，第275~305页。

④ 马冀《论昭君文化》，《实践》2003年第4期。

万宗知的论文[①]。近二十年比较重要的论文有高建立《"和合"文化背景下昭君文化的价值生成》[②]、潘照东《楚风·楚情·楚魂——论王昭君的思想与性格形成的楚文化底蕴》[③]、刘焕云《弘扬昭君文化与深化两岸和谐关系研究》[④]、王绍东《昭君文化散论》[⑤]、翁敏华《孤雁·哭嫁·魂归——从民俗文化的视角论历代昭君剧》[⑥]、江佳慧《从王昭君的婚姻看西汉时期胡汉婚俗差异》[⑦]、王绍东《多民族视角下的昭君文化传播研究》[⑧]等。

郝存柱、新德《昭君文化对人类文明的哲学思考》一文站在人类文明的高度指出："昭君文化的精神实质是和而不同，是各民族相互尊重，是要和平不要战争，概括地说是社会和谐、世界和平、共同发展。这也应该是昭君文化的核心价值。""这种中国式智慧具有无穷无尽的魅力，为人们解决各种矛盾和冲突提供了切实可行的思路。"[⑨]此外，陈桂华《昭君传说中的自然伦理叙

① 以上四篇论文参见巴特尔编选《昭君论文选》，第306~346页。

②《三峡论坛（三峡文学·理论版）》2010年第3期。

③ 同上，2010年第1期。

④《湖北民族学院学报（哲学社会科学版）》2010年第28卷第2期。

⑤《实践（思想理论版）》2011年第4期。

⑥《上海师范大学学报（哲学社会科学版）》2013年1月，第42卷第1期。

⑦《民族论坛》2015第1期。

⑧《青海民族大学学报（社会科学版）》2015年第4期。

⑨《呼和浩特日报》，2015年8月24日。

事》[①]、莫久愚《昭君文化的现实意义》[②]、刘召明《女神，还是间谍？——昭君和亲的跨文化解读》[③]、刘伟《昭君故事母题的民族融通意涵》[④]以及巩盼盼、曹诗图、闫秦勤、谭芬芬、徐永才、安琪、王世昌、刘焕云、陆思贤、董文琇、吴绪纲、王进、蒋芝芸、谢娅萍、李莉、赵晓芳、徐翠、刘召明、刘尧等分别从哲学、政治学、女性学、传播学、民俗学等不同角度研究王昭君，也有一定新意。

在政治学和民族学方面，伏来旺的论文《以昭君文化为载体积极推进统一战线凝聚力工程》指出，昭君文化体现了中华民族“和合”的政治理念，体现了国家之间和平共处的政治思维，反映了各民族相融和睦的政治愿望，蕴含着爱国主义的民族精神。文章结合内蒙古地区实际，论述了昭君文化对民族工作和统战工作的意义。[⑤]

昭君文化的重要内涵是促进不同经济区的交流和互补。郝诚之《昭君文化与民族经济》一书从经济学角度入手，探讨了昭君文化与名牌战略、旅游经济、节庆经济等理论问题。马冀《昭君文化研究》认为昭君文化可以促进企业追求高层次、高品位，

---

①《湖北社会科学》2016年第 7期。

②《内蒙古日报》，2018年8月10日。

③《三峡大学学报（人文社会科学版）》2018年9月，第40卷第5 期。

④《中央民族大学学报（哲学社会科学版）》2018年第3期。

⑤ 伏来旺：《以昭君文化为载体积极推进统一战线凝聚力工程》，《中国统一战线》2006年第5期。

可以用昭君的高尚人格、远见卓识、“和合”精神教育员工，更应该用昭君出塞精神鼓励先进发达地区支援边疆少数民族地区发展。经济界人士董晓民、李宪梅、张桐、索晓光、舒平、彭登霞、于守强、孙庆平等也纷纷发表文章，[①] 都是结合各自企业实际，谈昭君文化与经济工作、企业文化的关系，谈用昭君文化凝聚人心，促进精神文明建设和企业发展的经验。这些文章从经济学角度的讨论，使得昭君文化研究更富有时代精神与现实意义。

随着旅游经济的发展，近二十年研究昭君文化旅游的论文多达三十余篇，如闫秦勒等《产业融合视角下的昭君文化旅游开发研究》[②]、牟勇《打造昭君故里生态文化旅游品牌的路径思考》[③]、梁辰倩《呼和浩特市昭君文化旅游资源开发的历史与旅游价值探析》[④]、张薇《基于游客感知的节庆旅游体验研究——以昭君文化节为例》[⑤]、陈焱《节庆旅游推动旅游地经济发展的策略探讨——以昭君文化节为例》[⑥]、刘伟《内蒙古昭君文化传承与开发策略分析》[⑦]。还有阚如良、张晓燕、张磊、杨小平、曾昱、张蓉、杨秀礼等都提出了自己的真知灼见。令人可喜的是一些硕士、博士

① 见《昭君论文选》，356~398页。

②《四川旅游学院学报》2015年第6期。

③《三峡论坛（三峡文学·理论版）》2018年第4期。

④《内蒙古科技与经济》2015年第8期。

⑤《内蒙古师范大学学报（哲学社会科学版）》2017年7月，第46卷第4期。

⑥《经济发展研究》2018年12月。

⑦《内蒙古师范大学学报（哲学社会科学版）》2015年9月，第44卷第5期。

论文也选择了昭君文化与旅游经济等题目。

文学研究仍然是昭君文化研究最活跃、成果最丰富的领域。继田汉《谈王昭君的塑造》之后，邓拓、王季思师、周建人等都有论文发表。比较重要的论文还有洁芒《在艺术形象上还王昭君本来面目》[①]，林丽珠《论昭君艺术形象的产生及其历久不衰的奥秘》[②]，王犖《在历代吟咏中逐渐偶像化的王昭君形象》[③]，马冀《论昭君悲剧形象产生的成因》和《王昭君魅力长存的奥秘》[④]等。1994年，内蒙古人民出版社出版了马冀撰稿、林幹审定的《民族友好使者——王昭君》一书，在全面研究昭君出塞历史的基础上，以主要篇幅梳理、回顾历代昭君题材文学艺术作品的发展演变过程，总结其中的规律，被誉为一部分析深刻、观点新颖的昭君题材文学史。此书后来在韩国翻译出版。

古典文学这一块，近年出版的专著有张高评《王昭君形象之转化与创新》[⑤]、蒋方《汉月边关万古情：昭君与昭君文化》[⑥]等。单篇研究以对《王昭君变文》的研究最为引人瞩目，论文数量达二十多篇。对古代昭君题材诗词研究已经细化到逐朝逐代分析，

---

①《光明日报》，1961年4月19—20日。

②《厦门大学学报（哲学社会科学版）》1982年第2期。

③《中国典籍与文化》1996年第3期。

④ 前文《文学与语言论集》，1992年9月；后文《内蒙古大学学报（哲学社会科学版）》1993年第1期。

⑤ 台北：里仁书局，2011年。

⑥ 商务印书馆，2015年。

汉、唐、宋、元、明、清都有断代的专门论文涉及。从昭君形象演变、主题扩展、传播接受等都有论述，有的还涉及各朝各代民族政策、边疆政策、华夷之辨等问题，论文数量百余篇。此外，《西京杂记》等小说研究、《汉秋宫》等戏曲作品研究仍然热度不减，具体篇名作者不及一一列举。鲁歌、余国钦、可永雪、莫久愚等在古代昭君诗词搜集、选注方面做了许多工作。[①]

在现当代昭君题材文学作品的评论、研究方面，关于曹禺话剧《王昭君》的研究论文不少，往往还涉及郭沫若的话剧《王昭君》。其他戏剧、歌舞剧、电视连续剧、电影等评论文章也很多。比较而言，对昭君题材长篇小说、诗歌、散文、游记的评论较少。[②]

民间故事收集整理方面，湖北的成果较多，如《王昭君传说》[③]《昭君故里》[④]等。民间文学研究方面成果也不少，如徐永才《王昭君，故乡人心中永远的美丽》[⑤]，郝艳华《历史真实与人

---

① 如鲁歌等 :《历代歌咏昭君诗词选注》，长江文艺出版社，1982年 ；余国钦、可永雪 :《历代咏唱昭君作品选萃》，内蒙古人民出版社，2006年 ；可永雪、莫久愚等 :《历代吟咏昭君诗词曲全辑评注》，内蒙古大学出版社，2009年。

② 杨建兵 :《说不尽的王昭君——论20世纪90年代以来的昭君题材小说》，《三峡大学学报 》2014年9月，第 36卷 第 5期。

③ 吴一虹、吴碧云编，甘肃人民出版社，1983年。

④ 吴道周编著，湖北人民出版社，1984年。

⑤《语文学刊》2017年12月，第37卷第6期。

们视野中的历史——昭君故事流传和演变过程的另一种思考》[1]，刘丽丽、陈刚《论民间叙事文学的神圣性特质——以昭君传说为考察对象》[2]，李莉《民歌培育的女性意识——以昭君歌谣为例》[3]。其他如刘冰清、蔡长明、甘发根、饶晓敏、刘道霖、杨发祝、王大方、马尚云、贾耀琴等人的论文也值得注意。还有王爽《中国美术史研究中文献系统与图像系统二重关联问题——以昭君出塞为例》[4]，从美术史角度研究昭君绘画，颇有新意。

王昭君在国外的传播和研究成果显著。明清之后，昭君故事在国外传播更加广泛，其中在日本、越南影响较大。日本的诗歌中，很早就出现过引用昭君故事的诗句，14世纪就出现过昭君题材的绘画。15世纪时，日本的能乐就演出过昭君故事，天皇还曾经与大臣们以昭君为题多次唱和。近年来，日本的昭君题材艺术作品和昭君论文不断出现。这方面，日本学者小林健二、宇野玄二、岩山泰三、阿部泰记，中国学者刘颖、李寅生、郑新超、刘济民、李卫卫、张卫娣、董元静等都有论文或译文发表。在越南，昭君题材小说《昭君贡胡书》和《昭君新传》流传很广。任晓鸯、刘济民、李琳等发表了关于越南的昭君传播以及诗词、小说研究的论文。

---

①《山西师大学报(社会科学版)》2010年3月，第37卷第2期。

②《求索》2011年第3期。

③《重庆文理学院学报（社会科学版）》2014年11月，卷33第6期。

④《郑州大学学报（哲学社会科学版）》2012年第4期。

在西方，早在19世纪初一些介绍中国古代诗歌的著作中，就曾经提到过昭君事迹。20世纪初，英国玛克龙明、日·勒夫的《美女》、安贝特·H的《中国著名妃子——班婕妤与昭君》等也重点介绍过王昭君。引人注目的是1986年法国高级汉学研究所出版的邝庆欢的博士论文《王昭君》（法文版）。

近年来昭君题材文艺作品数量多、种类全，大众传播形式多种多样，社会影响巨大

中华人民共和国建立以来，王昭君更加显示出迷人的魅力，文艺界涌现出一大批昭君题材的文学艺术作品。据初步统计，各类戏剧（包括话剧、歌舞剧、京剧、地方戏等）、电影、电视连续剧等约二十种，长篇小说十余种，散文、游记、各体诗词尚来不及统计。对于这些作品的评论文章也很多，难以悉数。

在戏剧领域，曹禺的话剧《王昭君》是最有代表性的优秀作品。其他如呼和浩特市的歌舞剧《塞上昭君》影响较大。[①] 湖北省李尔重的新编京剧《王昭君》着重描写昭君内心的丰富感情，具有感染力。[②] 近年来的新作有中国歌舞剧院民族歌舞剧《昭君

①1987年，呼和浩特市文化局编导，呼和浩特市民间歌剧团和民族歌舞团演出。

②1987年，李尔重编剧，杨至芳主演。

出塞》(2016年)和李玉刚团队诗意歌舞剧《昭君出塞》(2019年)，两剧不但在国内引起轰动，而且在国外演出时也取得圆满成功。

昭君题材电影以香港片较多，如洪叔云执导的《王昭君》(1950年，黄鹤声主演)、赵树燊执导的《王昭君》(1955年，利青云主演)、李翰祥执导的《王昭君》(1964年，林黛主演)等。电视连续剧则以大陆的作品更为成功。由内蒙古电视台和湖北电视剧制作中心联合摄制的十集电视剧《王昭君》(1987年，黄虹主演)，以尊重历史的态度、细腻的心理刻画、全面描绘昭君一生等特色受到各界高度评价。陈家林导演的三十集电视连续剧《王昭君》(2007年，杨幂主演)也受到好评。港台电视连续剧有香港亚视《王昭君》(1984年，魏秋华主演，二十五集)、台湾中视《昭君传奇》(1988年，宋冈陵主演)、冷杉导演的《昭君出塞》(2006年，李彩桦主演，四十九集)等。特别是2008年中央电视台一套《中华民族》栏目推出了四集专题片《王昭君》(韦燕燕编导，马冀任顾问)，真实还原了昭君和亲的时代背景和出塞经过，回顾了两千多年来昭君对各民族人民持续不断的影响。此片在中央电视台九套翻译播出后，国外反响也很好，曾经在国内外多次重播。

音乐方面，大型交响乐以陈钢创作的小提琴协奏曲《王昭君》(1986年)成就最高，这部作品把抒情与写意相结合，风靡一时。王志信艺术歌曲《昭君出塞》还引发了歌坛的“王志信现象”。各地创作的昭君歌曲数不胜数。兴山县一次性征集昭君歌曲就有新作六百多首。从音乐方面研究昭君的论文也不少，如赵璐、徐鸿、王坤彤、李莉、孙冰、王娅等。

雕塑、绘画领域的昭君题材作品佳作迭出。昭君雕像层出不穷，潘鹤的《和亲》铜像高矗于呼和浩特昭君墓前，被内蒙古人民称作“民族团结的象征”；昭君村中张恒创作的昭君汉白玉立像被人赞美为飘逸的仙女，最得昭君神韵。其他如湖北兴山县城，陕西榆林、神木红碱淖等地的昭君雕像都比较成功。中国画家自古以来就对昭君情有独钟，似乎为了洗刷毛延寿之耻，大家竞相描绘美女昭君。近年来，国画、油画、版画、瓷砖画、刺绣画、牛皮画和各种手工艺制品造型艺术中形神兼备的昭君形象纷纷涌现。

小说方面，周濯街、郝存柱、姜子夫的三卷本巨著《东方和平天使王昭君》（内蒙古教育出版社 2006年出版）可称昭君故事的集大成之作，一出版便获得好评。长篇小说还有庞天舒《王昭君·出塞曲》，王西萍《王昭君和她的女儿们》《王昭君的女儿——匈奴帝国的外交使节》，胡刃《昭君出塞》，高阳《王昭君》等，不少作品读来令人兴味盎然，另外还有壮族末伦的《昭君和番》。在短篇小说、散文、诗歌、说唱文学等方面，人民群众亦表现出旺盛的创造力，如2016年呼和浩特昭君文化研究会征集昭君诗歌新作，短短三个月就收到一千五百二十三首。

大众传播方面，历届呼和浩特昭君文化节、兴山昭君艺术节、朔州昭君文化旅游节、昭君文化高层论坛、昭君文化国际论坛以及山西、陕西等地的活动年年举办，贴近百姓，传播力强。各种媒体关注昭君文化，成为大众传播的主力军。《光明日报》、新华网、凤凰网、中国城市文化网等媒体经常发表相关文章；《内蒙古日报》《呼和浩特日报》《三峡日报》《朔州日报》以及内蒙古新闻网、内蒙古旅游网、湖北新闻网、湖北文化产业网、荆楚网等地方媒体，新浪网、搜狗影视等网络媒体都对昭君文化表现出浓厚兴趣，有的还开辟了专栏。网络方面，中国民族学学会昭君文化研究分会·呼和浩特昭君文化研究会网站 、中国·呼和浩特昭君文化节网站、昭君博物院网站等已成为昭君文化传播的重要阵地。现在是多种媒体共同发力，弘扬昭君文化，促进民族友好，构筑和谐社会。

近七十年的昭君文化研究和传播的繁荣景象有力地说明，经过各界专业人士和党政领导的认真研究、精心创作、大力宣传，昭君文化日益深入人心，人们渐渐从昭君悲苦凄怨的思维定式中解放出来，接受了更加符合史实的昭君形象。他们从不同角度深入昭君内心、塑造昭君形象，使人民群众认识了一个爱国爱民、有胆有识、高尚纯洁、坚守底线、不畏艰难、顾全大局、致力于和平友好事业的杰出女性。

党政领导重视昭君文化，节庆活动影响深远，群众参与度高；特别是与旅游紧密结合，为各地带来经济、社会效益双丰收

近年来，昭君文化日益引起人们的重视，作为昭君“婆家”的内蒙古自治区和“娘家”的湖北省两地党政领导自然不甘落

后。特别是呼和浩特市和兴山县，尽管领导班子多次换届，两地都始终高举弘扬昭君文化的大旗。1997年，时任呼和浩特市委副书记的郝存柱首倡成立呼和浩特市昭君文化研究会，并建议将民间的昭君庙会提升为“中国·呼和浩特昭君文化节”。1999年，首届昭君文化节成功举办。2000年，呼和浩特市进一步确定城市文化战略：“以草原文化为底蕴，以昭君文化为特色，以社会主义先进文化为方向建设首府文化。”现已连续举办二十届昭君文化节，取得了良好的经济、社会效益，群众参与度高、美誉度强，是呼和浩特的“靓丽城市名片”，2005年被国际节庆协会（IFEA）评为“中国最具发展潜力的十大节庆活动”之一，从 2006到 2011年连续六年被评为“中国十大品牌节庆”，2014年荣获“最具民族特色节庆”奖 。昭君故里兴山县历届领导班子坚持以昭君文化引领经济、社会、文化发展。从1988年开始举办昭君艺术节，坚持多年，取得了显著成效。宜昌市近年来确定以“屈原昭君故里，世界水电名城”建设文化品牌，进一步加强了弘扬昭君文化的力度。

昭君文化的研究组织越来越多。1998年，全国首家昭君文化研究机构呼和浩特市昭君文化研究会成立。2008年，全国性的昭君文化研究组织中国民族学学会昭君文化研究分会成立，使昭君文化研究组织提升到国家层面。2005年，内蒙古昭君文化研究会重新组建复会。湖北省宜昌市昭君文化促进会、兴山县昭君文化研究会、陕西省榆林市长城学会昭君文化研究分会、山西朔州昭君文化研究会等相继成立，展开了多种活动。有的地方虽然没有成立相关学会，但也组织召开过昭君文化研讨、调研等活动。台湾苗栗县也在2016年举办了昭君文化节并召开了昭君文化研讨会。

近年来，呼和浩特昭君博物院数次扩建，接待游客越来越多，在国内外影响越来越大。目前景区以青冢为核心保护区，周边建起了昭君生平博物馆和5D影院，还有兴山县捐建的昭君故居再现景观，还建立了世界唯一的匈奴历史博物馆和中国第一座和亲文化博物馆，其文化含金量之高引人瞩目。[①] 兴山县昭君故里景区建设水平也不断提升，成为吸引游人的著名旅游目的地。近年来，湖北、陕西和内蒙古的旅游部门，新浪内蒙古频道等各种媒体，兴发集团等相关企业积极整合各地昭君旅游资源，组织昭君旅游专线，开通宜昌—西安—鄂尔多斯—包头—呼和浩特旅游专线，还组织了沿线采访、旅游推介等活动。

尊重历史真实，关注社会效果，创作出文学艺术精品和高质量研究成果，推动昭君文化进一步扩大影响

作为一个动态的、开放的系统，昭君文化现象昭示着中国两千多年来丰富而又深刻的社会内容，从而使它具有了多方面

① 武高明：《弘扬昭君文化，提高服务水平，建设民族文化旅游精品景区》，《实践》2010年第3期，总第73期。

的艺术启示力。我们今天致力于恢复王昭君的历史真貌，力求使昭君文化发挥正能量，但是，人们对于昭君的评价具有明显的群体性特征，即不同阶级、不同阶层、不同时代、不同境遇的人们对昭君有着不同的甚至截然相反的评价，因此有不同意见是正常现象。正是由于昭君文化传播和研究的复杂性、群体性、时代性，往往容易出现一些问题和不足，甚至还有一些杂音。就专业研究领域来说，有的脱离历史，人为拔高；有的不认真阅读前人著作，率尔操觚，低水平重复；个别人至今还在拾国外及中国港台地区某些“专家”的牙慧，挥舞“遵命文学”的大棒，把近七十年来从周恩来、翦伯赞到地方党政领导和亿万群众对昭君文化传播、研究的成果贬得一钱不值，其实他们是故意唱反调，把早已被驳得体无完肤的观点拿来说事。例如对曹禺《王昭君》的评价，虽然大部分人评价很高，但是台湾、香港地区有人仅仅因为这是周总理建议创作的，就将之贬低为“国策文学”，内地有人也应声说它是“遵命文学”“主题先行”。其实鲁迅早就说过，古今中外遵命文学很多，关键是遵谁的命。周总理的建议对不对？曹禺是应付差事还是真情投入？曹禺对此多次驳斥：“人民要求民族团结，反对民族分裂，当时的历史也是要求汉族匈奴一家人，所以讲我这戏是遵命文学，我是遵人民之命。”“(创作《王昭君》)适合我的生活，适合我的感情；有激情、有创作冲动才会写。”[①]“文化大革命”前曹禺就开始酝酿，“文化大革命”后不顾年老体弱，

①《曹禺谈“王昭君”》，《文化娱乐》1981年第2期。

先后十次深入内蒙古牧区体验生活、收集资料，这样创作出来的《王昭君》能够简单贬低为“政治口号”吗？多年来我反复阅读曹禺的作品，我认为《王昭君》是他在中华人民共和国成立后创作的最成功的作品。它在文学史上第一次真实展现了昭君出塞的历史真相，赞美了王昭君为停止战争、争取汉匈和平友好做出的努力和贡献，成功呈现了王昭君有胆有识、重情重义、正直刚毅、善良温柔的性格特征，还塑造了呼韩邪单于、孙美人等一批个性鲜明的人物形象，在正确处理历史真实与艺术真实、细腻刻画人物内心世界、恰当安排戏剧矛盾冲突等方面显示出炉火纯青的创作功底。它完全可以与中华人民共和国成立前的《雷雨》《日出》相媲美。有些人抱着一个奇怪逻辑：凡是领导人建议创作的作品，都是“政治口号”，都没有艺术性；凡是中华人民共和国成立后有作品的老作家，作品都不如中华人民共和国成立前的。一部作品好不好，应该具体问题具体分析，应该承认“遵命文学”中也有很多作品是非常成功的。这些人对翦伯赞的昭君研究也一笔抹杀，其实并没有提出任何有价值的论据。在大众传播领域，一些网文问题较多，有的歪曲历史，借历史上汉族与少数民族之间的争斗做文章（如昭君和亲屈辱论、崖山之后无中华论、成吉思汗非中国人论等）。其实，网上应该多宣传历史上民族友好、和睦相处、交流融合的史实。

我希望今后的昭君题材文艺创作和研究工作一要尊重历史真实，二要关注社会效果。我曾提出，从古代至今天，创作昭君题材文艺作品者有一个共同特点："借昭君酒杯，浇自己块垒。"他们的作品往往蕴含着作者对人生的种种联想和感慨，呈现出对昭君的不同解读和评价。七十年来，虽然有关王昭君的文学作品的主题更多集中在民族友好方面，但也可以有多种选择。不管你要借昭君抒发什么感慨，关键有个立场问题，起码要站在爱国者的立场，要尊重历史、还原真相，要设身处地理解王昭君在困境中的选择和行动。如果站在宋明理学家的立场，站在大民族主义或者狭隘民族主义的立场，去用"三纲五常""华夷之辨"或者其他什么标准评价昭君、评价和亲，那就落后于时代了。当你把作品公之于众，请想一想：你的作品是否有利于民族团结？是否有利于国家统一？是否符合我国和平友好外交政策？希望研究昭君、创作昭君题材作品的作者都要把动机与效果统一起来看问题。

昭君文化现象已经存在了两千年，今后还将常讲常新，成为永久话题，这也充分显示出昭君文化强大的生命力。祝愿大家创作出更多的文学艺术精品和高质量研究成果，推动昭君文化研究水平不断提高，推动昭君文化在国内外影响更加显著。

马　冀

（本文发表于《三峡大学学报》2019年第6期）

上篇 昭君出塞的历史真相

王昭君，西汉时期一个美丽的女子，以她柔弱的肩膀，承担了时代的重任，从荆楚之地的柔媚，走向塞外草原的刚强；同时也走进历史，走进世世代代的中国人心中，成为传奇和信仰。昭君出塞和亲的历史佳话，两千多年来在中国大地上一直家喻户晓、妇孺皆知。上自帝王将相、达官显贵、骚人墨客，下至戍边将士、羁旅行役、市井细民、思妇怨女，都曾被她的芳名、事迹牵动内心的情愫。在民间长期流传着关于她的故事和传说；在她的故乡到处都可见到她的遗迹；在她出塞途经、生活的地方，甚至出现了十几座昭君坟。围绕王昭君，历史学家们进行了无数的考证、探讨和争论，艺术家们创作了无数的绘画、雕塑、音乐、歌舞作品和各种各样的民间工艺品。最引人注目的是文学领域，毫不夸张地说，有关昭君的作品，完全可以独立编写一部昭君文学史。从昭君故事的传播和影响来说，不但汉族人民对昭君故事耳熟能详，而且各少数民族，特别是北方少数民族对之也如数家珍。在海外，如越南、朝鲜、日本，昭君故事也广为人知，近年来昭君文化在欧美也日益引起重视。

特别是在中华人民共和国成立后的七十多年中，王昭君更加受到人们的关注，周恩来、董必武、谢觉哉、陈毅、乌兰夫等老一辈无产阶级革命家对她赞誉有加。2019年，习近平主席在全国民族团结进步表彰大会上的讲话，又特别谈到“昭君出塞”，高度评价她与各民族“共同熔铸了以爱国主义为核心的伟大民族精神”[①]。无数专家学者、文学艺术家研究和创作成果累累，社会各界人民群众都表现出对王昭君的极大兴趣，昭君文化节、艺术节、研讨会年年举办。在历史长河中，涌现出如此众多的作品，在人民群众中获得如此广泛、持久的关注和赞美，这样的历史人物，在中国文化史乃至世界文化史中都是罕见的。正如弗莱引用罗伯特·格雷夫斯的一句诗所说的那样：“一个故事，而且只有一个故事，真真值得你细细讲述。”[②]从公元前33年昭君出塞的那一刻起，这个美丽的女子已经走进我们民族的灵魂深处，时间带走的是生命，是历史的尘埃，留下的却是奔腾在我们血液中永不停息的精神。让我们沿着前人的足迹，走进王昭君的世界。

---

①《光明日报》，2019年9月28日。

②转引自傅修延、夏汉宁编著：《文学批评方法论基础》，江西人民出版社，1986年，第122页。

第一章　群山万壑赴荆门，生长明妃尚有村
——昭君故里和昭君性格的养成

第一节　“我本良家子”
——王昭君名字、生卒年、家庭、族属考证

王昭君，这位两千年来中国人民家喻户晓的人物，关于她的史料却出人意料的少。不但她的生卒年月无法知道，而且就连她的故里、家世、名字、族属等基本问题，史书也语焉不详或多有抵牾，乃至成为史学界的一桩“疑案”，长期争论不休。

一、关于昭君的名、字和生卒年

关于王昭君的名、字，人们都认为王昭君名嫱，字昭君。因为古代嫱、墙、樯可通假，所以有时写作墙、樯。[①]《汉书·匈奴传》说：“元帝以后宫良家子王嫱字昭君赐单于。”司马迁纪

① 参见翦伯赞：《王昭君家世、年谱及有关书信》，《北京大学学报》，1982年第6期。

传通例，某人，字某某，某地人，班固的叙述即沿袭此例。《汉书》中九次提到昭君，有两次称“王嫱”，都是在汉宫时；有七次称“昭君”，都是在出塞后。古代男子二十岁以后才“冠而加字”，称字不称名是对对方的尊重。昭君虽是女子，但班固这样称呼，可以看出其对昭君的尊重，同时也透露了一个消息：昭君出塞时可能恰好二十岁。昭君于竟宁元年（公元前33年）出塞，据此推测，她可能生于甘露元年（公元前53年）。

另据敦煌《王昭君变文》，昭君去世后，单于为她举办了隆重葬礼，葬在青冢，汉哀帝曾派使者杨少徵前去吊唁。吊词说：“昨咸来表知其向，今叹明妃奄逝殂。故使教臣来吊祭。”《王昭君变文》虽非信史，但其距汉代较近，又出自北方少数民族地区，且叙事时间、地点、人物姓名言之凿凿，我分析，其中必有历史真实的影子。汉哀帝在位时间是公元前6年至公元前1年，据此推断，昭君在汉哀帝年间去世，那么她活了五十岁左右。

《后汉书·南匈奴传》中也多次提到了昭君，但却说“昭君字嫱”，不知道范晔有什么根据。可能是在昭君事迹口耳相传中的错讹对范晔产生的影响吧。本来，“嫱”或“昭君”何者为名、何者为字，对于其人其事的认识是无关宏旨的，但范晔之说一起，却连“嫱”字是昭君之名也受到了怀疑。宋人吴曾《能改斋漫录》卷五曾对昭君名嫱提出不同的看法：“盖昭君不名嫱，嫱乃禁中妇官耳。”他认为“嫱”不是昭君之名，是宫中女官的称谓。近年来也有人提出汉元帝时宫中女官分为十四等，但其中并无“嫱”

这一名称，因此“嫱”不是女官名，而是宫女的泛称，而且地位较低。[①]我们认为这些看法未免过于穿凿。其实，《汉书》是有关昭君的最早信史，对昭君的名与字说得很清楚，并无难解之处。而“某人，字某某”也是古代通用句式。更何况，“嫱”字在古代虽然有宫中女官的含义，但用得更多的仍然是作为美女的名字。古代有位著名的美女就叫毛嫱，《庄子·齐物论》说：“毛嫱、丽姬，人之所美也。”既然如此，昭君名嫱也就并不奇怪了。

王昭君还被称为王明君、王明妃，这是晋朝以后人们为避司马昭的讳而改称的。晋人石崇《王明君辞序》说得很清楚：“王明君者，本是王昭君，以触文帝（司马昭）讳，改焉。”晋人之后，已不存在避晋代帝王之讳的问题，但以明君、明妃称昭君的习惯却沿袭下来。

二、王昭君的家世

关于昭君的家世，史书中记载很少。《汉书》《后汉书》都说她是“良家子”。良家子指清白人家的子女。汉制，凡从军不在七科谪内者，谓之良家子。司马迁《史记·李将军列传》：“（李）广以良家子从军击胡。”《史记索隐》引如淳的解释说：“（良家子）非医巫、商贾、百工也。”可见昭君的家庭是非医巫、商贾、百工的农民或其他平民家庭。

---

①《人民日报》，1987年7月20日王瑞来文。

王昭君的父亲是谁，正史很少涉及。东汉蔡邕所著《琴操》记昭君的父亲为齐国（今山东淄博地区）王襄，字忠，家道殷实，生有一子一女。相传在昭君入选掖庭后，他被封为越州（今浙江绍兴地区）太尉。黄世崇在《归州志·昭君》[①]中曾记载："王襄，齐国人，流寓南郡（今湖北江陵地区），为秭归人。语在人物表。"这是说王襄祖上是齐国人，后来迁徙到南郡秭归定居。这是比较可信的。明人所作《昭君出塞和戎记》借剧中人之口说："奴家姓王名嫱，字淑贞，祖贯越州人氏。"大约由《琴操》演绎而来。《昭君出塞和戎记》是文学作品，不能和史书等同。我认为，昭君出塞是汉朝具有重大意义的历史性事件，为了表彰昭君为国家做出的巨大贡献，汉元帝封给昭君父亲一个官职是非常可能的，也是封建社会的惯例。当然这个官职可能是虚衔，类似于现在的"享受厅局级待遇"之类，那么王襄是否真的到越州任职也就不重要了。

还有人认为王襄在昭君入宫前就已经是汉朝的中下级官员，昭君是官宦人家的子女，但没有证据。如清代小说《双凤奇缘》说王襄在昭君入宫前就是越州太守，毕竟是小说家言，不足取信，可能是作者为了抬高昭君身份而虚构的。笔者认为从昭君故乡的环境以及她与人民群众的亲密关系来看，她很可能是劳动人民家庭的子女。至今仍流传在其故乡兴山县的许多传说，都在很大程度上佐证了这一点。比如《望月楼》讲的就是昭君

---

① 《归州志》卷十七，列传二。

心疼夜半开荒的乡人，以她的善良和毅力感动了月亮，为乡亲们的劳作提供照明，并赶走了捣乱的乌云、闪电和老龙。还有一则《楠木井》的故事也是如此，讲述的是昭君克服重重苦难为家乡人挖井的故事。试想，一个官宦人家的女子，怎么可能走出深闺，和普通的劳动人民有如此亲密的关系，千百年来受到如此深切的关爱？与昭君同时代的细君公主与解忧公主，虽然也是远嫁异乡，但民间关于她们的传说就很少，她们和亲前虽已家道败落，但仍不可能和平民百姓有深入的接触。所以昭君入宫前是农民或平民子女的可能性更大。

昭君有几个兄弟姐妹也无从考证，但可以肯定她有一个哥哥。《汉书·匈奴传》记载："和亲侯王歙者，王昭君兄子也。"王昭君的哥哥有二子，即王昭君有两个侄儿，一名王歙，一名王飒，曾先后受命于新莽、淮扬王刘玄、东汉光武帝刘秀，多次出使匈奴，皆被封为侯。这在《汉书》等史料中都有明确记载，是确定无疑的史实。

三、王昭君是土家族吗

至于王昭君的族属，千百年来，人们都认为她是汉族。但也有人提出新说，认为王昭君是土家族姑娘[①]或蛮夷女子[②]。其

① 《人民日报》，1987年12月14日陈迩冬文。

② 祁和晖：《王昭君籍贯族属异说》，《西南民族大学学报（人文社科版）》1985年第1期。

论据主要是说鄂西是古代巴人的活动地区，而巴人是土家族的先人，此外没有提出更直接的证据。我们认为，古代巴人早在昭君出世三百多年前就离开鄂西了，而且当时楚、秦等国还不断与巴人进行战争。直到昭君出生时，鄂西一带即使还有巴族人遗存，也未必会比楚人、秦人多。因此不能轻易说昭君是巴人后裔，更不能轻易说昭君是土家族姑娘，因为从两千年前的巴人到现代土家人，其间又不知经历多少变化。当然，如果说王昭君生长在鄂西一带，当地的民风民气对她产生了一定影响，这还是可以的，例如受封建礼教束缚比中原少，刚勇倔强的民风习染较多，等等。但其中更主要的应该是受屈原遗风的影响，如屈原的爱国主义精神、勇于斗争的勇气、高尚峻洁的人格等，都与昭君的思想和行动有很多相通之处。

第二节　昭君故里兴山县

从历史资料看，昭君的故里有兴山、秭归、归州、荆门、南郡、蜀郡等许多说法。经我们考证，这大多是历代地理沿革变化所造成的。而昭君出生的昭君村却没有多少争议，昭君村在今兴山县，这就是昭君故里。

王昭君是湖北省兴山县城关（现已改名昭君镇）宝坪村人。因为在西汉时还没有设置兴山县，这一带属秭归县所辖，而秭归又隶属南郡，所以班固《汉书·元帝纪》文颖注中说昭君“本南郡秭归人”，范晔《后汉书·南匈奴传》也说昭君是“南郡人也”。秭归是古代夔国所在地，《史记·五帝本纪》说，尧崩后，天下归于舜，舜对尧的旧臣实行分封，封夔为典乐官。刘宋裴骃《史记集解》引服虔曰：“夔在巫山之阳，秭归乡是也。”另外，传说古蜀王望帝杜宇原居于夔，后迁蜀，日夜思念故乡，死后化为杜鹃鸟，因其鸣曰“不如归去”，故又名子归（一写作“规”）。因为夔州与归州、子归与秭归均为同音通假，所以秭归又称归州。秭归扼荆州西边之门户，附近有荆门山，故《安陆府志》又称昭君为荆门人。又因为秭归与四川相邻，东汉末年名义上为曹操所得，实际上为刘备占有，且秭归在历史上多次隶属四川巴东郡或建平郡，所以有的史书也把昭君称为蜀郡人、四川人。

历史上的秭归县境内，曾经出现过两位千古流芳的人物，一位是伟大的爱国主义诗人屈原，另一位就是民族友好使者王昭君。笔者曾经在1990年专程去秭归、兴山收集昭君研究资料，亲眼看到古老的秭归县城城门两边并排矗立着两通石碑，一通上书“楚大夫屈原故里”，另一通上书“汉昭君王嫱故里”。面对石碑，当时的感觉就是震撼：中国第一才子和第一美女出自一地，这里堪称人杰地灵！如今，老秭归县城早已随着三峡工程的蓄水而沉入水库底部，那两通石碑不知是否安好。其实，历代文人墨客早就对这里的地灵人杰极表艳羡，宋人范成大赞曰：“绝代昭君村，擎世屈原宅。”（《范石湖集·昭君台》）很多古人把昭君与屈原联系起来，这不仅因为他们是同乡，还包含着对昭君品格的高度评价和赞美。的确，秭归一县出了中国第一流的爱国诗人和第一流的杰出女性，当地人当然有骄傲的理由。

兴山县从秭归县分置出来是在三国时吴国景帝孙休时期。宋《太平寰宇记》载："兴山县，本汉秭归县地，三国时其地属吴。至景帝（孙休）永安三年，分秭归县之北界立为兴山县，属建平郡。"范成大《吴船录》记载："兴山县，王嫱生焉。有昭君台、香溪，尚存。"欧阳忞的《舆地广记》对兴山县的沿革有较详细的记载："兴山县，吴置，属建平郡，晋因之，宋省焉。唐武德三年析秭归复置，属归州。熙宁五年，省入秭归，后复置。有古夔子城，有昭君村。汉宫女王嫱，此乡人也。"可见三国吴之后，晋、刘宋、隋、唐、宋、元、明、清时期，秭归、兴山、巴东等县时分时并，故宋以后的《太平寰宇记》《舆地广记》《宋史·地理志》《兴山县志》等才记昭君是兴山人。我们今天说昭君故里是兴山县是准确的。

至于唐朝大诗人杜甫《负薪行》诗说："若道巫山女粗丑，何得有此昭君村。"东汉蔡邕《琴操》又说"昭君死塞外，乡人思之，为之立庙"，而"庙在巫山县"，则隐指昭君为巫山人。巫山在兴山西南，距兴山一百五十千米左右，自晋至隋，两地同属建平郡管辖，而其郡治在巫县（今湖北巫山县），故大而言之，巫山也算是昭君的同郡，在郡治巫县为昭君立庙，自然很有可能。

第三节　香溪河畔昭君村

史料对昭君故里的说法虽然很多，但对昭君出生地昭君村位置却没有多大分歧。宋代乐史所撰《太平寰宇记》兴山县条说："昭君村在县南，有昭君院；……又有昭君台，汉王嫱即此邑之人，故曰昭君之县。"元代编的《宋史·地理志》兴山县条也记载："开宝元年移治昭君院，端拱二年又徙香溪北。"《清一统志》称："昭君村在兴山县南，有昭君院，又有昭君台。"《归州志·山川》记载："香溪，州东北二十里，源出兴山县南流入江。其入江处之香溪口，一名昭君溪。相传昭君曾涤妆于此，因名。州东北四十里，盖有昭君村云。"南宋大诗人陆游曾到兴山游览，他的《入蜀记》于乾道五年（公元1169年）十月十五日写道："泊舟兴山口，肩舆游玉虚洞。去江五里许，隔一溪，所谓香溪也，源出昭君村。"可见昭君村位于兴山县南部、香溪上游。其实，香溪的得名就是由昭君而来，宋人《妆楼记》说："王昭君临水而居，恒于溪中盥手，溪水尽香，故名香溪。"

《兴山县志》所记有关昭君村的资料更为丰富。该志说在兴山县城南香溪南岸一里左右有一座妃台山，"其下为昭君村，昭君生长处也"。至今"妃台晓日"还是"兴山八景"之一。其实妃台山的得名也源于昭君，因为山上有一高台叫昭君台。《宜昌府志·疆域》载:“昭君台在兴山界中,乡人怜昭君,筑台望之。”据史料记载,在昭君台一带,汉代建有昭君祠,唐代建有昭君院,宋代立有“昭君故里”碑,明代曾重修昭君院,清光绪十年(公元1884年)又重立“昭君故里”碑。经当地考古工作者实地调查,确实在昭君台遗址发现了六朝以来的许多断瓦残砖。尽管这些古迹屡建屡毁,却始终绵延不绝,不但雄辩地说明昭君生长的地方确实在这里,而且充分说明昭君在故乡人民心目中占有崇高的地位。

昭君村,民国前又称明妃村、妃台乡,后来称宝坪村。而宝坪村的得名,也有一个与昭君有关的感人故事。故事说,相传很早很早以前,宝坪村还是一个荒无人烟的穷地方,周幽王在这里筑了一座三十多丈高的烽火台,从外地迁移来一些人负责守卫和警备,这里才有了人家。后来烽火台被毁,只留下一个土墩,人们便称它为烟墩坪。后来烟墩坪村的王老汉老来得一女,就是昭君。昭君生来美丽聪慧,心地善良,她不忍心看穷苦的乡亲们过黑灯瞎火的生活,就在土地庙祷告了七天七夜,感动了土地神,土地庙前长出了一棵油桐树。在昭君的精心照顾下,油桐树很快长大,解决了乡亲们的照明问题。后来,村里的财主偷偷砍倒了油桐树,自己也被树压死了。在油桐树倒下的地方,庄稼长得特别好,一年能收三季,人们都说这是块宝地,因而就将烟墩坪改成了宝坪。[①]

① 参见吴一虹、吴碧云编:《王昭君传说》一书中《宝坪的由来》,甘肃人民出版社,1983年。

现在昭君村内尚存相传为昭君宅地的望月楼、昭君梳头的梳妆台、昭君汲水的楠木井等遗迹。很多古代诗人曾经游历并描写过昭君村，如杜甫《咏怀古迹》之三："群山万壑赴荆门，生长明妃尚有村"，白居易《过昭君村》："妍姿化已久，但有村名存"等，可见自古以来昭君村就是旅游胜地。这些古迹一直得到当地人民的精心保护，近年来当地政府不断拨出巨款修葺和重建。兴山县历届县委、县政府都十分重视保护昭君文物遗迹，弘扬昭君文化。昭君村日益成为国内外关注的旅游胜地。这里几乎每一处山水景物都有一个与昭君有关的神话传说。这个村的居民至今仍以王姓为多，他们都以是昭君的故乡人而自豪，正如一位来访的诗人所写的："说到昭君是远祖，骄颜喜色上眉尖。"

第二章　秘洞扃仙卉，雕房锁玉人
——昭君的汉宫生活

第一节　入宫数岁，不得见御

在中国漫长的封建社会里，皇帝拥有至高无上的权力，他恨不得把全天下的美女都拿来供他一人淫乐，以至于形成了延续数千年的选美制度和嫔妃制度。笔者随手查到《后汉书·皇后纪序》记载的一次选美："遣中大夫与掖庭丞及相工，于洛阳乡中，阅视良家童女，年十三以上、二十以下，姿色端丽、合法相者，载还后宫，择视可否，乃用登御是也。"资料虽是东汉时期的，但选美程序，历朝历代，大抵如此。皇帝派出专门使者，到某一地区或全国各地挑选美女，成千上万被选中的少女被送入宫中，等待皇帝的临幸。她们虽然锦衣玉食，吃穿不愁，但没有任何人身自由，等于囚禁在"黄金牢笼"之中。宫中实行严格的等级制度，西汉的宫女们就被分为十四个等级。宫女一生的唯一希望就是得到皇帝临幸和恩宠，然而，"后宫佳丽三千人”，在激烈的竞争中，真正能够见到皇帝一面都很不容易。绝大多数宫女都在无望的等待中渐渐老去，变成“白头宫女”（元稹诗《行宫》）。白居易诗《上阳白发人》就描写了唐代一位宫女，“玄宗末年初选入，入时十六今六十”，“未容君王得见面，已被杨妃遥侧目”，她的命运只能是“一生遂向空房宿”。

这种非人的宫女制度反映着封建社会妇女不幸命运的一个重要侧面，以至于古代诗词中出现了大量宫怨主题的作品。诗人们从不同角度，以充满同情的笔墨，描绘了在凤阙龙楼、富贵庄严的帷幕后面宫女们的悲惨生活和哀怨情绪，显示出强烈的人道主义精神。隋炀帝时的宫女侯夫人因不满宫廷牢笼生活，悲而自缢。其绝命诗《遣意》“秘洞扃仙卉，雕房锁玉人。毛君真可戮，不肯写昭君”，表现出对嫔妃制度的控诉和反抗。

关于王昭君被选入宫的情况，史料没有明确记载。《后汉书·南匈奴传》说昭君“入宫数岁，不得见御”。根据我在上文的推测，昭君出塞时年龄可能是二十岁，前推数年，则昭君入宫可能在十五岁至十七岁。也有人说是十三岁，我认为太早了。“数岁”是几年？一般是三五年。如果是七八年，则应该说“近十年”，或“久之”“既久”。

根据汉代文献，当时宫中选美有皇帝直接派人选秀女和各郡国献女两种途径，昭君通过哪种途径入宫，没有资料，难以确定。昭君是中国古代著名的“四大美女”之一，她的美貌在《后汉书·南匈奴传》中有生动描绘：“丰容靓饰，光明汉宫，顾影徘徊，竦动左右。”民间有关她是仙女下凡的传说更使她闻名遐迩。昭君的美名远播，朝廷选秀官吏循名而来，以昭君家庭的力量，当然是只能服从，有几人敢违抗皇命？昭君不得不含泪告别父母，告别家乡，踏上北上的征途。

入宫是王昭君命运的第一次转折。她由一个天真烂漫的农村少女变成了一只黄金牢笼中的美丽小鸟。

昭君在宫中数年的生活，概括起来就是四个字——“待诏掖庭”，即在宫廷中等待皇帝召见。这既是昭君的等级、“职称”，也是昭君的生活内容。有学者认为，在汉宫的十四个等级中，“待诏”连最低一级都达不到。王昭君和众多来自天南地北的少女们一样，告别了亲人和故土，来到了陌生的皇宫。刚入宫的秀女们处于最低级的女奴地位，吃住条件属最差，规矩森严如罗网，苛责、惩罚、凌辱不断，钩心斗角是常态。对于一个十几岁的少女来说，皇宫有它新鲜、刺激、诱惑的一面，更有阴暗、压抑、险恶的一面，懵懵懂懂的王昭君在几年的宫廷生活之后，终于对宫廷有了彻底的、清醒的认识。

夜深人静时，昭君会在昏黄的灯下思念家乡、思念亲人。那片快乐的树林、那条欢腾的香溪、那方自由自在的小山坡，都让昭君魂牵梦绕。但她思考更多的是个人前途和命运。她看到宫女们日复一日在枯燥的生活中希望着、憧憬着，又失望着、失落着；她看到有人不甘被人遗忘，性格扭曲，终日吵嚷打骂，为一点儿小事大动肝火；她看到有人因“莫须有”的罪名被惩罚凌辱，受不住打击而疯疯癫癫；她看到有人熬白了头，熬瞎了眼，行尸走肉般在掖庭深巷中来回往复；她看到有些原本善良纯洁的少女，为了争宠一时，竟然变成了阴险歹毒的恶妇……亲眼见到这一切，昭君的心渐渐平淡下来。即使有天仙一般的容颜，没有金钱去打通关节，不钩心斗角，也是很难见到皇上的。昭君虽然慢慢懂得了这里的奥秘，但是她不愿意那样做，荣华富贵不是最重要的，最重要的是守住做人的尊严和底线。于是，接下来的日子里，昭君很平和地生活在掖庭，做做女红，干着女官们分派下来的任务，从不参与掖庭女人的是是非非。那个天下的主宰、宫中唯一的男人——汉元帝，只不过是耳边的一个传闻罢了。

第二节　残酷的宫廷斗争

《后汉书·南匈奴传》记载，昭君“入宫数岁，不得见御，积悲怨，乃请掖庭令求行”。这就说明昭君自己请求出塞，还有她跳出“黄金牢笼”，争取个人前途的原因。有人认为昭君美艳绝伦，而不得见御，令人难解难信。这是不了解封建帝王生活所致。古代帝王挑选宫女，动辄以千百计，即所谓“后宫佳丽三千人”（白居易《长恨歌》），有时多达数万人。为得到皇帝宠爱，改变地位，宫中竞争十分激烈，有时甚至很残酷。以昭君高洁的性格，自然不屑于吹牛拍马、献媚行贿，那么她入宫数年不得见皇帝一面就是很正常的。昭君面对宫中的黑暗，心生悲怨，也是很正常的。她必然要反复思考自己的前途。这些后宫宫女，虽然锦衣玉食，但除极少数侥幸得宠，绝大多数老死宫中“不得见御”。假使昭君不是自愿向掖庭令报名求行，那么她很可能会重复绝大多数宫女的命运。与其在长巷深宫幽禁，为等待皇帝临幸一夜而磨灭青春，不如像冯嫽那样为国为民，到自由的天地里施展才能，度过一生。后者是昭君挣脱悲剧命运的唯一选择，也是昭君之所以为昭君的重要原因。

当然，封建时代很多人惋惜汉元帝为什么不能及早发现昭君，宠幸她，提拔她，那么她就会贵为后妃，可以安享荣华富贵了。封建社会的人们把这看成是幸福的话，自然也无不可。然而进一步讲，即使得到皇帝宠爱又怎么样？历史上很多美女即使贵为宠妃、皇后，往往也没有好下场。就以汉朝来说，在王昭君之前，就有许多活生生的例子：

刘邦宠爱的戚夫人，希望废掉吕后所生的太子赵盈而改立自己生的儿子赵王如意。由于吕后和大臣的阻挠，太子没有换成。刘邦死后，吕后对戚夫人肆意报复，据《史记》记载：“太后遂断戚夫人手足，去眼，煇耳，饮喑药，使居厕中，命曰‘人彘’。”即使这样，吕后仍不放心，妒忌的怒火让她疯狂地毒害了赵王如意。可怜戚姬虽然曾受到刘邦的宠幸而荣耀一时，但也正是这荣耀为她带来了如此悲惨的下场。

汉武帝当年追求青梅竹马的陈阿娇，留下了“金屋藏娇”的历史佳话。陈阿娇成为汉武帝的第一任皇后之后，因其母有恩于武帝，便骄横擅宠，引起了武帝的反感。及至卫子夫受宠，陈阿娇不甘冷落，多次对卫子夫下毒，最后竟用巫蛊诅咒卫子夫。愤怒的武帝把她贬居长门宫，即使她拿出千金求司马相如作《长门赋》，也无济于事，最后在冷宫中抑郁而终。

汉武帝的第二任皇后卫子夫因天姿国色也曾备受恩宠，却由此招致陈皇后的毒害。后来，人老珠黄的卫子夫渐渐吸引不了汉武帝，而卫子夫的儿子太子刘据也日益为武帝所厌恶，母以子贵、子以母荣的光彩很快就成为历史。最终太子因谋反被逼自杀，武帝废黜了卫子夫的皇后之位，卫子夫只得绝望自尽。

汉宣帝刘询的皇后名许平君，也就是汉元帝的亲生母亲，宣帝流落民间时的患难夫妻。宣帝登基后非常感念许平君，不顾众大臣反对，坚持立她为后。许平君遇到如此罕见的重情重意的皇帝，的确是她的福气。然而即使有皇帝暂时的庇护，她还是难逃厄运。扶持宣帝登上帝位的权臣霍光，家有一女，其母为了让女儿当上皇后，竟然下毒害死了许平君。宣帝不敢得罪霍光，只能让许平君不明不白地死了。

王昭君入宫时的当朝皇帝是汉元帝，他的皇后叫王政君。这位皇后自从生下太子刘骜后，就很少受到汉元帝的宠幸，只能在冷清孤独中度过一生。这样的皇后，高贵得无人问津，仿佛什么都有了，其实又什么都没有。

汉元帝最宠爱的是傅昭仪和冯婕妤两人。她们均为元帝生了皇子和公主，又都出自名门：冯婕妤之父是大名鼎鼎的右将军冯奉世，长兄冯野王亦是皇上倚重的朝廷重臣；傅昭仪是豪门千金，善讨皇上欢心，儿子定陶王刘康被元帝视为掌上明珠。二人的争风吃醋常常成为宫中所津津乐道的话题。有一次，元帝与众后妃共同观看斗兽表演。突然，一头黑熊兽性大发，冲出圈栏，向元帝扑来。众妃吓得四散逃窜，尖叫声不绝于耳。而冯婕妤却临危不惧，挡在元帝面前，用身躯来保护元帝。幸好侍卫及时将黑熊杀死。一场惊险过后，元帝问冯婕妤："其他人都惊吓而逃，你为何前去将熊挡住？"冯婕妤说："臣妾担心熊冲向御座，伤了龙体，故用身体挡之。"元帝听后十分感动，此后对冯婕妤恩宠有加。可以说，冯婕妤为了争宠甚至赌上自己的性命。

《汉书·外戚传》曾经总结汉朝宫廷中受宠后妃的结局，列出了一组令人惊悚的数字："外戚后庭，色宠著闻者二十有余人，然其保住全家者，唯文、景、武帝太后及成后四人而已，……其余大者夷灭，小者流放。"

王昭君深居宫中数年，对汉朝后宫的这些事情不可能丝毫不知。表面看来，宫女的最好结局似乎是受到皇帝的宠幸，以至封妃晋后，然而在某种意义上，这也是悲剧的序幕。归根到底，后宫女子只不过是帝王身边的附属品而已，招之即来，挥之即去，这"去"当然也包括让她马上从这个世界上消失。昭君耳边听到的是历史上一个个后宫嫔妃不得善终的故事，眼前看到的是一个个宫女千篇一律望不到尽头的生活，她不禁对未来产生了怀疑：难道自己也要这样一天天过下去，等待那个虚无缥缈的受到皇上恩宠的日子吗？不，她在等待另外一种结局。倒是北宋王安石在《明妃曲》中唱出了昭君的心声："君不见咫尺长门闭阿娇，人生失意无南北。……汉恩自浅胡自深，人生乐在相知心。"

第三节　昭君性格的形成、特点及原因

有关王昭君的出生和青少年时代，除了一些带有神话色彩的民间故事，其他相关资料很少。她受过什么样的教育？她是如何成长起来的？她的性格不仅在古代，甚至在当代也几乎是完美无瑕的，这种性格是如何形成的？王昭君一生经历了自请和亲，安居塞外，为国献身，不避夷夏之大防，追求知心之相乐等重要的人生选择。在这些选择中，她表现出了过人的胆识和超凡脱俗的性格品质。其不同流俗、不惧礼教的个性，使人为之感叹。作为封建社会的弱女子，她在人生抉择的每一个十字路口所表现出的真知灼见、刚毅果断，更使人为之震惊。世事沧桑，人海茫茫，人在命运的长河里，就如一叶扁舟，该如何把握命运之手，让自己的生命在历史长河里星光灿烂？这是我们每一个人所思考的，也是王昭君曾经思考的。因此，如何超越这一个个具体

的事件，走进昭君的内心世界，去探寻昭君的性格特征和人生观，去探寻她的心路历程，是我们了解昭君的关键，也是我们每个人和昭君的人生命运相联系的一个契机。

一、昭君性格的特点

性格是决定人生命运极其重要的因素。人们常说“种瓜得瓜，种豆得豆”，性之不同也。有什么样的性格，就有什么样的人生命运。性格就像一个无形的轨道，在规定着我们人生前进的方向。昭君的人生，也是和其自身性格分不开的。

昭君作为汉匈两族的和平使者，得到当时及后世人民的深切爱戴，人们几乎把人类最美好的性格特征都赋予了她，几乎用尽了汉语中最美好的词汇去赞美她，诸如美丽、善良、正直、淳朴、无私、不同流俗、远见卓识、吃苦耐劳、勇敢顽强等等。清人陆耀把昭君性格概括为“贤、勇、义”三字。他说：“夫始之不以色进，有班姬辞辇之贤；继之不以难委，有冯女当熊之勇；至其去后宫而赴绝域，偶殊类而辑边陲，有公主和戎、木兰从军之义。”(陆耀：《切问斋集·王明君序》) 我们以现代人的观点去看昭君，当然不会满足于陆耀的说法。尽管古代正史记载昭君的文字很少，使我们分析昭君性格有些困难，但是丰富的民间传说、野史笔记以及文学作品却为我们分析昭君性格提供了很多资料，这些资料虽说“正史无记”，却都是根据正史所记的昭君言行合理延伸出来的。下面试将昭君性格特征做一分析。

首先，“良家子”即劳动人民的出身，造就了她勤劳、勇敢、正直、吃苦耐劳、勇于克服一切困难的坚强意志。昭君是历史上众多和亲女子中第一位出身平民的女子，劳动人民的优秀品质使她在出塞的动机和出塞后的表现上，与贵族妇女有着明显的区别。在诗人笔下和人民的传说中，她不屑于行贿画工，对于像陈皇后那样用千金买司马相如《长门赋》的行为，更是嗤之以鼻。面对困境，她不只是暗拭眼泪，而是积极寻找出路和机遇。她自请出塞和亲，面对胡地的恶劣天气和艰苦生活，敢于顽强拼搏。她带去了汉地的耕种知识和技能，和匈奴人民一道，改善和提高吃、穿、住、行的生活条件。昭君用她的勤劳和智慧，勇敢地面对艰苦生活的考验，和北地人民一起，构建着自己的美好家园。

爱祖国、爱人民、爱少数民族的博大爱心和宽广胸怀，以及随之而产生的奉献精神是昭君性格的另一个特点。昭君是带着对祖国和汉匈两族人民的爱而走出汉宫的。这种为靖边安国、福泽百姓而置己度外的行为，反映了昭君宏阔博大的爱心以及可贵的奉献精神。这种宏阔爱心和博大的胸襟，在不同的时代背景和不同文人的笔下，表现为不同的形式。她以自己的善良、真诚和爱心以及顾全大局的行动，融化了异域的隔膜，获得了人民的尊重，把两族人民引向了和平美好的生活之路。

酷爱自由、独立思考而又有顾全大局的远见卓识，是昭君性格的第三个特点。现代人个个都珍视、追求个性的自由。但是在两千多年以前的封建社会，女子地位低下，即使婚姻大事，也讲究“父母之命，媒妁之言”，自由对一个女子来说，真是一个虚无缥缈的空中楼阁。然而，昭君却在那禁锢森严的封建礼教和皇权天威的夹缝中，为自己寻找到一条自由之路。在人生命运的一道道关口，她追求着自由的、特立独行的人格。她不是悲剧命运的消极承受者，而是一个积极奋起掌握自己命运的人。正如清代女诗人李含章在《明妃出塞图》中所说：“大抵美女如杰士，见识迥与常人殊。春花不枯秋不落，要令青史夸名姝。一日不画画千载，安用黄金百镒烦鸦涂？”追求自由的性格特点，促成其超凡脱俗、敏锐果断的人生判断。她主动请行入藩和亲，不畏环境艰苦、语言各异和风俗人情不同，她明智的决定使自己名垂千古，让无数声名显赫的君臣相形见绌。更可贵的是她把追求个人自由和祖国人民的利益非常自然地结合起来，先自请出塞和亲，继而奉敕再嫁，都表现了她顾全大局的奉献精神，她是以国家利益和两族人民的幸福为重的。

昭君性格的第四个特点是敢于打破封闭，勇于闯出新路，不断追求实现自我人生价值的开拓精神。昭君自请出塞，表现了冲出宫禁，摆脱束缚，追求自己新生活和自我人生价值的开拓精神。她没有像其他宫女一样墨守成规，作“上阳白发人”的等待，而是积极寻找机遇，投入到现实生活之中。《后汉书》中“自请出塞”的“自请”二字，已经道出昭君性格的本质内容。出塞后的昭君，更是充满开拓精神。面对语言不通、风俗迥异、饮食不惯和生活条件、自然条件的艰苦，她坚强地挺身而起，克服困难。她与匈奴人民同住毡房，同饮酪浆，同食畜肉，并且教给匈奴人民汉地先进的耕作知识，同匈奴人民一起创造自己的美好家园。面对自己肩负的和平使者的使命，她在两个民族的关系上更是充满开拓精神，奋发有为。

二、昭君性格的形成原因

昭君性格的这些特点不是生而俱来的，而是在她一生的坎坷经历中逐渐形成的。它受自然环境、人文环境、个人经历等多种因素的影响。

第一是巴楚地理、人文环境的滋养。自然环境、人文环境与人的性格有密切关系。人们常说“一方水土养一方人”，强劲的西北风沙和一望无垠的冰天雪地，激发着北人的豪情。而南方地域的山水灵气，则滋养了南方各民族的灵秀之气。缠绵婉转的苏州评弹、粤剧和北国高亢激越的河北梆子、秦腔相比，风味殊异。我们生长的地域用它的山山水水、春夏秋冬，涵养着我们的性情。它是支撑我们性格的血脉，是一条无意识的自然潜流。昭君性格的形成，同样离不开大自然的滋养。

昭君出生的湖北省兴山县，处于秦巴山脉南麓，是南北地质地貌的交汇之处。巍巍秦巴，山川交错；滚滚长江，奔腾奋进；物种丰富繁茂，到处山花烂漫。这不仅涵育了昭君刚劲坚韧的骨气，而且也影响着她对自由的追求。南北文化在这里交汇、融合，从而形成了独特的巴楚文化；多个民族在这里聚居，形成了更为宽容的民俗和思想氛围。这无不在昭君性格的深层形成一种自由、开放、包容的特质，为昭君以后出塞生活、与匈奴人民打成一片做了思想上的准备。

第二，昭君性格不仅受巴楚山水的滋养，而且也受到巴楚人文环境的熏陶。在人文环境中，屈原对昭君的影响不可忽视。屈原和王昭君是同乡，他们出生的村子仅仅相距三十多里，西汉时期同在秭归一县境内。他们身上有着众多的相通之处，如爱国主义精神、反抗斗争的勇气、高尚峻洁的人格、宁折不弯的骨气等。

屈原约生活于公元前340年至公元前278年，昭君约生活于公元前53年至公元元年之间，虽然和屈原相去二百多年，但屈原遗风对她的影响是确定无疑的。民间纪念屈原的端午节活动，早早就在无形之中把屈原和昭君那颗幼小的心灵联系起来了。相传昭君从小就爱过端午节，每到五月端午，她就和山姑伙伴在香溪河划船，把粽子投到河里，以免鱼鳖去吃屈原的遗体。她还和乡亲们在门口挂上菖蒲和艾蒿，做香袋，喝雄黄酒，以驱邪防病。屈原那种坚持高尚理想、绝不同流合污、忧国忧民、宁死不屈的品格节操和爱国豪情无形中铸造着王昭君的心灵。屈原故事在民间广泛流传，王昭君更是耳濡目染。可以说，是屈原的精神和事迹滋养了王昭君，为她日后和亲安国、福泽百姓做了思想上的准备。

第三，汉宫文化的熏陶是昭君性格形成不可忽视的因素。过去人们对这一影响昭君性格的因素注意不够。其实，汉宫作为当时世界上最强大、最先进的大汉帝国的神经中枢，接受并传播着大量的全国性及周边各国的信息，大汉帝国最高统治者的每一个决策、政令，都是在这里做出并发布给全国和周边各国的。这些都可以使昭君大开眼界，了解全国以及周边各族特别是匈奴的情况，了解古代和当时的政治大事和杰出人物，培养她的全局观点、历史观念和爱国情怀。例如，建昭三年（公元前36年）冬，甘延寿、陈汤斩郅支单于，汉帝命令把他的首级"传诣京师，悬蛮夷邸门"。建昭四年春正月，"以诛郅支单于，告祠郊庙，赦天下。群臣上报，置酒。以其图书（颜师古注引服虔谓"讨郅支图书"）示后宫贵人。"当时汉匈关系发生变化的一个个事件，昭君都会耳闻目睹。呼韩邪单于作为一位与汉友好的匈奴首领，曾经两次到长安觐见汉帝。建昭五年（公元前34年），呼韩邪第三次上书"愿入朝见"，并请求做汉家女婿。这些都是轰动全国的大事，自然会传入宫中，影响着昭君对时事的看法和对国运的关心，也激发着她的民族自尊心和自信心。

从刘邦白登解围之后，汉朝有多位公主出嫁和亲，每一位公主都要带一批宫女出嫁。其中随解忧公主嫁到乌孙的宫女冯嫽，是中国历史上赫赫有名的女外交家，她曾经代表汉帝持节巡视安抚西域三十六国，成功处理了许多棘手问题。她多次回汉宫述职，汇报工作，在宫廷内外颇有影响。初元元年（公元前48年），初登帝位的汉元帝为镇抚乌孙，亲自批准冯嫽的请求，派她第三次代表汉朝出使西域。此事距昭君出塞不过十五年。这些人物、事件无疑开阔了昭君的人生境界，激励了她“位卑不敢忘忧国”的豪情和有所作为的开拓精神。虽然身为普通宫女也要关心国家大事，昭君的思想境界在汉宫又提高了一个层次。

处在人身不自由、宫禁森严的深宫，又“数年不得见御”，对这个来自民间的女子来说，只能从反面激发她酷爱自由、摆脱束缚、追求人生价值的决心。众多白头宫女以及多位冷宫皇后的悲惨命运，更使她看清了宫中的黑暗。她不得不重新思考她的人生命运，这些也从另一方面鼓励着她决心走出宫中这黄金牢笼，开拓新的人生之路。

第四，草原文化的磨砺最终完成了昭君的完美性格。昭君在塞外生活了大约三十年，一望无际的辽阔草原激发着她对自由生活的追求和热爱，开阔着她的胸襟；四季分明的季节变化，强烈地影响着她的人生志趣，并造就了她是非分明的高洁性格；严酷的自然条件，无形中磨砺着她的坚韧顽强；与中原、巴楚截然不同的生产、生活方式，开阔了她的眼界，形成了她更为博大的人生襟怀；少数民族人民豪爽、热情、朴实以及勇猛好斗的性格，陶冶着昭君勇敢开拓的性格特点。这一切更加激发起她宽广深厚的博大爱心和以天下为家的人生理想。纯朴刚劲、宽广雄浑的草原文化，给昭君的美好性格提供了一个更为宽广的磨砺、铸造和发展的空间，从而使她的人生性格焕发出更为灿烂的七彩光辉。千百年来，她的完美性格影响着各民族人民，让人们为她骄傲，又鼓舞人们为追求美好幸福的人生之路而勇敢前行。

由美丽的香溪河畔，走进高墙深巷的汉朝宫廷，最终走向辽阔宽广的塞外草原，这既是昭君的三个人生阶段，也是她性格逐步走向成熟、得到锻炼的过程。灵动的香溪赋予她灵秀，见证了她的美丽善良；富丽的汉宫造就了她的不屈，感受了她的特立独行；无垠的大漠草原赋予了她宽阔胸怀，目睹了她的坚韧不拔。昭君的性格逐步走向完美。

第三章　安边长策是和亲，白草黄沙满地春
——昭君自请出塞和亲的真相

第一节　匈奴的历史

匈奴是我国北方一个强大的草原民族，它自诞生以来就与中原王朝发生了多次冲突。为了全面了解王昭君的“婆家”，了解昭君出塞和亲的社会、历史背景，我们有必要先回顾一下匈奴的历史及他们与汉朝的关系演变。[①]

内蒙古阴山脚下，是一片广袤的平原，水草丰美，满眼葱茏。两千多年前，史书记载的第一个草原王国——匈奴王国便在这里兴起。现在内蒙古包头市境内的头曼城遗址，就是当年匈奴第一代单于头曼的统治中心。[②]

“匈奴”之名最早见于《战国策·燕策三》《逸周书·王会篇》《山海经·海内经篇》等先秦古籍。匈奴是一个叱咤风云的

---

① 本节内容参考《史记》《汉书》《后汉书》及其他相关资料。

② 单于：匈奴最高首领的称号。

马背民族，发祥于内蒙古鄂尔多斯高原及阴山一带，它是北方各游牧民族在长期的战争及交往中逐步融合而成的一个民族。《晋书·北狄传》说："匈奴之类，总谓之北狄，……夏曰荤鬻，殷曰鬼方，周曰猃狁，汉曰匈奴。"匈奴兴起于公元前3世纪，即中原的战国时期，衰落于公元1世纪（东汉初）。自东汉初分裂为南北二部之后，南匈奴入塞，北匈奴西迁，其后又在中原地区继续活跃了约两百年。他们的骑兵纵横于大漠南北三四百年，将匈奴之名永远刻在了中国乃至世界历史的丰碑上。

匈奴是游牧民族，畜牧业是匈奴的主要经济支柱，狩猎业、农业也有一定地位。他们在公元前3世纪即已掌握了冶铁技术，铁器文化使匈奴社会的生产力迈进一个崭新的历史阶段，不仅畜牧业大为繁荣，还推动了农业和手工业的发展，同时为军队作战提供了可靠的武器保障。匈奴在与汉人的交往中逐渐提高了农耕技术与一些手工业技术，如铸铜、金银器制造、制陶技术等。在内蒙古，匈奴文化的遗存比较多。在出土的匈奴墓葬中发现很多青铜器、铁器、种子和陶器。内蒙古杭锦旗阿鲁柴登出土的匈奴单于（或贵族）金冠，制作非常精美。匈奴十分重视与汉族互通关市。除了汉族，匈奴还与羌族、乌桓族和西域各族进行过交换。匈奴社会的性质是奴隶制社会。奴隶的主要来源是战俘。战俘中，有汉人，也有其他族人。匈奴没有文字，留存的史料大多是用汉语记载下来的。匈奴人非常喜欢歌舞、音乐，其民族乐器有胡笳和鼙鼓等。

匈奴自其兴起之日，就不断地南下袭扰抢掠。早在战国时期，匈奴贵族率领的骑射部队就不时侵入中原地区，以致边郡不得耕田畜牧。为了抵御匈奴骑兵的侵扰，自战国时的燕、赵开始到秦、汉王朝都注重修建长城，秦始皇还修筑了世界上最早的“高速公路”——直道。在今天的内蒙古地区，保存着许多战国燕、赵及秦、汉长城遗址；鄂尔多斯市还在秦直道遗址上建立了博物馆和旅游区。为了中原的安定，秦始皇统一六国后，于公元前215年派大将蒙恬率兵三十万北击匈奴，夺取“河南地”，即今内蒙古河套及鄂尔多斯北部。这次战役使匈奴北退七百余里，秦始皇随即将原先燕、赵、秦三国修筑的长城相连，修成了万里长城。但这仍然无法彻底消除匈奴的侵扰之患，匈奴铁骑依然寇边不息。

公元前209年，冒顿杀其父头曼自立为单于，正式确立了匈奴的奴隶制政权。这一年，正是秦二世元年。冒顿是匈奴族第一代单于头曼的长子。冒顿本为头曼的继承人，但后来头曼宠爱他后娶的阏氏所生的少子[①]，禁不住阏氏的枕边风，就决定废掉冒顿，让少子做继承人。为了给废太子找到一个合适的理由，头曼设计了一出借刀杀人的好戏。他把冒顿派去月氏做人质[②]，以此表示要与月氏和好的诚意。然而，冒顿刚刚到达月氏，头曼就急忙派兵袭击月氏。这样做的目的很明显，对于没有什么

① 阏氏：匈奴语妻之义。多用于称呼匈奴单于嫡妻，相当于皇后。

② 月氏：当时游牧于今甘肃河西走廊一带的少数民族。

过错的冒顿来说，妄下杀令可能会激起臣子们的不满，而故意激怒月氏人杀掉冒顿却是一个不露痕迹的好办法。如果头曼的阴谋得逞了，那匈奴的历史将会是另外一种局面，所幸冒顿机智勇敢，对其父的阴谋早有觉察，就在月氏人将要杀害他的危急时刻，乘机偷了一匹月氏的善马，逃回了匈奴。

也许是冒顿的勇敢行为震慑了头曼，头曼并没有赶尽杀绝，并且为了稳住冒顿，任他为万骑长。这时的冒顿已看清楚父亲和后母的居心，知道自己的处境危险，因此时刻准备着夺取政权。为了达到目的，建立一支忠于自己的武装力量是至关重要的。聪明的冒顿发明了一种镞矢射出之后带响的箭，名曰“鸣镝”。这种特殊的箭成了他训练部队的重要手段。他向部众宣布了一条死命令：不论他的鸣镝射向哪里，其他人都要向鸣镝射向的目标发射，否则一律斩首。开始时，他率领骑兵狩猎，当他用鸣镝射猎物时，有的士兵没有跟随他射同一猎物，于是被统统杀死。不久，冒顿又用鸣镝射自己的爱妻，士兵们既惊且惧，更不敢射，他又毫不犹豫地把不敢射的人杀掉。随后冒顿出猎，这次鸣镝的目标是自己喜爱的战马，骑兵们无一例外地一齐向目标发射。经过多次反复的训练，冒顿终于培植了一支效忠自己的军队。公元前209年，冒顿感到武力夺位的条件成熟了，于是乘与头曼单于一起狩猎之机，发动了政变：他突然以鸣镝射向头曼，他的骑兵立即跟随发射，猝不及防的头曼命丧自己的儿子之手。接着，冒顿把他的后母、弟弟及不服从他的大臣（各部落的氏族酋长）全部杀死，登上了单于的宝座。

冒顿夺取单于宝座之时，匈奴四面环敌，西有世敌月氏，东有强敌东胡，南有强盛的秦王朝。冒顿在敌强我弱的形势下，以自己杰出的政治军事才干，很快就把匈奴建成了一个强大的游牧奴隶制国家，称雄于大漠。

当时，东胡的实力胜过匈奴，对匈奴的领地觊觎已久，听说冒顿杀父自立，就以此为借口不断挑衅，制造争端，挑起战争。首先，东胡王派使者来到匈奴，指名索要头曼的千里马。冒顿单于召集群臣，征求意见。群臣都认为千里马是匈奴的宝马，怎可拱手相让。但冒顿单于深知当时匈奴的处境，如果逞一时之气得罪了东胡，将会带来更大的灾难，不如虚与委蛇，等待时机。于是，冒顿单于耐心劝服了部下，将千里马送给东胡。东胡王得到千里马，认为匈奴害怕东胡，无力抵抗，更加狂妄，又派使者索要冒顿的一位阏氏。冒顿再次召集左右大臣征询对策。群臣更加愤怒，强烈要求单于下令发兵。冒顿单于知道时机未到，仍耐心说服众臣，将自己这位心爱的阏氏送给了东胡王。

具有远见卓识的冒顿单于对东胡采取的“退让”政策，果然麻痹了敌人，激励了民众，匈奴时刻准备着反击东胡。东胡得到两次好处，越发骄横，逐渐西侵，甚至狂妄地说：“匈奴所与我界瓯脱外弃地[①]，匈奴非能至也，吾欲有之！”竟然直接提

① 瓯脱：匈奴语，意为“边界”。弃地：两国或两族边界之间的缓冲地带。

出了割让土地的要求。冒顿仍然与群臣商议。有人见冒顿前两次均采取避让态度，于是这次也主张退让。没想到冒顿听后大怒，说："土地是国家的根本，怎么能送给别人呢！"并将主张把弃地给东胡的人斩首。接着，冒顿跨上战马，"令国中有后者斩"。东胡早被匈奴的"示己以软弱"的策略骄躁起来而毫无防备，在满怀报复激情的匈奴铁骑的突然袭击面前，措手不及，遭到惨败。冒顿消灭了东胡王，俘虏了大批东胡部众和牲畜，使东胡成为匈奴版图的一部分。

东胡战败后，冒顿单于马不停蹄，乘着士气高涨，进攻月氏。月氏人在冒顿凌厉的攻势之下无力抵挡，节节败退，一直退到今伊犁河流域，后被称为大月氏；另有一小部分退守到南面祁连山中，后被称为小月氏。不久，冒顿单于还派兵向南吞并了楼烦、白羊河南王，向北征服了浑庾、屈射、丁零、鬲昆、薪犁等族。

匈奴在冒顿单于时期（公元前209—前174年）达到了鼎盛，《史记·匈奴列传》说他有"控弦之士三十余万"，控地东近辽河，西至葱岭，北抵贝加尔湖，南达长城。

为了保护私有财产和财源、镇压奴隶和被征服的部族或部落，匈奴在我国北部，先以漠南，后以漠北为中心，建立了一个庞大的奴隶制政权。政权的机构分三部分：一是单于庭，即匈奴的首脑部，直辖匈奴中部；二是左贤王庭，管辖匈奴东部；三是右贤王庭，管辖匈奴西部。单于是匈奴的最高首领。左、右贤王是地方的最高长官。匈奴人尚左，因而左贤王的权力和地位较右贤王高。

第二节　“白登之围”及西汉和亲政策的开端

一、白登之围

西汉初年，匈奴铁骑经常深入侵掠今河北、山西、陕西北部及内蒙古河套一带。匈奴贵族率领的骑兵，所到之处，践踏庄稼，劫夺财产，杀掠吏民，强掳人口做奴隶，给人民带来极大的动荡和痛苦。这不仅威胁着初建的西汉政权的封建统治，还破坏生产、文化，阻碍社会历史向前发展，因此采取积极的防御手段以抗击匈奴的侵扰，是当时广大人民群众及汉朝统治阶级的共同愿望和要求。

然而，初建的西汉王朝，国力还很孱弱，没有能力抗拒匈奴。高帝六年（公元前201年）秋，驻守在马邑（在今山西朔州市境内）的韩王信因遭受汉高祖的猜疑而投降匈奴，引导匈奴军队南下越过句注山（在今山西原平市北），攻下太原，抵达晋阳（今太原市西南）城下。七年（公元前200年）冬[①]，刘邦不堪匈奴的长期侵扰，决心彻底解决匈奴之乱，于是亲自率领

① 汉承秦制，以十月为岁首，故高帝六年秋至七年冬，为时仅相隔数月，非隔一年也。至武帝太初元年（公元前104年）改历，始以正月为岁首。

三十二万大军出击匈奴。然而当时的北方天寒地冻，不习惯恶劣天气的汉兵有十分之二三冻坏了手脚，军心涣散。可见战前刘邦对匈奴的实力明显估计不足。

临近接敌，刘邦也曾先后十几次派人侦探敌情，但冒顿单于隐蔽了勇猛善战的士兵，藏起了肥牛壮马，故意把老弱兵士和瘦弱牲畜暴露在外，因而汉朝得到的信息都说匈奴虚弱可击。刘邦又另派娄敬[①]前去探察军情。但未等娄敬带回可靠情报，刘邦就迫不及待地率兵越过了句注山，结果冒冒失失地撞入了匈奴的埋伏圈。刘邦匆忙撤退，被冒顿单于数十万骑兵围困于平城（今山西大同市东）的白登山达七天七夜，汉兵内外接应均被切断。刘邦这才亲身体验到了匈奴的强大。这就是历史上著名的“白登之围”，或叫“平城之围”。

如何解围？刘邦和部下都束手无策，只有陈平献出了“秘计”。《资治通鉴》说：“高帝用陈平秘计，使使间厚遗阏氏。阏氏谓冒顿单于曰：‘两主不相困。今得汉地，而单于终非能居之也。且汉主亦有神灵，单于察之！’冒顿与王黄、赵利期，而黄、利兵不来，疑其与汉有谋，乃解围之一角。会天大雾，汉使人往来，匈奴不觉。陈平请令强弩傅两矢外乡，从解角直出。”陈平究竟采用了什么“秘计”？《资治通鉴》胡注认为，因“其失中国之体，故秘而不传”。[②]

---

① 娄敬：汉朝大臣，后因功赐姓刘，故亦称刘敬。

② 胡三省注：《资治通鉴》卷十一，第378页。

《桓子新论》对这一“秘计”做了解释：汉高祖被围七天，陈平前去劝说匈奴阏氏，“汉有好丽美女，为道其貌天下无有，今困急，已驰使归迎取，欲进单于，单于见此人必大好爱，好爱则阏氏日以远疏，不如及其未到，令汉得脱去，去亦不持女来矣。阏氏妇女有妒媢之性，必憎恶而刺去之。”而据应劭说，陈平让画工画一美女，送给冒顿阏氏，并对她说，汉帝被围十分焦急，想把如此之美女送给冒顿单于。阏氏怕汉女夺其宠爱，便劝说冒顿单于离开白登。[①] 此外的说法还有娄敬让雕木之工“状佳人之美云云”。[②] 总之，关于刘邦脱围的方法，历来争论颇多，各种记载也各有差异，但它们都有一个共同之处，即陈平通过“走夫人路线”，宣称使用美人计，才使刘邦解围。这也为西汉日后的和亲之策埋下了伏笔。

二、西汉和亲政策的开端

白登之围虽然解除了，但匈奴对西汉的威胁却丝毫没有解除。为此，刘邦向众臣询问计策。刘敬进言，“今天下初定，士卒疲于兵革”，当时以西汉的实力，武力对抗匈奴未必能够取得胜利，最好是采取权宜之计，保存实力，搞好双方关系，以和亲换取和平。他分析道：“陛下诚能以嫡长公主妻单于，厚奉遗之。彼知汉女送厚，蛮夷必慕，以为阏氏。生子，必为太子，

---

①《资治通鉴》卷十一“高帝七年”引应劭说。

② 王先谦：《汉书补注》卷六十四上，第1576页，中华书局，1983年。

代单于。……冒顿在，固为子婿；死，外孙为单于。岂尝闻外孙敢与大父抗礼者哉？兵可无战以渐臣也。”[①] 刘邦认为刘敬的意见很符合当时形势，打算把长公主嫁给冒顿。但吕后舍不得亲生女儿，日夜对刘邦哭泣：“妾唯太子、一女，奈何弃之匈奴？”刘邦只好从宗室中选了一个女子，赐号长公主，在高帝九年（公元前198年）派刘敬往匈奴结和亲之约。除以公主嫁给单于为阏氏，汉朝还赠送给匈奴相当数量的金、絮、缯、酒、米、食物等。和亲之后，汉朝开放“关市”，准许汉匈两族人民沿边贸易。汉与匈奴结为兄弟，相约以北面“引弓”之区归匈奴管领，南面“冠带之室”由汉朝统治。这便是西汉与匈奴和亲的开始，至此，汉匈关系有了实质性的进展。

此后终高帝之世，中经孝惠、吕后以至文帝、景帝，六七十年间，和亲成为汉朝对待匈奴的一项重要政策，其目的是以忍让换取边境的暂时安宁。在西汉初期，和亲是在汉朝与匈奴双方力量对比处于不平衡的状态下，汉朝不得不委曲求全的一种退让政策。这种历史的积淀，在历代文化人的心目中，深深地打下了“和亲等于软弱和屈辱”的烙印。

刘敬首倡和亲之议，他天真地认为，刘邦把亲生的女儿嫁给冒顿单于，这样冒顿就成了刘邦的女婿，如果生下儿子，还有希望继任单于。难道有女婿、外孙敢和岳父、外公打仗的吗？

---

① 参见《史记》卷九十九《刘敬叔孙通列传》、《汉书》卷四十三《郦陆朱刘叔孙传》。

出于这种以血缘关系为纽带去解决军事、外交问题的幻想，于是有了公元前198年第一次和亲。虽然不是刘邦的亲生女儿前往，但还是选送宗室之女封为公主前去和亲。此后每次和亲，汉朝都付出了巨大的代价。和亲的条款大致可分为三项：第一，以公主嫁给单于为阏氏，赠给匈奴黄金，另每年赠送一定数量的絮、缯、酒、米、食物等物品；第二，汉朝开放“关市”，准许两族人民交易；第三，汉与匈奴结为兄弟，相约以长城为界，彼此分疆自守，互不侵犯。然而匈奴贵族的贪欲并没有因为获得公主、财物和开通“关市”而感到满足，汉朝虽然付出巨大的牺牲，仍不能获得北方的安宁和汉人生产、生活及生命财产的保障。当时的陇西、北地、上郡、云中、上谷、辽东等郡，[①]还是经常遭受侵扰，大量汉人被杀被俘，单是云中、辽东，每年每郡被杀害和被掳去的人口即达一万余人。

事实证明，汉初的和亲，收到的效果主要延缓、减少了匈奴大规模袭扰事件，为汉王朝赢得了由弱变强的宝贵时间，但每次和亲把汉朝人民劳动生产的财富大量送到匈奴奴隶主贵族的庭帐，使匈奴奴隶主贵族得以过着豪华奢侈的生活，助长了他们的贪欲，而匈奴人民并没有得到多少利益，也无补于两族人民的友好。基于以上史实，可见汉初的和亲的确是一种消极的、屈辱的政策，是一种变相的纳贡。然而历史常常在惊人的

---

① 相当今甘肃临洮、庆阳，陕西榆林，内蒙古托克托，河北怀来，辽宁辽阳一带。

相似中发生重大的变化，其实这些相似事件的本质和意义是各不相同的。昭君的和亲便与汉初的和亲有着本质的区别，它不是匈强汉弱背景下消极妥协的产物，而是两族和平友好向前发展的标志；它也没有屈辱的色彩，而是民族团结进一步加强的标志。

三、历史上的和亲情况非常复杂，应该具体问题具体分析

和亲，本来的意义是“和睦相亲”，并没有结为婚姻的含义。如《左传・襄公二十三年》：“中行氏以伐秦之役怨栾氏，而固与范氏和亲。”直到西汉之后，和亲才逐渐演变成为一个专有名词，意指各国或各民族政权王室之间的政治联姻。

在人类历史上，王室之间的通婚是一种十分普遍的现象。不光是因为门当户对，还因为王室与王室结成亲家，可以增进相互间的信任与感情，形成利益、名分攸关的军事、政治联盟。欧洲各国的例子最多，也最为典型，几乎成为定制。

综观中国历史，和亲也是一种经常发生的现象。据史书记载，早在周襄王（公元前651—公元前619年在位）时期，襄王欲伐郑，故娶狄女为王后，与戎狄兵共伐郑。这是历史上较早出现的和亲，而且是有一定效果的。此后汉唐直到清代，和亲之事，史不绝书。尽管这些和亲有的出于被迫，有的出于自觉，有的成功，有的失败，但总体来看，越到后来就越被统治者视为一种处理不同民族、不同国家关系的重要手段和策略，统治者往往自觉地、有意识地运用这种手段来达到自己的政治目的。

这种现象不断发生的原因，就在于大多数的和亲都会有一定效果：如形势不利时，可以暂时推迟战争的爆发，获得一定的休养生息的机会，以便积蓄力量；如形势有利时，则不失时机地表示友好并笼络对方；甚至有的把和亲当作派遣间谍的掩护。和亲的成功与否，主要取决于双方的实力对比，以及双方最高统治者的政治远见和努力，当然，前往和亲的女子个人表现也很重要。

从历史发展的高度来看，不论统治者实行和亲时的主观愿望如何，大多数和亲的结果都是加强了中央政权和边疆民族政权之间、汉民族和边疆民族之间的和平交往关系，即使是暂时的停战，在客观上也有利于各民族之间的经济文化交流，有利于民族的融合。凡是主动要求和亲的边疆民族，通常都怀着对中原王朝的一种向往和倾慕，实质上是对先进生产方式、生活方式和先进文化的认同，这正是中华民族向心力和凝聚力的一种表现。而许多古代民族正是通过和亲等途径逐渐走上与汉族融合的道路的。这种客观效果，是不以双方统治者的主观意志为转移的。对这类事件，恩格斯曾说过："从马克思的观点看，整个历史进程——指重大事件——到现在为止，都是不知不觉地完成的，也就是说，这些事件及其所引起的后果都不是以人的意志为转移的。"[①] 这并不等于说一切和亲都应该肯定，一切战争都应该否定。正义的、反侵略的战争，反民族压迫的战争，

---

①《恩格斯致威·桑巴特（1897年3月11日）》，《马克思恩格斯全集》第三十九卷，人民出版社，2001年，第405页。

我们都应该肯定；屈辱的、妥协的和亲，以牺牲人民生命财产为代价或引狼入室的和亲，当然应该反对。

和亲未必皆屈辱，和亲者也未必都是政治婚姻的牺牲品。和亲是一种由上层统治者决定的政治婚姻，是将两个国家或两个民族间的通婚关系，作为达到某种政治目的的一种手段或策略（它与两国或两族人民群众的通婚有本质不同），它是特定的历史阶段的产物。是否屈辱要具体问题具体分析。恩格斯曾说，对于剥削阶级的诸侯、王公来说，“结婚是一种政治的行为，是一种借新的联姻来扩大自己势力的机会，起决定作用的是家世的利益，而决不是个人的意愿”。[①] 统治者决定和亲，一般不会考虑和亲者的意愿，但往往会尽量做“思想工作”。如果和亲者坚决不同意，也会换人，以免出嫁后造成不良影响。很多和亲者在共同生活中建立了感情，所谓“先结婚，后恋爱”的情况也不少。

对历史上众多的和亲事件如何评价，历来就有不同的观点，中华人民共和国成立以后也有种种不同的意见，有的基本肯定，有的基本否定，还有的全盘否定，认为和亲是一种屈辱、妥协、投降、卖国的政策，而和亲女子都是这种政策的牺牲品。

马克思主义认为，在评价历史人物和历史事件的时候，应当把他们放到具体的历史条件下去观察。马克思主义的活的灵魂，就是具体问题具体分析。和亲虽然是一种政治婚姻，但是

---

① 恩格斯：《家庭、私有制和国家的起源》，《马克思恩格斯选集》第四卷，第74页，人民出版社，1975年。

要看这种婚姻对社会的发展有无促进作用，对当时的人民有利还是有害。每一桩和亲是否屈辱，还要看当时双方的实力对比如何，出于什么动机和目的，当然也要考虑前往和亲的女子是否出于自愿，等等。

中国历史上的和亲主要表现为中原王朝的帝王对于边疆民族政权的君主以尚公主、降宗女、赐嫁妆的形式结为姻亲，当然也有少数民族政权君主之间结为姻亲的。这种政治联姻的背景十分复杂，更需要具体问题具体分析。但从历史发展的总体规律来看，和亲作为解决中国民族问题的方法，比起战争手段有更积极的意义。

首先，和亲有利于中原王朝休养生息，保护、恢复和发展生产力。以西汉初期和亲为例，西汉刚建立时，匈奴正处于强盛时期，而“汉兴，接秦之弊，诸侯并起，民失作业而大饥馑。凡米石五千，人相食，死者过半”。汉朝无力对付强大的匈奴，如果硬碰硬拼，不但没有胜算，而且会危及初建的政权。于是和亲成了西汉统治者明智的选择，是当时安边的重要手段。首倡和亲之策的刘敬认为，“天下初定，士卒疲于兵，未可以武服也”，和亲实为上策，与匈奴实行和亲“非惟解兵息民，亦欲渐而臣之”。[①] 这种思想从刘邦开始，中经吕后、文帝，直到宣帝、元帝，“皆用此道”。纵观汉匈和亲的历史不难发现，汉匈双方在求婚、报聘以及正式和亲中，始终强调这样一条原则：“愿寝

① 见《史记·匈奴列传》。

兵休士养马，除前事，复故约，以安边民，以应古始。使少者得成其长，老者得安其处，世世平乐。”“匈奴无入塞，汉无出塞。”[①] 和亲基本上避免了大规模战争和对峙，促进了和平友好，缓和了民族矛盾，稳定了形势，有利于双方人民休养生息。

其次，用和亲的方式解决民族间的矛盾，有利于缓和民族关系，促进民族间的了解和交流，有利于各民族的发展和进步，因此，和亲的方式就成为历史上各民族人民和统治者经过长期比较、选择而经常地、大量地采用的处理民族关系的基本方式。这也是中国历史上各民族间的战争关系所占时间很短，而和平交往时间很长的原因。从总体上看，历代中原王朝的和亲政策呈现出上下承袭、连绵相续、不断丰富、不断完善的发展趋势。回顾自周至清的和亲，影响最大、成效最显著的是汉之王昭君和唐之文成公主和亲，汉唐也是和亲最频繁的两个朝代。此后无论是汉族还是少数民族入主中原建立中央政权，他们所面临的重大政治问题和边疆问题就是如何处理、调整中原民族与周边民族特别是北方游牧民族的关系，因而他们都十分重视借鉴历史上的经验教训，批判地继承前代王朝的边疆、民族政策，其中王昭君、文成公主等和亲肯定给他们留下深刻印象。直到清代，满、蒙世代通婚的和亲成为一种相对固定的政治制度，其效果也越来越明显。

①《册府元龟》卷九七八。

第三，历史上的和亲往往不是孤立的一件事，伴随着和亲，双方都会有一系列的和平友好政策出台，例如停战息兵、解除经济封锁、开放官市民市、会盟通贡等，和亲往往成为两个民族或国家达成政治、经济、文化全面友好关系的标志。从长远来看，这对改善民族关系，增进民族之间的了解、交流、融合具有重要意义，对于中华民族多元一体格局的形成具有重要意义。

当然，我们在总体上、主流上强调和亲在客观上有积极作用的同时，必须坚持具体问题具体分析，要充分认识和亲的历史局限性，认识和亲对大多数和亲公主个人幸福的漠视，也要认识一小部分和亲的确没有什么积极作用，以及一些统治者把和亲当成权宜之计甚至欺骗手段等。总之，历史上的民族关系如何，取决于双方政治、经济、军事、文化的综合力量对比，和亲是民族政策的重要方面，但不是最重要的，更不是唯一的。

第三节　汉武帝时期对匈奴政策的演变

一、汉武帝绝和亲[①]

西汉初年对匈奴的妥协忍让为中原地区的发展赢得了时间。经过六七十年的休养生息，西汉建立了高度统一的中央集权，

① 本节参考《汉书》《后汉书》等相关资料，不再一一注明。

经济逐步发展，国力大盛，财库充实。《史记·平准书》言，至武帝初年，都城及边邑的米仓尽满，府库的财物有余；京师之钱不可点校，太仓之粟年久积至腐烂而不可食；民间的马匹到处成群。经过高祖时期平定异姓诸王，又经过文帝、景帝时期削藩和平定“七国之乱”，中原地方割据势力和旧贵族的势力都遭受极大的打击，中央集权已大大加强和巩固。从经济、政治等各方面看，抗击匈奴奴隶主侵扰的条件成熟了。而此时的匈奴自冒顿单于死后，已由发展的高峰走下坡路，实力开始减弱。在这种形势下，雄才大略的汉武帝登上了政治舞台。

公元前140年，汉武帝即位。年轻气盛的皇帝早就对汉初对匈奴的和亲政策十分不满，加以主战派大臣们的多次进言，在认真分析双方条件变化的基础上，武帝决定采取积极防御的战争政策以代替消极的和亲政策。这种方针政策的转变，意味着汉匈实力的对比发生了变化。其主观动机虽然是为了维护汉朝的封建统治，但客观上维护了民族的利益，符合人民的愿望。

元光二年（公元前133年）夏六月，汉武帝调集三十万大军，准备在马邑伏击匈奴军。然而伏兵为匈奴单于所觉察，单于引兵远遁，汉军无功而返。马邑之役实际上揭开了汉朝反击匈奴的序幕，自此汉与匈奴绝和亲。此后，汉武帝于元光五年（公元前130年）到元狩四年（公元前119年）对匈奴发动了三次大规模的进攻，即河南之战、漠南河西之战和漠北之战，并取得决定性的胜利。

二、河南之战

从元光五年卫青等奉命率大军攻击匈奴起，至元朔二年（公元前127年）汉军夺占河南地为止，习惯上通称河南之战。

元光六年（公元前129年），汉武帝经过了周密的部署之后，派李广、公孙贺、公孙敖、卫青等四位将军兵分四路从云中、雁门等地出击匈奴。但其中两路在浩瀚的大漠中兜来转去，却没找到匈奴人的踪迹；名将李广一路则遭到伏击，损失惨重，李广本人也被俘虏，在被押解的途中诈死才得逃脱。只有卫青这一路取得了胜利，然而他没有寻找匈奴主力决战，而是直奔空虚的龙城，俘获七百余人。这是汉军首次取得深入匈奴腹地、奔袭单于老巢的胜利。

当时匈奴的军臣单于见后方被人偷袭，非常恼火，兵分三路，从雁门到辽西一线对汉朝展开全面的战略性进攻，并于元朔二年占领造阳等地共九百余里。这块土地从战国时代被燕国夺取后第一次落到匈奴手中。此前的元朔元年（公元前128年），匈奴两万骑南下，攻掠汉郡，杀辽西太守，掳两千余人。后在渔阳打伤大将韩安国，迫使汉军深沟高垒，坚壁不出。可以说，汉武帝对匈奴的战争开始时并不很顺利。此时的匈奴虽然不及冒顿单于时强大，但这个骁勇的民族并不软弱可欺。

然而，匈奴此时碰到的不是一个普通的汉族帝王，而是具有雄韬伟略的一代君王汉武帝。在出击匈奴屡次失败的情况下，汉武帝在元朔二年做出一个英明的决策：放弃东部不予救援；命令李息率军北出代郡，吸引匈奴主力；另派卫青率领主力部队从云中出发，西至高阙，大规模攻略“河南地”，切断了右贤王与河套地区的联系。之后，卫青率军突然向南折回，沿黄河、贺兰山南下，赶走了隶属匈奴的楼烦王、白羊王，俘虏了数千牧民和一部分经常深入汉地的探子，另获牲畜百万余。卫青一直打到陇西才收兵。据称汉军“全兵甲兵而还”，几乎没损失一兵一卒。

汉朝人所谓的“河南地”，是指内蒙古境内黄河以南的广大地区，即以今鄂尔多斯市为中心的河套地区。这里是匈奴的发祥地，也是匈奴距离汉朝统治核心——关中最近的地区，战略位置极其重要。占领河套后，汉朝随即不惜代价地在此设立朔方郡，筑朔方城，从内地移民十万徙居朔方，充实边境。河南之战的胜利，是汉军避实就虚打法的成功战例，是汉朝的空前胜利。

元朔二年对匈奴人来说是一个噩耗不断的年份。战略要地“河南地”的失守、大片水草丰美的畜牧基地的丢失、大量人员牲畜的损亡，加上汉朝的经济封锁，使得匈奴经济大幅度衰退。匈奴的政治威望也随之降低，原先来自南、东、西、北各地各族的贡纳税赋，或减少，或断绝。在军事、政治、经济交相困迫之下，这年冬季，冒顿单于的孙子军臣单于死去。军臣单于之死标志匈奴政权由强盛时期进入了衰败时期。其后军臣单于之弟伊稚斜继承单于位，继续把东线作为进攻重点，右贤王也厉兵秣马，准备收复河套地区。

三、漠南河西之战

从元朔三年至元狩二年（公元前126年—前121年），匈、汉战争主要发生在漠南及河西地区，故称之为漠南河西之战。

元朔五年（公元前124年）春，汉武帝以卫青为车骑将军，下置六位将军，统率十余万大军，出朔方、高阙、右北平，主动向右贤王发起进攻。此时的伊稚斜单于并不能组织有效的抵抗，右贤王更是麻痹大意，“以为汉兵不能至，饮酒，醉”。汉兵昼伏夜出，行进六七百里，深夜将右贤王部围了个水泄不通。慌乱中的右贤王只得连夜逃脱，身旁仅有其爱妾一人和几百个骑兵，数万精骑无人指挥，四散奔逃。汉军追出几百里，未果而返。这一战汉军共俘获右贤王所属小王十余人，连同男女一万五千余人，牲畜以千百万计。

匈奴虽然多次受到打击，但仍时时骚扰汉疆。为此，元朔六年（公元前123年）春二月，汉武帝再次派遣大将军卫青率领六将军，将兵十余万骑，出击匈奴。这次匈奴有了准备，汉军只取得一些小的收获，“斩首数千级”，回军休整。四月，汉军从定襄出击，北上百余里攻匈奴。匈奴伏兵数万静候。这是汉匈之间第一次硬碰硬的战役，结果损失相当。这一年，汉军前后两次出定襄进攻匈奴，斩敌一万九千多人，骠骑校尉霍去病俘虏匈奴相国、万户以下二千余人。但“汉亦亡两将军”，后右将军苏建仅以身脱，而翕侯赵信被俘后投降匈奴，汉军损失兵卒六千余人（一说三千余人）。

伊稚斜单于本意是想用武力把汉军打回去，夺回“河南地”和河西牧场，守住漠南地区，但几次战役己方都受重创。究其原因，匈奴兵员、人口数额以及经济基础都不如中原，加之战线过长、互不救援、麻痹大意等，在汉军的集中攻击下损失惨重。从战略上看，不但丢失的牧场没能收回，而且漠南各地也没能保住。伊稚斜单于只得采用赵信之策，被迫退守漠北。汉军若继续进攻，必然深入大漠，届时匈奴可以逸待劳、各个击破，因而从此以后，汉匈之间在蒙古高原的竞争进入相持状态。

经过两三年休整恢复的汉朝军队，于元狩二年（公元前121年）春，再次发起了更大规模的进攻。汉军的这次出击没有选择匈奴本部，而是又一次瞄向了孱弱的西部。汉武帝封霍去病为骠骑将军，命令他统骑兵一万，出陇西向河西走廊出击。霍去病年轻气盛，进行了一次典型的釜底抽薪式无后方作战，全军不要后勤补给，完全因粮于敌。汉军经过匈奴五王辖区，转战六个日夜，过焉支山千余里，杀楼兰王、卢侯王；俘虏浑邪王子及其相国、都尉，斩首八千余；俘获匈奴休屠王祭天金人，所有拒绝投降者一概诛杀。不过汉军损失也很大，一万骑兵仅剩下三千人，无力再战，只好撤回。

同年夏，霍去病奉命与公孙敖率数万骑再出陇西，击匈奴右翼。汉武帝同时派博望侯张骞、郎中令李广率领另一支汉军“出右北平，击匈奴左贤王”，以此牵制匈奴左翼力量。这使得汉军主力霍去病所部得以长驱深入，全力攻略匈奴右翼，结果霍去病转战两千余里，俘虏五王，斩俘三万二千多。

霍去病的两次出击不但大大削弱了匈奴右地，而且引发了匈奴内部的矛盾。浑邪王、休屠王害怕单于处罚，转向汉朝寻找出路。最后浑邪王杀死休屠王，并其所部，向汉朝投降。浑邪王的投降使匈奴右地尽撤藩篱，为日后汉朝与匈奴争夺西域打下了基础。在浑邪王旧地，汉朝设置了武威、酒泉二郡，迁关东一带贫民和罪犯、囚徒前往填实。

河西走廊是东西交通要道，具有十分重要的战略地位。祁连山地区又是匈奴的天然牧场，其支脉焉支山紧扼丝绸之路要冲，不但是优良的牧场，而且盛产一种汉人称为“红蓝”的菊科植物，是匈奴妇女制作胭脂的基本原料。汉武帝在河西战役后，在此设置郡县，广建牧马场，著名的大宛马、汗血宝马、火焰驹都被放在这里畜养。匈奴人则黯然神伤，其民歌中唱道：“亡我祁连山，使我六畜不蕃息；失我焉支山，使我嫁妇无颜色。”

四、漠北之战

为了将匈奴一举消灭，士气正旺的汉军决定乘胜追击，直捣匈奴单于庭。汉武帝拟定了一个详细的作战计划，汉匈战争史上规模最大的一次战略决战就此展开，史称漠北之战。

元狩四年（公元前119年），卫青、霍去病分别率领五万骑兵分两路从定襄、代郡出击。此次出击声势浩大，光战马和后勤运输的马匹就达到了二十四万匹，另有数十万步兵紧随其后。汉武帝对本次出击抱有很大希望，期待一举征服匈奴。匈奴则按照赵信的设计，把精兵布置在漠北，等待深入腹地的汉军。

卫青率主力北进千余里，刚刚渡过大沙漠，就碰到严阵以待的匈奴主力。久经沙场的卫青临危不惧，下令用武刚车（一种带有遮盖的兵车）自环为营，然后派出五千骑兵去冲击敌营。伊稚斜单于也出动万骑迎战。霎时战场上号角齐鸣，箭矢乱飞，一片刀光剑影。汉军的运气出奇的好，战至黄昏，突然狂风骤起，沙石扑面，两军对面不能相见。卫青趁机派出大军从左右两翼迂回前进，把匈奴部队包围在了营阵之中。伊稚斜单于慌乱中只见不计其数的汉军不断涌上来，不敢恋战，于是率数百名亲兵趁黄昏之时从西北方向突围而去。两军激战到半夜，死伤相当。这时卫青才知单于已经突围，急忙派兵丢掉重装备，轻装追击。匈奴骑兵不见首领，军心大乱，四散奔逃。天明之后，卫青纵兵追杀二百余里，但单于终于逃脱。此次出塞以来，汉军共杀伤俘获匈奴一万九千多人。汉军推进至位于阗颜山（今蒙古杭爱山南端）的赵信城（此城为赵信降匈奴后所建，故名）。汉军在赵信城用匈奴积蓄的粮秣补充军需，焚烧其城及余粮后奏凯而还。

霍去病统率的东路五万骑兵，配备兵力最强，所选的都是剽悍勇猛的年轻骑士，其中还有一部分匈奴降将，熟知地形，惯于在沙漠行军作战，所以霍军很快北出代郡两千余里，在大漠上与左贤王的军队相遇。经过数次激战后，左贤王大败而逃，汉军斩首俘虏七万多人，俘获单于近臣章渠以及匈奴屯头王、韩王等三人，相国、将军等八十三人，斩杀北车耆（匈奴王号）。霍去病封狼居胥[①]，祭姑衍山（今蒙古国乌兰巴托东南），兵临瀚海（一说为今贝加尔湖）而还。

漠北决战歼敌九万余人，夺取了阴山南北的辽阔草原，汉军取得了决定性的胜利，从根本上扭转了一百多年来匈奴骑兵肆虐边塞，严重威胁中原农业区域，中原军队疲于防守的被动形势。阴山以南水草丰美，山中的优质木材是制造弓箭的上好原料；阴山以北则是一望无际的沙漠和戈壁，无法放牧，必须远迁。此役后，“自是匈奴远遁，而漠南无王庭”，匈奴对汉朝的威胁基本解除。汉朝在夺得匈奴左地之后，命令原来役属于匈奴奴隶主的乌桓族从今辽河上游南下，侦察匈奴动静，并设置护乌桓校尉一官，以监视他们，这样便切断了匈奴的左臂；同时，派遣张骞出使西域，联络月氏、大宛，并先后以细君公主、解忧公主嫁给乌孙王，拆散了匈奴在西方的同盟，以切断匈奴的右臂。此外，汉朝又在河西设置酒泉、武威、张掖、敦煌四郡，

① 狼居胥：其地不详，一说为蒙古克鲁伦河之北的都图龙山。

不断加强边防设施，把烽燧、亭障组成的边防线从酒泉延伸到玉门，又从敦煌伸展到盐泽（今新疆罗布泊）。经过这一系列的军事、政治、边防和经济上的措施，匈奴的威胁基本被解除了。

汉武帝是一位大有作为的帝王，他在位的五十四年里，紧承“文景之治”的富国强势，大力推行文治武功，对内削藩，“强干弱枝”，加强中央集权；对外开疆拓土，远交近攻，宣扬国威。从马邑伏兵开始，发动了前后将近四十年的汉匈战争，给了匈奴致命性的打击，虽然没有彻底消灭匈奴，但使匈奴从此走上了衰败之路，基本解除了长期困扰汉王朝的西北边患，大大拓展了中国北部、西部的疆土。所以，我们在谈到汉匈和亲政策的时候，必须充分肯定汉武帝反击匈奴的巨大历史作用和深远的历史影响。事实上，若无汉武帝抗击匈奴，匈奴不可能迅速走向衰落，也不可能归顺汉王朝，更不可能有西汉后期民族和解新局面的到来。汉武帝除建元六年（公元前135年）与匈奴进行过一次和亲，直到他死的近五十年里，再也不曾与匈奴和亲，而这期间匈奴向汉请求和亲的次数倒不少，可见凶悍的匈奴此时已疲于征战，实力大减，汉匈间的强弱关系发生了根本性的变化。

回顾汉初以来的汉匈关系，可以明显地看出，汉初的六七十年，匈奴强而汉朝弱，不得不忍让和亲；汉武帝以后汉朝强而匈奴弱，遂采取武力抗击；宣帝、元帝时匈奴势力日益衰落，遂反过来主动对汉要求和亲。这一变化过程，是以汉匈双方政治、经济、军事实力变化为依据的。西汉对匈奴的战争，是一场维护先进的封建制、反对落后的奴隶制的进步战争，是一场反侵略、保卫中原的正义战争。同时，通过这场战争，还解除了匈奴奴隶主对乌桓、丁零、西嗕、乌孙等各族人民的奴役和剥削（虽然这并非汉朝用兵的目的），使他们脱离了匈奴落后的奴隶制的束缚，加强了与汉族先进的封建经济文化的接触，这在当时的历史条件下是有积极意义的。

汉武帝征讨匈奴取得了历史性的胜利，而对于汉朝来说，也付出了巨大的代价，“海内虚耗，户口减半”是当时社会的真实情况。故汉武帝晚年“颇悔征伐之事”，转而采取有利于人民休养生息的政策。

第四节　匈奴英主呼韩邪单于

在汉朝的打击下，匈奴军事失利，经济残破，人口牲畜锐减，统治阶级内部的矛盾也尖锐起来。汉宣帝五凤元年（公元前57年），为了争夺单于之位，匈奴高层出现了内讧和战乱，即“五单于争立”，更是将本已千疮百孔的匈奴社会推向了绝境。值此生死存亡的紧要关头，匈奴历史上杰出的首领呼韩邪单于稽侯珊登上了历史舞台，他以卓越的政治眼光，审时度势，选择了归附汉朝。这是一次具有历史意义的选择，为以后汉匈关系的转折开创了新的局面，也挽救了濒于崩溃的匈奴民族。

一、五单于争立

要说“五单于争立”，还要简单介绍一下匈奴的单于继承制度。

据《史记·匈奴列传》中记载的匈奴早期历史，“自淳维以至头曼，千有余岁，时大时小，别散分离”，由此可以看出，头曼之前的匈奴还处在氏族部落或部落联盟阶段，社会结构很不稳定，集体选举首领是部落联盟的一大特点。但是，到头曼单于时期，单于因为宠爱新欢可以废掉冒顿的太子位置，另立小儿子，说明集体选举首领的传统方式已经成为过去，此时的匈奴单于已具有一定的独立选择继承人的权力，“公天下”正在向“家天下”过渡。

到了冒顿单于时代，虚挛鞮氏家族成为单于之位事实上的垄断者，他们有着贵族血统，有着单于位的继承权。其他如呼衍氏、折兰氏等家族由于和虚挛鞮氏家族长期的婚姻关系，也得到高官贵职。但是，这种垄断并不同于汉人的皇位继承规则，如果其他实力雄厚的家族觊觎单于位置，未必没有人支持。显然，匈奴的“家天下”制度还未像中原王朝那样成熟稳定。

一般情况下，匈奴单于是父死子继，如从冒顿单于到老上、军臣单于都是如此，但是匈奴人没有像汉人那样确定一个大家共同遵守的继承制度，也就是说，父死子继还有很多的例外。中原王朝奉行的是嫡长子继承制度，皇后的长子享有天然的继承优先权，以下依次是嫡次子、庶长子或是皇弟以及皇室宗族子弟，这都是由“祖宗家法”来规定的。在匈奴，一般情况下，单于的儿子会优先获得继承权，但他不是绝对的权威，只要有人不服（特别是有实力、有地位的匈奴贵族），这单于之位就坐不稳。匈奴单于的父死子继只是一种约定俗成的规矩，尚未成为制度。

此外，在单于的继承人问题上，阏氏的作用也不可忽视。游牧民族的妇女在生产、生活中发挥着重要作用，而且能够成为阏氏的女子其出身一般也是匈奴贵族，有相当的政治地位和家族背景，因此单于的阏氏有很大发言权。按照匈奴的习俗，单于死后阏氏要嫁给未来的单于。如果先单于选定的继承人与阏氏不和，阏氏及其娘家人也不会坐以待毙，难免有所行动。

匈奴大人会议在单于继承人的选择上起着重要作用。作为部落联盟的一种遗存，大人会议在匈奴国家政权体系中仍然有着特殊的地位。每年正、五、九月定期召开的大人会议是匈奴政治生活中必不可少的一个环节。会议的召集人和主持人是单于，如果遇到紧急情况还会临时举行。单于自己选择的继承人必须首先通过大人会议的认可。如果先单于临终没有确定继承人选或者有人对其提出异议，大人会议的重要性就反映出来了。换言之，控制大人会议者掌握着单于继承的主动权，因为大人会议至少表面上反映的是公共意志。失败者如果不低头臣服接受事实，那么争夺单于之战就会爆发。鉴于匈奴这种特有的继承现状，五单于争立大战有其爆发的必然性。

其实，早在军臣单于过世之后，父死子继的局面就被打破了，统治阶级内部爆发了一次内讧。当时军臣单于在武帝的攻击下屡次败北，匈奴急需找一位英雄重振雄风。匈奴大人们认为太子于禅年幼软弱，难当大任，而军臣单于的弟弟为人勇武、敢作敢为，因而被扶持做了单于，即伊稚斜单于。于禅丢掉了梦寐以求的单于位，无奈之下投降了汉朝。

昭帝始元二年（公元前85年），当时的匈奴单于狐鹿姑重病缠身，临终前对其年幼的儿子忧虑不已，留下遗言说："我子（左贤王）少，不能治国，立弟右谷蠡王。"单于去世后，他的正妻颛渠阏氏对右谷蠡王很不满意，遂与丁零王卫律等人合谋，封锁了单于归天的消息，拉拢卫律一系的权贵歃血为盟，擅自更改了单于遗命，准备立其子左谷蠡王为单于，即后来的壶衍鞮单于。但是狐鹿姑单于的遗言还是传了出来，狐鹿姑单于子怨恨父亲剥夺了自己的继承权，右谷蠡王因不得立也心怀怨恨，于是各率部众分归各自辖区，不肯出席龙城大人会议。左右贤王、左右谷蠡王号称"四角"，是匈奴政权的四个支柱，左贤王和右谷蠡王两个支柱都不出席大会，标志着匈奴最高统治层因争夺单于之位公开发生了分裂，开启了宣帝五凤年间匈奴大规模内讧——"五单于争立"的大幕。

壶衍鞮单于年少初立，由母亲代摄国政，可是其母不甘寂寞，行为不正。加上族内又因单于之位发生严重分裂，一下失去左贤王和右谷蠡王两大支柱，颛渠阏氏和卫律等人知道此时无力对抗汉廷，又非常害怕汉军趁势攻击，于是在始元六年（前81年），将被扣押在匈奴十九年的汉使苏武、马宏等人先后送归汉朝，试图缓和与汉朝的敌对关系，换取时间恢复日渐衰败的国力。然而匈奴族贵族生来勇猛剽悍，掠夺财富的欲望不可能完全断绝，况且对于丧失阴山以南大片水草丰美的土地毕竟是于心不甘，再加上武帝晚年宣布不再出兵远征之后，匈奴所面临的军事压力骤然减轻，于是匈奴骑兵又出现在汉朝边塞之外。但这时汉朝已不同于往昔，经过多年的苦心经营，烽燧等防御系统和交通系统已经相当完备，兵力也日渐强盛，壶衍鞮单于几次兵临城下的骚扰都以失败告终，考虑到南下已经不可能获利，于是匈奴掉转马头，向昔日的同盟者乌孙杀去。

匈奴本来想靠西域的大片土地再次成就草原霸主的地位，因而在昭、宣之际，频繁地入侵乌孙。汉与乌孙早已结成联盟，当然不会坐视不管。于是在本始三年（公元前71年），宣帝派遣十五万大军，兵分五路，与乌孙联合抗击匈奴。在汉与乌孙联军的强力打击下，本已衰弱的匈奴无力抵抗，重创之下愈加衰落。壶衍鞮单于因此对乌孙恨之入骨，于本始二年（公元前72年）冬亲率大军进攻乌孙，结果没有找到乌孙主力，只是略有掳获。但在班师的路上遇到严寒的袭击，暴风雪“一日深丈余，人民畜产冻死，还者不能什一”。乌孙趁机回师报复，东方的乌桓、北方的丁零也趁火打劫。匈奴三面受敌，极度衰弱之余又损失了数万人、数万匹马，牛羊等牲畜不计其数。

本始三年至地节二年（公元前71—前68年），蒙古草原连续发生严重的雨雪灾害，导致特大饥荒，匈奴人口、牲畜损失十分之六。在这内外交困的窘境之中，壶衍鞮单于终于心灰意冷，撒手西去。异母弟左贤王被推举为单于，即虚闾权渠单于。

虚闾权渠单于上台后，苦苦撑持着困难重重的局面，虽暂时无力侵扰汉朝边境，但觊觎汉土之心不改。神爵二年（公元前60年），虚闾权渠单于率十余万骑临近汉朝边塞狩猎。名为狩猎，实是伺机准备入侵边境。宣帝得知消息后，遣后将军赵充国率四万余骑屯守沿边诸郡，严加防备。虚闾权渠单于此时毕竟兵力衰微，不敢以硬碰硬，于是便准备遣使者赴汉议和。使者尚未出发，单于突然病发，吐血而死，甚至没有来得及指定继承人，这便给单于的继承留下了隐患。按理说，稽侯珊作为头曼单于第七世孙、虚闾权渠单于的儿子，依照匈奴单于继位的世系和习惯，他原有继任单于的权利和可能。但是，当虚闾权渠单于的执政大臣郝宿王刑未央派人驰往各地召集氏族酋长前来单于庭商讨后继单于人选问题时，虚闾权渠单于的原配颛渠阏氏和她弟弟左大且渠都隆奇密谋，乘着各氏族酋长尚未到达的时机，拥立自己的情夫、乌维单于曾孙右贤王屠耆堂为握衍朐鞮单于。握衍朐鞮单于是个十分凶残的人，他一朝大权在手，立刻大开杀戒，竟把刑未央杀死，宠用都隆奇，又把虚闾权渠单于的子弟近亲尽行黜免，以安置自己的子弟亲信。稽侯珊在这种险恶的处境下，不得不逃亡到左地（匈奴东部地区）

他的妻父乌禅幕那里做政治避难；其兄呼屠吾斯也隐身于民间，以躲避杀身之祸。

管辖西域的日逐王先贤掸与握衍朐鞮单于早有私怨，害怕有朝一日遭到迫害，遂率数万骑投降了汉朝，匈奴势力从此退出了西域。日逐王归汉，使汉朝和西域的道路彻底畅通，对匈奴的未来产生了致命影响。

握衍朐鞮任命其堂兄薄胥堂为日逐王，为了报复，还杀害了先贤掸的两个弟弟。握衍朐鞮的残暴统治，致使匈奴内部更加动荡不安。神爵四年（公元前58年）夏，乌桓出兵攻击匈奴东边的姑夕王，掳掠了大批百姓、牲畜。握衍朐鞮大怒，姑夕王恐怕单于怪罪而招致杀身之祸，遂与乌禅幕及左地贵族拥立稽侯珊为呼韩邪单于，随即发兵攻打单于庭（约在今蒙古国乌兰巴托）。握衍朐鞮倒行逆施，丧失人心，手下士兵纷纷逃跑，连右贤王——自己的亲弟弟也不愿意帮他，走投无路之下，只得拔刀自刎，其部众都归附了呼韩邪。

呼韩邪在战胜握衍朐鞮之后，于同年秋天回归单于庭，打算把单于直辖的地区加以整顿，安定各方，以便尽快恢复生产，稳定政权。故他回到单于庭仅仅数月，即行罢兵。他命左地贵人罢兵各归辖地，从民间寻回其兄呼屠吾斯，立为左谷蠡王。然而，呼韩邪在单于的宝座上尚未坐稳，逃亡到右贤王处的都隆奇就与右贤王共立握衍朐鞮从兄日逐王薄胥堂为屠耆单于，从匈奴右地发数万兵袭击单于庭。呼韩邪措手不及，兵败出走，逃归左地。屠耆单于重占单于庭后，命长子都涂吾西为左谷蠡王、少子姑瞀楼头为右谷蠡王，镇守单于庭，自己则率兵返回匈奴右地。

由于屠耆统治无方，信谗妄杀，激起各方的叛离，一场规模更大的内讧开始了。第二年（即五凤元年，公元前57年）秋天，屠耆命令原日逐王先贤掸兄右奥鞬王与乌藉都尉各率二万骑驻扎在东方，以防备呼韩邪单于。这时居住于西北地区的呼揭王与唯犁当户共同诬陷右贤王欲起兵造反自立为乌藉单于。屠耆盛怒之下，不问青红皂白就将右贤王父子一同杀掉。事后知道右贤王蒙冤而死，屠耆气愤之余又诛杀了唯犁当户。呼揭王得知消息后，大为恐惧，深知大难临头，干脆举兵反叛，自立为呼揭单于。右奥鞬王一看出现了三个单于，也不甘寂寞，自立为车犁单于。在东方防御呼韩邪的乌藉都尉也拥兵自立，自称乌藉单于。这样，加上原有的屠耆、呼韩邪二位单于，一共出现五位单于。五单于争立，将匈奴自握衍朐鞮单于当权以后出现的内讧局面推到了高潮，致使统治阶层内部及各部落之间的争斗愈加激烈。

匈奴内讧的消息传到了汉朝之后，许多大臣都主张趁匈奴内乱之机，发兵攻击，一举消灭匈奴，彻底解决边患问题。宣帝知道兹事体大，遂征询御史大夫萧望之的意见。可以说，萧望之在汉匈和平共处之事上起到了举足轻重的作用。他坚决反对出兵，认为：一、匈奴前单于多次遣使请求和亲，如今内部战乱，汉军如果趁机出兵，是不义之举；二、如果出兵，匈奴可以远避漠北，不可能一举消灭，汉军也不惯于深入大漠，长期征战，且百姓盼望安居乐业，多有厌战情绪；三、在匈奴内忧外患的境况下，如果汉廷能遣使慰问，辅其微弱，救其灾患，匈奴必然对汉廷感恩戴德，慕义臣服。宣帝非常赞成萧望之的建议，没有出兵征伐，从而避免了一场新的汉匈战争的爆发。

正当汉廷群臣在朝堂之上争论是否该出兵灭匈奴时，匈奴五单于在战场上厮杀得难解难分。车犁单于和乌藉单于兵少，屠耆决定先从他们下手，他亲自率兵攻打车犁，命令都隆奇统兵攻打乌藉。两路大军进展都很顺利，车犁、乌藉二单于无力抵抗，逃往西北故地，与呼揭合兵。为了与屠耆对抗，考虑到日逐王一系在匈奴民众中威信最高，乌藉、呼揭主动放弃单于之号，共同辅佐车犁单于。

车犁单于纠集四万兵马，再次攻打屠耆单于，但仍然落败，只得继续向西北方向逃走。匈奴西北部的战争方告一个段落，战火又在东方熊熊燃起。五凤二年（公元前56年），呼韩邪单于派遣其弟右谷蠡王，西袭屠耆单于在打击车犁单于时为防御呼韩邪西进而布置于单于庭与左地之间的屯兵。偷袭获胜，右谷蠡王“杀略万余人”。屠耆单于闻讯，怒火攻心，立刻率领六万多骑火速东归，企图一举歼灭呼韩邪。屠耆大军星夜兼程，奔驰一千多里后，人困马乏，疲惫不堪，战斗力大减，突然遭到呼韩邪大军的猛烈攻击。尽管屠耆在兵力上多于呼韩邪，但呼韩邪单于是以逸待劳，稳操胜券。一场激烈的厮杀之后，屠耆一败涂地，自杀而死。呼韩邪“遂复都单于庭”。车犁闻知呼韩邪战胜屠耆，自废单于之号，率部东归，向呼韩邪单于投降。至此，匈奴“五单于争立”的局面宣告结束，呼韩邪再次统一了匈奴。

呼韩邪虽然取得胜利，但处境仍是极其艰难。经过这场混战，匈奴人口大减，部众仅剩下数万人，牲畜损耗十之八九，人民饥饿。呼韩邪的部下左大将乌厉屈与其父乌厉温敦见匈奴大乱，遂率领数万部众投降汉朝，都被汉朝封为列侯。重归单于庭的呼韩邪，只剩残余的部众数万人，其势力衰弱到了极点。正当他着手恢复变乱后的残局时，不想屠耆单于从弟休旬王又在西部自立为闰振单于。更使呼韩邪没有想到的是在单于庭东部，曾被他一手扶持登上左谷蠡王王位、后又晋升为左贤王的兄长呼屠吾斯竟然也忘恩负义、同室操戈，自立为郅支骨都侯单于。五凤二年（公元前56年），继“五单于争立”之后，匈奴又出现三单于鼎立的形势。

五凤四年（公元前54年），匈奴人民刚从“五单于争立”的噩梦中醒来，又迎来了三单于争战。闰振单于并没有率先攻击衰弱的呼韩邪单于，而是引兵东向，进攻郅支单于。他的这一举措无异于自取灭亡，郅支兵多，很快便消灭了闰振。郅支单于新胜，士气正旺，又收编了闰振的残部，实力大增，随后就猛攻单于庭。呼韩邪毫无防备，人马损失惨重，被迫再次放弃单于庭南撤。郅支占据单于庭后，与撤到漠南地区的呼韩邪遥相对峙。在这种困难的局面和危险的处境中，呼韩邪开始考虑归附汉朝，以便挽回局面，恢复和发展生产，平定郅支，保护匈奴民族，保持自己的政权。

二、呼韩邪单于毅然决定内附

呼韩邪单于在短短的两年之中两次被逐出单于庭，部众和牲畜损失殆尽，处境非常困难。呼韩邪认真分析了当时的形势：自己新败衰弱，东西属部俱已瓦解，郅支在北，汉朝在南，不论受哪一方的攻击，都足以使他遭受灭顶之灾；如果遭受两面夹攻，危险更大。如果向郅支投降，无疑是自寻死路；若主动归附汉朝，则首先可以解除汉朝对自己的威胁，进一步可以借助汉朝的力量平定郅支，挽回败局。属下左伊秩訾王也劝呼韩邪称臣归附，遣子入侍，从汉求助，以定匈奴。呼韩邪还估计到，由于郅支仍以一个不但对自己，而且对汉朝也是敌对的势力存在于塞北，所以汉朝对他的归附是会欢迎的。事实证明，呼韩邪的分析和决策是完全正确的，他不愧为挽救匈奴民族的一代英主。

但是，匈奴自冒顿单于统一大漠以来，至此时已经在塞外称雄一百五十多年。匈奴单于被誉为“天之骄子”，号称“百蛮之长”，与汉天子分庭抗礼，平起平坐，甚至以兄自居。在汉初六十多年间，一直都是汉朝遣公主出塞，每年奉送大量财物，其实是汉朝在委曲求全，换取和平。自汉武帝以来，汉朝逐渐强大，而匈奴日益走向衰落，即使这样，匈奴仍然一边请求与汉和亲，一边侵掳汉朝边境。这一时期的几任单于虽然均表示出愿意重新与汉朝和好的意图，然而都坚持在故约的基础之上恢复和亲，决不肯臣服于汉。现在，呼韩邪单于主动要求归附汉朝，匈奴贵族和民众会同意吗？

呼韩邪深知此举关系重大，故而召集群臣与贵族商议，这立刻引发了一场激烈的争论。许多反对附汉的大臣认为，匈奴是以马上征战立国，本国之俗，本来就是崇尚气力而鄙视归附，所以才能威震百蛮、雄霸西部。匈奴壮士以战死疆场为荣。汉朝虽强，但短时间内并没有能力兼并匈奴，为什么要扰乱古制，屈辱先单于，取笑于诸国？即使附汉可以安定匈奴，还有什么脸面面对匈奴子民、再为大漠南北各族之长？以左伊秩訾王为首的赞成附汉的大臣则认为，如今汉朝强盛，西域乌孙诸国都匍匐臣服，匈奴已成孤立之势。自从且鞮侯单于以来，匈奴势力日益削弱，不能复兴，虽然表面上依旧倔强地与汉朝抗衡，但是实际上并没有得到一天的安宁。人民在无休止的战争中流离失所、痛苦不堪，早已厌倦战争。如今附汉就能安宁生存，否则将有民族覆亡的危险。呼韩邪单于不是一个眼光短浅的君王，他也不想看到自己的子民在连年战争中拼死挣扎，在血泪中守着破败不堪的残局，在绝望中颠沛流离。于是，他采纳左伊秩訾王的建议，率领部众南下，靠近汉朝边塞，并于甘露三年（公元前51年）春正月，亲自入汉觐见汉宣帝。[①]

汉朝对呼韩邪归附表示了隆重的欢迎，首先在他未至以前，即派车骑都尉韩昌为专使，先至五原郡迎接，沿途发兵陈列道上，以为宠卫，当然也有戒备的意思。既至，待以客礼，把他的地位高置于诸侯王之上，在拜见汉帝时只需称“臣”，而不必唱名。颁给他金质“匈奴单于玺”及盭绶[②]，承认他是匈奴的最高首领，也表示汉天子对臣下的册封，在法律（不成文法）形式上确定了君臣的名分，同时也确定了呼韩邪政权——匈奴地方政权是隶属于汉朝中央的藩属的政治地位。[③]此外，汉朝又赐给他大量的珍贵物品，如冠带、衣裳、玉具剑、佩刀、弓矢、棨戟、车马、黄金、钱币、锦绣、杂帛、絮等。临别北归时，呼韩邪考虑到自己实力单薄，深恐被郅支袭击，为图倚重汉朝中央的力量，并为表示对汉的忠诚和报效，因此自请愿意留居光禄塞（在今包头市西北）下，如有紧急情况，则保卫汉之受降城（故址在今内蒙古乌拉特中旗北）。汉朝为了便于约束，接受了他的请求；复遣高昌侯董忠和车骑都尉韩昌等领兵护送他出朔方鸡鹿塞（在今内蒙古杭锦后旗西），并命韩昌等驻军塞外，留卫单于，助诛不服。汉朝还以匈奴社会生产残破，

---

① 见《汉书 · 宣帝纪》。

② 盭绶：绿色绸带，用来系印玺。

③ 参阅《汉书 · 匈奴传》《汉书 · 食货志》。

人民乏食，前后调拨边谷米粮三万四千斛，以资救济。[①]

当时，郅支眼见呼韩邪附汉，并获得汉朝中央的大力支持，深恐遭受呼韩邪和汉朝的联合进攻，故也遣使入汉奉献，并送侍子入朝，以示友好，同时不无伺机离间汉与呼韩邪的关系之意。汉朝当时采取了兼容并蓄的态度，对双方都实行羁縻。因此对郅支使者也很优待。呼韩邪对郅支的动态当然十分注意。甘露四年（公元前50年），他遣使入汉奉献。翌年（黄龙元年，公元前49年），他第二次亲自入朝，力图确保和加强与汉的关系。汉朝对他的礼遇和赐赠如初。汉元帝初元元年（公元前48年），汉朝基于呼韩邪的请求，又拨给他谷米二万斛。永光元年（公元前43年），时郅支已离漠北西徙中亚，汉朝又依从他的意愿，准他北归单于庭。呼韩邪对汉的归附是真诚的，北归单于庭之前，呼韩邪和汉将韩昌、张猛俱登诺水东山，刑白马，饮血酒，立下盟约，其词曰："自今以来，汉与匈奴合为一家，世世毋得相诈相攻。有窃盗者，相报，行其诛，偿其物；有寇，发兵相助。汉与匈奴敢先背约者，受天不祥。令其世世子孙尽如盟。"他与汉朝的关系始终是友好的。

郅支无隙可乘，且见汉朝出兵、谷帮助呼韩邪，自度无力征服呼韩邪，乃于初元五年（公元前44年）向西迁徙至今

① 参阅《汉书·匈奴传下》《汉书·宣帝纪》，中国科学院考古研究所编：《居延汉简甲编》释文第74页，科学出版社，1959年。

伊犁河流域一带，并北降乌揭[1]、丁零[2]，西破坚昆（在乌揭西北），势力稍盛之后，自以为距离汉朝道远，又怨汉保护呼韩邪，遂困辱汉使者江乃始等，后又索还侍子，并杀死护送侍子还归的汉使谷吉。同时，郅支又侵凌乌孙、大宛，欲降服康居（在今中亚哈萨克斯坦东南部），企图得此三地，作为与汉争夺西域的基地。结果于元帝建昭三年（呼韩邪二十三年，郅支二十一年，公元前36年），为汉之使西域都护、骑都尉甘延寿及副校尉陈汤所刺杀。[3]

郅支一死，匈奴与汉敌对的势力最后被消灭。而匈奴内部自握衍朐鞮单于以来二十余年间的变乱局面，通过汉朝中央政府的力量和帮助，遂告结束，匈奴从此复归于统一达一百余年，至东汉初又再分裂。郅支单于由于采取与汉敌对的态度，坚持与中央分裂的方针，最后自取灭亡。而呼韩邪坚持正确的归附汉朝的方针，不但巩固了自己的政权和地位，而且使匈奴民族得以统一和稳定，他不愧为匈奴的杰出领袖。

郅支既诛，呼韩邪单于且喜且惧。喜者，以郅支已诛，政敌清除，无复后患；惧者，以郅支作为一个牵制汉朝的力量既不存在，而汉力威强，己身孤弱，今后或不免因得罪而

---

① 乌揭：在今中亚额尔齐斯河上游及我国新疆北部一带。

② 丁零：指西丁零，在今额尔齐斯河及巴尔喀什湖之间。

③ 参阅《汉书·匈奴传》及《陈汤传》《元帝纪》。

灭亡如郅支。[①]局势促使他只有进一步倒向汉朝一边，才能确保安全。因此他上书说，常愿入汉谒见天子，只因郅支在西方，恐其前来击臣，以故未得至汉；今郅支已伏诛，愿入朝见。元帝竟宁元年（公元前33年）年正月，他入朝见汉帝，这是他第三次朝汉。汉朝对他的礼遇和赐赠如初，且加赐衣服、锦、帛、絮，皆较黄龙年入朝时多一倍。在朝见期间，他自言愿当汉家女婿，与汉朝进一步亲近。元帝遂以后宫良家子王嫱配他为妻。呼韩邪单于大为欢喜，号昭君为“宁胡阏氏”。呼韩邪回匈奴后两年（元帝建始二年，呼韩邪二十八年，公元前31年）便死去了。

三、呼韩邪单于内附的意义

呼韩邪单于作为匈奴历史上也是中国历史上的一个杰出人物，他的历史功绩是不容忽视的。

第一，在民族关系方面，他结束了汉匈两族一百五十年来（公元前201—公元前51年）的战争状态，使之转入和平、友好的关系，开创了汉匈两族团结合作的新局面，并为其后南匈奴与汉族的长期友好合作、交流融合奠定了基础，在汉匈关系史上写下了光辉的一页。

第二，在政治方面，他打破了“自三代之盛，胡、越不与受正朔”的旧传统，开了我国北方民族政权接受中央政府领导

---

① 参阅《资治通鉴》卷二十九，汉纪二十一。

的先河，从而使中原先进的政治制度和文化直接影响塞北，密切了塞北与中原的政治关系，促成了塞北与中原的统一。

第三，在经济文化方面，汉匈关系的和平友好，“关市”的畅通，不受或少受限制，使两族人民的互市和接触机会更多，匈奴人可以从汉人处获得较多的生产用品和生活用品，汉族文化可以较多地输入匈奴，从而使匈奴人的社会生产和日常生活水平较以前迅速提高，更迅速地摆脱落后状态。这种经济、文化的交流也促进了民族之间的融合。

第四，在匈奴方面，由于呼韩邪附汉，孤立了郅支，迫使他向西迁移，有利于汉朝对它的制服，从而结束了匈奴二十多年的分裂和内战，使匈奴获得了政治上的统一和社会的安定，这便为恢复社会生产和人口增长提供了条件。正是由于呼韩邪从附汉中获得了巨大的收益，所以他及他的家族对于汉匈团结友好的必要性、重要性认识得十分深刻。呼韩邪的原配颛渠阏氏曾说：“匈奴乱十余年，不绝如发，赖蒙汉力，故得复安。”呼韩邪号王昭君为“宁胡阏氏”，也正是为了强调匈奴因与汉朝团结友好而获得安宁之意。他在归单于庭时和汉使韩昌、张猛的盟约中，非常强调“自今以来，汉与匈奴合为一家”。他在弥留之际，还惇惇告诫他的子孙要遵守对汉的盟约，维持对汉的友好关系，“以报天子厚恩”。[①] 直至东汉初（公元48年）匈奴分

① 以上各引句均见《汉书·匈奴传》。

裂为南北二部时，他的孙辈醢落尸逐鞮单于为了恢复与汉的友好，仍然沿用了“呼韩邪”的称号，其原因就是“以其大父尝依汉得安，故欲袭其号”。[①] 可见呼韩邪附汉对于匈奴的影响是多么深远。

第五，呼韩邪附汉，对于汉族人民也有实际的利益。由于北边无战事，从此“边城晏闭，牛马布野，三世无犬吠之警，黎庶无干戈之役”[②]，北方人民休养生息达六十年之久。这对于汉人的生产、生活自然有很大好处。同时，由于汉匈两族经济文化的大量交流和两族人民的频繁接触，汉族文化同样受到匈奴文化的影响，汉族的经济文化生活也日益充实和丰富。例如，汉朝政府和民间的养马业空前发达，就和匈奴地区马匹的大量输入和养马术的传授分不开。西汉初年，高帝刘邦的仪仗队要挑选几十匹毛色一致的马都很困难，而到西汉末，据《汉书·景帝纪》颜师古注引《汉仪注》一书说，太仆管辖下的牧苑有三十六所，分布在北边、西边，共养马三十万匹。又据《史记·匈奴列传》记载，元狩四年（公元前119年）一战，动员官马十万匹、私马十四万匹。可见当时政府和民间养马业都很兴盛。汉朝人桓宽撰的《盐铁论·力耕》讲到匈奴的“骡驴、馲驼，衔尾入塞，驒騱騵马，尽为我畜”，可见当时养马业之盛与匈奴地区马匹的大量输入有很大关系。匈奴人来到汉朝，不但

① 见《后汉书·南匈奴列传》。大父：即祖父，指呼韩邪单于。

② 见《汉书·匈奴传》赞。晏：晚。黎庶：普通人民群众。

带来了养马等技术，而且有的还从事政治、文化等事业，被汉朝封为高官。其中最典型的例子便是金日磾。他从匈奴来到汉朝，先为朝廷养马，“马肥好”，使武帝为之奇异，便擢升他为马监，以后不断晋升，官居显要，临终前被封为秺侯。他的子孙也都在汉朝担任要职，因此匈奴金氏成为当时中原有名的赫赫望族[①]，乃至后人有诗曰：“金张籍旧业，七叶珥汉貂。”此外，在汉代的石刻艺术上，也可看到匈奴游牧生活的题材、风格的影响。例如，在今陕西省兴平市汉茂陵霍去病墓前，有匈奴题材的巨型石刻，造型生动，是珍贵的艺术品。[②]近年考古工作者在长城以南也发现了很多匈奴遗物。这些都说明了汉匈友好对汉族人民的经济文化生活也产生了积极的影响。

第六，由于汉朝在西域声威日隆，加之呼韩邪附汉的影响，西域诸国愈益尊汉，汉与西域诸国的联系日益加强，丝绸之路更为通畅。史载，自乌孙驻牧地（在今伊犁河上游区域）以西至安息（即西方史书所称的帕提亚王国，在今里海东南），地近匈奴，匈奴使者持单于书信到各地，各地传送食物招待，不敢留难。但对汉朝使者，则非出货币、物品，换不到食物；非购买牲畜，得不到骑乘。等到呼韩邪附汉后，这种情况便大有改变，各地尽都尊汉了。[③]因此，匈奴实际上成为汉文化向西方传播的中转站。

---

① 参阅《汉书·金日磾传》。

② 王子云：《西汉霍去病墓石刻》，《文物参考资料》1955年第10期。

③ 参阅《汉书·西域传上》。

第五节　昭君自请出塞和亲

一、昭君出塞是汉、匈双方的明智决策

昭君出塞是由当时的汉、匈形势决定的，是汉、匈双方最高统治者做出的明智决策，也是符合汉、匈双方人民利益的正确决策。

先说匈奴的情况。由匈奴贵族对西汉的长期侵扰所引起的战争及其失败，给匈奴带来了严重后果，而匈奴人民所受的灾难尤为深重。首先是人口与牲畜大量被俘和死亡。其次是匈奴因战败而不得不退出了许多适于游牧的地区（如楼烦王、白羊王部退出今鄂尔多斯高原，浑邪王部退出今甘肃河西走廊），被迫远走漠北寒苦无水草之地，这当然影响畜牧业生产。再次便是属部的瓦解。被匈奴征服和奴役的丁零乘弱攻其北，乌桓入其东，乌孙击其西，左地西嗕部落南投汉朝，西域各族也共起向匈奴攻击，庞大的匈奴奴隶主政权一时陷于四分五裂的状态。最后，在匈奴统治集团内部也发生了分裂和内讧。这就是上文所说的“五单于争立”和郅支与呼韩邪的战争。匈奴内部大乱，更把匈奴的部族、社会和政权推向绝境。正是在这种内忧外患的形势下，呼韩邪单于登上了历史舞台，他审时度势，毅然下定决心，从根本上转变与汉朝的关系，归附汉朝，以保存他的

政权和部族，挽救匈奴行将灭亡的危局。竟宁元年（公元前33年）春正月，他入汉朝觐见期间，自言愿当汉家女婿，与汉朝进一步亲近，于是便有了昭君出塞和亲之举。

从汉朝方面来说，对呼韩邪的归附是十分欢迎的。因为汉朝一向认为，匈奴是游牧之民，迁徙无定，很难把它制服。武帝虽成功地对匈奴进行战争，但用兵数十年，也付出了“海内虚耗，户口减半”的巨大代价。现值匈奴内乱，呼韩邪主动归附，汉朝自然喜出望外。况且当时郅支单于仍在塞北威胁汉朝，故接纳呼韩邪并以之牵制郅支，这正符合汉朝定安北方的基本政策。

在汉朝内部，围绕对匈奴政策也有激烈的争论。如在汉宣帝五凤年间“五单于争立”时，有许多大臣就认为匈奴为害日久，主张乘其内部大乱之机，举兵把它彻底消灭。但是老臣萧望之主张“吊其民、辅其国”，以德收服匈奴。宣帝听从萧望之的意见，以宠礼接待了呼韩邪，并派兵帮助他稳定政权。汉元帝继承了宣帝的和平政策，进一步加强了汉与匈奴的友好关系。在这种形势下，他决定命王昭君出塞和亲，并无屈辱色彩，而是汉匈两族进一步和平友好的象征。

当然，我们这样说，并不等于认为汉匈两族由战争走向和平，完全归功于王昭君个人的作用，而只是说汉匈两族在经受长期战争折磨之后，双方的社会、政治、经济、军事各方面都发生了明显的变化，实力对比不同了，这才是汉匈关系转向和平并进一步发展的根本原因。在汉匈由战争走向和平的道路上有很多标志，如宣帝甘露三年（公元前51年）呼韩邪初次来朝及黄龙元年（公元前49年）的第二次来朝都是标志，但当时双方更多的是相互戒备、相互试探，因为双方战争、对峙长达一百五十多年，很难因为一两次朝见就达到高度互信。而元帝竟宁元年（公元前33年）呼韩邪单于的第三次来朝，双方的和平友好意愿已然经过一定的考验，呼韩邪单于的真诚取得了汉朝的信任，他希望当汉朝女婿的愿望才得到批准。因此，以昭君出塞和亲这个喜庆大事为标志，不但汉和匈奴的和平友好关系达到了高潮，而且在此后的五六十年中，也一直是通过王昭君及其子女、亲属，把这种友好关系继续维系的。一个人物、一个事件能够成为历史发展的某种标志，虽有其偶然性，但更多是必然性决定的。故昭君出塞能够成为汉匈友好交往史上最深入人心、最鲜明、最显赫的重大标志之一，是有其必然性的。

王昭君出塞和亲是由呼韩邪主动请求，经汉元帝批准才得以实现的，因此有必要对汉元帝这个人物略做介绍。

汉元帝，名刘奭，公元前48至公元前33年在位。他是汉宣帝与许皇后所生。史载他的性格从小有些软弱，优柔寡断，所以有时被宦官、佞臣如石显之流钻空子，但从总体上看，他还不失为一位较好的皇帝。他是一位守成之君，虽没有开国之主如高帝、中兴之主如宣帝那样有所作为，至于像武帝那样有魄力、有韬略的君主，他更是望尘莫及，但在他当政时，周围的忠臣良将还不少，汉朝的国力仍能保持鼎盛之势，汉朝的声威仍远及西域及中亚。直到他的儿子成帝继位后，汉朝的国势才开始走下坡路。班固的父亲班彪在《汉书 · 元帝纪》赞中说：“臣（班彪）外祖兄弟为元帝侍中，语臣曰：元帝多材艺，善史书，鼓琴瑟，吹洞箫，自度曲，被歌声，……少而好儒，及即位，征用儒生，委之以政。”班彪还说元帝“牵制文义，优游不断。然宽弘尽下，出于恭俭，号令温雅，有古之风烈”。可见元帝的确是个多才多艺、温文尔雅的皇帝，所以很容易被后人描写为风流倜傥的多情种子。

在处理汉匈关系上，汉元帝是比较明智的，采取的政策也是正确的。他的师傅萧望之一直主张和平友好地对待匈奴，他可能从小就受到了这方面的影响。如对诺水之盟的问题，当时有的大臣认为韩昌、张猛未经请准朝廷，擅自与呼韩邪盟誓，是“羞国家，伤威重”。但他仍不令解盟，并同意了呼韩邪北归单于庭。在单于求亲的问题上，他同意昭君出塞，使汉匈关系进一步和好，说明他在政治上是有远见的。在和亲以后，呼韩邪曾上书提出撤去汉朝边防，由他负责代为守卫，以省边戍之劳费。汉臣廷议，多以为便。独郎中侯应反对，提出“十不可”的理由。元帝采纳侯应的建议，下诏“勿议罢边塞事”，说明他的政治头脑是清醒的。当王昭君以惊人的美貌，“丰容靓饰”，出现在临辞大会之时，元帝也许会感到吃惊，并为他没有及早发现这个美女而感到遗憾，但是这种情绪，未必像后代文学家们所描写的那样夸张，被悔恨和嫉妒折磨得丧魂失魄。他毕竟保持了大汉天子的威仪，以国事为重，以大局为重，批准了昭君出塞。在遵守诺言方面，他也是明智的，并不像有些皇帝那样重色轻国、昏庸糊涂。总之，在汉匈和亲问题上，他是个因势成事的正确政策的制定者和执行者。

当然，汉元帝也像一般皇帝一样，拥有“后宫粉黛三千人”。我们不可能对封建皇帝的私生活提出过高的要求，因为甚至连武则天那样杰出的女皇帝也有不少男宠。这种情况是封建君主专制制度造成的。因此，只要他不超过一定的限度，不因荒淫无度而败坏朝政，影响国计民生，就应从时代和阶级的局限性去理解。故对于元帝后宫嫔妃众多，以致昭君入宫数岁不得召见，不宜做过多指责。

由于牵扯到对昭君出塞的评价，汉元帝往往被历代文人批评、指责，甚至被当作昏君的典型，这对汉元帝来说有点儿冤。如宋朝司马光《和王介甫明妃曲》说：“目前美丑良易知，咫尺掖庭犹可欺。君不见白头萧太傅，被谗仰药更无疑。”司马光不但指责他不辨美丑，而且批评他不辨贤愚。萧太傅即主张与匈奴和平相处的萧望之，宣帝时官居太子太傅，宣帝病危时遗诏命他辅佐元帝。他劝元帝注重文教，减轻赋税，后来却被宦官石显等人诬陷，被迫饮药自杀。诗人感叹萧望之一生忠贞，却被谗屈死，而昏庸的皇帝竟没有一点儿怀疑。司马光正是借此斥责君王不明、贤臣被黜。他以史家的春秋之笔，直言而达理地总结了历史的经验，发出了人生的感叹。

二、昭君是自愿请求出塞的

昭君出塞和亲是否自愿，这是史学界、文学界长期争论不休的问题之一。据范晔《后汉书·南匈奴传》记载："初，元帝时，（昭君）以良家子选入掖庭。时呼韩邪来朝，帝敕以宫女五人赐之。昭君入宫数岁，不得见御，积悲怨，乃请掖庭令求行。呼韩邪临辞大会，帝召五女以示之。昭君丰容靓饰，光明汉宫，顾影徘徊，竦动左右。帝见大惊，意欲留之，而难于失信，遂与匈奴。"这一段史料，言之凿凿，说明昭君的确是自愿向掖庭令求行的。反对者的理由，主要是认为昭君作为封建时代宫女，既知塞外生活艰苦，不可能有自愿请行的觉悟，并进而怀疑《后汉书》的可靠性，认为《后汉书》所载自愿请行的事，《汉书》却记得十分简略，只写作"元帝以后宫良家子昭君赐单于"[①]，论者认为"赐"便是被迫的。

我们认为，首先，《汉书》《后汉书》均为世所公认的信史，不能轻易否定《后汉书》的可靠性。第二，《汉书》用"赐"字，主要是为了突出汉朝对于匈奴的正统地位和君臣关系，汉朝强调自己是正统，是君，用一个"赐"字，高低立见，这里并不涉及昭君是否自愿问题。第三，用"赐"字未必都是被迫，"赐"

① 见《汉书·匈奴传》。

是从元帝对匈奴角度说的，“自请”是从昭君个人角度而言，二者并不矛盾。昭君请行，元帝赐行，正顺理成章之事。

范晔所记和班固所记大同小异，小异主要在于一详一略。这样就产生了一个问题：距离昭君其人其事近的，何以记载略；距离昭君其人其事远的，记载何以反而详？何以辩证范晔和班固的小异之处？

毫无疑问，所有的历史事实都只发生过一次，但对这些历史事实的书写却可以反复进行。同样的史实，司马迁写过，班固又去写；班固写过的，范晔又去写。“只要时间是现实的一个组成部分，现实就会经历连续的变化，使得历史的不断重写成为必要。”[①]何况前史不详，后史补记，乃史家常规。所有严肃的史家都把陈述历史的真相当作终极目标。然而愿望不等于现实。由于史家多半不能直接经历历史，于是历史的叙述、解释就要受到史家历史意识、历史观念的制约，这就使历史与人们对它的认识、评价之间的关系变得复杂和多样化，因而对文字书写的史实需要考辨，并且对历史的解释往往成为主导阶级的“权力话语”。这是我们对同一史实的叙述详略异同不一的一个理论上的回答。

下面回到具体问题上来：班固和范晔所记昭君事迹何以一略一详？一是历史意识、妇女观不同。班固是比较正统的儒家，

---

① 布鲁克·托马克语，转引自陈惇等主编：《比较文学》，高等教育出版社，1997年，第328页。

他的记载着眼于汉匈两族关系，对一个出身平民、待诏掖庭的宫女是否自愿和亲是不太重视的，记载比较简略可以理解。《汉书》虽没有直接记载昭君自愿请行的事，但多有汉匈双方利用昭君的关系发展友好联系的记载，其写作角度更着重于两族关系大局。《后汉书》的作者范晔思想上有不同于班固的一面，他曾喝得大醉去听挽歌，曾拒绝为皇帝弹琵琶。他的妇女观也相对进步，在他以前的史书中并没有单独地突出妇女地位，而《后汉书》却首先开辟了《列女传》的专传，记载历史上杰出女性的事迹。他对王昭君这样的杰出妇女给予更多的笔墨，是理所当然的。二是所处的时代不同，政治主张不同。班固一向认为“和亲无益”，因而对昭君和亲兴趣不大，所以记载简略，虽然他也不认为昭君和亲有什么屈辱。范晔呢，身处南朝刘宋朝，其时民族矛盾尖锐，南方汉族多受北方少数民族政权的侵扰，反对和亲是主流意识。而范晔却敢于逆主流而动，偏偏写了一个和亲成功的范例，详记昭君事迹。从这个意义上讲，我们宁肯相信范晔叙述的真实性，因为他不人云亦云，却有胆有识，而且在运用史料上他也会更谨慎小心，以免授人以柄。《后汉书》成书虽晚于《汉书》，但距昭君出塞亦不过三百年，当时史料尚存较多，文中所记除昭君自愿请行，还有许多细节为《汉书》所不载，未必皆不可信。三是叙史风格不同。班固的《汉书》以凝练著称；而就上述征引的文字看，范晔的《后汉书》带有明显的六朝文风，所写昭君“丰容靓饰，光明汉宫，顾影徘徊，竦动左右”，乃文学家笔法，注重描绘、渲染，而“帝见大惊，意欲留之”更是直接的心理描写了。

总之，二史记此事大体轮廓相同，《后汉书》只补充了细节，并非凭空杜撰。唐人刘知几撰的《史通·外篇·古今正史·后汉书》中说，范晔“广集学徒，穷览旧籍，删烦补略，作《后汉书》”。还有资料说，在范晔之前，伏无忌、黄景等人曾作《南匈奴传》。可见范晔所写，必有所本。而这段昭君请行的记载又合情合理，其基本框架，特别是自愿求行、临辞大会、光耀汉宫等史实，是不会虚构的。因此，轻易否定《后汉书》的可靠性，是缺乏说服力的。宋人王楙《野客丛书》便认为：“此事前汉（书）既略，当以后汉（书）为正，其它纷纷，不足深据。”这是一种尊重历史的态度。

评价历史人物，要根据史料，实事求是，既不能抬高古人，亦不可低估古人。以封建社会一位普通宫女不会有自请出塞和亲的觉悟，来论断自愿请行之不可能，只不过是推测之辞。其实中国从远古时代起，就有一些为国家、为民族利益而勇于牺牲个人的杰出妇女，“位卑未敢忘忧国”，正是中国人民自古以来的美德，例如《诗经·载驰》中的许穆夫人，战国时的西施，刘向《古列女传》所记的漆室之女倚柱悲啸、曲沃之妇款门上书，更有与王昭君同时代的女外交家冯嫽等。

三、昭君自请出塞的原因

从昭君个人的独特遭遇来看，她自愿求行也是有原因的。

其一，她出身于民间，具有劳动人民善良质朴、吃苦耐劳的优秀品质，养成了坚定顽强、正直不阿的性格，因此她敢于面对塞外生活的各种艰难困苦。

其二，范晔说昭君“入宫数岁，不得见御，积悲怨”，这正是她自请出塞的思想基础之一。古代帝王挑选宫女动辄以千百计，故白居易形容唐玄宗有“后宫佳丽三千人”。像秦始皇那样的皇帝，后宫佳丽亦为数不少，因此杜牧在《阿房宫赋》中说秦皇妃嫔中“有不得见者三十六年”。故在封建皇帝的后宫中，除了极少数争媚斗艳、侥幸得宠者，绝大多数宫女都不免白白地葬送青春，老死深宫；即使四五十岁后被放出宫，也不可能再找到什么“如意郎君”。唐代大诗人白居易《上阳白发人》所写“上阳人，上阳人，红颜暗老白发新。……入宫十六今六十”，正是她们悲惨命运的真实写照。因而，自古以来，大多数人都把被选入宫看作是生离死别的人间惨剧。故昭君入宫，数岁不得见御，是丝毫也不稀奇的。

还应该指出的是，宫女即使受到宠爱，被封为妃嫔，也不过是皇帝手中的玩物，甚至贵为皇后、宠妃，往往也并没有好下场。《汉书·外戚传》说：“外戚后庭，色宠著闻二十有余人，然其保住全家者，唯文、景、武帝太后及邛成后四人而已，……

其余大者夷灭，小者流放。"《后汉书·皇后纪》还说："自武、元之后，世增淫费，至乃掖庭三千，增级十四。"即在宫中成千的美女中，能够排上地位、有头衔的就有十四个等级。而昭君入宫数年，连这个长长的阶梯也没排上，还在掖庭待诏。以"待诏"地位希冀君王临幸，自然是渺茫无期的。而从昭君性格来看，她久居深宫，深悉其中黑暗，不以受君王宠爱为荣。为了追求美好的人生，追求人格的尊严，希望脱出这禁锢人生的"黄金牢笼"，避免"上阳白发人"的悲惨命运，这种"悲怨"也是情理中的事。恰在这时，有了单于求亲的机会，使她有了正当、堂皇的理由，她的奋起自请出塞，当然是意料之中的选择。

其三，昭君久住皇宫，对当时汉匈关系的重要性，对汉匈友好的政治意义，不能没有一定的认识，这是她自请出塞和亲的另一个思想基础。史载，建昭三年（公元前36年）冬，甘延寿、陈汤斩郅支单于首，"传诣京师，悬蛮夷邸门"。建昭四年春正月，"以诛郅支单于，告祠郊庙，赦天下。群臣上寿置酒。以其图书[①]示后宫贵人。"建昭五年，呼韩邪上书，"愿入朝见"。翌年，元帝为庆祝郅支伏诛和呼韩邪来朝，下诏改元"竟宁"。[②]以上这些都是轰动朝廷、烜赫全国的大事，昭君不可能不知道，特别是那些遍示后宫的"讨郅支图书"，她更有机会看到。因此她对汉与匈奴关系之为友为敌、利害得失，在思想上不能没有一

①颜师古注引服虔谓"讨郅支图书"。

②以上均见《汉书·元帝纪》。

定的感想和认识。所以，当呼韩邪单于要求“婿汉氏以自亲”，汉元帝下令选宫女去和亲时，昭君自然会知道呼韩邪已不是汉朝的敌人，而是第一个款塞入朝的匈奴单于，是一个致力于汉匈友好的匈奴领袖，嫁给他并不是什么可耻的事。这时，她挺身而出，慷慨应召，自愿扮演一个和亲使者的角色，去肩负巩固和发展汉匈友好关系的重大使命，就是非常自然的了。

其四，王昭君对匈奴生活的艰苦，当时亦有所闻。她一个弱女子背井离乡，远嫁异域，对可能遇到艰辛困苦，不能不有所考虑。况且她身担维护汉匈关系的重担，更需好好掂量。在这种情况下，她更多地想到国家和民族的利益，总会觉得汉匈和平比战争好，以自己一身的远嫁来巩固两国的和平友好比幽闭长门、做白头宫女要有价值得多。她以为国吃苦为荣，把谋求自身的解放和谋求为国效力统一起来，所以才毅然做出自请和亲的重大决定，并在临辞大会上“丰容靓饰”，以表示自己的决心和郑重的态度。这正好表现出昭君是一个具有独立人格和反抗精神，自愿献身民族和平友好事业，有见识、有主意、有勇气、有理想的女子。她的见识远远超出一般因循苟安的凡庸女子，甚至在某些方面超出一般见识短浅、胸无大志的男子。清人陆次云《北墅绪言·明妃辩》就说：“明妃之请适单于，欲为汉帝纾北顾之忧也。其意以为和亲之举，以一女子足以代数万甲兵，亦何惮而不往？与其老死于长门永巷之中，奚若建功异国之为得乎？……至和亲之后，数十年无烽火之警者，谁之力哉？良以曲琵琶而消鼙鼓也。逮其殁，黄茅白苇之中，一抔之土，长芳菲而不歇。天地不能易其气，山川不能隐其意，寒暑不能移其情，霜露不能变其色。与文墓之蓍，孔陵之桧，徐君剑形之草，仲卿连理之树，武穆向南之枝，同昭回于今古。"他对昭君出塞的评价，着眼于肯定其高尚的爱国动机，甚至把她与周文王、孔子、岳飞等相提并论，这是有一定道理的。

另外，从汉朝君臣方面来看，对和亲女子的选择向来是极为慎重的，特别是对待第一位前来归附汉朝的匈奴单于，绝不会轻率决定人选。过去的和亲多用宗室贵族女子，为什么这次单单选用良家子出身的普通宫女？这一方面是因呼韩邪为主动前来归附的藩臣，无须选送宗室贵族公主；另一方面则因昭君自愿请行，态度坚决。这也说明她对汉匈和亲的政治意义有一定认识。假如昭君不自愿报名或者毫无政治头脑，甚至自暴自弃，视和亲为绝路，汉朝绝不会选她出塞。这也是昭君自愿请行的一个反证。

马克思主义者是动机与效果的统一论者，坚持实践是检验真理的唯一标准。我们从昭君出塞后的表现和效果来看，也可以证明她是自愿请求出塞的。这一点可以通过汉代的另外一位和亲公主细君来比较一下。

汉武帝时期，为了拉拢乌孙，牵制匈奴，武帝封江都王刘建的女儿细君为公主，下嫁昆莫（乌孙王号）。这次联姻非常隆重，武帝赐给公主乘舆和其他御用物品，准备了极为丰厚的妆奁，并配备了属官、宦者和侍御数百人随公主遣嫁。昆莫立细君公主为右夫人。然而，这隆重的政治联姻背后是细君公主的悲悲戚戚。由于细君的出塞和亲是被迫的，所以和亲后的表现也与昭君不同。《汉书 · 西域传》记载，细君公主到达乌孙后，语言不通，生活很不习惯。这时昆莫已年老，两人虽有夫妻之名，却无感情可言，公主自置宫室独居，一年中与昆莫会见一两次。远离家乡父母，身处异邦的细君，悲不自胜，她还作了一首歌，歌曰："吾家嫁我兮天一方，远托异国兮乌孙王。穹庐为室兮毡为墙，以肉为食兮酪与浆。居常土思兮心内伤，愿为黄鹄兮归故乡。"[①] 歌中细君公主希望化作黄鹄，飞回汉土。这种愁眉苦脸、唉声叹气的情绪和表现，比起昭君那种慷慨激烈、胸怀广阔的气度，真是有天壤之别。这恐怕与她们一个出身贫民、一个出身贵族有关吧！

当然，昭君出塞时的心情，以常理推之，不会是单纯的"笑盈盈"，更不会是单纯的"哭泣泣"。她的心情一定是很复杂的，应该说是喜亦有之，悲亦有之，壮更有之。喜的是能以弱女之身为祖国安宁、汉匈友好贡献力量，同时也脱出了终身处于禁宫的苦难；悲的是远离故国、远离父母，思乡念亲，难免感叹，当然其中也会夹杂着对不习惯塞外生活的担忧；更主要的应该是勇于牺牲、知难而进的壮烈豪情，是决心迎接艰难生活的考验，肩负起民族友好重任的雄心壮志。我们觉得只有这样来理

---

① 见《汉书 · 西域传》。

解昭君，才会是历史的、辩证的、入情入理的。

自请出塞是昭君人生的伟大转折点，是昭君优秀性格的集中体现。她从困境中看到并抓住机遇，在生命的长河里奏响了高亢激昂的人生乐章。命运就是这样，只要你寻找，机遇和可能总会有的。呼韩邪提出愿意“婿汉氏以自亲”，王昭君抓住了这个难得的机会，“请掖庭令求行”，得到元帝批准。昭君此举，惊世骇俗，在当时一般人看来不好理解，其实正是昭君性格的必然体现。王昭君，一个出身平民的柔弱女子，承负着两族人民要求和平的共同心愿，毅然从江南水乡走向了塞北的风霜雨雪；她也因此名垂青史，活在世世代代的各民族人民心中。昭君出塞不同于以往的和亲，她不再是汉朝政府妥协求和的政治工具，而是双方真诚和平友好的开端和象征。自此之后六十余年，战火停息，双方经济文化往来频繁，两族人民的生产和生活有了和平安宁的社会环境。

第六节　昭君出塞是当时轰动中外的重大喜事

发生在竟宁元年（公元前33年）的昭君出塞和亲，尽管年代久远，我们仍然能够从一鳞半爪的历史资料、文学作品、出土文物等方面看出，对于当时东方最强大的两个国家——西汉和匈奴来说，都绝对是惊天动地的大事、喜事；对于其他国家，特别是西域各国来说，也是引起轰动的重大事件。

一、临辞大会 光明汉宫

关于昭君离开汉宫前往匈奴时的情景，史料记载很少。《后汉书》以细腻的抒情手法记载了王昭君在临辞大会上的表现。此段前文已引，不再赘述。文中这段著名的描写，虽不足五十字，却传诵两千年，因为它把一个活生生的昭君呈现在了我们面前。

呼韩邪单于将要告别长安，回到匈奴。临行前，汉朝为他召开盛大的送行宴会。除了汉朝和匈奴双方的大臣，必然会有汉朝周边各国的使节参加，其中西域各国与汉和匈奴关系最为密切，他们的使节对此事当然更为关注。汉朝和匈奴要通过这次盛大宴会向全天下宣告双方和平友好关系的建立，而大会的高潮无疑是昭君的出场亮相。“丰容靓饰，光明汉宫，顾影徘徊，竦动左右”十六个字，可谓字字千金。“丰容靓饰”写昭君本来就容貌很美，再加上精心装饰打扮，更加美貌绝伦。昭君以精心打扮表示了自己的决心、诚意以及郑重的态度。“光明汉宫”写昭君一出场，立刻使嘈杂的汉宫大殿光明起来，安静下来，每个人都觉得眼前一亮，每个人都被昭君的美丽震撼了。“顾影徘徊”这四字写昭君在千万双眼睛的注视之下有点儿不好意思，她稍稍回头，似乎在看自己的身影，似乎想向前走又有点儿娇羞。她还没有说话，仅仅这个无意识的小动作，便使汉宫中前后左右的数千宾客个个伸长脖子，踮起脚尖，屏住呼吸，鸦雀无声地向她行注目礼。“竦动左右”就是描写这种令人震撼的场景。也许，所有的溢美之词用在昭君身上都不为过，否则就不会出现那种前后左右所有的人都被昭君之美震撼的场面。我们可以想象，大臣们顾不得失礼，目光呆滞，直射昭君：人间怎么会有如此超凡脱俗的仙女？皇帝怎么会舍得？我们可以想象，呼韩邪喜出望外，手舞足蹈，开怀畅饮：如此天仙般的女子，元帝竟然舍得拱手相送，说明汉朝是真心诚意对待匈奴，此后匈奴人民可以过上安宁和平的日子了。我们可以想象，汉元帝呆若木鸡，魂飞天外，目瞪口呆，惊诧至极。在那一系列失态的行为中，包含了多少复杂的内容，是惊艳，是爱慕，是懊悔，是犹豫，抑或是恼羞成怒？在短暂的思想斗争之后，他恢复了头脑清醒，“帝见大惊，意欲留之，而难于失信，遂与匈奴”，维持了一个大国之君的体面和信誉。

总之，正是这为数不多的几十个字引起了后世人们无限的遐想。历代诗词家、小说家、戏剧家、音乐家、画家都根据这段描写，驰骋想象，虚构出无数故事，创作出无数作品。有的说，汉元帝与王昭君会后单独相见，元帝激动得不能自控，许以昭君荣华富贵，欲留下昭君。可昭君平静地以国事为重相对，劝元帝以大局为重。元帝只得忍痛割爱，送走王昭君，之后就把怒气都撒在毛延寿身上。也有人说，汉元帝心生悔意，千方百计阻止昭君出塞，但呼韩邪单于与王昭君一见钟情，因为两人都有共同的心愿，那就是愿汉匈和平共处，所以他们排除一切阻力，终于离开汉宫。还有人说，汉元帝自昭君走后日思夜想，从此不理别的嫔妃，后来派人去昭君故里寻找到昭君的同胞姊妹……我们不必责备文人们的想入非非，胡乱演绎。这种现象说明一个历史事实：王昭君出塞是一件轰动天下的大事，因为她在汉匈和平相处上做出了巨大贡献，所以人们愿意细细品味她的故事。 由于史料的缺乏，后世的文人创作有了很大的发挥空间，也产生了很多的争议。波普尔说："不可能有一部'真正如实表现过去'的历史，只能有各种历史的解释，而且没有一种解释是最后的解释，因此每一代人有权利去做出自己的解释。每一代人不仅有权利，并且也有义务去这样做，因为的确有一种迫切的需要等着解决。"[①] 昭君出塞的故事也是如此。文学家们面对这个题材时都有他们自己的独特视角，也有他们自己的兴奋点和立足点，每个时期的文学家也会按照自己的方式来观察和重新解释这个故事，因而就有了多姿多彩的昭君故事，各家各显本领，是昭君故事流传千载不可缺少的媒介。

二、年号改"竟宁"　阏氏号"宁胡"

昭君出塞，作为一种和平友好的象征，在当时是一件轰动天下的大好事，这不但是我们的主观分析，而且为许多史籍和出土文物所证明。

---

① 转引自田汝康：《现代西方史学流派文选》，上海人民出版社，1982年，第155页。

昭君出塞的公元前33年本为元帝建昭六年，但为了纪念昭君和亲，元帝下诏改元为“竟宁”。改元诏书说：“呼韩邪单于不忘恩德，向慕礼义，复修朝贺之礼，愿保塞，传之无穷，边陲长无兵革之事，其改元为竟宁。赐单于待诏掖庭王嫱为阏氏。”[①]《汉书·元帝纪》颜师古注引应劭语：“呼韩邪得昭君，边竟（境）得以安宁，故以冠之也。”古代“竟”“境”二字相同，故“竟宁”即“边境安宁”之意。可见汉朝方面对此事的隆重态度，也可见汉朝对昭君和亲寄予的殷切期望。

考察中国历史，因为和亲而改元的事，仅仅发生过这一次。所谓改元是指中国封建社会皇帝即位时或在位期间改换年号，每个年号开始的一年称元年。新皇帝即位后，都要改变纪年的年号，称为“改元”。同一皇帝在位时也可以改元，如汉武帝改了十一次年号，唐高宗用过十四个年号。唐玄宗即位初年改元“先天”，这年即称“先天元年”，后改元“开元”，又改元“天宝”。到了明代以后，每个皇帝一般只用一个年号，于是人们就用年号来称呼皇帝。如明成祖朱棣年号是“永乐”，就称他为永乐皇帝；清圣祖玄烨年号是“康熙”，就称他为康熙皇帝。由此可见，改元在古代绝对是国家政治生活中的大事，从最高统治层到一般民众都非常重视。汉朝朝野上下都把昭君和亲视为国家实现边境和平安宁的吉祥标志，并且以改元“竟宁”加以庆

① 见《汉书·元帝纪》。

贺，足见昭君和亲的轰动效应。

从匈奴方面来说，元帝以昭君嫁给单于，“单于欢喜”，封昭君为“宁胡阏氏”。《汉书·匈奴传》记载：“单于欢喜，上书愿保塞上谷以西至敦煌，传之无穷，请罢边备塞吏卒，以休天子人民。”“王昭君号宁胡阏氏，生一男伊屠智牙师，为右日逐王。”《汉书·元帝纪》颜师古注说：“言胡得之，国以安宁也。”在秦汉时期，“胡”一般专指匈奴而言，这句是说，匈奴得到昭君，国家便得以安宁，因此给昭君的封号是“宁胡阏氏”。阏氏，匈奴语，单于妻子的称号，司马贞《史记索隐》：“匈奴皇后号也。”“宁胡阏氏”，即给匈奴人带来和平安宁的皇后。从这一封号足见呼韩邪单于和匈奴广大民众对王昭君的高度评价和殷切期望。值得注意的是，无论是汉朝还是匈奴，在改元或冠号时都强调了一个“宁”字，边境安宁也好，国家安宁也好，总之是进行了百年战争的双方终于实现了和平、安宁，双方都希望这种和平、安宁持续下去。显然，无论是汉元帝还是呼韩邪单于，都充分意识到，昭君和亲不仅是单纯的民族间的联姻，还是有着政治、军事、文化、经济等诸方面的巨大意义的。

三、诗人盛赞颂 瓦当会说话

在汉朝和匈奴人民中间，昭君和亲同样引起强烈的反响，因为在长期战争中，受害最深的是双方人民群众，生命、财产损失最大的也是双方人民群众，因此最盼望和平、安宁的就是双方人民群众。当昭君和亲的喜讯传来，双方人民欢欣鼓舞，自发地进行了各种庆祝活动。汉朝人民，特别是边郡民众为庆祝昭君出塞，专门制作了各种纪念品、吉祥物。这些吉祥物流传下来的有鸳鸯砖、瓦当等，是当年边郡居民建筑房屋的遗存。清德宗光绪十五年（公元1889年），归化城（今呼和浩特市）曾出土“单于和亲、千秋万岁、安乐未央”十二字汉代鸳鸯砖（正反两面，一面阳文，一面阴文）。此砖为两江总督端方所得。辛亥革命前夕，端方奉旨入川镇压“保路会”斗争，行至途中，端方被哗变士兵所杀，此砖不知所终，其拓本为今人陈迩冬收藏。[①] 另外，1954年，在内蒙古包头市出土了镌有“单于和亲”“千秋万岁”“长乐未央”等文字的瓦当。[②] 因此我们有理由相信，这些镌有吉祥语的汉砖汉瓦当时不会是少数。考古学家鉴定，这些都是西汉末年的遗物。而西汉末年，汉匈之间的和亲事件仅昭君一起。这些类似后世的“标语口号”，其意义是不可忽视的，它一方面反映了汉匈人民对统治者相互征战杀伐后出现的和平安宁景象的企盼和喜悦，另一方面也反映了人民群众对昭君出塞和亲意义的普遍认同和颂扬。

敏感的忧国之士对昭君和亲也极为赞颂。和昭君同时代的大学者、大诗人焦延寿曾经作诗二首，均为四言。一首曰：“昭君守国，诸夏蒙德。异类既同，崇我王室。”第二首曰：“长城

① 陈迩冬：《关于王昭君》，《人民日报》1987年12月14日。

② 参见《文物参考资料》1955年第10期。

既立，四夷宾服。交和结好，昭君是福。”[1]这两首诗高度称颂昭君和亲像长城一样守国而惠及诸夏；汉匈两族“交和结好”，这是昭君和亲带来的幸福，也是昭君的幸福，昭君就是福的化身。两诗所表达的情绪，可以说是当时一般知识分子的典型情绪。

流传久远的兴山县民间故事也曲折地反映了当时的民间看法。家乡人民对昭君和亲极为称赞，对她充满思念和崇敬之情。如《香溪免潮》《站穿石》《绣鞋洞》等故事都表现了故乡人民对昭君和亲的肯定。

① 〔汉〕焦延寿：《萃之益》，载《易林注》，河北人民出版社，1989年。

第四章　天下为家百不忧，玉颜锦帐度春秋
——昭君的塞外生活

第一节　昭君出塞的路线和途中情景

一、昭君的嫁妆

前已述及，王昭君出塞和亲是汉和匈奴两国的大事，双方在送亲、迎亲礼仪上都绝不会草率，不但临辞大会隆重热烈，而且在聘礼和嫁妆方面也都十分丰厚。昭君出塞的队伍浩浩荡荡出发时，长安城万人空巷，人民群众都来送行。昭君乘坐的高大胡车居中，上百辆毡车载着陪嫁的宫女、太监、工匠和嫁妆、物资随后。匈奴的迎亲马队在前面开路，汉朝的送亲骑兵在两旁护卫，数千人马，旗帜鲜明，喜气洋洋，向塞北前进。

按照惯例，和亲公主出嫁时，匈奴往往要向汉朝献聘礼，汉朝陪嫁的各种物品更是种类繁多，数量惊人。而且在公主出嫁之后，汉朝每年还定期不定期地给予各种赏赐。早在刘邦与匈奴结和亲之约，以公主嫁单于时起，就一次赠给匈奴金千斤，

另每年赠送大量的絮、缯、酒、米、食物等。[1]惠帝三年（公元前192年）、文帝六年（公元前174年）、景帝元年和五年（公元前156年和公元前152年）又几次遣公主和亲，陪赠和年年奉送的物品数量更多。[2]文帝后元二年（公元前162年），又赠秫蘖、金帛、丝絮等物。这种赏赐，除双方发生大的战争期间，一般年年都给，形成定例。

竟宁元年（公元前33年），昭君出嫁，对匈奴的"礼赐"更加丰厚："礼赐如初，加衣服、锦、帛、絮，皆倍于黄龙时。"[3]"黄龙时"是指汉宣帝黄龙元年（公元前49年）呼韩邪单于第二次来朝时；"倍于"，即所赐物品比黄龙时加倍，可见昭君陪嫁的物品是非常多的。早在呼韩邪第一次朝汉时（汉宣帝甘露三年，公元前51年），汉朝就赐他单于玺绶、冠带、黄金、锦绣、丝絮等物，又拨运米谷三万四千斛供匈奴人食用。昭君出嫁时，估计陪嫁物品总数远远超过呼韩邪第一、二次来朝。

此外，昭君出塞带给汉和匈奴双方最大的礼物是政治军事上的和平友好，经济文化上的平等交流。和亲协议的达成，标志着汉和匈奴、农耕和游牧两大民族集团军事对峙和战争的停止，标志着双方政治关系的缓和并转向友好。随之而来的就是经济文化交流走向合法化、公开化、制度化，经过政府批准的

①《史记·匈奴列传》。

②《汉书·惠帝纪》《汉书·景帝纪》《史记·匈奴列传》。

③《汉书·匈奴传》。

通关、互市也能正常进行。这种通关和互市往往是和亲协议的主要内容，也是对双方民众最实惠的内容。

早在刘邦与匈奴结和亲之约后，汉朝就开放了“关市”，准许汉匈两族人民交易。当时铜、铁等交易量很大。其后文帝黄初六年（公元225年）贾谊的上疏中还谈道：“挟铜之积，制吾弃财，以与匈奴逐争其民，则敌必坏矣。”[①]在汉与匈奴的关系中，矛盾和战争虽是比较多的，但双方和平相处的时间仍多于战争的时间。双方一直发生着密切的经济文化交往，即使在战争期间，这种交往也没有中断。通过和亲、赏赐、官市等方式，汉地的铁器、铜器、陶器、缯絮、食物、金银和各种生产、生活用具大量流入匈奴，使匈奴的生产生活方式发生了重大变化，匈奴从单于到一般民众对汉物的需求达到了不可或缺的程度。这种现象正是游牧、农耕经济互补的体现，它意味着双方的经济联系是必然的。汉在与匈奴的交易中，也得到自己迫切需要的牲畜和畜产品、狩猎产品。可见这种经济往来和交换是双方都迫切需要的，也使双方的经济联系达到不能分离的地步。昭君出塞使这种经济文化交流达到了新的高度。

二、昭君出塞的路线和途中情景

昭君是与呼韩邪单于一起出塞前往漠北单于庭的，她所走

①《新书·铜布》。

的路线，虽史无明文，但线索不难找出。史书记载了呼韩邪单于第一次入塞（公元前51年）时，汉朝曾派兵沿途迎接和护卫，共历七郡。这七个郡，据胡三省注《资治通鉴》卷二十七考订，是五原、朔方、西河、上郡、北地、冯翊和长安。据此推测，昭君随呼韩邪返回漠北，自然也是取道这条路线，即从汉都长安（今陕西西安市）出发，先过左冯翊（在长安东北），然后经北地（今甘肃庆阳市）、上郡（今陕西榆林）、西河（今内蒙古鄂尔多斯市）、朔方（今内蒙古杭锦旗），而至五原（今内蒙古包头市）。以上各地均以当时郡治为准。[①] 这条路线基本上是秦始皇时期开筑的直道。据《史记·秦始皇本纪》说，秦直道南起云阳宫（在今陕西淳化县梁武亭村），北达九原郡（今包头市境内），全长一千八百里，筑成于始皇三十七年（公元前210年）。从秦始皇至汉元帝约一百六十年中，秦汉两朝军队经常沿着这条道路向北进军，出击匈奴。可见呼韩邪入汉及偕同昭君北归，最有可能就是沿着这条直道行走。

我们推测，呼韩邪和昭君一行在今呼和浩特平原一带可能有过较长时间的休整，以便让昭君逐渐适应塞北生活。因为这里地处阴山之下、黄河之滨，水草肥美，气候宜人，又在秦汉长城脚下，过去是汉朝与匈奴长期对峙的防线。在呼韩邪第一次来朝后，双方停战议和，呼韩邪就居住在此，他甚至提出愿

---

① 见《昭君出塞路线示意图（一）》。

意为汉朝守卫长城，汉朝虽然婉言拒绝，但双方沿长城互市贸易的主要关口还是在这一带。正因为呼韩邪和昭君曾经长期生活在这里，所以今呼和浩特、包头、鄂尔多斯地区才有大量的昭君传说和数处昭君墓。

当然，昭君最终还是要随着呼韩邪到漠北单于庭（约在今蒙古国乌兰巴托附近）去。其路线应该是从五原郡（治所在今包头市西）出发。过了五原之后的行进路线，据我们初步探明，是向西至朔方郡临河县（今内蒙古巴彦淖尔市东北，靠近乌加河南岸），渡北河（今乌加河），向西北方向出高阙（今内蒙古杭锦后旗石兰计山口），越过长城。此时便离开汉地，进入了匈奴管辖的地区。进入匈奴辖地之后，要到达漠北的单于庭，其间还有很长的路程。根据各种文献资料及考古资料探索，目前大体上可以把昭君一行在匈奴地区所走的路线和长途跋涉的情景，做一初步设想。[①]

呼韩邪与昭君一行从高阙越过长城之后，即处于阴山（今内蒙古阴山）之东麓。由于从阴山北进至单于庭的道路被瀚海所阻，故不得不绕道西行至休屯井。沙漠行军或旅行不能无水，故休屯井是他们前进中必须停留的第一站。从休屯井北渡车田卢水之后，朝西北通过夫羊句山峡进入范夫人城。匈奴人迷信女巫，史书通常称为“胡巫”，这个范夫人城的城主便是

① 见《昭君出塞路线示意图（二）》。

一位女巫。这个城也不同于中原地区的城市。根据蒙古考古学者对匈奴城镇遗址的发掘证明，匈奴人的城镇通常都是在四面围墙埋好一两层石基之后，再垒土夯筑而成。这里可以说是昭君出塞之后的第二站。从范夫人城东北向，直奔单于庭，原是捷径，但同样是由于瀚海沙漠的阻隔，只得继续绕道西行，沿着浚稽山南一个小沙漠的南缘向西，至涿邪山东南麓，通过涿邪径（即涿邪山山口），东北转向西浚稽山。浚稽山有二，一是西浚稽山，一是东浚稽山，二山中有姑且水注入的小泽相隔。昭君一行或横跨西浚稽山，或沿西浚稽山南麓东行，至姑且水南的小泽。昭君一行能够在此小歇，饮马储水，这是出塞后的第三站。然后沿着姑且水东岸北上，可至安侯河（今鄂尔浑河）河源，再沿该河东岸继续北上，至中游而止。这是瀚海大沙漠西北部的边缘地带，由此可转向东行，在地形上再也没有什么险阻，可顺利地直达单于庭。昭君至此，便到了夫家。

以上出塞路线是根据林幹先生的考证。[①]我曾经和林幹先生讨论过这些问题，并且在《民族友好使者——王昭君》一书和此后的文章中多次引用他的观点。[②]近年来有山西学者对昭君出塞路线的前半段（即西安至包头段）提出不同看法，他们认为昭君出塞的路线也可能走山西的通塞中路，即从汉都长安东行，过黄河入山西境，经太原郡、雁门关、平成、武州、雁门郡、杀虎

① 林幹：《昭君与昭君墓》，内蒙古人民出版社，1979年。

② 林幹、马冀：《民族友好使者——王昭君》，内蒙古人民出版社，1994年。

口、云中郡、至五原郡。从五原郡到单于庭的路线则没有异议。其主要理由是秦直道地理形势险恶，难以成为昭君出塞这支庞大队伍的选择路线；从安全角度考虑，直道亦难比通塞中路；山西史志中的昭君出塞载述与雁北多处传说遗迹，印证了昭君出塞经雁门；历代文学作品中，昭君出塞不走直道走雁门。[①]山西学者的意见有其合理因素，可供我们开阔思路。但他们的观点没有正史资料的支撑，仅仅是依托地方志、民间故事来推测，所以我还是坚持自己的看法。

关于昭君出塞途中的细节，史书没有记载。例如，昭君是否骑马前行，就有各种说法。历代描绘昭君出塞的图画，大多是把昭君描绘成如下形象：头戴红暖兜（即后人所称“昭君套”），身穿红斗篷，骑着白马，怀抱琵琶。匈奴是“以马上战斗为国”的民族，马是匈奴人行路和作战的主要工具，而且适应塞北草原的地理环境。昭君随同呼韩邪单于返回漠北时，骑马的可能性是很大的。北周庾信《昭君辞应诏》说：“冰河牵马渡，雪路抱鞍行。”唐朝李商隐《王昭君》诗说：“马上琵琶万里行。”可见很多人都推测昭君是骑马出塞的。

除了骑马，昭君是否也可能骑骆驼？匈奴地区不仅盛产马匹，还盛产骆驼，这在《史记·匈奴列传》及《盐铁论·力耕》中都有记载。因此骆驼也是匈奴人日常应用的交通工具。北宋

① 参见刘溢海：《昭君出塞路线考》、靳生禾：《昭君出塞与蹄窟岭刍议》，均载《昭君文化高层论坛论文集》，湖北兴山，2009年。

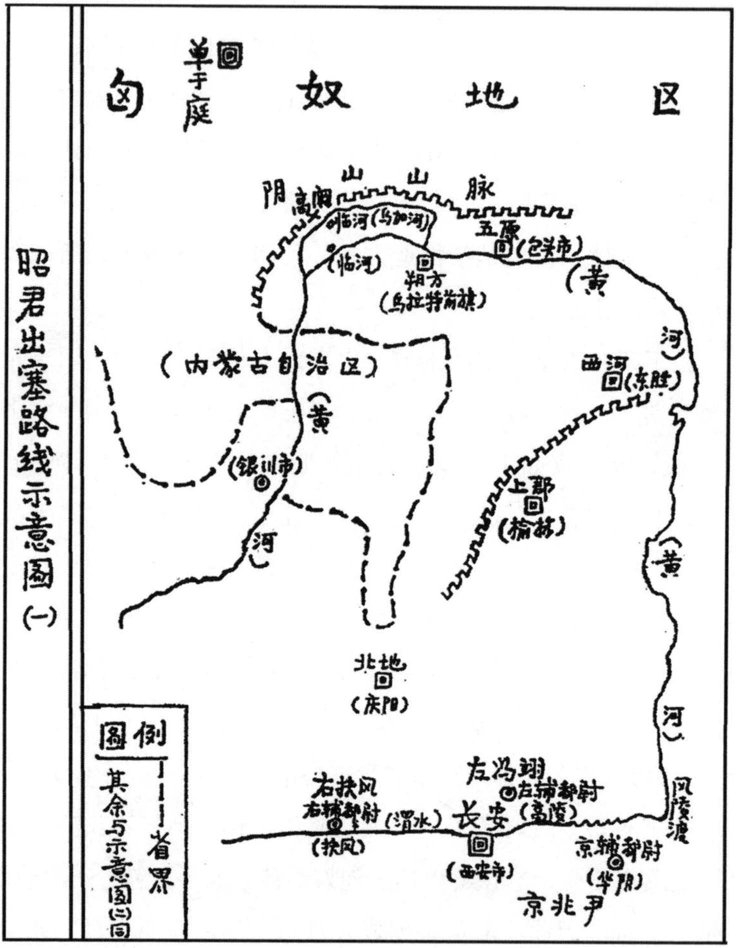

图一　昭君出塞路线示意图（一）

图二　昭君出塞路线示意图（二）

司马光在《和王介甫明妃曲》中说：“胡雏上马唱胡歌，锦车已驾白橐驼（即骆驼）。明妃挥泪辞汉主，汉主伤心知奈何！”清人吴伟业《戏题仕女图·出塞》一诗也说：“玉关秋尽雁连天，碛里明驼路几千。”这幅画的时代，吴伟业没有说明，但画面上昭君肯定是骑着骆驼在沙漠中行走。清初，漠北的蒙古人前往北京，很多都是骑骆驼。朝鲜人写的《稼斋燕行日录》也记载，他们在塞北通往北京的道路上，经常遇到骑着骆驼的蒙古人。大约在明、清时代，骑骆驼在塞外行走的人愈来愈多，所以在诗歌、绘画中，骑骆驼的昭君便多起来了。

但是，我们认为，昭君出塞初期坐车的可能性最大。因为匈奴人广泛运用车辆作为交通和军事运输的工具，在文献中是有明确记载的。《盐铁论·散不足》说：“胡车相随而鸣。”所谓“胡车”就是匈奴车。《汉书·扬雄传》载《长杨赋》也说：“砰轒辒，破穹庐。”轒辒，就是匈奴车。匈奴人还在汉张掖郡（今甘肃张掖市一带）设有专门制造车辆的工场。匈奴人拥有的车辆很多，往往在作战中一次就损失千辆以上。[①]因此昭君出塞时，很有可能是坐车。北宋王安石《明妃曲》说：“明妃初嫁与胡儿，毡车百辆皆胡姬。”秦观《调笑令·王昭君》也说：“汉宫选女适单于，明妃敛袂登毡车。”元代张翥《昭君怨》说“队队毡车细马，簇拥阏氏如画”，更是勾画出一幅昭君乘车出塞的

① 参阅《汉书·匈奴传下》《后汉书·耿夔传》及《西域传》。

优美图画。可见不少画家、诗人都设想昭君出塞坐的是马或骆驼拉的车。揆情度理，昭君出塞以坐车更为接近事实。因为昭君平素深居宫中，何能骤然懂得骑马或骑骆驼？即使昭君学会骑马或骑骆驼，也必然在出塞较长时间之后。且从长安到漠北单于庭，万里迢迢，长途跋涉，所经沙漠地区，更是“黄云紫塞”，“掠地惊飙”。她何能像习惯于马上生活的匈奴人那样长期“人不弛弓、马不解勒”[①]的奔驰？所以我们觉得昭君出塞，以坐马拉的或骆驼拉的匈奴车较为接近事实。

昭君出塞，沿途晚间当然是住穹庐，即一种随时可以搭卸的毡制帐幕，类似于今天的蒙古包。但北方游牧民族的最高首领及其亲兵的宿营，不论平时或战时，也不论在常驻地区或在途中临时歇夜，都有一定的形式和规定。通常都是单于（或可汗）的大帐幕居中，四周层层设防，一圈一圈地向外延伸，形成对单于帐幕的中心包围，戒备森严，任何人没有单于的命令和允许都不可能靠近单于大帐。不要说进入这个大帐周围的禁区，就连禁区外围很远的地方，也都有巡逻的骑兵，一旦发现生人，立即逮捕，逃跑者则被弓箭射倒。所以想随便接近单于的庭帐，是绝对不可能的。这种按圆圈设帐的形式，直到成吉思汗时代的蒙古人仍旧如此。《蒙古秘史》称之为“圈子”，伊儿汗国的著名史学家拉施特哀丁的《史集》称之为“古列延”。之所以要

① 《淮南子·原道训》。

这样宿营或住居，是因为它适应游牧生活的要求。游牧民族的特点之一，就是随时准备袭击别人，同时也防备别人的突然袭击。而“古列延”就是适应这种战斗生活的必需形式。

昭君出塞时的服饰，史书也没有记载，宋代以后所绘的昭君出塞图，都是画家们的主观构想，画中昭君的装束模样，更多地类似元代蒙古族贵族妇女或清代满洲贵族妇女。明代民歌中还说：“王昭君出汉宫，乔妆打扮，不梳妆，不搽粉，就去和番。”[1]这当然是当时劳动人民本于自己的朴素生活而对昭君的一种想象。

三、昭君与琵琶

在众多的文学艺术作品中，王昭君总是和琵琶形影相随。中国古代记载琵琶起源的音乐史资料中，也多将琵琶的起源与昭君挂上钩。有人认为西汉时已有琵琶。据说它源于弦，俗称“秦汉子”，形制是圆形直项。西晋后中原已出现琵琶，则是没有疑问的。西晋傅玄在《琵琶赋序》中做过详细描述。琵琶在唐代被称为“秦琵琶”，由于“竹林七贤”中的阮咸弹得最好，并被人画入图中，故秦琵琶又被称为“阮咸”，即今天“阮”的前身，这是第一类琵琶。第二类是曲项琵琶，琴体呈梨形，颈项后弯近直角，四弦。大约在4世纪后半叶由西域传入，盛行于北朝。今天的琵琶是以它为基础发展而成的。第三类叫五弦琵

①《词林一枝·时尚急催玉·王昭君》。

琶，来源、流行情况与曲项琵琶大体相同，但琴体略小，直项。宋代已逐渐消失。[①]

然而，西汉时中原即或有了琵琶，昭君出塞时是否怀抱琵琶，也还难以定论。其实，昭君怀抱琵琶之说，是晋代石崇给她加上的。石崇在《王明君辞》叙文中说：“昔公主嫁乌孙，令琵琶马上作乐，以慰其道路之思。其送昭君亦必尔也。”可见琵琶与和亲公主发生关系是在乌孙公主出塞时的事，当时也未必是乌孙公主亲自弹琵琶，而只是令乐工们马上作乐。至于所谓昭君弹琵琶云云，不过是石崇的想当然。但是石崇这样想象也并非没有原因。晋代琵琶广泛流行于歌妓之中，石崇府中的著名艺伎绿珠，便是以善弹琵琶歌舞而知名的。石崇宠爱绿珠，采集民间传说和民间歌唱昭君的民歌写成乐府歌词，用琵琶伴奏，并给昭君加上弹琵琶的细节让绿珠表演，这是顺理成章的事情。[②]此后，隋代虞世南编《北堂书钞》，又据石崇《王明君辞》写了一篇《琵琶赋》。虞世南是著名的音乐史专家，他相信昭君怀抱琵琶出塞，当然具有权威性。甚至唐太宗李世民也认为王昭君善于弹琵琶，他在《咏琵琶》诗中说：“半月无双影，金花有四时。摧藏千里态，掩抑几重悲。”此后昭君便被人视为琵琶演奏家，竟至后代一些善弹琵琶的伶人和乐师也被誉为“王昭君”。

---

① 以上参阅《光明日报》，1983年7月16日冯文慈文。

② 见《乐府诗集 · 王明君辞》题解。

关于昭君与琵琶的关系，还有一则流行于北方少数民族地区的传说。据说昭君出塞之后，所用的琵琶坏了，交给当地工匠修理，当地工匠按照匈奴乐器的形制把它改小了一些。昭君见了笑道“浑不似”，意为“不大像”。匈奴工匠不太懂汉语，以为这种乐器名为“浑不似”。于是一种汉族琵琶与匈奴乐器相结合的新乐器便产生了，这种乐器的名称便由昭君为之一笑而来，人们把它称为“浑不似”“胡拨思”“虎拍四”“火不思”等等，都是一音之转。近年来蒙古族音乐工作者从传统资料中发掘并制造出这种传统的民间乐器“火不思”，并曾到北京去专场演出，获得很大成功。

本来是乌孙公主的琵琶，后来被移植到了昭君身上，而少数民族的乐器“火不思”的来源，更被说成是起于昭君的一言一笑。这些于史无稽或张冠李戴的事，却流传千载，得到了广大人民群众的认可，其中的原因就在于昭君是一个受到人民欢迎、敬慕、钦佩的人物，人民愿意把各种美好的事物或动听的音乐都附会到她的身上。

第二节 昭君的塞外生活

一、适应匈奴的生活习惯

昭君出嫁之后，在塞北生活得怎么样，这是很多人关心的问题。由于匈奴没有文字，故昭君出塞以后的事迹，匈奴人没有留下记载，在汉朝的史书中亦少有提及。但从大量民间传说和历史遗迹来看，她在塞外和匈奴人的关系是融洽的，对汉匈经济文化交流做出了不少贡献。

昭君出塞之后首先要过的就是衣、食、住、行等方面的生活关。昭君是自己请求出塞的，自然对于塞北生活的艰苦有一定思想准备。例如，汉朝的衣服已经不适应匈奴气候，她自然会换上匈奴的裘皮衣装。但是心灵手巧的昭君必然会进行改造、美化，在北方妇女中流行了两千年的“昭君套”，就是昭君发明的服装。食的方面，昭君最初可能不习惯腥膻的牛羊肉和奶制品，但她很快就会喜欢上乳香飘飘的酥酪潼、马奶酒……住的方面，匈奴穹庐夏季通风良好，冬季温暖如春，内部布置豪华。出行时或坐车，或骑马，昭君已经非常纯熟，甚至会陪伴单于出外打猎，古代许多绘画就是描绘昭君骑马射猎的图景。更大的困难是语言不通，但以昭君的聪明勤奋，她一定会很快掌握匈奴语言。以上各方面虽然有一个学习、熟悉过程，但其中也有好多乐趣。封建时代的文人们把匈奴人的生活想象得非常落后、非常痛苦，其实都因为他们没有亲身的体验。我们生活在内蒙古等游牧地区的现代人，并没有感到多么痛苦、艰难，反倒能够与大自然亲密接触，融为一体，人际关系也更加单纯淳朴。生活在“水泥森林”中的城市人往往十分羡慕游牧民族生活得自由自在、豪放旷达、海阔天空。

中原人普遍歧视少数民族，班固就在《汉书》中有过这样一段表述："夷狄之人贪而好利，被发左衽，人而兽心，其与中国殊章服，异习俗，饮食不同，言语不通，辟居北垂寒露之野，逐草随畜，射猎为生，隔以山谷，雍以沙幕，天地所以绝外内地。是故圣王禽兽畜之，不与约誓，不就攻伐；约之则费赂而见欺，攻之则劳师而招寇。"这种带有民族歧视的眼光，大大夸大了匈奴生活的艰苦，以致后代文人在吟咏昭君时，总会悲怜她所嫁异族。石崇就赤裸裸地表示"殊类非所安，虽贵非所荣"。连大诗人白居易在《青冢》一诗中也说："同僚倾宠幸，异类为配偶。"古人一直把出塞远行视为大难事、大苦事，甚至是类似犯罪流徙、贬官远谪式的处罚，清人苗全琮的诗作说："女莫作王昭君，男莫作班定远。尊为阏支贵封侯，一去边庭竟不返。"班定远指汉代著名的外交家班超。他远离故乡三十一年，经营西域，为保持东汉王朝在西域的领导权及丝绸之路的畅通做出了巨大的贡献，是两汉时期第一个把汉朝的声威远播到波斯湾沿岸的人物，他被封为定远侯，是中华民族的骄傲。苗全琮的看法纯属安土重迁思想在作怪。昭君敢于在这样的民族氛围下，用一颗宽容之心、仁爱之心、平等之心，主动与匈奴民众融为一体，适应匈奴的生活和风俗，在匈奴和单于、民众和谐生活三十余年，作为一个女子，尤其是封建社会的普通女子，这是难能可贵的，这也充分表现出王昭君善良、正直、淳朴、无私、不同流俗、吃苦耐劳、勇敢顽强等优秀品质。

二、“人生乐在相知心”

昭君的家庭生活是否幸福，她和单于夫妻关系是否和谐，这也是人们十分关心的问题。诚然，昭君出塞之初，与呼韩邪单于刚刚相识，自然谈不上什么爱情。其实，在漫长的封建社会里，真正先恋爱、后结婚的事例少之又少，即使有，也被视为伤风败俗，没有爱情的婚姻占有很大比重；在有爱情的婚姻中，绝大多数是先结婚、后恋爱的。我们推测，昭君大约属于后一种情况。

在公主和亲这样的政治婚姻中，双方主要考虑政治因素，很少关心和亲公主个人的婚姻是否幸福。在昭君之前，汉朝很多和亲公主被当作礼物送给少数民族政权，在命运面前，她们不得不被动接受，只能哭天抹泪，怨天尤人。《汉书 · 西域传》载细君公主嫁给乌孙王昆莫为夫人，“公主至其国，自治室居，岁时一再与昆莫会，置酒饮食，以币帛赐王左右贵人。昆莫年老，语言不通，公主悲愁”。细君公主在乌孙，自己住在单独的宫殿中，每年只与丈夫相会一两次；她厌恶丈夫年老，又不学习乌孙语，所以每天只能愁眉苦脸，唉声叹气。这种贵族妇女高高在上的情绪和表现，我们想不出她的家庭会有什么幸福，更难以想象她在政治上能有更大的作为。

王昭君则完全不同，她的婚姻是自主选择的，她认识到呼韩邪单于是主张停止战争、对汉朝友好的匈奴英主；她自觉承担着维护两大民族和平友好的重大使命；她自请出塞和亲，已经做好了克服各种困难的思想准备；她出身平民，淳朴善良，吃苦耐劳，没有贵族公主的骄、娇二气，反而容易与匈奴民众融为一体。所以她一定会与呼韩邪单于琴瑟和鸣，一定会与匈奴上上下下和睦相处。更幸福的是，她与呼韩邪结婚不久，就生下一个健壮的儿子——伊屠智牙师。

关于王昭君的婚姻和爱情，在中国古代诗人中曾经引起过一场大辩论。辩论的主角是大名鼎鼎的宋朝宰相王安石。他曾经写过两首《明妃曲》，诗中说："汉恩自浅胡自深，人生乐在相知心。"他认为王昭君在匈奴得到了真正的尊重和爱护，得到了知心知己的爱情，所以她的生活是欢乐的。诗人大胆揭起了"人生乐在相知心"的旗帜，揭示了昭君独立的人格，表现出对人间真挚感情的炽烈追求。王安石臧否人物往往独具慧眼，且多不忌讳。"汉恩自浅胡自深，人生乐在相知心"就是这类惊世骇俗的千古名句之一。王安石认为，汉元帝对昭君恩义浅薄，并无爱情可言，而呼韩邪单于却深深地爱着昭君，情真意切。人生的欢乐就在于彼此知心，只要得到了宝贵的"知心"和纯真的爱情，又何必去区别他是胡人还是汉人呢？王安石的诗句明确肯定"汉恩浅，胡恩深"，明确肯定追求"知心"的合理性和可贵性，触及了昭君性格的本质和内心。他打破胡汉畛域之分，扫除大民族的传统偏见，着眼于"人之相知，贵在知心"，在封建社会里，这种思想十分难得。

王安石此诗一出，引起很多人关注。曾巩的《明妃曲》与王安石大唱同调：

…………

直欲论情通汉地，独能将恨寄胡琴。
但取当时能托意，不论何代有知音。
长安美人夸富贵，未央宫殿竞光阴。
岂知泯泯沉烟露，独有明妃传至今。

然而，像曾巩这样支持王安石论点的诗作毕竟是凤毛麟角。封建时代，大多数文人认为这是“忽夷夏之大防”“薄君臣之大义”的荒谬之论，以致形成了对王安石这首诗的长期“围剿”。由于封建思想的束缚，历代诗人众口铄金，积毁销骨，致使王安石长期蒙受不白之冤。抗日战争时期，郭沫若写了《王安石的〈明妃曲〉》，意在为王安石此诗翻案。他说：“然而照我看来，范冲、李雁湖、蔡上翔以及其他的人，无论他们是同情王安石也好，诽谤王安石也好，他们都没有懂得那两个‘自’字。那是自己的‘自’，而不是自然的‘自’。‘汉恩自浅胡自深’，是说浅就浅他的，深也深他的，我都不管，我只要求的是知心的人。”郭沫若的用意是好的，然而他把“自然”的“自”解为“自己”的“自”却有些牵强。王安石诗是从历史事实出发，如实叙说汉恩之浅、胡恩之深；又是着重抒发昭君追求独立人格和真挚感情，并没有厚汉薄胡的意思。就事而论，昭君在汉只不过是一名默默无闻的宫女，入宫数年不得见皇帝一面，而到了匈奴却贵为阏氏，受人尊敬，福泽汉匈，名垂青史。谁对她好，谁对她不好，她在哪里开心，在哪里不开心，比较之下，是很明白清楚的事。王安石“汉恩”二句，说的正是这种铁一般的事实。

元代王恽《昭君出塞图》也支持王安石的观点，他在诗中说："人生正有新知乐，犹胜昭阳赤凤来。”昭阳，指皇后所居之宫。《赤凤来》是歌曲名称。《飞燕外传》载汉成帝皇后赵飞燕、昭仪赵合德姐妹，均与宫奴燕赤凤私通，二人曾为“赤凤为谁来”争风吃醋，当时宴会上正演奏《赤凤来》曲。后人以此比喻后妃们与奴婢的不正当男女关系。这两句诗说昭君与呼韩邪真心相爱，有了新交知心者的欢乐，远远胜过汉宫得不到真正爱情和人生乐趣、不得不追求不正当欢乐的后妃们。

元朝大诗人虞集曾经在《题昭君出塞图》诗中描绘过昭君在匈奴的生活："天下为家百不忧，玉颜锦帐度春秋。如何一段琵琶曲，青草离离咏未休。”王昭君以天下为家的博大胸怀，无忧无虑地生活在塞北；锦帐装饰的穹庐里，美丽的昭君忙里忙外，过着有滋有味的日子。她既得匈奴知心人，自会在那里安心度日。人生最可高兴的是有个知心的人，只有知心才能相亲相爱，才更能有所作为，此中苦乐，昭君心中自知。然而她死去多年，青冢长青，人们还在为她弹奏着哀怨的乐曲，咏叹着凄凉的诗句，真是无病呻吟，多此一举，他们真是太不理解昭君了。然而直到今天，仍然有人将这首诗斥为“奴才诗”“汉奸诗”，与范冲等人谩骂王安石的话几乎一样。所以1979年曹禺的五幕话剧《王昭君》引用王安石的诗，1988年内蒙古、湖北合拍的电视连续剧《王昭君》引用虞集的诗，都是有深意的。

昭君从入宫到出塞经历的心路历程，使我们看出，她在逆境中不自暴自弃，也不怨天尤人，更不依傍他人，而是勇敢地迎接人生的挑战，保持自我，适应环境，改造环境，走出自己的人生之路。这种主动迎接命运挑战的态度，使她不但得到了呼韩邪单于的宠爱，得到了真正的爱情，过上了美满的幸福生活，而且使汉匈两个民族在半个多世纪中和睦相处，保了一方的平安。同为出塞公主，为什么昭君的人生命运和细君截然不同？她们一个家庭美满，受到两族人民的爱戴，名垂千古；而另一个则愁苦悲凄，孤单寂寞，默默无闻，这中间的差别会给我们许多人生启示。

从呼韩邪单于方面来说，虽然他比昭君年龄大很多，但二人的相互“知心”还在于有一个共同的政治基础，即维护汉和匈奴的和平友好关系。昭君和亲的实现大大缓解了民族矛盾，在双方的人民群众中形成和平、友好的气氛和观念，从而保护了双方经济的发展，推动了双方经济、文化的交流，影响极为深远。史载王昭君与呼韩邪和亲之后，“边城晏闲，牛马布野，三世无犬吠之警，黎庶亡干戈之役”[①]，“边人获安，中外为一，

①《汉书·匈奴传·赞》。

生人休息六十余年”[1]。可以想见，当年匈奴与汉朝人民群众的经济文化交流肯定是非常频繁的，汉匈两族人民都从中得到了很大好处。昭君和亲对匈奴人的重要意义，呼韩邪的原配夫人颛渠阏氏也认识得十分深刻，她曾说：“匈奴乱十余年，不绝如发，赖蒙汉力，故得复安。”呼韩邪在弥留之际，还谆谆告诫他的子孙，要维持对汉的友好关系，“以报天子厚恩”[2]。他还规定，他死之后，匈奴单于的传承顺序要由兄及弟，其中有一个明显的用意，即让王昭君所生的儿子伊屠智牙师有机会继承单于的大位。直到东汉初，呼韩邪的孙子醢落尸逐鞮单于继位，仍然袭用了“呼韩邪”的称号[3]，其目的就是恢复一度中断的与汉的友好关系。

三、和平幸福女神

昭君在塞外生活了大约三十年，草原文化的磨砺最终形成了昭君的完美性格。一望无际的辽阔草原，激发着她对自由生活的追求和热爱，开阔着她的胸襟；四季分明的季节变化，影响着她是非分明的高洁性格；严酷的自然条件，磨砺着她的坚韧性格；与中原、荆楚截然不同的生产生活方式，开阔了她的眼界，形成了她更为博大的人生襟怀；少数民族人民豪爽、热情、朴实以及勇猛好斗的性格，陶冶着昭君勇于开拓的性格特

①《后汉书·南匈奴列传》。

②《汉书·匈奴传下》。

③《后汉书·南匈奴列传》：“以其大父尝依汉得安，故欲袭其号。”

点。这一切更加激发起她宽广深厚的博大爱心和以天下为家的人生理想。纯朴刚劲、宽广雄浑的草原文化，给昭君美好的性格提供了一个更为宽广的发展空间，从而使她的人生和性格焕发出了更为灿烂的光辉。她的完美性格集中体现在她为塞北民众做了许许多多好事，改善了各族人民的生产生活状况，因此人们把她视为和平女神、幸福女神。千百年来，草原上的主体民族换了一个又一个，草原上的牧人传了一代又一代，王昭君及其子孙后代的物质和精神遗产也一直为各族人民所继承，直到现在。

在农耕、游牧两大经济区的交流中，和亲的作用是很大的。首先，和亲公主出嫁到北方游牧民族，绝非公主一人远行，总是要随带大量的宫女、宦官、乐师、各种手工业工匠等人员。公主和这些随从人员还根据需要，带去中原的图书资料和生产知识、技术。除公主个人的作用外，这些随从人员在两大经济区的交流中也发挥了很大作用。例如西汉著名的女外交家冯嫽，就是细君公主的陪嫁宫女。还有一个名叫中行说的人，本是汉朝公主带到匈奴的宦官，却得到匈奴单于的特别宠信，经常为单于出谋划策。他对匈奴的经济和社会生活影响很大，例如，他"教单于左右疏记，以计课其人众畜物"。他还教单于遗汉书的式样，"牍以尺二寸"，比汉遗单于书"牍以尺一寸"还大。[1]在书信的内容上，他当然也会干预。

---

①《史记·匈奴列传》

昭君出塞也带去了大量物资和人员。内蒙古地区的人民至今还传说，王昭君到塞外之后，随身带着一个锦囊，用里面的金剪子可以剪出活蹦乱跳的小羊、小牛、鲜艳的花朵……她从锦囊里取出五谷种子，撒在阴山脚下，这里就出现了大片良田。这些故事曲折反映出，昭君把中原先进的农业生产技术带到了塞外。

有一个《昭君桥》的故事说：昭君和呼韩邪成亲时，在大黑河上架起一座彩色的“昭君桥”，这彩桥联起了汉匈两族人民。昭君死后，胡汉纷争又起。正当双方大兵云集在大桥两边、战争一触即发之际，大桥“咔喳”一声塌了下去，双方只好罢兵休战。故事里的桥具有象征意义，它是友谊之桥、和平之桥，决不允许在桥上发生战争。

另外一则《昭君粉》故事说，昭君把自己的胭脂粉盒埋到了鄂尔多斯的一座山里，从此这座山就盛产胭脂。昭君教会了匈奴妇女擦胭脂，匈奴的妇女就更加光彩照人。她们为了感谢昭君阏氏（昭君被封为“宁胡阏氏”），就把这座山叫作“阏氏山”，后来“阏氏”才被写成“胭脂”。尽管匈奴妇女用胭脂化妆不始于昭君，但从这个故事可以看出，昭君从内地带去的化妆品和化妆方法，肯定是大大影响了匈奴妇女。

其他昭君故事，也都把昭君描绘成一位仁慈而万能的女神，说她对善良的人有求必应，牧民们从昭君坟掬一把土撒到蒙古包里，就可以保佑全家平安，牲畜繁衍；没有孩子的妇女到昭君坟求子，一定会生出又白又胖的儿子；家里有了病人，到昭君坟求药，药到病除；家里办红白喜事，还可以到昭君坟借盆、盘、碗……这些故事都曲折地反映出昭君对塞外人民的生产和生活方式产生过重大影响。[①]

在塞外人民心目中，昭君是真、善、美的化身，是人民的保护神。直到今天，内蒙古人民仍然把他们生活中最美好的东西冠以“昭君”的名字。

塞外艰苦的生活条件、恶劣的气候以及生活习惯的不同、语言的隔阂等都会给昭君设下一道道考验。但是这一切，都没能挡住这个绝代佳人经营人生的脚步。在协调汉匈关系时，我们也很难想象她没有遇到过困难。但是，在半个多世纪的日子里，昭君及其后人在维护汉匈友好关系上做出了卓绝的贡献。

王昭君的性格是完美的，她也是真正得到人生幸福的。她的青史留名绝非偶然，而有其必然性，是她一系列优秀性格所决定的。

历史上出塞和亲的女子很多，在昭君之前有细君公主、解忧公主等，在昭君之后有唐代的文成公主、金城公主等，她们在历史的长廊里形成了独特的巾帼画卷。但在她们中间，最具影响力的却是王昭君，特别是在民间，千百年来被人们广为传颂的也是王昭君。那么，昭君与她们比较，有何独到之处？

首先，从出塞的动机上看，昭君是主动的。她自愿请行和

① 以上故事参见《鄂尔多斯报》1988年6—7月连载《昭君的传说》。

亲，反映了她积极与命运抗争，渴望有所作为的人生观。而在此之前的细君公主、解忧公主，以及在此之后的文成公主、金城公主等几乎都是被动的。她们只能任凭命运的摆布，是命运把她们推到了历史的舞台上。不同的人生态度决定于不同的性格，不同的性格来源于她们不同的生长环境和人生经历。细君公主、解忧公主、文成公主、金城公主都出身皇族，而王昭君生为良家子，平民家庭的生活磨难造就了她在命运面前主动奋进、顽强坚忍的性格特点。

其次，从出塞和出塞以后的表现来看，王昭君能够主动融入少数民族的生活之中。不同的人生态度，就会有不同的人生表现。王昭君在临辞大会上是“丰容靓饰，光明汉宫，顾影徘徊，竦动左右”，表现了她出塞的决心和从容的态度。而细君则哭哭啼啼；文成公主也忧虑不安，在唐太宗的鼓励下，才走出了宫门。在出塞以后，她们也有不同的表现。王昭君和匈奴单于一起住穹庐、穿皮裘、食牛羊肉、饮酪浆，表现出不畏艰难、入乡随俗、与民一体的宽广胸怀。而细君则自筑房屋居住，一年才接见丈夫一两次。这都反映了她们不同的人生观念，折射出不同出身的人生态度。这也是在众多的出塞女子中只有昭君千百年来广为下层人民怀念的一个原因。

第三，从出塞后发挥作用及对后世的影响看，王昭君也是极为突出的。王昭君自觉担负起民族友好的使命，她坚决反对依靠战争和武力使统治者的“独乐一身”，反对给千百万百姓造成痛苦和牺牲。在她和亲后的半个多世纪里，匈奴没有向南扩张。她的后代子孙在王莽乱政时期曾多次阻止汉匈两族一触即发的战争，使两族百姓免除了征战役使之苦，形成了“剑戟归田尽，牛羊绕塞多”的民族友好局面。当然，少数民族统治者是否武力扩张，是否与中原汉族政权友好，绝不是和亲公主能够决定的，这主要取决于双方力量对比等多种因素。然而，和亲公主的才能和影响力也不可忽视。从客观效果看，王昭君能够促使两个强大的民族和睦相处六十年，其才能、胆量、气魄和远见卓识都是更高一筹的。她是出塞女子中最璀璨的一颗明珠。

王昭君不但是一位绝代佳人，而且是一位巾帼英雄。在她的一生里，在每一个人生关口面前，她总能处理好进与退的尺度，把握机遇，面对命运之神的捉弄，变悲为喜，变不利为有利，超越一个个人生与封建道德的禁区，奏出辉煌的命运进行曲。这个具有伟大人格的美丽女子，千年之后仍然能引起我们对人生的思考，启迪着我们如何选择人生之路。

第三节　“从胡俗”再嫁风波

一、遵旨“从胡俗”，再嫁复株累单于

王昭君和呼韩邪单于生下儿子伊屠智牙师不久，呼韩邪单于就不幸去世了，享年约六十岁，时在汉成帝建始二年（公元

前31年）。若按笔者的推算，昭君出塞时恰好二十岁，则当时昭君二十三岁。

呼韩邪死后，其长子、大阏氏所生的雕陶莫皋继位，是为复株累若鞮单于。按照匈奴流行的“收继婚”的习俗，昭君应该再嫁给复株累若鞮单于为妻。复株累若鞮单于也非常尊重、爱慕王昭君，希望能够娶她为妻。

所谓收继婚，即“父死妻其后母，兄死妻其寡嫂”，父亲死了，儿子要娶他非亲生的母亲；哥哥死了，弟弟要娶他的嫂嫂。本来，收继婚乃是原始群婚制的遗留，在生产力极端落后的游牧部落中长期存在，形成习俗，有其必然性与合理性。因为丈夫死后留下的寡妇，如果继子或弟弟不收留她们，她们就可能生活无着，也可能改嫁其他部族，造成家庭分离、财产分散，这是本部族不愿承受的损失。所以很多游牧民族长期保持着收继婚习俗，匈奴也是如此。但在当时的历史条件下，这毕竟是一种落后的现象，不值得赞扬。特别是从汉族的传统伦理观念来看，更是违背纲常名教的行为。所以昭君思想上实在难以接受，她曾经上书汉成帝（当时元帝已死），请求归汉。

汉朝接到王昭君归汉的请求，一定是做了认真研究。汉朝朝廷分析形势，认为王昭君和亲影响深远，意义重大；昭君出塞后的表现又非常突出，在匈奴各阶层中具有崇高威望；在维护两族和平友好关系方面，昭君本人具有不可替代的作用；特别是在匈奴新单于刚刚继位的关键时刻，王昭君应该留在匈奴，继续发挥民族友好使者的作用。当然，汉朝君臣也充分理解王昭君不愿意改嫁的心情，但是收继婚是匈奴社会普遍存在的一种现象，如果昭君违反它，那就不但会给一般匈奴人造成一种不良的印象，而且将给汉匈关系蒙上一层阴影。因为昭君与单于的婚姻关系，实际上就是汉匈两族政治关系的反映。正是从汉匈和好的大局出发，汉成帝对昭君求归给予的回答，便是敕令她“从胡俗”[①]，用现在的话来说，就是“遵从少数民族风俗习惯”。

可以想象，当昭君接到成帝的敕令时，思想上会掀起多么激烈的斗争。但是无论多么为难，无论多么委屈，昭君还是深深地体会到了汉朝这个旨意的多重含义。为了汉匈友好的大局，她毅然决然地打破汉族传统的伦理道德观念，忍受所谓“子蒸其母”的委屈，打消了归汉的念头，再一次做出牺牲，成全了汉匈两族的团结友好大业。这对她个人来说是难能可贵的。从她这种行为的良好效果上，也可以看出她在初出塞时的纯正动机。

昭君一生遇到过不同于常人的数次人生大困境，如被选入宫、出塞异域、再嫁单于等。如果说拒贿画工是对污浊世风的挑战，那么自请出塞则是对儒家君臣观念、婚恋观念的挑战，再嫁则是对传统伦理道德的挑战。其间必然经过了激烈的思想斗争，其中蕴含着她丰富的内心世界的变化历程。这是一个生

① 参阅《汉书·南匈奴列传》等。

命观念、价值观念、道德观念逐渐开放、升华、博大的过程，是一层层打破封建思想枷锁和摆脱世俗观念束缚的过程。这里有激烈复杂的心理冲突，也有果断超人的人生抉择，这一切都陶冶着她的伟大性格。面临常人一生一次都难以遇到的困境，她每次都做出了艰难而又正确的抉择，把握住了困境后面的机遇，从而实现了自我的人生价值并获得了充满爱心的幸福生活。这是多么难能可贵！

在中国漫长的封建社会中，人们对昭君的再嫁给出不同的评价，他们自然无法用历史唯物主义的观点客观看待收继婚，而且大多数受着汉族封建传统道德观念的束缚，有表示反对的，有斥为不贞的，也有表示同情的，还有隐讳不言的。更有人根本否定此事的真实性。清人陆次云就是其中有代表性的一个。他虽对昭君出塞给予高度评价，但对再嫁一事却持否定态度，他说："谓从呼韩邪之俗者，能有此哉！可不辩而明矣！然则汉史曷为有后阏氏之说？其有是说者，殆因成帝之敕，误以为奉诏。否则或为元帝解嘲附会以书之者也。"[1]陆次云无法否定汉成帝"从胡俗"的敕令，只好说昭君没有奉诏。这种否定史实的说法，没有根据。

收继婚曾经长期存在于许多民族中，是一个涉及不同民族的婚姻习俗、婚姻制度和伦理观念的问题。而习俗、制度和观

①〔清〕陆次云：《北墅绪言·明妃辨》。

念都是历史上不断变化的规范，它调整着人们相互间的行为，是社会物质生活条件在人们一定行为准则形式中的反映。它有鲜明的时代特点和民族特点。恩格斯说："善与恶的观念，从一个民族到另一个民族、从一个时代到另一个时代变得这样厉害，以致它们常常是直接矛盾的。"[①] 作为封建时代的妇女或文人，对收继婚各有不同的看法是完全可以理解的。我们这里只是觉得昭君能够深明大义，能够从祖国和民族的最高利益出发，不惜牺牲自己而去尊重少数民族的风俗习惯，这一点应该给予充分肯定。她的这种宽阔的胸怀和高尚的品质，至今对于我们还有现实的教育意义。

从复株累单于来看，他对待王昭君也是非常尊重和宠爱的。能够娶王昭君为妻，是他的福气，因为不但娶到了国色天香的美女，而且娶到了深明大义的贤内助，更是由此得到了昭君所代表的强大汉朝的支持。再说，复株累单于当时三十多岁，与昭君年龄差距不大，他们的婚姻生活可能更为和谐。所以，再婚之后，王昭君不但和他生了两个女儿，而且这两个女儿后来在匈奴也有很高的地位。

复株累单于对于汉朝也一直是很友好的。他一继位，就派两个儿子入侍汉帝，以此表示忠心，后来又多次遣使朝献。他本人于河平四年（公元前25年）正月亲入长安朝见汉成帝，二

---

①恩格斯：《反杜林论》，见《马克思恩格斯选集》第三卷，第132页，人民出版社，1972年。

月始归。复株累单于遵从呼韩邪单于的遗嘱，认真维护与汉朝的友好关系。自他以后的每一位单于继位，必遣名王奉献或遣侍子入朝，甚至亲自入朝，维持了汉匈友好的关系。这不能不说与王昭君“从胡俗”有关。

二、匈奴墓葬中透露出昭君的信息

王昭君和亲在两大民族经济、文化交流中发挥了什么作用，不仅仅在史料中多有记载，还为不断发掘出的考古资料所证明。

多年以来，在我国内蒙古、蒙古国和俄罗斯贝加尔湖等地区发现了很多匈奴墓葬，墓中往往都有汉式的丝绸服装，汉式的青铜镜和漆器、马具等，这在汉匈毗连的地区尤为显著。[①]特别值得一提的是，在远离汉匈交界处的漠北，甚至贝加尔湖一带，都出土了许多证明汉匈经济文化交流的文物。蒙古考古学家策·道尔吉苏荣《北匈奴》[②]一书说，苏联和蒙古的考古学家在20世纪20年代至50年代，发掘了位于蒙古和苏联境内的数百座匈奴墓葬，其中大部分都有来自汉朝或受汉朝影响的铁器、铜器、陶器、钱币、服装、装饰品、铜镜等物品。如在诺颜山苏珠克图谷口外东部的六号墓中，出土了大量中原式的随葬品，

---

① 参见李逸友：《内蒙古西部地区的匈奴和汉代文物》，《文物参考资料》1957年第4期。

② 以下参考策·道尔吉苏荣：《北匈奴》，蒙古人民共和国科学委员会，1961。

其中有绣着汉式图案的绸缎，上面还有“皇”“仙境”等汉字。一个漆耳杯（其实是羽觞）杯底有“上林”“建平五年”等汉字。“上林”即汉首都长安的上林苑，建平是汉哀帝的年号，建平五年（公元前2年）距昭君出塞恰好三十年，昭君如果还活着，大约五十岁。

又如，西姆克夫在诺颜山珠鲁木图谷口发掘的匈奴墓中（此墓即以西氏命名）发现了一个漆耳杯，沿着杯底有六十九个汉字（因缺一角，仅剩六十七字），其文开头就是：“建平五年蜀郡西工造乘舆髹……”蜀郡是西汉大郡，治成都。王昭君的故乡正是蜀郡下属之县。这个漆耳杯是否透露出王昭君出塞三十年之后的一些信息？它起码说明昭君在塞外仍然钟情于故乡的手工艺品，或者是因昭君喜爱蜀郡之物而使匈奴人也受到感染，所以蜀郡物品才大量流入匈奴。这个杯与诺颜山六号墓出土的形制一样，制造时代相同，说明用蜀郡所产之杯殉葬已经是匈奴的一种风气了。

其实匈奴人墓葬风俗本身就是受到汉朝的影响，据《史记·匈奴列传》说，匈奴人本来是“逐水草迁徙，毋城郭、常处耕田之业”，“其送死有棺椁、金银、衣裘，而无封树、丧服”。蒙古国首都乌兰巴托北面的诺颜山匈奴墓却都有高大的堆石（封树），即是受汉朝葬俗影响的表现。

第四节　逝于塞外，汉使凭吊

一、昭君逝世时间、地点考证

汉成帝鸿嘉元年（公元前20年），复株累单于死，昭君和他生活十一年之后寡居，此时约三十四岁。以后关于昭君的死年和死所，史无明文。仅唐代《王昭君变文》称，昭君死后，汉哀帝曾派使者杨少徵前往吊祭。据此，我推测昭君可能死于哀帝年间（公元前6—公元前1年）。另外，王莽专权（约从公元1年开始）以后，史料记载的有关斡旋汉匈两族之间关系的活动，都是由昭君的大女儿云出面，可见王莽专权时昭君已不在人世了。如果昭君逝世于哀帝年间，则她活了五十多岁。

至于昭君死于何处，当以死于漠北的单于庭（今蒙古国首都乌兰巴托附近）可能性最大。因为昭君出塞以后，史书从未提及她归汉之事。如果她晚年归汉，史书绝不会不载。例如西汉时出嫁乌孙的解忧公主，她晚年偕同孙子归汉，《汉书》就有记载。

另外，昭君也有可能死在今呼和浩特平原，因为这里与漠北相比，水草肥美、气候宜人，又距离故乡汉朝最近，昭君在复株累单于死后，晚年选择这里定居的可能性很大。这也就可以解释，为什么在阴山南麓、长城以北的呼和浩特地区，有那么多的昭君故事流传，有那么多的昭君墓出现。和亲公主不住漠北而住漠南，这种情况屡见不鲜。如清朝康熙皇帝把第六女和硕恪靖公主嫁给漠北蒙古土谢图汗察珲多尔济之孙，公主因为留恋呼和浩特（当时称为“归化城”），所以把府第建在这里，因此使呼和浩特公主府成为土谢图汗部的又一个政治中心。

二、葬礼隆重，汉使凭吊

前文提到，唐代《王昭君变文》（以下简称“《变文》”）称，昭君死后，汉哀帝曾派使者杨少徵前往吊祭。《变文》虽然是文学作品，但其中种种细节往往会透露出许多历史事实，有助于我们分析、了解昭君逝世时的情况。

《王昭君变文》分上、下两卷。上卷前段虽已残损，但从现存部分来看，故事的全貌还是完整的。《变文》的主要篇幅写昭君到胡地后的生活，情节和内容都比其他昭君题材文学作品有较大的发展，富有鲜明的“胡地”生活特色和民间文学色彩。

文中突出描写了昭君自请出塞的高尚动机。多处描写单于对昭君的关心爱护和匈奴人民对昭君的衷心爱戴。后来昭君因思乡而得病，单于关怀备至，频多存问，并答昭君遗言曰：

忆昔辞鸾殿，相将出雁门。
同行复同寝，双马复双奔。
……

愿为宝马连长带，莫学孤蓬剪断根。
公主时亡仆亦死，谁能在后丧孤魂。

“单于重祭山川，再求日月，百计寻方，千般求术”，以图救活昭君，突出描绘了单于对昭君的深情。

《变文》详细描绘昭君死后，单于和匈奴人民为她举行盛大的葬礼，并以汉朝派遣使臣凭吊为结束。在举行丧礼之时，“单于脱却天子之服，还着庶人之裳，披发临丧”，“骁（晓）夜不离丧侧”，“日夜哀吟”，胡地百姓也尽为行哀。单于为昭君举行了空前隆重的国葬：“一百里铺氍毹毛毯，踏上而行。五百（里）铺金银胡瓶，下脚无处。单于亲降，部落皆来。倾国成仪，乃葬昭军（君）。”“牛羊队队生埋圹（墓穴），仕女芬芬（纷纷）耸入坑。地上筑境犹未了，泉下惟闻叫哭声。”“黄金白玉连车载，宝物明珠尽库倾。昔日有秦王合国葬，校料昭军（君）亦未平。坟高数丈号青冢，还道军人为立名。只今葬在黄河北，西南望见受降城。”

昭君死时，单于便“表奏汉庭”，“昭军（君）昨夜子时亡，突厥（匈奴）今朝发使忙。三边走马传胡命，万里非（飞）书奏汉王。”后来汉哀帝派使者杨小徵持节来吊。汉帝并请单于去汉。从这些描写，也可看出当时汉匈关系是相当友好的。

《变文》最后写汉使至青冢吊唁昭君，“望其青冢，宣哀帝之命”。然后全录祭文，祭文中充分肯定了昭君出塞的高尚动机和重大贡献，认为昭君的功劳是“万古图书，且（千）载著住（佳）声”。她完成了“和国之殊功”，“金骨埋于万里”，认为“不嫁昭军（君），紫塞难为运策定。”

这篇变文的写定年代，大约在唐代宗、唐德宗年间（公元762—805年），距离西汉末年尚不太远，其中反映的昭君生平事迹，特别是昭君逝世和汉哀帝派人吊唁等情节，应该有一定历史依据。

三、盖棺论定，青史留名

在王昭君的时代，团结和睦是汉匈两族人民的共同愿望。汉匈两族自战国以来，历经一百六十年的战争烽烟、流血冲突，战争带给两族人民无穷的灾难，使两族人民和有见识的统治者认识到，必须弃小嫌、申大信，和睦相处，和则两利，战则两伤。王昭君正是在上述特定的历史条件下出塞和亲，为汉匈两族和平友谊做出贡献的。但这绝不是说王昭君的作为是被动的，绝不能否定王昭君个人的积极作用。马克思主义在评价历史人物时有一个重要原则，即“历史必然性的思想丝毫也不损害个人在历史上的作用，因为全部历史正是由那些无疑是活动家的个人行动构成的”[①]。诚然，昭君的出塞及其成功，有其历史的必然性，但这丝毫也不损害昭君这个人物的个人作用。她作为中国古代民族关

---

① 列宁:《什么是“人民之友”以及他们如何攻击社会民主主义者》,《列宁选集》第一卷，人民出版社，1998年，第26页。

系史上的一个不平凡的人物，理应得到公正的评价。

第一，昭君是历史上众多的和亲女子中第一位出身平民的女性。劳动人民的优秀品质使她在自请和亲的动机和出塞后的表现上，与贵族妇女有着明显的区别。她的自请出塞，具有冲出宫禁、摆脱束缚、追求自己新生活的进步意义。

第二，昭君出塞是汉宣帝、汉元帝时期汉匈两个民族的友好关系进一步巩固和加强的重要标志。因此，把昭君称为民族友好的使者是当之无愧的，昭君本人对出塞和亲的政治意义也有一定的认识。她的出塞受到汉匈双方的一致欢迎和后人的赞扬，被视为“和平的象征”。从历史的发展来看，昭君出塞有利于进一步推动民族间的友好往来；有利于中原的文化进一步向漠北地区传播，有利于扩大汉匈两族经济文化的交流；有利于进一步消除汉匈两族的隔阂，为其后汉匈的民族融合提供更有利的条件。因而昭君出塞代表着民族关系的发展趋势。

第三，昭君深知出塞是一条充满艰难曲折的道路，面临着许多困难，但她仍毅然决然地请求前往，体现了她的勇敢和魄力，体现了她把个人命运与祖国需要联系起来，自觉为民族友好而献身的奉献精神。她出塞时的心情是复杂的。她出塞后以实际行动维护和巩固了汉匈两族的和平友好。她忍受个人委屈而“从胡俗”再嫁，顾全了大局，她的种种言行在汉匈人民中播下了友谊的种子。王昭君可说是历史上和亲成功的典型。

第四，由于汉匈双方政治、经济、军事力量的平衡和双方统治者采取的明智政策，加以王昭君个人所做的种种努力，汉匈之间上承二十年的停战、下开六十年的和平局面得以维持和发展，使中国北方广大地区有了一个繁荣的时机，其时间之长、贡献之巨、影响之远，在古代民族关系史上也是不多见的。昭君死后，其子女、亲属、后裔为民族友好继续贡献力量，也是十分感人的。由于王昭君对汉匈两族人民团结友好做出了贡献，她理所当然地成为汉族和北方少数民族人民心目中的巾帼英雄，千百年来被传颂，甚至被神化，直到今天仍然受到人民的赞扬。这样的和亲人物，恐怕只有王昭君一人而已。

第五，王昭君的故事本身包含着丰富的传奇色彩和戏剧性，吸引着从古到今文人墨客的视线。她的美貌，她的高尚品行，她的独立人格，她的复杂心理和艰难处境，她在当时、后世的巨大影响等，这一切都自然而然地成为一代又一代文学家、艺术家发掘不尽的宝藏，积淀了战争、和平、异域、故国、宫女、婚嫁、贪贿、清廉、美貌、哀怨、爱情、嫉妒等古代文学的多种母题，围绕着昭君的诗词、戏剧、小说、音乐、绘画、雕塑、影视作品连绵不断地被创造出来。中外历史上很少有一个女子能受到如此众多的文学家、艺术家长期不变的倾心和青睐。

总之，王昭君在中国的政治史、民族关系史、文学艺术史以及民间口头文学中，一直是一个享有特殊尊荣的人物，因此对她进行全面研究和正确评价，不但是一个学术问题，而且是一个具有较强的政治性和政策性的问题。在社会主义民族关系已经确立的今天，正确理解和评价王昭君，对巩固发展民族平等、团结、互助、和谐具有重大的意义。任何贬低昭君、歪曲昭君（更不用说污蔑昭君）的论调都是不足取的，同时也是不会被各族人民群众接受的。

第五章　子孙续弹琵琶好，鸣镝无声六十年
——昭君家族继续为汉匈友好贡献力量

第一节　王莽对匈奴的错误政策

王昭君不但自己为汉匈友好做出了重要贡献，而且在她的教育和影响下，她的子女、亲属、后裔也继续为汉匈友好贡献力量，成为汉匈关系史上一种值得注意和称颂的现象。

昭君改嫁给复株累单于之后，汉朝和匈奴仍然保持友好关系。汉成帝河平四年（公元前25年）正月，复株累单于入朝，汉朝“加赐锦绣缯帛二万匹、絮二万斤，它如竟宁时”[①]。

复株累单于在位十年，鸿嘉元年（公元前20年）死。其弟且糜胥立，为搜谐若鞮单于。这一年昭君大约三十三岁。她与复株累单于生了两个女儿，此后再没有改嫁。

搜谐单于继位后，遣子左祝都韩王朐留斯侯入侍汉朝，任命弟弟且莫车为左贤王。搜谐单于在位八年，汉成帝元延元年

①《汉书·匈奴传》。

（公元前12年），他去汉朝首都参加元延二年岁首之朝礼，出发后，未入塞，病死。其弟且莫车立，为车牙若鞮单于。

车牙单于立，遣子右于涂仇掸王乌夷当入侍汉朝，以弟弟囊知牙斯为左贤王。车牙单于立四岁，绥和元年（公元前8年）死。弟囊知牙斯立，为乌珠留若鞮单于。

乌珠留单于继位后，以呼韩邪单于第二阏氏之子乐为左贤王，即上文所言大阏氏少子乐。以呼韩邪单于第五阏氏子舆为右贤王，遣子右股奴王乌鞮牙斯入侍。

这时候，汉朝政治日益腐败，逐渐影响到对匈奴的政策。例如，有一年，汉朝遣中郎将夏侯藩、副校尉韩容出使匈奴。当时帝舅大司马骠骑将军王根领尚书事，有人游说王根："匈奴有一块地插入汉朝领地，那里生长着一种奇异的木材，非常适合制作箭杆。如果让匈奴献出此地，既有利于国家，又能使您的功绩青史留名。"王根便向皇帝说了此事。皇帝本来想直接向单于要求这块地，但又担心要不到的话太丢面子，损伤皇帝的威信。王根就把皇帝的意图告诉夏侯藩，让夏侯藩把皇帝意图当作自己的意思向单于谈。夏侯藩到了匈奴，向单于说明此事，并且许愿说，如果献出此地，一定会得到皇帝厚赏。单于问："这是天子的诏语吗？或者是您的意思？"夏侯藩曰："诏指也，然藩亦为单于画善计耳。"单于委婉地说："孝宣、孝元皇帝哀怜我的父亲呼韩邪单于，答应从长城以北匈奴有之。您索要的地方属于温偶王所居地，我也不了解那里的地形和出产，请允许我遣使问之。”夏侯藩只好回归汉朝。后来夏侯藩再次出使匈奴，至则求地。单于曰："从呼韩邪单于到我，父兄传位五世，汉不求此地，至知（囊知牙斯之自称）独求，何也？已问温偶王，匈奴西边诸侯作穹庐及车，皆仰此山材木，且先父地，不敢失也。”夏侯藩只好灰溜溜地回来了。单于还遣使上书，把夏侯藩索要土地的事情向皇帝报告。皇帝只好回答单于曰："夏侯藩擅自称皇帝有诏向单于求地，依法当死，经过大赦，现在已经把他贬为济南太守。”幸好这件事没有继续影响双方关系。第二年，乌珠留单于在汉朝的侍子死去，归葬匈奴之后，单于又遣儿子左于仇掸王稽留昆入侍汉朝。

汉哀帝建平二年（公元前5年），乌孙人入侵匈奴西界，寇盗牛畜，杀掠其民。单于闻之，遣五千骑击乌孙，杀数百人，掠千余人，驱牛畜去。乌孙遣子为质匈奴。单于接受了质子，并且报告汉朝。汉遣中郎将丁野林、副校尉公乘音使匈奴，责备单于，并且令匈奴还归质子。单于勉强受诏，遣质子归乌孙。

建平四年（公元前3年），单于上书，希望次年正月去汉朝朝贺。当时汉哀帝生病，有人说匈奴会带来巫术之人，自黄龙、竟宁时，每次单于来朝，汉朝就有大事发生（所谓“大事”，是指黄龙元年十二月宣帝崩，竟宁元年五月元帝崩）。皇帝因此不愿意批准单于来朝。一些大臣公卿也迎合皇帝，认为接待单于是浪费国库里的金帛。只有黄门郎扬雄上书进谏，批评反对接待单于来朝的人不懂历史，不顾大局，迷信巫术，坚决主张应该批准单于来朝。皇帝这才恍然大悟，追回单于使者，避免了一次重大失误。

然而，单于尚未出发就生病了，复遣使愿朝明年。按照过去的惯例，单于来朝，跟随的有名王以下二百余人。单于又上书言："蒙天子神灵，人民盛壮，愿率五百人入朝，以明天子盛德。"皇帝都批准了。

元寿二年（公元前1年），乌珠留单于来朝。汉朝加赐衣三百七十袭、锦绣缯帛三万匹、絮三万斤，其他如河平（汉成帝年号）时。单于返回时，遣中郎将韩况送单于。单于出塞，到休屯井，北渡车田卢水，道里回远。韩况等乏食，单于还送给他们粮食。[1]总之，自宣帝甘露三年（公元前51年）呼韩邪附汉至平帝元始元年（公元1年）王莽执政，五六十年间，汉匈关系虽然有些小的矛盾，但总体看是和平友好的。这其中自然有昭君及其子女的默默奉献。但到了王莽执政以后，这种友好关系逐渐被破坏，主要原因在于王莽推行了极端错误的对匈奴政策。

王莽（公元前45—公元23年），字巨君，魏郡元城（在今河北大名县东）人，是汉元帝皇后王政君的侄子。幼年时父亲、哥哥相继去世，他事母至孝，事嫂至尊，生活俭朴，刻苦读书，所以贤孝的名声便传播开来。王莽当官以后，仍然非常清廉俭朴，他的妻子因为穿着朴素，出门迎客时被认为是仆佣。他常

①《汉书·匈奴传》。

把自己的俸禄分给下级，甚至卖掉马车接济穷人。他还十分尊师重教、礼贤下士，所以三十八岁就出任大司马。绥和二年（公元前7年），汉成帝去世，汉哀帝继位。当时傅太后、丁太后及其外戚得势，王莽退位隐居新野。其间他的儿子杀死家奴，王莽逼儿子自杀，被认为是“大义灭亲”的高尚行为。元寿二年（公元1年），汉哀帝去世，没有留下子嗣，由太皇太后王政君掌管传国玉玺，于是任命王莽为大司马，总揽军政大权。王莽拥立汉平帝登基，让自己的女儿当皇后。元始五年（公元5年），王莽毒死汉平帝，立年仅两岁的孺子婴为皇太子，太皇太后王政君命王莽代天子摄政，称“摄皇帝”。此后便不断有人制造舆论，假借种种名目劝王莽当皇帝。初始元年（公元8年），王莽接受孺子婴禅让后称帝，改国号为“新”，改长安为常安，次年改为始建国元年。

王莽称帝后进行了一系列改制。他仿照周朝的制度推行新政，屡次改变币制，更改官制与官名，以王田制为名恢复井田制，把盐、铁、酒及山林川泽收归国有。王莽有一个癖好，就是改名字，他不仅喜欢给人改名字，还大改郡县地名、官职名、制度名、法律名、民族名……他似乎认为只要改了名字，就能够实至名归，达到目的，所以许多新政不过是改名而已。由于新的政策大多数不符合实际情况，百姓未蒙其利，先受其害，反而激化了贵族和贵族之间、贵族和平民之间的矛盾。王莽处理这些矛盾的措施又极其简单粗暴，结果不到四年，便使得全国各地民怨沸腾，起义暴动此起彼伏，后来形成了绿林、赤眉等大规模的农民起义军。

此外，王莽出于腐朽的大汉族主义民族观，对周边少数民族及其政权制定了极端错误的歧视政策。如将原本臣服于汉朝的匈奴、高句丽、西域诸国和西南夷等属国统治者由原本的王降格为侯，从而激化了民族矛盾，各国因此拒绝臣服新朝，造成边境战争不绝。王莽在内外交困中仍然一意孤行，地皇四年（公元23年），绿林军攻入长安，王莽在混乱中被商人杜吴所杀，校尉公宾斩其首，悬于宛市之中。“新”朝灭亡。

王莽这个人，在历史上向来被视为伪君子、野心家、篡位者的典型代表，但是近代以来有人提出新的观点，认为他是失败的改革家。尽管史学界对于他的评价分歧百出，但对于他的民族政策和外交政策，大家都一致认为是错误的。具体到对匈奴来说，其错误表现在四个方面。

第一，王莽违反宣帝、元帝时期汉与匈奴的约定，进而无理干涉匈奴内部事务。宣帝、元帝时期汉与匈奴的约定主要有三条：匈奴归附汉朝，但双方在各自原来的生活地区自守；匈奴部众如有侵犯汉朝边塞之事，应及时向汉朝报知；如有从中原往降匈奴者，不得接受。王莽不但无视这些规定，而且另外颁布了四条规定，强迫匈奴遵守：一是汉人逃入匈奴者，二是乌孙逃亡、投降匈奴者，三是西域各国佩汉朝印绶投降匈奴者，四是乌桓投降匈奴者，皆不得接受。[1]这种蛮横的规定引起了匈奴的不满。

例如，汉朝在西域的都护和副校尉胡作非为，引起西域车师后王勾姑、去胡来王唐兜的怨恨（车师后：在今新疆乌鲁木齐市以东、吐鲁番以北。勾姑：疑作“姑勾”。去胡来王：《西域传》云，婼羌国号去胡来王），于是带领妻子人民逃亡到匈奴。单于把他们安置在左谷蠡王所居之地，并且遣使向汉朝报告情况。王莽遣中郎将韩隆、王昌，副校尉甄阜，侍中谒者帛敞，长水校尉王歙（王昭君的侄子）使匈奴，不许匈奴接受西域降人。单于曰：“孝宣、孝元皇帝哀怜，为作约束，自长城以南天子有之，长城以北单于有之。有犯塞，辄以状闻；有降者不得受。臣知父呼韩邪单于蒙无量之恩，死遗言曰：‘有从中国来降者，勿受，辄送至塞，以报天子厚恩。’此外国也，得受之。”使者曰：“匈奴骨肉相攻，国几绝，蒙中国大恩，危亡复续，妻子完安，累世相继，宜有以报厚恩。”单于叩头谢罪，把西域二王交给了使者，但是请求汉朝赦免他们。王莽一点儿也不给单于面子，竟然把西域二王斩首示众，并且对匈奴颁布上述四条新的规定。

与此同时，因为当时王莽下令汉朝人不得有二字及二字以上之名，因此令使者劝告单于改名字为一个字，汉必加厚赏。

① 见《汉书·匈奴传》。

单于从之，上书言："幸得备藩臣，窃乐太平圣制，臣故名囊知牙斯，今谨更名曰知。"王莽大悦，厚加赏赐。

后来，王莽又禁止乌桓人民与匈奴做生意，并且不得交皮布税。匈奴使者大怒，抓住乌桓酋豪，捆绑起来倒悬之。乌桓酋豪昆弟怒，共杀匈奴使及其官属。单于闻之，遣使发左贤王兵入乌桓，因攻击之。乌桓人分散逃亡。匈奴杀掠之后，驱赶乌桓妇女弱小近千人，告乌桓曰："持马畜皮布来赎之。"乌桓被掠者亲属两千余人持财畜往赎，匈奴又拘留了他们。可见匈奴已经不再把王莽的四条规定放在眼里了。

第二，王莽蓄意压低匈奴单于的政治地位，把宣帝时颁给呼韩邪单于的黄金质"匈奴单于玺"索回，另发给乌珠留单于[①]铜质的"新匈奴单于章"。原来，汉朝尊重匈奴的政治地位，其单于位在诸侯王之上，故称其印为"玺"。王莽改"玺"为"章"，并且加上"新"字，就与王莽新封的诸侯王没有什么区别了。这种毫无理由随意压低匈奴单于政治地位的换印伎俩，匈奴当然很不满意。《汉书·匈奴传》说：

> 王莽之篡位也，建国元年（公元9年），遣五威将王骏率甄阜、王飒（王昭君的另一位侄子）、陈饶、帛敞、丁业六人，多赍金帛，重遗单于，谕晓以受命代汉状，因易单于故印。故

①呼韩邪单于子、复株累单于弟。

印文曰“匈奴单于玺”，莽更曰“新匈奴单于章”。将率（帅）既至，授单于印绂，诏令上故印绂。单于再拜受诏。译前，欲解取故印绂，单于举掖（腋）授之。左姑夕侯苏从旁谓单于曰：“未见新印文，宜且勿与。”单于止，不肯与。请使者坐穹庐，单于欲前为寿。五威将曰：“故印绂当以时上。”单于曰：“诺。”复举掖授译。苏复曰：“未见印文，且勿与。”单于曰：“印文何由变更！”遂解故印绂奉上，将率受。著新绂，不解视印，饮食至夜乃罢。右率陈饶谓诸将率曰：“乡（向）者姑夕侯疑印文，几令单于不与人。如令视印，见其变改，必求故印，此非辞说所能距（拒）也。既得而复失之，辱命莫大焉。不如椎破故印，以绝祸根。”将率犹与（豫），莫有应者。饶，燕士，果悍，即引斧椎坏之。明日，单于果遣右骨都侯当白将率曰：“汉赐单于印，言‘玺’不言‘章’，又无‘汉’字，诸王已（以）下乃有‘汉’言‘章’。今即去‘玺’加‘新’，与臣下无别。愿得故印。’”将率示以故印，谓曰：“新室顺天制作，故印随将率所自为破坏。单于宜承天命，奉新室之制。”当还白，单于知已无可奈何，又多得赂遗，即遣弟右贤王舆奉马牛随将率入谢，因上书求故印。

王莽换印的小把戏，不但对国家毫无积极意义，而且只能够起到激怒匈奴单于的作用。这事连王莽的使者们也都看不下去，只能靠耍赖皮尴尬应付。王昭君的侄子王飒处于此种境遇，唯有哑口无言。

第三，乌珠留单于本名囊知牙斯，王莽改名癖发作，非要他改名为“知”。不仅如此，王莽随后又把“匈奴单于”之号改称为“降奴服于”，显然带有歧视和诬蔑匈奴民族的色彩。这种出于民族压迫目的的改名，理所当然地激起了匈奴上上下下的愤怒。

王莽后来又强迫匈奴把扣留的乌桓民众交给汉朝，匈奴假意请示王莽：“当从塞内还之邪，从塞外还之邪？”王莽下令从塞外还之。此时匈奴对汉朝积怨已深：夏侯藩厚颜无耻地求地，求税乌桓不得，因寇略其人民，衅由是生；再加上印文改易，还要给单于改名字，把匈奴改为“降奴”……一桩桩，一件件，都令匈奴怨恨。于是单于遣兵众数万骑，以护送乌桓人为名，勒兵朔方塞下。大战一触即发。

第四，莽还在篡汉建立“新”朝（公元9年）之后，企图通过武力树立威势，分裂匈奴。他募兵三十万，遣十二大将同时并出，计划进攻匈奴，并且划分匈奴居地为十五个部分，强立稽侯珊的子孙十五人俱为单于，以分散和削弱匈奴的势力。[①]这种人为分裂匈奴的图谋不但违背正义，而且非常冒险，事实上，这样做的结果反而给王莽自己招来了大祸。

面对匈奴大兵压境，王莽也募兵三十万，积极备战，同时

---

①见《汉书·王莽传》。

突发奇想，企图“大分匈奴为十五单于，遣中郎将蔺苞、副校尉戴级将兵万骑，多赍珍宝至云中塞下，招诱呼韩邪单于诸子，欲以次拜之。使译出塞诱呼右犁汗王（当作“左犁汗王”）咸，咸的儿子登、助三人，至则胁拜咸为孝单于，赐安车鼓车各一，黄金千斤，杂缯千匹，戏戟[①]十；拜助为顺单于，赐黄金五百斤；传送助、登长安。……单于闻之，怒曰：‘先单于受汉宣帝恩，不可负也。今天子非宣帝子孙，何以得立？’遣左骨都侯、右伊秩訾王呼卢訾及左贤王乐将兵入云中益寿塞[②]，大杀吏民。是岁，建国三年也（公元11年）。”此后，单于历告左右部都尉、诸边王，入塞寇盗，大辈万余，中辈数千，少者数百，杀雁门、朔方太守、都尉，略吏民畜产不可胜数，缘边虚耗。莽新即位，怙府库之富欲立威，乃拜十二部将率，发郡国勇士，武库精兵，各有所屯守，转委输于边。议满三十万众，赍三百日粮，同时十道并出，穷追匈奴，内（纳）之于丁令，因分其地，立呼韩邪十五子。……咸既受莽孝单于之号，驰出塞归庭，具以见胁状白单于。单于更以为于粟置支侯，匈奴贱官也。后助病死，莽以登代助为顺单于。厌难将军陈钦、震狄将军王巡屯云中葛邪塞。是时，匈奴数为边寇，杀将率吏士，略人民，驱畜产去甚众。捕得虏生口验问，

① 戏戟：有旗之戟。

② 益寿塞：王莽所易之塞名。杨树达曰：“此云‘益寿塞’，下云‘葛邪塞’‘制虏塞’，皆前所未见，盖莽所易亭障之名也。”

皆曰孝单于咸子登数为寇。两将以闻。四年，莽会诸蛮夷，斩咸子登于长安市”。

王莽的上述错误政策，进一步激化了与匈奴的矛盾。《汉书·匈奴传》说：“初，北边自宣帝以来，数世不见烟火之警，人民炽盛，牛马布野。及莽挠乱匈奴，与之构难，边民死亡系获，又十二部兵久屯而不出，吏士罢弊，数年之间，北边虚空，野有暴骨矣。”单于遍告左右部及诸边王入塞骚扰，杀死雁门、朔方太守、都尉，掳掠吏民、牲畜不可胜数，北方又重遭大害。由于汉匈和睦共处局面的破坏，大量北方人民被匈奴俘虏或惨遭死亡，中原官兵又须长期出屯边境守卫，吏士疲敝，数年之内，北方空虚，以致四野尸骨都无人埋殓。

《后汉书·南匈奴列传·赞》在回顾汉朝和匈奴关系发展演变历史时感叹万分，写道：“至孝宣之世，承武帝奋击之威，直匈奴百年之运，因其坏乱几亡之厄，权时施宜，覆以威德，然后单于稽首臣服，遣子入侍，三世称藩[①]，宾于汉庭。是时，边城晏闭，牛马布野，三世[②]无犬吠之警，黎庶亡干戈之役。后六十余载之间，遭王莽篡位，始开边隙，单于由是归怨自绝，莽遂斩其侍子，边境之祸构矣。”在中国历史上，王莽以其极端的大民族主义思想、愚蠢的边疆政策、狂妄的大国沙文主义外交，不但导致了自己的倒台，而且留下了极其惨痛的教训。后来的更始

① 三世称藩：指呼韩邪、复株累、乌珠留三世单于称臣来朝。

② 三世：当作“五世”，指宣、元、成、哀、平五世。

帝、东汉光武帝刘秀以及历代帝王都看到了这个导致王莽失败的重要因素，把他当作处理民族关系和外交关系的反面教材。

第二节　昭君子女、女婿为汉匈和平而努力

昭君出塞两年多，呼韩邪单于就死了，他与昭君生了一子，名伊屠智牙师。伊屠智牙师原被封为右日逐王，后晋升为右谷蠡王。

昭君奉汉成帝诏令“从胡俗”改嫁之后，又与复株累单于生了两个女儿。长女名云，后嫁给右骨都侯须卜当，遂被称为须卜居次（公主）。次女史失其名，后嫁给当于氏，遂被称为当于居次。云和须卜当生有二子，长子名奢，后为大且渠，次子失名。昭君次女当于居次生一子，后被封为醯椟王。昭君的子女、女婿、外孙都在匈奴拥有较高的地位。

这里简单介绍一下匈奴诸王和大臣的位次。匈奴最高首领是单于，总揽军政一切大权。匈奴习俗尚左。据《后汉书·南匈奴列传》，单于以下的诸王和大臣们位次如下：

左贤王第一，单于以下，权力最大、地位最高的是左贤王，他是单于的“储副”，即单于的候补人选，故常常以太子为左贤王。左贤王建有王庭，管辖匈奴东部地区。

左谷蠡王第二，建王庭于东部驻牧之地。

右贤王第三，建王庭于西部，管辖匈奴西部地区。

右谷蠡王第四，建王庭于西部驻牧之地。昭君之子伊屠智牙师后来晋升此王位。

以上四王被称为“四角”，是匈奴政权最重要的四大支柱。

左、右日逐王第五、第六。伊屠智牙师原被封为右日逐王。左、右温禺鞮王第七、第八。左、右渐将王第九、第十。

以上六王被称为“六角”，权力、地位仅次于“四角”。这十个王爷都是单于子弟，即都是挛鞮氏，按顺序排列，都有可能继承单于大位。

诸王之外，为单于辅政的大臣主要是左、右骨都侯，相当于左、右丞相。昭君长女云的丈夫就是右骨都侯须卜当。其次是左、右尸逐骨都侯等。担任这些职位的人都出于呼衍氏、须卜氏、丘林氏、兰氏四大姓，这四大家族是匈奴的世代名门贵族，常与单于家族通婚。呼衍氏、丘林氏为左，须卜氏、兰氏为右，主断狱听讼。他们裁定的案件，口头向单于汇报，没有文簿、记录之类。

昭君次女的丈夫家当于氏也是匈奴贵族世家，她生的儿子后被封为醯椟王，地位也很尊贵。

根据史料，呼韩邪单于生前至少有六个阏氏。第一个是颛渠阏氏。她是左伊秩訾兄呼衍王的女儿，她生二子，长曰且莫车，次曰囊知牙斯。她很有政治远见，积极支持对汉朝和平友好政策。

第二是大阏氏，她是颛渠阏氏的妹妹，生四子，长曰雕陶莫皋，次曰且糜胥，皆长于且莫车，少子咸、乐二人，皆小于囊知牙斯。

另外还有第三、第四、第五阏氏。她们都生有子女。

宁胡阏氏王昭君嫁来最晚，排位最后，但是因为有汉朝的强大背景，本人又美貌无比、善良贤惠，所以最受单于宠爱。昭君生下伊屠智牙师，呼韩邪单于晚年得子，与昭君的感情更不一般。

呼韩邪在单于大位传承问题上，毅然决定采取兄终弟及的办法，其中暗含为他喜欢的儿子且莫车和伊屠智牙师争取继承单于大位机会的意思。《汉书·匈奴传》记载："始呼韩邪嬖左伊秩訾兄呼衍王女二人。长女颛渠阏氏，生二子，长曰且莫车，次曰囊知牙斯。少女为大阏氏，生四子，长曰雕陶莫皋，次曰且麋胥，皆长于且莫车，少子咸、乐二人，皆小于囊知牙斯。又它阏氏子十余人。颛渠阏氏贵，且莫车爱。呼韩邪病且死，欲立且莫车，其母颛渠阏氏曰：'匈奴乱十余年，不绝如发，赖蒙汉力，故得复安。今平定未久，人民创艾战斗，且莫车年少，百姓未附，恐复危国。我与大阏氏一家共子，不如立雕陶莫皋。'大阏氏曰：'且莫车虽少，大臣共持国事，今舍贵立贱，后世必乱。'单于卒从颛渠阏氏计，立雕陶莫皋，约令传国与弟。呼韩邪死，雕陶莫皋立，为复株累若鞮单于。复株累若鞮单于立，遣子右致卢儿王醯谐屠奴侯入侍，以且麋胥为左贤王，且莫车为左谷蠡王，囊知牙斯为右贤王。复株累单于复妻王昭君，生二女，长女云为须卜居次，小女为当于居次。"关于呼韩邪单于的妻子、儿女情况，参见《附录二：呼韩邪王昭君家族世系表》。

王莽秉政之初，想要给太皇太后戴高帽子，说太皇太后威德至盛，远远超过前代国君，于是派人告诉单于，让单于遣王昭君长女须卜居次云入侍太后，并且厚加赏赐。王莽让昭君长女入侍太皇太后，对汉朝来说，只不过是在太皇太后身边多了一个伺候的贵妇人，被王莽用来争面子；对匈奴来说，则是大大削弱了单于身边的亲汉力量，削弱了匈奴主张对汉和平友好的政治力量。

尽管如此，昭君的子女、女婿们仍然坚持为维护汉和匈奴的友好关系而努力。特别是在王莽篡夺政权之后，在汉匈关系日益恶化、双方剑拔弩张、战争一触即发的时刻，昭君的长女须卜居次云和女婿右骨都侯须卜当（时为匈奴执政大臣）忧心忡忡，他们挺身而出，积极设法挽救危局。

《汉书·匈奴传》记载："乌珠留单于立二十一岁，建国五年（公元13年）死。匈奴用事大臣右骨都侯须卜当，即王昭君女伊墨居次云之婿也。云常欲与中国和亲，又素与咸厚善，见咸前后为莽所拜，故遂越舆而立咸为乌累若鞮单于。"

"乌累单于咸立，以弟舆为左谷蠡王。乌珠留单于子苏屠胡本为左贤王，以弟屠耆阏氏子卢浑为右贤王。乌珠留单于在时，左贤王数死，以为其号不祥，更易命左贤王曰'护于'。护于之尊最贵，次当为单于，故乌珠留单于授其长子以为护于，欲传以国。咸怨乌珠留单于贬贱己号，不欲传国，及立，贬护于为左屠耆王。云、当遂劝咸和亲。"

“天凤元年（公元14年），云、当遣人之西河虎猛（在今内蒙古伊金霍洛旗西南）制虏塞下，告塞吏曰欲见和亲侯。和亲侯王歙者，王昭君兄子也。中部都尉以闻。莽遣歙、歙弟骑都尉展德侯飒使匈奴，贺单于初立，赐黄金衣被缯帛，绐言侍子登在，因购求陈良、终带等。单于尽收四人及手杀校尉刀护贼芝音妻子以下二十七人，皆械槛付使者，遣厨唯姑夕王富等四十人送歙、飒。莽作焚如之刑，烧杀陈良等，罢诸将率屯兵，但置游击都尉。单于贪莽赂遗，故外不失汉故事，然内利寇掠。又使还，知子登前死，怨恨，寇虏从左地入，不绝。使者问单于，辄曰：‘乌桓与匈奴无状黠民共为寇入塞，譬如中国有盗贼耳！咸初立持国，威信尚浅，尽力禁止，不敢有二心。’”

“天凤二年（公元15年）五月，莽复遣歙与五威将王咸率伏黯、丁业等六人，使送右厨唯姑夕王，因奉归前所斩侍子登及诸贵人从者丧，皆载以常车（即有帷裳之车）。至塞下，单于遣云、当子男大且渠奢等至塞迎。咸等至，多遗单于金珍，因谕说改其号，号匈奴曰‘恭奴’，单于曰‘善于’，赐印绶。封骨都侯当为后安公，当子男奢为后安侯。单于贪莽金币，故曲听之，然寇盗如故。咸、歙又以陈良等购金付云、当，令自差与之。”

这段历史比较复杂，概括地说，乌珠留单于死后，其弟舆应立。须卜当与云欲与汉恢复和亲，又素与右犁汗王咸友好，便越舆而立咸为乌累单于（舆与咸俱为乌珠留之弟）。乌累单于既立，云、当遂劝他与汉和亲。前文述及，始建国四年（公元12

年），王莽曾杀死咸之子登于长安，咸对王莽极为怨恨。可以想到，云、当劝说咸与王莽“新”朝和亲是相当艰难的。但经过努力，最终仍取得成功。咸同意与“新”朝和亲。天凤元年，云、当派人到西河塞（在今内蒙古准格尔旗）下，要求会见和亲侯王歙。王歙是昭君哥哥的儿子，因为多次出使匈奴有功，被封为和亲侯。王莽因命王歙和他的弟弟王飒出使匈奴，贺单于初立，并赐黄金、衣被、缯帛。由于云、当和歙、飒的和平努力，天凤二年，王莽复遣王歙与五成将王咸等送还前所斩匈奴侍子登的尸体。单于遣云、当的儿子大且渠奢至塞上迎接。这说明双方对此事都很郑重。

天凤五年（公元18年），乌累单于死，呼都而尸道皋单于立，形势又发生了变化。《汉书·匈奴传》说：“单于咸立五岁，天凤五年死，弟左贤王舆立，为呼都而尸道皋若鞮单于。匈奴谓孝曰‘若鞮’。自呼韩邪后，与汉亲密，见汉谥帝为“孝”，慕之，故皆为‘若鞮’。呼都而尸单于舆既立，贪利赏赐，遣大且渠奢与云女弟当于居次子醯椟王俱奉献至长安。莽遣和亲侯歙与奢等俱至制虏塞下，与云、当会，因以兵迫胁，将至长安。云、当小男[①]从塞下得脱，归匈奴。当至长安，莽拜为须卜单于，欲出大兵以辅立之。兵调度亦不合，而匈奴愈怒，并入北边，北边由是坏败。会当病死，莽以其庶女陆逯任[②]妻后安公

① 小男：即最小的儿子。云、当小男，即大且渠奢之弟。

② 陆逯任：陈直说，“陆”为王莽对王氏女之封号，“逯”为莽庶女之食邑，“任”为莽庶女之称谓。

奢[1]，所以尊宠之甚厚，终为欲出兵立之者。会汉兵诛莽，云、奢亦死。”

呼都而尸道皋单于名叫舆，是呼韩邪之子，昭君子伊屠智牙师的异母兄。按匈奴单于继位的习惯，他应晋封伊屠智牙师为左贤王，将来死后传位于其弟，由伊屠智牙师继任单于。但呼都而尸道皋为了将来传位于其子，竟然把伊屠智牙师杀掉。云、当在这种紧要关头，为了再一次争取汉匈关系的和好，忍着失去兄长的悲痛和怨恨，仍请单于遣大且渠奢与昭君次女的儿子醯椟王奉献至长安。但王莽却借此机会，佯遣和亲侯王歙与云、当之子奢等俱至塞下与表姐云、表姐夫当相会，暗中部署兵力，将云、当劫持到长安，只有云、当的小男逃归匈奴。

王莽劫持云、当到长安后，便强立当为须卜单于，并想派大兵护送他回匈奴去当单于。王莽分裂匈奴的用心是险恶的，他不但使云、当处于被单于误会的危险地位，而且欺骗王歙出面，使他也处于尴尬的地位。这种蛮横做法，当然激起匈奴的愤恨，又大入北方抄掠。在王莽阴谋劫持云、当之前，大司马严尤曾劝谏王莽不要这样做，他说：“当在匈奴右部，兵不侵边，……此方面之大助也。于今迎当置长安槀街，一胡人耳，不如在匈奴有益。”[2]可是王莽不听。在昭君的子女、亲属等人的居中斡旋及单于的努力下，汉匈关系曾经几次出现过一线光

① 奢：其本为侯，王莽以女妻之，故进爵为公。

② 参见《汉书·王莽传》。

明，但由于王莽顽固执行对匈奴的错误政策，如再次贬贱匈奴之号为“恭奴”、单于为“善于”，甚至劫持云、当等人。“其后王莽复欺诈单于，和亲遂绝。”[①]王莽一意孤行，不但在内政上连连失策，导致他的政权迅速被农民起义所推翻，而且对匈奴欺骗、侮辱、压榨，严重破坏了汉匈友好关系。云、当对汉匈关系的弥合虽然没有成功，但也尽了最大的努力。所幸当时在两大民族边境陈兵数十万、战争一触即发的危急形势下，大战终于没有发生，双方使节仍往来不断。这其中，王昭君的子女、亲属发挥的作用是一个重要因素，当然，这也与汉匈之间数十年亲密友好关系打下的基础分不开。

须卜当被劫持到长安之后三年（王莽地皇二年，公元21年）就病死了。云和当的长子奢，原封后安侯，后来进爵为公。王莽为了表示拉拢，就把自己的第三女王捷嫁给后安公奢为妻，王捷是王莽爱妾开明所生，封为陆逯任。可见王莽内心深处也非常重视与匈奴的关系。

又过了两年，云与其子奢也相继死去，时在绿林农民起义军攻破长安、王莽“新”朝覆灭之时。可以说，昭君的长女云、女婿当和外孙奢一家人都是为缓和汉匈关系而献出生命的，对此王莽难辞其咎。

---

① 以上参阅《汉书》中的《匈奴传》《西域传》《王莽传》等。

第三节　昭君两个侄子多次出使匈奴

《汉书·匈奴传》说，昭君有两个侄儿，是昭君哥哥的儿子，一名王歙，一名王飒。王莽时二人皆封侯，王歙封和亲侯，王飒封归德侯。天凤元年（公元14年），王莽派他二人出使匈奴。翌年，又派王歙出使匈奴。更始二年（公元24年）更始帝刘玄又曾派王飒出使匈奴。一直到东汉建武六年（公元30年），光武帝刘秀还派王飒出使匈奴。从这些史料来看，昭君的两个侄儿为汉匈和平友好多次奔走，做出了很多贡献，而且他们的封号都不是取县邑之名，而是取与和亲有关的嘉名。这一对兄弟，自天凤元年至建武六年的十七年间，曾四次共同或分别荣任中原王朝出使匈奴的使节，这就充分说明王昭君及其亲属在当时的四代中原王朝（西汉、更始、新莽及东汉）和汉匈民族关系中所处的地位和所起的作用。

地皇四年（公元23年）王莽被杀后，刘玄即皇帝位，改元“更始”。刘玄（？—公元25年），字圣公，南阳舂陵（今湖北枣阳西南）人，西汉皇族后裔，东汉光武帝刘秀的族兄。地皇四年，绿林农民起义军人数大增，但是没有统一的指挥，各将领就共同商议立刘玄为天子。刘玄被绿林军立为皇帝的同年，王莽的“新”朝灭亡，刘玄入主长安，成为天下之主。更始三年（公元25年），更始政权在赤眉军和刘秀大军的两路夹击之下土崩瓦解，刘玄向赤眉军出降，献出传国玉玺，更始政权灭亡。不久，刘玄被赤眉军所杀。

更始政权虽然只有短短两年，更始帝性格软弱又贪图享受，但是更始君臣都看到了王莽对匈奴政策的失误，并且采取行动，力图纠正这种失误。

更始帝时，汉匈关系仍很紧张，匈奴乘汉朝混乱之机，不断侵扰汉朝北部边郡。更始二年（公元24年），更始帝遣王飒出使匈奴，送还死在长安的云、当遗体及其在长安的遗属和亲属、贵人、随从，并送还汉宣帝时颁给呼韩邪的旧制黄金印绶，希望改善由王莽造成的汉匈间的不正常关系。但此时的呼都而尸道单于却态度骄傲，认为王莽失败与汉室的复兴“亦我力也，当复尊我”。王飒这次出使未能成功。《汉书·匈奴传》记载：

> 更始二年冬，汉遣中郎将归德侯飒、大司马护军陈遵使匈奴，授单于汉旧制玺绶、王侯以下印绶，因送云、当余亲属贵人从者。单于舆骄，谓遵、飒曰：“匈奴本与汉为兄弟，匈奴中乱，孝宣皇帝辅立呼韩邪单于，故称臣以尊汉。今汉亦大乱，为王莽所篡，匈奴亦出兵击莽，空其边境，令天下骚动思汉，莽卒以败而汉复兴，亦我力也，当复尊我！”遵与相撑距，单于终持此言。其明年夏，还。会赤眉入长安，更始败。

公元25年，中国历史进入了一个新的时期——刘秀建立了东汉王朝。

刘秀（公元前6年—公元57年），字文叔，庙号世祖，谥号光武皇帝。他虽然有着西汉皇族血统，却只是一介布衣。在王莽乱政、天下分崩之际，乘势起兵。公元25年，刘秀与更始政权公开决裂，于河北登基称帝，建元建武，仍以“汉”为其国号，表示刘氏政权复兴，史称东汉。 经过长达十二年之久的战争，刘秀先后平灭了关东、陇右、西蜀等地的割据政权，结束了自新莽末年以来长达二十年的军阀混战与割据局面。刘秀在位三十三年，大兴儒学，推崇气节，文治武功都有很大建树。

刘秀政权建立之初，就非常重视与匈奴的关系。因为汉匈关系一直未能和好，匈奴仍不时寇边，并与卢芳等地方割据势力勾结，给东汉政权和人民带来了很大的灾难。初建的东汉，人口锐减，百废待兴，根本无力与匈奴对抗，只能采取一些防范措施来赢得重建的时间。

《后汉书·南匈奴列传》记载：

> 建武初，彭宠反畔于渔阳，单于与共连兵，因复权立卢芳①，使入居五原。光武初，方平诸夏，未遑外事。六年，

①《东观汉记》载：“卢芳，安定人。属国胡数千畔，在参蛮，芳从之，诈姓刘氏，自称西平王。会匈奴句林王将兵来降参蛮胡，芳因随入匈奴，留数年。单于以中国未定，欲辅立之，遣毋楼且王求入五原，与假号将军李兴等结谋，兴北至单于庭迎芳。芳外倚匈奴，内因兴等，故能广略边郡。”

> 始令归德侯刘飒使匈奴，匈奴亦遣使来献，汉复令中郎将韩统报命，赂遗金币，以通旧好。而单于骄踞，自比冒顿，对使者辞语悖慢，帝待之如初。初，使命常通，而匈奴数与卢芳共侵北边。九年，遣大司马吴汉等击之，经岁无功，而匈奴转盛，钞暴日增。十三年，遂寇河东，州郡不能禁。于是渐徙幽、并边人于常山关、居庸关已东，匈奴左部遂复转居塞内。朝廷患之，增缘边兵郡数千人，大筑亭候，修烽火。……北边无复宁岁。

建武六年（公元30年），匈奴与地方势力卢芳勾结，寇边不息。刘秀在建国不久即命王飒出使匈奴，以修旧好，可见他对昭君侄子身份的重视。这次匈奴虽亦遣使奉献，但这时的汉匈实力对比已经发生变化。自呼韩邪附汉以来，匈奴内部安定，社会生产得以恢复和提高，实力大为强盛。而在匈奴统治集团内部，由于王莽的愚蠢，以王昭君的儿子、女儿、女婿、外孙为代表的亲汉力量大大削弱，主张掠夺侵扰汉朝的奴隶主势力重新抬头。在中原方面，则因自西汉末开始，政局已呈混乱，国力衰竭，而东汉政权初建，国力不强。面对这种强弱易势的局面，王昭君的亲属及其后裔也是无能为力的。所以王莽对匈奴的错误政策固然是造成汉匈友好关系破裂的直接原因，可是如果不从匈奴社会的阶级根源及汉匈力量的对比去分析、探讨，那么也是难于理解后来更始帝和光武帝虽然努力纠正王莽时对匈奴的错误政策并采取补救措施，主动争取恢复汉匈友好关系，但仍没有收到效果的真实原因。

第四节　昭君儿子被害是匈奴分裂的导火线

按照呼韩邪单于的遗命，单于大位的继承应该遵循兄终弟及的原则。事实上，单于大位也是在他的儿子中依次传递下来的。因此，呼都而尸道皋单于本来应该把单于之位传给自己的弟弟、昭君之子伊屠智牙师，但是他出于私心，想把单于大位传给自己的儿子，于是派人将伊屠智牙师杀死。呼都而尸道皋单于死后，把单于大位传给儿子侯，称为乌达鞮侯单于，时在建武二十二年（公元46年）。

昭君儿子伊屠智牙师被杀事件在匈奴引起了极大震动，成为匈奴分裂的直接导火线。很多人对呼都而尸道皋单于的做法不满，对他的儿子侯继位不服。乌达鞮侯单于继位仅仅一年就死去，他的弟弟继位，称蒲奴单于。

对昭君儿子被杀事件极为不满的人中间，有一个叫作比的贵族，他是呼韩邪单于之孙、乌珠留若鞮单于之子。自呼韩邪单于逝世后，诸子以次立，至比的叔父呼都而尸道皋单于时，把比封为右薁鞬日逐王，统领匈奴南部及乌桓。其直属部众约四五万人。

《后汉书·南匈奴列传》记载，比见昭君儿子伊屠智牙师被诛，出怨言曰："以兄弟言之，右谷蠡王次当立；以子言之，我前单于长子，我当立。"意思是如果按兄弟次序来说，应该是右谷蠡王（即伊屠智牙师）继承大位；如果按儿子次序来说，我是前单于（即乌珠留单于）的长子，我应当继承大位。于是他便心怀猜忌，很少参加单于庭的会议。乌达鞮侯和弟弟蒲奴相继立为单于后，比更加愤恨。

而此时匈奴草原连年干旱，蝗灾遍地，赤地数千里，草木尽枯，人畜饥疫，死耗过半。单于害怕东汉乘其疲敝而发兵进攻，于是派遣使者到渔阳郡（在今北京密云区西南）求和亲，企图缓和与东汉的紧张关系。东汉也遣中郎将李茂报命。与此同时，比秘密派遣汉人郭衡拿着匈奴地图，到东汉西河太守那里请求内附。单于发现比有异动，"遣万骑击之，见比众盛，不敢进而还"。

建武二十四年（公元48年）春，匈奴八部大人共议立比为呼韩邪单于。为什么叫呼韩邪单于？因为他的爷爷曾经坚持归附汉朝，使得匈奴获得和平安宁，所以大家一致同意袭用呼韩邪单于名号。于是比派使者到五原塞（在今内蒙古包头市），表示愿意永为汉朝蕃蔽，扞御北虏。汉朝正为匈奴连年袭扰而穷于应付，见此报告，喜出望外，立即批准。当年冬，得到汉朝支持的比自立为呼韩邪单于，又称醢落尸逐鞮单于。匈奴正式分裂为南北二部。

匈奴分裂为南北二部之后，南匈奴在东汉王朝的支持下，立即对北匈奴发动进攻。建武二十五年（公元49年）春，醢落尸逐鞮单于遣弟左贤王莫将兵万余人击北单于弟薁鞬左贤王，生获之；又破北单于帐下，并得其部众万余人，马七千匹、牛羊万头。北单于震怖，却地千里。后来北匈奴不断有贵族、民众投降南匈奴。南匈奴单于复遣使诣阙，奉藩称臣，献国珍宝，求使者监护，遣侍子，修旧约。

关于匈奴的人口变化状况，据林幹《匈奴史》估计，汉初匈奴盛时人口约有二百万，五单于混战后人口减少，约一百五十万。后来分裂为南北两部，北匈奴人口约为一百万，南匈奴约为二十三万七千人。但是北匈奴不断有人降附南匈奴和东汉。例如，汉章帝建初八年（公元83年），三木楼訾大人率三万八千人附汉；汉章帝章和元年（公元87年），屈兰等率二十万人、胜兵八千人附汉；汉和帝永元元年（公元89年）温犊须等率二十余万人附汉。仅这三次合计就有四十四万人之多，其他小股附汉的人数更多，无法统计。永元三年（公元91年），北匈奴单于败逃西迁时带走多少人马，没有史料记载，但留在漠北的匈奴人尚有五六十万人，他们后来并入了鲜卑。[①]

公元48年，匈奴分裂为南北二部，是历史上的重大事件，不但使汉朝和匈奴的关系发生了历史性的转折，而且深刻影响了世界历史的进程。南匈奴逐渐南迁，与中原汉族杂居，至魏晋南北朝时逐渐与汉族融合。南匈奴内附后，受到东汉政府的

① 参见林幹：《匈奴史》，内蒙古人民出版社，2007年，第15~16页。

优待，大量匈奴人迁徙到内地，与中原汉族和其他少数民族杂居，经济、社会和生活、文化都发生了巨大变化。在魏晋南北朝时期的战乱中，不少匈奴人也参与其中，并且先后建立过几个割据政权，主要有刘渊建立的汉（前赵）政权，据地山西、陕西一带；卢水胡建立的北凉政权，据地甘肃张掖一带；铁弗匈奴赫连勃勃建立的大夏政权，据地宁夏、陕西、内蒙古鄂尔多斯一带，都城在今内蒙古与陕西交界的统万城。

北匈奴退居漠北，力量大大削弱。永元元年（公元89年），东汉与南匈奴联手，大破北匈奴。永元三年，单于遁走，率部西逃。北匈奴残部西迁后，曾经一度销声匿迹，到公元4世纪中叶，又在欧洲引起大动荡，影响了世界历史的进程。

匈奴的分裂和南匈奴的内附并不是偶然发生的，其根本原因是匈奴历史长期发展的结果。第一，匈奴的游牧经济使他们不得不依赖于与中原农耕经济交换生产、生活用品，这是北方游牧民族与中原友好、团结、统一的经济基础。第二，中原汉族先进的经济、文化不断传入匈奴，使越来越多的匈奴人接受汉族影响，采取对汉朝友好的态度。第三，呼韩邪单于主动附汉和王昭君出塞和亲，在匈奴产生了巨大而长期的影响，壮大了匈奴对汉朝友好的政治力量。昭君及其子女、亲属就是对汉友好力量的代表。第四，南匈奴单于比再次以呼韩邪单于为号，表示他直接继承了呼韩邪单于对汉朝和平友好的政治路线，代表着仰慕、学习汉族文化的那部分社会势力，其归附汉朝的行动是符合匈奴全体人民利益的，所以北匈奴人民才纷纷归附他。第五，南匈奴归附汉朝后，逐渐与内地各民族交流、融合，成为中华民族的重要组成部分，体现着中华民族滚雪球一样发展壮大的内在规律，具有典型意义。

南匈奴内附的影响极为深远，一是沉重打击了匈奴奴隶主侵扰势力，迫使北匈奴残部西逃欧洲，彻底解除了近四百年来匈奴对中原地区的侵扰和威胁，使中原人民得以安居乐业；二是直接或间接地导致乌桓、鲜卑等部族摆脱匈奴奴隶主的驱策，并且使他们转而归附汉朝；三是便于北匈奴奴隶逃脱，有利于南匈奴社会生产的恢复发展和人民生活的改善。[1]

总体来看，尽管王昭君的子女、亲属及其后裔最终未能把业已破裂的汉匈关系重新恢复过来，但他们的作用也不可低估。因为自公元前33年昭君出塞到公元30年王飒出使匈奴，前后六十余年中，匈奴和西汉、新莽、更始、东汉四代政权的交涉，大多是通过昭君的家族或亲属的关系来进行的。王昭君及她的侄子、儿子、女儿、女婿、外孙三代共十余人，都致力于汉匈友好，有的甚至因此而献出生命。由此我们不难看出，昭君出塞在汉匈关系中地位的重要及其影响的深远。一家三代，包括亲戚在内，在长达六十多年中，孜孜不倦地为两个长期对抗的强大民族的和平友好事业而献身的事例，在中国历史上是绝无仅有的，在世界历史上也是不多见的。正如已故的史学界老前

① 参见林幹：《匈奴史》，内蒙古人民出版社，2007年。

辈翦伯赞先生所说："王昭君在过去的史学家眼中是一个渺小人物，在现在的史学家眼中还是一个渺小人物；然而在这个渺小人物身上，却反映出西汉末叶中国历史的一个重要侧面，民族关系的这个侧面。从她的身上。我们可以看出公元前一世纪下半期汉与匈奴之间的关系的全部历史。"[①] 如果把眼光再向下延伸，我们可以说，从王昭君及其子女、亲属、后裔的身上，还可以看出公元前1世纪下半期到公元1世纪上半期一百多年间汉与匈奴之间关系的全部历史。

① 翦伯赞：《从西汉的和亲政策说到昭君出塞》，《光明日报》1961年2月5日。

第六章　忠节岂劳传画史，巍巍青冢壮胡山
——昭君坟墓是各族人民建立的座座纪念塔

第一节　史料记载中的呼和浩特“青冢”

前文谈到，关于昭君的死年和死所，史无明文。仅唐代《王昭君变文》称，昭君死后，汉哀帝曾派使者杨少徵前往吊祭。《变文》虽然是文学作品，但也透露出许多真实的历史信息。据此，我推测昭君可能死于哀帝年间（公元前6—公元前1年）。另外一个证据是，王莽专权（约公元1年左右开始）以后，史料记载的有关斡旋汉匈两族之间关系的活动，都是由昭君的大女儿云和她的丈夫须卜当出面，可见王莽专权时昭君已不在人世了。如果昭君逝世于哀帝年间，据我推算，她活了五十多岁。至于昭君葬于何处，《王昭君变文》也有描述：“坟高数尺号青冢，还道军人为立名。只今葬在黄河北，西南望见受降城。”这里明确指出昭君葬在“青冢”。

“青冢”即今呼和浩特市南郊昭君墓（现已建设成为昭君博物院）。青冢高三十三米，也符合“坟高数丈”的描述。《变

文》还指出了青冢的方位："只今葬在黄河北，西南望见受降城。"唐代有三受降城，此处当指东受降城，遗址在今内蒙古呼和浩特市托克托县，此城遗址的确距青冢西南方向不远。这篇变文的写定年代，大约在唐代宗、德宗年间(公元762—805年)，距离西汉末年尚不太远，其中反映的昭君生平事迹，特别是昭君逝世、汉哀帝派人吊唁、埋葬于青冢等情节，应该有一定历史依据。

从情理推测，昭君埋葬于呼和浩特平原的可能性也是最大的。因为这里与漠北相比，水草肥美、气候宜人，又距离故乡汉朝最近。昭君在随胡韩邪单于出塞途中，就曾经在这里长期住牧，留下了美好印象。昭君改嫁复株累单于之后，自然会随着单于住牧漠北。复株累单于死后，昭君晚年选择这里定居，并且选择葬在距汉朝最近的地方，可能性很大。正是由于昭君和她的子女们在此长期住牧，这也就可以解释，为什么在阴山南麓、长城以北的呼和浩特地区，有那么多的昭君故事流传，有那么多的昭君墓出现。和亲公主不住漠北而住漠南，这种情况屡见不鲜。如清朝康熙皇帝把第六女和硕恪靖公主嫁给漠北蒙古土谢图汗部王爷，公主因为留恋呼和浩特(当时称为归化城)，所以把府第建在这里，而没有建在漠北。

青冢，位于呼和浩特南郊九公里处。在一片平展展的原野上，突兀地高耸起一座高三十三米、占地二十多亩的大土堆。据考古工作者考证，它是汉代由人工积土、夯筑而成的，覆斗式形状，属西汉时期纪念性建筑遗址。它背依巍巍大青山，近傍滔滔大黑河，独立苍穹，巍然挺立。当地蒙古族人民把它称为“特木儿乌尔虎”（汉语意为“铁垒”）。青冢的得名，据说是因每年凉秋九月，塞外各地青草都已枯黄，唯独昭君墓上的草仍保持青绿，因此人们称它为“青冢”。《大同府志》也说：“塞草皆白，惟此冢草青，故名。”对于这种自然现象，近人张相文《塞北纪行》解释说：“塞外地多白沙，空气映之，凡山林村阜，无不黛色横空，若泼浓墨。故山曰大青山，河曰大黑河。昭君冢烟霭蒙笼，远见数十里外，故亦曰青冢。附合草青，盖诗人好事之辞也。”漠野苍天之下，冢墓突兀而起，河水湿气蒸腾氤氲，仿佛青光聚集，溟漾而呈青黛色。人们由此为它起名“青冢”，是极富于诗意的。据说“呼和浩特”的蒙古语汉译意为“青城”，就是因青冢而得名的，而“青冢拥黛”也成为呼和浩特市八景之一。

青冢依山傍水，景色宜人，加以晨曦与晚霞的不同映照，墓景好像时有变化，所以民间还有昭君墓一日三变的说法：“晨如峰，午如钟，酉如塅。”即早晨望去犹如高耸的山峰，中午望去像个倒扣的大钟，傍晚望去像美丽的鸡塅。

关于青冢的记载，据笔者考证，大约最早见于唐代常建的《塞下曲》之四：“因嫁单于怨在边，蛾眉万古葬胡天。汉家此去三千里，青冢常无草木烟。”他在《塞下曲》之二中还写道：“明君祠上望龙堆。”在《昭君墓》诗中也写道：“坟上哭明月。”

常建的生卒年约在公元708至765年，是开元十五年（公元727年）进士，他一生中有着长期漫游的经历。结合以上作品，可以推断常建是亲自游历过青冢的，而且当时青冢还有祭祀昭君的建筑——明君祠。

其实盛唐时李白、杜甫等人的诗中，都把青冢当作昭君墓的同义语。李白《王昭君》“生乏黄金枉图画，死留青冢使人嗟”，杜甫《咏怀古迹》“一去紫台连朔漠，独留青冢向黄昏”，都是脍炙人口的名句。白居易更有《青冢》诗，也是家喻户晓。其他唐代诗人写到过青冢的还有杜牧、贾岛、韩偓、苏郁、张蠙等二十多人。可见当时昭君墓不但早已存在，而且远近闻名。

稍晚于李白、杜甫的史学家杜佑，在其所著的《通典》一书卷一七九《州郡》中，记单于大都护府所领金河县有王昭君墓。考唐时单于大都护府原为云中都护府，治所在云中古城（今内蒙古托克托县东北），唐高宗麟德元年（公元664年）始改名单于大都护府，领金河县，县址即今呼和浩特市和林格尔县土城子古城，[1]则金河县的昭君墓即指今呼和浩特市青冢无疑。《通典》成书后三十多年，立于开成四年（公元839年）的《唐振武节度衙前虞侯游击将军仇志诚墓志铭》中，也明确提到“阴岭一带，青冢嵯峨”。可见唐代时青冢的知名度已很高了。

到了宋代，乐史著的《太平寰宇记》卷三十八记载：“青冢

① 参见周清澍：《内蒙古历史地理》，内蒙古大学出版社，1994年，第70页。

在（金河）县西北，汉王昭君葬于此。其上草色常青，故曰青冢。”《宋史·王承美传》也有宋军击败契丹，逐北至青冢百余里的记载。

《辽史·地理志》“丰州”条亦记：“青冢即王昭君墓。”辽代丰州在今呼和浩特市白塔镇，金、元承之。《辽史·太祖纪》还提到神册元年（公元916年），辽太祖耶律阿保机率军攻下朔州，曾“勒石纪功于青冢南”。保大元年（公元1121年），辽、金大军在青冢一带发生激烈战斗，辽耶律延禧大败，逃入夹山，金军占据丰州。

《元史·太祖纪》记载，成吉思汗曾于1219年在青冢驻军。《元史·木华黎传》记：“辛巳（1221年）秋八月，徙驻青冢。”成吉思汗的女儿、嫁到汪古部的监国公主还派使臣到青冢慰劳木华黎的大军。

清代关于青冢的记载比较多，也比较详细。清初唐建中有长诗《题徐若芬从军沙漠，路经青冢，嘱虞山黄遵古绘图，赋诗咏之》，诗中描述道：“我时往拜值寒食，系马冢前古柳枝。此柳亦疑汉宫物，枝枝叶叶皆南垂。下有无名之石兽，上有无主之荒祠。兽腹依稀青冢字，刻划认是唐人为。祠中络绎献桐酪，碧眼倒地呼阏氏。[①]至今牧儿不敢上，飞鸟绝声马不嘶。”诗中描写徐若芬在寒食节去祭拜青冢，系马于昭君墓前的古柳树下。看到昭君墓顶部有古人祭祀昭君的荒祠，墓下有“青冢”字样

① 桐酪：桐树之子似乳形，故称桐乳。桐酪泛指奶食品。碧眼：指北方少数民族人。

的石兽，疑似唐代人所刻。更重要的是，徐若芬亲眼看到，少数民族群众络绎不绝地为昭君墓敬献各种奶食品，口呼“阏氏”，磕头拜祭。为保护青冢，牧民不到那里放牧，牲畜不敢在那里吃草，连飞鸟、骏马也不在那里鸣叫。这些都充分体现出各民族人民对昭君的崇敬之情。

康熙二十七年（公元1688年），在清朝与沙俄在雅克萨爆发两次战争后，张文瑞、钱良择随索额图奉使俄罗斯议和约，取道张家口、呼和浩特、库伦（今乌兰巴托）赴俄。途经呼和浩特时，曾经到青冢拜谒。张文瑞在《奉使俄罗斯日记》中说：“归绥（今呼和浩特市）城南负廓有黑河青冢古迹，远望如山。策马往观，高二十丈，阔数十亩。顶有土屋一间，四壁累砌，藏以瓦瓮。……冢前有石虎双列，白石狮子仅存其一。……绿琉璃瓦砾狼藉，似享殿遗址，惜无片碣可考。石磴有蒙古字。”张文瑞还注意到墓前有一棵古柳，他写道：“下有古柳一株，眠地中。空如船，而枝干上伸，苍茂如虬，窠有乌鸦。”钱良择与张文瑞同行，在其《出塞纪略》中提供了更加详细的记载，有好些内容为张所未提及：“冢高三十余丈，广径数亩，冢之南，琉璃瓦碎者成堆。……只存石虎、石马各一，色黑，石狮一，色白；石幢一，镌蒙古书，竖幡于上，……冢巅有土人垒做小方亭，藏画佛及绸布、豆麦，以土坯堵其四面。”这都说明当地人民是把昭君当作发展纺织、保护农牧业生产的女神来供奉的。钱氏也注意到那棵古柳，他写道："冢旁一大柳，其根分为二，相去三尺余，去地数丈复联为一，骨去皮存，围径丈余，偃卧数丈，浓荫覆地，苍翠扑人。"可见这棵古柳堪称清代昭君墓一绝，可惜此树早已不存。徐兰（字芬若）曾专门写有《青冢前卧柳》诗："谁栽一棵柳，万古覆美人。纵非汉时物，约略应千春。春风自东来，叶叶如含颦。长条覆数亩，其下无纤尘。塞外苦寒地，土人恒患贫。……此柳得稳卧，无乃有鬼神。"可见当时昭君墓还是风光宜人的。从上述记载中可知，至少从明代到清初，昭君墓地面配套设施已形成，布局接近汉代陵墓形制。墓顶有祭祠，墓体有享殿，古柳横卧，石兽对列，并且逐渐融入了蒙古民族信仰的藏传佛教文化内容。说明明清两代各族人民对昭君的敬仰之情更加浓厚，昭君墓逐步成为塞外各族人民共同的圣地。

康熙三十五年（公元1696年），清圣祖爱新觉罗·玄烨第二次亲征噶尔丹，曾经驻跸归化城，并游昭君墓，还写了一首诗《昭君墓》。诗前有长篇序言，记他于十月十三日至归化城，"城南十余里，土阜突然，传为昭君墓，即《志》所云'青冢'也"。序文写他亲征得胜，降者踵至，他对头目来归者"开诚示信"，以使他们"甘为仆婢而不辞"。康熙在批评汉朝和亲政策的同时，还表示自己的政策更高明。诗中说："南北分天地，存亡见庙谟。含悲辞汉主，挥泪赴匈奴。目睹当年冢，心怀四海图。葆旌巡元徼，藩落效驰驱。欲笑和亲失，还嫌饵术迂。开诚示异族，布化越荒途。漠漠龙沙际，寥寥燕塞隅。偶吟因有触，意独有人殊。”他站在清朝皇帝的立场，批评汉朝皇帝施政不善，派个姑娘出塞和亲，害得人家哭哭啼啼。今日他站在青冢，胸怀天下，德布华夷，四海归心，这的确是一个雄心勃勃的英主形象。然而，清朝历代皇帝奉行的满蒙联姻政策，其实正是和亲政策的制度化的产物。

民国时期，昭君墓地面建筑、碑铭所剩无几。据《归绥县志》记载，昭君墓“高二十丈，阔五十亩”，可知当时青冢比现在还高大。张曾《归绥识略》记载："青冢在归化城南二十里，黑河侧。高十余丈，土色黝然，望之如山。……今无草，墓体有石马一，石幢一，残缺不全石碑三，俱近代立。”1930年冯曦所作的《青冢植树记》碑还记载："始掘土获梵文经卷，随风湮灭，既而石虎现，木柱现，而零星璃瓦、碧苔、叠篆犹不可更仆数，知古人于冢右实有大招提（即大寺庙）……”但到中华人民共和国成立前夕，青冢已是一片破败了。

综上所述，唐、宋、元、明、清各朝各代，关于青冢的记载不绝如缕，传承有序，诗人们歌咏青冢的诗作也越来越多。不论政权如何更迭，政区如何变化，居住民族如何迁徙，农耕与游牧如何沧海桑田，附近城镇如何兴盛衰落，青冢始终耸入云天，像茫茫草原上的一座灯塔，成为人们注目的坐标。

第二节 有关青冢的文学作品和民间故事

千百年来，“青冢”和“昭君墓”已经变成一个符号，在这个符号里凝聚着中国文人丰富而复杂的感情，积淀着中国历史文化的多种基因。有的人亲自到过青冢或其他昭君墓凭吊昭君，自然容易心潮澎湃，挥毫泼墨；更多人没有到过青冢，但仍然心向往之，通过虚构和想象，写下了许多咏叹青冢的诗文。这些咏唱青冢的诗文，从唐、宋、元、明、清直到今天，源源不断，数量众多，主题多样，感情丰富，值得我们认真研究。

据笔者查找，古诗中第一次以“昭君墓”名篇的是唐代诗人常建，已如前述。第一次以“青冢”名篇的是白居易。白居易曾作过多首咏昭君的诗作，其中一首题为《青冢》：“上有饥雁号，下有孤蓬走。茫茫边雪里，一掬沙培塿。传是昭君墓，埋闭蛾眉久。”从这些描述看，作者似乎亲身到过青冢。作者在诗中激愤地写道：“福祸安可知，美颜不如丑。”这种反语，是对当时政治黑暗的强烈控诉。诗的最后，借昭君的遭遇劝诫后人，宁可荊钗布衣，“嫁作贫家妇”，也不要依仗美貌多才，希图去邀得君王宠幸。这正是诗人晚年在政治环境日益险恶的情况下，为避免党争之祸而以“乐天知命”“知足不辱”来“明哲保身”的体现。

杜牧也有《青冢》诗，而且他是最早把昭君比作花木兰的诗人。他曾在《题木兰诗》中，不由自主地由花木兰想到昭君，从而写下“几度思归还把酒，拂云堆上祝明妃”的佳句。

五代时前蜀诗人张蠙的《青冢》，以昭君与杨贵妃相比较：倾国何能胜效国，无劳冥寞更思回。太真虽是承恩死，只作飞沙向马嵬。杨贵妃是倾覆国家，王昭君是报效国家，杨贵妃哪里能比得上昭君青冢长存呢?

在历代昭君题材的诗中，影响最大的要数宋代王安石的《明妃曲》两首。其二曰：“汉恩自浅胡自深，人生乐在相知心。可怜青冢已芜没，尚有哀弦留至今。”以青冢为依托，肯定昭君有权追求自己的“知心”。尽管一些人从封建伦理道德的角度对此进行批判，但更多的文人由衷地赞扬昭君敢于挣脱封建枷锁，勇于追求“知心”人，不必计较“夷夏之大防”的行为。如清人周庭熺《昭君咏》之三：“汉室和戎在结亲，天孙犹嫁织皮人。驱车紫塞休嗟叹，做得阏氏冠九嫔。”

宋代黄庭坚有《水调歌头》：

落日塞垣路，风劲戛貂裘。翩翩数骑闲猎，深入黑山头。极目平沙千里，惟见雕弓白羽，铁面骏骅骝。隐隐望青冢，特地起闲愁。

汉天子，方鼎盛，四百州。玉颜皓齿，深锁三十六宫秋。堂有经纶贤相，边有纵横谋将，不减翠蛾羞。戎虏和乐也，圣主永无忧。

本词上阕描写作者在边境前沿外出打猎，隐隐约约地望见昭君墓，引发了他的“闲愁”。所谓“闲愁”，实际是借古讽今，批评宋朝屈辱求和的对外政策。上阕描写平沙千里、落日劲风、勇士骏马、雕弓白羽，衬托着黑山青冢，描绘出一幅生动的边地骑兵驰骋射猎的雄壮场景，历来为人所激赏。

金元时期，民族矛盾上升，诗人们更是借昭君故事寄托自己的民族情绪。金人王元节的《青冢》写道：

环佩空摇青冢月，琵琶声断黑江秋。
汉家多少征西将，泉下相逢也合羞。

诗咏昭君为国出塞和亲，死葬青冢。而汉朝多少大将军，却无力抵抗匈奴，他们与昭君在九泉之下相逢，也会感到羞愧吧。

蒙元时期的治国名臣耶律楚材出生于契丹贵族家庭，是辽朝东丹王耶律突欲八世孙，在成吉思汗和窝阔台汗时均备受重用，多所建树。他和他的父亲、儿子祖孙三代都曾经游历青冢，凭吊昭君，并且都留下了诗作。耶律楚材的父亲名叫耶律履，曾经任金朝尚书右丞，去世后谥号“文献”。耶律楚材路过青冢，用父亲青冢诗的韵律写下《过青冢用先君文献公韵》诗，诗中说：

汉室空成一土丘，至今仍未雪前羞。
不禁出塞涉沙碛，最恨临轩辞冕旒！
幽怨半和青冢月，闲云常锁黑河秋。
滔滔天堑东流水，不尽明妃万古愁。

耶律楚材博览群书，精通史事，他当然知道昭君和亲并不是汉朝之“羞”，而是起到了汉匈两族和平友好的政治作用，但在诗中却故意说“汉室空成一土丘，至今仍未雪前羞”。这“汉室”实指金室。他虽在蒙古汗国长期官居要职，但对于故国金朝被蒙古武力征服的惨痛经历仍然刻骨铭心，所以多次借歌咏昭君来抒发自己的感叹。随着时间的推移，到了他的儿子耶律铸时，因为对于蒙元政权的文化认同逐渐强化，所以他的《明妃》诗已经没有什么故国之思了。相反，诗中更能够以客观的态度评价昭君，洋溢着欢快的节奏。诗云：

散花天上散花人，谁说香名更未闻?
薄命换取仙寿在，不须青冢有愁云。

诗中以散花天女比喻昭君，用天上的仙女与天地同寿来比喻昭君的美名百代不泯、永世长存。昭君看似命薄，却换来万世流芳之美名，那么青冢上自然无须有什么愁云了。这个比较的参照物颇具浪漫主义色彩。

元代马致远创作的杂剧《汉宫秋》影响深远。他并未完全遵从昭君出塞的时代背景和历史真相，而是把他耳闻目睹的刚刚灭亡的南宋政权腐朽怯懦的无数事实写到剧中。马致远虚构王昭君行至汉番交界的黑龙江投水自尽，元帝魂牵梦萦，演成一出荡气回肠、充满人情的爱情悲剧。尽管它是一部不大符合史实的历史剧，但在艺术上是成功的，因此马致远所虚构的王昭君故事被一代又一代的人们接受了。

明代文人描写昭君墓的诗词也很多。如祖籍丰州（今呼和浩特）的诗人霍瑛，多次到青冢凭吊昭君，其《青冢吊明妃》之二说：

蛾眉出塞万家春，不数将军作虎臣。
但使此身能报国，何妨恩宠属他人。

昭君出塞使千家万户过上和平、安宁的生活，犹如万家百姓都生春色，皆大欢喜。她安定天下的大功，远远超过了那些勇武的虎臣。昭君志在自己能够以身报国，皇帝的恩宠又算得了什么，让给他人算了。他对于昭君的理解和评价独具慧眼。

明人张宁《赵松雪昭君图》，根据史实，歌咏昭君，力矫前代小说、笔记之误。其诗结尾四句说：

往事悠悠已若兹，佳人一去古今思。
共怜青冢蛾眉怨，不记乌孙公主碑。

作者以乌孙公主与昭君做对比，末句意味深长，提出了一个引人思考的问题。

明末清初，中原汉族王朝又一次亡于北方少数民族建立的政权，引起许多文人的沉痛悲叹，往往借咏叹青冢，回顾昭君大发感慨，其中表现民族气节之作特别值得注意。如明末抗清志士陈邦彦的儿子陈恭尹的《明妃怨》等。

昭君出塞是奉皇圣旨而行的为国立功之举，而李陵则是兵败之后投降匈奴的汉将，所以作者令青冢的野草不要长到李陵台边，恐怕被失节之人的臭味玷污。作者愤恨丧失民族气节者的感情的确抒发得淋漓尽致。

清代描写昭君墓的诗词不但数量多，而且描绘具体，抒发的感情也多种多样。

清人徐兰曾经为宗室安郡王幕僚，康熙三十五年（公元1696年）随安郡王出塞至归化城（今呼和浩特市），在清明节这一天去青冢祭奠昭君，写下了《清明日酹青冢》：

春风吹沙漠，白遍归化城。
城南耸古冢，颜色独葱青。
冢上狮虎踞，冢前杨柳横。

疏花点碧瓦，隧路风凄清。
红颜怨其下，白草不忍生。
土人俗尚鬼，恐惧修当楹。
牛羊莫敢践，黄土沾余荣。
…………

诗人详细描绘了当年青冢的景色和当地人民对昭君的敬畏和保护，并且深情地向昭君墓酹酒致敬。

清人鲍桂星《明妃》：

卫霍年年侈战功，何如决策早和戎。
蛾眉笑携琵琶曲，凤掖惊看粉黛空。
芳草不遮青冢月，佩环犹忆紫台风。
君王若补麒麟画，应为明妃惜画工。

清人在咏叹青冢时，常常把昭君与历史上保卫边疆、为国立功的著名将领做参照对比，如卫青、霍去病等。还有的诗人把昭君比作周勃、苏武、终军、贾谊。如鲍桂星《明妃》等。

叶廷芳《昭君墓和游人作》："漠漠黄沙冢独青，何须篇简著芳型。安刘直继苏卿节，自是穹庐胜掖庭。"是以周勃、苏武比昭君，认为昭君建立的功勋远胜于汉朝将领们。何孟篆《王昭君词》："终军缨以请，贾生恸何悲。遥遥千载下，青冢名岂微。”终军是汉武帝时大将，曾请缨出使南越。贾谊是汉文帝时谋臣。作者认为昭君与历代文臣武将相比，都是有过之而无不及的。

清人戴亨《昭君》：“宁胡庙算遣朱颜，不比文姬出汉关。忠节岂劳传画史，巍巍青冢壮胡山。”反驳昭君失节之论尤为剀切。昭君出塞是由皇帝亲自制定的战略决策，即“庙算”，当然不能和被乱兵掳去成为俘虏的蔡文姬相比。昭君的功劳像巍巍青冢，永存于阴山脚下，并且使胡地山川更为雄伟壮丽，哪里需要劳烦图画去流传！

清代以来，游历青冢的官员、文人很多，他们往往都有诗作，有的还在昭君墓前立碑。现在昭君墓前保存下来的石碑有二十余通，大部分是清代以后的镌刻。碑刻中以彦德、耆英诗写得最好。耆英是清朝宗室，历任盛京将军、两广总督等要职。他的碑题为《汉明妃之墓》，诗中说：“王嫱有青冢，炎汉无寸土。”彦德也是满族，道光十一年至十七年（公元1831—1837年）任绥远城将军。他的碑题为《青冢》，诗中盛赞昭君：“闺阁堪垂世，明妃冠汉宫。一身归朔漠，数代靖兵戎。”他们的评价都是很有见地的。

近人张相文是著名地理学家，他写了《王昭君墓下作》，可说是把昭君与中外后妃做综合对比的第一人：“云台论勋伐，应许首红妆。嗟彼耶溪女，为越覆吴阊。亦有英伦后，为兄裂夫纲。何如一阏氏，两国被庥昌。”他认为云台图画功臣，应当以昭君为首。然后感叹耶溪美女西施，为了越国而颠覆了吴国；英国的皇后在丈夫被害后嫁给杀夫的仇人（丈夫的弟弟），破坏了“夫为妻纲”的伦理道德准则。此处是运用了英国莎士比亚的著名戏剧《哈姆莱特》的情节，作者可能把丹麦王后乔特鲁特误写为英国王后。昭君远比西施、英国皇后高尚。昭君造福两国人民，使双方人民都得到休养生息，国家繁荣昌盛。我们认为，任何历史上的宠妃艳后都不能与昭君同日而语。昭君是高山，她们只不过是一抔黄土。

近人傅增湘把昭君比为三娘子，可谓独具慧眼。其《昭君墓》诗云：“麟阁云台盖世勋，论功一例逊昭君。若从边塞争芳烈，忠顺夫人亦不群。”诗中盛赞昭君功高盖世，历代麒麟阁、云台上所画的著名将相，若与她比起来，都要逊色得多。如果从安定边塞、使边疆各族人民获得长期和平生活方面相比较的话，那么只有忠顺夫人的功绩可说是卓异不凡，能与昭君相比。忠顺夫人即被明朝封为顺义王的蒙古右翼土默特部首领俺答汗之妻三娘子。她辅佐其夫扩展领土，积极维护与明朝的友好和贡市关系，是明代蒙古一位杰出女首领。

1949年之后，中国历史进入一个崭新阶段。在社会主义时期，一批老一辈无产阶级革命家以马克思主义的观点去分析历史上的王昭君及有关作品，从巩固和发展社会主义新型民族关系的现实需要出发，给予王昭君充分的赞扬和肯定。其中董必武于1963年10月作的《谒昭君墓》最为脍炙人口：“昭君自有千秋在，胡汉和亲识见高。词客各抒胸臆懑，舞文弄墨总徒劳。”在老一辈无产阶级革命家的带动和影响下，许多文人、游客来到昭君墓，写下了一首首赞美昭君的诗歌。人们纷纷肯定昭君出塞对民族团结友好所做的贡献，肯定昭君这个历史人物对当代民族团结友好的教育作用。

千百年来，围绕青冢，不但产生了千百首诗歌，而且在汉族和北方少数民族中广泛流传着许多有关昭君的传说和故事。与文人作品相比，它们当然比较幼稚、粗糙，但最可贵的是它们真挚、充实、健美，反映着人民群众的观点、立场、感情和无穷的创造力，给我们以丰富的联想和启迪，也给昭君文学艺术作品的创作以丰富滋养和材料。①

例如关于呼和浩特昭君墓的来源就有好几种传说。一种说昭君奉玉帝之命，要回天宫去了。临走那天，昭君一步一回头，慢慢上升。人们从四面八方涌来，急忙铲土搭土台，要拉住昭君。昭君往上升，土台往上长。突然半空中一声巨响，掠过一片红光，昭君不见了，留下这座山一样高的土台，就是青冢。②另一种说昭君死后，四面八方的匈奴人用袍襟掬土堆成了青冢。岁月悠悠，人们不断把土堆到青冢上，青冢就越来越高了。还有的说，昭君青冢经历两千年风吹雨打和洪水冲刷，冢土不但不见减少，

① 本节所引民间故事均见于《鄂尔多斯报》1988年6—7月连载的《昭君的传说》。

② 三吴：《塞外探亲记》，载湖北兴山县《香溪河》杂志，1981年第1期。

而且不断增高，这是昭君的神力。[①]

在塞外的传说中，昭君不仅生前帮助人们发展生产、美化生活，而且死后仍然是人民的保护神。《昭君坟》故事说善良的人遇到困难时，一走近昭君坟，就会受到保护和帮助；恶棍歹徒一走近昭君坟，就会受到惩罚。《石人湾》的故事说呼市郊区有个石人湾村，这个村子得名于耸立于昭君坟前威武雄壮的石人。这个石人负责保护昭君坟，但是昭君娘娘却常常派他去帮助周围的百姓，而且嘱咐他做了好事不留姓名。在蒙古族牧民心目中，昭君是一位仁慈而万能的女神。她对善良的人有求必应，牧民们从昭君坟掬回一把土洒到蒙古包里，就可以保佑全家安宁，牲畜繁衍；没有孩子的妇女到昭君坟住一夜．一定会生出又白又胖的儿子；家里有了病人，到昭君坟求药，药到病除……

随着时代的发展，还在不断产生新的昭君传说，表现出昭君故事的强大生命力。《金马驹》故事是一个典型代表：昭君坟上有个很深的洞，洞里有个金马驹，它是昭君娘娘的坐骑。后来，日军入侵内蒙古，派了五个士兵来挖这“稀世之宝”。他们一到坟前，看到牧民献给昭君娘娘的供品，就争着吃起来。结果，啃羊骨头的噎死了，嚼馍馍的咬断了自己的舌头，还有的肚疼、头昏断了气。剩下一个士兵想把坟前石碑上的字拓回去，结果

① 吴：《塞外探亲记》，载湖北兴山县《香溪河》杂志，1981年第1期。

印出来的都是“镇妖石”三个字。日军头头亲自率领人马来炸坟，又被埋伏在坟边的八路军大青山游击队全部消灭。[①]

在内蒙古，现在仍然留存着不少有关昭君的民风民俗和以昭君命名的物品。如呼和浩特市郊区桃花乡一带，过去每年腊月三十，家家户户、老老少少都要先到昭君坟前烧香磕头，把昭君娘娘请到家里，才开始吃团年饭，当地人民称为“合心饭”。

当然，在昭君传说中不可避免地存在着一些迷信色彩。例如有些老乡去昭君坟求药治病，显然是不会有效的。在三年困难时期，曾有来自数百里外的大量农牧民到昭君坟前烧香，祈求昭君保佑他们得到粮食和医药。由于聚集的人太多，政府不得不动用广播车去宣传破除迷信。农牧民的这些行动虽然有迷信色彩，但也从另一角度说明昭君在人民心中的地位和影响。

第三节　呼和浩特市昭君博物院

中华人民共和国成立后，青冢的保护工作受到党和政府的重视[②]，各级政府先后拨出大量资金，进行多次培土、加固、植

① 三吴：《塞外探亲记》，载湖北兴山县《香溪河》杂志，1981年第1期。

②本节资料参考昭君博物院院长武高明提供的《昭君博物院简介》等资料。

树、种草，防止水土流失，并派人专门看护。1964年10月，青冢被列为自治区级重点文物保护单位。1977年，昭君墓文物保管所成立，从此昭君墓文物保护被纳入了正常管理轨道。20世纪70年代中期至80年代中期，为适应文物保护与旅游接待需要，开通了通往墓顶的东西两侧梯状踏道，在墓顶及墓前兴建了两座清式六角亭。此后，政府在对墓体进行大规模培土，防止水土流失，恢复青冢风貌的同时，在墓体四周筑起了防护石墙和环形道路，在墓体上栽了大量松柏树木，文物保护环境得到根本改善。1997年，青冢景区第二次维修扩建，在拓宽墓体前平台及其台阶时，在基槽中发掘出许多黄琉璃勾头、滴水（纹饰为金刚杵图文），脊筒子残件（纹饰为梵文）、泥质小佛像等。显然，清代时这里建有祭祀性质的建筑，建筑具有藏传佛教色彩，说明是蒙汉人民共同祭祀昭君的建筑，与清代记载相符。

2006年，王昭君墓被批准为国家级重点文物保护单位。同年，为进一步加强对青冢的保护，进一步深入研究昭君文化、弘扬昭君文化，呼和浩特市委、市政府决定，以青冢为依托，建立昭君博物院。昭君博物院成立后，制订了长期和近期保护规划，政府每年投入固定的经费进行绿化、保护，并且适度开发旅游，为群众提供文化休闲娱乐场所，对游人进行民族友好教育。 新建的昭君博物院位于呼和浩特市南郊六公里的大黑河南岸，由王昭君墓及一系列纪念建筑设施组成，占地面积二百零五亩，目前已经建成国家4A 级景区。

从呼和浩特市区沿着宽阔的昭君路一直向南，车行约半小时，便到达昭君博物院了。博物院的南门是一座仿汉代阙门式建筑，古朴敦厚，一下子就能使游客仿佛置身王昭君生活的年代。进入院内，首先映入眼帘的就是阙门南侧长达十米的“嫱云”浮雕，浮雕以昭君和单于为中心，以祥云为衬托，表现了他们与匈奴人民在一起的安居乐业景象，是内蒙古著名雕刻家张恒的杰作。

进入院门，墓道正中间便是著名的董必武题诗碑：“昭君自有千秋在，胡汉和亲识见高。词客各摅胸臆懑，舞文弄墨总徒劳。”诗碑正面为汉文，背面为蒙古文。这是时任国家副主席的董必武同志于1963年10月视察昭君墓时写下的一首诗。诗中对昭君出塞的历史作用做了客观、公正的评价。

过了董必武题诗碑，便是一尊高3.2米的王昭君雕像，用洁白无瑕的汉白玉材料制成，象征着王昭君高尚、纯粹的品格。雕像造型优美，神态祥和，具有长江女儿的风韵，生动再现了王昭君的美丽形象。雕像由昭君家乡湖北兴山县人民政府赠送，表达了湖北、内蒙古两地人民的友好交往和深厚情谊。

当你沿着宽阔的神道前行时，千万不要忽略神道两侧的石像生。神道全长三百八十米，两侧分列十二对石像生。这些用花岗岩雕刻的马、牛、羊、骆驼等动物形象，个个憨态可掬、古朴生动。更为可贵的是，它们是以历年出土的匈奴动物装饰品文物为原形，按比例放大制作而成。也就是说，它们都是有来历、有依据的。这些动物都与匈奴人生活息息相关，表现着匈奴人的审美观念和生活情趣，也衬托出昭君出塞后的生活环境。

王昭君白玉雕像往北是一座高大的牌坊，上书“青冢”二字，是前国家副主席乌兰夫同志亲笔书写。这座牌坊也是仿汉代建筑——三间四柱式汉式石牌坊，是进入墓区的标志性建筑。

牌坊以北是一组高大的铜像：王昭君与呼韩邪单于在结婚庆典之后，踏上出塞之路，他们骑着高头大马，双双勒马并辔，向西而行。马头相互依偎，夫妻深情对视，生动再现了两千多年前的历史性场面。铜像题为《和亲》，由广州美术学院雕塑家潘鹤创作，它已经成为我国美术界的经典作品之一。

走过铜像便是墓表。墓表是汉墓前典型的标志性建筑，位于墓体前东西两侧，表示墓主人的身份。墓表之后，就是盼望已久的昭君墓。

王昭君墓坐落于昭君博物院北端，占地面积一万三千平方米，高三十三米。它巍然屹立，翠绿成荫，犹如高耸入云的绿色大厦。墓门南向，走近墓前，沿着宽达十米的石砌台阶拾级而上，距墓顶约三分之二处有一平台，台上筑有东西对称的两座六角攒尖凉亭，供游人憩息。亭内分别竖立两座汉白玉石碑，碑文为蒙古文、汉文书写的“王昭君之墓　呼和浩特市人民政府1997年立”。凉亭两侧各有蜿蜒小路，曲折陡峭，环绕墓身，直达墓顶。墓顶宽敞平坦，建有红柱、琉璃瓦攒尖八角碑亭一座。亭子中央立有一通石碑，正面镌刻王昭君画像，背面题词为“大德荫子孙，杯土埋忠魂”，精工细雕，瑰丽雅致。环绕墓顶四周，筑有汉白玉围栏。站在墓顶，凭栏远望，从大青山脚下到大黑河两岸的美丽景色尽收眼底，令人心旷神怡，发思古之幽情，赞明妃之伟业，心潮难平。

从墓顶走下，环墓一周，道路宽阔。墓底遍植草木花卉，墓体外围防护墙上镶嵌有现代书法家撰写的三十七块赞美昭君的诗文碑刻。迤逦走来，欣赏碑刻，时有惊喜，时有深思。在昭君墓体正面东西两侧，分别矗立八通石碑，同样具有很高的历史文物价值和艺术欣赏价值。根据清初钱良择记载，墓前“惜无碑碣可考”，可知清以前昭君墓未留下碑刻遗物。青冢现存最早碑刻为清道光十一年（公元1831年）昇寅题“汉明妃冢”碑，有七言诗并序；道光十一年耆英题“汉明妃之墓”碑，有五言诗。此后有道光十三年（公元1833年）绥远将军彦德题“青冢”碑，有五言诗； 1916年天津李廷玉题“汉明妃墓”碑，有七言诗并序；1923年马福祥题“青冢王昭君之墓”碑，有记事文；1926年吉鸿昌将军题“懦夫愧色”碑，有序文；1930年绥远省政府主席李培基题“昭君青冢”，有六首七言诗；1930年冯曦题“青冢植树碑”，有记事文。最晚为1936年著名学者傅增湘题“昭君墓二首”，有七言诗二首并序，刻在耆英碑正面两侧。以上碑文有诗、有文，有诗并叙或兼诗有文。观研其义，水平参差不齐，基本体现了历代诗文中对昭君出塞的典型评价。这些碑文内容丰富、体裁多样，具有鲜明的现场感和浓厚的地域特色，是研究昭君文化和地方史志的重要素材。

昭君博物院从总体设计到建筑布局、展馆设置、展示手段和内容、文艺演出，都具有非常鲜明的特色，都突出了一个主题：解读昭君出塞的历史真相，赞颂汉匈和亲、民族友好团结。围绕这一主题，沿着神道两侧分别建有对称的四座标志性建筑，东侧从南到北建有汉式建筑和亲园和昭君纪念馆，反映了王昭君出塞所代表的汉文化；西侧从南到北建有匈奴历史文化博物馆、单于大帐，都为北方少数民族典型的穹庐式建筑，展示了匈奴民族的草原文化特色。两种不同风格的建筑交相辉映，形成了独特的风格和特色。

匈奴文化博物馆是目前我国唯一一座全面反映匈奴历史文化的专题博物馆，主体建筑采用古朴的草原游牧民族风格，体现不同民族文化交流的特色。顶部为根据出土文物匈奴王冠放大复制的雄鹰展翅青铜装饰物。一楼为昭君出塞陈列，二楼为匈奴历史文化陈列。这些陈列全面展示昭君出塞的历史背景，使参观者了解汉匈和亲所形成的昭君文化内涵。

和亲园建筑主体为汉代风格，顶部为根据汉代出土文物仙人承露盘放大复制的青铜装饰物。内部为游客接待中心，同时通过多媒体影视厅展示昭君文化。另外，在一楼大厅全天都有湖北编钟演奏，内容为《昭君出塞》《汉宫秋月》等古典音乐，表现了昭君家乡汉文化的艺术魅力。

单于大帐是草原穹庐风格建筑，再现了匈奴王庭场景，是单于处理国家事务、召集军事会议、接见外国使节、颁发诏书的活动场所。内部为演出厅，演出大型实景舞蹈诗剧《昭君情缘》，它以昭君出塞、民族团结为主线，以现代视角诠释昭君的爱情观和民族观。诗剧以汉代宫廷舞蹈及古朴的北方民族舞蹈为主，辅以古代西域以及埃及、阿拉伯等域外风情舞蹈，极具表现力。

昭君纪念馆由昭君宅、昭君祠堂两部分组成，按1：1的比例，从昭君家乡湖北兴山县的建筑复制而来。通过院内建筑及两百多件民俗实物，让游客身临其境，充分了解昭君家乡的生活和风土人情。

昭君博物院还有建有青冢藏墨馆，是一排清式勾连式风格建筑，主要陈列中华人民共和国成立后社会各界人士歌咏昭君的书画作品。

近年来，昭君墓景区以独特的历史文化内涵和优美的生态环境，成为游客了解内蒙古自治区悠久历史和灿烂文化的重要场所。景区游客量始终保持在每年五十万人左右，并且先后接待了胡锦涛、习近平等一百五十多位党和国家领导人及大批社会各界知名人士，扩大了知名度，有力地宣传了内蒙古的地方文化，为自治区的精神文明建设和构建和谐的民族关系工作做出了积极贡献。

从1999年开始，在草原最美丽的季节——8月和9月，呼和浩特市委、市政府每年都要举办昭君文化节。文化节以“弘扬昭君文化，增进民族团结，促进经济发展，构建和谐社会”为宗旨，开展多项经贸洽谈、学术研讨、文化旅游、艺术展演、群众娱乐等活动，加强了呼和浩特同全国及世界各地的联系，每年吸引国内外数十万人前来洽谈生意、开展经贸文化旅游活动，在海内外产生了轰动性影响，形成了“以草原文化为底蕴，以昭君文化为特色，以先进文化为方向”的首府新型文化发展模式。昭君文化节拓展了昭君文化内涵，提高了呼和浩特在国内外的知名度和美誉度，为呼和浩特市经济、社会、文化的发展注入了强劲的动力。昭君文化节已被列为国家十大节庆活动之一。昭君博物院作为首届昭君文化节发起单位，紧扣“和亲、和平、和谐、开放、发展”主题，每年都要安排举办各类民俗文化活动，吸引了大批游客观赏、参与。

第四节 各地昭君墓及其意义

除呼和浩特市南郊昭君墓，即“青冢”，在内蒙古和山西北部，传说中的昭君坟墓还有十几处之多。如呼和浩特八拜乡昭君墓、朱堡昭君墓，鄂尔多斯市达拉特旗昭君墓，山西省朔州青钟村昭君墓等。关于这些昭君墓的来源，每处都有各自的传说。如鄂尔多斯昭君墓旁边就是黄河渡口，与“草原钢城”包头隔河相望。据《达拉特旗地名志》记载，这里是当年昭君出塞时渡黄河所过的金津渡口。传说昭君过河时，不小心把一只绣鞋掉进黄河，当地百姓纷纷下河，终于打捞出绣鞋，把它埋到一个坟丘里。昭君娘娘归天后，黄河渡口突然闪过一片红光，接着一声巨响，埋绣鞋的坟丘变成一座方圆五里、高四十多米的小山。当地人民就把它称为昭君墓，在这里纪念昭君。

那么，为什么会在内蒙古、山西以及其他地区出现十余处昭君墓呢？我想原因有如下几点：第一，昭君出塞进一步加强了汉匈两族和平友好关系，当时出现了历史上少有的连续六十年的和平局面，给北方人民留下了深刻的印象。人们在受和平之惠最多的汉匈边境一带为昭君立墓，以志不忘。第二，呼和浩特、包头、鄂尔多斯一带是呼韩邪单于曾经驻牧过很久的地方，昭君和他在出塞途中，可能在此有较长时间的逗留，后人把昭君坟立在她和丈夫长期活动过的地方，是很自然的事。第三，昭君出塞后虽然一直思念家乡，但是没有机会回到汉朝，她临终遗愿，希望埋葬于距离汉朝最近的地方，也是人之常情。第四，也是最重要的一点，十几处昭君坟墓的说法是在民间自发形成的，表现着各地人民的共同心理——对昭君的崇敬、热爱和怀念，表现着他们希望这位和平、幸福女神埋葬在自己的家乡。在广大人民群众看来，昭君坟墓的真伪问题并不重要，重要的是昭君和他们在一起。他们对昭君感到亲切、充满爱戴，即使是她的一件衣服、一只绣鞋，甚至鞋里倒出的一堆土留在自己的家乡也是可资纪念的。

在这十几座昭君墓中，在历史上影响最大也最有可能埋葬昭君真身的地方就是青冢。但是围绕昭君墓的真伪问题始终存在争论。那么，青冢是否真是埋葬昭君之地呢？由于没有进行考古发掘，当然很难确定。有人收集到一个民间传说，认为这里只是昭君的衣冠冢，甚至说这是昭君出塞时路过这里，休息时倒出鞋里的土堆成的。可见当地群众也并不认为这是埋葬昭君的地方。但也有人反驳，在呼和浩特市昭君墓附近还流传着传说，这里确实埋着昭君遗体，但为了防止盗墓贼去惊动昭君娘娘，村民宁可把墓说成是假的。人民群众就是这样苦心孤诣地保护着昭君的坟墓。也有人认为，从史料来看，昭君出塞后始终没有回过汉朝，如果死后归葬漠南，汉代史书不会不载。况且，南北朝以前的著作中，至今没有发现关于昭君墓的记载，特别是北魏郦道元的《水经注》，对大青山南麓的文物古迹搜罗丰富，记载甚详，如果当时这里有昭君坟墓，他是不会忽略不计的。由此看来，呼和浩特市青冢大约不会出现在北魏之前。尽管在青冢附近曾发现零星汉瓦残片，但毕竟不是用科学方法从墓中发掘出来的，而且数量较少，因此不足以确定青冢为汉代墓葬。还有人推断青冢是以汉代的烽燧一类边防设施改建而成。这些说法虽都有一定道理，但也多是推测。我们认为，唐代以后的一千四百多年，青冢已经被国内外、各民族公认为王昭君的坟墓，已经成为王昭君精神的文化符号，已经积累了丰厚的文化遗产，不管考古发掘的结果如何，都不会改变青冢的历史地位和深远影响。

其实，关于昭君墓的真伪问题，很早就引起过人们的争论。清代曾经任礼部尚书的昇寅在道光十一年（公元1831年）到青冢凭吊，并且立碑题写长篇歌行体诗《汉明妃冢》，诗中说："闻道黄河两岸边，亦有明妃旧芳址。吁噫嘻！一抔黄土易销沉，青冢传疑胜青史。"[①]他也听说黄河两岸还有许多昭君遗迹，诗人感叹道：一般的坟墓很容易夷平、消失，但昭君坟墓竟然有好几处，不管相信还是怀疑，都说明人们对昭君的深切怀念，这种情况比名标青史还要好得多呀！

近人钱海若的《青冢游记》不但记载了人们关于昭君墓真伪的争论，而且谈了自己的看法："或以冢之大不称，当为北魏陵寝者；或以胡俗可汗尚无坟，妃不得独（有）者；又妃卒时，匈奴已早去漠北，冢不得在汉土者。余谓皆不必辩。"他认为："人疑冢之孰是孰非，以为有二为憾，余则正恨其少耳。"这些看法都是很有见地的。

因此，昭君墓的真伪已经是一个很次要的问题了，重要的是昭君在人们心目中的地位。翦伯赞先生《内蒙访古》说得好："在大青山脚下，只有一个古迹是永远不会废弃的，那就是被称为青冢的昭君墓。因为在内蒙人民的心中，王昭君已经不是一个人物，而是一个象征，一个民族友好的象征。昭君墓也不是一个坟墓，而是一座民族友好的历史纪念塔。"[②]让这种民族友好

①《绥远通志稿》卷五十六《诗辑》。

②见《内蒙访古》，载《人民日报》1961年12月13日。

的纪念塔同时并存几座、几十座，本身就是很有意义的事。美国著名旅游家布扎克先生在游览青冢后，曾十分感慨地说："我到过世界上一百多个国家，参观过不少帝王陵墓，但从来没有听说过人民为一个妇女修了十几座墓。从这事实本身就可以表明，王（昭君）是一位伟大的女性，她为人民做出了贡献，人民热爱她。"[①]

总之，我们要透过各地多座昭君墓的现象，看到问题的本质，即这些昭君墓既不是封建帝王的"疑冢三千"，又不是普通的坟茔，而是世世代代各民族人民主动地、自发地建立起来的民族友好纪念塔。它寄托着人民群众对昭君业绩的缅怀和颂扬，寄托着人民群众对国家和平、民族和睦、家庭和谐的美好追求。

---

①《文汇报》，1983年10月18日。

中篇　历代文艺作品中的王昭君

昭君文化的重要载体是昭君题材文学艺术作品。在两千多年的漫长历史中，昭君题材作品的繁荣，使我们可以毫不夸张地说，有关昭君的作品，完全可以独立地编写一部《昭君文学史》。历代昭君题材文艺作品总体上有以下一些特点。

一是数量多。历代歌咏昭君的诗歌（包括诗词、散曲和变文、转踏等）有一千余首，小说和搜集整理的民间故事近四十种，各类戏剧有三十多种，记载或评论昭君故事的著作达三百余种。

二是延续时间长。最早吟咏昭君的是她同时代的著名易学家焦延寿，此后历经东汉、魏晋南北朝、隋唐五代、宋元明清，一直到今天，几乎每朝每代、每个历史阶段，均有昭君文艺作品问世、流传，而且越到现当代越繁荣，显示了昭君的无穷魅力和顽强的生命力。

三是作者面广。封建时代，上自帝王将相、达官显贵，下至骚人墨客、戍边将士、羁旅行役、市井细民、思妇怨女，都曾为王昭君的芳名事迹而牵动情愫。古往今来写过王昭君事迹的作者多达五百人，几乎每个时代都有一批当时最杰出的文学家、艺术家倾心关注昭君事迹，创作了大量作品。

四是艺术形式多样。文学领域的诗、词、散曲、变文、转踏、小说、民间故事等，艺术领域的绘画、雕塑、歌舞、戏剧、工艺品等。近年来，昭君形象又陆续出现在电视荧幕、电影银幕和交响乐舞台。可以说几乎涵盖了古今文学艺术的所有体裁和样式。

五是佳作多、传播广、影响大。王昭君自公元前33年出塞，从此便名垂青史，历久不衰。每个时代均有一批思想性强、艺术水准高的名篇佳作。许多当时第一流的作家、艺术家都从昭君那里获得灵感，进行创作，可谓佳作纷呈，举凡李白、杜甫、白居易、欧阳修、王安石的昭君诗，马致远的杂剧《汉宫秋》，韩干、李伯时、宫素然、赵孟頫、仇英的昭君图画，都在中国文学史、艺术史上占有重要地位。昭君故事也因这些文艺作品得到更加广泛的流传。

总之，在漫长的时间和广阔的地域，王昭君给不同阶级、不同阶层的人们都留下了不可磨灭的印象，得到他们广泛的关注、同情和赞美。有关昭君的作品，延续时间之长、种类数量之多、涉及领域之广、作者层次之高，在中国文化史上是罕见的。

第一章　交和结好，昭君是福
——两汉魏晋的昭君题材文艺作品

第一节　焦延寿的咏昭君诗

大约在昭君出塞的同时，民间就产生了有关王昭君的传说和歌舞。我们现在所能见到的最早歌咏王昭君的作品，是焦延寿的两首咏昭君诗。[①]

焦延寿是与王昭君同时代的人，生活在汉武帝之后的昭、宣、元、成年间，字赣，西汉梁（今河南省商丘市南）人，曾为小黄（小黄为西汉陈留郡之属县，在今河南兰考附近）令。焦延寿是当时著名的易学家，是易学占卜一派的开山祖师，著有《易林》一书，这既是一部易学著作，又是一部四言诗集。唐代的王俞，明代的杨慎、钟惺，著名画家董其昌，神韵派诗

① 本节内容参考赵延花、马冀：《论焦延寿咏昭君诗的价值》，《内蒙古大学学报》2005年第4期，第37~40页；赵延花、马冀：《焦延寿咏昭君诗中“守”、“是”二字辨析》，《汉字文化》2006年第6期，第49~52页。

人王士祯，清初诗人冯班等都对《易林》很重视；《四库全书》将其列入《子部·术数类》；闻一多把它与《汉乐府》并称为“汉诗中的二大成绩”[①]。钱钟书在他的文化巨著《管锥编》中研究了十部著名的文化典籍，焦氏《易林》就是其中之一。钱先生论焦氏《易林》说：“筮之道不行，《易林》失其要用，转籍文词之末节，得以不废。”[②]并在《管锥编》中立了一个专题，研究了其中数百首作品，称赞道：“盖《易林》几与《三百篇》并为四言诗矩矱焉。”[③]

在《易林》中有两首咏昭君的诗[④]：

昭君守国，诸夏蒙德。异类既同，崇我王室。

——《萃之临》

长城既立，四夷宾服。交和结好，昭君是福。

——《萃之益》

这两首诗在咏昭君的作品中最早也最正确地概括了昭君出塞的真正意义，代表了汉代朝野上下对昭君和亲的态度，具有独特的地位和价值。

---

①《闻一多全集》（第10卷），湖北人民出版社，1993年，第64页。

② 钱钟书：《管锥编》，中华书局，1979年，第536页。

③ 同上，第536页。

④〔汉〕焦延寿：《易林》，河北人民出版社，1989年，第397页、401页。萃，卦名，《周易》六十四卦之一。“之临”“之益”均为卦诗的序列名。

一、焦诗是现存最早咏昭君的文学作品

《易林》中这两首咏昭君的诗，可能作于昭君出塞十二年后，即成帝河平四年（公元前25年），王昭君第二任丈夫复株累单于来朝时。这是现存中国古代最早咏昭君的作品，它比班固的《汉书》对昭君出塞的记载早六七十年。

囿于资料匮乏，笔者曾在1994年出版的《民族友好使者——王昭君》一书中写道："我们现在所能见到的最早歌咏王昭君的作品，是收录于宋人郭茂倩编《乐府诗集》中的一首琴曲歌辞《怨旷思惟歌》(亦称《昭君怨》)。"[①] 后来才查找到了这两首诗。经过我与我的学生赵延花探讨，我们认为焦诗才是最早歌咏昭君的作品，于是撰写了两篇文章，即《论焦延寿咏昭君诗的价值》和《焦延寿咏昭君诗中"守"、"是"二字辨析》。其实，关于何者为最早的昭君诗，王全兴在《历史的昭君与艺术的昭君》一文中也曾提出。他也和我原来的认识相同，认为应该是收录在宋人郭茂倩《乐府诗集》中的《怨旷思惟歌》，他进而推测说："应从昭君出塞的当时始，至《琴操》产生的汉末止，包括整个东汉二百年，是《怨旷思惟歌》的产生时期。"[②] 他推测的时间未免太长了些。

① 林幹、马冀：《民族友好使者——王昭君》，内蒙古人民出版社，1994年，第57页。

② 王全兴：《历史的昭君与艺术的昭君》，《牡丹江师院学报》1983年第4期，第46~49页。

那么,《怨旷思惟歌》到底是何时的作品呢?这首琴曲歌词是一首严整的四言诗。全诗以鸟喻人，生动地抒发了昭君的思乡念亲之情。诗中有这样一句:“翩翩之燕，远集西羌。”[①]用翩翩之燕喻昭君，用燕子的远集西羌喻指昭君远嫁。西羌，这里应是借指匈奴。从历史上汉朝与边疆各少数民族的关系情况来看，西汉时期北方最严重的边患是匈奴，而西羌是在东汉时期才成为汉边境的主要防御对象。《后汉书·西羌传》论曰:“羌戎之患，自三代尚矣。汉世方之匈奴，颇为衰寡，而中兴以后，边难渐大。”由此可以推想这首诗应是产生于东汉时期，那自然是在焦氏诗之后了。

当然，关于《易林》的作者是否肯定为焦延寿，胡适曾有过不同意见。他在《〈易林〉断归崔篆的判决书——考证学方法论举例》中，将这本《易林》的著作权归于崔篆。即使胡适的说法是正确的,《易林》中的这两首咏昭君诗仍然是昭君题材作品中最早的。因为胡适在文章中说:“可以推想《易林》写成的时代是王莽声誉最高的时代。《易林》里好像没有王莽建国以后的史事，王莽始建国元年是西历纪元九年，所以我推想,《易林》成书在西历纪元最初八九年。‘新室’时代(西历纪元九至二十三),这部书渐渐流行。”[②]这仍然是早于班固的《汉书》及

① 逯钦立辑:《先秦汉魏晋南北朝诗》, 中华书局, 1982年, 第315页、643页、2348页。

② 胡适:《胡适精品集》, 光明日报出版社, 1998年, 第128页、114页、128页。

东汉的《怨旷思惟歌》。更何况胡适的说法并未取得学术界的认同。江西师范大学的陈良运先生曾写过《学术不可负前人，欺后人——〈焦氏易林〉产生时代再考，兼评胡适〈《易林》断归崔篆的判决书〉中的"考证方法学"》[1]的文章，用众多的证据来否定胡适的说法，将这本《易林》的作者仍然归于焦延寿。我们同意陈良运的说法。因此，可以说焦延寿咏昭君诗是目前所知的最早写昭君的作品。

二、焦诗是最早从昭君个人命运与国家命运相结合的高度评价昭君出塞的作品

无论是在什么时代，任何个人的命运都是同国家的兴衰紧密相连的，这是历史的铁律。古代多数昭君出塞题材的作品，或是写昭君思乡念亲之苦，或是写她不能主宰自己的命运，被当作礼物赐给匈奴，或是写画工丑图、远嫁异国，或是写君主昏庸无情、红颜薄命，总之，往往都只是着眼于昭君个人的悲剧命运。而焦延寿在诗中，则将昭君个人的命运与国家的命运联系在了一起。他在《萃之临》中说："昭君守国，诸夏蒙德。异类既同，崇我王室。"认为昭君的出塞，实际上是守卫国家的壮举，使得所有华夏儿女都受到她的庇佑，并且由此宣传了中原文化，使得匈奴等少数民族开始崇奉汉王朝。这就讲

---

①陈良运：《学术不可负前人，欺后人》，《江西师院学报》1998第4期，第38~45页。

明白了昭君个人对于国家、民族的巨大贡献。《萃之益》进一步把昭君比喻为长城，认为昭君出塞等同于“长城既立”，她的言行能够使“四夷宾服”，能够和各兄弟民族“交和结好”，所以昭君的出塞是汉朝之福，也是兄弟民族之福，甚至昭君本身就是福。当然，这四句诗也可从国家的兴盛对于个人命运的影响来理解。“长城既立，四夷宾服”是说昭君出塞的历史背景。在汉朝修筑好长城，“四夷宾服”的背景下，昭君出塞使得汉民族与匈奴“交和结好”，所以昭君的出塞是福。对于“福”字，《说文解字》注云：“福者，备也。备者，百顺之名也；无所不顺者，谓之备。”由此可以看出，焦延寿认为王昭君出塞后，她个人的命运是“无所不顺”的，汉匈两族的关系也是“无所不顺”的。

在焦延寿之后，从个人命运与国家兴衰相结合的角度歌咏昭君的作品不绝如缕，其中以元代马致远的《汉宫秋》影响最大。剧中写汉元帝时国势衰微，匈奴强盛，奸臣毛延寿向昭君索贿不成，画丑昭君。后来毛延寿叛逃匈奴，怂勇单于以大兵压境，以致汉元帝不得不让昭君出塞。昭君行至汉匈交界的黑龙江，投江自尽。这一观点与焦延寿所说的“四夷宾服”的说法正好相反。当然，焦延寿之说更符合历史真实。

我们从历史记载可知，西汉前期，汉与匈奴相比实力处于劣势，所以朝廷一直采取和亲政策，对匈奴忍让。汉武帝即位后，汉朝经过几十年的休养生息，国势已经大盛，因此汉武帝对匈奴进行了长期的讨伐战争。虽然双方损失都很严重，但汉胜匈败的局面却最终决定了。公元前52年，呼韩邪单于降汉，并于公元前33年第三次来朝，自言愿当汉家女婿。这才有了王昭君自请出塞。由此可见，昭君的出塞完全是在汉强匈弱的情况下进行的，根本不存在匈奴大兵压境和汉元帝忍痛割爱的问题，也就是说焦延寿诗中所说“长城既立，四夷宾服”的历史背景是完全符合历史真实的。

焦延寿在《萃之临》中说的“昭君守国，诸夏蒙德。异类既同，崇我王室”，又是否恰当呢？前文已述，昭君出塞的公元前33年本应该为元帝建昭六年，但为了纪念昭君和亲，元帝下诏改元为“竟宁”。为了一个女子出嫁而改元，这在中国历史上是唯一的一次，可见汉朝方面对此事的隆重态度。从匈奴方面来说，元帝以昭君赐单于，单于非常高兴，封昭君为“宁胡阏氏”。《汉书》颜师古注说：“言胡得之，国以安宁也。”昭君出塞后汉匈两族一直修好，国家得到了安宁，自然也就是“诸夏蒙德”。“异类既同，崇我王室”也是历史事实。《汉书·匈奴传》记载，昭君出塞后，“单于欢喜，上书愿保塞上谷以西至敦煌，传之无穷，请罢边塞吏卒，以休天子人民”。匈奴单于对汉朝采取如此尊重的态度，自然是“崇我王室”了，不仅匈奴如此，西域各国还在呼韩邪单于附汉的影响下愈益尊汉。《汉书·西域传》就记载：“及呼韩邪朝汉后，咸尊汉矣。”

综上所述，虽然焦延寿和马致远都将昭君的个人命运同国家的命运结合到了一起，但马致远生于元代，所以他依据自己的创作意图对历史的真实情况进行了修改、虚构和再创造，目的是借古讽今，表达自己的民族情绪。所以焦延寿在诗中对于昭君个人命运与国家命运的描写才是符合历史真实的。

三、焦诗是赞颂昭君出塞这一倾向作品的源头

焦延寿在诗中从两个方面对昭君出塞进行了充分的肯定和赞颂。首先，他赞颂了昭君出塞的历史功绩。功绩之一是“昭君守国”。他认为昭君出塞，就是对国家的守卫，是国家的“长城”。功绩之二是“诸夏蒙德”。蒙，即受到；德，即恩惠、好处。昭君和亲成功，使国家得到了安宁，也使华夏各地人民享受到和平生活，承受昭君的恩惠。功绩之三是“异类既同，崇我王室”。异类，指异族，不同类别的人。由于昭君的努力，使得数百年对立的中原王朝和匈奴变成“交和结好”的朋友；更重要的是，由于昭君在匈奴大力宣传中原文化，使匈奴等少数民族对中原文化产生了更多认同感，对中原王朝产生了更多向心力，取得了“异类既同，崇我王室”的效果。这样的贡献与历史上保卫疆土、为国立功的贤臣良将也是可以比肩的。其次，焦延寿认为昭君出塞不但为汉朝和匈奴人民带来了和平幸福，而且对于她的个人命运来说也是“福”。和亲属于政治性的通婚，它的成功与否不但取决于双方的政治、经济、

军事力量的变化，而且取决于和亲者本人的表现。焦延寿认为昭君是在“长城既立，四夷宾服”，即国家强大时出塞的，她是汉匈两族“交和结好”的使者，她的个人命运自然是“福”而不是苦。焦延寿与昭君是同时代的人，他在诗中对昭君出塞做出这样的评价，既表现了他的真知灼见，又反映了那个时代大多数人的心声。

在焦延寿之后，吟咏昭君的作品分化为两种倾向，一种是忽略昭君出塞的正面价值，着重塑造哀怨的昭君形象。这种倾向的雏形也产生于汉代，最早的作品就是《怨旷思惟歌》，这是焦诗之外较早吟咏昭君的诗。这首诗塑造了一个凄怨的昭君形象，诗的结尾写道：“父兮母兮，道里悠长。呜呼哀哉，忧心恻伤！”[①]说明此诗中昭君的哀怨主要是源于思乡。到了魏晋时期，石崇作《王明君词》，继承了《怨旷思惟歌》哀怨悱恻的传统，过分地夸大了昭君的悲伤，他认为昭君的痛苦和怨恨是因为所嫁之人“非我族类”，并说昭君“昔为匣中玉，今为粪上英”[②]，这样昭君就成了民族屈辱的象征。旧题汉刘歆或晋葛洪撰的《西京杂记》，增加了画工毛延寿丑化昭君而导致其含悲远嫁的情节。北朝的庾信也说：“别曲真多恨，哀弦须更张。”[③]唐代大多数咏昭君的作品都是沿着六朝的倾

① 逯钦立辑：《先秦汉魏晋南北朝诗》，中华书局，1982年，第315页。

② 同上，第643页。

③ 逯钦立辑：《先秦汉魏晋南北朝诗》，中华书局，1982年，第2348页。

向创作的，例如，李白的《王昭君》说她：“一上玉关道，天涯去不归。……燕支长寒雪作花，娥眉憔悴没胡沙。生乏黄金枉图画，死留青冢使人嗟。”[①]杜甫深切惋惜：“一去紫台连朔漠，独留青冢向黄昏。画图省识春风面，环佩空归夜月魂。”[②]白居易也对昭君寄予同情：“满面胡沙满鬓风，眉销残黛脸销红。”[③]这些诗大多受“华夷之辨”的传统观念影响，歧视少数民族，感情也局限于愤恨小人构陷、感叹红颜薄命、怜悯远嫁异国的范围。此后像宋代苏轼的《昭君村》、欧阳修的《明妃曲和王介甫作》及明清时期的一些诗词作品，虽然诗意有拓展，但仍不离“哀怨”的基本态度。中华人民共和国成立后，董必武站在民族友好的高度对这一倾向进行了总结：“昭君自有千秋在，胡汉和亲识见高。词客各抒胸臆懑，舞文弄墨总徒劳。”[④]

古代昭君题材作品的另一倾向，就是从个人命运和国家命运相结合的角度出发，肯定昭君出塞，将她作为民族友好的使者加以赞扬。纵观整个历史，中国境内各民族的关系有时友好，有时对立，有时甚至发生战争，但其发展的总体趋势是碰

①彭定求等辑：《全唐诗》，中华书局，1960年，第1691页。

②同上，第1691页、2511页。

③同上，第4858页。

④可永雪等：《历代昭君文学作品集》，内蒙古人民出版社，2004年，第204页。

撞、交流、互补、融合，最终像滚雪球一样形成一个伟大的中华民族。无论是和是战都呈现出民族间融合的趋势，显示出中华民族巨大的向心力和凝聚力，而昭君出塞本身所具有的意义也正在于她的经历是符合这个历史规律的。在古代文人笔下，通过辩证史实，肯定竟宁和亲，赞扬昭君的诗作内容大体上可分成三类：第一类是赞颂昭君出塞历史功绩，主要是通过选取三个方面的参照系来凸显。最常见的是选取历史上著名的能臣良将做参照对比，如周勃、贾谊、卫青、霍去病等。如宋人刘子翚的《明妃出塞图》："羞貌丹青斗丽颜，为君一笑靖天山。西京自有麒麟阁，画向功臣卫霍间。"[①]就将她与汉代著名的大将卫青、霍去病相比较。第二个参照系是历代的巾帼英雄、女中豪杰，像花木兰、三娘子等。如近人傅增湘的《咏昭君墓》，把昭君比为明代蒙古族杰出女首领三娘子："麒阁云台盖世勋，论功一例逊昭君。若从边塞争芳烈，顺义夫人亦不群。"[②]第三是受民间文学影响，以天上的仙女做参照系。第二类内容是对于昭君出塞后悲苦命运的反驳。如宋人黄文雷在《昭君行·并序》中说："自石季伦（石崇）始赋昭君曲以后，作者寖多，不容措手，每恨沿袭之误，作汉初和亲意著咏，非也。"他认为将昭君和亲与汉初刘邦接受刘敬建议不得

①可永雪等：《历代昭君文学作品集》，内蒙古人民出版社，2004年，第43页。

②同上，第199页。

不和亲等同起来并著于歌咏，这是很不对的。其诗有云：“君不见未央殿前罗九宾，汉皇南面呼韩臣。无人作歌继大雅，至今遗恨悲昭君。”[①]他指出，昭君和亲时本是汉强匈弱，现在无人继承《诗经·大雅》的传统，作歌颂扬当年汉朝的文治武功，却还唱一些昭君远嫁的哀怨之曲。更多的诗作是将昭君与历史上著名的美女、贵妃、皇后做对比，最常见的是杨贵妃、赵飞燕、陈皇后等，来说明昭君个人命运并非悲剧。如唐人张蠙《青冢》、崔涂《过昭君故宅》，元人张可久的《越调·寨儿令·题昭君出塞图》，清人贾松年《王昭君》等。第三类内容是对于昭君高尚人格的赞美。这类内容主要围绕昭君拒不行贿、自请和亲、安居塞外、为国献身等内容，从贤、义、勇的角度，高度评价昭君的人格。这种评价，在封建时代是难能可贵的。宋人裘万顷《题昭君图》说：“纷纷争赂毛延寿，今日丹青竟不传。万事无过真实处，后人赢得写婵娟。”[②]赞颂了昭君不肯行贿送礼的正直人格。其他如唐人王睿的《解昭君怨》、元人马祖常的《昭君》、清人黄之隽的《咏昭君》等也是其中的代表作品。在这三类内容中，我们都会发现焦延寿诗肯定、赞美昭君出塞观点的延续和发展。

总之，古代肯定、赞美昭君出塞的诗人、诗作是相当多的，

---

①〔清〕厉鹗：《宋诗纪事》，上海古籍出版社，第406页。

② 可永雪等：《历代昭君文学作品集》，内蒙古人民出版社，2004年，第46页。

但最早的应该是焦延寿诗，换句话说，焦延寿的诗是肯定昭君出塞这一倾向的源头。

四、焦诗中“守”“是”二字辨析

《易林》中这两首咏昭君的诗在研究焦延寿及其作品时具有独特的价值。但焦氏《易林》一些比较重要的版本中“守”“是”二字存在着异文，这两个字对于评价王昭君及其历史贡献具有重要的意义，故笔者不得不专门进行辨析。

首先辨析《萃之临》中的“守”字不应该是“死”字。

《萃之临》中“昭君守国”的诗句，在一些版本中也作“昭君死国”，具体情况如下表：

版本	诗句	校注
《四库全书》①	昭君守国	无注
《津逮秘书》②	昭君守国	无注
《增订汉魏丛书九十六种》③	昭君守国	无注
《增订汉魏丛书》④	昭君守国	无注

①〔清〕纪昀等：《文渊阁四库全书》，台北：商务印书馆，1986年。

②《津逮秘书》，上海博古斋影印本，民国十一年。

③《增订汉魏丛书九十六种》，上海大通书局印行，1911年。

④《增订汉魏丛书》，湖南艺文书局校刊。

续表

版本	诗句	校注
《易林注》[①]	昭君守国	无注
《四部备要》[②]	昭君死国	无注
《四部丛刊》[③]	昭君死国	无注
《学津讨原》[④]	昭君死国	别本作“守”

表中所列八种主要版本，五种写作“守”字，后三种写作“死”字，最后一种“死”字后加注“别本作‘守’”。从数量和版本权威性来说，应该写作“守”字。

胡适将这本《易林》的著作权归于崔篆。他举其中的诗句作为例证，《萃之临》是例句之一。但胡氏在没有校勘的情况下，就以“昭君死国”为论据，认为昭君死后之事，不是焦延寿可以知道的，所以《易林》的作者应该是崔篆。他说：“昭君在匈奴，先嫁呼韩邪单于，生一男；后来呼韩邪单于死了（西历前三一），她又配了复株累单于，生两女。昭君之死，大概在前汉末年，当然更不是焦延寿能知道的了。”[⑤] 陈良运否定胡适的说法，也讲了“死”字

①〔汉〕焦延寿：《易林》，河北人民出版社，1989年。

②《四部备要》，民国年间上海中华书局校刊。

③《四部丛刊》，涵芬楼借印北京图书馆藏元刊残本，乌程蒋氏密韵楼藏影元写本，民国十八年。

④《学津讨原》，上海商务印书馆影印，民国十一年。

⑤ 胡适：《胡适精品集》，光明日报出版社，1998年，第114页。

的问题："可是经查多种版本的《易林》，'死'均作'守'。根据此辞所依'卦变'之象，也不当作'死'。"[①] 在《一桩历史谜案的探索》一文中，陈良运又说："如'昭君死国'，我查了多种版本皆是'死'作'守'，萃卦与坤象，坤'为母'、'为子母'（《说卦传》），从卦象看，言死无据。匈奴呼韩邪单于死于汉成帝建始二年（公元前31年，即王昭君入匈奴第三年），按匈奴习俗，她又为接位的复株累单于之妻。复株累在位十年（死于成帝鸿嘉元年，即公元前25年），匈汉关系良好。河平四年（公元前25年）他到长安朝汉成帝，成帝'加赐锦绣缯帛二万匹，絮二万斤，它如竟宁时'，这不就是'诸夏蒙德'、'崇我王室'的史实吗？'死'字见于此显然不当，'守'则合于史实。"[②]

我们同意陈文的分析，并补充理由如下："萃之临"是"萃"卦与"临"卦的结合，这是汉儒所发明的占卜新法——卦变，即每卦可变成其他六十三卦中任何一卦，于是包括自身在内，一卦变六十四，六十四变四千零九十六卦。《周易》在《序卦传》中说："物相遇而后聚，故受之以萃；萃者聚也。"所以"萃"卦阐释的是群体结合的法则。相遇而志同道合，相聚结合成群体，力量集中，就能为共同幸福起积极作用，富足强大，安和乐利，开创光明。陈良运认为此诗作于成帝河平四年（公元前

---

① 陈良运：《学术不可负前人，欺后人》，《江西师范大学学报》1998年第4期，第38~45页。

② 陈良运：《焦氏易林诗学阐释》，百花洲文艺出版社，2001年，第521页。

25年）“昭君第二个丈夫复株累来朝”时[1]，也就是匈汉两族领导人继呼韩邪单于来汉朝请婚后再次会晤，为匈汉两族友好关系共同努力。《说文解字》解释“死”字是“澌也，人所离也”。《列子天瑞》：“死者，人之终也。”《荀子礼论》：“死，人之终也。”公元前25年昭君健在，不可能用“死”字。

“死”字既误，则“守”字正确。从甲骨文和金文看，“守”字是一个会意字，其上是一个房屋的形状，下边是一个“寸”，表示肘臂。两形会意，用肘臂挡在屋室的前面，表示阻拦、守护的意思。小篆和楷书的“守”字皆缘此而来，字形上基本没有变化。所以“守”的本义为“守护、护卫”。如《墨子·公输》：“杀臣，宋莫能守。”这里的“守”字即作“守护”讲。昭君在匈奴与自己的两任丈夫尽力维护胡汉两族的友好关系，《汉书·匈奴传》说，昭君出塞后，北方“数世不见烟火之警，人民炽盛，牛马布野”。这恐怕比“龙城飞将在”的守护效果更加明显。

焦延寿诗中说“昭君守国”，将昭君看作捍卫国家的能臣良将，认为昭君出塞就是对国家安全的守卫，是对国家的贡献。这既符合卦象，又与时代背景极为吻合。而历代咏昭君的作品中有一类就是将昭君与历史上保卫疆土、为国立功的著名将领做对比，例如前举宋代刘子翚的《明妃出塞图》将昭君比为西

① 陈良运：《学术不可负前人，欺后人》，《江西师范大学学报》1998年第4期，第38~45页。

汉名将卫青、霍去病。此外，还有的诗人把昭君比作周勃、苏武、终军、贾谊。如清人叶廷芳《昭君墓和友人作》:“漠漠黄沙冢独青，何须篇简著芳型。安刘直继苏卿节，自是穹庐胜掖庭。”[①]是以周勃、苏武比昭君。清人何梦篆《王昭君词》:“终军缨以请，贾生恸何悲。遥遥千载下，青冢名岂微。”[②]是以昭君与终军、贾谊相比。这些诗的母题就是焦延寿的“昭君守国”。

五、《萃之益》中的“是”字不可能是“受”字

《萃之益》中的“昭君是福”，在一些版本中作“昭君受福”，具体情况如下表：

版本	诗句	校注
《四库全书》	昭君是福	无注
《津逮秘书》	昭君是福	无注
《增订汉魏丛书九十六种》	昭君是福	无注
《易林注》	昭君是福	无注
《四部备要》	昭君受福	无注
《四部丛刊》	昭君受福	一作“是”
《增订汉魏丛书》	昭君受福	无注
《学津讨原》	昭君受福	别本作“是”

① 可永雪等:《历代昭君文学作品集》，内蒙古人民出版社，2004年，第162页。

② 同上，第118页。

所列八种主要版本中，前四种“是”字，后四种“受”字，但其中两种分别注明“一作‘是’”“别本作‘是’”。“是”字仍然占多数，且其版本更具有权威性。

陈良运在他的《焦氏易林诗学阐释》一书中对此问题未加校勘，似认为“是”即为最恰当的用字。他的《学术不可负前人，欺后人》及《一桩历史谜案的探索》两文中引用这首诗时也都写作“是”。此诗在其他文章中出现时也基本写作“是”字。如顾炎武在《日知录》卷十八中对于《易林》的作者也进行过考证，说：“长城既立，四夷宾服。交和结好，昭君是福。事在元帝竟宁元年。”胡适在《〈易林〉断归崔篆的判决书》一文中也采用“是”字，并说：“《易林》里的‘昭君’两条，也可以帮助我们证明《易林》成书的年代：

“（1）长城既立，四夷宾服。交和结好，昭君是福。

“（2）昭君死国，诸夏蒙德。异类既同，崇我王室。

“这两条都歌颂昭君和亲的成绩，都可见那时期正是匈奴最恭顺、北边最太平、和亲政策最有效的时期。”①

这个字对于评价王昭君具有重要的意义，所以也有必要加以辨析。

《说文解字》：“受，相付也。”《说文解字注》中认为此字是唐代人为避讳而增加的，与受字相对而言，“受者自此

① 胡适：《胡适精品集》，光明日报出版社，1998年，第128页。

言，受者自彼言。其为相付一也。”《玉篇》释为“得也”“承也”“盛也”“容纳也”。从“受”字在《说文解字》中的意义，再结合《玉篇》《词源》《汉语大词典》的解释，这首诗中的“受”只可能解释为“接受”，是昭君从彼（即汉朝）接受“福”，就是说“福”是别人给予的，昭君只是坐享其成。而《后汉书·南匈奴列传》中记载：“昭君入宫数岁，不得见御，积悲怨，乃请掖庭令求行。”可见昭君是主动请求出塞和亲的。为了纪念昭君和亲，元帝下诏改元为“竟宁”，可见对此事的隆重态度。匈奴方面，呼韩邪单于喜出望外，封昭君为“宁胡阏氏”。昭君出塞后与两任丈夫共同努力维护汉匈两族的友好关系，使边境地区维持六十年和平局面。西域各国在他们的影响下，也愈益尊汉。《汉书·西域传》就记载：“及呼韩邪朝汉后，咸尊汉矣。”说明这“福”是昭君主动创造，而不是被动地接受，用“受”字不妥。从授予者方面来说，汉朝选择昭君和亲，在当时人们看来，根本不是给昭君的“福”，而是远嫁之悲、异域之苦和外交任务之艰巨等，说“昭君受福”更加不妥。

“是”，是一个会意字。甲骨文的“是”字，上部是一个“日”，表示太阳，下边是两个“止”，表示一个人的两个脚印。两者会意，表示太阳当头照，人影消失，只有脚印存在。小篆的“是”字，演变为“从日从正”的会意字。所以《说文解字》说“是”：“直也，从日正。”《广雅·释言》：“是，此也。”《论语·学而》：“夫子至于是邦也。”皇疏：“是，此也。”《荀子·劝学》：

“使目非是无欲见也。”注：“是，犹此也。”《尔雅·释诂疏》：“此者，彼之对。”阳光直射，一切都暴露在阳光下，因此，“是”又有“正”和“正对”的意义。如《易·未济》卦：“有孚失是。”虞注：“是，正也。”《广雅·释言》：“諟，是也。”《广韵》：“諟，正也”。可见“是”的本义为“这、正”。而“是”字做系词则是东汉以后的事。所以这里的“是”应该是“这样、正是”的意思。由此可以看出，“昭君是福”应该解释为昭君正是国家的福祉或是昭君为国家带来了这样的福祉。如果结合焦延寿的易学占卜派祖师身份和他的宗教色彩浓厚的神秘理论等背景来理解，他已经开始把昭君神化，认为昭君本身就是福或昭君是福的化身。这就开启了后代把昭君尊崇为和平幸福女神的滥觞。

昭君题材作品的主流倾向是肯定昭君出塞，将她作为和平、友好的象征来歌颂。在民间文学中，昭君总是作为一个为汉匈两族人民都带来和平和幸福的女神而活在人民心中。这种现象表明了人民对民族和睦友好关系的憧憬，说明昭君正是这种理想的最好寄托者。有的诗人直接把昭君比作美丽的天上仙女，唐代张仲素《王昭君》诗就是著名的例子：“仙娥今下嫁，骄子自同和。剑戟归田尽，牛羊绕塞多。”[①]

在文人笔下，肯定竟宁和亲，赞扬昭君为国家带来福祉的诗作也很多。唐代崔涂《过昭君故宅》说昭君：“以色静胡尘，

---

① 可永雪等：《历代昭君文学作品集》，内蒙古人民出版社，2004年，第17页。

名还异众嫔。免劳征战力，无愧绮罗身。”[①] 清人陆耀《王昭君辞》说昭君出塞：“坐使亭燧安，并撤外城卒。”[②] 明人张宁的《赵雪松昭君图》、高璧的《昭君曲》，清人吴光的《明妃曲》等都对昭君的贡献进行了颂扬。这些诗作都可以说是焦延寿诗的延续和发展。

总而言之，如果还原历史真相，那就要回到距今两千多年前的西汉成帝河平四年（公元前25年），王昭君出塞不久，她的第二任丈夫便来长安朝见汉帝。消息传到离首都长安数千里的小黄县，一位“基层干部”焦延寿因为亲身感受到了昭君出塞带来的和平恩惠，于是充满激情地写下了两首“现代诗”（当时流行的诗体是四言诗）。大约他也不会想到，这两首诗开创了从个人命运和国家命运相结合的高度评价昭君、赞美昭君的创作潮流，深刻影响着两千多年来的文人墨客和人民群众。

第二节　《怨旷思惟歌》

《怨旷思惟歌》最早收录于《琴操》，题为王昭君作。后收录于宋人郭茂倩所编的《乐府诗集》，列为“琴曲歌辞”，题目作《昭君怨》，题为王嫱作。歌曰：

---

① 可永雪等：《历代昭君文学作品集》，内蒙古人民出版社，2004年，第22页。

② 同上，第141页。

秋木萋萋，其叶萎黄。有鸟处山，集于苞桑。

养育毛羽，形容生光。既得升云，上游曲房。

离宫绝旷，身体摧藏。志念抑沉，不得颉颃。

虽得委食，心有徊徨。我独伊何，来往变常。

翩翩之燕，远集西羌。高山峨峨，河水泱泱。

父兮母兮，道里悠长。呜呼哀哉，忧心恻伤！

这首诗被看作是王昭君自伤之作。诗中以一只桑林中的鸟儿起兴，写它在深秋叶黄的桑枝上“养育毛羽，形容生光”，比喻昭君在故乡秭归健康成长，生成绝世的容貌。后来被选入宫中，在一般人看来是“升云”“上游”，值得庆幸。岂知昭君入宫后却被长期冷落，“离宫绝旷，身体摧藏”，身体和精神都受到严重摧残。诗意到此是第一层转折。“志念抑沉，不得颉颃”，是用鸟儿不能再自由自在、一高一低地飞翔，生动地描绘出她像笼中之鸟一样被囚禁在深宫后院。虽然宫中生活衣食无忧，但是失去了人身自由，内心是十分痛苦、彷徨的。接着诗意又进入第二层转折：“翩翩之燕，远集西羌。”寓意昭君出塞和亲，远嫁西羌（西羌借指匈奴）。东汉后期，北方最严重的边患已是西羌，而非匈奴，由此可以推想这首诗大约是东汉后期的作品。诗中写昭君虽摆脱了西汉皇宫这黄金囚笼的幽禁，却并没有获得自由，而是远嫁到北方，离故乡、父母、亲人越来越远了。昭君遥望着巍峨的高山、宽阔的河水，呼唤父母，内心忧伤，担心再也不能与亲人见面了。全诗以鸟喻人，通过鸟儿在故乡自由飞翔，后被囚禁笼中，又被放逐远方，生动形象地概括了昭君的悲惨遭遇，控诉了封建统治者对昭君的压抑、迫害，抒发了昭君失去自由和远嫁他乡而感受到的彷徨、苦闷、忧郁、悲伤。诗写得哀伤忉怛，宛转入微，触目凄凉，具有浓郁的悲剧色彩。

《怨旷思惟歌》是一首典型的四言诗，语言古朴，通篇运用比兴手法，兼有《诗经》典雅的神韵和汉乐府朴实的风格，具有朴素的浪漫主义色彩。诗中通过化鸟的想象来表达悲剧内容，更是典型的汉乐府特色（如《孔雀东南飞》《青陵台》等）。

另外，此诗也可能受到细君公主诗的影响。班固在《汉书·西域传》中记载，细君公主嫁到乌孙后，整日悲愁，自己作了一首歌：

吾家嫁我兮天一方，远托异国兮乌孙王。
穹庐为室兮毡为墙，以肉为食兮酪为浆。
居常土思兮心内伤，愿为黄鹄兮归故乡。

《怨旷思惟歌》显然是从细君公主“愿为黄鹄归故乡”中受到启发而构思出来的，其悲凄的基调也一脉相承。

关于此诗的作者，《琴操》《乐府诗集》都认为是昭君自伤之歌辞。但是后人大多认为此诗不是昭君所作。《唐书·乐志》

说，“《明君》，汉曲也”，并认为是汉代人为怜惜昭君远嫁而作：“元帝时，匈奴单于入朝，诏以王嫱配之，即昭君也。及将去，入辞，光彩射人，耸动左右，天子悔焉。汉人怜其远嫁，为作此歌。”昭君既是自愿和亲，在嫁到匈奴之后，与单干感情相笃，即使有思乡念亲之情，也不会过于悲切。故此诗可能是汉代人出于同情昭君，拟其口吻而作的民间歌曲。其曲调已经失传，但曲辞流传下来了。从中国诗歌发展史来看，汉魏时期，文人中大多流行传统的四言诗，民间则逐渐兴起新的诗体——五言诗。西汉末年的文人焦延寿用四言诗写昭君，东汉时期的民歌用五言诗歌唱昭君，恰好反映了当时的情况。

《琴操》《乐府诗集》在记录这首琴曲时，同时也记录了民间关于此曲的故事，内容大同小异。其实，这首诗最早见于《琴操》。《琴操》相传为东汉蔡邕撰，共二卷，记述四十七个琴曲故事，原书已佚，但这首诗和有关王昭君的故事却流传下来了。《琴操》记述的王昭君故事，已经离开历史，有了许多虚构和想象。据《琴操》说：

> 王昭君者，齐国王穰女也。颜色皎洁，闻于国中。献于孝元帝，讫不幸纳。积五六年，昭君心有怨旷，伪不饰其形容。元帝每历后宫，疏略不过其处。后单于遣使朝贺，元帝陈设倡乐，乃令后宫妆出。昭君怨恚日久，乃便修饰，善妆盛服，光辉而出，俱列坐。元帝谓使者曰：“单于何所

愿乐？”对曰：“珍奇怪物，皆悉自备。唯妇人丑陋，不如中国。”乃令后宫欲至单于者起。昭君喟然越席而前曰：“妾幸得备后宫，粗丑卑陋，不合陛下之心，诚愿请行。”帝大惊，悔之。良久，太息曰：“朕已误矣！”遂以与之。

昭君至单于（庭），心思不乐，乃作《怨旷思惟歌》（以下引全诗）。

昭君有子曰世达，单于死，世达继立。凡为胡者，父死妻母。昭君问世达：“汝为汉也，为胡也？”世达曰：“欲为胡耳。”昭君乃吞药自杀。单于举（国）葬之。胡中多白草，而此冢独青。[①]

《琴操》所说，首先是介绍昭君籍贯、父名，似乎言之凿凿，实际于史无稽。其次在许多细节方面加以补充、想象。如言昭君入宫是郡国主动进献，比较合理；又如讲昭君自请和亲的过程是在元帝宴请单于使者的场合，单于本人并没有来汉朝，虽然未必符合史实，但昭君当面对元帝的挖苦讽刺更富于戏剧性。第三，匈奴“父死妻母”的习俗实际上是“妻其后母”，绝非生母。昭君再嫁的丈夫是呼韩邪单于的原配颛渠阏氏之子，年龄比昭君大得多。汉朝普通民众不了解情况，以讹传讹，直到清朝、民国还有人存在误解。另外，昭君儿子名叫伊屠智牙师，此言“世达”，

① 据〔汉〕蔡邕：《琴操》，见《津逮秘书》本。逯钦立辑：《先秦汉魏晋南北朝诗》汉诗卷十一，中华书局，1983年，第315页。

不知何据。昭君儿子也没有继单于位。第四，虚构了昭君吞药自杀的结局。吞药自杀的原因是不愿意儿子“父死妻母”，本质上是伦理道德观念不同，属于文化冲突。而后来的一些作品，也虚构昭君自杀情节，但是自杀原因大部分被改造为坚持民族气节等。第五，最早记载昭君墓富于神话色彩的奇特景色：“胡中多白草，而此冢独青。”开昭君墓称“青冢”之先河。由于《怨旷思惟歌》产生年代久远，本身又是民间歌曲，传播广泛，加以艺术性很高，所以以上几点对于后世昭君题材文艺作品都产生了深远影响。

第三节　石崇《王明君辞》

石崇（公元249—300年），字季伦，历任西晋散骑常侍、侍中、荆州刺史等高官。《怨旷思惟歌》之后流传下来的昭君诗，以石崇的《王明君辞》较早。这首诗被收入《乐府诗集》，南朝梁朝昭明太子萧统编选的《文选》及陈朝徐陵编选的《玉台新咏》亦收载。诗前有石崇的一段自序，序云：

王明君者，本为王昭君，以触文帝讳，故改。匈奴盛，请婚于汉，元帝以后宫良家子昭君配焉。昔公主嫁乌孙，令琵琶马上作乐，以慰其道路之思，其送昭君亦必尔也。其造新曲，多哀怨之声，故叙之于纸云尔。

这段自序，透露出许多重要信息。一是王昭君为什么又称明君，是因为避司马昭之讳改名。二是王昭君怀抱琵琶来源于石崇的想当然，他把乌孙公主细君出嫁时“琵琶马上作乐”的细节移植到了昭君身上。这种移花接木手法深刻影响了后世，开启了王昭君与琵琶的不解之缘。三是他故意把昭君出塞时汉匈双方要求和平友好的形势颠倒为“匈奴盛，请婚于汉”，造成匈奴恃强逼婚的假象，以便为诗中宣扬民族仇恨做铺垫。这一点对后世影响也很大。四是石崇之前就有不少歌咏王昭君的古曲，后来有人又造了新曲，这些新曲是以哀怨为基调的，石崇此作，不过是为原有的曲子配写了新词而已。这一点，我们在论述《怨旷思惟歌》时已经叙及。

《乐府诗集》解题还说 :“石崇有妓曰绿珠，善歌舞，以此曲教之，而自制王明君歌。其文悲雅，‘我本汉家子’是也。”石崇是西晋豪富，家中歌妓无数，他自己也通音律，善琵琶，好度曲、填词。他家的名妓绿珠，更是当时名艳一时的著名歌唱家兼舞蹈家。石崇以古曲填新词，教绿珠演唱。绿珠边歌边舞，以第一人称哀怨悱恻地叙说昭君远嫁的故事，形象直观生动，是塑造昭君艺术形象的一个重大突破，在当时就引起了轰动。这首诗的全文如下 :

我本汉家子，将适单于庭。
辞诀未及终，前驱已抗旌。
仆御涕流离，辕马为悲鸣。

哀郁伤五内，泣泪湿朱缨。
行行日已远，遂造匈奴城。
延我于穹庐，加我阏氏名。
殊类非所安，虽贵非所荣。
父子见凌辱，对之惭且惊。
杀身良不易，默默以苟生。
苟生亦何聊，积思常愤盈。
愿假飞鸿翼，乘之以遐征。
飞鸿不我顾，伫立以屏营。
昔为匣中玉，今为粪上英。
朝华不足欢，甘与秋草并。
传语后世人：远嫁难为情！

这首诗通篇用代言体，开头二句叙述中见书法，包含了无限感慨。诗中描写了昭君辞汉的悲伤和到匈奴后的怨恨，希望借大雁的双翼飞回家乡，在人物情节和表现手法方面，同《怨旷思惟歌》《胡笳明君别》等有明显的继承关系。但诗人并不能真切体会昭君的真情实感，更重要的是在思想倾向上有严重问题。它虽然继承了汉代乐曲怜其远嫁、哀怨悱恻的传统，但与汉曲的主题大不相同。诗中不但过分夸大了昭君的悲伤哀怨，而且荒谬地认为昭君的痛苦和怨恨不是入宫，不是思乡，而是因为所嫁之人“非我族类”；它抹杀汉朝皇帝选美的淫威和昭君待诏宫中的不幸，反而说“昔为匣中玉，今为粪上英”，美化了汉朝最高统治者，丑化了少数民族，把昭君和亲说成一朵鲜花插在牛粪上；它甚至认为“殊类非所安，虽贵非为荣”，即使尊为阏氏也不感到光荣；它把昭君为顾全汉匈和好大局而遵旨再嫁呼韩邪之子说成是违背人伦的奇耻大辱，“父子见凌辱，对之惭且惊”，写昭君是求死不得，苟且偷生，“苟生亦何聊，积思常愤盈”。这不但与昭君本来面目相差甚远，而且暴露了石崇的封建贵族立场，使诗中充满封建道德观念和大汉族主义思想。

石崇诗作中出现的大汉族主义倾向并非偶然，它是时代的反映。自汉末以来，下迄西晋，北方少数民族纷纷南下并日益强大，渐渐成为中原王朝的心腹之患。在此诗写出后不久，中原北部便出现了“五胡十六国”的混乱局面。石崇的诗，正是在这种民族矛盾激化的背景下，一种偏激的民族仇恨心理在社会上逐渐露头的表现；此外，也包含有石崇个人的阶级局限。石崇是西晋豪门贵族统治阶级的典型人物，人所共知的石崇与王恺斗富的故事，充分显示了石崇的奢侈和腐朽。他自己过着荒淫无耻的放荡生活，却以遵守礼法为标榜，虚伪至极。故在他的作品中，顽固地维护封建皇权，露骨地宣扬封建道德，是不奇怪的。

石崇的《王明君辞》加上绿珠载歌载舞的演唱，虽不符合昭君的衷情并且在思想上存在严重的不良倾向，但在艺术上是缠绵悱恻、哀婉动人的。所以它在当时和后世都产生了重大影响，特别是在音乐、歌舞领域，影响更大。

第四节 《西京杂记》中毛延寿的出现及其意义

在早期有关昭君的史书和民间故事、歌曲、舞蹈中，并无画工毛延寿这个人物。假使历史上确有毛延寿其人，也与王昭君毫无瓜葛。只是到了南北朝，一些笔记、小说才把他们二人拉上了关系。其中最早的是《西京杂记》。

《西京杂记》是一部古代笔记小说集，“西京”指的是西汉的首都长安（今陕西省西安市）。该书内容是记载西汉时期的杂史及逸闻轶事。本书的作者，有的说是西汉刘歆，有的说是东晋葛洪，有的说是南朝梁吴均。《隋书·经籍志》未曾著录作者，而新、旧《唐书》均著录为东晋葛洪著。其依据是本书六卷本末有葛洪跋文一篇。跋文说，葛洪家世传刘子骏（刘歆）《汉书》一百卷，后来班固作《汉书》，取用了刘书的绝大部分。还有两万多字，班固没有采用，于是葛洪抄出，名曰《西京杂记》，以补《汉书》之阙。后人对葛洪的跋语并不相信，以为这是他“依托古人以取自重耳”。虽然作者至今尚无定论，但多数学者认为《西京杂记》是葛洪杂抄汉魏六朝佚史而成。葛洪（公元284—364年），字稚川，号抱朴子，东晋丹阳句容（今江苏句容）人，道教理论家，其著作还有《抱朴子》《神仙传》等。

《西京杂记》说：

元帝后宫既多，不得常见，乃使画工图形，按图召幸之。诸宫人皆赂画工，多者十万，少者亦不减五万。昭君自恃容貌，独不肯与，工人乃丑图之，遂不得见。匈奴入朝，求美人为阏氏，于是上案图，以昭君行。及去，召见，貌为后宫第一，善应对，举止闲雅。帝悔之，而名籍已定。帝重信于外国，故不复更人。乃穷案其事，画工皆弃市，籍其家资皆巨万。画工有杜陵[①]毛延寿，为人形，丑好老少，必得其真；安陵[②]陈敞，新丰[③]刘白、龚宽，并工于牛马飞鸟之势，人形好丑，不逮延寿；下杜[④]阳望亦善画，尤善布色，樊育亦善布色，同日弃市，京师画工于是差稀[⑤]。

这段故事详细叙述昭君不得见御的原因和经过，运用人情

---

①杜陵：位于西安市三兆村南，是汉宣帝刘询的陵墓所在地。

②安陵：汉惠帝刘盈墓安陵位于咸阳城东十八千米处。又，在今河南鄢陵西北有安陵，为楚魏相交之地，曾是魏的附庸小国。

③新丰：治所在今陕西省西安市临潼区西北。本秦骊邑。汉高祖定都关中，其父太上皇居长安宫中，思乡心切，郁郁不乐。高祖乃依故乡丰邑街里房舍格局改筑骊邑，并迁来丰民，改称新丰。据说士女老幼各知其室，从迁的犬羊鸡鸭亦竟识其家。太上皇居新丰，日与故人饮酒高会，心情愉快。

④下杜：地名，不详。

⑤据李昉编《太平广记》卷二一〇“毛延寿”一节。差稀：略显稀少。差：略微，颇。

推理，踵事增华，故事脉络清楚，情节完整。故事中的昭君个性鲜明，她刚正不阿、宁折不弯、不向恶势力屈服。故事把画工收赂的情况说得活灵活现，有画工姓名，有受贿经过，受贿数额，以及穷案画工、抄家弃市等生动详细的情节。这是对昭君故事的重大丰富和发展。文中谈到因收受贿赂而弃市的画工，举出姓名者就多达六人，其中虽然有毛延寿，但并没有肯定为昭君画像者就是他，只是由于毛延寿在六名画工之中名列第一，并且在画人物肖像方面技术最高，所以才被后人进一步附会，使毛延寿成为索贿不成、陷害昭君的元凶。这个故事大约曾在民间长期流传，后人甚至将其作为典故来运用。

南朝刘宋刘义庆《世说新语·贤媛》也较早提到了昭君与画工的关系：

> 汉元帝宫人既多，乃令画工图之，欲有呼者，辄披[①]图召之，其中常者，皆行货赂。王明君姿容甚丽，志不苟求，工遂毁其状。后匈奴来和，求美女于汉帝，帝以明君充行。既召见而惜之，但名字已去，不欲中改，于是遂行。

这段只是泛泛提到画工索贿不成，“工遂毁其状”，而并无画工之姓名。对王昭君拒绝行贿的原因，强调“志不苟求”。苟者，苟且、随便也。苟求就是为求达到目的，随便什么手段都可

① 披：打开、翻开。

以使用。王昭君从内心鄙视这种为达目的不择手段的做法，认为即使有钱也不能做行贿之事。这样的情节安排，突出了昭君坚持做人的原则和底线。

魏晋以后，关于王昭君被画师“毁状”的故事一直在民间和文人中流传，但没有指实画师姓名。大约到了隋朝，画师的姓名才被固定为毛延寿。如我们在前文中引用过一首诗《遣意》：“秘洞扃仙卉，雕房锁玉人。毛君真可戮，不肯写昭君。”作者侯夫人是隋炀帝的宫女，因长期不得宠幸，又不能脱离深宫，悲而自缢。此诗就是她的绝命诗之一。“毛君真可戮”之“毛君”当然是指毛延寿，这可能是我们能够看到的最早明确写出毛延寿是陷害昭君罪魁祸首的诗。到了唐代，指名道姓批判毛延寿的作品越来越多。毛延寿已经成为昭君故事中不可或缺的反面人物。然而，毛延寿的身份仍然是普通画师。

到了元代马致远的杂剧《汉宫秋》，毛延寿的身份发生了重大变化。马致远把毛延寿由一名普通画工上升为中大夫。中大夫在汉朝虽然只是没有实权的咨询性官员，但可以出入宫廷，随侍皇帝，因而有了蒙蔽皇帝的条件和机会。他的罪行也由原来只是贪受贿赂、丑化昭君，进一步变成里通外国，向匈奴献图邀功。剧中借王昭君之口说：“妾身王昭君自从选入宫中，被毛延寿将美人图点破，送入冷宫，甫能得蒙恩幸；又被他献与番王形象……”由于《汉宫秋》的巨大影响，这个虚构的故事情节在文人中间和民间广泛传播，很多人误以为是史实。

有趣的是，自《汉宫秋》给毛延寿“升官”之后，毛延寿“官运亨通”，职位越来越高。明代无名氏传奇《和戎记》中，让毛延寿任职西台御史，这是专门监察官员违法乱纪的高官，作者可能是以此来讽刺明代监察部门的黑暗。到了清朝，雪樵主人的长篇小说《双凤奇缘》干脆把毛延寿的官职上升为太师，地位仅次于皇帝，权力超过丞相。毛延寿官职越高，害人就越多，对国家的危害也越大，与王昭君的矛盾冲突也越尖锐激烈。

在昭君故事里，毛延寿从无到有，从六名画工之一到点破画像的罪魁，由贪赃受贿的普通画工到卖国投敌的中大夫，由中大夫进而上升为西台御史、太师。对这个现象应该如何认识，人们有各种不同的看法。

从历史学家的角度看，毛延寿的出现纯粹是无稽之谈。然而从文学角度来看，尽管这种增饰附会不可取信，但每经一番改变，往往使昭君故事多了一番新意，使故事内容更加丰富，更富有传奇色彩，故事中的人物更多样化，昭君形象也更完整、更生动，所以这种增饰附会反而显得更为可贵。“文如看山不喜平”，从艺术辩证法的角度看，毛延寿出现之前，歌咏王昭君者，或歌颂她带来和平之福，或同情她思乡念亲之苦，文意简单，缺乏波澜，稍显平淡。毛延寿出现之后，王昭君有了一个具体明确的对立面，有了一个越来越坏、越来越强大的对手，于是矛盾冲突就可以展开，故事情节更能曲折发展。在波澜起伏的矛盾冲突中，王昭君和毛延寿的性格不断发展，不断丰富，而且矛盾越尖锐激烈，越能够吸引读者的关注，越能够打动受众。所以毛延寿成为推动昭君故事不断丰富的重要动力之一。如果历代众多的昭君题材文学作品中没有毛延寿这个角色，这些作品就会大为减色。而随着故事的丰富和发展，王昭君和毛延寿这两个正、反面代表人物身上也寄托着越来越多的社会内容。

毛延寿的出现和演变，具有深刻的社会意义。首先，毛延寿这样一个反面角色的出现，寄托着人民群众对昭君的同情。他作为陷害昭君的元凶，历来受到人们的痛恨和谴责，从而更加衬托出昭君刚正不阿、倔强自爱的高尚情操，大大丰富了昭君的性格内涵，使她更可爱、可敬、可贵，也更完美。历代诗作中对毛延寿的责备甚多，并从人民的愿望出发，要求惩办画师。例如唐人崔国辅的《王昭君》诗即云："一回望月一回悲，望月月移人不移。何日得见汉朝使，为妾传书斩画师。又如清人王夫之的《明妃曲》云：

"金殿葳蕤锁汉宫，单于谈笑借东风。黄河已作无归路，犹愿君王斩画工。"

自古以来，中华民族就有一种坚守原则、主持正义，面对黑暗潮流，决不同流合污，勇于斗争，虽九死而不悔的人格传统。就如屈原在《桔颂》中借赞美橘树歌颂的高尚人格："苏世而独立兮，横而不流。"昭君的拒绝行贿，正义凛然正是这种高尚人格的体现，后代诗人对此纷纷发表感慨，曾巩"自信无由污白玉，向人不肯用黄金。”就突出了昭君的自信、正直人格。

第二，毛延寿这个人物的出现，是有其深刻的历史根源和现实根源的。在中国长期的封建社会中，以权谋私，收贿受贿的现象普遍存在，特别是在《西京杂记》产生的东汉末年至魏晋六朝，外戚宦官互相倾轧，更替执政，社会黑暗，政治腐败，贿赂公行。当时的文学作品中多有对这种污浊社会风气的揭发批判。正是这种普遍存在的社会黑暗现象，使人民群众在王昭君故事中增加了毛延寿受贿的矛盾冲突。毛延寿是利用职权、图谋私利、广纳贿赂、陷害好人的典型。这个典型的出现，表现出贪污徇私是历代人民最反对、最痛恨的。

宋人裘万顷《题昭君图》云 ：“纷纷争赂毛延寿，今日丹青竟不传。万事无过真实处，后人赢得写婵娟。”诗人以鲜明的对比，写出了一个有趣的历史规律 ：那些纷纷争相贿赂毛延寿的美女们，他们的姓名事迹一个都没有流传下来 ；昭君因不肯弄虚作假、行贿送礼，反而博得后人为她作画不已，流芳千古。

第三，魏晋南北朝时期，门阀制度盛行，有才能的人普遍受到压抑。其实这也是封建社会长期存在的问题。昭君美丽多才，遭际坎坷，更易激起人们对馋邪蔽明、压抑人才的愤慨。王昭君便成了那些文籍满腹、沉抑下僚的英杰人才的写照。所以毛延寿形象的进一步发展，便成为妒贤嫉能，谗害贤良，抑制仕进的典型，从而寄托了那些知识分子受到压制打击时愤懑不平的感情。

鲍康的诗《明妃》写得极为直接、明快："不向深宫拭泪痕，妍媸肯对画工论。笑他买赋长门女，却掷黄金结主恩。"这是一个坚强的昭君，她自信才貌超群，不在深宫暗暗垂泪，不肯贿赂画工，对陈皇后那样的买赋长门女，更是嗤之以鼻，这是一个高尚峻洁、不同流俗的美女形象。

第四，自从马致远《汉宫秋》进一步把毛延寿刻划为一个卖国求荣的奸臣之后，在民族矛盾突出、民族危机严重的时代，人们对投敌叛国者的痛恨，往往也借助毛延寿而发泄出来。如明朝魏偁《王昭君》："画工误妾何足算，世有妨贤病国人"。陈恭尹《明妃怨》"莫令青冢草，生近李陵台"等。

第五，在历代诗人众口一词对毛延寿的责骂声中，也有一些人出于封建忠君观念，千方百计为汉元帝开脱，把毛延寿当作替罪羊。然而，历代大多数作家是把毛延寿和汉元帝联系起来批判的。这些诗作，有的表面看是为毛延寿翻案，实际上是更集中地剖析最高统治者的颟顸昏庸、美丑不分。其中最有代表性的是王安石《明妃曲》："意态由来画不成，当时枉杀毛延寿"。唐徐夤《明妃》："不用牵心恨画工，帝家无策及边戎"，更是矛头直指"帝家"。

因此，尽管在史实上我们难以确定毛延寿是否与昭君有关，但在文学作品中，毛延寿这个人物形象却蕴涵凝聚着丰富的社会内容，具有深刻的认识作用和教育意义。

第五节　昭君题材歌舞音乐

昭君出塞不久，就出现了歌咏昭君的音乐、舞蹈作品。为了更贴近时代氛围，将魏晋南北朝以前的音乐舞蹈作品在本章论述。前举西汉焦延寿的两首昭君诗，就有人推测可能是当时的民间歌曲。大约产生于东汉的《怨旷思惟歌》就是一首琴曲歌词，可惜乐曲早已失传。东汉以后流传的昭君歌舞很多。例如三国曹魏时的嵇康（公元223—263年）是著名的文学家、思想家与音乐家，魏晋玄学的代表人物之一。他善于音律，著有《琴赋》，是用赋的形式撰写的音乐理论名著。《琴赋》列举长期流传的民间乐府“谣俗”[①]，有“《蔡氏五曲》《王昭》《楚妃》”等。《王昭》应作《王昭君》，疑脱一“君”字，或因行文关系省略。嵇康不曾入晋，故不避“昭”讳。

南朝梁元帝萧绎（公元508—554年）著有《纂要》一书，“一年之计在于春”这句人们耳熟能详的成语就出自此书。《纂要》也记有《昭君笳》的曲名，“笳”是“胡笳”的简称，也可能原文脱落“胡”字。南朝陈释智匠所撰《古今乐录》一书，保留了汉魏六朝乐府的许多资料，具有重要的史料价值。可惜该书已佚，但《乐府诗集》引用了此书很多资料。据《古今乐录》记

① 谣俗：流行于民间的通俗歌谣。嵇康《琴赋》全文见〔清〕严可均辑《全三国文》卷四十七。

载："晋宋以来，《明君》止[①]以弦隶少许为上舞而已。梁天监[②]（公元502—519年）中，斯宣达为乐府令[③]，与诸乐工以清商两相间弦[④]，为《明君上舞》[⑤]，传之至今。"可知东晋、南朝宋以前，《明君》舞蹈的伴奏还比较简单，经过南朝梁乐府令斯宣达的改编，《明君上舞》的伴奏更加复杂和完美，并且长期流传。南北朝时期的王僧虔，曾经在宋、齐两朝做官，是著名书法家，官至尚书令。他的《技录》一书也记载："《明君》有间弦及契注声[⑥]，又有送声[⑦]。"

---

①止：只，仅。少许：少量，一点点。

②天监：南朝梁武帝萧衍年号，公元502—519年。

③斯宣达：人名。乐府令：古代主管音乐官署的长官，始立于汉代。

④清商：在音乐史上，"清商"有几种不同的含义。一是指清商曲，隋唐时简称清乐，是三国两晋南北朝兴起并在当时音乐生活中占据主导地位的一种音乐。其特点是不用如编钟、石磬等大型乐器，可以用小型乐器如笛、笙、琵琶等随时随地演奏，大大简化了音乐形式，并开始大量引用胡乐如胡笳、胡笛等。另一种含义是清商即高的商调。宫、商、角、徵、羽五调，一般是指中部音高说的，即相当于今天的C、D、E、G、A五调。比它们的本调高半个音的调子，就加一个"清"字来表示，如清宫、清商。清商比商调高半个音。此处用后一种含义。两相：两厢，两边。间弦：相间邻的乐弦。一种演奏形式，同时拨动多根间隔相邻的乐弦。

⑤《明君上舞》：晋时因避文帝司马昭讳，改称王昭君为王明君，有时亦称明妃。古代舞蹈中有上舞、下舞，语义未明。

⑥契注声：乐曲结束部分又分几个器乐段，称为"契"或"契注声"。"契"字后来被引申为一个专指音乐单位的量词（如指一曲为一契），或引申为乐曲结尾时的一段纯器乐曲，如"契注声"。

⑦送声：每段歌唱的结尾都有一个"送"的尾句，称为"送歌弦"（张永《元嘉正声伎录》）。以上引文见《乐府诗集》卷二十九《相和歌辞四》。

长期以来，除了歌舞，几乎所有的器乐曲都有昭君题材作品流传。如《王昭君》《昭君怨》《明妃曲》等，其中主要有琴曲、琵琶曲、古筝曲、秦安老调等。

谢庄（公元421—466年）是南朝宋辞赋家、音乐家、诗人，字希逸。宋孝武帝刘骏时任吏部尚书。他在《琴论》中记载，汉魏时流传于民间的昭君题材歌舞就达七种之多："《平调明君》三十六拍[①]，《胡笳明君》二十六拍，《清调[②]明君》十三拍，《间弦明君》九拍；《蜀调[③]明君》十二拍，《吴调[④]明君》十四拍，《杜琼[⑤]明君》二十一拍，凡有七曲。"《琴集》又记载："《胡笳明君》四弄[⑥]，有上舞、下舞、上间弦、下间弦。《明君》三百余弄，其善者四焉。又胡笳《明君别》五弄，辞汉、跨鞍、望乡、奔云、入林是也。"按，琴曲有《昭君怨》，亦与此同。[⑦]由这些资

---

① 平调：平调曲，乐府《相和歌》的一部。有《长歌行》《短歌行》《猛虎行》《君子行》《燕歌行》《从军行》等。所用乐器有笙、笛、筑、瑟、琴、筝、琵琶七种。拍：乐曲的节拍，也指音乐的一个段落。如《胡笳十八拍》即有十八段歌词。

② 清调：汉代乐府《相和歌》的曲调之一，与平调、瑟调合称"三调"，也称"清商三调"。后亦指清雅的乐曲。

③ 蜀调：蜀地的曲调。蜀，今四川。

④ 吴调：吴地的曲调。吴，古国名，在今江苏、浙江地区。其音乐多委婉缠绵风格。

⑤ 杜琼：三国蜀汉人，曾经任太常。他曾预言蜀汉将为曹魏代替。

⑥ 弄：奏乐或乐曲的一段、一章。

⑦ 参见《乐府诗集》卷二十九《相和歌辞四》。

料所列名目来看，东汉至魏晋南北朝时，在社会上流行着多种昭君题材歌舞，并且有了不同的地方色彩，演唱时载歌载舞，可谓洋洋大观。可惜的是，这些乐曲大都已经散失，但从《琴集》所记歌舞，特别是其中的《胡笳明君别》来看，还可窥见其梗概，即《胡笳明君别》共有五弄：辞汉、骑鞍、望乡、奔云、入林。“弄”是演奏乐曲时的一曲或一段。就《胡笳明君别》的五段来推测，“辞汉”当是演唱昭君辞别汉宫的情景；“骑鞍”表演昭君上马，踏上出塞的漫漫征途，自然少不了对塞外风光的描述；“望乡”表现昭君回首遥望故乡，满怀思乡念亲之情。这三段多用现实主义手法，是对出塞的实写。后两段“奔云”和“入林”用浪漫主义手法，幻想让昭君变为一只自由自在的飞鸟，从塞外飞奔入云，最后飞回故乡的桑林。这种幻想，寄托着人民对昭君的同情、热爱，希望她摆脱世俗的羁绊，像鸟儿一样自由飞翔，回到故乡。可惜这首《胡笳明君别》的歌词也已失传了。从这五段曲词的小标题看，把昭君比喻成囚禁笼中和远离故乡的鸟儿，进而抒发她渴望自由、思念家乡的哀思，这恐怕是古代昭君歌舞源远流长的传统的开端。《胡笳明君别》可能是我国大型歌舞剧的雏形，在中国戏剧发展历史中占有重要地位，它情节比较复杂，参演角色众多，音乐舞蹈优美，演出场面宏大；昭君变成鸟儿飞向云中，大约还会有特殊的舞台装置。该剧被学者视为戏剧萌芽阶段的代表性作品。

《乐府诗集》之外，历代音乐舞蹈名著如《琴论》《琴集》《技录》等书都记载了有关昭君的歌舞乐曲，为数不下数十种。更有一些地位低微的舞伎、歌女，曾因擅长表演昭君故事而赢得青史留名。前举石崇的歌妓绿珠，就是因善舞昭君故事而被收录于《古今乐录》《文选》《唐书》等古籍。民间还流传着关于她的许多故事。绿珠虽然是杰出的舞蹈家，但下场很悲惨。石崇的外甥欧阳健曾得罪小人孙秀，孙秀得志后向石崇索要绿珠，石崇不给，于是被诬为乱党，夷三族，绿珠也为了他坠楼而死。

另外，北魏孝明帝时丞相王雍家的美人徐月华，以“善弹卧箜篌[①]，能为《明妃出塞》之声”而名垂后世。有一次，她“徐鼓箜篌而歌，哀声入云，行路听者，俄而成市”。歌者声遏行云，行人驻足谛听，不一会儿，聚集的人就比闹市的人还多。此事先为北魏杨衒之《洛阳伽蓝记》所收载，后为唐朝段成式《酉阳杂俎》所采录，至今还被列入许多工具书的词条。这些女艺术家固然因其歌舞艺术的精湛而令人瞩目，但她们皆借昭君而成名，也说明昭君在人民心目中的地位和影响。

应该提请注意的是，在古代音乐舞蹈作品中，有一些题为“明君”的作品并不是描写王昭君的，其意为“贤明之国君”，内容是歌颂古代贤明帝王的。如汉代的《鞞舞曲》，到梁武帝时改称《明君》，并“改其辞以歌君德”；《乐府诗集》中的“《明君》《圣主》《公莫》《白鸠》之属”，也与王昭君无关；明代琴谱《西麓堂统》中之琴曲《明君操》更与王昭君无关。

---

① 卧箜篌：一种古代乐器。

第二章　仙娥今下嫁，骄子自同和
——南北朝隋唐时期名家辈出的昭君诗

第一节　南北朝至隋的昭君诗

南北朝隋唐时期是昭君题材作品走向全面繁荣的时期，据初步统计，有四十多位诗人写过近百首昭君诗，其中影响最大的要推李白、杜甫、白居易等大诗人的名作。

南北朝至隋时期，国家分裂动荡，政权更迭频繁，人们在动乱中更能够理解昭君的遭遇，在战争时更能够珍视和平，所以留存下来的昭君题材诗歌并不少。这些诗内容丰富，上承汉魏格调高古之源头，下开唐朝百花齐放的繁荣局面，在昭君题材文学发展中占有重要地位。

南北朝著名诗人写的昭君诗很多，但主题大多集中在两点，一是同情昭君远嫁之悲、思乡之苦。如鲍照《王昭君》：

既事转蓬远，[1]心随雁路绝。[2]
霜鞞旦夕惊，[3]边笳中夜咽。[4]

诗人用转蓬比喻昭君的命运，用鸿雁路绝暗示回乡无望。然后以护卫们顶风冒雪、日夜警戒衬托塞外生活的艰辛、动荡。末句用胡笳悲凉的呜咽声收束，余味无穷。全诗主要是同情昭君远嫁之悲，渲染塞外生活的艰苦。此诗对后代影响深远，此后，转蓬、鸿雁、胡笳等意象成为历代昭君诗词的典型意象。

沈约《昭君辞》：

朝发披香殿，夕济汾阴河。
于兹怀九逝，自此敛双蛾。
沾妆疑湛露，绕臆状流波。
日见奔沙起，稍觉转蓬多。
胡风犯肌骨，非直伤绮罗。
衔涕试南望，关山郁嵯峨。

---

① 事：从事，指昭君既然已经从事出使匈奴之事业。转蓬：即蓬蒿，菊科植物，秋冬季节，其枝叶卷成一团，随风旋转，故称“转蓬”。

② 雁：又称鸿雁、大雁，是一种候鸟，春天飞向北方，秋天飞向南方。绝：指鸿雁飞出人的视野，再也望不到了。

③ 鞞：刀鞘。这句说护卫们刀鞘上结满冰霜，日日夜夜担惊受怕。

④ 边笳：指塞外的胡笳。咽：形容胡笳悲凉的呜咽声。本诗见《先秦汉魏晋南北朝诗·宋诗》卷七，第1270页。

始作阳春曲，终成苦寒歌。
惟有三五夜，明月暂经过。[1]

诗人想象昭君在塞外寒风中含泪南望，只见关山阻隔，山势嵯峨，浓郁的乡思之情只能寄托于明月经过故乡之时。

何逊《昭君怨》：

昔闻白鹤弄，已自轸离情。
今来昭君曲，还悲秋草生。[2]

诗人过去听到古曲《白鹤弄》，已经深深为曲中抒发的离情而伤痛（轸，伤痛也）。现在又听到《昭君曲》，更加同情昭君的遭遇，悲伤之情如秋天的野草般生长出来。从诗中可知，咏唱昭君的歌曲、乐曲自西汉末年到南北朝，依然非常流行。

阴铿《昭君怨》也是描写昭君垂泪告别亲朋之后，在匈奴思念故乡的悲伤：

跨鞍今永诀，垂泪别亲宾。
汉地随行尽，胡关逐望新。
交河拥塞雾，陇首暗沙尘。

① 本诗见《先秦汉魏晋南北朝诗·梁诗》卷六，第1614页。
② 同上，卷八，第1680页。

唯有孤明月，犹能远送人。[1]

同样主题的还有王褒《明君词》：

兰殿辞新宠，椒房余故情。
鸿飞渐南陆，马首倦西征。
寄书参汉使，衔涕望秦城。
惟余马上曲，犹作出关声。[2]

庾信由南入北，虽然身居高位，但是不能南归，深深为思乡之情所苦。他结合自身遭遇，对王昭君出塞自然有特殊的体会。他先后留下两首昭君诗，一首题为《王昭君》：

拭啼辞戚里，回顾望昭阳。
镜失菱花影，钗除却月梁。

---

① 本诗见《先秦汉魏晋南北朝诗·陈诗》卷六，第2541页；《青冢志》卷六，第38页；《全汉三国晋南北朝诗·全陈诗》卷一，第1365页。此诗《先秦汉魏晋南北朝诗》本与《青冢志》均定属陈昭，《青冢志》本诗题为《昭君词》，而《全汉三国晋南北朝诗》本在题下注云："按：此诗《乐府诗选》作陈明，《艺文类聚》作陈明，而子坚集载之。"据刘国珺在《南开学报》1988年第3期《对古籍中阴铿、陈昭的昭君诗考辨》一文，考证此诗当属阴铿，今从之。

② 本诗见《先秦汉魏晋南北朝诗·北周诗》卷一，第2333页。

围腰无一尺，垂泪有千行。
绿衫承马汗，红袖拂秋霜。
别曲真多恨，哀弦须更张。[1]

庾信另有《昭君词应诏》，可能是应皇帝之命临场发挥之作，但艺术水平很高，对仗工整，清新俊逸：

敛眉光禄塞，还望夫人城。
片片红颜落，双双泪眼生。
冰河牵马渡，雪路抱鞍行。
胡风入骨冷，夜月照心明。
方调琴上曲，变入胡笳声。[2]

南北朝昭君诗的第二大主题是感叹、谴责毛延寿丑图。南朝梁女诗人刘氏（王淑英妻、刘绘之女）写有《昭君怨》：

一生竟何定，万事良难保。
丹青失旧仪，匣玉成秋草。
相接辞关泪，至今犹未燥。

① 本诗见《先秦汉魏晋南北朝诗·北周诗》卷二，第2348页。题下注："《诗纪》云：《玉台》作《昭君词》。"

② 本诗见《先秦汉魏晋南北朝诗·北周诗》卷二，第2348页。

汉使汝南还，殷勤为人道。[①]

沈约的孙女沈满愿（范静妻）也是一位才女，她有《王昭君叹》二首：

早信丹青巧，重货洛阳师。
千金买蝉鬓，百万写蛾眉。

今朝犹汉地，明旦入胡关。
高堂歌吹远，游子梦中还。[②]

历代女诗人都对王昭君情有独钟，刘、沈之作是现存诗歌中最早咏叹昭君的女性作品。

也有的诗人把谴责毛延寿丑图与同情昭君远嫁两者结合起来。如梁简文帝萧纲《明君词》：

玉艳光瑶质，金钿婉黛红。
一去葡萄观，长别披香宫。
秋檐照汉月，愁帐入胡风。

① 本诗见《先秦汉魏晋南北朝诗·梁诗》卷十八，第2129页。

② 同上，卷二十，第2132页。

妙工偏见诋，无由情恨通。[1]

萧纲是南朝宫体诗的代表性人物，此诗自然也具有宫体诗的普遍性特点。文学史上向来对宫体诗评价不高，但是，由于王昭君曾经历数年宫中生活，用宫体诗写王昭君有真实性、合理性的一面。“妙工偏见诋，无由情恨通”二句，委婉地慨叹王昭君受人诋毁丑化，竟然没有机会与皇帝沟通。这种慨叹，出自一位皇帝之口，也属难能可贵了。联想到萧纲“养德”东宫时，也曾经长期受到权臣朱异的压抑，不能够劝说父皇“黜邪进善”，他的这种感觉与昭君是相通的。由此可见，宫体诗也不见得都是没有深刻内容的淫靡之作。

南朝另一位亡国皇帝陈叔宝也写有《昭君怨》：

图形汉宫里，遥聘单于庭。
狼山聚云暗，龙沙飞雪轻。
笳吟度陇咽，笛转出关鸣。
啼妆寒叶下，愁眉塞月生。
只余马上曲，犹作别时声。[2]

① 本诗见《先秦汉魏晋南北朝诗·梁诗》卷二十，第1913页。

② 本诗见《先秦汉魏晋南北朝诗·陈诗》卷四，第25页。题下注：“《文苑》云，一作《明君词》。”

这首诗的思想内容显然没有萧纲之作厚重，但取象丰富，对偶工整，流转自然，有其长处。

南北朝昭君诗名家名作不少，但其内容大多为同情昭君离家远嫁、思乡念亲，或者责备毛延寿丑图，总体风格怨而不怒，含蓄蕴藉。由于大多篇幅短小，容量有限，抒情叙事比较简略。

到了隋朝，情况有了变化。请看薛道衡《昭君辞》：

我本良家子，充选入椒庭。
不蒙女史进，更失画师情。
蛾眉非本质，蝉鬓改真形。
专由妾薄命，误使君恩轻。
啼沾渭桥路，叹别长安城。
夜依寒草宿，朝逐转蓬征。
却望关山回，前瞻沙漠平。
胡风带秋月，嘶马杂笳声，
毛裘易罗绮，毡帐代金屏。
自知莲脸歇，羞看菱镜明。
钗落终应弃，髻解不须萦。
何用单于重，讵假阏氏名。
驮騠聊强食，筒酒未能倾。
心随故乡断，愁逐塞云生。

汉宫如有忆，为视旄头星。[1]

这篇长诗以第一人称叙述昭君经历和内心感情。开头两句“我本良家子，充选入椒庭”明显模仿石崇《王明君辞》，但是其思想倾向却与石崇之作不同，甚至可说是纠正石崇偏颇的。石崇感叹昭君嫁给“殊类”，比之为“粪上英”；薛道衡却指出，昭君委屈自己，远嫁异乡，是为了承担起阻止战争的重任。诗中回顾昭君“不蒙女史进，更失画师情”，直到远嫁塞外，“心随故乡断，愁逐塞云生”，似乎并无多少新意。然而突然“曲终奏雅”，末尾两句点出主题：“汉宫如有忆，为视旄头星。”旄头星又称昴星，《史记·天官书》：“昴曰旄头。”古人认为旄头星主战争，旄头星如果特别亮，就要爆发战争。这两句说，汉宫里的皇帝或者官员、宫女们如果能够想念昭君，就请他们注意观察旄头星吧。每当他们看到旄头星不再明亮，就应该想到，那是因为昭君而消弭了战争和争端。诗人含蓄而又深情地肯定了昭君牺牲自己，完成和平使命的高尚情操。把“旄头星”意象引入昭君诗，以此赞美昭君止战之功，是此诗的一大亮点。

隋朝时间虽短，但昭君诗开始向更深刻、更广泛的主题发展，为唐代昭君诗的繁荣奠定了基础。

---

① 本诗见《先秦汉魏晋南北朝诗·隋诗》卷四，第2680页。

第二节　唐代百花齐放的昭君诗

唐代是昭君诗全面繁荣的第一个高峰，其特点是参与创作的作家多、层次高；留存至今的作品不但数量多，而且内容广泛、主题多样，在许多方面有了新的开拓；以变文、安雅为代表的民间文学体裁在社会上具有重要影响。从主题倾向来划分，大体有以下几类。

一、继承南北朝思乡主题，但又有新的拓展

唐代昭君诗继承了魏晋南北朝思乡的主题，但是又向两个方面延伸，一个方面是爱国，另一个方面是忠君。其实，思乡、爱国、忠君在古代有着天然的联系，一个人生于斯，长于斯，对于这片土地、这里的人民自然生出感情，一旦离开，便生思念，此谓思乡之情；故乡的土地、故乡的人们是祖国的一部分，由思乡自然生出爱国之情；在古代，国君既是祖国土地和人民的统治者，又是他们的总代表，很多情况下，国和君不容易分开，忠君与爱国便有了紧密联系。特别是对于王昭君来说，三者更难分开：自请出塞，出于爱国情怀；思念长江和长安，当然是思乡之情；再加上真实的或人们虚构的她与汉元帝的感情纠葛，说是忠君，亦无不可。因此很多古代诗词在咏唱昭君时便把三

者混在一起了。

储光羲《明妃曲》四首，写昭君塞外生活，可以说把昭君的思乡、爱国、忠君之情做了全面抒发：

西行陇上泣胡天，南向云中指渭川。
毳幕夜来时宛转，何由得似汉王边。

胡王知妾不胜悲，乐府皆传汉国辞。
朝来马上箜篌引，稍似宫中闲夜时。

日暮惊沙乱雪飞，傍人相劝易罗衣。
强来前殿看歌舞，共待单于夜猎归。

彩骑双双引宝车，羌笛两两奏胡笳。
若为别得横桥[①]路，莫隐宫中玉树花。[②]

初唐著名宰相上官仪在诗歌领域影响颇大，开创了以“绮错婉媚”为特色的“上官体”诗风。他的五言诗《王昭君》说：

玉关春色晚，金河路几千。

① 横桥：秦汉时长安城北渭水河上的一座古桥。

② 本诗见《全唐诗》，第1419页。

琴悲桂条上，笛怨柳花前。
雾掩临妆月，风惊入鬓蝉。
缄书待还使，泪尽白云天。[①]

本诗主题是思乡，也包含爱国、忠君因素。类似的作品很多，如董思恭《昭君怨》二首之一：

新年犹尚小，那堪远聘秦。
裾衫沾马汗，眉黛染胡尘。
举眼无相识，路逢皆异人。
唯有梅将李，犹带故乡春。[②]

骆宾王《王昭君》（一作《昭君怨》）：

敛容辞豹尾[③]，缄恨度龙鳞[④]。
金钿明汉月，玉筯染胡尘。
古镜菱花暗，愁眉柳叶颦。

---

① 本诗见《全唐诗》，第507页。

② 同上，第742页。

③ 豹尾：天子属车上的饰物，悬于最后一车。故借指天子属车，又称豹尾车。

④ 龙鳞：形容水的波纹。

唯有清笳曲，时闻芳树春。[①]

孟浩然《凉州词》：

浑城紫檀金屑文，作得琵琶声入云。
胡地迢迢三万里，那堪马上送明君。[②]

杜牧的《青冢》：

青冢前头陇水流，燕支山上暮云秋。
蛾眉一坠穷泉路，夜夜孤魂月下愁。[③]

这些诗中都是既有思乡之情，又含爱国、忠君之意。

王偃的《明君词》把思乡与爱国紧密相连，更突出了昭君的爱国情怀：

北望单于日半斜，明君马上泣胡沙。
一双泪滴黄河水，应得东流入汉家。[④]

---

① 本诗见《全唐诗》，第840页。

② 同上，第1668页。

③ 同上，第6010页。

④ 同上，第8768页。

前举许多诗人在昭君诗中把爱国与忠君混在一起，其实这是两个截然不同的问题。爱国是对祖国大地和人民以及与之有关的事物的感情；忠君是对皇帝一人，至多是包括其一家一姓的愚忠，二者岂能画等号？对此，卢照邻的思路非常清晰。卢照邻是“初唐四杰”之一，他的《昭君怨》与上官仪《王昭君》比较，更为清新刚健：

合殿恩中绝，交河[①]使渐稀。
肝肠辞玉辇，形影向金微[②]。
汉地草应绿，胡庭沙正飞。
愿逐三秋雁，年年一度归。[③]

诗的开头就说皇帝对昭君的恩德中途就被阻碍、断绝，实际是说皇帝对昭君谈不上有什么恩德。而昭君出塞不久，汉朝派到匈奴的使者便越来越少了，可见边塞一旦和平，皇帝就忘记为国家出塞的忠义之士了。昭君回顾自己当年辞别汉宫时肝肠寸

---

① 交河：在今新疆吐鲁番市，此地有交河故城遗址，唐初安西都护府曾经设在此城。

② 金微：古代山名，即今阿尔泰山。东汉和帝永元二年（公元90年），汉军曾经在此歼灭北匈奴单于主力八千余骑，斩其阏氏。

③ 本诗见《全唐诗》，第523页。

断，形单影只地走到匈奴牙帐，默默地思念故乡。春天来了，汉地的草应该一片嫩绿了，而胡地单于庭仍然是黄沙纷飞。昭君真想追随着三秋的大雁，年年一度回归汉朝。全诗主要抒发昭君思乡、爱国之情，同时讽刺皇帝，与忠君之词大唱反调。这首诗尊重历史，褒贬分明，属对工整，音韵和谐，是脍炙人口的名作。

二、指斥毛延寿丑图

唐代昭君诗中仍然有许多指斥毛延寿之作，而且更多地融入了个人遭遇和世事感慨。如郭震《王昭君》之二："思从漠南猎，一见汉家尘。"写昭君出猎漠南，只为看一看汉朝的边境尘土。之三写：

闻有南河信，传言杀画师。
始知君念重，更肯惜蛾眉。①

崔国辅《王昭君》(一作《吟叹曲》)之二：

一回望月一回悲，望月月移人不移。
何时得见汉朝使，为妾传书斩画师。②

---

① 本诗见《全唐诗》，第757页。

② 同上，第1205页。

常建《昭君墓》：

汉宫岂不死？异域伤独没。
万里驮黄金，蛾眉为枯骨。
回车夜出塞，立马皆不发。
共恨丹青人，坟上哭明月。[①]

施肩吾《昭君怨》：

马上徒劳别恨深，总缘如玉不输金。
已知贱妾无归日，空荷君王有悔心。[②]

此类主题中，以李商隐《王昭君》写得最好，对毛延寿的批判最为深刻：

毛延寿画欲通神，忍为黄金不顾人。
马上琵琶行万里，汉宫长有隔生春。[③]

① 本诗见《全唐诗》，第1460页。
② 同上，第5608页。
③ 同上，第6209页。

首句表面上赞叹毛延寿画技杰出，形神毕肖，堪称神笔，深层意思是讽刺毛延寿信奉的人生原则是“钱可通神”。下句接着用一个“忍”字，指斥他竟然能够忍心只为黄金，不顾人的生存和命运，对毛延寿的鄙夷和不屑被抒发得淋漓尽致。末尾两句用昭君的志向远大反衬毛延寿的阴暗渺小。昭君虽然因为毛延寿的陷害“马上琵琶行万里”，但是因祸得福，美名长存，即使在她死后多年，汉宫仍然长期保存、记忆着她生前的美丽形象。“隔生”，即隔世，唐王建《渡辽水》:“来时父母知隔生，重著衣裳如送死。”“春”，此指“春风面”，即美丽的面容。杜甫《咏怀古迹》“画图省识春风面”，也以此形容昭君的美貌。

三、赞美昭君对和平事业的贡献

张仲素在群星闪耀的唐代虽然并不是特别著名的诗人，但是他的一首《王昭君》在古代昭君诗中确实是最优秀的作品之一。近三十年来，笔者多次在不同场合揄扬此诗，认为这是古代诗人对昭君出塞最恰当的评价：

仙娥今下嫁，骄子自同和。
剑戟归田尽，牛羊绕塞多。[1]

---

① 本诗见《全唐诗》，第4137页。

诗中把王昭君比作天上的仙女下嫁人间，既描绘出昭君仙女般的美貌，又突出她肩负着上天赋予的和平使命。“骄子”指呼韩邪单于。匈奴自称“天之骄子”，诗人以此称赞呼韩邪单于，足见对匈奴的尊重，大大不同于封建时代大多数文人歧视少数民族的观念。接下来“自同和”突出一个“自”字，强调匈奴与汉朝停止战争，实现和平，“奉正朔”内附，完全是自觉自愿的选择。后两句热情洋溢地描绘汉朝和匈奴实现和平之后的美好场景：所有的刀枪剑戟统统熔铸为犁杖，用于耕田；过去长城内外的辽阔战场变成了牛羊满坡的牧场；汉朝和匈奴的百姓终于过上和平安宁的生活。张仲素，字绘之，符离（今安徽省宿州市北）人，贞元十四年（公元798年）进士，宪宗时为翰林学士，终中书舍人。他善于写边塞诗和思妇诗，如《塞下曲》，塑造了一位“三戍渔阳再渡辽，骍弓在臂剑横腰”的勇敢、威武的战士形象。《秋夜曲》：“丁丁漏水夜何长，漫漫轻云露月光。秋逼暗虫通夕响，征衣未寄莫飞霜。”这位思妇在孤寂的长夜中彻夜难眠，秋天来临，蟋蟀等秋虫在暗处通夜不停地鸣叫，思妇默默地祈祷：在征衣还没有寄到边关丈夫手里时，千万不要降下霜雪。一个“逼”字用得非常生动。正是由于张仲素对戍边战士与他们的妻子眷属的了解和同情，他才更了解战争的残酷，更能够体会和平的可贵，也更能客观地评价昭君出塞的贡献。

唐代许多诗人高度肯定昭君对和平的贡献，赞颂昭君为保卫祖国安宁而献身。如汪遵的《昭君》：

汉家天子镇寰瀛，塞北羌胡未罢兵。
猛将谋臣徒自贵，蛾眉一笑塞尘清。[①]

汪遵出身贫寒，了解下层民众的生活和思想，其诗多为咏史怀古之作。他对古人的评价往往有独到之处。这首诗评价昭君，主要采用对比手法。汉家天子君临天下，威震四海，但是塞北匈奴（羌胡，代指匈奴）并不买账，从秦始皇到汉武帝，一百多年来不断出征匈奴，却始终不能以武力取得胜利。那些自以为在战争中立功的猛将谋臣白白享受着国家的爵禄，过着富贵生活，其实他们的功劳与昭君相比简直微不足道。诗中“蛾眉”比喻美丽的昭君，她用真诚的、平等的、和睦的婚姻和爱情，在微微一笑之中便实现了数代人渴望的和平，荡涤了一百多年来边塞的战争烟尘。

崔涂一生颠沛流离，曾经凭吊昭君村，写下了《过昭君故宅》：

以色静胡尘，名还异众嫔。
免劳征战力，无愧绮罗身。
骨竟埋青冢，魂应怨画人。

① 本诗见《全唐诗》，第6960页。

不堪逢旧宅，寥落对江滨！[1]

诗中称赞昭君以一个弱女子平息汉朝和匈奴的战争，她的美名远远超过历史上的众多著名嫔妃。肯定她的出塞使得无数百姓免除了征战之苦，不愧为女中豪杰。然而她的尸骨远葬青冢，她的旧宅孤寂破败地遥对长江，引起诗人无限感叹。

王昭君是中国古代四大美女之一，后代有许多咏叹她们的作品。张蠙是最早把昭君与杨贵妃做对比的诗人，其《青冢》诗说：

倾国可能胜效国，无劳冥寞更思回。
太真虽是承恩死，只作飞尘向马嵬。

人们一般认为，像王昭君这样美貌的女子都是倾国倾城的祸水，可是昭君出塞的贡献却远远胜过报效祖国的猛将谋臣，所以昭君默默地安息在青冢吧，不必再想着返回汉朝的事。对比杨贵妃，虽然她生前享受了皇帝的无数宠爱，但是她的一生却轻如鸿毛，就像马嵬坡前一粒渺小的飞尘。

还有一些诗人从人生命运的角度，称赞昭君能够在关键时刻做出正确选择。如王睿《解昭君怨》，题目就别具一格，《昭

① 本诗见《全唐诗》，第7773页。

君怨》本是古曲，作者要唱反调，要解开此怨，解构此怨：

莫怨工人丑画身，莫嫌明主遣和亲。
当时若不嫁胡虏，只是宫中一舞人。[①]

作者劝昭君不要怨恨毛延寿丑图，如果没有毛延寿，可能她还下不了自请出塞的决心；也不要怨恨汉元帝，皇帝派遣她出塞，正是"明主"的表现。昭君应该庆幸自己抓住了机会，主动报名请求和亲，这才能够当上匈奴阏氏，能够为和平出力，能够青史留名，否则一生也不过是汉宫中普普通通的舞女而已。诗人说出了一个人生道理：在人生道路上会发生很多事情，我们不要怨天，不要怨地，只要抓住机会，做出正确选择，就会改变命运。昭君为我们做出了榜样。

四、争论和亲政策的得失

和亲是缓解不同国家、民族、利益集团之间矛盾的重要手段，在中外历史上都是经常发生的政治现象。对于和亲一直有各种不同意见的争论。对昭君出塞同样有着不同评价（这种不同评价，主要针对决策者；对于昭君本人，大家都没有批评，而是一致同情、赞美）。东方虬《昭君怨》之一认为根本不需要

① 本诗见《全唐诗》，第5743页。

昭君和亲，因为当时汉朝实力强大，猛将众多，完全可以依靠武力解决问题：

汉道方全盛，朝廷足武臣。
何须薄命妾，辛苦事和亲。①

同样反对和亲的诗人还有不少，如戎昱《咏史》(一作《和蕃》)：

汉家青史上，计拙是和亲。
社稷依明主，安危托妇人。
岂能将玉貌，便拟静胡尘！
地下千年骨，谁为辅佐臣？②

苏郁《咏和亲》(一作《和戎》)：

关月夜悬青冢镜，寒云秋薄汉宫罗。
君王莫信和亲策，生得胡雏虏更多。③

---

① 本诗见《全唐诗》，第1075页。

② 同上，第3011页。

③ 同上，第5361页。

这是从人口学角度反对和亲。张祜《昭君怨》之二，也反对和亲：

汉庭无大议，戎虏几先和。
莫羡倾城色，昭君恨最多。①

他认为匈奴已经有了求和的先兆，汉朝没有必要派昭君和亲。李咸用《昭君》则认为只要皇帝修文德，蛮夷就不敢侵犯，靠美貌女子不可能扭转虎狼之心：

古帝修文德，蛮夷莫敢侵。
不知桃李貌，能转虎狼心。
日暮边风急，程遥碛雪深。
千秋青冢骨，留怨在胡琴。②

还有胡曾《汉宫》：

明妃远嫁泣西风，玉筋双垂出汉宫。
何事将军封万户，却令红粉为和戎！③

---

① 本诗见《全唐诗》，第5834页。

② 同上，第7388页。

③ 同上，第7424页。

徐夤《明妃》：

不用牵心恨画工，帝家无策及边戎。
香魂若得升明月，夜夜还应照汉宫。[①]

李中《王昭君》：

蛾眉翻自累，万里陷穷边。
滴泪胡风起，宽心汉月圆。
飞尘长翳日，白草自连天。
谁贡和亲策，千秋污简编！[②]

这些反对昭君和亲的诗作，大多不了解昭君出塞的时代背景和明显效果，有的囿于书生之见，迂腐可笑；有的空谈国威、君威，不管民众利益。其实绝大多数昭君诗是认为昭君出塞对国家、人民具有重大意义的，例如赞美昭君一类诗作，在此不一一列举。

五、借题发挥，抒发人生感慨

历代咏唱昭君的诗人大多数是借题发挥，结合自身遭遇或社会现象抒发人生感慨，只不过有的明显、有的隐晦而已。唐

① 本诗见《全唐诗》，第8187页。

② 同上，第8534页。

代诗人也是如此，李白、杜甫、白居易已经做出榜样，其他诗人也不甘落后。如刘长卿《王昭君歌》：

自矜娇艳色，不顾丹青人。
那知粉绘能相负，却使容华翻误身。
上马辞君嫁骄虏，玉颜对人啼不语。
北风雁急浮云秋，万里独见黄河流。
纤腰不复汉宫宠，双蛾长向胡天愁。
琵琶弦中苦调多，萧萧羌笛声相和。
谁怜一曲传乐府，能使千秋伤绮罗！[①]

周昙《毛延寿》：

不拔金钗赂汉臣，徒嗟玉艳委胡尘。
能知货贿移妍丑，岂独丹青画美人。[②]

末尾两句概括了无数毛延寿丑图之类的社会现象，表达了作者的愤慨和无奈。像这样的作品还有很多。

---

① 本诗见《全唐诗》，第1579页。

② 同上，第8354页。

第三节　李白、杜甫、白居易的昭君诗

李白、杜甫、白居易是唐代，也是中国古代知名度最高的三位大诗人，他们都创作了昭君题材诗歌，不但在唐代影响很大，而且在某种程度上成为古代昭君诗的典范，后代仿作、应和特别多，因此有必要单设一节介绍他们的佳作。

一、李白："生乏黄金枉图画，死留青冢使人嗟"

唐代大诗人李白有两首《王昭君》。其一为五绝：

昭君拂玉鞍，上马啼红颜。
今日汉宫人，明朝胡地妾。[①]

这首诗从思想内容上看无大新意，艺术上却语短情长、言近旨远，短短四句二十字，把远嫁之悲写得入木三分。"今日"与"明朝"，"汉宫人"与"胡地妾"，对仗工整，对比鲜明，引人无限遐思。其二为古体：

① 本诗见《青冢志》卷四，第17页。《全唐诗》，第1691页，"红颜"作"红颊"。

汉家秦地月，流影照明妃。
一上玉关道，天涯去不归。
汉月还从东海出，明妃西嫁无来日。
燕支长寒雪作花，娥眉憔悴没胡沙。
生乏黄金枉图画，死留青冢使人嗟！[①]

这首诗描写昭君在故乡明月的照映下孤寂地上路了，更可悲的是这一走就远到天涯，永无归期。这首诗音节流畅，辞藻华美。以明月比人，形象鲜明，情深意切。昭君的美丽、孤寂、悲哀都刻画得生动入微。末四句则以愤慨的心情，反复嗟叹，对贫穷而又有志气的昭君表示了无限同情，并从人生哲理的高度发出感叹，对封建社会美丑颠倒、埋没人才表示了愤慨。

李白还有一首《于阗采花》，也是脍炙人口的名作：

于阗采花人[②]，自言花相似。
明妃一朝西入胡，胡中美女多羞死。
乃知汉地多明姝，胡中无花可方比。
丹青能令丑者妍，无盐[③]翻在深宫里。

---

① 本诗见《全唐诗》，第1691页。

② 于阗：汉代西域国名，在今新疆和田一带。

③ 无盐：传说中齐国无盐地方有个丑女，名叫钟离春，齐宣王娶她为王后。后来“无盐”成了丑女的代名词。

自古妒蛾眉，胡沙埋皓齿。[1]

诗的前半部分以极度夸张的手法，描写出昭君非同寻常的美貌。于阗的美女自比鲜花，何等自信。然而昭君一入胡，“胡地美女多羞死”，连可与昭君相媲美的鲜花也找不到。人与花相比，胡地与汉地相比，昭君与胡地美女和胡地鲜花相比，比中用比，比中套比，参差巧妙，表现出王昭君的美貌确实是无与伦比的。虽然其中透出一些重汉轻胡的民族偏见，但总的看非常新颖，把昭君的美貌写到无以复加。诗的后半部分才显露主旨：像昭君这样旷古绝世的美女本来应当有幸福的生活，然而事实却恰恰相反，画工的陷害，使丑者变美、美者变丑，著名的丑女无盐反而高踞深宫，美丽的昭君却埋没胡沙。诗人极为感叹地唱出“丹青能令丑者妍，无盐翻在深宫里”“自古妒蛾眉，胡沙埋皓齿”这样的千古名句，以极为愤怒的心情，谴责了美丑不分、黑白颠倒、黄钟毁弃、瓦釜雷鸣的社会现实。诗作既熔铸了对历史和现实的深广忧愤，揭示了这种黑暗现象源远流长，是封建社会的普遍现象，又寄托着诗人对自己遭遇的愤懑不平。

二、杜甫：“一去紫台连朔漠，独留青冢向黄昏”

唐代另一位大诗人杜甫写了《咏怀古迹五首》，其中第三

① 本诗见《全唐诗》，第1690页。

首《咏昭君村》含蓄蕴藉、语短情长，广泛流传后世，被人广泛引用：

群山万壑赴荆门，[①] 生长明妃尚有村。
一去紫台连朔漠，[②] 独留青冢向黄昏。
画图省识春风面，[③] 环佩空归月夜魂。
千载琵琶作胡语，分明怨恨曲中论。[④]

首联从凭吊昭君村谈起，实际强调的是昭君出身于民间。第三句写她生离祖国，远嫁单于，一个“连”字，暗含昭君一身承担维持汉朝和匈奴和平关系的重任。第四句写她为此重任终老异乡，至死不能归来，从而极为简练地概括了昭君一生事迹，并用紫台、朔漠、青冢、黄昏渲染出一片哀怨气氛，意境深远，形象鲜明，寄托着对昭君无限的同情。“画图”句明显讽刺皇帝昏聩糊涂，所谓“省识”正是“不省”的反语（用浦起龙《读杜心解》说）。第六句尤为深刻有力，诗人借助浪漫主义手法，

---

①赴：奔向。因群山绵亘，势如奔走，所以用了“赴”字。此句是形容昭君故乡附近群山环绕的情景。荆门：山名，在今湖北省宜昌市枝城镇境内。

②去：离开。紫台：紫宫。古人以紫微星垣像皇帝所居之处，故皇宫又称紫禁、紫宫，这里指汉宫。朔漠：北方的沙漠，指匈奴地区。

③省识：察看。春风面：指昭君姿容美好宜人，像春风一样。

④论：音“伦”，倾诉之义。本诗见《全唐诗》，第2510页。

想象昭君魂魄月夜归来，却只听到自己的环佩叮当作响，周围空寂无人。昭君是眷恋祖国的，即使死后魂魄也要归来，然而皇帝是昏瞀无情的，她的魂魄归来后又能向谁倾诉呢？谁又是她的知音呢？所以才用了“空归”二字。这种神话般的意境，深远凄凉，余味无穷，极有韵致，从而使下句寄托在琵琶曲中的怨恨内涵更为丰富和深广。末四句表面写昭君，实际上透出作者对最高统治者的深刻不满。全诗风流摇曳，委婉曲折地描绘了昭君生前寥落、死后悲凉的情境，进而批判了皇帝的昏庸，其中也寄托着诗人一生漂泊流离的凄苦身世，是诗人遭际坎坷的写照。

三、白居易：“自是君恩薄如纸，不须一向恨丹青”

自“安史之乱”后，唐朝国力转衰，内部分裂，藩镇割据，中原地区一直受到北方民族的侵扰或威胁，而割据势力中也有内附的北方少数民族，所以自杜甫以后的诗人们，对于和亲的态度大多是反对和斥责，其中最有代表性的是白居易的昭君诗作。白居易一生中先后写过五首吟咏昭君的诗，前二首题为《王昭君》：

满面胡沙满鬓风，眉销殊黛脸销红。[①]
愁苦辛勤憔悴尽，如今却似画图中。

① 销：消退。殊黛：特别姣好的眉色。

汉使却回凭寄语，黄金何日赎娥眉？
君王欲问妾颜色，莫道不如宫里时。[1]

第一首诗着意描绘昭君在塞外生活艰苦，满面风沙，愁苦憔悴，昔日红颜，消磨殆尽，对她的辛勤和愁苦表示同情。第二首以昭君的口气，突出而委婉地写她对国君的殷切依恋，她把自己比为被匈奴掳去的人质，希望汉使回去，传语皇帝，早日为她用黄金赎身。其实，昭君乃自请出塞，并非被掳，何来黄金赎身之说？作者还写昭君既希望汉朝皇帝赎她回去，又担心皇帝嫌她色衰容改，不得宠幸。这不但不合昭君本意，而且思想境界也很庸俗浅薄。然而由于此诗宣扬忠君，符合“怨而不怒”“含蓄蕴藉”的诗教，所以一直受到封建文人的高度评价。

白居易这两首诗写于贞元四年（公元788年）他十七岁之时，那时他对昭君史实掌握不全面、不准确，又受了封建正统的教育，且涉世不深。待到中年以后，白居易写下了与前两首诗迥然不同的三首昭君诗作。其中一首题为《昭君怨》：

明妃风貌最娉婷[2]，合在椒房应四星。[3]

---

① 本诗见《全唐诗》，第4858页。

② 娉婷：形容妇女姿态美好。

③ 合：应当。椒房：指后妃所居宫殿。应四星：古人认为天象与人事相应，四星是后妃的星象。此句说昭君本应做皇帝的后妃。

只得当年备宫掖，何曾专夜奉帏屏。[①]
见疏从道迷图画，[②]知屈那教配虏庭。
自是君恩薄如纸，不须一向恨丹青。[③]

这首诗约写于元和十年（公元815年）前后，诗人被贬江州司马任上，时年已四十多岁。诗中先写昭君容貌绝世，本应在宫中受到宠爱，然而她却只能备位待诏，根本没有受到皇帝一夜的恩宠。作者指责汉元帝，虽然说因受图画欺瞒而疏远昭君，但后来明明知道昭君受了委屈，为什么还让她远嫁匈奴呢？作者最后激愤地说："君恩本来就像纸一样薄，所以也不必一味怨恨画工了。"言简意赅，一语中的。皇帝昏庸糊涂、不辨妍媸、刻薄寡恩、无情无义，才是昭君悲剧的罪魁祸首，相比之下，画工的罪行几乎可以忽略不计。这首诗寓意深刻，对历来的昭君诗作有所突破，把批判的矛头集中指向皇帝，立意高远，感情充沛，含蓄蕴藉，显然是借题发挥，别有寄托。它从根本上与前两首诗是对立的。

另一首是《过昭君村》，题下有小注："村在归州东北四十里。"可见此诗是白居易路过昭君村时，深有所感之作。

---

① 专夜：指受皇帝特别宠爱，独占恩幸。帏屏：帐幔和屏风，代指皇帝的寝宫。

② 见疏：被疏远。从道：纵道，纵然说。

③ 本诗见《全唐诗》，第4895页。

灵珠[①]产无种，彩云出无根。
亦如彼姝子[②]，生此遐陋[③]村。
至丽物难掩，遽[④]选入君门。
独美众所嫉，终弃出塞垣。
唯此希代色，岂无一顾[⑤]恩？
事排势须去，不得由至尊。
白黑既可变，丹青何足论？
竟埋代北[⑥]骨，不返巴东[⑦]魂。
惨淡晚云水，依稀旧乡园。
妍姿化已久，但有村名存。
村中有遗老，指点为我言。
不取往者戒，恐贻[⑧]来者冤。

---

①灵珠：即灵蛇珠。传说隋侯救了 条大蛇，大蛇就从江中衔出大夜明珠来报答他。这里用珍奇的明珠比喻昭君。下句中的“彩云”也是比昭君的。

②姝子：美丽的女子。

③遐陋：荒远简陋。

④遽：急速、仓促。

⑤顾：回头看。

⑥代：指今山西、河北北部地区。代北，指匈奴地区。

⑦巴东：三国、晋、隋初有巴东郡，在今四川奉节东。这里指昭君的故乡。

⑧贻：遗留。

至今村女面，烧灼成瘢痕。[①]

作者路过昭君村，浮想联翩，先描绘昭君像灵珠、彩云一般美丽，再写她入宫后被众美嫉妒，终于被排挤到塞外。作者认为毛延寿图画陷害并不是主要的，众美嫉妒人才才是昭君出塞的根本原因，在众口一词的诽谤之下，连皇帝也没有办法。很明显，作者在这里已经离开了昭君本身，在借题抒发对朝政的不满，揭露当时朝廷众多的奸佞之臣排挤、打击、陷害有才能的忠良之士。诗中最后写昭君已经逝世多年，埋骨塞外，但她家乡的人仍然对这种“才高多妒”的冷酷现实心有余悸，所以至今昭君村里的姑娘们都生怕自己生得太美，受人嫉妒，宁可在脸上“烧灼成瘢痕”，也要避免昭君那样的命运。诗人借昭君村里的传闻，控诉封建社会的黑暗，控诉封建统治阶级压抑、排挤、打击人才，是有极为深刻的现实意义的。

白居易还有一首题为《青冢》的诗，可能是诗人亲至塞外，凭吊昭君墓后所作：

上有饥鹰号，下有枯蓬走。
茫茫边雪里，一掬沙培塿[②]。
传是昭君墓，埋闭蛾眉久。

① 本诗见《全唐诗》，第4797页。

② 一掬：一捧。培塿：土堆。

凝脂[1]化为泥，铅黛[2]复何有？
唯有阴怨气，时生坟左右。
郁郁如苦雾，不随骨销朽。
妇人无他才，荣枯系妍否。[3]
何乃明妃命，独悬画工手。
丹青一诖[4]误，白黑相纷纠，
遂使君眼中，西施作嫫母[5]。
同侪[6]倾宠幸，异类为配偶。
祸福安可知，美颜不如丑。
何言一时事，可戒千年后。
特报后来姝，不须倚眉首[7]。
无辞插荆钗，嫁作贫家妇，
不见青冢上，行人为浇酒。[8]

诗中极力描写青冢的凄凉破败景象：饥鹰号叫，枯蓬遍地，茫

---

① 凝脂：形容妇女洁白柔嫩的皮肤。
② 铅黛：铅粉和青黑色的颜料，是古代妇女敷面和画眉用的化妆用品。
③ “妇人”句：这句是说妇女命运好坏，全在于长得美不美。
④ 诖：被牵连而得罪。这里指错误。
⑤ 嫫母：古代传说中的丑妇。
⑥ 同侪：同辈，同类的人。
⑦ 倚眉首：依仗容貌。
⑧ 本诗见《全唐诗》，第4688页。

茫大雪，青冢看上去不过是一捧沙土堆，渲染出一种浓郁的悲凉氛围。然后就昭君的命运大发感慨：仅仅由于一个画工的陷害，就使黑白颠倒、美丑变异。在国君眼里，美丽的西施变作丑陋无比的嫫母，其中包含着对奸臣的愤慨和对昏君的谴责。当然，“异类”等词表示着对少数民族的歧视，应当摒弃。作者激愤地写道：“祸福安可知，美颜不如丑。”这种愤怒的反语，正是对当时黑暗政治的强烈控诉。诗的最后借昭君的遭遇劝诫后人，宁可荆钗布衣，“嫁作贫家妇”，也不要倚仗美貌多才，希图去邀得君王宠幸。这正是诗人晚年在政治环境日益险恶的情况下，为避免党争之祸而以“乐天知命”“知足不辱”来“明哲保身”的体现。

回顾白居易的五首昭君诗，由青少年时期的忠君、恋君，到中年的揭露昏君佞臣，再到晚年的逃避黑暗政治，明显地勾勒出他一生思想发展变化的轨迹。说明他在经历宦海沉浮之后，洞悉了朝廷的黑暗、国君的昏庸和封建道德的虚伪，对“君恩浩荡”的迷恋已经比较清醒，体会到了“君恩薄如纸”“伴君如伴虎”的滋味，所以才有对昭君故事的全新认识。当然，他并没有认识到昭君出塞的积极意义，也没有真正与昏君决裂，这是时代的局限，不可苛求古人。由此可见，同一题材在同一作者的笔下，由于思想认识和环境、情绪的变化，也可产生不同主题的作品。

第三章　汉恩自浅胡自深，人生乐在相知心
——宋代昭君诗词的深化和拓展

第一节　围绕王安石《明妃曲》的唱和、辩论及其启示

自西汉元帝竟宁元年（公元前33年）王昭君自请出塞和亲以来，历代歌咏她的诗词不绝如缕。宋代以前的咏昭君作品，大多是同情昭君，悲其远嫁，如托名昭君自伤之作的《怨旷思惟歌》；有的斥责毛延寿丑化昭君，贪污受贿，颠倒黑白，如李白《于阗采花》、杜甫《咏昭君村》；有的感叹皇帝昏庸，君恩浅薄，如白居易《昭君怨》；还有的具有强烈的民族歧视色彩，如石崇《王明君辞》。[1]宋代的咏昭君诗词，以王安石为代表，达到了新的高度。

一、正确解读王安石的《明妃曲》

宋代著名政治家、文学家王安石，被列宁称为“中国十一

---

① 林幹、马冀：《民族友好使者——王昭君》第二章，内蒙古人民出版社，1994年。

世纪时的改革家”。他不但在政治上力求改革，而且在文学上也具有大胆的革新精神。传统的历史题材，他都立意翻新，除其旧套。在宋仁宗嘉祐四年（公元1059年）三十九岁时，他写下了两首《明妃曲》。上年二月，王安石自知常州，移提点江东刑狱，入为度支判官。嘉祐三年（公元1058年）正是王安石给仁宗上万言书，主张变法改革的那一年。可惜仁宗暮气沉沉，对此置之不理。王安石变法建议被搁置，政治上倍感失意，次年便写下了这两首诗，这两首诗也成为他的代表作。这两首诗一出，在当时便引起轰动，欧阳修、司马光、梅尧臣、曾巩等名家纷纷唱和。黄山谷特为题跋，说："荆公（王安石）作此篇，可与李翰林（李白）、王右丞（王维）并驱争先矣。"[①] 但后代的诗评家看法并不一致，于是聚讼纷纭，至今还有人为此争论不休。笔者拟在正确解读文本的基础上，提出自己的看法。让我们先看这两首诗的内容。

其一：

明妃初出汉宫时，泪湿春风鬓脚垂。[②]
低徊顾影无颜色，尚得君王不自持。[③]

---

①〔宋〕黄庭坚：《山谷题跋》卷二，上海远东出版社，1999年。

② 春风：即春风面。此句形容昭君美好的面容和鬓发都被泪水沾湿了。

③ 低徊：徘徊留恋，行动迟缓。顾影：看着自己的影子。无颜色：脸上失去美丽的光彩。不自持：把握不住自己。

归来却怪丹青手，入眼平生几曾有。①
意态由来画不成，当时枉杀毛延寿。②
一去心知更不归，可怜着尽③汉宫衣。
寄声欲问塞南④事，只有年年鸿雁飞。
家人万里传消息，好在毡城⑤莫相忆。
君不见咫尺长门闭阿娇，人生失意无南北。⑥

其二：

明妃初嫁与胡儿，毡车百辆皆胡姬⑦。
含情欲说独无处，传与琵琶心自知。⑧

---

① 丹青手：指画工。入眼平生：一生所看到的。几曾：未曾。《全宋诗》张本“几”作“未”。这两句写汉元帝回宫后埋怨画工说：“一生何曾看到过这样美貌的女子！”

② 意态：指人的精神、风韵。由来：从来。枉杀：错杀。

③ 着尽：穿完了。

④ 塞南：边塞以南，指汉朝地区。

⑤ 毡城：指匈奴人所居的帐幕群。

⑥ 咫：八寸。咫尺，表示距离很近。失意：指不被了解，不被认可，不受重视。本诗见北京大学古文献研究所：《全宋诗》卷五四一，第6503页，北京大学出版社，1998年。又见《临川集》卷四，第76页；《青冢志》卷六，第41页。

⑦ 胡姬：指匈奴来迎亲的侍女。

⑧ 说：《全宋诗》张本及《青冢志》作“语”。独无处：没有地方去诉说。传与琵琶：只能把自己的心事告诉琵琶，实际是说通过琵琶诉说心曲。

黄金捍拨春风手，弹看飞鸿劝胡酒。①
汉宫侍女暗垂泪，沙上行人却②回首。
汉恩自浅胡自深，人生乐在相知心。③
可怜青冢已芜没，尚有哀弦留至今。④

这两首诗在艺术上是很成功的。第一首可冠以“辞汉思乡”的标题，着重写了三个场景：辞别汉宫，杀毛延寿，问塞南事。昭君一出场，泪湿春风，低回顾影，满含悲戚，自己也觉得“无颜色”。然而即使如此，尚且惊得“君主不自持”。写昭君的美却从她的不美之时落笔。可以想象，如果不是眼泪和悲哀消减

① 捍拨：弹琵琶时拨动弦索的工具，前加“黄金”二字是形容其精致、贵重。春风手：形容昭君手指的美好。胡酒：匈奴的酒。

② 却：反复。

③ “汉恩自浅”两句：这是昭君，也是作者经过对比得出的结论：汉帝选美入宫囚禁，轻信画工污蔑，远遣出塞和亲，自然是“恩浅”；单于殷勤求亲，隆重迎亲，劝酒宽慰，关心尊重，自然是“恩深”。人生最快乐的事就是与相互知心的人在一起，不必分胡地汉地、胡人汉人。

④ 可怜：可叹。芜没：被荒草埋没。这两句是说昭君坟墓早已被青草埋没，可是至今还有人为她弹奏哀怨的乐曲。言外之意是他们都不能真正理解昭君。这里是与那些认为昭君是悲剧命运的诗人唱反调。如李白《王昭君》：“生乏黄金枉图画，死留青冢使人嗟。”杜甫《咏怀古迹》：“千载琵琶作胡语，分明怨恨曲中论。”本诗见北京大学古文献研究所编：《全宋诗》卷五四一，第6503页，北京大学出版社，1998年。又见《临川集》卷四，第76页；《青冢志》卷六，第41页。

了她的容光，那么更该有多么动人了。这种不落窠臼的写法很可称道。接下来写汉元帝由于失去了平生从未见过的绝代美人而勃然大怒，他把愤怒一股脑儿倾倒到画师毛延寿的身上，杀掉了毛延寿。一个荒淫无耻、愠喜莫测的昏君形象，寥寥几笔就被勾勒得惟妙惟肖。接着作者轻轻一笔点出：像昭君这样的美人，“意态由来画不成”，任何时代、任何画家的传神之笔都是拙劣的、无法描绘的，所以杀掉毛延寿实在是一大冤案。这里又是不落俗套的妙笔。看似好像为毛延寿翻案，其实是醉翁之意不在酒，主要在写昭君之美和汉元帝的昏庸好色。接下来写昭君思念汉朝，穿尽了汉朝带来的衣服，还托人探问汉朝的消息。但年年鸿雁飞来，汉元帝却没有一字一句的问候，突出了汉元帝的寡恩。所以家里人给她传话说：“好好在匈奴生活吧，不要再痴想了！汉朝对你的恩是很薄的，当年阿娇（陈皇后）与汉武帝青梅竹马，备受宠爱，后来被打入冷宫，虽然与皇帝近在咫尺，也不能再见一面。可见你即使在汉朝，也还不是失意？该失意的在南在北都一样啊！”诗人借家人劝慰的决绝之词，揭露了朝廷的黑暗、宫廷的冷酷、帝王的寡恩，抒发了人生失意的感慨。

第二首诗着重写昭君的塞外生活，可以标题为“出塞之后”。从昭君出塞写到死后，紧紧抓住琵琶作为线索，贯穿全诗，写法又与第一首全然不同。它概括了昭君由失意、悲伤到在塞外寻找到自己人生的意义，寻找到自己的知心的过程。初嫁时是满腹悲怨，含情无处诉说，只能借弹琵琶自鸣心曲。后来虽与单于产生了感情，为他弹琵琶，相互劝酒，但仍然眼看飞鸿，心不在胡而在汉。这里的“飞鸿”，是化用嵇康《赠秀才入军》诗“目送归鸿，手挥五弦”的句子，意思却涉及《孟子》的“一心以为鸿鹄将至”，表示盼望飞鸿捎来故乡的消息。她的心事只有宫女知道，但又不便明言，只好暗暗垂泪。诗的最后借“沙上行人”之口劝导昭君：“汉朝皇帝自然对你恩浅，胡人自然对你恩深。古语说得好：‘乐莫乐兮心相知。’你既已得到知心人，就应该高高兴兴地留在塞外。”这实际上是王安石的独到之见。“人生乐在相知心”，语本李陵《答苏武书》：“人之相知，贵相知心。”王安石认为，昭君在匈奴得到了知心，得到了欢乐，这比什么都宝贵。末尾二句貌似李白、杜甫诗意，却是反其意而用之，意思是说：可叹昭君死去多年，想不到今天还有人为她弹奏哀怨的乐曲。“可怜”的对象不是昭君，而是那些可怜昭君的人们，暗喻他们不能真正理解昭君。这两首诗在思想上高人一筹，在艺术上大胆创新，令人拍案叫绝，使大多数前人之作都黯然失色。

二、王安石《明妃曲》的主要价值

前人多批评宋人以文为诗，认为是一大弊病，但这两首诗中的议论都十分耐人寻味，表现出王安石不同凡响的见识，与封建时代的大量昭君诗相比，具有较大的突破和新意。笔者认为，王安石《明妃曲》的主要价值表现在以下三个方面。

首先，王诗从为毛延寿翻案入手，把讽刺的矛头指向封建帝王，见解深刻。从《西京杂记》以来，大量的昭君诗都在痛骂毛延寿，有的更直接为汉元帝辩护，认为他不过是受毛延寿欺瞒，上当受骗而已。王安石此诗却认为“当时枉杀毛延寿”，这固然有赞美昭君意态难以描绘的意蕴，而更深层的政治含义则在于讽刺封建帝王，只知按图行幸，不辨美丑；不知罪己，反而迁怒画师。唯有君王愚昧，奸臣才能弄权，皇帝不自责好色昏庸，那么杀毛延寿也只不过是自欺欺人。其实王安石对毛延寿这类奸臣也是很愤恨的，他的另外一首《明妃曲》诗云，“玉颜不是黄金少，爱把丹青错画人”[①]，正是指责毛延寿一类贪贿权臣的。本诗写作的前一年（公元1058年），王安石给仁宗上万言书，主张变更法度，但暮气已深的仁宗无意进取，王安石的变法倡议自然搁置不行。此诗感叹国君没有知人之明，又对昭君刻薄寡恩，“人生失意无南北”等句或许正寄托着他自己郁郁不得志的感慨。

欧阳修在读了王安石的《明妃曲》后，写了两首和诗。其中第二首《再和明妃曲》[②]，不但对王安石的独到见解十分赞赏，而且进一步把这个思想加以发挥，讲得更为尖锐、更为明确：“虽能杀画工，于事竟何益？耳目所见尚如此，万里安能制夷

①《全宋诗》卷五七三，第6754页。

② 同上，卷二八九，第3656页。

狄？”那些自诩为“天纵英明”的帝王，连自己亲近臣僚的优劣贤愚都分不清，连自己后宫嫔妃的妍媸美丑都弄不明白，却希图躲在深宫指挥军队，在千万里之外战胜敌人，岂非天大的笑话！北宋是高度集权的专制王朝，皇帝把权力都集中在自己手里，甚至将帅在千里之外打仗，也要按出兵前皇帝颁发的阵图行事，不准改动；如果改动，就是打了胜仗，回朝后也要请罪。皇帝要行使绝对权力，就不得不依靠从中央到地方的各级官僚机构，而贪污腐化、弄虚作假正是封建机构的本色，据此做出的决策必然脱离实际，违背情理。这些统治者闭目塞听，偏信谗言，因循自误，上当受骗后，却迁怒于人，可即使杀再多的人，也是于事无补。全诗集中叙说了国君对臣下体察和信任的重要性。司马光《和王介甫明妃曲》①“目前美丑良易知，咫尺掖庭犹可欺”，也是继承王诗、讽刺皇帝的。曾巩的和诗《明妃曲》二首②说“延寿尔能私好恶，令人不自保妍媸。丹青有迹尚如此，何况无形论是非”，对奸臣的谗谄和皇帝的昏庸表示出深深的感慨。梅尧臣则一口气写了三首和诗，其第三首《和介甫明妃曲》③“明妃命薄汉计拙，凭仗丹青误杀人”，也是讽刺皇帝不懂军旅之事，却依靠那些纸上谈兵的狗头军师策划，最后招致失败，又去胡乱杀人泄愤的。对于王安石发轫、由欧阳修发

①《全宋诗》卷四九九，第6044页。

② 同上，卷五四七，第5552页。

③ 同上，卷二六一，第3290页。

展的这种观点，清代文学巨匠曹雪芹颇为赞赏，他在《红楼梦》第六十四回中，借薛宝钗之口给予了充分的肯定，认为王安石、欧阳修二诗“俱能各出己见，不袭前人”。这些是既谈作诗，又谈史识的真知灼见。

其次，王诗借昭君故事寄托人生失意的悲哀，抒发怀才不遇的感慨，影响深远。王安石是一个强烈要求改革的政治家，特别重视人才的问题。他曾多次上书朝廷，要求皇帝重视人才、培养人才，注意选拔任用有革新思想的人才，以便改变北宋积贫积弱的局面。他曾在万言书中向宋仁宗呼吁：“方今之急，在于人才而已。”然而，仁宗并没有采纳他的意见。王安石空怀报国之心，一直不能得到重用。他把自己的这种不幸反映在昭君身上。诗中昭君家人安慰昭君的话，实际上就是他对自己遭遇的不满和自我排遣：“君不见咫尺长门闭阿娇，人生失意无南北。”这两句诗韵味深长、含蓄隽永，包含着深邃的人生哲理。它既责备皇帝不重贤臣，刻薄寡恩，又含有对自己怀才不遇的深深感叹。尽管这种失意之感是十分沉重的，但诗人没有消沉颓废，而是以十分达观的态度去对待：不管东南西北，不管得意失意，都要充满信心顽强地活下去。人生不如意之事十之八九，即使如此，也要好好生活，不要气馁。它从人生哲理的高度揭示了昭君远嫁悲剧的社会意义，又高度概括了封建社会众多有才有识之士的不幸遭遇，从而打通了昭君与受压抑的人才之间的关系，打动了他们的心，因而引起无数人生失意者的共鸣，对后代影响深远。感叹怀才不遇也就成为历代昭君题材作品的一个重要主题。

欧阳修、梅尧臣、刘敞、司马光等也纷纷为王诗的这一开拓所折服。如司马光《和王介甫明妃曲》就说："目前美丑良易知，咫尺掖庭犹可欺。君不见白头萧太傅，被谗仰药更无疑。"萧太傅即西汉时主张与匈奴和平相处的萧望之，宣帝时官居太子太傅，宣帝病危时遗诏命他辅佐元帝。他劝元帝注重文教，减轻赋税，后来却被宦官石显等人诬陷，被迫饮药自杀。诗人感叹萧望之一生忠贞，却被谗言屈死，而昏庸的皇帝对自己恩师被杀竟没有一点儿怀疑。司马光正是借此斥责君王不明、贤臣被黜。他以史家的春秋之笔，直言而达理地总结了历史的经验，发出了人才被无情摧残的感叹。苏轼《昭君村》诗说"古来人事尽如此，反复纵横安可知"[①]，也是这种人生失意的感叹。

第三，王诗大胆举起了"人生乐在相知心"的旗帜，揭示了昭君独立的人格，表现出对人间真挚感情的炽烈追求。王安石臧否人物往往独具慧眼，且多不忌讳。"汉恩自浅胡自深，人生乐在相知心"即是这类惊世骇俗的千古名句之一。王安石认为，汉元帝对昭君恩浅义薄，并无爱情可言，而呼韩邪单于却深深地爱着昭君，情真意切。人生的欢乐就在于彼此知心，只要得到了宝贵的"知心"和纯真的爱情，又何必区别是胡是汉呢？王安石的

---

①《全宋诗》卷七八四，第9092页。

诗句明确肯定“汉恩浅，胡恩深”，明确肯定追求“知心”的合理性和可贵性，触及昭君性格的本质和内心。他打破胡汉畛域，扫除大汉族主义的传统偏见，着眼于“人之相知，贵在知心”，在封建社会中，这种思想十分难得。

曾巩的《明妃曲》就与王安石唱同调：“娥眉绝世不可寻，能使花羞在上林。自信无由污白玉，向人不肯用黄金。一辞椒屋风尘远，去托毡庐沙碛深。汉姬尚自有妒色，胡女岂能无忌心。直欲论情通汉地，独能将恨寄胡琴。但取当时能托意，不论何代有知音。长安美人兮夸富贵，未央宫殿竞光阴。岂知泯泯沉烟雾，独有明妃传至今。”[①]然而，像曾巩这样支持王安石论点的诗作毕竟是凤毛麟角。在封建时代，大多数文人认为王诗是“忽夷夏之大防”“薄君臣之大义”的荒谬之论，以致形成了对这两首诗的长期“围剿”。南宋范冲（范祖禹子，与王安石在思想上是世仇）在王安石死后五十多年与高宗赵构谈话时，曾对这两句诗大加谴责，不但肆意曲解，而且破口大骂：“‘汉恩自浅胡自深，人生乐在相知心’，然则刘豫（公元1130年金国所立的伪齐‘儿皇帝’）不是罪过，汉恩自浅而虏恩深也。今之背君父之恩投降为盗贼者，皆合乎安石之意，此所谓坏天下人之心术。孟子曰：‘无父无君，是禽兽也’，以胡虏有恩而遂忘君父，

① 见李雁湖《荆公诗注》引文。《四库全书总目》卷一五三，集部别集类六。

非禽兽而何！”[①]范冲在这里用的是歪曲历史、偷换概念之法。昭君出塞时的形势是汉朝强大，匈奴衰弱。双方在长期战争后，两败俱伤，都真诚希望和平友好。昭君自请出塞和亲，是应呼韩邪单于之请求，奉汉元帝之圣旨，肩负汉匈两大民族和平愿望的隆重行动，汉朝为此改元“竟宁”，匈奴封她为“宁胡阏氏”，双方朝野上下自然都希望昭君与单于相爱、相亲、相知，昭君也正是这样做的。[②]王安石肯定昭君在匈奴得到了知心和欢乐是基本符合历史真实的。这怎么能够与“背君父之恩投降为盗贼者”相比？又怎么能与儿皇帝刘豫扯上关系？南宋是民族矛盾特别尖锐、民族危机特别严重的时代，范冲把“叛逆”“汉奸”“禽兽”这样大的帽子扣到王安石头上，不但是不公正的，而且别有用心。然而此后的宋人徐思叔、罗大经，明人罗洪先，清人王渔洋、赵翼都是受范冲的影响，反对王安石诗的。

三、围绕王诗的争论给我们的启示

由于封建社会正统思想和大汉族主义的束缚，历代诗人众口铄金，积毁销骨，致使王安石此诗长期蒙受不白之冤。1946年，郭沫若写了《王安石的〈明妃曲〉》，意在为王安石此诗翻案。他说：“然而照我看来，范冲、李雁湖、蔡上翔以及其他的

① 马冀：《昭君文化研究》第二章，内蒙古人民出版社，2004年。

② 郭沫若：《王安石的〈明妃曲〉》，《评论报》1946年第8期，第12~13页。

人，无论他们是同情王安石也好，诽谤王安石也好，他们都没有懂得那两个‘自’字。那是自己的‘自’，而不是自然的‘自’。‘汉恩自浅胡自深’，是说浅就浅他的，深也深他的，我都不管，我只要求的是知心的人。”[①] 郭沫若的用意是好的，然而他把“自然”的“自”解为“自己”的“自”却有些牵强。王安石诗是从历史事实出发，如实叙说汉恩之浅、胡恩之深；又是着重抒发昭君追求独立人格和真挚感情，并没有厚汉薄胡的意思。就事而论，昭君在汉只不过是默默无闻的一名宫女，入宫数年不得见皇帝一面，到了匈奴却贵为阏氏，不但得到单于的真挚爱情，而且受到匈奴举国上下的尊敬，数千年来名垂青史。谁对她好、谁对她不好，她在哪里开心、在哪里不开心，比较之下，是很清楚明白的事。王安石“汉恩”二句，说的正是这种铁一般的事实。元代王恽《昭君出塞图》说：“人生正有新知乐，犹胜昭阳赤凤来。”[②] 昭君与呼韩邪真心相爱，有了新交知心者的欢乐，远远胜过赵飞燕姐妹那样得不到真正爱情和人生乐趣、不得不追求私情的后妃们。这正是对王安石诗的最好注解。王安石从人生贵乐相知的角度来赞美昭君，也引起了许多古代诗人的共鸣。例如元人虞集《题昭君出塞图》说昭君出塞乃以天下为家，既为国家民族出力，又在匈奴得到知心的人，自会在那

① 郭沫若：《王安石的〈明妃曲〉》，《评论报》1946年第8期，第12~13页。

②〔清〕胡凤丹：《青冢志》卷十，第30页，人民文学出版社，1994年。

里安心度日。此中苦乐，昭君心中自知。其用意与王安石是相通的。

站在今天的立场上，把视野放得更广阔些，我们就会感到，围绕王安石诗的争论，绝不仅仅是对两首小诗的解读和评价问题，还涉及一系列历史、文学和人生的重大问题，可以给我们很多启示。例如，如何尊重历史、客观评价历史人物；如何看待历史上的民族关系、客观评价和亲政策；如何看待封建帝王的人才政策；怀才不遇者如何寻找出路；封建社会的女性有没有追求“知心”的权力，如果这位“知心”是“狄夷”胡人行不行；文学创作如何在尊重历史的基础上创新、如何在诗意中融入议论，如此等等。

王安石的《明妃曲》经历近千年考验，在不断的争论中愈来愈显示出它的光芒。王诗成功的基础，首先是尊重王昭君出塞和亲的史实，并且巧妙结合了北宋的社会现实，在此基础上大胆为前人陈陈相因的观点翻案。特别是他敢于与腐朽的“华夷之辨”唱反调，敢于与压抑人性、否认男女“知心”之爱的儒学传统唱反调，揭起了“人生乐在相知心”这样极具现代意识的超前思想，引发了无数后人的深思。既尊重历史，又大胆创新，这才是王诗成功的关键。

第二节　咏昭君诗歌主题的深化

以前述王安石《明妃曲》引发的昭君诗同题唱和现象为代表，可以看出宋代昭君诗繁荣的情况。其原因，一方面是文人竞争，不甘人后；另一方面是题材吸引，时势牵挂，而且后者的因素更大些。于是诗人们力求创新，千方百计超过前人，这种相互砥砺地创作竞赛，大大推动了昭君诗词主题的深化和开拓，艺术上也更加百花齐放。

宋代之前，历代咏昭君诗作现在能够见到的已经近百首，且多名家名作。宋代诗人如果再咏昭君，势必要独出心裁、争奇斗艳，否则极易因袭蹈故，死于前人句下。如何写出新意，既是对宋代诗人的巨大考验，又极具诱惑力。宋代诗人出新之法，主要通过三大途径：主题的深化、主题的拓展、艺术手法的翻新。以下三节分别论之，本节主要谈主题的深化。

主题的深化指主题的深层挖掘，即所谓“挖深井”。在同一主题下力求变异，也是深化之方法，如做“翻案文章”，即运用逆向思维，别出心裁，可以化腐朽为神奇。

例如远嫁之悲，自汉代以来就是昭君诗的一个热门主题。但宋朝诗人写得更加深入。请看苏辙的《昭君村》：

峡女王嫱继屈须，入宫曾不愧秦姝。
一朝远逐呼韩去，遥忆江头捕鲤鱼。
江上大鱼安敢钓，转柁横江筋力小。
深边积雪厚埋牛，两处辛勤何处好。
去家离俗慕荣华，富贵终身独可嗟！
不及故乡山上女，夜从东舍嫁西家。[①]

昭君远嫁异乡，即使富贵终身，也“不及故乡山上女，夜从东舍嫁西家”，可谓把中国古人安土重迁思想发挥到了极致。

韩驹《题李伯时画昭君图》[②]，诗前有序，考证昭君出塞史实，并记：“今秭归县有昭君村，村人生女必灼艾炙其面，虑以色选故也。”诗曰：

昭君十七进御时，举步弄影飏蛾眉。
自怜窈窕出绝域，八年未许承丹墀。
在家不省窥门户，岂知万里从胡虏。
丰容靓饰亦何心，尚欲君王一回顾。
君不见班姬奉养长信宫，又不见昭仪举袂前当熊，
盛时宠幸只如此，分甘委弃匈奴中。

① 本诗见《全宋诗》卷八四九，第9819页。又见《栾城集》卷一，第43页；《青冢志》卷十一，第43页。

② 《历代题画诗类》在题下有“有序”二字。

春风汉殿弹丝手，持鞭却趁奚鞍走。
莫道单于无厚情，一见纤腰为回首。
含悲远嫁来天涯，不知夔州处女鬓半华。[①]
寄语双鬟负薪女，炙面慎勿轻离家。[②]

女孩子爱惜容貌是人的天性，但是为了避免远嫁，宁可炙面毁容，可见对远嫁之悲的恐惧。但是远嫁之悲和国家命运、民众利益相比较，孰轻孰重还是非常明确的，因此曾巩的见解更为深刻。曾巩《明妃曲》二首之一：

明妃未出汉宫时，秀色倾人人不知。
何况一身辞汉地，驱令万里嫁胡儿。[③]
喧喧杂虏方满眼，皎皎丹心欲语谁。[④]
延寿尔能私好恶，令人不自保妍媸。
丹青有迹尚如此，何况无形论是非。

---

①《青冢志》此句为“不如夔州处女发半华”。

② 本诗见《全宋诗》卷一四三九，第16585页；又见《陵阳集》;《青冢志》卷十，第29页；《历代题画诗类》卷四二（〔清〕纪昀等：《四库全书》第一四五三册，上海古籍出版社，第528页）。

③ 辞：《青冢志》作“离”。驱令：迫使。

④ 喧喧：声音嘈杂。此句形容举目望去，满眼都是操着胡语的匈奴人。语：《青冢志》作“与”。

穷通岂不各有命，南北由来非尔为。[①]
黄云塞路乡国远，鸿雁在天音信稀。
度[②]成新曲无人听，弹向东风空泪垂。
若道人情无感慨，何故卫女苦思归？

诗中写由于后宫美人太多，连昭君这样绝世的美人也是“秀色倾人人不知”，直到她辞汉出宫，虽然美色已为人所知，但仍然不能摆脱皇帝玩物的地位，被当作礼物，“驱令万里嫁胡儿”。这就充分揭示了宫女们实际上的奴隶地位、囚徒生活和玩物身份，从而表达了对无数宫女凄惨遭遇的同情。紧接着，曾巩《明妃曲》之二说：

娥眉绝世不可寻，能使花羞在上林。[③]
自信无由污白玉，向人不肯用黄金。
一辞椒屋风尘远，去托毡庐沙碛深。
汉姬尚自有妒色，胡女岂能无忌心。
直欲论情通汉地，独能将恨寄胡琴。

---

①穷：不得志。通：达，得志，地位显贵。南北：指人生的奔波、归宿在南或在北。由来：从来。非尔为：不由自己做主。

②度：度曲，作曲。《青冢志》作“几”。

③上林：秦汉时皇帝的苑林名。此句形容昭君的美貌，使上林苑中娇艳的花朵也感到害羞。

但取当时能托意，不论何代有知音。
长安美人夸富贵，未央宫殿竞光阴。
岂知泯泯沉烟露，独有明妃传至今。[①]

诗人盛赞昭君的美丽容貌，更欣赏昭君的高尚人格：“自信无由污白玉，向人不肯用黄金。”昭君深信自己的品德美玉无瑕，没有什么能够玷污了的，因而不肯贿赂画工。昭君远嫁匈奴，除了思乡念亲，当然还会遇到许多困难，包括胡女的嫉妒等。“直欲论情通汉地，独能将恨寄胡琴”，这两句说，昭君真想把思乡之情痛痛快快地说给汉朝人听，却只能将哀怨的心情用胡琴弹奏出来。接下来两句“但取当时能托意，不论何代有知音”，昭君只求当时能够寄托情思，至于当时的人们是否理解都无所谓，她坚信不论何年何代，一定会有人理解她。末尾四句说，汉宫众嫔妃夸耀富贵，在争夺荣宠中浪费生命，却不过像烟雾和露水一样湮灭无闻，只有昭君流芳千载。

红颜祸福也是昭君诗词的热门主题，宋朝诗人同样能够写出新意。如黄裳《昭君行》：

良家有子惠而秀，昔在汉宫谁更有。

① 泯泯：灭，尽，消失。独：《青冢志》作“唯”。本诗见《全宋诗》卷五四七，第5552页。又见《曾巩集》卷四，第58页；《元丰类稿》卷四，第52页；《青冢志》卷六，第42页。

入宫见妒名不传，咫尺君王望恩久。
奈何赋分薄如人，却属画工为好丑。
千金买笑那敢当，无赂应嗟落人后。
俄闻召见喜且惊，自以闲雅文轻盈[①]。
将谓君王必回顾，行且遂承恩与荣。
权兼天下失所制，女子未免匈奴行。
此身既系国休戚，君王虽悔难复更。
雪怨云愁竟何语，自小谁知北征苦。
既知中华栖上清，乃托胡人为死生。
平居怅望一成梦，用傃遐荒寻去程。
胸前但陨默默泪，门外已抗悠悠旌。
辕马悲鸣日云远，行经几处单于城。
平沙莽莽春不青，顽阴漫漫天不明。
随无鸳鸯欢悦情，送有琵琶哀怨声。
大抵言意非吾类，眷眷向前愁益并。
宁落家乡作孀妇，焉用阏氏尊予名。
人惟适性乃有乐，未必膏粱胜藜藿。
当时将相若为策，岂意安边用颜色。
君虽不幸功可称，莫道佳人只倾国。
思归曲在人已非，青冢空悲塞南客。[②]

①《绥远通志稿》“雅”字下作“□□轻”。

②本诗见《全宋诗》卷九三九，第11042页；又见《绥远通志稿》卷五十六《诗辑》。

女子貌美，忽而为喜，忽而为悲，忽而为福，忽而为祸，作者感叹昭君命运坎坷，但整体评价很高："君虽不幸功可称，莫道佳人只倾国。"

黄文雷《昭君行并序》在红颜祸福这一主题中也有真知灼见。其诗前小序就表明态度："自石季伦始赋昭君曲以后，作者浸多，不容措手。每恨沿袭之误，作汉初和亲意著咏，非也。又按竟宁元年，呼韩邪既婿汉氏，其年五月，宫车晏驾矣，因并著之，不惟祛词人之失，亦以解昭君于地下云。"

君不见未央前殿罗九宾，汉皇南面呼韩臣。
无人作歌继大雅，至今遗恨悲昭君。
丙殿春闲斗冯傅，掖庭新花隔烟雾。
嫖姚枉夺燕支山，玉颜竟上毡车去。
人生流落那得知，不应画史兼蛾眉。
痴心惟恐琵琶语，归梦空随鸿雁飞。
穹庐随分薄梳洗，世间祸福还相倚。
上流厌人能几时，后来燕啄皇孙死。
野狐落中高台倾，宫人斜边曲池平。
千秋万岁总如此，谁似青冢年年青。[1]

①本诗见《宋诗纪事》卷六十九，第1755页；又见《青冢志》卷六，第44页。

诗人认为，前人写昭君出塞，多有沿袭石崇的错误观点，所以他要为昭君解开悲剧幽怨的形象。诗人用祸福相依、悲喜转化的辩证观点评价昭君一生，认为与受到皇帝恩宠却下场悲惨的赵飞燕姐妹之类相比，昭君不但幸福得多，而且已经青史留名。

昭君诗词的另一常见主题是感叹人生。宋代大诗人苏轼从感叹人生经历坎坷、祸福无常的角度去写王昭君，他的《昭君村》诗说：

昭君本楚人，艳色照江水。
楚人不敢娶，谓是汉妃子。①
谁知去乡国，万里为胡鬼。
人言生女作门楣，昭君去时忧色衰。
古来人事尽如此，反覆纵横安可知。②

苏轼在诗中先极力夸赞昭君之美，用楚人共同的眼光评价她美艳绝伦如仙女，一般人是不敢娶她的。她本来应该得到皇帝的宠幸，然而事实恰恰相反，昭君极为不幸地离乡去国，死在胡

① 汉妃子：即汉女，亦称江妃，是江汉一带传说中的汉水女神。妃：一作“家”。

② 本诗见《全宋诗》卷七八四，第9092页。又见《苏轼诗集》卷一，第40页；《青冢志》卷十一，第43页。

地。作者充满对昭君坎坷命运的同情，着重在抒写人生的不平：人人称赞的人才偏偏不得重用，人人公认应该发生的事情偏偏走向它的反面，反复颠倒，纵横坎坷，世事人生就是这样难以预料。其中含有作者对人生颠沛、造化弄人的不满，但又以颇为达观知命的超脱态度写出，寄托了对自己仕途蹉跎的内心不平和自我排遣：像昭君那样的美女竟然还是那种命运，何况我辈呢，想开些吧！

裘万顷《题昭君图》诗中哲学意味更浓：

纷纷争赂毛延寿，今日丹青竟不传。
万事无过真实处，后人赢得写婵娟。[①]

自西晋以后，毛延寿丑图就成为昭君诗词经常吟咏的内容，但前期多是就事论事，到了宋代，诗人们就这个主题深入挖掘，由图画妍媸触及感情真伪、官场贿赂、人格清浊、社会风气、哲理道德等深刻内容。如袁燮《昭君祠》：

昭君天赋倾城色，何事君王未曾识。
徘徊顾影无计留，一朝远嫁匈奴国。
匈汉风日暗飞尘，昭君绝艳惊国人。

① 本诗见《青冢志》卷十，第29页；又见《裘竹斋诗集》。

单于骇叹昔未睹，甘心保塞为番臣。
从来败德由女美，褒妲骊姬及西子。
玉环飞燕更绝佳，遗臭千载堪咨嗟。
毛生善画古无有，强把丹青倒妍丑。
却教尤物摈绝域，能为君王罄忠益。
闻说昭君出塞初，朔风萧飒吹衣裾。
聊将琵琶寄离恨，痛绝玉颜嫔老胡。
老胡死矣义当返，慷慨回归曾上书。
君王有诏从胡俗，恸哭薄命终穹庐。
自古佳人多薄命，亦如才士多流落。
人才有益尚疏外，佳人无补何可怼。
君不见萧生堪猛岂不忠，君王疑信相半终不容。①

此诗由感叹人生扩展到批评社会，容量很大。诗人大胆斥责帝王不辨美丑，冷酷无情，对美女、对人才都不能够正确评价，放手使用，甚至对教育自己八年之久的老师——著名忠臣萧望之都“疑信相半终不容”，更何况其他人。

曹勋《昭君怨》（四首之二）也从感叹人生无定、美好招患、谗佞害忠、蛾眉善妒等方面抒发愤懑：

① 本诗见《绥远通志稿》卷五十六《诗辑》。

人生无定端[①]，万事固难料。
美好招世患，谗谄过忠告。[②]
正淑不自媚，私谒事妍笑。[③]
入宫逾十年，嫉妒掩称道。
疏贱难为容，况复昧倾巧。[④]
一朝见排弃，众笑蛾眉好。
驱车临出门，盛饰舒怀抱。
不怨君王远，不怨父兄老，
唯怨蛾眉误一生，荣枯不得同百草。
再拜升车望已过，却教红粉保山河。
当时岂止毛延寿，对面欺君事更多。[⑤]

总之，昭君的遭遇和命运，经过宋代诗人们的深入挖掘，已经和社会风气、人才受压、君王昏庸、红颜祸福、人生道路等许多问题建立起广泛联系，而且越来越深入。

---

① 无定端：没有固定的种类和等差。

② 患：憎恶。过：胜过。

③ 正淑：端正漂亮。私谒：以私事请托，指嫔妃贿赂画工事。

④ 疏贱：被国君疏远而且地位低下。难为容：难以打扮仪容。昧倾巧：因蒙蔽而颠倒了美好。

⑤ 本诗见《全宋诗》卷一八八〇，第21062页；又见《松隐文集》卷四。

第三节　咏昭君诗歌主题的拓展

主题的拓展是指立意的开拓、延展，向前人没有涉及或尚未深耕的领域努力；开拓发展新的主题领域，即抛开前人老路，新开天地，另辟蹊径。宋代的昭君题材诗词富于创新精神者不在少数，作者们往往能够大胆创新，独具慧眼，勇于探索，使诗作新奇、生动，充满新的风格。另外，题材的开拓也是宋代昭君诗词创新的重要方面。

例如，从爱国主义精神的高度评价昭君是宋人着力开拓的一个领域。前人只不过提到昭君与屈原是老乡，但宋朝诗人却发现了昭君和屈原最大的共同点——爱国主义精神。不少诗人揭示出昭君之所以能够自请出塞，是因为受到屈原爱国主义精神的影响。张嵲《过屈平昭君故宅》：

夔州之山皆入云，夔女寝陋男不文。
山川历历应如旧，昭君屈平犹荒村。
三百篇后无继者，始作离骚绍风雅。
君门九重难叩阍，欲登阆风聊蹀马。
精衷写尽君不闻，徒倚怀沙泪盈把。
汉家靡曼盈六宫，明妃容与如春风。

琵琶何能慰行路，槛槛毡车随去鸿。
椒兰得得在修门，独任先生作放臣。
妃嫔无数贮金屋，只遣王嫱犯塞尘。
万古江山虚秀气，二人贤色皆钟美。
天之生此谅应难，一弃单于一沉水。
远色苍苍难致极，吊古徘徊泪沾臆。
二宅遗基自古存，石岩天深秋日昏。
沧波渺渺流遗恨，后人谁为赓天问。[①]

诗人凭吊屈原、昭君故宅，回顾屈原和昭君的生平，徘徊流连，泪沾衣襟。他感叹道："万古江山虚秀气，二人贤色皆钟美。"屈原和昭君二人无论在"贤"（内在美，如道德、品质、才能等）还是在"色"（外在美，如面貌、气质等）的方面，都集中了天下最美好的东西，以至于万古江山的灵秀之气都显得空虚了。

范成大《归州竹枝歌二首》（其一）言简意赅，也是从这一点立意的：

东郊男儿得湘累，西舍女儿生汉妃。[②]

① 本诗见《全宋诗》卷一八四，第20486页。

② 东郊，西舍：犹言东家、西家，分别代指屈原故里和昭君故里，极言二者距离很近。湘累：指屈原。汉妃：指昭君。

城郭如村莫相笑，人家阀阅似渠稀。[①]

范成大指出，屈原、昭君故里很近，犹如东邻西舍，互相影响自然很深。两人对国家的功劳、贡献同样很大，能够像他们那样功勋卓著的人真是稀少。

在评价昭君的历史贡献方面，宋朝诗人也有创新。刘子翚《明妃出塞》[②]：

羞貌丹青斗丽颜，为君一笑靖天山。
西京自有麒麟阁，画向功臣卫霍间。[③]

诗人赞美昭君，描绘昭君耻于用画出自己的容貌去和一般宫女们争妍斗丽，她只是微微一笑，便使得北部边疆实现了和平、安宁。她为国君，更为国家立下了巨大功勋，她与卫青、霍去病的功劳不相上下，完全应该画图于麒麟阁。

① 阀阅：官宦人家在门外树立石柱，自叙主人的功劳、等级，在左曰阀，在右曰阅。这里代指昭君、屈原的历史功绩。似渠稀：像屈原、昭君那样功勋卓著的人很稀少。渠：第三人称代词，这里指代昭君、屈原。

②《青冢志》“塞”后有“图”字。此诗是《李伯时画十古图郑尚明作诗诗辞多振绝因为同赋》之六。

③ 本诗见《全宋诗》卷一九一七，第21401页。又见《历代题画诗类》卷四十二（〔清〕纪昀等：《四库全书》第一四三五册，上海古籍出版社，第578页）；《青冢志》卷十，第29页。

陈造《明妃曲》：

汉宫第一人，只合侍天子。
四弦春风手，可用入胡耳。
天生国艳或为累，金赂画工宁不耻。
玉颜初作万里行，朔风黧面边城昏。
路人私语泪栖睫，况妾去国怀君恩。
穹庐渐耐胡天冷，政复难忘心耿耿。
夜深拜月望长安，顾叹当时未央影。
胡雏酌酒单于舞，铭肺千年汉朝主。
传闻上谷与萧关，自顷耕桑皆乐土。
向来屯饷仍缯絮，庙算年年关圣虑。
但令黄屋不宵衣，埋骨龙荒妾其所。[①]

诗中虽然把忠君和爱国混淆在一起，但对昭君的评价还是比较全面、客观的。

自焦延寿盛赞昭君和亲之后，历代诗人不但围绕和亲政策的是非利弊展开争论，而且与不同时代的边疆状况、国家安危、民族政策、华夷之辨等重大问题密切联系，使得这一主题不断延展、不断深入。此一主题，唐朝之前并没有受到重视，作品也不是很

① 本诗见《青冢志》卷六，第43页；又见《江湖长翁集》。

多。但宋朝不然，宋朝对外战争长期受挫，遇战辄败，软弱无能。北宋与辽屡战屡败，后来订立“澶渊之盟”，虽然每年给辽绢银，但还能相互称兄道弟，文人虽然不满，但还隐忍得下，故北宋昭君诗中只有九首涉及这一主题。到了南宋，绍兴议和、隆兴议和、嘉定议和，几乎个个割地赔款、丧权辱国，边疆危机、民族危机、国家危机，战与和的焦虑时时萦绕在文人心中，汉朝的竟宁和亲、昭君出塞自然成为最著名的历史参照。故南宋诗人昭君题材诗作特多，高达三十余首，肯定、否定，各执己见，咏史、怀古种类繁多，艺术手法花样翻新，类比、寄托、讽喻、影射不一而足。例如李纲《明妃曲》：

昭君自恃颜如花，肯赂画史丹青加。
十年望幸不得见，一日远嫁来天涯。
辞宫脉脉洒红泪，出塞漠漠惊黄沙。
宁辞玉质配夷[①]虏，但恨拙谋羞汉家。
穹庐腥膻厌酥酪，长调幽怨传琵琶。
汉[②]宫美女不知数，骨委黄土纷如麻。
当时失意虽可恨，犹得千古诗人夸。[③]

---

① 夷：《青冢志》作“胡”。

② 汉：《青冢志》作“一”。

③ 本诗见《全宋诗》卷一五五〇，第17609页。又见《梁溪集》卷十二；《青冢志》卷六，第42页。

李纲是抗金名将，反对投降，反对议和，态度鲜明，“但恨拙谋羞汉家”是本诗主旨。当然，他对昭君的人格高度赞美，认为昭君因和亲而青史留名，死得其所。

刘攽《昭君怨（戏赠）》：

武皇听歌长太息，倾城不难难绝色。①
连娟修嫮果自得，②三十六宫宠无敌。
君不见孝宣既没王业衰，优游时事牵文辞。③
延寿丹青最叵信，无盐侍侧捐毛施。④
此时昭君去宫掖，边风侵肌雪满碛。
穹庐旃墙烧煤蠢，⑤琵琶怨思胡笳悲。
犹怜敌情不消歇，子孙累世称阏氏。

---

①“武皇”两句：汉武帝听李延年所作《佳人歌》：“北方有佳人，绝世而独立。一顾倾人城，再顾倾人国……”汉武帝听后叹曰：“世岂有此人乎？”当时太平公主便推荐李延年之妹给汉武帝，后封为李夫人。

②连娟修嫮：语出《汉书·孝武李夫人传》，形容李夫人身材苗条、纤弱，体态美好。果自得：终归是天生的。

③孝宣：汉武帝和汉宣帝。优游：犹豫不决。牵文辞：拘泥于琐碎的文件和左右的言论。这两句批评汉元帝没有继承汉武帝、汉宣帝的功业，处理政事优柔寡断。

④叵：不可。捐：抛弃。毛施：著名的美女毛嫱和西施。

⑤旃墙：以毛毡为墙，指毡帐。煤蠢：一种奶制品，即干酪，俗称奶豆腐。

传闻汉宫翻可愁，纨扇绿衣长信秋。[①]
燕啄皇孙[②]两凄恻，当时无事成深仇。
覆杯反水难再收，深渊瞬息为高邱，
尘沙萧条猛虎塞，边民独记和亲侯。

此诗题为《昭君怨》，内容实则“昭君无怨”。诗人认为昭君虽然远嫁匈奴，但能“子孙累世称阏氏”。与班婕妤、赵飞燕姐妹相比，要高尚得多、幸福得多。作者还热情肯定昭君家族对维护和平的贡献，认为那些征战如猛虎一般的将军都被人遗忘了，但是“边民独记和亲侯”，和亲侯指昭君的侄子王歙，他和弟弟王飒多次代表中原王朝出使匈奴，因功被封为和亲侯。这里代指昭君及其家族对和平的贡献至今流传，被人民怀念。当然，作者对和亲政策的态度还是有保留的，认为汉元帝没有武帝的雄才大略，优柔寡断，才做出和亲决定。

梅尧臣一口气写了三篇和王安石的长诗，虽然与王安石观点不同，但对边疆民族问题的思考还是比较深入的。如《依韵和原甫昭君辞》：

---

① 翻可愁：反而可叹。纨扇绿衣长信秋：用班婕妤故事。汉成帝宠爱的妃子班婕妤，在赵飞燕姐妹入宫后失宠，自求供奉皇太后于长信宫，因自伤冷落而作《怨歌行》，感叹纨扇秋弃。

② 燕啄皇孙：汉成帝宠信赵飞燕姐妹，但皆无子，二人因妒忌杀死后宫嫔妃所生诸皇子，后人称此事为“燕啄皇孙”。后来赵飞燕、赵合德姐妹均以自杀结束生命。

武帝常勒兵，北登单于台。
始欲以威服，竟亦惭怀来。
徒令出塞师，万里求龙媒。
未弭后世患，玉颜困黄埃。
丹青不足恨，谋虑少徘徊。
月如汉宫见，心向胡地摧。
在昔李少卿，听笳动悲哀。
壮士尚如此，蛾眉安得开。
情语既不通，岂止肠九回。
初冬[①]诚难保，死不如草莱。[②]

还有一首《和介甫明妃曲》：

明妃命薄汉计拙，凭仗丹青死误人。
一别汉宫空掩泪，便随胡马向胡尘。
马上山川难记忆，明明夜月如相识。
月下琵琶旋制声，手弹心苦谁知得？
辞家只欲奉君王，岂意蛾眉入虎狼。

---

①初冬：《全宋诗》："夏校：当为终误。"

②本诗见《全宋诗》卷二五九，第3290页。又见《宛陵集》卷十八，第38页；《梅尧臣诗选》第243页。

男儿返复尚不保，女子轻微何可望。
青冢犹存塞路远，长安不见旧陵荒。[①]

梅尧臣回顾汉武帝想以武力征服匈奴，但并没有弭平后世的祸患；至于让昭君去和亲，更是“计拙”，“壮士尚如此，蛾眉安得开”，“男儿返复尚不保，女子轻微何可望”。他认为昭君是汉朝错误的边疆和民族政策的牺牲品。

更多的诗人认识到，边疆的巩固最根本的不是靠和亲，而应该靠国家的实力，所以热切呼唤保家卫国的壮士。如邢君实《明妃引》：

天上天仙骨格别，人间画工画不得。
嫣然一笑金舆侧，玉貌三千敛颜色。
罗帏绣户掩香风，一朝返嫁单于国。
金凤罗衣为谁缕，长袖弓弯不堪舞。
一别昭阳旧院花，泪洒胭脂作红雨。
回头不见云间阙，黄河半渡新冰滑。
马蹄已踏辽羯尘，天边尚挂长门月。
黄沙不似长安道，薄暮微云映衰草。
胡儿马上鸣胡笳，绿鬓红颜为君老。

① 本诗见《全宋诗》卷二六一，第3338页。又见《宛陵集》卷十八，第38页；《梅尧臣诗选》，第243页。

西风萧萧易水寒，啼痕不断几阑干。
年年看尽南飞雁，一去天涯竟不还。
少年将军健如虎，日夕撞钟搥大鼓。
宝刀生涩旌旗卷，汉宫嫁尽婵娟女。
寂寞边城日将暮，三尺角弓调白羽。
安得壮士霍嫖姚，缚取呼韩作编户。[①]

“霍嫖姚”指汉武帝时名将霍去病，他曾经任嫖姚校尉。诗人希望有霍去病这样的英雄将领，能够彻底解决匈奴问题。其实，历史证明，武力并不能解决匈奴问题。

昭君题材诗歌的作者们由边疆政策的争论自然联系到皇帝的决策是否正确，又与红颜薄命主题挂起钩来，于是对皇帝昏聩的指责越来越多，批判昏君的诗作也更加全面、深入。如欧阳修《再和明妃曲》，表面看是叹息红颜薄命，主题却是指斥昏君：

汉宫有佳人，天子初未识。
一朝随汉使，远嫁单于国。
绝色天下无，一失难再得。
虽能杀画工，于事竟何益！
耳目所及尚如此，万里安能制夷狄？

① 编户：编入户籍。指平民百姓。本诗见《宋诗纪事》卷三十四，第888页；又见《青冢志》卷六，第42页。

汉计诚[1]已拙，女色难自夸。
明妃去时泪，洒向枝上花。
狂风日暮起，漂泊落谁家？
红颜胜人多薄命，莫怨春风当自嗟。[2]

诗人强调“汉计诚已拙，女色难自夸”。这两句是说，汉朝的安边计策实在是太拙劣了，靠女色笼络北方少数民族丝毫不值得夸耀。“红颜胜人多薄命，莫怨春风当自嗟”，其实是正话反说，“春风”不仅有本意，还是暗喻君恩。容貌胜过别人的美女大多薄命，难道是自己造成的吗？统治者的薄情寡恩才是根本原因。

司马光《和王介甫明妃曲》：

胡雏上马唱胡歌，锦车已驾白橐驼[3]。
明妃挥泪辞汉主，汉主伤心知奈何。
宫门铜环双兽面，回首何时复来见。
自嗟不若住巫山，布袖蒿簪嫁乡县。

---

① 诚：实在、确实。

② 本诗见《全宋诗》卷二八九，第3656页。又见《欧阳文忠公集》卷八，第6页；《宋诗纪事》卷十二，第306页；《青冢志》卷六，第40页。

③ 橐驼：即骆驼。

万里寒沙草木稀，居延塞外使人归。[1]
归来相识更无物，只有云边秋雁飞。
愁坐泠泠调四弦，曲终掩面向胡天。
侍儿不解汉家语，指下哀声犹可传，
传遍胡人到中土，万一佗年流乐府。[2]
妾身生死知不归，妾意终期寤人主。[3]
目前美丑良易知，咫尺掖庭犹可欺。
君不见白头萧太傅，被谗仰药更无疑。[4]

诗人淋漓尽致地描写昭君远嫁的哀怨，又坦诚直接地批评皇帝：眼前的美丑本来是很容易识别的，但如果信任了坏人，即使近在咫尺的宫廷里，也会被人欺骗。你难道没有看到白发苍苍萧

① 居延：古代著名边塞，遗址在今内蒙古额济纳旗。汉初，居延是匈奴南下凉州的要道。使人：指汉朝护送昭君出塞和亲的使节们。

② 佗年：即他年。流：流传。乐府：汉朝管理音乐的官府。其重要任务是收集民歌，反映民意，供统治者参考。这句是说昭君希望自己哀怨的歌声能够传遍匈奴，传到汉朝，或许会被乐府收集，使皇帝听到。

③ 终期：期望着最终能够。寤：醒悟，这里是使动用法，使皇帝醒悟。人主：国君。这两句模仿昭君口吻："我知道自己无论生死都不能够回到汉朝，但我希望我的歌声能够使国君醒悟。"

④ 萧太傅：指萧望之，汉宣帝时官太子太傅。汉宣帝病危时遗诏他辅佐元帝。他劝元帝注重文教，减轻赋税。后来他被宦官石显等陷害，被迫饮药自杀。本诗见《全宋诗》卷四九九，第6044页。又见《司马温公集》卷三；《青冢志》卷六，第41页。

太傅的结局吗？他身为皇帝的老师，一生忠贞，被谗自杀，竟然没有引起皇帝的一点儿怀疑。皇帝的昏庸糊涂达到令人吃惊的地步。司马光的风格是明确、爽直，欧阳修的风格是含蓄蕴藉，但他们批判的矛头都指向最高统治者。

自王安石石破天惊，高度赞扬王昭君大胆追求爱情的合理性之后，也有一些诗人在这个前人接触很少的敏感话题上进一步开拓。中国封建社会盛行孔孟之道，妇女地位低下，宋朝又是理学产生和开始传播的时期，对妇女的思想控制和行为限制越来越严酷，妇女在恋爱和婚姻方面受到的压迫越来越严重。女子有没有权利追求爱情，有没有权利追求婚姻自主，爱情的对象能不能是胡人，嫁给胡人能不能先结婚、后恋爱，古人对这些问题往往有意无意地采取回避态度。所以王安石、吕本中等人敢于发声，就更加难能可贵。吕本中的《明妃》：

秦人强盛时，百战无逡巡[①]。
汉氏失中策，清边烽燧频。[②]

---

① 逡巡：徘徊不前，犹豫的样子。

② 汉氏：指汉朝。失中策：据《汉书·匈奴传》记载，西汉严尤评论周、秦、汉三代对外患的政策，分为上、中、下三等：上策是富国强兵，主动出击，使对方不敢侵犯；中策是遇有外患就派兵反击，把敌人驱逐出国境；下策是和亲羁縻。此处指抛弃中策而采取下策，或无力采取上策和中策，只能采取下策。烽燧：烽火，古代边防报警的信号，白天放烟称“烽”，夜晚举火称“燧”。这里泛指战争。

丈夫不任事，女子去和亲。
君王为置酒，单于来奉珍。[①]
朝辞汉宫月，暮随胡地尘。
鞍马白沙暮，旃裘黄草春。[②]
人生在相知，不论胡与秦。[③]
但取眼前好，莫言长苦辛。
君看轻薄儿，何殊胡地人？[④]

诗人认为昭君和亲是因为汉朝无力采取上策、中策，只能采取下策，“丈夫不任事，女子去和亲”。诗中亮点在于后面六句。“人生在相知，不论胡与秦”，这两句发挥王安石“汉恩自浅胡自深，人生乐在相知心”诗意，明确表示人生欢乐与否，贵在有无相知，不管这相知是胡人还是汉人。“但取眼前好，莫言长苦辛”，只要能够和心爱的人幸福地生活在一起，即使条件艰苦一些又算得了什么呢？“君看轻薄儿，何殊胡地人”，这两句是说请君看一看那些薄情寡义的汉地人，他们哪一点能够比淳朴厚道、对爱情专一的匈奴人更好呢？王安石、吕本中的观点，在倡导父母之命、媒妁之言、男尊女卑的

① 置酒：斟酒。奉珍：奉送珍宝。

② 旃裘：皮衣。这句说春天到了还穿着皮衣，草地也没有返青。

③ 胡：指匈奴。秦：指汉朝。

④ 本诗见《全宋诗》卷一六〇六，第18047页。又见《东莱诗集》卷二；《青冢志》卷四，第22页。

封建社会无疑具有振聋发聩的冲击力。

总之，宋代的昭君题材诗歌无论是在思想内容的深度方面还是在涉及主题的广度方面，都达到了前人未有的高度，为我们留下了许多优秀作品，是我们宝贵的文学遗产。

第四节　宋代昭君题材的词

宋代虽然是词空前兴盛的时代，但是宋词中描写昭君的作品很少，这和元曲中昭君题材作品不多的情况相似，究其原因，我认为主要在于文体分工不同。在古人心目中，诗和词的分工非常明确："诗言志"，"词言情"，"诗庄词媚"。诗适合描写国家大事、政治风云、民生疾苦、胸怀抱负、人生沉浮，思想内容具有群体性、庄重性；词则描绘风花雪月、男欢女爱、离情别绪，内容更多自我性、闲适性和私密性。诗的抒情风格以庄重为主，语言以阳刚为主；词则以妩媚为本色，语言多纤柔香艳。诗和词在题材内容、抒情风格、技巧语言等方面都有显著区别。至于后来词界出现豪放派，乃是打破常规的变例，是学习诗体的结果。昭君故事往往涉及国家前途命运、战争和平、民族政策、边疆安宁或才高多妒、人生祸福、爱国牺牲等严肃、厚重的主题，而词、曲的艺术形式偏重表现身边琐事、轻松幽默、闲愁淡怨，难以承载昭君这种重大复杂的内容。只此一端，也可显示出昭君在古人心目中的地位是何等端庄雅正。当然也不能一概而论，有些昭君题材词、曲就写得不错，特别是一些豪放派作品，打破词的传统，很有创造性。

例如黄庭坚《水调歌头》①：

落日塞垣路，风劲戛②貂裘。翩翩数骑闲猎，深入黑山头。③极目平沙千里，惟见雕弓白羽，铁面骏骅骝。④隐隐望青冢，特地⑤起闲愁。

汉天子，方鼎盛，四百州。⑥玉颜皓齿，深锁三十六宫秋。堂有经纶贤相，边有纵横谋将，不减翠蛾羞。⑦戎虏和乐也，圣主永无忧。⑧

---

① 此首又作刘潜词，见《唐宋诸贤绝妙词选》卷五。

② 戛：敲击。

③ 翩翩：往来疾驰的样子。黑山头：疑为内蒙古大青山。

④ 雕弓：有雕饰的弓。白羽：箭尾装饰有白色羽毛。铁面：马戴着铁制的面具。骅骝：周穆王八匹骏马之一，这里指骏马。

⑤ 特地：特为、转为。

⑥ 鼎盛：正当强盛之年。四百州：指中国全土。

⑦ 堂：古代宫室前为堂，后为室，这里指朝廷上。经纶：本义为整理丝缕，引申为处理国家大事。纵横：指驰骋疆场，冲锋陷阵。翠蛾：指美女的眉，这里代指昭君。

⑧ 本词见唐圭璋编：《全宋词（一）》，中华书局，1965年，第386页。

上阕写景，落日劲风，平沙千里，将军出猎，骏马雕弓，白羽黑山。寥寥数笔，描绘出一幅生动的塞外风光图。诗人遥望青冢，愁思难解，自然引入下阕的议论。虽然议论并没有多少新意，但全词艺术性还是很高的。

宋代著名词家秦观写有《调笑令十首并诗》，十首咏十位美人，诗词合璧，词题曰“曲子”，用《调笑令》词牌；诗题曰“诗曰”。其词《王昭君》：

回顾，汉宫路。捍拨檀槽鸾对舞，[①] 玉容寂寞花无主。顾影偷弹玉箸[②]，未央宫殿知何处？目送征鸿南去！[③]

其诗《王昭君》：

汉宫选女适单于，明妃敛袂登毡车。
玉容寂寞花无主[④]，顾影低徊泣路隅。
行行渐入阴山路，目送征鸿入云去。

---

① 檀槽：指用檀木制作的琵琶、琴等弦乐器上架弦的格子，这里代指琵琶。鸾：凤凰之类的鸟名，这里比喻宫女们。这两句意思是昭君回顾汉宫，联想到汉宫中乐队齐奏，宫女们像彩鸾一样一对对翩翩起舞的情景。

② 玉箸：比喻美女的眼泪。

③ 本词见《全宋词（一）》，第467页；又见《淮海词》，第167页。

④ 主：《青冢志》作“色”。

独抱琵琶恨更深，汉宫不见空回顾。①

作者描写思乡之情，细腻温婉，含蓄蕴藉，不愧为诗词大家。

又如周密《杏花天·赋昭君》：

汉宫乍出慵梳掠②，关月冷，玉沙飞幕。③龙香拨重春葱弱，④一曲哀弦谩托⑤。君恩厚，空怜命薄。青冢远、几番花落。丹青自是难描摸，不是当时画错。⑥

这首词主要感叹红颜薄命，并且为国君和毛延寿开脱，但艺术上婉约旖旎，保持了词体的本色。

---

① 本诗见《全宋诗》卷一〇六八，第12151页。又见《淮海词》，第67页；《淮海居士长短句》卷下，第111页。

② 梳掠：梳妆，梳理。

③ 玉沙：形容沙白如玉，也可能指雪屑如沙。飞幕：比喻雪花或白沙飞卷在帐幕上。

④ 龙香：龙脑香。拨：即捍拨。春葱：形容美女的手指。这句说，昭君点燃龙脑香，弹奏起琵琶，她的手指像春葱一样洁白柔嫩，以至于捍拨在她手中都显得太重了。

⑤ 谩托：空自寄托。

⑥ 这两句化用王安石《明妃曲》"意态由来画不成，当时枉杀毛延寿"句意。本词见《全宋词（五）》，第3271页；又见《草窗词》（又名《蘋州渔笛谱》）。

第五节　昭君题材诗歌艺术手法的丰富和多样

宋代昭君题材诗歌体裁多种多样，词有豪放、婉约；诗有四言、五言、七言、杂言，古体、近体百花齐放，还有楚辞体。如刘宰《昭君曲》：

> 朝日曜兮春花，玉壶炯兮清冰。耿余心兮不欺，付妍丑兮丹青。君王兮宵衣，壮士悲歌兮战死。岂余身兮惮殃，抗风沙兮万里。崔嵬兮增城，璀粲兮昭阳。羌末路兮多艰，幸朕时之不当。毡裘兮娱嬉，穹庐兮容与。怨异域兮我欺，谂九天兮谁许。南风兮徐来，掩涕兮无语。四十五十兮无家，抑有惭兮嫠女。[1]

昭君与屈原是同乡，屈原是楚辞体的创始人，用楚辞体写昭君，自然别有风味。

宋代诗人写昭君，艺术手法力求翻新，文人们争奇斗艳、花样繁多，往往独具慧眼，令人耳目一新。无论写景、叙事、抒情、议论，都能摆脱前人窠臼。

① 本诗见《青冢志》卷六，第44页；又见《曲阿诗综》卷八，第8页。

写景，例如陆游《明妃曲》：

汉家和亲成故事①，万里风尘妾何罪？
掖庭终有一人行，敢道君王弃憔悴。②
双驼驾车夷乐悲，③公卿谁悟和戎非！
蒲桃宫中颜色惨，鸡鹿塞外行人稀。
沙碛茫茫天四围，一片云生雪即飞。
太古以来无寸草，借问春从何处归？④

诗人指责汉朝自刘邦遭受“白登之围”后，不得不采取和亲政策，把公主嫁给匈奴，成为一种惯例，昭君便成为这种和亲政策的牺牲品。“掖庭终有一人行，敢道君王弃憔悴”，这两句虽不符合历史真相，但作者另有深意，表面说“我岂敢说君王弃我于不幸境地”，实际是正话反说，还是有明确的抱怨之意。陆游一生志在收复失地，至死不忘，所以政治上坚决反对和亲政策，表现在艺术上也是极力服务这个主题。他的笔下，写出塞之景，极力夸大塞外的荒凉和苦寒，虚构“沙碛茫茫天四围，

① 故事：惯例。

② 敢：不敢，岂敢。憔悴：指遭逢苦难和不幸。

③ 双驼：骆驼，因其生有双峰，故名。夷乐：指少数民族的音乐。

④ 太古：远古。本诗见《剑南诗稿》卷三十，第327页；又见《陆游诗选》，第159页。

一片云生雪即飞”“太古以来无寸草”的恐怖景色，实际上，昭君出塞所居之地，大多数是水草肥美的地方。

叙事，例如刘敞《王昭君》：

婵娟巫峡女，秀色倾阳台，
昔为一片云，飞入汉宫来。
明镜徒自妍，幽兰谁为媒？
丹青固难恃，远嫁委尘埃。
十步一反顾，百步一徘徊。
出门如万里，泪下成霰摧。
左右相娱乐，丝竹声正哀。
岂不强言笑，郁郁不可开。
黄河入东海，还从天上回，
嗟尔独抱恨，一往掷蒿莱。[①]

这首诗叙事婉转，娓娓道来，其中渗透感情。“昔为一片云，飞入汉宫来”等句，极富美感。

孔平仲《王昭君》[②]：

---

① 本诗见《全宋诗》卷四六七，第5667页；又见《绥远通志稿》卷五十六《诗辑》。

② 《青冢志》误收为郭祥正诗，今据《全宋诗》改。

昭君十五入汉宫，自倚花艳如芙蓉。
黄金不买画者笔，西子变作嫫女容。
羊车忽略久不幸，夜夜月照罗帏空。
娇痴怨恨掩袂泣，常恐兰蕙摧霜风。
不堪坐守寂寞苦，遂愿将身嫁胡虏[①]。
神仙缥缈下朝阳，再拜玉墀辞汉主。
天颜惊顾初相识，自起欲留留不得。
吁嗟拂袖归禁中，却看飞燕无颜色。
婵娟去去阴山道，几日风沙貌枯槁。
千秋万古恨无穷，坟上春风无寸草。[②]

这首诗叙事跌宕起伏，夹杂心理描写，细腻生动。

孔武仲是平仲之兄，其《明妃》诗设想昭君如仙女一样，驾着轻云，飞越万里，回到故乡：

碧落千万里，轻云何处来。
仙衣行缥缈，海鹤去徘徊。
映日低秦岭，随风过楚台。

---

①《全宋诗》“胡虏”下校云：“原作朔漠，据豫章本改。”

② 无：《青冢志》作“何”。本诗见《全宋诗》卷九二五，第10858页；又见《青冢志》卷四，第21页。

茅檐看不足，更欲上崔嵬。[①]

这首诗想象奇特，清新明丽，叙事中充满感情。

抒情，例如姜夔《同潘於久作明妃诗》[②]（三首）：

明妃未嫁时，满宫妒蛾眉。
一朝辞玉陛，人人泪双垂。

年年心随雁，日日穹庐中。
遥见沙上月，忽忆建章宫。

身同汉使来，不同汉使归。
虽为胡中妇，只落汉家衣。[③]

这三首诗句句朴实无华，充满人情味，言少而意足，语淡而情浓。

欧阳修《明妃小引》：

汉宫诸女严妆罢，共送明妃沟水头。

---

① 本诗见《全宋诗》卷八八四，第10315页。

② 潘於久：《白石诗词集》作“潘德久”。

③ 落：《白石诗词集》作“著”。本诗见《姜白石诗集笺注》，第161～162页。又见《白石道人诗集》卷下，第20页；《白石诗词集》诗集卷下，第38页。

沟上水声来不断，花随水去不回流。
上马即知无返日，不须出塞始堪愁。[1]

诗人别出心裁，抓住宫女们为昭君送行的场景进行抒情，新颖独到，诗短情深。

薛季宣《明妃曲》：

阙下乌云暗黑旗，未央高会送将归。
天子传觞从官劝，单于今正天骄儿。
上林关锁多芳菲，王嫱困睡花葳蕤。
中人惊起道宣唤，和戎却自拼蛾眉。
徘徊顾景伤春啼，秀色误身生不知。
工师万死未足谢，丹青始信君难欺。
冤莫冤兮长别离，盟莫渝兮徒自疑。
毡车未免下宫殿，记得当年初入时。
眉山淡扫双螺垂，拟高门户生光辉。
姑姊提携父母送，不教含涕登丹墀。
赭黄有泪濡龙衣，此身虽是触事非。
湖沙万里少花木，胡中争看真阏氏。
言语不通心尽悲，琵琶琢就弹哀思。

① 本诗见《全宋诗》卷二九〇，第3663页；又见《欧阳文忠公集》卷九，第65页。

君门万里不易到，檀槽拨断商弦丝。
穷寒绝塞人踪稀，时有天边霜雁飞，
凭谁说与汉卿相，西施莫忘真元龟。[①]

此诗描摹昭君心理，细腻生动，堪称抒情杰作。

宋代诗人写诗喜欢议论，也长于议论，随手拈来，皆有佳作。如郑樵，他是大学问家，其《昭君解》诗议论高卓，明快洒脱：

巫山能雨亦能云，宫丽三千杳不闻。[②]
延寿若为公道笔，后人谁识一昭君。[③]

看似快人快语，实则饱含哲理。

陈长方《王昭君》：

巫峡江边岁屡更，汉宫日月亦峥嵘。
此身端可清边患，谁惜龙沙以北行。[④]

① 本诗见《青冢志》卷六，第44页；又见《浪语集》。

② 宫丽：即后宫佳丽。杳：无影无声。

③ 本诗见《全宋诗》卷一九四九，第21781页。

④ 本诗见《全宋诗》卷一九八四，第22252页；又见《绥远通志稿》卷五十六《诗辑》。

心胸开阔，议论正大。

有的议论含蓄蕴藉，如叶茵《昭君怨》：

塞外将军且罢兵，一身万里自经营，
将军歌舞升平日，却调琵琶寄怨声。①

有的议论娓娓道来，如郑舜卿《昭君曲》：

但得君王知妾身，应信目前皆山川②。
不必诛画工，此事古则然③。
但愿夕烽常不惊甘泉，妾身胜在君王前。④
寄语幕南诸将军，虎头燕颔食肉休筹边。⑤
自呼琵琶写此曲，有声无调谁能传。⑥

---

① 本诗见《青冢志》卷九，第22页；又见《顺适堂吟稿》。

② 目前皆山川：眼前的山川遮蔽视线，形容君王容易受蒙蔽。

③ 古则然：从古至今就是这样。

④ 夕烽：夜晚的警报，晚上传来的报警信息。甘泉：甘泉宫，秦汉时期宫殿名称，代指皇帝。这两句说，但愿边塞夜晚报警的烽火再不要惊着入睡的君王，那么我在匈奴就胜过在君王身边了。

⑤ 幕南：即漠南，指汉地。虎头燕颔：古代相面者所说的贵人之相。《东观汉记》卷十六："燕颔虎头，飞而食肉，此万里侯相也。"筹边：谋划卫戍边疆、军旅御敌之事。

⑥ 本诗见《绥远通志稿》卷五十六《诗辑》。

有的议论欲擒故纵，如徐钧《王昭君》：

画工虽巧岂敢凭，妍丑何如一见真。
自是君王先错计，爱将耳目寄他人。[①]

有的议论正话反说，如刘次庄《王昭君》：

敛袖出明光，琵琶道路长。
初闻胡骑语，未解汉宫妆。
薄命随尘土，元功属庙堂。
蛾眉知有用，惭愧羽林郎。[②]

有的议论冷嘲热讽，如许棐《明妃》：

汉家眉斧息边尘，功压貔貅百万人。[③]

---

①本诗见《青冢志》卷四，第21页；又见〔清〕朱琰编辑《金华诗录》卷五十五，第11页，乾隆癸巳金华府学刊。

②本诗见《全宋诗》卷九七八，第11325页。又见《宋诗纪事》卷二十六，第670页；〔元〕方回《瀛奎律髓》卷三八；《青冢志》卷四，第21页。

③眉斧：眉，蛾眉，指美女；斧，指武器。古人有时称美女为"伐性之斧"，见枚乘《七发》："皓齿娥眉，命曰伐性之斧。"这里指以美女为武器。功压：功劳超过。貔貅：传说中的猛兽，常常用来代指勇猛的战士或强大的军队。

好把香闺旧脂粉，艳妆颜色上麒麟。[①]

甚至僧人的议论也嬉笑怒骂、火力十足，如释智圆《昭君辞》：

昭君停车泪暂止，为把功名奏天子。
静得胡尘唯妾身，汉家文武合羞死。[②]

宋代昭君题材诗歌一个引人瞩目的现象是长篇作品增多，不但思想容量扩大，而且使用的艺术手法更加多样、更加全面。如王洋《明妃曲》：

汉宫沉沉凝紫烟，妾身一入知几年。
楼高秋月照清夜，亭暖春花熏醉眠。
忆初送我辞亲戚，便拟光华列旃戟。
君门安得似人间，咫尺千山万山隔。

---

①好：虚词，可以，能够，总是。脂粉：代指妇女，这里指昭君，也可以包括其他平息战争的和亲公主。艳妆：梳妆鲜艳。颜色：形容容貌很美。麒麟：麒麟阁，汉朝把历代功臣画像在麒麟阁。这两句是运用讽刺手法，意思是汉朝既然以美女为武器来平息边境战争，还不如把像昭君这样的美女像画到麒麟阁的功臣榜上去。本诗见《青冢志》卷四，第21页。又见《宋诗纪事》卷六十五，第1675页；《梅屋诗稿》。

②本诗见北京大学古文献研究所编：《全宋诗》卷一三七，北京大学出版社，1998年，第1538页。

花月朝朝空暮暮，长恋朱颜不如故。
内家车子散金钱，安得此身沾雨露。
忽闻花宫选罗绮，单于来朝汉天子。
但言妾欲嫁单于，万一君王赏桃李。
大明宫内宴呼韩，出水芙蓉鉴里看。
徘徊顾影花颜靓，绰约丰容广殿寒。
当日君王喜且惊，欲留失信去关情。
若教不杀毛延寿，方信蛾眉画不成。
茫茫汉塞连沙漠，柳色阳关断肠处。
故乡阡陌想依然，马上琵琶向谁语。
命薄身存有轻重，天山从此静埃尘。
山西健将如君否，此日安危托妇人。
人生景物疾如驰，翻复由来万事非。
莫笑巫山女粗丑，朝寻楚宫暮紫扉。
男儿莫厌款段马，女儿莫羡金缕衣。
君不见巫山歌舞赛神罢，野老至今怀秭归！①

宋代昭君题材诗词艺术手法的多样化是历史发展的必然，也是历代昭君诗歌艺术积累的必然。一代又一代的诗人们执着于咏唱昭君，执着于为昭君展现他们的艺术才华，不但彰显着

① 本诗见《全宋诗》卷一六八七，第18937页；又见《绥远通志稿》卷五十六《诗辑》。

昭君的魅力，而且说明昭君题材是一座挖掘不尽的艺术富矿。

第六节　王昭君文化符号的形成

宋代昭君题材诗词特别引人注目之处，是形成了一系列昭君文化的特有符号，如琵琶、青冢、紫塞、鸿雁、胡沙、明驼等，甚至毛延寿、汉元帝也成为某种概念性人物的符号。这些符号是经过长期积累而形成的，最初是一些与昭君相关的生动的文学意象，经过历代文人不断选择、加工，在读者中形成了约定俗成的文化符号。最典型的是琵琶，几乎成为昭君形象不可或缺的标配。如欧阳修《明妃曲和王介甫作》：

胡人以鞍马为家，射猎为俗，泉甘草美无常处，鸟惊兽骇争驰逐[①]。谁将汉女嫁胡儿？风沙无情面[②]如玉。身行不遇中国人[③]，马上自作思归曲。推手为琵却手琶，[④]胡人共听

---

① 争驰逐：打猎时追逐鸟兽的情景。

② 面：《欧阳修诗选》作“貌”。

③ 中国人：指汉朝人。

④ 却：退。此句意为手向前拨发出琵声，手向后拨发出琶声。《释名·释乐器》载：“琵杷本出于胡中，马上所鼓也。推手前曰批，引手却曰把。象其鼓时，因此为名也。”

亦咨嗟[①]。玉颜流落死天涯，琵琶却传来汉家。汉宫争按新声谱，[②]遗恨已深声更苦。纤纤女手出洞房，[③]学得琵琶不下堂[④]。不识黄云[⑤]出塞路，岂知此声能断肠？[⑥]

诗人把咏昭君转换为咏琵琶，咏物实为咏人。与王安石诗相比，虽然少了些意新气锐，但欧阳修不愧为诗坛耆宿，笔力浑厚凝练，琵琶意象中包含自己的人生感悟。此诗对后代影响很大。

又如高似孙《琵琶引》：

人生聚散难为别，何况匆匆作胡越。
梅梢带雪下昭阳，明朝隔断关山月。
长城不战四夷平，臣妾一死鸿毛轻。
回凭汉使报天子，为妾奏此琵琶声。
长安城中百万户，家家竞学琵琶谱。

---

① 咨嗟：感叹之声。

② 争按：争着弹奏。新声谱：新的曲谱，指昭君所弹的琵琶曲。宫：《宋诗纪事》作“家”。

③ 纤纤：形容女子细长的手指。洞房：即深闺。

④ 不下堂：古时贵家女子晚上出门应该有保姆陪伴，否则不能出屋。

⑤ 黄云：沙漠上空的云，因黄沙弥漫而变成黄色。

⑥ 本诗见《全宋诗》卷二八九，第3655页。又见《欧阳文忠公集》卷八，第61页；《宋诗纪事》卷十二，第306页；《欧阳修诗选》，第209页；《青冢志》卷六，第40页。

酸声苦调少人知，食雪天山忆苏武。
西风吹霜雁飞飞，汉宫月照秋砧衣。
嫖姚已死甲兵老，公主公主何时归？[①]

昭君题材诗歌，十有八九都会使用琵琶符号，随手举例。如黄庭坚《梦李白诵竹枝词三叠》（之一）：“一声望帝花片飞，万里明妃雪打围。马上胡儿那解听，琵琶应道不如归。”[②]韩维《和王昭君（原甫唱，依韵）》：“空令琵琶曲，千载传余哀。”[③]文同《王昭君》（四首之四）[④]是暗用琵琶符号：“极目胡沙满[⑤]，伤心汉月圆。一生埋没[⑥]恨，长入四条弦。”[⑦]

青冢历来被认为是王昭君长眠之地，诗人们钟情昭君，自然会寄情此地，无论是否亲临，往往都要在诗中凭吊一番。久而久之，不但以“青冢”命题的诗作很多，而且一般昭君题材作品中青冢也成为不可或缺的意象，青冢便成了昭君的文化符

① 本诗见《宋诗纪事》卷五五，第1433页；又见《青冢志》卷六，第43页。

② 本诗见《全宋诗》卷九九〇，第11394页；又见《山谷诗集注》卷二二，第99页。

③ 本诗见《全宋诗》卷四二〇，第5153页。

④《青冢志》题为“王昭君三首”，只载其二、三、四首。

⑤ 满：《青冢志》作“远”。

⑥ 埋没：《青冢志》作“烟波”。

⑦ 本诗见《全宋诗》卷432，第5304页。又见《文同诗选》第185页；《宋诗纪事》卷二四，第639页；《青冢志》卷四，第21页。

号之一。范成大《明君台》“天生尤物元无种，万里巴村出青冢”[①]，更是直接用青冢指代昭君。

更多的诗词往往使用多种昭君文化符号，更增强了昭君形象的鲜明性。如白玉蟾《明妃曲》：

行行莫敢悲，一死复千怨。
脱身歌舞中，姊姒不足恋。
蛮帐紫茸毡，虽畀固不贱。
昔在后宫时，几见君王面。
君王有凤偶，不数芹边燕。
傥曾赐御览，岂为画所幻。
粉黛相嵚巇，亦惧人氄变。
但念辞乡国，远适堪慨叹。
此时汉无策，聊塞呼韩愿。
非无霍嫖姚，两国虑涂炭。
欲宽公卿忧，只影非所羡。
敬将金缯行，不觉泪珠溅。
请行安得辞，心心存汉殿。
所怜毛延寿，即杀不可谏。
马蹄蹴胡尘，晓月光灿灿。

① 本诗见《范石湖集》诗集卷十六，上海古籍出版社，1980年，第213页。

凄怆成琵琶，千古庶自见。
他时冢草青，汉使或一奠。[①]

方夔《明妃曲》：

寒沙击面雁飞秋，手抱琵琶泪暗流。
上弦泠泠写妾苦，下弦切切写汉羞。
妾身生死何须道，汉人嫁我结和好。

陆游《感旧绝句》（七首之六）：

红叶琵琶出嘉州[②]，四弦弹尽古今愁。
胡沙漫漫紫塞晓，汉月娟娟青冢秋。[③]

几乎句句运用昭君文化符号，琵琶、胡沙、紫塞、青冢，共同构筑出鲜明生动的昭君形象。

昭君文化符号系列的形成，对后代文学作品影响极大，其积极方面是扩大了昭君形象的生命力和传播力，但也使昭君的悲剧形象更加深入人心。

---

① 本诗见《青冢志》卷六，第43页；又见《白玉蟾集》。

② 嘉州：在今四川省乐山市。

③ 紫塞：泛指长城上的关塞。崔豹《古今注》："秦筑长城，土色紫，汉塞亦然。"娟娟：美好的样子。本诗见《剑南诗稿》卷十二，第137页。

第四章　借昭君之酒杯，浇自己之块垒
—— 元、明、清、民国时期昭君题材诗词的十大主题（上）

从西汉到今天，昭君题材文学作品浩如烟海，今后还会源源不断地创作出来。这些作品的作者生活的时代跨越数千年，社会地位悬殊，人生经历各异，思想倾向复杂，创作动机五花八门，如果非要找出一些共同点，笔者想主要应该是借昭君之酒杯，浇自己之块垒。他们不约而同地选择昭君这个历史人物作为依托，来抒发自己的喜怒哀乐，表达自己对人生、爱情、婚姻，对政治、经济、民族问题的看法，抒发对当时社会问题和个人遭际的种种感受和喟叹，其内容几乎涵盖了中国社会的方方面面。正是由于这个特点，使得历代昭君题材文学作品积累了极其丰富的社会内容。如何研究、继承这笔丰厚的文化遗产，是摆在我们面前的重要任务。

早在19世纪，德国民俗学者就在研究神话故事和民间传说的基础上发展起来一门学问，叫作主题学。其研究方法是从某一主题入手，打破时间、空间限制，融会各民族文化，找出同一主题、题材、情节、人物典型在不同民族作家笔下的不同表现。它虽然是属于比较文学范畴的理论，但笔者觉得不少方法可用在王昭君研究上，反过来也可以说，王昭君研究是主题学绝好的例证。

按照主题学理论，所谓“主题”，就是探求某一部作品或者某一个人物典型所表现的思想，重点在于揭示研究对象的内涵。主题是对题材的提炼和塑造形象所得出的高度浓缩与升华的思想结晶。主题学就是研究同一主题、同一母题、同一人物在不同国家或民族文学中的不同表现。例如，王昭君这个人物，在中国以及日本、越南、朝鲜、法国等不同国家、不同民族的作家作品中反复出现，表现人类特别是妇女从古至今的社会复杂性和生存困境、思想方法和伦理道德等。因此不同时代的作家、每一时代的不同作家，都努力在相同的主题上推陈出新或者从王昭君身上开拓出新的主题。于是围绕王昭君的作品，相同的主题挖掘越来越深入，不同的主题拓展越来越广泛，昭君研究的对象无论是深度还是广度都在不断扩展。

从人物形象角度看，主题大多通过文学人物来表现，因此主题研究首先就注重能表现某些主题的人物形象上。王昭君形象的研究，可以从对历史真实的遵守与变形入手去分析。王昭君史实最早载于班固《汉书》的《元帝纪》和《匈奴传》，但实在太简略。范晔《后汉书·南匈奴列传》的记载详细一些。此后有关昭君的文学作品、民间传说，基本上都在这些史实所构建的框架内增饰取舍。最普遍的是虚构昭君家世，想象入宫经过的细节，渲染在宫中的悲思愁绪，甚至虚构她与元帝的爱情，特别是宫廷画师毛延寿借绘图陷害的情节，有些虚构的情节甚至几乎被认为是铁定的史实。对于昭君出塞情况，也是众说纷纭，有的写为被迫，有的说是自愿，有的描写为哭泣泣，有的塑造成喜盈盈。对昭君出塞之后的情况，有的如实描绘她当阏氏、育子女，有的则处理为在胡汉交界处投江或到匈奴后饮药而死，等等。总之是展开想象的翅膀，争奇斗艳，众彩纷呈。这些写实或虚构的情节背后，反映着不同时代不同作者的不同历史观。甚至同一个人物在不同的作家笔下竟然获得截然相反的个性，表现相互对立的主题。王昭君形象在中国不同的时代有所不同，在外国作者笔下更是面目各异。同一个时代，由于作者身份、地位、政见、道德观、人生观不同，在他们的笔下便有不同的昭君形象；即使同一个作家，在不同的年龄段、遭受不同的人生际遇时、讨论不同的问题时也会有不同的表态。

从母题学角度看，昭君题材作品涉及很多母题。母题是文学作品中反复表现的人类的基本行为、精神现象，以及人类有感于周围世界所产生的概念。昭君文学作品中涉及的母题很多，如香溪、汉宫、黑河、阴山、夜月、沙碛、长城、琵琶、生死、离别、思乡、爱恨、宫怨、贪腐、高洁、人生困境、道路选择等。母题往往呈现出较多的客观性，而主题则多带有较强的主观色彩。母题是对题材的基本概括，是对情节中的一个或数个事件的概括，但是它并不形成主题；主题则不然，它侧重于理念和用意，常将“文以载道”之道上升到问题的高度来进行分析、认识。怎样利用昭君涉及的母题来研究不同时代、不同作家的异同，是很有兴味的问题。

笔者经过认真梳理数量众多的昭君题材文学作品，从其主题思想涉及的内容来看，大体归纳为以下十个方面。在此抛砖引玉，供大家进一步研究时参考。以下十节每一节论述一个方面的主题。

第一节　辩论边疆政策，弘扬爱国主义

任何一个国家都有领土和边疆，都要和周边国家、民族和政权发生关系，这便有了边疆问题。中国历史上，不管哪朝哪代，都面临着各种各样的边疆问题，统治者也为解决边疆问题绞尽脑汁，想尽办法巩固边疆、开拓边疆、经营边疆。这便形成了边疆政策和治边思想。边疆政策和治边思想正确与否、在执行过程中有何成败得失，往往直接影响一个国家或政权的兴盛或衰亡。不仅如此，它还在中国统一的多民族国家形成和发展过程中具有重要影响力。

中国的封建社会时间漫长，朝代众多，各民族建立的政权

都很注重边疆问题，从而积累了丰富的处理边疆问题的经验，形成了系统的、完整的边疆政策体系和治边思想。概括起来说，其核心内容有三个方面。

第一是增强军事实力，加强政权建设。通过驻军边疆，造成武力威慑；同时建立郡、县等各级政权，在中央也设立专门管理边疆地区事务的部门（如秦朝的典属国、汉朝的大鸿胪、唐朝的主客司、元朝的宣政院、清朝的理藩院等）。在军事实力保护下，从中央到地方，加强行政管理，发展边疆经济、文化。有时还要通过屯垦、移民等方法推动边疆的开发。

第二是采取怀柔手段，实行羁縻政策。“羁”的含义是加强联系、加以控制；“縻”的含义是给予利益、加以抚慰。因为边疆地区多为少数民族地区，情况特殊，因此只要表示服从中央领导，中央政府就会采取怀柔手段，给予种种好处和照顾，这便是羁縻政策。例如在边疆地区，中央政府会保持或基本保持少数民族原有的社会组织形式和管理机构，承认其酋长、首领在本民族和本地区中的政治统治地位；即使建立羁縻州、县，也大量任用少数民族地方首领为地方官吏，羁縻州、县除在政治上隶属于中央王朝、经济上有朝贡的义务，其余一切事务均由少数民族首领自己管理。唐朝最早设立羁縻府、州，此后历代因袭，元、明又有土司制度，清朝则形成了最为系统的羁縻政策体系。

第三是重视上层和亲，形成联姻制度。通过上层和亲，加强与边疆少数民族地区的联系，表达和平友好的诚意，巩固双方的政治联盟，并且求取边疆的稳定，这也是历代边疆政策的重要内容之一。汉朝与匈奴、乌孙的和亲，唐朝与突厥、回鹘的和亲，都在不同程度上取得了积极效果。清朝学习前代历史经验，将和亲加以制度化、规范化，发展成为满蒙联姻制度，长期、有效地解决了北部边疆问题。当然，和亲制度不关心和亲者本人意愿，其效果也未必都能令人满意，还是要看全局的实力博弈和和亲者个人的表现，这是和亲政策的局限性。另外，和亲有时还成为妥协退让、软弱投降的借口，成为战败后送财物、送美女、送贡品的冠冕堂皇的理由，这也是和亲常常被人误会、诟病之处。

中国封建社会的舆论界对于第一、第二种方法还是比较容易接受的，对于第三种方法则争议比较多，其中有受“华夷之辨”思想影响的一面，也有出于爱国主义激情的一面。昭君和亲不仅仅是汉朝和匈奴的一次联姻，还对历代封建王朝的外交政策、边疆政策都产生了重要影响。由于和亲是处理国与国之间关系的重要方式之一，因此，以昭君为由头，辩论和亲政策的利弊，实际上就是辩论边疆政策、外交政策，自然也成为爱国主义激情的发泄口。

尽管昭君和亲是一段民族团结友好的佳话，但在中华民族的历史长河中，毕竟存在过各民族之间多次战争和对峙的局面。特别是在中原汉族王朝日益腐朽、行将灭亡之际，不但阶级矛盾和统治集团内部矛盾空前激化，而且往往受到周边少数民族的侵扰，有的甚至被北方少数民族灭亡（如宋亡于元、明亡于清）。在这种内外交困之际，最高统治者感到无力抵抗，往往采取妥协投降的方针，企图以退却让步来换取一时的苟安。而统治集团内部也出现妥协派、主和派，这时和亲政策往往成为首选考虑，甚至有人以和亲作为幌子卖国求荣、叛变投降。虽然五代十国及以后，中原汉族王朝基本没有发生与周边少数民族政权和亲之事[①]（各少数民族政权之间的和亲则有），但生活在这种时代的政治家、文学家，出于关心国家和民族的命运，愤于皇帝昏庸、政治腐败、将相无能、国势衰弱，便很自然地会通过昭君故事借题发挥，来表示他们反对妥协投降政策，甚至把和亲作为这种政策的象征。从隋唐开始，这类诗作就已经出现。此后，越是在边疆危机加重、民族矛盾尖锐、内忧外患严重的时期，这类作品数量就越多，措辞就越激烈。另外，历代的咏史诗、怀古诗等类作品中也不乏反对和亲之作。

综观文学史上大量出现的借昭君故事表达反对妥协投降政策的作品，从其落脚点来说，大体上可分为三个角度：一是针对皇帝，批判其软弱昏庸，决策错误；二是针对文武大臣，斥

① 仅割据今广东一带的南汉刘龑以增城县主嫁给今云南大理一带的南诏（大长和）国主郑仁旻，可作为五代十国时汉族政权与边疆少数民族政权和亲的事例。但南汉和南诏俱僻处南方边陲，故这次和亲对中原政局的影响微不足道。

责其文恬武嬉，不能安边定国；三是针对投降、变节者，批判其不能保持民族气节。其中也包括以昭君自勉，表示自己的忠贞的诗作，这类作品大多是在国破家亡之时或沦为遗民之后的作品。

早期的昭君诗以焦延寿之作为代表，都是肯定昭君和亲对安定边疆做出贡献的。后来，有些作品描写昭君远嫁之悲、思乡之苦，对昭君充满同情，对和亲政策并无否定、批评。到了唐代，和亲事件逐渐增多，和亲公主的遭遇和作用日益多样化，和亲政策的利弊得失都引起了社会重视，诗人们便由昭君出塞入手，展开了对和亲政策利弊的争论。

在借歌咏昭君，反对和亲、反对屈辱妥协政策的诗作中，态度最为鲜明的应数唐代戎昱的《咏史》，尽管此诗对汉代的和亲一概否定，态度比较偏激，但诗中明确地把矛头指向皇帝及文臣武将，指向整个封建统治集团。他一针见血地指出，国家的治理，社稷的安危，本应依靠贤明的君主，依靠能辅佐贤君的忠臣良将，而和亲实质是把国家安危寄托在美女身上，这种计谋完全是拙劣、愚蠢的一厢情愿。诗人感叹，那些死去多年的战将们，如果和昭君这样的女子比较起来，谁能称得上是国家的辅佐之臣呢？全诗语言质朴，词锋犀利，态度激昂，讽刺辛辣，表现出作者的敢于直言和铮铮铁骨。

这首诗大约作于“安史之乱”后。当时，唐玄宗和杨贵妃极为宠信和纵容胡人安禄山，不但任他秽乱宫廷，而且玄宗还把宗女荣义郡主嫁给他的儿子安庆宗[①]，结果发生安禄山及其部将史思明的叛乱。以后，唐肃宗(玄宗之子)又把幼女宁国公主嫁给回纥可汗，用以借助回纥之兵去平定“安史之乱”。这些都是作者亲历目睹的事，这不能不使他联想到历史上的和亲。戎昱此诗，显然是借古讽今、针砭时事之作。戎昱在唐代并不是有大名气的诗人，但他这首诗却对后代影响很大，不但许多文人继承了他反对和亲的观点，而且在政治上还发生过作用，影响到国家大计的制定。在他死后半个世纪，“宪宗朝，边烽[②]累急，大臣议和亲。上曰：‘比闻一诗人，姓名稍僻者为谁？’宰相对以冷朝阳、包子虚，皆非。帝举其诗，对曰：‘戎昱也’。上曰：‘尝记其《咏史》，诗云‘汉家青史上，计拙是和亲……’”[③]唐宪宗不但能背诵戎昱的这首诗，而且还用大为叹赏的态度当场引用，这当然是一种巧妙的表态，主张和亲的大臣们立即不敢作声了。清代的沈德潜编选《唐诗别裁集》，不但收入这首诗，而且评价为“议论正大”，可见其受到重视的程度。

唐代其他诗人也有类似的态度，如唐末徐夤《明妃》诗中说：“不用牵心恨画工，帝家无策及边戎。”诗中的“边戎”，不仅指边疆少数民族政权，还指那些搞分裂、争地盘、飞扬拔扈的藩镇。当时唐朝中央政府已经衰弱到几乎不能维持的地步，

---

① 见《资治通鉴》卷二一七，天宝十四年(公元755年)。

② 边烽：边疆的战火。

③《唐诗别裁集》卷十一；〔唐〕范摅《云溪友议》也记录此事。

眼看“边戎”们互相攻杀掠夺，谁胜了就承认谁是一方之主，毫无办法。唐昭宗自己就是首先成为藩镇的傀儡，然后又被叛将朱全忠杀死的。徐夤此诗可以说是唐末朝廷腐朽软弱的写照，皇帝既已如此，再去“牵心恨画工”，那自然是舍本逐末了。

唐人李咸用的《昭君怨》也说：“古帝修文德，蛮夷莫敢侵。不知桃李貌[①]，能转虎狼心。”南唐李中的《王昭君》：“谁贡和亲策，千秋污简编[②]。”这些诗都是借昭君来指责皇帝和文武大臣所制定的和亲政策的。

唐代更多的诗人把矛头指向朝廷软弱的文臣武将。如东方虬的《王昭君》：

汉道方全盛，朝廷足武臣。
何须薄命妾，辛苦事和亲？

汪遵的《昭君》：

汉家天子镇寰瀛[③]，塞北羌胡[④]未罢兵。

---

①桃李貌：容貌像盛开的桃李花一样的美女。

②简编：古书都是写在竹简或木简上，然后把它们编穿起来。这里指历史著作。

③寰瀛：水陆世界的总称，泛指天下。

④羌胡：泛指西北少数民族，这里指匈奴。

猛将谋臣徒自贵，[①]蛾眉一笑塞尘[②]清。

他们一致指责猛将谋臣没有尽到责任，却让一个弱女子去承担保国重任，表现出对朝臣无能的批判。同时，他们也肯定了和亲的贡献。

宋代边疆危机严重，长期威胁中央政权的生存，民族矛盾也一直比较尖锐。按说在这种情况下，采取和亲政策是最为有利的，比起打败仗后割地赔款、称子称臣来说，牺牲较小而能够换取边疆较长时期的和平安定。奇怪的是，整个北宋、南宋竟然没有发生一次和亲，究其原因，文人们反对和亲政策的诗作可能起到了重要作用。

北宋初国家尚属强大，很多诗人虽然反对和亲，但毕竟没有更多的亡国危机感，所以黄庭坚的《水调歌头·游览》还能较为客观地评价昭君出塞：

汉天子，方鼎盛，四百州[③]。玉颜皓齿，深锁三十六宫秋。[④]堂有经纶贤相，边有纵横谋将，不减翠蛾羞。[⑤]戎虏

---

① 徒：白白地。这句话说文臣武将空居高位，却不能保卫国家。

② 塞尘：指边塞上的战火。

③ 鼎盛：强盛。“四百州”指中国全土，言汉朝幅员辽阔时。

④ 这句说汉宫无数美女被锁在很多宫殿中。

⑤ 堂：指朝廷上。经纶：本指整理丝缕，引申为处理国家大事。翠蛾：美女的眉，这里指昭君。

和乐也，圣主永无忧。[①]

尽管他认为昭君出塞是无法消除的历史耻辱，批判了那些经纶贤相、纵横谋将，但毕竟肯定昭君出塞形成了边境和乐的局面，减少了国家之忧。

北宋末到南宋，国家积贫积弱，朝廷上下都弥漫着一种苟且偷安、妥协投降的衰颓空气。在主战派和主和派激烈斗争中，主战派往往用昭君的典故去反对主和，实际上寄托了主张抗击外敌入侵的爱国主义感情，因而激烈反对和亲的诗作便特别多。其中最有代表性的如爱国名将李纲的《明妃曲》："宁辞玉质配胡虏，但恨拙谋羞汉家。"[②] 还有吕本中的《明妃》："汉氏失中策，清边烽燧频。[③] 丈夫不任事，[④] 女子去和亲。" 特别是许棐的《明妃》诗："汉家眉斧息边尘，功压貔貅百万人，[⑤] 好把香闺旧脂粉，

① 戎虏：对少数民族的蔑称。圣主：指汉帝。

② 宁辞：岂敢推辞。这两句说，我哪敢珍惜自己的美质而拒绝嫁给匈奴呢，只不过是恨这种拙劣的和亲政策使汉家蒙受羞耻而已。

③ 失中策：指汉朝连中策也没有（更谈不上上策），而是采取了和亲的下策。烽燧：边境报警的信号。频：多，频繁。

④ 此句说男子汉不能胜任国家大事。

⑤ 眉：指美女。斧：古代的武器。指以美女为武器来平息战火。貔貅：传说中的猛兽，常用以指勇猛的军队或战士。

颜妆艳色上麒麟。”[①] 此诗极尽挖苦嘲笑之能事，简直骂倒了满朝的须眉丈夫，可以想见诗人的感情是何等激动。

当然，最引人注目的还是南宋陆游的《明妃曲》：

汉家和亲成故事[②]，万里风尘妾何罪？
掖庭终有一人行，敢[③]道君王弃悴憔？
双驼架车夷乐悲，公卿谁悟和戎非！[④]
…………

南宋小朝廷很不争气，总是惧怕金朝，始终执行屈膝投降的偏安政策，主和派、投降派甚至通敌派一直在朝中占据重要地位。陆游通过形象化的手段，公开抨击那些执掌大权的昏君愚臣。他把昭君处理成投降妥协政策的牺牲品，正是从当时的政治现实出发的，从中寄托着自己要求抵御外侮、进行北伐、收复失土的爱国主义感情。

南宋灭亡之后，昭君又成为许多遗民的偶像，他们借以抒

① 好：可以。旧脂粉：指曾为汉朝和亲平息边尘的妇女，包括昭君和其他和亲公主。麒麟：汉朝图画功臣的麒麟阁。

② 故事：惯例。指汉朝把和亲当作一直奉行的政策。

③ 敢：不敢的意思。即不敢说君王抛弃我到憔悴不幸的境地，实际上是有怨恨之情的。

④ 双驼：生有双峰的骆驼。夷乐：匈奴的音乐。本诗见《剑南诗稿》卷三十；又见《陆游诗选》，第159页。

发自己坚持民族气节、怀念故国乡园的感情。南宋琴师江元量被俘北上后，在《湖州歌》中说：

宫人清夜按瑶琴，谁识明妃出塞心。
十八拍中无限恨，转弦又奏广陵音。

他把自己被俘押解大都比为昭君出塞，把昭君弹奏的音乐比为蔡文姬被掳至匈奴后创作的《胡笳十八拍》和嵇康被司马昭所杀，临刑之前弹奏的《广陵散》。其实昭君出塞与蔡文姬、嵇康的遭遇均有本质不同，作者这样写，完全是表明自己坚持民族气节、至死不改变忠诚的决心。

南宋民族英雄文天祥，在身临逆境、国家危亡的关头，写下了《二月晦》：

塞上明妃马，江头渔父船。
新仇谁共雪，旧梦不堪圆。

"渔父船"系用楚辞《渔父》中屈原"安能以身之察察，受物之汶汶者乎？[①]宁赴湘流，葬于江鱼之腹中，安能以皓皓[②]之白，

---

① 察察：洁白。汶汶：昏暗的样子。这句意为怎么能让自己洁白的身体受到外物的污染而变得肮脏。

② 皓皓：白。

而蒙世俗之尘埃乎”之意。这里将屈原与昭君并举，显然是用屈原投江的史事和昭君投江的故事，来表明自己为保持民族气节而下定赴水一死的决心。后两句表现出对南宋王朝灭亡的悲悼和报仇雪恨的强烈愿望。

金朝后期，面对蒙古的军事压力，不少将领妥协投降，文人们借昭君故事，批判无能将领，寄托自己的民族情绪。如金人王元节的《青冢》诗：

环佩魂归青冢月，琵琶声断黑山秋。①
汉家多少征西将，泉下相逢也合羞！②

诗中用昭君投黑江而死，魂魄也要回归汉朝，来与汉家“征西将”对比，说他们与昭君在九泉之下相逢也会感到羞愧。其实“汉家”也是指“金家”。

杨奂《酬昭君怨》则是用冷幽默挖苦怯战的将军：

玉貌辞金阙，貂裘拥绣鞍。

① 黑山：泛指匈奴地区。这两句是袭用杜甫《咏怀古迹》之三的诗意，见本章第三节注。

② 泉下：黄泉之下，即死后埋在地下。合：应该。本诗见《全金诗》第一册卷三七，第482页。又见《中州集》第345页；《青冢志》卷十二，第49页。

将军休出战，塞上雪偏寒。[①]

蒙元时期的和亲大体有两个类型，一类是蒙古与汪古、高昌的和亲，具有政治、军事联盟性质，在汉族文人看来与蒙古内部贵族联姻没有多大区别；另一类是蒙古与西夏公主（察合公主）、金国公主（岐国公主）的和亲，实际上是西夏、金国战败后的纳贡，公主与贡品没有太大区别。蒙古灭南宋后，直接把公主、皇后、嫔妃都作为俘虏对待，连和亲幌子的待遇都没有。这种情况使得元朝许多文人认为和亲就是屈辱，对和亲持反对态度。

蒙古汗国名臣耶律楚材在成吉思汗和窝阔台汗时备受重用，多有建树。他的父亲耶律履在金世宗朝任尚书右丞，他从小就生活在一个早已汉化的契丹贵族家庭里，曾仕金朝左右司员外郎。燕京（今北京市）城破后，他被成吉思汗招用。他虽在蒙古汗国长期官居要职，但对于故国金朝被蒙古军武力征服的惨痛经历也具有无限悲愤，所以多次借歌咏昭君来抒发自己的感叹。他的《过青冢用先君文献公韵》[②]说：

---

① 本诗见《全金诗》第三册，卷一〇〇，第400页。又见《元文集》卷八，第91页；《青冢志》卷九，第22页。

② 先君：指死去的父亲，“文献”是耶律楚材父亲死后被赠的谥号。诗题意为用亡父的韵作诗。

汉室空成一土丘，至今仍未雪前羞。[①]
不禁出塞涉沙碛，最恨临轩辞冕旒。[②]
幽怨半和青冢月，闲云常锁黑河秋。[③]
滔滔天堑东流水，不尽明妃万古愁。[④]

耶律楚材博览群书，精通史事，他当然知道昭君和亲并不是汉朝之“羞”，而是起到了促进汉匈两族和平友好的政治作用，但在诗中却故意说“汉室空成一土丘，至今仍未雪前羞”，这“汉室”实际是指“金室”。

元代著名诗人刘因多次拒绝元朝的征召，表现出很强烈的民族气节。他写了一篇长诗《明妃曲》，其中明显地寄托着对南宋亡国惨痛历史的回顾和感叹：

① 土丘：指青冢。这两句说，汉朝造成昭君和亲的悲剧，至今还没有洗雪羞耻。《湛然居士文集》(《四部丛刊》本）自注：“一作‘可惜冰姿瘗古丘，佳人犹自梦中羞’。”

② 轩：高而有帷幕的车。冕旒：指天子的礼冠，代指皇帝。这两句意为禁不住远涉沙漠出塞的离情，最令人怨恨的是登车上路辞别汉帝的时候。

③ 半：即伴，指月色伴和着哀怨的琵琶声。下句意为静静的浮云无情地闭锁着黑河秋色。

④ 本诗见《元诗选》初集，第349页，〔清〕顾嗣立编，中华书局，1987年。又见《湛然居士文集》卷三，第32页；《青冢志》卷十二，第49页。

宫花无用妾如何，传去哀弦忧思多。[1]
君王要听新声谱，为谱高皇猛士歌！

诗中暗指元兵攻破杭州后，宋理宗谢皇后、宋度宗全皇后以及大量的公主、嫔妃、宫女都被当作俘虏捉到大都的史实。这些事本来与昭君拉不上关系，但作者采用昭君故事为背景，描写南宋朝廷积弱不振，无力保护自己的后宫嫔妃。最后两句沉痛地表示，如果君王再想听宫女们的新歌，那么我们就为皇帝演唱汉高祖刘邦的《大风歌》吧！《大风歌》的歌词是："大风起兮云飞扬，威加海内兮归故乡。安得猛士兮守四方！"[2] 其中既有对国家强盛、良将精兵的殷切期望，又有对南宋帝王贪恋声色、无心振作的批判。

马臻《王昭君图》把昭君比作西施，把昭君和亲看成施美人计，距离历史真实更远：

窈窕佳人绝代无，一辞汉殿尽嗟吁。

① 宫花：宫中众多如花的美女。这两句说宫中美女们自然对保卫国家无用，而我昭君又怎么样呢？其实也是没有用的，只能通过哀弦传达出我的忧思罢了。

② 见《史记·高祖本纪》。这是刘邦在统一全国后，回到家乡沛县时作的歌。此歌气势豪迈，表达了胜利的喜悦和迫切需要"猛士"保卫国家的思想。本诗见《青冢志》卷十，第30页；又见《历代题画诗类》卷四十二。

丹青若恨毛延寿，勾践何功得破吴？[①]

许有壬长诗《题友人所藏明妃图》深深同情昭君的遭遇，敬佩昭君为国牺牲的精神，但旗帜鲜明地反对和亲政策，指名道姓地追究和亲政策的始作俑者娄敬：

和亲纳侮号上策，建议贻谋娄敬责。
妾身虽苦免主忧，犹胜专宠亡人国。[②]

李齐贤是高丽人，与赵孟頫、张养浩等交往颇多，官至鸡林府院君。他的诗《刘敬》更直接谩骂娄敬不是男人：

欲将汉主嫁昆夷，[③]想见当初计划时。
千载明妃心口语，奉春君岂是男儿。[④]

杨维桢《昭君曲》二首之一：

---

① 本诗见《青冢志》卷十，第30页；又见《历代题画诗类》卷四十二。

② 本诗见《青冢志》卷十，第31页；又见《历代题画诗类》卷四十二。

③ 汉主：汉家公主。昆夷：本指西戎，此处泛指西方、北方少数民族。

④ 本句意为即使千载之后，昭君也会心口相问："当初提出和亲之策的奉春君娄敬难道算是男子汉大丈夫吗？"本诗见《粤雅堂丛书·益斋集》卷四，第11页。

胡月生西弯，明妃西嫁几时还？
不见单于谒帝京[①]，只见边烽驰玉关[②]。
汉家将军筑高坛，[③]身骑乌龙虎豹颜。
何时去夺胭脂山，乌乎何时去夺胭脂山？[④]

诗人认为和亲不能起到遏制北方游牧民族的作用，边关仍然常常被侵略。只有靠“汉家将军”才能从根本上解决问题。

明朝是汉族建立的最后一个封建王朝，这个王朝和宋朝一样，宁可割地赔款甚至丧失政权，也拒绝采取和亲政策，究其原因，主要是民族歧视的观念作怪，其中文人们的推波助澜起到很大作用。但作为军人来说，反对和亲政策却体现出爱国、勇武的本色。请看戚继光的《明妃曲》：

王兵不治堕军容，却将颜色下深官。
君王计在弥强胡，非干错画丹青图。

① 不见单于谒帝京：《四部备要》本作“不见单于谒金陛”。

② 只见边烽驰玉关：《四部备要》本作“但见边烽驰玉关”。

③ 汉家将军筑高坛：《四部备要》本作“将军汉家高筑墙”。

④ 本诗见《青冢志》卷六，第46页。又见《铁崖古乐府注·乐府诗》卷二，第14页；《铁崖古乐府》卷二，第18页。

胡儿得意跨马去，烽火依然暗边树。[①]

此诗作为抗敌名将戚继光之诗，不失将军本色，并且能够体现其治军思想和抗倭战略。国家的军队不好好管理、训练，军队纪律涣散、混乱不堪，怎么能够打胜仗？诗人批判君王不想怎么强军，却让美女离开深宫出塞和亲。君王的计谋在于消除强胡的威胁，和丹青画错没有什么关系。实行和亲政策，只是使胡人得意洋洋跨马而去，但边塞的战争威胁依然没有解除。

由明入清的著名历史学家谈迁，写下了长诗《王昭君》，充满同情地描写王昭君的塞外生活，诗末借昭君之口表达了反对和亲的主题：

天子恩益深，金缯颁全部。
微躯本轻尘，庙算弃用武。[②]

申佳胤《昭君》也持这种观点：

倡议和亲孰画筹，琵琶千载恨悠悠。
明妃莫怨毛延寿，建信原贻大汉羞。[③]

---

① 本诗见《止止堂集》。

② 本诗见《北游录·纪咏上》，中华书局，1964年。

③ 本诗见《申端愍公诗集》卷八，第63页。

蔡道宪的长诗《为王嫱毛奴解嘲》，看似游戏之作，实际是反对和亲政策的力作。诗中说：

毛奴虽工不相识，欲肖明妃那可得。
谁为天子画和亲，但说丹青罪误国。
明妃不幸奴亦冤，何须上马寂无言。
一代公卿相对成奇策，无使君王独厚女子恩。[①]

陈子龙是南明著名的抗清将领，也是著名的文学家，曾经被赞为“明诗殿军”。他对王昭君情有独钟，曾经写下两篇长诗歌颂昭君，同时激愤地斥责封建帝王采取和亲政策。《明妃篇》云：“明君慷慨自请行，一代红颜一掷轻。……当年应悔轻相弃，深愧君王杀画师。”[②]另一篇长诗《王明君》云：“我本弱女子，被选当雄兵。男儿畏强虏，辛勤独远行。……岂欲惜一死，恐起汉胡争。天子方厌战，妇人聊苟生。”[③]两首诗都是长篇叙事诗，以昭君口吻依次叙述从入宫到出塞的经过和感受。重点表达对“汉公卿”的批判：昭君的一切不幸都是来自

① 本诗见《青冢志》卷七，第8页；又见《蔡忠烈公遗集》。

② 本诗见〔清〕陈济生编：《天启崇祯两朝遗诗》卷七，中华书局，1958年，第792页。又见《陈忠裕公全集》；《青冢志》卷七，第9页。

③ 本诗见《青冢志》卷四，第25页；又见《陈忠裕公全集》。

汉君臣，天子无能，文臣无谋，武将无勇，这才是让昭君出塞的根本原因。昭君并不是吝惜一死，而是“恐起汉胡争”。昭君忍受耻辱，苟且偷生，“日忧负君托，时闻胡马征”，担惊受怕，只怕匈奴南下，没能完成国君的重托。男子汉畏惧强敌，却将弱女子送去和亲，而昭君因怕引起胡汉争端，连死也不敢，只能聊以偷生。诗中明显地把“天子”当作批判的对象，寄托着爱国的情愫。诗末昭君把沾满自己血泪的苜蓿枝交给南飞的鸿雁，请它们代她赠给汉公卿，希望汉朝君臣们赶快振作起来，富国强兵，用军事实力抵御强敌。

明代文人虽然有很多反对和亲政策，但也有不少诗人能够客观看待和亲政策，肯定和亲能使“边城静”，并且对昭君的爱国情操深表赞叹。如莫止《昭君曲》：

但使边城静，蛾眉敢爱身？
千年青冢在，犹是汉宫春。[1]

汪循《明妃》则进一步把和亲政策与将军死战共同肯定，从而突出歌颂王昭君的爱国主义精神和为国献身的情操：

将军仗钺妾和番，一样承恩出玉关。

① 本诗见《青冢志》卷七，第2页；又见〔清〕沈德潜等编：《明诗别裁集》，上海古籍出版社，1979年。

死战生留俱为国，敢将薄命怨红颜？[①]

对于和亲政策的利弊，往往体会最深的是生活在边疆地区的各民族民众。明代一位不太著名的诗人霍瑛，曾经担任监察御史、通政使等职。他的祖籍是丰州（即今内蒙古呼和浩特），后居马邑（今山西朔州），对昭君以及青冢自然非常熟悉，其诗作也更能够反映边疆少数民族地区人民的昭君观感。他曾经写下《青冢吊明妃》二首：

琵琶弹出汉宫秋，青冢千年姓字留。
多少红颜承主幸，名随身世尽东流。

娥眉出塞万家春，不数将军作虎臣。
但使此身能报国，何妨恩宠属他人。[②]

两首诗全用对比。第一首，昭君弹着琵琶出塞，姓名和青冢都已名垂千古；而那些宫中的后妃们，姓名身世早已随着时间像江水东流一样全都消逝了。第二首，“娥眉出塞万家春”一句，振聋

① 本诗见《青冢志》卷四，第24页；又见《列朝诗集》丙集十六。

② 本诗见《绥远通志稿》卷五十六《诗辑》；又见《古丰识略》卷三十三《艺文上》，第92页。

发聩，见识远超前人。作者从千家万户老百姓的角度评价昭君出塞，自然包括匈奴人民群众。一个“春”字，写出了各民族群众听到昭君出塞、实现和平之后人人拍手称快、户户皆大欢喜的场景，到处洋溢着春意盎然、喜上眉梢的欢乐之情。然后用勇猛的将军做对比。“不数”，意思是“数不上”。与昭君相比，猛虎一样的将军在老百姓心目中根本数不上个。最后两句是昭君内心独白：“但使此身能报国，何妨恩宠属他人。”是把昭君的以身报国高尚情怀与那些一心只求得到皇帝恩宠的人相比较，思想境界的高下一目了然。全诗以评价昭君为主要内容，其评价标准是是否有利于各民族人民和平相处，是否受到各民族人民的欢迎，这在封建社会是难能可贵的。通过对昭君的高度评价，作者对和亲的态度也不言自明了。

明末清初，中原汉族王朝又一次亡于北方少数民族建立的政权，其中表现民族气节之作特别值得注意，关于和亲是非的争论反而不太重要了。如明末抗清志士陈邦彦的儿子陈恭尹的《明妃怨》等。而叶向高《题赵子昂明妃出塞图》则是隐晦曲折地讽刺变节者：

三千粉黛泣长门，嫁得单于亦主恩。
貌取红颜无限恨，集贤学士宋王孙。[①]

---

① 本诗见《青冢志》卷十，第35页；又见《冶南诗薮》。

赵孟頫是宋太祖赵匡胤十一世孙、秦王赵德芳嫡派子孙。南宋灭亡后，程钜夫将他引荐给元世祖忽必烈，忽必烈对他的才华大为欣赏，任命其为集贤直学士。他的绘画开创了元代新画风，被称为“元人冠冕”。他画的《明妃出塞图》在绘画史上很有名气，其中可能寄托着他作为宋朝的凤子龙孙却出仕元朝的无奈和愧疚。叶向高这首题画诗，表面上赞赏画面生动，能够“貌取红颜无限恨”，实际却是拿昭君与赵孟頫对比：昭君嫁到匈奴是得到皇帝恩准的爱国义举，而赵孟頫作为宋朝王孙却丧失气节，做了元朝的集贤学士。

清朝统治者对和亲政策的态度，可以康熙帝的态度变化作为标本来研究。现存康熙帝写的昭君诗词多达六首。作为封建帝王，康熙帝是最注意研究王昭君的一位。康熙三十五年（公元1696年），康熙帝在昭莫多之战打败噶尔丹主力之后，九月巡视边塞地区，十月十三至归化城（今呼和浩特市）拜谒青冢（昭君墓），写下《昭君墓并序》。其序文很长，先回顾自己的赫赫武功，再写参观昭君墓所感。其所感都是由昭君引发的有关于国家治理方面的感想，如加强边防、善待降众、正确对待不得志的人才、妥善处理与少数民族关系等。最后说明写作目的：“因之有感于治理，遂成八韵。”诗中明确反对和亲：

“欲笑和亲失，还嫌饵术迂。”[1]但是，到了晚年，康熙帝对和亲政策的态度来了一个一百八十度大转弯。他的《王昭君》诗说：

自逞容颜轻画工，不辞跨马往沙漠。
安边岂必事甲兵，汉家此计称上著。[2]

康熙帝对和亲态度的转变，和白居易的态度转变有着相似之处，说明随着年龄增长，阅历丰富，思想成熟，对和亲的认识就不那

---

① 饵术：指是西汉贾谊曾经建言用“五术”应对匈奴。康熙帝《昭君墓并序》序文：“匈奴梗化边陲，自周秦汉唐，无代不有。顷朕于春夏亲统六师，破厄鲁特噶尔丹于克鲁伦河西北，复于秋九月西巡，由张家口出塞，抚察我边鄙。厄鲁特败残之众，降者踵至，其头目来归者，咸予近职，开诚示信，绝无猜疑。冬十月十三日至归化城，为我兵屯戍之所。城南十余里，土阜突然，传为昭君墓，即《志》所云‘青冢’也。昔有不得志于功名或身遭迁谪，往往托昭君怨而为诗，以写其抑郁。则在当日之怨极而悲，又不知何如。此冢之留兹土，适足为汉讥焉。我国家舆图远大，遐迩诸部落，世世臣属，奔走不暇，凡有驱策，如臂之使指，甘为仆婢而不辞。恒自缅怀先烈，敢不慎修思永。夫昭君墓何足咏也。因之有感于治理，遂成八韵。”其诗：“南北分天地，存亡见庙谟。含悲辞汉主，挥泪赴匈奴。目睹当年冢，心怀四海图。葆旌巡远徼，藩落效驰驱。欲笑和亲失，还嫌饵术迂。开诚示异族，布化越荒途。漠漠龙沙际，寥寥雁塞隅，偶吟因有触，意独与人殊。”见《康熙帝御制文集》（二）卷四十七，第1305页；又见《康熙诗词集注》第351页，王志民、王则远校注，内蒙古人民出版社，1994年。

② 本诗见《圣祖仁皇帝御制诗集》三集，卷九十九。

么感情用事。凡是认真、冷静、全面、科学思考边疆政策的政治家，都会对和亲政策有一个正确态度：安边不一定非要靠武力，与战争相比，和亲可能更是上策。这种态度也为清朝的和亲政策制度化定下了调子。

清朝作为少数民族建立的政权，“华夷之辨”、民族歧视观念相对淡薄，加上康熙帝肯定昭君和亲的态度，清朝许多诗人对昭君和亲都做出积极评价。例如顾景星的《王明妃》：

李陵不背汉，王嫱悲集羌[①]。
君恩不肯再，断绝彼中肠。
丈夫各异志，女子亦有行[②]。
但恐兰蕙[③]晚，不辞关路长。
行行去故里，戚戚来此邦。
盭绶耀金玺，云是单于王。[④]
毡帷出宛转，椎伎争扶将。[⑤]

---

① 羌：代指匈奴。

② 行：品行、节操。

③ 兰蕙：兰、蕙都是香草名，多用于比喻道德高尚者。如屈原《离骚》：“余既滋兰之九畹兮，又树蕙之百亩。”

④ 盭绶：绿色的丝带，古代诸侯王所佩戴。单于王：单于是匈奴最高统治者称号，诸侯王是汉朝所封。

⑤ 宛转：温柔和顺的样子，形容昭君从毡帐出来的体态。椎伎：即椎髻，一撮之髻，形状如椎的发型。

白璧双报汉，为欢殊未央。[①]
晨瞻欃枪落，夜失旄头芒。
久戍获归国，病马亦解缰。
长安百万户，共道蛾眉强。[②]

诗人认为李陵并不是真心投降匈奴，他还在伺机报答汉朝；王嫱悲居匈奴，同样是为国出力。汉元帝对昭君不再有什么恩惠，昭君对皇帝也断绝了怀念之情。昭君虽是女子，却比某些男子更有节操，品行更为高尚。“但恐兰蕙晚，不辞关路长”两句，用屈原比喻昭君，称赞昭君像屈原那样情操高尚、抱负远大，唯恐虚度年华，辜负自己的青春美质，不能及时实现自己的宏大志愿，故不怕关山道路的遥远，毅然决然走上和亲道路，为国奉献，承担重任。以下写昭君不远万里，来到匈奴，单于盛装出迎昭君，场面隆重热烈。昭君从毡帐车上掀帘下车，仪态万方，她的美丽惊呆众人。匈奴侍女争着搀扶昭君下车。单于送上白璧一双，以报汉朝恩惠。昭君嫁到匈奴，生活欢乐，美满幸福。“晨瞻欃枪落，夜失旄头芒”句，“欃枪”即彗星，古人认为彗星出现，表示将要发生战争；“旄头”即昴星，古人迷信，认为昴星代表战祸。早晨看到欃枪星落下，夜晚旄头星也消失了，比喻战祸因昭君和亲而停止。以下描绘汉朝、匈奴一

① 殊：很。未央：不尽，没有停止。

② 本诗见《青冢志》卷五，第27页；又见《白茅堂集》卷三，第1页。

片和平景象：久戍边关的战士能够各自归国返乡，疲惫的战马也能够解缰休息；长安城里的千家万户都共同称赞昭君，认为一个柔弱的女子确实胜过百万雄兵。

叶廷芳的《昭君墓和友人作》也盛赞昭君：

漠漠黄沙冢独青，何须篇简著芳型。
安刘直继苏卿节，自是穹庐胜掖庭。[①]

诗人站在昭君墓前，面对漠漠黄沙，只有昭君墓青翠耸立。诗人感叹："这就是老天爷给昭君的评价，何须历史学家给昭君树碑立传！"后两句用周勃安刘、苏武牧羊两个典故高度评价昭君的历史地位。刘邦病危时嘱咐吕后："周勃厚重少文，然安刘者必勃也。"后来吕后称制，吕后诸兄弟阴谋夺取刘氏政权，被周勃等人诛杀，使刘氏政权转危为安。苏卿，即苏武，他被困在匈奴十九年，坚持爱国情操不变。昭君可以说是直接继承苏武忠贞的节操，用自己的努力使刘氏政权得到和平安定。她在匈奴穹庐中的生活远远胜过在汉朝宫廷啊！

黄世成《题昭君图》：

美人何所怨，图画已成名。

---

① 本诗见《青冢志》卷十二，第52页；又见《花余亭诗存》。

不作倾城孽，还为却敌兵。
安危双主重，社稷一身轻。
青草终心汉，千年地下情。[1]

作者作有多首昭君诗，以这一首最有代表性。“安危双主重，社稷一身轻”，能够从汉朝皇帝和匈奴单于“双主”的角度分析问题，能够强调昭君对社稷的担当，作者是很有眼光的。陆次云的《明妃曲》“安危大计在和亲，巾帼应推社稷臣。但得妾行烽火息，汉朝谁敢说无人”，也是肯定和亲的。

当然清朝时期，借昭君故事发表反对和亲之论的诗作仍然很多。例如清初刘献庭《王昭君》二首之一云：

六奇已出陈平计，五饵曾闻贾谊言。
敢惜妾身归异国，汉家长策在和番。

此诗写汉朝君臣没有足够的力量和正当的方法去对付匈奴，只知道用美人计。在西汉高祖时，大臣陈平曾六出奇计，使汉朝转危为安，其中一计是派人游说匈奴阏氏，得以解高祖平城之围。汉文帝时，大臣贾谊也曾经建议用五种诱饵来控制匈奴单于，其中第三饵就是“赐之音乐、妇人，以坏其耳”。由此可见，以和亲

① 本诗见《青冢志》卷十，第37页；又见《平庵诗集》。

的美人计来缓和外侮，乃是汉家朝廷的祖传秘方和长远政策，那么王昭君岂敢爱惜自身，不去远嫁异国呢？全诗征引史事、联系自身，委婉但又辛辣地嘲笑了统治者的软弱无能。当然，作者也不得不承认和亲是汉朝处于弱势时应该采取的“长策”。

其他如清人袁枚的《昭君》“知道君王终遣妾，将军不赐赐匈奴”，委婉曲折，婉而多讽；张士涣《明妃曲十首和梅赞臣韵》“不知肉食谁谋国，万里长城是妾身”[①]，都是运用反语，反对和亲，并且对软弱无能的君臣进行辛辣的嘲讽。

清代讽刺边将无能的诗作特别多，这大约是由于明朝末年并没有对清实行和亲，而明亡于清的重要原因之一是边将的颟顸无能和叛变。例如王夫之的《昭君怨》词，题曰“本意”（即以词的调名为题目，写昭君哀怨），词云：“千古英雄一泪，只在琵琶声里，冷笑看功臣，画麒麟……”这里洒的不是昭君的儿女泪、乡关泪，而是王夫之本人爱国无门、请缨无路的英雄泪。他冷笑着看那些画在麒麟阁上的“功臣”们，其实他们都是腐败的官僚、庸碌的将相，是葬送国家和民族的罪人。其所指显然是明末周延儒、洪承畴、吴三桂之流，他们确曾被崇祯皇帝倚重，同于麒麟阁上的功臣。作者对他们的蔑视和批判是显而易见的。

还有一首很有趣的昭君诗，在《红楼梦》第五十一回《薛

---

① 肉食：吃肉的人，指朝廷大臣们。语出《左传·庄公十年》。谋国：为国家出谋划策。

小妹新编怀古诗》中。这是一首谜语诗，题为《青冢怀古》，作者是红楼才女薛宝琴，当然真正的著作权还是属于曹雪芹。这首诗也曲折地表达了对投降妥协政策的批判：

> 黑水茫茫咽不流，冰弦拨尽曲中愁。
> 汉家制度真堪羡，樗栎应惭万古羞。

诗的主题是凭吊昭君墓，描写塞外草原上黑水呜咽，为之不流，好像被昭君弹奏的哀愁之曲感动了。然后用反语说，汉家的屈辱和亲制度真是令人羡慕，不用文武大臣，只用几位美女就保护了朝廷的安全。“樗栎”是《庄子·逍遥游》中说的一种大而无用、不中绳墨的大树，喻指那些所谓国家栋梁的文武大臣。难道他们在万古之后不感到羞惭吗？这首诗的谜底应该是砚台，“黑水”句指磨墨时的墨汁浓稠不流；“冰弦”句形容磨墨时的动作和声音像拨动琴弦一样；“汉家”句暗指笔砚发明于汉代；“樗栎”句暗含一个“墨字”（从“不中绳墨”而来）。这首诗构思精巧奇妙，含蕴深婉无穷，是寓政治于游戏的佳作。也有读者持不同意见，认为这首诗的谜底应该是墨斗，即木匠画直线的工具。诗中每一句均有双重含义。“黑水”明指昭君墓附近的大黑河，暗指墨汁；“冰弦”明指琵琶的弦，暗指墨斗中的弹墨线绳。表面意思是昭君弹奏的琵琶凄凉幽咽，竟然使大黑河水也凝咽不流。深层含义指墨斗中的墨汁不会流动，墨斗中的弹墨线却能够不断抽动。“樗栎”即臭椿树和栓皮栎，这两种树不中绳墨，木质庸劣，不能制造家具等物，只能烧木炭、做墨汁。这里暗指汉朝将帅无能、无用，不能抵御外侮，只能依靠妇女去和亲，实在是万古遗羞。“汉家制度诚堪笑，樗栎应惭万古羞”，表面含义是汉朝制定的和亲政策实在可笑，那些无能的将帅们应该永远感到羞愧；另一层含义指墨斗发明于汉朝，樗栎只能烧木炭、做墨汁，暗含一个“墨”字。两种谜底争论多年，未有定论。

民国时期的昭君诗与清朝时总体情况相近，因为边疆危机加重，反对和亲之作很多。如蔡东藩《前汉演义》第九十四回，题为“斩郅支陈汤立奇功，嫁匈奴王嫱留遗恨”，其中有《昭君》诗：

娄敬和亲号罪魁，宫妆辱没剧堪哀。
如何番虏投诚日，尚使红颜出塞来?

作者熟悉西汉历史，他认为汉朝国力不足时实行和亲，虽然屈辱，尚可理解，为什么呼韩邪已经投诚，还要昭君出塞呢？他只把和亲看作权宜之计，没有战略眼光。

综上所述，和亲作为封建国家处理边疆问题的“三大法宝”之一，在实践中是经常采用的，只有宋、明两朝因为民族歧视和舆论干扰没有和亲。但是关于和亲利弊的争论却延续了很长时间，然而争论双方无论分歧多么大，在爱国主义和同情昭君、肯定昭君牺牲精神方面又是一致的，所以昭君已经成为历代文人抒发爱国主义感情的绝好题材。同时也应该看到，历代借昭君故事来表达反投降、反妥协政策，歌颂民族气节和抒写爱国情怀的诗作是非常多的，经过数千年的沉淀堆积，从而形成一种母题原型："昭君""和亲""屈辱""妥协""投降"，统统画上了等号。他们大都认识不到中原汉族与边疆少数民族相处，除了用军事实力做后盾，还应该主动采用和平的方法、友好的方法去处理双方的关系。其根本原因在于，在封建社会中都不同程度地存在着对少数民族的歧视和仇恨，有的甚至抛开民族间战争的阶级内容，既不区分发动战争的上层统治者和被胁从的下层民众，又不论战争的是非曲直，一味谩骂攻击少数民族，往往显示出强烈的大汉族主义和落后的封建民族观念。

第二节　探讨民族关系，崇尚民族气节

自古以来中国就是一个多民族国家，如何处理各民族之间的关系，始终是政治家乃至普通民众面临的重大问题。由于汉族占据国土中心地区，少数民族大多居于边疆地区，所以民族问题往往又与边疆问题相互交织。历史上的昭君诗词也常常把两者混在一起，我们把民族问题与边疆问题剥离开来论述，是

为了能够更明晰地分析问题。

历史上各民族政权处理民族关系的方法手段很多，归纳起来，无非就是“战”“和”两手，总体上看是以和为主。中华各民族关系发展的规律就是各民族之间虽然有矛盾、碰撞，甚至战争，但最终都要走向交流、互补，直至相互融合，从而成为多元一体的中华民族的组成部分。和亲作为统治者处理民族关系的政治工具，是民族之间和平交往的高级形式，无论和亲的动机、效果如何，它在客观上都要比战争手段好得多。因为战争往往制造民族之间的仇恨，强化民族隔阂，不利于民族团结、交融。而和亲则有利于促进民族间的经济文化交流，有利于祖国统一和社会进步，有利于削弱民族偏见，最起码也会暂时缓和民族矛盾，稳定边疆局势，因此和亲在中华民族形成、发展、进步的过程中，起到了一定的积极作用，就其客观效果来说是值得肯定的。

然而，在封建社会，人们对民族关系的看法，占主导地位的还是大汉族主义观点，这也导致了对和亲的负面评价比较多。在中国历史发展过程中，以华夏族为前身的汉族很早就居于主体民族的地位，以后随着自身的扩张、迁移和其他民族成分的融入，不但在人口数量上高居首位，而且在经济文化上长期保持着总体上的优势，成为中华民族的主体和核心。这种情况就造成了汉民族的优势心理。加以历代汉族封建统治阶级总是执行民族压迫政策，对其他少数民族采取歧视态度，视之为蛮夷，所以这种优越感在封建社会的文人中是普遍存在的。

例如，现存最早的焦延寿咏昭君诗虽然肯定了民族之间“交和结好，昭君是福”，但毕竟还认为匈奴是“异类”。到了西晋石崇的《王明君辞》便流露出更加浓厚的大汉族主义倾向。诗中写道：“殊类非所安，虽贵非所荣。……昔为匣中玉，今为粪上英。”这首诗荒谬地认为昭君的痛苦和怨恨不是入宫，不是思乡，而是因为所嫁之人“非我族类”。它美化了汉朝最高统治者，丑化了少数民族；它把昭君为顾全汉匈和好大局而再嫁呼韩邪单于前阏氏之子（诗中故意不说明这一点，容易给人造成再嫁亲生之子的错觉），说成是违背人伦的奇耻大辱，“父子见凌辱，对之惭且惊”；写昭君是求死不得，苟且偷生，“苟生亦何聊，积思常愤盈”。诗中的腐朽封建道德观念和大汉族主义思想产生了很消极的影响。与这种民族观相联系，再加上儒家思想的深入影响，民族气节观念在汉族的发展进程中占有重要的地位。尤其是在国破家亡之际，这种思想更为强烈。例如南宋灭亡之后，昭君就成为许多遗民的偶像，南迁遗民借以抒发自己坚持民族气节、怀念故国乡园的感情。金元时期，不满于少数民族统治者的汉族文人更是借昭君故事，寄托自己的民族情绪。

元代徐履方《明妃曲》：

汉家威德震八区，稿街数致穷单于。
材官驺发一当百，郅支桀黠干先诛。

呼韩生全恩已殊，翻令画史图名姝。
佳人饮恨心语口，事有倒置令人吁。
粪溷飞花尚可惜，久矣胡人轻汉室。
肯援骨肉餧饿狼，长主幸存徼姥力。
当时隆准岂孱主，忍许娄郎开下策？
赂遗犬马古有之，责贡何尝及颜色！
殷勤为托舅甥恩，不见头曼𫚄鸣镝。[①]

此诗回顾昭君和亲的时代背景，认为在汉朝强大、匈奴衰落的情况下，汉朝没有必要再派昭君和亲。他甚至把昭君出嫁匈奴比喻为“粪溷飞花”“援骨肉餧饿狼”，可见其民族偏见是比较严重的。

明朝与蒙古势力长期对峙，民族对立情绪强烈，加之妇女的贞节桎梏日益强化，以致出现了李有朋《明妃新曲》这样辱骂昭君的作品。[②]他谩骂昭君“新恩育女不知丑”，“只把传闻污掖庭”，甚至认为昭君青冢也是“千载羞遗灵”。清代也许是因为少数民族掌握政权，歧视少数民族的诗作比较少见。

总之，历代借昭君故事来表达作者对民族关系的看法，歌颂民族气节和抒发爱国情怀的诗作很多。经过数千年的沉淀堆积，几乎形成一种“昭君”母题原型，但其中大多把“昭君”“和亲”与“屈辱”“妥协”“投降”联系在一起。这种积淀如此之深，

① 本诗见《青冢志》卷六，第46页；又见《元诗选·癸集》。

② 见《青冢志》卷七，第6页。

甚至淹没了真正的历史。尽管这些作品在作者们各自的时代都有一定的积极意义，但是他们又几乎都不能认识昭君出塞对民族友好事业的巨大贡献；几乎都不能认识中原汉族与边疆少数民族相处，除了用军事实力做后盾，还应该采用和平的、友好的方法来处理双方的关系。其根本原因在于封建社会中根本不存在民族平等、团结互助的基础。另外，这些作品都不同程度地存在着对少数民族的歧视和仇恨，有的甚至不问是非曲直，一味谩骂、攻击少数民族，往往显示出强烈的大汉族主义情绪和落后的封建民族观念。

中国历史上民族间的歧视也好，斗争也罢，都不是历史的主流，各民族在不断地摩擦、碰撞中进行交流、合作，直至融合，才是历史的必然趋势。在浩如烟海的古代昭君题材作品中，也有不少作者能够从历史事实出发，极力矫正普遍存在的偏颇之词，实事求是地分析竟宁和亲的时代背景，尽力真实地描绘昭君出塞的过程，肯定当时决定和亲的正确性。还有一些作家，在一定程度上摆脱了民族偏见，通过艺术作品，探讨昭君出塞的动机，肯定她在历史上的重要地位，热烈赞扬了她所做出的杰出贡献，表现人们期盼民族友好的情绪，热情讴歌昭君出塞带来的民族友好、和睦的新局面。

如唐代张仲素的《王昭君》：

仙娥今下嫁，骄子自同和。

剑戟归田尽，牛羊绕塞多。[1]

诗人赞颂汉匈和好给两族人民带来的和平安乐生活。他把昭君比作天上的仙女降到人间；同时又不贬低少数民族，把单于称为"天之骄子"。诗中强调双方自愿"同和"，平等相待，从而化干戈为玉帛，实现了剑戟归田、牛羊绕塞，民族空前团结，经济高度繁荣，人民安居乐业的大好局面。诗作以浪漫加写实的笔法，勾勒出一幅生动的和平生活画面。

元代虞集《题昭君出塞图》：

天下为家百不忧，玉颜锦帐度春秋。
如何一段琵琶曲，青草离离咏未休！

元代统一天下为一家，诗人也能够视汉和匈奴为一家，在民族关系上有大胸怀，有新观点。诗中描写昭君在匈奴过着无忧无虑的快乐生活，为什么有人喋喋不休地吟唱琵琶曲，认为她是悲剧人物呢？

元代马致远散曲《〔南吕〕四块玉·紫芝路》：

雁北飞，人北望。抛闪煞明妃也汉君王。小单于把盏呀

① 本诗见《全唐诗》第4137页；又见《青冢志》卷四，第18页。

刺刺唱。青草畔有收酪牛，黑河边有扇尾羊，[①] 他只是思故乡！[②]

马致远对昭君有着深入研究，他的杂剧《汉宫秋》把昭君写成在边界投黑龙江而死，明显是不符合历史真实的虚构。在这支散曲中，马致远尊重历史，真实地描写了昭君在匈奴的生活。曲中唱道，汉朝皇帝把昭君抛弃得实在太苦了。而小单于（亲切称谓）却极力为昭君解开忧愁，又是唱歌，又是劝酒，歌唱匈奴物产丰美，劝慰昭君安心塞外生活。这样，昭君的痛苦就只是思乡而已。

明代赵介《题昭君图》：

玉筯啼红别汉京，天骄含笑拟长城。
傍人莫讶腰肢瘦，犹胜嫖姚千万兵。[③]

诗中描写昭君出塞，使匈奴欢喜，实现和平友好，不再犯边，故可以比作长城，看似柔弱的昭君远远胜过霍去病的百万雄师。

到了清代，由于少数民族掌握政权，中原的人们对少数民

---

① 收酪牛：即乳牛。扇尾羊：胡羊。〔明〕李时珍《本草纲目·羊》附录引《方国志》："大食国出胡羊，高三尺余，其尾如扇，每岁春月割取脂，再缝合之，不取则胀死。"

② 本曲见《乐府群珠》卷二，第77页。又见陈乃乾辑：《元人小令集》，中华书局，1962年，第161页；隋树森编：《全元散曲》上，中华书局，1964年，第234页。

③ 本诗见《青冢志》卷十，第35页；又见《皇明风雅》卷三十八，第7页。

族有了更多了解，歧视心理减弱，对和亲也有了相对客观的态度。如胡夏客《王明君辞》（四首）：

旃裘款塞罢弯弧，欲立阏氏请汉姝。[①]
但就掖庭遴粉黛，至尊亲按美人图。[②]

美人光艳六宫惊，为结单于当远行。
竟别紫台将出塞，韦鞲稽颡后先迎。[③]

出塞香车关路长，焉支[④]妇女学宫妆。
穹庐自此多颜色，草已青青拒雪霜。

水草逐居驼马繁，拥妻世世款中原。
他时舅甥今翁婿，绝国长亲大汉恩。[⑤]

这是一组既尊重历史真实，又富于艺术美感的杰作。四首诗分

① 旃裘：皮衣，此处代指呼韩邪单于。款塞：扣塞门，指前来要求和好。弯弧：把弓拉满，准备放箭，代指战争。汉姝：汉朝的美女。

② 遴：选择。粉黛：妇女的化妆品，代指美女。至尊：指汉元帝。

③ 韦鞲：皮革做的臂衣，代指匈奴人。稽颡：伏地叩头。

④ 焉支：即焉支山，代指匈奴。

⑤ 本组诗见鲁歌等编：《历代歌咏昭君诗词选注》，长江文艺出版社，1982年，第198~200页；又见《谷水集》。

别选取四个重要阶段，展示昭君出塞对于民族之间实现和平、和睦、和谐的重大贡献。第一首，赞颂昭君和亲的两位决策者。呼韩邪单于毅然决定停止战争，与汉朝和好，为了表达诚意，亲自入塞求亲；汉元帝欣然决定接受匈奴的求亲，亲自按图选择美女出塞。第二首，王昭君的美貌使六宫嫔妃为之惊叹，她为结好匈奴主动请求远行。出塞途中，匈奴王公大臣和牧民百姓争先恐后地伏地叩头，欢迎昭君阏氏。第三首，在昭君出塞的漫长时空里，她把中原许多先进的生产生活技术、知识带到匈奴，连匈奴妇女也学会了汉宫的梳妆打扮。匈奴妇女个个变得那么漂亮，在穹庐中光彩照人；连草原的青草也更加青翠茂盛，更能够抗拒雪霜，更加富于生命力。第四首，匈奴由于实现与汉朝和平友好，可以在水草肥美之地游牧，驼马繁盛，人畜两旺，于是他们更加拥戴昭君。昭君代表的是大汉王朝，拥戴昭君实际上就是拥护和平友好政策，就是世世代代与中原通好。“他时舅甥今翁婿”句是说，自汉高祖和亲之后，惠帝、文帝、景帝都奉行不变，按照汉家风俗，嫁出去的姑娘生的孩子就称娘家的兄弟为舅舅，这样汉朝匈奴就成了舅舅和外甥关系。过去是舅舅和外甥关系，今天外甥又娶了舅舅家的姑娘，又变成岳父和女婿关系，真是亲上加亲。“绝国”指极远的国家。他们也与大汉永远相亲相爱如一家人。作者具有天下一家、世界大同的胸怀。

吴光的《明妃曲》同样认为和亲是“长策”：

一辞凤阙赴龙沙，玉帐风清雪作花。
记得昭阳歌舞伎，空调汉女入琵琶。
安边长策是和亲，白草黄沙满地春。
枉却画工无罪死，谁传妾貌上麒麟。

这首诗描写自从昭君辞别汉宫来到匈奴，匈奴实现了和平，社会安定，人民生活美好。玉帐温馨，风清气正，下雪都像落花纷纷。“玉帐风清雪作花”，正是人民生活美好的写照。但是有些人只认为昭君是昭阳宫的歌舞宫女，错误地把昭君出塞谱成哀怨之声，写入琵琶曲中。“安边长策是和亲”，“长策”就是良策，长治久安之策。和亲是安边定国的正确政策，不但有利于汉朝，而且给沙漠、草原地带的匈奴带来了明媚温暖的春天，使匈奴百姓安居乐业，共享太平。作者肯定昭君出塞使匈奴社会实现安定、和平，和亲给荒漠塞外带来了满地明媚春色。他借昭君之口提问：“如果把画工无罪冤枉处死，还有谁能够把我的像画到麒麟阁上呢？”此诗另辟蹊径，不但从汉朝角度肯定和亲政策，而且从匈奴角度描写，认为昭君为匈奴人民带来满地春光、生活安宁和经济繁荣。最后赞颂昭君为汉朝匈奴都立下大功，应当画像麒麟阁，永载史册。作者独具慧眼，在民族观方面也比较具有平等意识。

陆耀《王昭君辞并序》篇幅很长，其序在详细考证了自《西京杂记》以后的昭君故事、诗词之后，不但否定了毛延寿丑图之说，而且进一步肯定正史的记载，高度赞扬了昭君自请出塞的行为。[①] 他的长诗《王昭君辞》云：

天子坐明堂，单于上朝谒。
顾问红粉群，谁能为此别？
昭君前致辞，意气何决烈。
群臣视愕眙，天子心吁咈。
何以事呼韩，忠信为开说。
何以报汉恩，羁縻勿侵夺。
脚下远游履，腰间明月玦。
上马不执鞭，秋风杨柳歇。
萧萧騦马尘，岁岁输无绝。
坐使亭燧安，并撤外城卒。
乃知烈女胸，羞与群婢列。
始乏箕帚劳，终树干城节。
至今青冢草，牛羊不敢龁。[②]

这首诗颇值得注意，它所刻画的王昭君形象完全不同于历代娇弱涕泣的王昭君，而是花木兰式的巾帼英雄，有胆有识，敢做敢为。全诗有意模仿《木兰辞》的写法，集中刻画了昭君自请和亲时“意气何决烈”的慷慨气势和群臣、天子心中由惊愕而

① 见《青冢志》卷八，第11页；又见《湖州诗录》。
② 《青冢志》把序与诗分开编排，序在卷三。本诗又见《切问斋集》。

佩服而感动的情感。作者想象，昭君到匈奴后，以忠信大义说服单于，劝阻侵夺，实质上是充分肯定了她的大智大勇、目光高远。昭君的形象也不是传统诗词所描绘的那种弱不禁风、婀娜悲泣，只为个人遭际而蹙眉愁苦的样子，而是一个典型的跃马扬鞭、驰骋塞外的女杰形象。至于昭君的贡献，作者也紧紧抓住维护和平和促进物资交流来写，汉匈马市岁岁来往不绝，边亭烽烟多年不起，连外城守兵也可撤离。这是一幅多么安定和平的友好交往图！作者高度评价昭君，说像她这样胸怀报国壮志的烈女子、奇女子，当然羞与汉帝后宫众女并列。她虽没有当成皇帝的宠妃，却成为国家的栋梁，为民族友好建立了功勋。作者借当年流行于青冢一带牧民中的神话故事，意味深长地写道："像昭君这样伟大的女性，她死后，坟上的青草连牛羊也不敢啃吃。这种带有神话色彩的褒扬，充分表现出人民群众对昭君的崇敬。"

张远《昭君》则从跨民族婚姻产生跨民族血缘关系子女的角度去咏叹：

玉颜终古葬风尘，只为当时惜一身。
不信琵琶还有泪，伊屠须卜是何人！①

汉朝多少美女籍籍无名于历史风尘之中，只因当时爱惜自身，

①《青冢志》把序与诗分开编排，诗在卷八，第14页。本诗又见《切问斋集》。

不愿报名出塞。而昭君却获得了幸福，她与两代单于生养儿子伊屠智牙师，女儿须卜居次、当于居次，子孙后代在匈奴位高权重，在汉朝也备受尊崇。“伊屠须卜是何人”？是汉和匈奴两大民族友好的结晶，是民族友好的血缘纽带。生得子女如此，应该是昭君的最大幸福，因此琵琶哀怨之事令人不能相信。

郭绩昌《明妃出塞图》：

未甘永巷闭青苔，一曲琵琶出紫台。
为谢汉家天子使，阏氏自好不思回。[①]

诗中描绘昭君不甘于闭锁汉宫的囚笼生活，弹着琵琶慷慨出塞。汉朝使者接她回汉朝，她回答：“我在匈奴贵为阏氏，生活很好，不想回去了。”诗人可谓唱出了昭君心声。

在青冢脚下，立着一通石碑，碑上刻着清代彦德的一首诗，题为《青冢》，诗与碑文曰：

闺阁堪垂世，明妃冠汉宫。
一身归朔漠，数代靖兵戎。
若以功名论，几于卫霍同。
人皆悲远嫁，我独羡遭逢。
纵使承恩宠，焉能保始终。

① 本诗见《青冢志》卷十，第40页；又见《击钵吟·鄂集》。

至今青冢在，绝胜赋秋风[①]。

——镇守绥远城等处将军兼管右卫归化城土默特官兵调遣宣大二镇官兵世袭云骑尉彦德题[②]

彦德，满洲正黄旗人。曾任绥远城将军，镇守绥远城六年（道光十一年至十七年，公元1831—1837年）。此碑刻于道光十三年（公元1833年），现存昭君博物院。作者作为封疆大吏，又是少数民族，从民族关系方面看昭君，角度新颖，眼界高远，此诗写出了不同于一般汉族文人的见识。首联高度肯定昭君的历史地位：在历代妇女中，能够流芳百世的人，汉宫中的王昭君可以名列第一。原因无他，只因她一人出塞，便使数代没有战祸。数代，指西汉元、成、哀、平四代皇帝，如果加上昭君家族后代的作用，应该包括西汉、新莽、更始、东汉四个朝代。诗中接着说，如果以功绩和名声相比，昭君几乎与卫青、霍去病相同。人们都为昭君远嫁悲伤，诗人却独独羡慕昭君遇到了好机会，抓住了好机会，从而使自己的人生得以升华。"独羡"

① 赋秋风：代指汉成帝皇后班婕妤。汉成帝原来宠幸班婕妤，后来转而宠爱赵飞燕姐妹。班婕妤失宠后作《怨歌行》，把自己比喻为团扇，秋风起便弃之不用。

② 本诗见《绥远通志稿》卷五十六《诗辑》；又见《古丰识略》卷三十四《艺文下》。

二字显示出作者宽阔的胸怀和有所作为的人生理想。诗人清醒地指出，昭君在汉宫即使得到皇帝恩宠，又能够保证有始有终吗？看看眼前高大的青冢，就会明白昭君是远远胜过汉成帝皇后班婕妤那些人的。全诗气势磅礴，豪气干云，音调铿锵，一气呵成。

胡珍府《游张垣诗》：

蒙汉通家戍幸闲，[1]昭君无复怨红颜。
奔腾塞外居延水，千里来龙天镇山。[2]

胡珍府，云南人，清末曾经在张家口一带为官（“张垣”是张家口的别称）。诗人认为，昭君出塞实现了蒙汉（应为匈奴与汉）通家之好，双方的戍边战士都可以得到休息，因此她也不再怨恨红颜薄命。居延水，即今额济纳河，在今内蒙古阿拉善盟额济纳旗。作者原注：“西洋河源出山西天镇山，经蒙古地入口东河下入桑干河，即《水经》所云居延水也。”居延水与西洋河、桑干河无关。诗人所述地理与事实并不相符，但他的意图在于说明长城内外山相连、水相通，蒙汉人民自然而然就形成亲密

① 蒙汉：实际应为匈奴与汉。通家：指世代交好和姻亲关系。戍：守边，也指守边战士。闲：安静，悠闲。

② 来龙：指山脉走向，即来龙去脉。本诗见《历代歌咏昭君诗选注》，第306页。

友好的亲戚关系。

民国时期是中华民族观念形成的重要时期，诗人们对民族关系的认识更加具有现代色彩。张相文《王昭君墓下作》（诗前小序曰“在归化城南十余里大黑河畔。”），就表现出“五族共和”等许多新观念：

王嫱昔远嫁，千载为悲伤。
岂知侠义气，乃非儿女肠。
人生志报国，那复畏遐荒。
一身投朔漠，万里靖欃枪。
既保紫泥塞，更开白水乡。[①]
甥舅情相洽，子孙谊难忘。
悬知绝新莽，定计出帷房。[②]
单于投袂起，征发遍朔方。
平林诸将帅，雷雨会昆阳。[③]

---

① 白水乡：汉光武帝刘秀起兵于白水乡。这两句意为昭君和她的后代，既为西汉保护了长城一带的安宁，又为东汉建国立了大功。

② 新莽：王莽建立的政权国号为“新”，故称“新莽”。以下写王莽篡汉后，对匈奴实行了一系列歧视政策，引起匈奴强烈不满，于是断绝与新莽的关系，征发大军，向王莽兴师问罪，北方陷入战乱。

③ 这两句意为平林（在今湖北省随州市东，王莽地皇三年，即公元22年，陈牧等在此率众起义，号平林兵）等地的各路起义队伍迅速集结于昆阳（在今河南省叶县），击溃王莽数十万大军。王莽一蹶不振，很快走向灭亡。

遂使配天业，世祀盛明章。[①]
云台论勋伐，应许着红妆。[②]
嗟彼耶溪女，为越覆吴阊。[③]
亦有英伦后，为兄裂夫纲。[④]
何如一阏氏，两国被庥昌。[⑤]
即今坟畔土，胡汉乐耕桑。
儿子等畜之，祖姑合蒸尝。[⑥]

---

① 配天业：德配天地的大业，即帝王基业。世祀：世代相传的祭典。明章：祭祀宗庙时演奏的乐曲。以下四句说，刘秀因匈奴起兵反对王莽，才能建立东汉政权，恢复汉家帝业，世世代代享受祭祀。所以汉明帝在云台图画中兴功臣，第一位应当是王昭君。

② 云台：汉宫中的高台，汉明帝把中兴功臣三十二人的像画在台上，以纪念他们的功勋。红妆：这里指昭君。

③ 耶溪女：相传西施曾经在若耶溪（位于浙江省绍兴市南的一条小河）浣纱。吴阊：吴国的都城阊门，在今苏州市，代指吴国。这两句意为可叹春秋时期的美女西施，为了越国颠覆了吴国。

④ 亦有英伦后，为兄裂夫纲：典出英国莎士比亚名剧《哈姆雷特》。丹麦国王的弟弟克劳狄斯玩弄阴谋手段杀死王兄，自己篡夺了王位，又用欺骗手段娶了王兄的皇后、自己的嫂子乔特鲁特。作者误以为这是发生在英国的事，故称乔特鲁特为“英伦后”，并认为她嫁给小叔子是违背了“夫为妻纲”。

⑤ 被：蒙受，受到。庥昌：美好兴盛。前面四句用中外美女西施、乔特鲁特与昭君做比较，认为她们都比不上昭君，能使两个国家的人民都得到休养生息、繁荣昌盛。

⑥ 等：同样。畜：养育。蒸尝：古代祭祀，冬季为蒸，秋季为尝。这两句写各民族之间相互通婚，共同养育子孙，共同祭祀祖先。

五族共和基，万世钟厥祥。[①]
定知魂归夜，含笑乐无疆。
我来青冢下，草色郁芬芳。
再拜为摄影，仿佛见容光。
更欲伐贞石，高树黑水旁。[②]
大书表贞烈，北斗迸光芒。[③]

张相文是近代著名地理学家。此诗以现代观念歌颂昭君，眼界开阔，气势磅礴，引经据典涉及古今中外。诗中首先批判和亲悲剧论，指出两千年来无数人为昭君悲伤，他们哪里知道，昭君是侠肝义胆、见义勇为的英雄，并非胸无大志、戚戚于琐事的小儿女。她一生志在报国，岂能害怕离乡远行？她远嫁匈奴，换来了两国万里边疆的和平。“既保紫泥塞，更开白水乡”两句，许多人解释不清。我认为紫泥塞指长城，代指西汉；白水乡，汉光武帝刘秀起兵之地，代指东汉。就是说，昭君出塞既为西汉保护了长城，又为东汉建国立了大功；既肯定了昭君的功绩，又肯

① 五族共和：中华民国建立后，号称五族共和，五族指汉、满、蒙古、回、藏。中华人民共和国建立后确认国内共有五十六个民族。这里代指中国各民族。钟：聚集。厥：其。祥：福。此两句说，各民族人民和睦相处，世代享受昭君所赐之福。

② 伐：砍。贞石：坚硬的石头，这里是碑石的美称。

③ 贞烈：有坚强意志又建立不朽功业的人。用北斗星的光芒四射比喻昭君芳名永存。本诗见《南园丛稿》卷六《南园诗存》，第32页。

定了昭君子女后代的功绩。这显示出汉族与匈奴族甥舅关系密切，世世代代情谊难忘。为什么这么说？以下回顾东汉建国的历史，让历史事实来说明。

王莽篡夺西汉政权建立“新”朝后，对匈奴实行了一系列歧视政策，引起匈奴强烈不满，于是单于断绝与新莽的关系，征发大军，向王莽兴师问罪，北方陷入战乱，这就极大削弱了王莽政权。于是平林等地的各路起义军迅速集结于昆阳，击溃王莽数十万大军。王莽一蹶不振，很快走向灭亡。刘秀因此才能建立东汉政权，恢复汉家帝业，世世代代享受祭祀。所以汉明帝在云台图画中兴功臣，第一位应当是王昭君。以下再用中外美女西施、乔特鲁特做比较，说明昭君的贡献。西施不过是用美人计帮助越国颠覆了吴国；乔特鲁特更渺小，不过为了私欲违背人伦。她们都比不上昭君，能使两个国家的人民都得到休养生息、安居乐业。即使两千年后的今天，蒙汉两族的人民还在昭君墓旁的土地上欢乐地耕种。在这里，各民族之间相互通婚，共同养育子孙，共同祭祀祖先，各民族人民和睦相处，世代享受昭君所赐之福。昭君灵魂归来，看到各民族和睦相处，一定会感到无比欢喜、欣慰。诗人在青冢下祭奠昭君、摄影留念，仿佛见到昭君的美丽容光。最后，诗人希望能够开采一块巨大的美石，制成石碑，立在大黑河边，碑上大书特书昭君功绩，让昭君芳名永存，像光芒四射的北斗星，照耀万代。

傅增湘（公元1872—1950年）是民国时期著名版本目录学家、

诗人，光绪时中进士，曾经任教育部总长等职。他于1936年4月12日游呼和浩特市昭君墓后，写下《昭君墓》二首：

麟阁云台盖世勋，论功一例逊昭君。
若从边塞争芳烈，忠顺夫人亦不群。

和亲自是中朝策，难得佳人慷慨行。
高冢祁连空百丈，莫教宠幸玷英名。[①]

作者认为，昭君功高盖世，历代麒麟阁、云台上所画的著名将相功臣，如果与昭君比较，一律大为逊色。如果从稳定边疆、民族间和平友好的角度寻找寻英雄人物，忠顺夫人三娘子也是不同一般的女英雄。蒙古土默特部首领阿拉坦汗被明朝封为顺义王，其妻三娘子被封为忠顺夫人。她在阿拉坦汗死后主持政务三十多年，坚持执行与明朝友好的政策，是明代蒙古民族的杰出领袖人物。作者把她与昭君并列，从维护民族友好的女性英杰角度给予赞美。第二首诗中，作者认为，中国历代的和亲政策值得肯定，更难得的是昭君慷慨请行的英雄气概。她留下的青冢巍然屹立在阴山之下，再不要让那些得到帝王宠幸等说法去玷污昭君的英名了。

① 高冢：指昭君墓。祁连：祁连山，在甘肃南部，这里指阴山。空：高大。本诗见《绥远通志稿》卷五十六《诗辑》；又见《历代歌咏昭君诗词选注》，第311～312页。

民国时期的文学家樊增祥曾经填过两首词，形式与内容都很有意思。词牌名就很有趣，叫作“送我入门来”，选择这个比较偏僻的词调，是因为它与内容联系紧密。两首词前各有小序，说明了其中缘由。第一首曰：

和炁伯师《明妃抱子图》，原词寓宜男子意，今更广之。①

剖竹称王，依蒲得姓，龙庭汤饼筵开。②系出香溪，生小是香孩。黄襹羞结桃花子，奈胡语琵琶马上催。③问龙种可有，阏氏玉貌，冒顿雄材。④

---

① 炁伯师：作者诗友，生平不详。“炁”是“爱”的本字。更广之：指不限于“宜男”之意。

② 剖竹称王：古代授爵封官，以竹符为证，竹剖开为二，本人、朝廷各执一片。后世以剖竹代指授爵封官。依蒲得姓：“蒲”亦作“濮”，元明史籍称布朗族、德昂族等少数民族为“濮人”，也写作“蒲人”，即古代的百濮。此句意为昭君所生子女依照少数民族的姓氏来取名。龙庭：匈奴单于庭帐。汤饼筵：庆祝小孩出生第三天或满月、周岁时举行的宴会，因备有象征长寿的汤面，故名。

③ 黄襹：用黄色罗纱制作的衣服。此处指鞠衣，代指皇后的服装。《隋书·礼仪志七》：“鞠衣，黄罗为之。”古代王后六服之一。其色如桑叶始生。《周礼·天官·内司服》：“掌王后之六服：袆衣、揄狄、阙狄、鞠衣、展衣、缘衣。”郑玄注：“郑司农云：‘鞠衣，黄衣也。’鞠衣，黄桑服也。色如鞠尘，象桑叶始生。”这里代指昭君，她在匈奴应该穿王后的服装。

④ 龙种：古代以龙象征帝王，故称帝王子孙后代为龙种。这里代指昭君的儿子。此句说，昭君的儿子可有昭君的美貌、冒顿的雄材大略？

老上单于[①]已老，还招汉宫燕燕，万里投怀。他日文姬，粉本[②]预安排。娥眉一例怜花蕊，更偷祀张仙祈燕禖。[③]取宜男瑞兆，兰香瓠白[④]，送入门来。[⑤]

第二首曰：

昔炁伯师尝以此调题《明妃抱子图》，晚年盼子甚切，故赋此寓意。余既制明妃出塞词，感于前事，复赋此篇。

北望龙庭，呼韩老矣，琵琶千载销魂。楚国桃花，一例不堪论[⑥]。香溪妙选非公主，怕汉帝无心怜外孙。问黄貜索乳，胡雏风貌，可似明君。[⑦]

---

① 老上单于：名稽粥，冒顿之子，在位十三年。

② 粉本：绘画的草稿。

③ 花蕊：指花蕊夫人，五代时后蜀主孟昶的妃子。孟昶贪色奢靡，被赵匡胤灭国，花蕊夫人也成了宋太祖赵匡胤的妃子。但花蕊夫人并没有忘记与孟昶的夫妻之情，经常偷偷朝拜他的一幅挟弹弓的画像。有一次被宋太祖看见，问她画像上是谁，她只好说是民间传说的送子张仙。打这以后，宫中各妃嫔也都供起了张仙像。燕禖：古代帝王在春暖燕来时祭祀禖神以求子嗣。

④ 兰香瓠白：健美俊秀的婴孩，犹言“白胖小子”。

⑤ 本词见〔清〕樊增祥著《樊山集》之《二家词抄》卷五，第26页。

⑥ 不堪论：不在话下。

⑦ 索乳：求奶吃。胡雏：这里指昭君所生的子女。

毡帐几经寒暑，多应鞠黄纱素，遍染啼痕。[①] 大泽龙交，略比汉夫人。[②] 后来传法 [③] 三娘子，更不止阏氏两世恩。恨婵娟惜死，将儿作婿，犹呼摩敦。[④]

由这两首词我们才知道，从古代直到民国时期，在民间还有把昭君当作送子娘娘来祭祷的习俗，而且还有《明妃抱子图》这样相关题材的绘画。作者诗友悉伯师晚年盼子甚切，曾经在《明妃抱子图》上题写《送我入门来》词，希望昭君娘娘能够把一个男孩"送到我家里来"。作者依原调填了这两首词和他。为什么人民群众会把昭君当成送子娘娘来礼敬？因为昭君出塞后所生一子二女都很优秀，儿子伊屠智牙师被封为右日逐王，位高权重；二女云、当分别嫁入匈奴勋贵豪门，地位尊崇。后来昭君长女须卜居次云回到汉朝，经常陪伴太后，地位超过公主。这些情

① 鞠黄纱素：即前注鞠衣，黄纱制成的皇后服装。此句推测，昭君在匈奴养育子女，黄色鞠衣应该遍染婴孩啼哭的泪痕。

② 大泽龙交，略比汉夫人：汉夫人指汉朝创立者刘邦的母亲。这两句以刘邦来类比昭君儿子的尊贵。据《史记·高祖本纪》说，刘邦的母亲刘媪有一次在大湖旁边的坡上休息，梦中与蛟龙媾合，不久就怀有身孕，生下刘邦。

③ 传法：把学问、方法传授或传承下去。此处指两个民族友好相处、交流融合的精神。

④ 将儿作婿：指昭君嫁给呼韩邪前妻之子复株累单于雕陶莫皋。摩敦：即冒顿。本词见蒋著超编《民权素》第十六集《艺林》，第11页，上海民权出版部1916年三月出刊。

况在民间广泛传播，人们自然羡慕昭君，就想像昭君一样生出优秀子女，于是昭君便与送子娘娘有了相同的功能。作者此作虽然表面上是为朋友求子，但还有更深刻的含义，“更广之”即不限于“宜男”之意。这“更广之”的含义，便是歌颂王昭君对民族友好做出的贡献，呼吁各民族和睦相处。

第一首开篇就描绘一幅汤饼筵的欢乐场景：昭君生下了儿子，马上被封为王爵，并且依照少数民族的姓氏取好姓名。匈奴单于还在龙庭举办了盛大的庆生宴会。因为这个小孩的母亲是香溪美女昭君，所以从小自带香味。在匈奴侍女和琵琶的催促声中，昭君穿着黄色罗纱制作的皇后服装，稍含羞涩地抱着美丽的婴儿缓缓走出来。人们不禁要问：这位新出生的帝王之子是否继承了父母双方的优秀基因，可有昭君的美貌、冒顿的雄才大略？下阕连用老上单于、蔡文姬、花蕊夫人的典故生发“宜男瑞兆”，希望恖伯师家像昭君一样生下健美俊秀的男孩。

第二首写呼韩邪死后，昭君再嫁复株累单于，并且生下两个女儿。虽然昭君可能有汉族伦理道德的困扰，但是她的伟大可以与刘邦的母亲刘媪相比。上阕设问：楚地最美的美女与单于生下的子女是否像昭君那样美貌？下阕回答：昭君生的孩子，与刘媪生下龙子差不多。更重要的是，昭君奉旨从胡俗，献身于民族友好，这种精神传法给三娘子，不仅仅在血统上实现民族融合，更可贵的是在思想上、政策上维护民族友好，使之代代相传。樊增祥与傅增湘不约而同都把昭君与三娘子联系起来。三娘子（公元

1551—1613年），又称也儿克兔哈屯、钟金哈屯，是明代蒙古土默特部俺答汗的夫人，长期辅佐俺答汗开疆拓土、发展经济，积极支持蒙古与明朝通贡互市、友好相处，协助俺答汗建筑库库和屯（今呼和浩特市旧城，当时称为“三娘子城”）。隆庆五年（公元1571年），明蒙之间达成“隆庆议和”，俺答汗被封为顺义王，她被封为忠顺夫人，代表俺答汗主持互市。万历十年（公元1582年），俺答汗去世后，她再嫁第二代顺义王辛爱，实际执掌权柄，保持了蒙古内部安定，维护了与明朝的互市关系。万历十三年（公元1585年），辛爱死，她再嫁第三代顺义王扯力克，仍然掌握实权，使土默特部保持强盛。万历十五年（公元1587年），她再次被明朝封为忠顺夫人。她主政蒙古三十多年，一直重视加强与中原的政治经济联系，对维护蒙古族、汉族、藏族之间的友好关系有独特贡献。昭君维护民族友好的传统被三娘子继承，昭君做了两代阏氏，三娘子辅佐三代顺义王，都使百姓得到恩惠。

第三节　辩证史实，代言内心，全面评价昭君

前面述及，历代昭君题材文学作品一个鲜明特点就是“借昭君酒杯，浇自己块垒”，作者们为了表达各自的思想和感情，对昭君出塞的历史事实随意取舍，甚至大胆虚构，致使真实的历史被遮蔽或歪曲，甚至以讹传讹，给读者灌输了许多错

误观点，甚至在没有文化的民众中间造成了思想混乱。例如，昭君入宫明显是被迫，却被写成自愿；昭君在宫中数年不得见御，被虚构为得到皇帝宠幸，甚至产生真挚的爱情；昭君出塞之前的形势本来是汉朝强大、匈奴势弱，许多作品故意写成汉朝软弱、匈奴强大；史实本来是呼韩邪单于主动归降，请求当汉家女婿，却被歪曲为呼韩邪单于大兵压境，强行索要美女；昭君本是审时度势后毅然自请出塞，却被写成不得不哭哭啼啼地被迫出塞；昭君明明在塞外生活多年，却被写成在边界投河而死；昭君在匈奴贵为阏氏，生儿育女，生活幸福美满，却被写成悲悲戚戚、以泪洗面；昭君在呼韩邪单于死后奉汉朝皇帝旨意，“从胡俗”改嫁呼韩邪大阏氏之子复株累单于，却被歪曲为嫁给亲生儿子；至于昭君的儿子、女儿、女婿、兄弟、侄子等全家族数代人为中原四代王朝（西汉、新莽、更始、东汉）与匈奴和平相处贡献力量，则基本上被作者们完全忽略、遗忘，甚至很多作者根本不知道。凡此种种都引起一些作者的不满，在自己的作品中极力加以纠正。不少作者能够从历史事实出发，极力矫正普遍存在的夸饰之词，实事求是地分析竟宁和亲的时代背景，尽力真实地描绘昭君出塞的过程，肯定当时决定和亲的正确性。还有一些作家通过诗词作品，设身处地地探析昭君内心，为昭君代言，探讨昭君出塞的动机，肯定她在历史上的重要地位，寻找不同的参照系，热烈赞扬了她所做出的杰出贡献。

通过辩证史实，肯定竟宁和亲，赞扬昭君出塞动机纯正的诗作，大多出现于宋元之后。如宋人黄文雷虽然不能摆脱昭君出塞是悲剧的传统看法，但在《昭君行并序》中正确指出："自石季伦（石崇）始赋昭君曲以后，作者寖多，不容措手，每恨沿袭之误，作汉初和亲意著咏，非也。"他首先指出石崇的《王明君辞》歪曲历史，开了一个不好的头，后来的许多作者沿袭他的错误，把昭君和亲当作汉初和亲一样看待，即都认为当时形势是汉朝弱、匈奴强。作者认为昭君和亲与汉初刘邦接受刘敬建议不得不和亲的形势有根本不同，昭君和亲时已经是汉朝强大、匈奴衰落，但诗人们多沿袭旧义，将昭君和亲与汉初和亲等同起来，并著于歌咏，这是很不对的。其诗有云："君不见未央殿前罗九宾，汉皇南面呼韩臣。无人作歌继大雅，至今遗恨悲昭君。"他指出，昭君和亲时本是汉强匈弱，现在无人继承《诗经·大雅》的传统，作歌颂赞扬当年汉朝的文治武功，却还唱些以昭君远嫁为恨事的哀怨之曲。

元代吴师道《昭君出塞图》二首：

平城围后几和亲，不断边烽与战尘，
一出宁胡终汉世，论功端合胜前人。

巫峡故山花树红，村村婚嫁乐春风，

琵琶马上无穷恨，最恨当年误入宫。[①]

诗人指出，自从西汉初年刘邦在平城被包围，不得不与匈奴和亲之后，尽管又有多次和亲，但边疆的战火总是连绵不断。然而昭君出塞之后，终西汉一世再也没有发生与匈奴的战争，“宁胡阏氏”真正做到了宁胡，因此如果论功行赏，昭君功劳应该胜过所有的“前人”。第二首亦有独到见解。作者认为如果昭君有恨，也不会恨出塞和亲，而最恨的是当年误入汉宫。作者的态度是尊重历史的。

明人张宁《赵松雪昭君图》根据史实歌咏昭君，力矫前代小说、笔记之误。其诗曰：

白登围急神龙惊，风云变态和亲成。[②]
尔来一百七十载[③]，汉宫几辈匈奴行。
藁街悬头郅支斩，呼韩欲落单于胆。[④]
自陈欲作汉家婿，故事相沿应不远。

---

① 本诗见《青冢志》卷十，第31页。又见《历代题画诗类》卷四十二、《吴礼部集》。

② 神龙：指刘邦。白登被围，事见第一章第三节。

③ 刘邦白登被围发生在汉高帝七年（公元前200年），至昭君出塞的竟宁元年（公元前33年），其间相隔一百六十七年，故此概言“一百七十载”。

④ 藁街：汉时长安少数民族使节馆邸所在的大街。汉将陈汤斩匈奴郅支单于，将其头颅传送京师，悬挂藁街。下句意为呼韩邪胆战心惊。

掖庭待诏方少年，玉颜花貌当[①]三千。
征夫不复顾乡井，天子岂肯私婵娟。[②]
谁言粉黛能倾国，淑女从来无媚色。
琵琶马上莫皋弦，画图莫怪毛生笔。[③]
往事悠悠已若兹，佳人一去古今思。
共怜青冢蛾眉怨，不记乌孙公主碑。[④]

赵松雪即赵孟頫。这首诗的可贵之处，首先在于正确地写出尽管汉高祖刘邦白登被围后决定和亲是“急”“惊”状况下的权变之策，但昭君出塞时的汉匈形势已是郅支单于被斩、呼韩邪自愿做汉家女婿；其次，作者充分肯定了昭君“从来无媚色”的高尚品格，批判了美色亡国的传统谬论；再次，他还阐明昭君出塞出于自愿，故“琵琶马上无皋弦”，因而也否定了昭君出塞系毛延寿打压所致的说法。最为可贵的是，他以乌孙公主与昭君做对比，同样是出塞，昭君是“佳人一去古今思”，“共怜青冢蛾眉怨”；而乌孙公主却因为没有与少数民族打成一片，以至于没有人记得她的碑在何处。这首诗虽然也写了“蛾眉怨”，但

① 当：抵得过，指昭君美貌可以抵得过汉宫三千宫女。

② 征夫：指出征士卒。私：吝惜。婵娟：指昭君。

③ 皋：通嗥，哀号之声。莫皋弦：即无哀弦。这两句意谓昭君在马上所弹琵琶并无哀怨的弦声，因此也就不必责怪毛延寿的画笔无情了。

④ 本诗见《青冢志》卷十，第33页。又见《皇明风雅》卷十四，第1页。

着重在肯定昭君的历史贡献和得到后人的怀念同情。末句更是意味深长，提出了一个耐人寻味的问题。

又如清人吴光的《明妃曲》:“一辞凤阙赴龙沙，[①] 玉帐风清雪作花。……安边长策是和亲，白草黄沙满地春。”诗中肯定和亲政策，肯定昭君出塞使匈奴社会安定和平，“玉帐风清雪作花”正是人民生活美好的写照。接着正面表示“安边长策是和亲”，“长策”就是良策，长治久安之策。它给荒漠塞外带来了满地明媚春色。

清人戴亨《昭君》:

宁胡庙算遣朱颜，不比文姬出汉关。[②]
忠节岂劳传画史，巍巍青冢壮胡山。[③]

这首诗把昭君与蔡文姬做对比，很有见地。昭君出塞是由皇帝亲自制定的谋略，她为“宁胡”而被派遣出塞。她在匈奴既是高贵的阏氏，又是代表强大汉朝的特使，地位无比尊崇。而蔡文姬虽然出身高贵，又有文才，但是在东汉末年的战乱中被董

① 凤阙：指汉宫。龙沙：指匈奴。

② 庙算：朝廷的策划。文姬：蔡文姬，名琰，东汉著名文学家蔡邕之女，汉末战乱中被董卓乱兵掠走，辗转到了南匈奴，成为左贤王姬妾。后来曹操用重金把她赎回汉朝。她作有著名的诗歌《悲愤诗》，相传《胡笳十八拍》也出自她手。

③ 本诗见《青冢志》卷五，第32页；又见《庆芝堂诗集》。

卓的乱兵掠走，后来辗转到了南匈奴，成为左贤王姬妾，实际地位等同于女奴隶。如果和昭君相比，可谓一个天上，一个地下。后来曹操用重金把她赎回汉朝，但是她与左贤王生的两个孩子却没能跟随母亲回汉朝。难道曹操有钱赎回母亲就没钱赎回儿子吗？其实是因为匈奴人认为，奴隶可以买卖，而亲生子女不可以买卖。蔡文姬作有著名的诗歌《悲愤诗》，诗中描写她与孩子骨肉分离，真是撕心裂肺。她的遭遇令人同情，她的作品描写了战争给人民造成的痛苦，甚至社会上层、贵族也难以幸免。直到今天还有人把蔡文姬与昭君做比附，认为蔡文姬也是为了民族友好等，其实她与民族友好扯不上关系。此诗反驳昭君失节之论尤为剀切。昭君当然不能和蔡文姬相比，昭君的忠于国家，保持节操是显而易见的，她的功劳像青冢一样永存，历史上的人们营营劳苦、喋喋不休，无损其忠节。

在中国古代诗歌多种体裁中，诗人们偏爱使用代言体来描写昭君。代言体指诗人代人设辞，假托他人（多为女子）的身份、心理、口吻、语气来创作构思。诗人们站在昭君立场，设身处地、换位思考，揣摩昭君心理，以昭君的口气抒发感情，更有利于揭示昭君在困境中的复杂心理，更有利于描绘昭君细腻、微妙的隐秘情愫，也更有利于客观、全面地评价昭君。例如，对于昭君出塞时的动机和当时的复杂心情，不少诗人用代言体比较客观地进行了描绘，并特别热情地赞颂了她为了国家而勇于吃苦的精神。当然，对她出塞时的心情，诗人们还是有不同的理解的。同为代言体，有的写为悲，有的写为喜，但无论是悲是喜，总是以昭君口吻展示出她为国为民自动请行的高尚动机和爱国主义的高贵品质。宋人费衮在《梁溪漫志》卷七“《明妃曲》”条中说：“古今人作《明妃曲》多矣，皆道其思归之意。……要当言其志在为国和戎，而不以身之流落为念，则诗人之旨也。”[1]这话确实很有见地，他概括了那些代言体诗热情肯定昭君出塞动机纯正的“诗人之旨”，具有明显的进步意义。

宋代著名道士白玉蟾写有长诗《明妃曲》[2]，通篇代昭君立言，把昭君出塞时内心的矛盾和激烈斗争刻画得细致入微，生动地揭示了昭君出塞的高尚动机。他以昭君口吻分析：从个人地位身份来说，自己和亲后贵为阏氏，“脱身歌舞中，娣姒不足恋”；[3]从爱情生活来说，“昔在后宫时，几见君王面”；即使受到皇帝的宠爱，也是“粉黛相崄巇，亦惧人彘变”。[4]而出塞虽然“但念辞乡国，远适堪慨叹”，但一想到国家需要，“非无霍嫖姚[5]，两国虑涂炭”，也就毅然前往了。

元代户昭《题昭君出塞图》也是代言体：

---

①旨：意思，意图。

②本诗见《青冢志》卷六，第43页；又见《白玉蟾集》。

③娣姒：同夫诸妾为娣姒，年长的称姒，年幼的称娣。这句说昭君摆脱了宫中歌舞小妾的地位。

④崄巇：互相对峙而险峻的样子。形容宫女们互相钩心斗角的险恶处境。

⑤霍嫖姚：指汉朝大将霍去病，他曾任嫖姚校尉。

草黄沙白马如云，落日悲笳处处闻。
此去妾心终许国，不劳辛苦汉三军。[①]

明人高璧《昭君曲》：

奉诏事和亲，从容出禁宸[②]。
缘知平国难，犹胜奉君身。[③]

这里刻画了一个从容镇定、奉诏和亲的昭君，因为她懂得为国家排解危难比侍奉国君一人要重要得多。这首诗以代言体揭示出昭君具有以国事为重，国家胜于国君，国为重、君为轻的思想，是很可贵的。

明人汪循《明妃》：

将军仗钺妾和番，一样承恩出玉关。[④]

---

① 本诗见《青冢志》卷十，第33页；又见《历代题画诗类》卷四十二。

② 禁宸：皇宫。

③ 本诗见《青冢志》卷七，第2页；又见《皇明风雅》卷三十六，第3页。

④ 钺：古代一种像斧子的兵器。这里泛指武器。承恩：蒙受恩惠，指出征打仗和出塞和亲都是受到皇帝信任而领受的任务。

死战生留俱为国，敢将薄命怨红颜。[①]

诗人用昭君身份、口气说："我的出塞和亲应该与保家卫国、出兵打仗的将军一样看待、一样评价，因为我们承担了同样的重要使命。"将军死战，美女生留，都是为国家民族做出同等意义的贡献。诗人进而推想，昭君不会埋怨自己红颜薄命，不会悲悲凄凄。诗人用代言体突出了昭君对自己使命的高度自觉，赞美了她为国家民族宁肯做出个人重大牺牲的高尚情操和"死战生留俱为国"的强烈爱国主义精神。

清代诗人韦谦恒《王昭君》：

不恨丹青误，唯期报国恩。
边尘如可靖，妾命不须论！
月送关中骑，春归塞上魂。
红颜安社稷，青史至今存。[②]

诗中以昭君口吻表达她不计个人得失，不考虑个人安危，不恨丹青诬陷，只为使国家安宁，毅然决然地出塞和亲的做法。作者认为她能够青史留名理所当然。

清人何梦篆《王昭君词》是代言体长篇巨制，诗前小序云：

① 本诗见《青冢志》卷四，第24页；又见《列朝诗集》丙集十六。

② 《晚晴·诗汇》卷九十二，第1396页；又见《传经堂诗抄》。

“月昏昏兮青冢，漫拟长城；沙漠漠兮红颜，恐羞壮士。死苟得所，名不浪垂；[3]义而安之，怨何有焉！[4]”他认为昭君自请出塞，其作用可比长城，其行为可使壮士感到羞愧。昭君死得其所，名不虚传；她安于为国献身，并无什么愁怨。作者态度鲜明，认为昭君无怨无悔、有情有义、死得其所、名垂千古。诗中说：

汉宫薄朱颜，春风面不识。
颠倒任画师，远嫁单于域。
驱马出玉关，卷地风沙疾。
琵琶嘈杂弹，凄凄情何极。
拨弦玉琮铮，转柱霓裳立。[5]
行行配贤王，宠我阏氏色。
乃令号夫人，由来足倾国。[6]
所好竞为美，在欢能忘蹙。[7]

---

③ 苟：假如。浪：空，虚。垂：流传。死苟得所，名不浪垂：假如死得其所，也就不算浪得虚名了。

④ 义而安之，怨何有焉：只要行动合乎义，就可心安理得，没有怨言了。

⑤ 拨弦、转柱：都是弹奏琵琶的动作。玉琮铮：玉石碰击声，这里形容琵琶声音清脆悦耳。霓裳：古代名曲《霓裳羽衣曲》，这里代指动听的音乐。

⑥ 夫人：古代列侯之妻称为夫人，呼韩邪单于“位在诸侯之上”，其妻子自然可称为夫人。这里指昭君。倾国：形容美貌。

⑦ 蹙：局促不安，发愁。这两句说，匈奴单于和人民敬慕昭君，她所喜爱的东西大家都竞相仿效，在这种欢乐的环境中，昭君自然也忘记了忧愁。

酪饮与旃裘，犹胜长门夕。[①]
长门如羁客，揽衣夜徘徊。[②]
所向无知己，奋身陵边陲。[③]
伟矣汉社稷，许婚谁所为？
国门争饯饮，烽熄由结缡。[④]
庙堂得至理，太平会有期。
虽然和亲就，未可忘城陴[⑤]。
终军缨以请，贾生恸何悲。[⑥]
遥遥千载下，青冢名岂微！[⑦]

---

① 酪饮：吃奶制品。旃裘：穿兽皮、兽毛制的衣服。长门：代指陈皇后被幽闭长门宫。这两句说，即使在匈奴饮酪浆、穿旃裘，也远远胜过汉朝长门宫那冷清凄凉的夜晚。

② 羁客：本意为作客他乡的人，这里指行动不自由的人。揽衣：提起长长的衣襟。

③ 所向无知己：所面对的没有知心人。陵：踏上。

④ 国门：城门，国都之门。饯饮：置酒送行。烽息：战火平息。结缡：即结婚。古代女子出嫁时，母亲把佩巾结在女儿身上。

⑤ 城陴：城墙和城墙上的女墙（矮墙），这里代指边疆防务。

⑥ 终军：汉武帝时著名将领。汉武帝派他出使南越，说服南越王入朝。他请求皇帝赐一根长长的绳子，以便把南越王绑到长安。这便是请缨的典故。缨：绳子。贾生：即贾谊，汉文帝时著名政治家，曾经提出很多治国安邦的建议。他认为朝政“可为痛哭者一，可为流涕者二，可为长叹息者六”。主张全力抗击匈奴。

⑦ 岂：难道。微：小。本诗见《青冢志》卷八，第12页；又见《思无邪斋集》。

作者揣摩昭君心理，感叹汉宫不辨美丑，任凭画师颠倒黑白，致使自己出塞和亲。接下来描写出塞途中风沙卷地，琵琶声凄。但是到了匈奴，得配贤王，受到百般宠爱，又感到非常幸福。昭君自豪地想道：“我出塞之后，配贤王，受宠爱，地位崇高，封号夫人，这从来就是有倾国之貌的人应该得到的。”更让昭君高兴的是，她在匈奴受到人们发自内心的尊重和喜爱。昭君所喜欢的，大家竞相以之为美；昭君所到之处，大家一片欢迎。在这种欢乐的环境中，当然会忘记忧愁。至于吃奶食、穿裘皮这样的生活小事，很快就会适应。因此，即使在匈奴饮酪浆、穿旃裘，也远远胜过汉朝长门宫那冷清凄凉的漫长夜晚。

诗人认为，昭君在汉宫不得自由，多年受到压抑，连个倾诉衷肠的知己也没有。正是经过“揽衣夜徘徊”的长期酝酿和思想斗争之后，才奋而自请和亲，踏上出塞之路，来到边陲的。昭君离开国都大门时，人们争着摆酒送行，因为老百姓们都认识到，昭君出塞和亲，能够使战争平息。朝廷决定把战争变为联姻，是非常正确的决策，天下和平、安宁的日子很快就会到来。尽管如此，作者还是借昭君之口谆谆告诫汉朝君臣：虽然和亲成功了，但也不可忘记加强边防。诗人最后恢复第三人称发出感叹：终军为国请缨杀敌安边、贾谊呕心沥血筹划治国良策，他们都是对国家做出重大贡献的人，但是千载以来，昭君的名气比终军、贾谊还要大，其中根本的原因就是昭君对国家的贡献的确比他们还要大。此诗善用对比，以第一人称刻画昭君有独立人格，有创新的胆识，敢于追求新的生活，应该说是符合历史上真实的昭君性格的。

与辨正史实、揣摩心理、代昭君立言相联系，古代诗人们还写下了大量赞颂昭君出塞历史功绩的诗作。即使是那些反对和亲的文人，也往往对昭君的贡献大加赞扬。尽管其中有些人受到大汉族主义思想影响，但对昭君出塞贡献的认识，毕竟触及某些本质方面，这些诗作也是有价值的。古代诗人们对昭君的评价，我初步归纳，大体上是从下列四个方面选取参照系的。把这四个参照系综合起来看，就容易全面、客观地看到古人对昭君的评价了。

第一个参照系，也是最常见的，就是选取历史上保卫边疆、建功立业、使国家安宁稳定的著名功臣、将相做参照对比，如卫青、霍去病、终军、周勃、苏武等。西汉宣帝时，曾将有功于国的十一位大臣绘像在麒麟阁上，故后人多以“麒麟阁”作为对那些安邦定国、建立大功、名垂青史的杰出将相的表彰和纪念之词。东汉明帝时，为了追念开国功臣，又将邓禹等二十八位将相的图像绘在汉宫中的云台上，所以诗中除了用“麒麟阁”的典故，还往往用“云台”的典故去表现对昭君的推崇。

如宋人刘子翚的《明妃出塞图》：

羞貌丹青斗丽颜，为君一笑靖天山[①]。
西京[②]自有麒麟阁，画向功臣卫霍间。

昭君耻于靠画像的美貌去和宫女们争妍斗丽，她只微微一笑，就为君王安定了塞外。因此西汉首都的麒麟阁中，应该有昭君的一席之地，与卫青、霍去病并列。

清人鲍桂星的《明妃》诗中则认为昭君的功绩远远胜过卫青、霍去病，塑造了一个自尊、自豪、笑盈盈的昭君形象。此外，还有的诗人把昭君比作终军、贾谊、周勃、苏武。前引清人何梦篆《王昭君词》："终军缨以请，贾生恸何悲。遥遥千载下，青冢名岂微。"是以昭君与终军、贾谊相比。清人叶廷芳《昭君墓和友人作》是以周勃、苏武来比喻昭君："安刘直继苏卿节，自是穹庐胜掖庭。"

当然也有很多诗人把昭君与麒麟阁、云台诸位将相概括地比较，认为昭君丝毫不比他们逊色。明人潘滋《题昭君图》：

燕支堤上石榴裙，新草犹含旧泪纹。
见说君王思汉将，麒麟端合写昭君。[③]

---

① 天山：在我国新疆境内，这里泛指塞外。

② 西京：指长安，又代指西汉。

③ 本诗见《青冢志》卷十，第35页；又见《历代题画诗类》卷四十二。

清初著名思想家、诗文家王夫之的词《昭君怨》:“千古英雄一泪，只在琵琶声里。冷笑看功臣，画麒麟……”[①]也认为论千古英雄的功绩，谁也比不上昭君，真正有资格进入麒麟阁的应该是她。

我们认为，以昭君和卫青、霍去病、周勃、苏武、终军、贾谊等人相比，固然突出了昭君对国家的贡献，但并没有抓住昭君的本质，其中有意无意地体现着以大汉为中心的思想，没有以平等的态度去看待汉匈关系，也没有看到昭君出塞对匈奴方面的贡献，这种评价还是略有偏颇。

古代诗人评价昭君的第二个参照系是历史上著名的美女、贵妃、皇后。最常见的是杨贵妃、赵飞燕、陈皇后等。如唐人张蠙《青冢》，以昭君与杨贵妃相比较：“倾国何能胜效国？无劳冥寞更思回。[②]太真虽是承恩死，只作飞尘向马嵬。[③]”

元代著名散曲家张可久的《〔越调〕寨儿令·题昭君出塞图》:

---

① 本诗见《薑斋先生诗文集·鼓棹初集》第178页。

② 倾国：本指女子美貌，使人倾倒。后也指因美色导致国家倾覆。这里指唐玄宗因宠爱杨贵妃而使国家发生“安史之乱”，几乎倾覆国家。效国：报效国家。冥寞：指阴间。这两句是作者面对青冢，默默祝祷之词：杨贵妃以美色倾覆国家，怎么能比得上您昭君以美色报效国家呢？所以您的香魂无须再想着返回汉朝了。

③ 太真：杨贵妃做女道士时的道号。马嵬：即马嵬坡，在今陕西省兴平市。安禄山叛乱发生后，唐玄宗在仓皇出逃中路过此坡，六军徘徊不进，要求处死杨贵妃以谢天下。迫于将士的压力，唐玄宗命高力士将杨贵妃缢死。本诗见《全唐诗》第8083页；又见《青冢志》卷十二，第48页。

辞凤阁，盼滦河，[①]别离此情将奈何！羽盖峨峨，虎皮驮驮。[②]雁远暮云阔。

建旌旗五百沙陀，[③]送琵琶三两宫娥。翠车前白橐驼[④]，雕笼内锦鹦哥。他，强似马嵬坡。[⑤]

此曲描写昭君出塞时仪仗丰隆、气氛热烈的场景。昭君乘坐的车子装饰华美、高大巍峨，连坐垫都是老虎皮制作的；昭君出塞的仪仗队都是高举旌旗的匈奴勇士，多达五百多人；还有不少宫女，光是送琵琶的宫女就有两三个；为昭君驾车的是名贵的白骆驼；车里还挂着精美鸟笼，里面的五彩鹦鹉吱喳欢唱。一切都是那么豪华、气派，一切都是那样隆重、喜庆，这样的昭君是何等光荣、何等幸福。场面的喜悦、隆重反映出昭君出塞的意义重大。最后着重点明，昭君比死在马嵬坡的杨贵妃要强得多。

清人贾松年《王昭君》把昭君与赵飞燕姐妹相比：

---

① 凤阁：这里指汉宫楼阁。滦河：在河北省北部，其上游在内蒙古正蓝旗境内，名为上都河，这里代指塞外匈奴。

② 羽盖：用翠鸟羽毛装饰的车盖，此指装饰华美的车子。虎皮驮驮：用虎皮制作的鞍垫。

③ 建：举着、树立。沙陀：古代西北少数民族之一，此指匈奴士卒。

④ 白橐驼：白色的骆驼，极为名贵。

⑤ 他：指昭君，古代没有“她”字。马嵬坡：代指杨贵妃，她在马嵬坡被赐死，见前注。本曲见《元人小令集》第407页、《全元散曲》上册第785页。

蛾眉西嫁向遐方，不使君王有色荒。①
若果三边烽火静，绝胜飞燕在昭阳。②

昭君远嫁匈奴，能够使北方边塞各州郡远离战争，实现和平；而赵飞燕姐妹在汉宫争宠献媚，使皇帝迷恋女色，祸国殃民。昭君胜过赵飞燕姐妹太多太多。

唐人崔涂《过昭君故宅》则把昭君与汉宫众嫔妃相比：

以色静胡尘，③名还异众嫔。
免劳征战力，无愧绮罗身。④

诗人路过昭君故宅，浮想联翩。诗中肯定了昭君出塞使匈奴与汉朝实现了和平，免除了无数人民和士兵的征战之苦，她的名字和贡献远远超过汉宫众嫔妃。清人龚景瀚《昭君词》"千年冢草尚青青，六宫粉黛终何有"⑤，更是以六宫粉黛的整体与昭君相

---

①遐方：远方。色荒：迷恋女色。

②三边：古代以幽州、并州、凉州为三边，这里泛指北方边塞各州郡。昭阳：指汉宫。本诗见《青冢志》卷五，第34页；又见《萧艾堂古乐府歌辞》。

③静：平定、安宁。胡尘：胡人引起的战火，胡指匈奴。

④绮罗身：绮罗是有花纹的丝织品，这里以物代人，指美丽的女子。本诗见《全唐诗》第7773页；《青冢志》卷十一，第42页。

⑤本诗见《青冢志》卷八，第15页；又见《澹静斋诗抄》。

比，昭君青冢千年长青、流芳百世，而历朝历代的无数六宫粉黛都已灰飞烟灭了。

清乾嘉年间诗坛盟主袁枚对昭君情有独钟，先后写了八首咏昭君诗。其《明妃曲》云：

明驼一群角[①]数声，汉家宫女昭君行。
六宫送别泪如雨，怨入民间小儿女。
昭君上马鞍，手取琵琶弹。
生来绝色原难画，影落黄河自爱看。
诏书殷勤选容质，传到龙庭转幽咽。[②]
侍女浓熏甲帐香，倾城远扫天山雪。[③]
横波满脸向名王，手拂穹庐作洞房。[④]
生长内家风味惯，酒酣时作汉宫妆。[⑤]

---

① 角：古代西北少数民族的乐器。

② 容质：容貌与资质。幽咽：低声哭泣。

③ 甲帐：帝王的帐幕，这里指单于大帐。天山：在今新疆境内，山顶终年积雪。这两句说，侍女们在昭君要住的单于大帐反复熏香，驻地的匈奴人全部出动打扫积雪，欢迎昭君到来。

④ 横波：形容明眸顾盼的生动眼神。这里描写昭君秋波闪闪、含情脉脉地注视单于。名王：这里指单于。《汉书·宣帝纪》："匈奴单于遣名王奉献。"颜师古注："名王者，谓有大名，以别诸小王也。"亦指少数民族的王。

⑤ 内家：皇宫。古代称皇宫为大内，亦称内家。这两句写，昭君在汉宫生活习惯了，来到匈奴，酒酣时也情不自禁地打扮成汉宫装扮。

从今甥舅息干戈，塞上呼韩日请和。
寄言侍寝昭阳者，同报君恩若个多？[①]

诗中描写昭君在胡乐声中踏上征程，六宫美女送别，泪落如雨。民间小儿女不能理解昭君，只能替昭君感到哀怨。而昭君的感情则复杂得多。有对自己美貌的自信和自傲，“生来绝色原难画，影落黄河自爱看”；有远嫁龙庭、去国离乡之悲伤；有受到匈奴隆重欢迎的欢乐和自豪；有得配名王、身有所托的欣喜和新婚的娇羞；有享受和平幸福生活的欢乐；有谆谆劝导单于维护甥舅关系、平息干戈、报效祖国的豪迈。最后与汉宫受宠爱的后妃们相比，她自豪地说：“同为报答君恩，谁的贡献更多？”诗人不愧为大家，对昭君出塞前后悲喜交集、五味杂陈的心情有生动描绘。

前引近人张相文《王昭君墓下作》更是把昭君与中国、外国皇后、嫔妃做了综合对比，认为昭君出塞，一举造福两国人民，远比各国后妃高尚。

我们认为，把昭君与杨贵妃、赵飞燕以及六宫粉黛相比，也没有抓住问题的关键。杨贵妃等人，即使生前如何得宠受幸、声势炫赫，但她们本质上都是皇帝的玩物，对国家、对民族都

① 昭阳：汉朝宫殿名，代指汉宫。若个：谁，哪个。这两句意为与汉宫受宠爱的后妃相比，同为报答君恩，谁的贡献更多？本诗见《青冢志》卷八，第14页；又见《小仓山房诗文集》卷三，第4页。

谈不上有什么贡献，有时甚至带来不少消极后果。而昭君则截然不同，她是一个自觉挣脱了黄金牢笼，以自己的一生为两个民族的团结友好事业做出重大贡献的人物，任何历史上的宠妃艳后都不能与她同日而语。昭君是高山，她们只不过是一抔黄土。古代诗人之所以做出这种大量的对比诗作，尽管也承认昭君远远高出后宫宠妃们之上，但毕竟说明他们没有真正了解昭君。在他们心目中，还是把受到皇帝宠爱作为女子人生的最大价值. 这是由于封建时代的封建思想造成的。今天如果再把昭君与宠妃相比，那就大大落后于时代了。

第三个参照系是历代的巾帼英雄、女中豪杰，最常见的是花木兰。最早把昭君比作花木兰的是唐代大诗人杜牧。杜牧曾在《题木兰庙》诗中，不由自主地由花木兰联想到王昭君，从而写下“几度思归还把酒，拂云堆上祝明妃”的佳句。前举陆耀的《王昭君辞》大概也是受杜牧启发而作。

自古以来，昭君作为一个杰出的女性，往往更加引起女作家、女诗人的关注和偏爱。清代刚刚十九岁就去世的女诗人葛季英《题明妃出塞图》云：“绝塞扬兵赋大风，旌旗依旧过云中。他年重画麒麟阁，应让蛾眉第一功。”

诗中借刘邦赋《大风歌》起句，暗含着把昭君比作为国家守四方的猛士之意。

清代郭漱玉、郭润玉姐妹皆为著名女诗人，她们也以女中豪杰王昭君而自豪。郭漱玉《明妃》云 :“竟抱琵琶塞外行，非关画图误倾城，汉家议就和戎策，差胜防边十万兵。”郭润玉《明妃》云：“漫道黄金误此身，朔风吹散马头尘。琵琶一曲干戈靖，论到边功是美人！”两首诗作一扫前人愁云惨雾，大胆歌颂昭君靖干戈、建边功的不朽功绩，为闺阁扬眉，替裙衩吐气。

清代女诗人周秀眉的《昭君》：“大造英华泄，春从塞地生。琵琶弹马上，千载壮君名。”也写得豪迈激越。这些女诗人，本来都是以写缠绵悱恻的闺阁之情而著名的，但是在写到昭君出塞时，都不约而同地高唱起慷慨激昂的雄壮之曲。这不正好说明在她们心中的昭君，确实是巾帼英雄吗？

清末辛亥革命时期的杰出女革命家秋瑾《杂咏》诗云：“钱塘江上几回潮？作客年华鬓渐凋！争似明妃悲出塞，尚留青冢向南朝。”慨叹昭君名垂青史，为人们留下爱国的榜样。

历代女诗人对昭君特别偏爱，这不仅是女性之间的同情，更有对昭君在男尊女卑的封建社会中为女子扬眉吐气而产生的敬仰之意。把昭君比作花木兰等女中豪杰，从妇女解放的角度来看，是有积极意义的，窥到了昭君人生价值的一个重要方面。但这毕竟还是比较片面的评价，因为它没有从历史发展和民族关系的全局去考虑问题，因而也具有局限性。

古人评价昭君的第四个参照系是天上的仙女，这显然是受到民间文学的影响。元代名相耶律楚材之子耶律铸的《明妃》诗云：

散花天上散花人[①]，谁说香名更未闻？
薄命换取仙寿在，不须青冢有愁云。[②]

诗中以散花天女比喻昭君，她把美丽馨香的鲜花撒向人间，使辽阔的大地到处春意盎然。诗人用天上的仙女与天地同寿来比喻昭君的美名百代不泯、永世长存。昭君看似命薄，却换来万世流芳之美名，那么青冢上自然无须有什么愁云了。这个比较的参照系具有浪漫主义色彩。

当然，在长期封建社会中，真正能够摆脱民族偏见，比较客观地从汉匈平等角度去看问题而肯定昭君贡献的诗作确属凤毛麟角，但也不是没有。其中最可注意的是唐人张仲素的《王昭君》诗：

仙娥今下嫁，骄子[③]自同和。
剑戟归田尽，牛羊绕塞多。[④]

这首诗寥寥二十字，以忠于史实的态度，正确、客观地评价了昭君出塞，见识高远。他把昭君比作美丽的天上仙女，降到人

① 散花人：佛经故事中有散花天女和散花仙女，此处指昭君。

② 仙寿：传说神仙与天地同寿。本诗见《双溪醉隐集》卷六。

③ 骄子：即天之骄子。匈奴单于曾自称“天之骄子”。

④ 本诗见《青冢志》卷四，第18页；又见《全唐诗》，第4137页。

间。她与号称“天之骄子”的匈奴单于结合，使匈奴和汉朝实现和平，战士们解甲归田，武器都熔铸为农具，长城内外牛羊满坡，一片祥和喜乐气氛。全诗风格朴素、明快，表现出希望各族人民化干戈为玉帛，和睦相处，以使经济繁荣、人民安居乐业的强烈愿望。这首诗在千百首昭君诗中，思想性和艺术性都堪称上品。张仲素此诗不失盛唐诗歌的胸襟和气魄，体现了带有盛唐遗韵的兴盛气象和阔大胸怀，充满民族自信心，不像有些诗的小家子气。用仙女比喻昭君，显示出昭君的超凡脱俗，凝聚着人们对和平生活的追求、热爱，对民族间、国家间和睦相处的向往，对正义、博爱、包容精神的赞美，塑造出一个独具中国特色的东方和平女神的崇高形象。

以上不同的参照系，从不同的角度、不同的层面，立体化地展示出昭君性格的丰满性，多角度地揭示着昭君历史贡献的多样性，启发我们应该从人生、命运、政治、民族、经济、文化、国际等多方面去理解昭君。昭君就像是一部大书，值得一代又一代的人去解读。

第四节　忠君、怨君，多有寄托

历代昭君题材诗词中，一个引人注目的主题就是批君、怨君，与忠君思想大唱反调。国君在封建社会地位最高，全国人民只有顶礼膜拜、诚惶诚恐的分儿，各类文艺作品中也充满了对国君唱赞歌、表忠心的陈词滥调。而昭君题材诗词则不然，那里面的国君往往处于被怨恨、被批判，甚至被嘲讽的尴尬地位。诗人们通过昭君故事批判皇帝的怯懦惧战、刻薄寡恩、沉迷女色、冷酷无情、昏聩糊涂、听信奸佞、不识人才、压抑贤能……其中大多是另有寄托。

忠君思想的形成有一个过程，它是顺应大一统封建专制统治的需要并与之相伴而产生的。在孔子时代，大一统的封建王朝尚未出现，孔子主张的君臣关系还比较平等、比较正常。如《论语·八佾》云："定公问：'君使臣、臣事君，如之何？'孔子对曰：'君使臣以礼，臣事君以忠。'"[①]孔子一方面强调君应尊重臣子、依礼待臣，另一方面要求臣子为国君办事尽心竭力。孔子还说："邦有道则仕，邦无道则可卷而怀之。"[②]孔子认为，国家有道就出来做官；国家无道，可以辞去官职，把自己的主张藏在心里。孔子并不提倡后来愚忠那样的君臣关系：即使君主无礼，臣下也应不问是非地尽忠。

荀子也对君臣关系有着深入思考，他把忠臣分为四类："有大忠者，有次忠者，有下忠者，有国贼者。以道覆君而化之，大忠也；以德调君而辅之，次忠也；以是谏非而怒之，下忠也；不恤君之荣辱，不恤国之臧否，偷合苟容，以之持禄养交而已

① 定公：鲁国国君，姓姬名宋，定是谥号，公元前509—前495年在位。

② 卷：收敛、收藏。见《论语·卫灵公》。

耳，国贼也。”用正确的原则熏陶君主而感化他，是头等的忠诚；用道德来调养君主而辅助他，是次一等的忠诚；用正确的主张去劝阻君主的错误却触怒了他，是下等的忠诚；不顾君主的荣辱，不顾国家的得失，只是苟且地迎合君主，无原则地求取容身，以此来保住自己的俸禄、去豢养结交党羽的，这是国家的奸贼。

忠君理论的集大成者是韩非，他生活在秦即将统一六国的前夕，有意识地提前为大一统的专制王朝进行“顶层设计”。他站在国君立场，为封建帝王设计了一整套处理君臣关系的理论和方法。概括地说，就是势、法、术相结合：国君牢牢掌握政权（势），利用法律控制臣子（法），必要时还要玩玩权术（术）。韩非谈国君驾驭群臣的方法，非常具体：“明君无为于上，群臣竦惧乎下。明君之道，使智者尽其虑，而君因以断事，故君不穷于智；贤者敕其材，君因而任之，故君不穷于能；有功则君有其贤，有过则臣任其罪，故君不穷于名。是故不贤而为贤者师，不智而为智者正。臣有其劳，君有其成功，此之谓贤主之经也。”[①] 明君在上面无为而治，群臣在下面诚惶诚恐、认真办事。明君的原则是让聪明人竭尽思虑、献计献策，君主据此决断事情，所以君主的智力不会穷尽；指挥、鼓励贤者发挥才干，君主据此任用他们，所以君主的能力不会穷尽；有功劳则君主占

①见《韩非子·主道》。

有贤名，有过失则臣下承担罪责，所以君主的好名声不会穷尽。因此不贤的却是贤人的老师，不智的却是智者的君长。臣下承担劳苦，君主享受成功，这就叫贤明君主的常法。《韩非子·忠孝篇》还明确指出："臣之所闻曰：'臣事君，子事父，妻事夫。三者顺则天下治，三者逆则天下乱，此天下之常道也。'明王贤臣而弗易也，则人主虽不肖，臣不敢侵也。"韩非认为，臣子服事君主，儿子服事父亲，妻子服事丈夫，这三种秩序理顺以后，天下就能得到治理；这三种秩序如果乱了套，天下就会混乱。这是天下的正常法则，就是明君、贤臣也不能变更。既然这样，那么即使君主不够贤明，臣子也不敢侵犯。韩非设计的君臣关系犹如主奴一般，君主以权驭臣，以利畜臣，臣有功则归己，臣有过则罪之。君主可为所欲为，即使是暴君、昏君，臣子也不敢稍有异词，更不敢反叛。

韩非对臣子的要求是做愚忠之臣。《韩非子·忠孝篇》曰："故人臣毋称尧舜之贤，毋誉汤、武之伐，毋言烈士之高，尽力守法，专心于事主者为忠臣。"做臣子的不称颂尧舜的贤德，不赞美商汤周武的功劳，不谈论刚烈人士的高尚，而努力维护法令，专心一意地侍奉君主，才是真正的忠臣。《韩非子·有度》又曰："贤臣之为人臣，北面委质，无有二心。朝廷不敢辞贱，军旅不敢辞难。顺上之为，从主之法，虚心以待令，而无是非也。故有口不以私言，有目不以私视，而上尽制之。"要求臣子不顾性命、不管是非、无条件地绝对听命于君主，而不必论君主是否贤愚。如果臣子不忠呢？《韩非子·初见秦》曰："为人臣不忠，当死；言而不当，亦当死。""大王斩臣以徇国，以为王谋不忠者戒也。"臣子言而不当就要被杀死，他们的生命在国君眼里不过蝼蚁一般。

韩非的理论迎合了历代封建帝王的需要。在中国封建社会，帝王君临天下，唯我独尊，甚至宣扬"君权神授"。与之相适应，他们大力提倡这种唯君是从的忠君思想，把它放在封建伦理道德最重要的地位，宣扬国君是国家、民族、政权、天下的象征，忠君即忠于国家，因而忠君思想的产生以及被当作衡量人物的绝对标准，有其历史的必然性。到程朱理学出现时，忠君思想显出更为露骨的愚忠色彩，忠于一人，忠于"家天下"，为君效死、不事二主的思想成为套在天下臣民身上的精神枷锁。

忠君思想作为一种愚民思想应该批判、抛弃，但其产生初期对促进大一统王朝的建立起到一些积极作用；其中所包含的忠于国家、忠于民族的积极因素也值得肯定。忠君与爱国本来是两码事，但又有联系，古人纠缠不清、撕扯不开，甚至错误地认为国就是君、君就是国，忠君就是爱国。昭君题材文艺作品中不少是把昭君作为忠君典型来歌颂的，实质是歌颂昭君的爱国主义精神。但更多的作者从昭君遭遇中认清了爱国与忠君有着本质区别。昭君使人们认清，爱国不必忠君，国君昏庸、犯错也可以怨君、批君、刺君、骂君。昭君题材文艺作品对忠君思想的批判是有进步意义的。

西汉焦延寿是最早写昭君诗的人，其《萃之临》:“昭君守国，诸夏蒙德。异类既同，崇我王室。”赞美昭君的爱国主义精神和巨大贡献，“王室”主要代指国家，并无愚忠气息。有趣的是，南朝有两个皇帝都曾经写诗咏叹昭君，他们都写到了毛延寿丑图故事。梁简文帝萧纲本身是皇帝，自然要为皇帝开脱，把责任全部推到毛延寿身上。其《明君词》说：“妙工偏见诋，无由情恨通。”陈后主（陈叔宝）《昭君怨》则说：“图形汉宫里，遥聘单于庭。”把昭君在汉宫的遭遇一笔带过，对皇帝、毛延寿的责任只字不提。他们都自觉维护皇帝的形象和尊严。王褒由南朝梁北上，任职北周，他思念南朝，把昭君描写成思君的形象：“寄书参汉使，衔涕望秦城。”总的看来，南北朝之前昭君题材诗词忠君主题作品不是很多。

到了隋代，薛道衡看到了昭君出塞的重大意义，他一方面赞叹昭君维持了汉匈边境很长时间的安定，认为这对国家、人民、皇帝都是一件大大的好事；另一方面认为昭君所以能够克服困难，完成使命，其思想动力来自忠君，从而将她写成是忠君的典型。其《昭君辞》说：“我本良家子，充选入椒庭。不蒙女史进，更失画师情。蛾眉非本质，蝉鬓改真形。专由妾命薄，误使君恩轻……”这首诗写得哀婉凄怨，对昭君寄予深切的同情。“不蒙女史进，更失画师情”，写昭君对画师之怨，但怨而不怒；“专由妾命薄，误使君恩轻”，将自己的出塞归之于命运，还认为自己的薄命致使君恩无法赐予，倒是自己有点儿对不起元帝了，忠君观念非常鲜明。

唐代诗人写昭君，涉及忠君主题之作，大多另有寄托。例如往往借昭君故事批判皇帝对外软弱、昏庸。在这一角度的诗作中，态度最为鲜明的当推唐代戎昱的《咏史》："汉家青史上，计拙是和亲。社稷依明主，安危托妇人！岂能将玉貌，便拟静胡尘？地下千年骨，谁为辅佐臣！"[①]

尽管这首诗对汉代的和亲一概否定，态度偏颇，但它明确地把矛头指向皇帝及文臣武将，指向整个封建统治集团。诗人一针见血地指出，国家的治理，社稷的安危，本应依靠贤明的君主和能辅佐贤君的忠臣良将，若把国家的安危寄托在"妇人"身上，则是拙劣、愚蠢的，是一种一厢情愿的想法。

戎昱在唐代虽不是很有名气的诗人，但他这首诗却对后代影响很大，反对和亲的帝王、大臣往往引用此诗攻击对手。晚唐以后汉族建立的王朝，如宋朝、明朝，在廷议中基本上无人再敢提出和亲建议，从这种情况看，很难说没有戎昱此诗的影响。晚唐时期，边疆屡次告急，君臣束手无策，大臣们纷纷主张和亲。但皇帝受到戎昱此诗的影响，不愿意承担骂名，于是在朝廷议事时就有了以上一幕。唐宪宗不但能背诵戎昱的这首诗，而且还用大为叹赏的态度当场引用，这当然是一种巧妙的表态，主张和亲的大臣们立即不敢作声了。清代的沈德潜编选

① 本诗见《先秦汉魏晋南北朝诗》隋诗卷四，第2680页。又见《乐府诗集》卷二十九；《青冢志》卷六，第38页。

《唐诗别裁集》，不但收入这首诗，而且评价为“议论正大”，可见其受到重视的程度。晚唐以后汉族建立的王朝，如宋朝、明朝，在廷议中基本上无人再敢提出和亲建议，从这种情况看，很难说没有戎昱此诗的影响。

晚唐其他诗人也有类似的态度。如唐末徐夤《明妃》诗中说：“不用牵心恨画工，帝家无策及边戎。”唐人李咸用的《昭君怨》也说：“古帝修文德，蛮夷莫敢侵。不知桃李貌，能转虎狼心。”南唐李中的《王昭君》说：“谁贡和亲策，千秋污简编。”都是借昭君来指责皇帝和文武大臣所制定的和亲政策的。

当然，唐代也有不少忠君诗，其中最典型的当属白居易的《王昭君》：“汉使却回凭寄语，黄金何日赎娥眉？　君王欲问妾颜色，莫道不如宫里时。[①]”待到中年以后，他的看法就有了很大改变，转而借昭君故事批判昏君了。如《昭君怨》直接控诉皇帝对昭君刻薄寡恩，不必去怨恨毛延寿。白居易最后一首昭君诗《青冢》更是讽刺皇帝黑白不分、美丑不辨，眼睁睁地把西施看成嫫母。这种由忠君转为怨君、批君的变化，实际反映着白居易思想的成熟，反映着他对国君、国家、民众关系的认识逐渐清醒。

宋代的怨君、批君主题昭君诗以王安石《明妃曲》为代表，由此引起的宋代诗人大唱和、大争论，把怨君、批君主题发挥

---

①《全唐诗》第3011页。又见《青冢志》卷四，第18页。《戎昱诗注》第23页。

得淋漓尽致。具体分析见宋代一节，此不赘述。

金元时期，诗人们继承唐宋传统，怨君、批君的诗词仍然很多。如金代文坛盟主赵秉文《昭君出塞图》：

无情汉月解随人，羞向天涯照妾身。
闻道将军侯万户，已将功业上麒麟。[①]

全诗重点在“无情”二字，字面说“汉月”无情，实质说汉帝无情。“汉月”虽然无情，还知道羞愧地照耀着昭君，伴随她远走天涯；汉帝才是真正无情，他已经忘记昭君平息战火的功劳，却把那些将军们封侯升官的事情画到麒麟阁上。全诗含蓄蕴藉，细品余味无穷。

元初名臣耶律楚材青年时期在金朝为官，曾经亲见金朝皇帝献出公主给成吉思汗，但仍然没能挽救金朝，所以他对和亲的效果持怀疑态度，对金朝皇帝的昏庸也深有体会。他的《过青冢次贾博霄韵》(二首)，虽然是路过青冢祭奠昭君之作，但依然有总结金朝覆亡教训的用意。其诗曰：

当年遗恨叹昭君，玉貌冰肤染塞尘。
边塞未安嫔侮虏，朝廷何事拜功臣。

① 本诗见《全金诗》，第4698页；又见《青冢志》卷十二，第47页。

朝云雁唤天山外，残月猿悲黑水滨。
十里春风青冢道，落花犹似汉宫春。

延寿丹青本诳君，和亲犹未敛胡尘。
穹庐自恨殡戎主，泉壤相逢愧汉臣。
玉骨已消青冢底，香魂犹绕黑河滨。
愁云暗锁天山路，野草闲花也怨春。[①]

两首诗的前半部分都是怨君、批君。诗中讲述毛延寿丹青诳骗，国君轻易上当；想用和亲安边，匈奴也没有收敛；朝廷所拜封的功臣实际寸功未立，他们在阴间见到昭君，也会感到羞愧。这里的国君就是如此愚蠢、怯懦、是非不分，其中明显有金朝末年几位皇帝的影子。第一首末尾两句由悲转喜，诗人认为虽然国君昏庸，让昭君去和亲，但对昭君个人来说，出塞犹如遇到春风，她的命运比汉宫里的妇女要好很多。

元代刘因《明妃曲》以昭君口吻抒发对皇帝的哀怨："来时无数后宫花，明日飘零成底用。宫花无用妾如何？传去哀弦幽思多。君王要听新声谱，为谱高皇猛士歌。"[②] 诗中委婉地劝皇帝

---

① 本诗见薛瑞兆、郭明志编纂：《全金诗》第二册，卷七三，南开大学出版社，1995年，第498页。又见《闲闲老人滏水文集》卷九，第116页；《历代题画诗类》卷四十二；《青冢志》卷十，第30页。

② 本诗见《元诗选》初集，第349页；又见《湛然居士文集》卷三。

要继承汉高祖的伟业。江砢《昭君怨》说：“万里劳边算，堪嗟孤冢青。君王何不悟，咫尺是宫廷。”① 慨叹君王与昭君同在汉宫，距离不过咫尺，竟然被骗而不悟，那万里之外的“边算”更是可想而知了。艾性夫《昭君出塞图》说：“女色自矜还自误，画史欺君君莫怒。甘向匈奴作妇翁，而翁首祸羞千古。”② 妇翁，岳父也。而翁，犹言：“你这个老丈人。”此句讽刺皇帝昏聩糊涂、软弱无能，所谓的和亲不过是献美女，只能够以做匈奴老丈人来自我安慰。

明代怨君、批君的昭君诗也很多。如韩洽《昭君》：

> 汉主何烦择画师，画师曾可定妍媸。
> 深宫多少如花女，不嫁单于君不知。③

直接批判皇帝把审定人才优劣的大权（“定妍媸”）交给画师，以至于像昭君这样被埋没的杰出人才不知道有多少。

明末爱国将领陈子龙《王明君》云：

> 我本弱女子，被选当雄兵。

---

① 本诗见《元诗选》初集，第137页。又见《青冢志》卷六，第45页；《静修先生文集》卷四，第25页。

② 本诗见《青冢志》卷九，第22页；又见《新安文献志》，《古瓢诗一卷》。

③ 本诗见《绥远通志稿》卷五十六《诗辑》。

男儿畏强虏，辛勤独远行。

……

岂欲惜一死，恐起汉胡争。

天子方厌战，妇人聊苟生。①

男子汉畏惧强敌，却将弱女子送去和亲。而昭君怕引起胡汉争端，连死也不敢，只能聊以偷生。本诗借王昭君之口把“天子”当作批判对象，寄托着爱国情愫。

在历代诗人众口一词对毛延寿的责骂声中，也有一些人出于封建忠君观念，千方百计为汉元帝开脱，把毛延寿当作替罪羊。清人赵翼在《古来咏明妃、杨妃者多失其平，戏作二绝》中，就为皇帝开脱。其诗曰：

远嫁呼韩岂素期，请行似怨不逢时。

出宫始觉君恩重，临去犹为斩画师。②

把斩画师作为“君恩”，明显是牵强附会。

更多的清代诗人借昭君抒发怨君、批君之情。

著名女诗人蔡泽苕《昭君》：

---

① 本诗见《明诗纪事》辛签卷二十八，第22页。

② 本诗见《青冢志》卷四，第25页；又见《陈忠裕公全集》。

进退权偏付画工，红妆千古怨秋风。
君王事事能亲理，那见琵琶出汉宫。[①]

指斥昏君不理政事，把用人大权交给画师；盼望国君能够亲理朝政、明辨是非。

龚景瀚《昭君词》更符合中国古代诗歌的“怨刺”传统：

佳人伏处颜如玉，长抱芳心媚幽出。
画师不肯画蛾眉，对镜空嗟远山绿。
千金无复赋长门，漠漠沙尘白昼昏。
一曲琵琶非诉怨，毡裘羊酪亦君恩。
君王莫杀毛延寿，命薄还应名不朽。
千年冢草尚青青，六宫粉黛终何有。
却思国事在持钧，岂独安危妾一身。
一女飘零何足惜，君王此后慎知人。[②]

作者模拟昭君口吻，诉说自己虽然备受压抑，但是坚持做人底线，不愿意像陈皇后贿赂司马相如一样贿赂毛延寿，宁愿到风沙蔽天的匈奴。诗人同情昭君，但又不能明明白白地批判皇帝，只能说“毡裘羊酪亦君恩”，把昭君的遭遇归结为“命薄”。诗

① 本诗见《绥远通志稿》卷五十六《诗辑》。
② 本诗见《青冢志》卷五，第35页；又见《冰壶玉鉴轩诗草》。

的最后四句才是“刺”之重点：国家的权柄和命运掌握在当道的大臣们手里，他们对国家安危产生着重大影响，岂止我一个人的安危系于他们手中呢？我自己命运飘零没有什么，希望皇帝能够通过我得到教训，今后要谨慎用人，知人善任。全诗怨而不怒、刺而不尖，很是符合“诗教”。

郭建唐长诗《明妃曲》也是典型的站在忠君立场的“刺君”之作：

> 贱妾一身不足惜，薄命红颜嗟何益。
> 只恐谗佞误君多，君心不察奈君何？
> 忆昔君未知，空教妾泪垂。
> 今当临行转收泪，深恐垂泪君心悲。
> ……
> 妾留悦君心，妾去安君身，
> 安身直为靖边尘。不须为妾怜遭遇，
> 不与黄金不怨人，但得边疆争尺寸，
> 妾死犹生何须闷。[①]

在诗人笔下，昭君个人生死、苦乐都是红颜薄命，唯一担心的是“只恐谗佞误君多，君心不察奈君何”。昭君留下是为了“悦君心”，出塞是为了“安君身”，人生目标只是“忠君”。作者有意把昭君塑造成忠君的典型。

---

① 本诗见《青冢志》卷八，第15页；又见《澹静斋诗抄》。

当然，更多的诗人批君、怨君之情表达不会那么隐晦曲折。如陈曾寿《明妃》，在诗前小序中就明确地把矛头指向皇帝：“予有感于女有色而不见知，犹士怀忠而不见信，明妃能使元帝悔悟，犹未为不幸也。”诗曰：“沥血苌宏空化碧，蔽谗正则枉怀忠。贞臣正色蒙知少，欺隐何须怨画工。”[①] 女诗人万梦丹（原名品菊）同情昭君，其《昭君》诗对皇帝的批判直言无忌：

> 按图索去太相轻，岂有芳姿绘得成。
> 枉向宫门诛画史，琵琶出塞已无声。[②]

诗人认为，汉元帝按图索骥式的召幸，这种做法太轻率了。美女的“芳姿”哪里是绘画能够表现出来的？皇帝白白地诛杀了画师，昭君的琵琶声却早已远去。

总之，昭君题材文艺作品打破了“忠君”主题的桎梏，敢于对封建社会最高统治者发出质问、怀疑和批判，具有鲜明的反封建的战斗性，在一片歌功颂德的汪洋大海中显示出特立独行的光辉。

---

① 本诗见《兴山县志》；又见《归州志》卷十。

② 本诗见《历代歌咏昭君诗词选注》，第297页；又见《韵香书室吟稿》。

第五节　批判贪腐黑暗，企盼清廉政治

行贿受贿、贪污腐败的现象由来已久，大约伴随着国家的产生便已经产生。官员的清廉或者贪腐直接关系到一个国家的兴衰成败。回顾中国历史，历朝历代的盛衰存亡无不与官吏队伍的贪腐状况息息相关。甚至可以说，清廉与贪腐的搏斗、消长，贯穿于中国历史的整个脉络之中。

行贿受贿、贪污腐败不但腐蚀掌握国家权力的官吏队伍，而且能够污染社会风气，毒化人际关系，导致道德沦丧。很多时候，一些人不是为了谋取不正当利益，而是为了能得到本应属于自己的那一份合理合法的利益去行贿。还有些人受到外界人群行为的影响去行贿。实践表明，在世俗面前，只有很少的人能够按照自己的主见保持拒腐的独立性。公众对行贿行为的普遍默认，折射出一种灰暗、病态的社会心理，而这种社会心理对于社会公平、正义的实现构成巨大障碍。如果行贿成为被默许、不被严惩的行为，社会中的所有成员就都可能卷入贿赂行为中，腐败就必然在社会中广泛蔓延，导致以前不需要、不能够、不应该通过金钱获取的东西，渐渐变成可以用金钱来“购买”，甚至很多本可合法得到的东西变成必须用金钱来“购买”。

贪污腐败的官吏队伍，行贿受贿普遍化、合法化的社会风

气，最高统治者的闭目塞听、黑白不辨甚至纵容腐败，凡此种种，在漫长的封建社会是经常出现的。昭君题材文学作品在反映社会现实方面具有广泛性和包容性，同样在反映人民反对腐败、争取社会公平正义方面也成为重要主题之一。这其中，毛延寿丑图故事的出现具有重要作用。

面对史书记载的粗略，热爱昭君的人们自然会产生疑问：昭君既为四大美女之一，又如此美质多才，为什么入宫数岁，竟不得见皇帝一面？于是有人试图解释，并且与封建社会普遍存在政治黑暗问题挂上了钩。从南朝刘宋刘义庆《世说新语·贤媛》、南朝梁吴均所撰《西京杂记》、到元代马致远的杂剧《汉宫秋》，毛延寿的故事逐渐丰富、发展，使封建社会司空见惯的一个贪腐人物成为古代贪腐社会的典型代表和鲜明符号。

毛延寿丑图故事寄托着人民群众对昭君的同情，表现出人民群众对昭君高尚纯洁的品质的赞美，对昭君坚持做人做事的底线和道德操守的高度评价。毛延寿的丑恶形象更加衬托出昭君的倔强个性和高尚情操，愈益丰富了昭君的性格内涵，使她更可爱、可敬、可贵，也更美。

毛延寿这个人物的出现，具有深刻历史根源和现实根源。在中国长期的封建社会中，各级官吏以权谋私、收贿受贿的现象普遍存在。毛延寿是利用职权、图谋私利、广纳贿赂、陷害好人的典型，是历代人民最厌恶、最反对、最痛恨的人。这个现象普遍出现，根源还在于皇帝的昏庸。

每当人们感叹世风日下、贪赂公行、社会黑暗的时候，每当人们通过诗词抒发个人遭遇不公的愤懑之情的时候，作者们往往要联想到毛延寿一类人，认为这类人是造成自己不公正遭遇的直接原因，而毛延寿又代表着“只识金钱不认人”的污浊社会风气。南朝（梁）女诗人沈满愿是著名文学家沈约的孙女，是范靖的妻子。她的《昭君叹》说：

早信丹青巧，重货洛阳师。
千金买蝉鬓，百万写蛾眉。[①]

表面上似乎写昭君后悔不该拒绝贿赂画师，实际上全是反语，委婉含蓄地谴责画师收受贿赂，为昭君鸣不平。含蓄蕴藉，深得风人之旨。

李东阳是明代文坛领袖、“茶陵诗派”的代表。他的长诗《明妃怨》云：

莫倚朱颜好，妍媸无定形。
莫惜黄金贵，能为身重轻。[②]

---

① 本诗见《先秦汉魏晋南北朝诗·梁诗》卷二十，第2132页；又见《青冢志》卷九，第19页。

② 身重轻：身价的重轻，评价的高低。这句说，金钱能够改变一个人的身价重轻、评价高低。

一生不识君王面，不是丹青谁引荐？
空将艳质恼君怀，何似当年不相见！
君王幸顾苦不早，不及春风与秋草。
却羡苏郎[①]男子身，犹能仗节长安道。
休翻胡语入汉宫，只恐伶人如画工。[②]
画工形貌尚可改，何况依稀曲调中。[③]

作者结合昭君的遭遇，针对当时的社会风气发出感叹：金钱的魔力实在是太大了，它能够改变一个人的身价重轻、评价高低，甚至美丽、丑陋。诗中借昭君口吻，感慨自己遭遇坎坷，表达对苏武最终能够手执汉节回到长安的羡慕。诗中最后四句发人深省，意思是不要把昭君在胡地创作的琵琶曲引入汉宫，因为如果让汉宫里的乐师演奏昭君的曲子，恐怕乐师也会像毛延寿那样恶意篡改，使美妙的音乐变了味道。作者感叹金钱至上的社会风气，有钱就可以歪曲事实、颠倒美丑，而且这种腐败风气渗透到方方面面、每个角落。作者对宫廷黑暗批判尤其深刻，往

---

① 苏郎：指苏武，他被匈奴羁留十九年，后来终于手执汉节，回到长安。

② 这两句意为不要把昭君在胡地创作的琵琶曲引入汉宫，因为如果让汉宫里的乐师演奏昭君的曲子，恐怕乐师也会像毛延寿那样恶意篡改，使美妙的音乐变了味道。

③ 本诗见《青冢志》卷九，第23页。又见《古丰识略》卷三十三《艺文》上，第82页；《怀麓堂集》卷一。

往以激愤的反语出之。就在皇帝的眼皮子底下，就在皇宫之中，从画师到乐师，从宫女到后妃，几乎人人行贿、处处腐败，那么官吏和民间更是可想而知。宫中就是社会的缩影。

明代李濂的《王昭君》：

边雪损铅华，胡风卷白沙。
无金买图画，有泪湿琵琶。
强酌和亲酒，愁登出塞车。
世途皆用贿，错倚面如花。①

此诗的诗眼在最后两句。"世途"，即社会风气、世态人情。整个社会都风行靠贿赂开道、凭金钱办事，昭君却以为凭着美貌就可以出头，那当然错了。这是借昭君遭遇批判社会黑暗的激愤之词。

范兆祥《昭君怨》则企盼国君挥舞龙泉宝剑，斩杀毛延寿一类贪官，下决心整饬吏治：

独跨雕鞍出汉宫，琵琶声断戍楼空。
金钿换取龙泉剑，寄与君王斩画工。②

① 本诗见《青冢志》卷四，第24页；又见《嵩渚集》。

② 本诗见《青冢志》卷九，第23页；又见《皇明风雅》卷四十，第10页。

明代魏偁《王昭君》：

王嫱有艳色，天下花不如。饬身不自衒，寂历闲宫居。[①]此时汉皇方召幸，丹青托人谓如镜。谁知宫中轻黄金，图像增妍偏称心。妾命一朝去，妾身留不住。琵琶马上断愁肠，汉日回看泪如注。妾命薄，冒黄尘，慎勿劳，吾皇神。画工误妾何足算，世有妨贤病国人。[②]

王昭君的美丽，天下所有的鲜花都比不上。她不但外貌美艳，而且能够整饬自守，严格要求自己，从不炫耀自己的美貌。她宁可在冷宫中寂寞地度过一生，也不屑于靠行贿图谋上位。反观昏庸的皇帝，既想享受美色，又懒得亲自挑选。他以为托人画图就能够像镜子一样反映出美女的容貌，哪里知道宫中嫔妃们不惜用黄金贿赂画工，买通画工为自己增加美色，偏偏能够称心如意地达到目的。末尾两句是全诗点题所在。作者借昭君口吻说，画工陷害她算得了什么，不值得计较，真正严重的是世上还有那些妨害贤能、危害国家的奸佞之徒。她劝告国君，应该警惕，防止受贪腐奸佞小人的欺骗。

清代名臣沈德潜早年屡试不中，也借王昭君一抒忧愤的胸怀。他的《落第咏王昭君》说：

---

① 饬身：整饬自守，恭谨。衒：夸耀、炫耀。

② 本诗见《青冢志》卷四，第26页；又见《甬上耆旧诗》卷六，第24页。

毳帐[①]琵琶曲，休弹怨恨声。
无金赠延寿，妾自误平生。[②]

诗中借王昭君之口，说的全是自己胸中的牢骚，而且多用反话：不要再让琵琶弹出怨恨的声调了，我的落第，不是别的原因，只是没有用钱打点好考官。所以不怨天不怨地，不怨自己没才能，只怨自己没有钱，是自己误了自己。这是对科场黑暗、贿赂公行的深刻揭露。袁枚《随园诗话》评论此诗说："沈归愚（沈德潜号归愚）尚书晚年受上知遇之隆，[③]从古诗人所未有。作秀才时落第，咏昭君云'无金赠延寿'，深婉有味，皆集中最出色诗。"

姜绅在清代虽不是很有名气的诗人，但他的《王昭君》写得较有深度：

将军无卫霍，慷慨去和亲。
远色期贤主，倾城用妇人。
画工真爱国，毡帐岂生春。

① 毳：鸟兽的细毛。毳帐：毡帐。

② 本诗见《青冢志》卷五，第29页；又见《归愚集》。

③ 上：指皇帝。隆：盛，重。沈德潜于乾隆年间考中进士，此后一直受到皇帝礼遇，官至内阁学士兼礼部侍郎。

回首昭阳殿，王孙啄已频。[1]

诗人以深广的忧愤观察社会，揭露出清代“末世”社会从上到下腐败丛生的现实：将领中没有卫青、霍去病这样的战将，只能让美女去和亲；文臣们巧舌如簧、颠倒黑白，还说是为了让皇帝远离美色，所以把美女送到匈奴去。在巧言令色的佞臣口中，画工贪贿的丑闻变成了防止皇帝沉迷女色的爱国壮举，但是回头看看皇宫之中，皇帝真的成为“远色贤主”了吗？其实宫中已经在频频上演“燕啄王孙”的惨剧了。燕啄王孙的典故产生于西汉成帝时。绥和二年（公元前7年），汉成帝无疾暴亡。社会各界私下议论纷纷，人们想起汉成帝在世时民间流行过一首童谣："燕飞来，啄皇孙。皇孙死，燕啄矢。”“燕”指赵飞燕，“燕飞来”是说赵飞燕进宫。汉成帝宠爱赵飞燕、赵合德姐妹，但赵氏姐妹因为荒淫无度，多年不能生育。她们担心权力会落到别的妃嫔手中，因此想尽办法不让其他妃嫔生育。她们先是害死了曹宫人生的儿子。许美人产子后，她们又大哭大闹，害死了这个婴儿，致使汉成帝没有子嗣。从此，“燕啄皇孙”便成了宫妃残害皇族子孙的典故。

作者运用这个典故，深刻揭示了皇帝贪淫好色，导致宫廷秽乱、自己断子绝孙；朝廷中小人当道，黑白颠倒；文臣无能、

① 昭阳殿，汉宫名，代指皇宫。本诗见《绥远通志稿》卷五十六《诗辑》。

武将怯懦；社会风气污浊，连画工这样的下层也贪污受贿。

在昭君题材诗词中，反腐败、倡清廉的主题历朝历代长盛不衰，王昭君理所当然地成为反腐倡廉的英雄人物，成为人们呼唤清廉政治的标志性符号。正如清代诗人王德馨《王昭君》所说：

不肯将金贿画工，美人此处是英雄。
须知志在和戎虏，为国何曾计藐躬。[①]

王昭君能够成为反贪腐、倡清廉的标志性符号，是因为她的言行总是能够契合社会现实，给人以深刻启迪，这也显示出昭君故事常讲长新的生命力。

① 本诗见《雪蕉斋诗钞》。

文成天縱

王昭君及昭君文化

下

马冀◎著

GUANGXI NORMAL UNIVERSITY PRESS
广西师范大学出版社
·桂林·

目　录

下篇 多学科视野下的昭君文化研究

第五章　借昭君酒杯，浇自己块垒
——元、明、清、民国时期昭君题材诗词的十大主题（下）

第一节　人才问题

人才问题，对于任何一个国家或民族都是关系到兴衰存亡的重大问题。在中国漫长的封建社会中，历朝历代，政权更替、国家存亡，都与能否识才、用才密切相关。

所谓人才，是指在某些方面具有较多知识并且能够运用这些知识的人，因此人才问题更多表现在知识分子问题中。中国从春秋战国时期开始，一直有不少政治家、思想家、教育家论述人才问题的重要性，提出“礼贤下士”“尚贤使能”“唯才是举”“任人唯贤”“人尽其才”“用人不疑”等人才思想。中国古代社会先后出现过世袭制、察举制、九品中正制、科举制等选官制度，在人才的培养、举荐、选拔、使用方面积累了丰富经验，也有着深刻教训。中国古代一些杰出的帝王也曾经在选人、用人方面有所作为，但往往不能长久、全面。从总体来看，中国封建社会中，埋没人才、压抑人才、摧残人才的情况是普遍存在的，特别是在封建王朝走向衰落的时期，人才问题尤为严重。究其原因，还是封建专制制度造成的。封建帝王把国家视为私产，其用人标准最重要的就是“忠君”二字。为了维护自己的独裁统治，他们并不希望被统治的人太有知识、太有才能，有时甚至故意实行愚民政策，这样才不会有人威胁、反抗他们的统治。对于那些才华卓著、英武不凡的人才，专制帝王往往猜忌、压制、摧残。加之社会风气污浊黑暗、嫉贤妒能等邪风盛行，因此，越是出色的人才，越是容易被打击压制，越是郁郁不得志。

早在王昭君之前，屈原贤而被谤，忠而流放；冯唐直言贾祸，终身下僚；李广百战百胜，不得封侯；李蔡不及中人，高居宰相……他们往往成为诗人感叹人才问题的典故。昭君出塞之后，她便逐渐成为人才方面的热门话题。昭君题材作品自产生之日起，就蕴含着创作者们对人生的种种联想和感慨。昭君的独特经历，极易使文人们联想到自己的怀才不遇，从而感慨人生穷通变化、祸福无常。加以中国古代文化中怀古情绪的影响，由昭君而感伤自身，由对个体人生种种命运的感慨演化为对整体人生的无限追怀和哀伤感叹，并与中国哲学的“物盛则衰”“天道无常”等传统观念相结合，从而形成了大量借咏怀昭君来感叹自己的作品。其中的重要主题就是悲叹怀才不遇。这一方面是由于封建制度本身就不易使人才脱颖而出；另一方面，古代文人士大夫，人人都以为自己有经世济民的大才，应该“学而优则仕”。仕途通达，“兼善天下”，是他们孜孜以求的目标。但事实上，理想与现实总是处于矛盾之中，因此中国古代文学中，感叹怀才不遇，“臣不得于君”之类的作品多如牛毛，而抒发这种感叹的题材又特别多，除了屈原、冯唐、李广等人，昭君故事便是最方便的寄托材料。特别是中国古代的诗歌，从《诗经》《楚辞》开始，就确立了“以男女喻君臣”的传统，因而借昭君抒发这种感叹就更为方便快捷。与此紧密联系的主题还有悲叹才高多妒，众口铄金，致使黑白颠倒，人才不能脱颖而出等。

南北朝时，梁简文帝萧纲《明君词》中“妙工偏见诋，无由情恨通”，感叹画工故意丑化昭君，而昭君无法见到皇帝，实际是感叹社会上毛延寿之类的小人诋毁、诽谤优秀人才，导致美质被埋没。

唐代借昭君咏叹人才问题的诗歌很多。如刘长卿《王昭君歌》：“自矜娇艳色，不顾丹青人。那知粉绘能相负，却使容华翻误身。”白居易《过昭君村》：“独美众所嫉，终弃出塞垣。唯此希代色，岂无一顾恩。事排势须去，不得由至尊。黑白既可变，丹青何足论。”周昙《毛延寿》：“不拔金钗赂汉臣，徒嗟玉艳委胡尘。能知货贿移妍丑，岂独丹青画美人。”其中最有代表性的是李白的《于阗采花》。唐代毕竟是封建社会上升期，统治者还能够给各种人才提供一定的活动舞台，但人才不得重用的问题仍十分严重。

到了宋代，人才问题更成为诗人们关注的热点。宋人吕伯可的《王明君辞序》上承李白《于阗采花》之说，并且大加发挥：

> 女无美恶，[①]入宫见妒，世无贤不肖，入朝见嫉。世率以为名言。以予[②]观，女惟美，故恶者妒之；士惟贤，故不肖者嫉之。明妃入宫，绝世而独立，其辈行妒之久矣！……故为人上者，于贤不肖之进退[③]，能先觉而无后悔，不至如元帝之于明妃，则善矣！

此文系吕伯可为九华陈民瞻所编《王明君辞》一书所作的序。吕伯可对封建社会“才高多妒”的现象分析得非常细腻，其落脚点是劝皇帝等“为人上者”要善于识别人才，不要被谗言所蒙蔽。

王安石主持变法，其中重要内容就是解决人才问题，他针对宋代时弊，提出了系统的人才政策，对于人才要“教之、养之、取之、任之”。前述王安石、欧阳修等人的唱和诗中，感叹人才问题也是突出的内容。如曾巩的《明妃曲》：“丹青有迹尚如此，

---

① 无：无论。美恶：美丑。

② 予：我。

③ 进退：提拔重用和疏远摒弃。

何况无形论是非。穷通岂不各有命，南北由来非尔为。”①

元代张之瀚《题昭君图》：

汉元宫中谁第一，最是王嫱好颜色。
当时无金买画工，按图远嫁悔何及。
黄沙白草塞外情，酸风吹入琵琶声。
死为万里异乡鬼，至今青冢愁云生。
君王枉杀毛延寿，似此妒贤人尽有，
又有过于画图手！②

此诗重点在末尾三句。诗人强调，像毛延寿那样嫉贤妒能的人多了去了，比他还要坏的也不少，国君要杀是杀不过来的，关键是要廓清迷雾，善于识人，使人才能够脱颖而出。

明代的人才问题也很突出。太祖朱元璋既重视人才的培养与使用，又摧残和扼杀人才，看似矛盾，其实不然，因为他的出发点是强化皇权专制。明代中后期，封建专制对人才的压抑、扼杀更加严重，社会风气也更加不利于人才成长。从人才角度咏叹昭君的作品也很多。

明初的高启，诗文俱佳，是“吴中四杰”之首，因为留恋隐居生活，不愿为君所用，这样的人才竟被朱元璋借故腰斩。

① 本诗见《全宋诗》，第5552页，又见《曾巩集》卷四，第58页。

② 本诗见《绥远通志稿》卷五十六《诗辑》。

他的长诗《王昭君》：

都门尘拂春风面，临别看花泪如霰。
君王惆怅惜蛾眉，不似前时画中见。
白发呼韩感汉恩，宁胡漫号阏氏[①]尊。
毡裘肉食本异俗，不如但嫁巫山村。
黄沙白雪无城阙，手冷鹍弦[②]夜弹歇。
相随万里到穹庐，只有长门旧时月。
妾语还凭旧使传，妾身没虏不须怜。
愿君莫杀毛延寿，留画商岩梦里贤。[③]

本诗主题在末尾四句。商岩，即傅岩，名说。这里活用“应梦贤臣”典故：传说商王武丁在梦中见到一位圣人，名叫说。后来他在傅岩这个地方遇到一位正在筑墙（版筑）的奴隶，与梦中的圣人一模一样，于是就任命他为相。傅说没有辜负武丁的信任，他辅佐武丁治国，使得衰落的殷商王朝得以中兴。这四句是说，昭君希望凭借汉朝送亲的使臣回去向君王进言：“我虽然来到匈奴，无须国君怜惜，也不要因此而杀掉毛延寿，还是

① “阏氏”：《青邱诗集》《高太史大全集》作“阏支”。

② 鹍弦：琴弦。琴弦声哀，所以借鹍鸡悲鸣称琴弦为鹍丝或鹍弦。

③ 本诗见《青冢志》卷四，第23页。又见《青邱诗集》卷一，第7页；《皇明风雅》卷八，第2页。

留下他，让他去画那些应梦贤臣吧。”诗的主旨在于劝说国君礼贤下士、访求人才，大胆放手任用贤能之士，使国家长治久安，不要再出现遭受强敌欺凌，不得不借助妇女和亲的事件。

何乔新《王昭君》：

昭君在掖庭，皦皦[①]冰玉姿。
绝色恒自负，不肯赂画师。
君王不识面，远嫁于胡儿。
爱恶原有命，不在妍与媸。[②]
名花萎荒秽，小草植轩墀。[③]
古来尽如此，悲叹亦奚为！[④]

本诗首联赞叹昭君容貌之美。颈联赞叹昭君品德之美，特别佩服她严守道德底线，宁可被贬冷宫，也不肯行贿。“爱恶”两句虽表面劝说昭君听天由命，君王爱谁不爱谁都是命中注定，不在于人长得美丑，但实际是充满愤懑之情的反语。末尾四句，

---

① 皦皦：形容洁白、干净。

② 爱恶：喜爱或厌恶。妍与媸：美好或丑陋。

③ 名花：代指昭君。荒秽：杂草丛生的荒芜之地。小草：代指宫中受宠爱的后妃。轩墀：大型宫殿前面的台阶，此处指皇宫庭院。

④ 奚：疑问代词。此句意为悲叹又有什么用呢。本诗见《青冢志》卷四，第23页；又见《椒邱文集》卷二十一，第12页。

作者感叹像昭君那样的名花被弃于荒芜之地，正像有才能的人屈居下僚，甚至被弃于民间，任其枯萎，而那些无德无能、庸劣猥琐之辈反而可以高居于庙堂之上。这种不公平的现象从古到今，历来如此，悲叹又有什么用呢？作者从人才问题深入感叹人生，余味无穷。

顾鼎臣《明妃词》(二首)：

良工自误妾，妾心终不移。
他生誓相见，幸得被恩私。

妾身那足惜，其如国事何？
防胡贵良士，尤虑画工多。[①]

第一首渲染忠君之情，拳拳之心，唯天可表，为第二首做铺垫。第二首先说我一个人被误固不足惜，但对国家大事又该如何处置呢？重点在尾联：抵御匈奴贵在发现和重用贤良之士，尤其值得忧虑的是毛延寿之类的人太多了。诗人借昭君之口表达对那些以权谋私、贪污索贿、歪曲事实、压抑人才者的担忧和愤慨。

明代还有一位诗文家唐龙，号渔石，写有长诗《明妃篇并

① 本诗见《青冢志》卷七，第3页；又见《顾文康集》。

引》。其引文中回顾昭君故事后，发表议论说：“抑谗夫憸人蔽人之贤，犹夫是也。是故屈原匡楚，上官间其直；子胥强吴，宰嚭疏其忠。属镂赐死，吴亦以亡；汨罗自沉，楚随之削。是可以鉴矣。”作者以屈原、伍子胥为例，说明人才问题的重要性。屈原人格高尚、光明磊落，本想匡扶楚国，使之富强，但上官大夫靳尚千方百计抹黑屈原，污蔑谗陷屈原，离间他与楚怀王的关系。结果屈原被免官，一再流放，悲愤地投汨罗江而死。楚国失去屈原及其学生等大批人才，内政外交不断犯错误，国土面积一天天缩小，国势一天天被削弱，几十年后便被秦国灭掉。伍子胥原为楚人，因父兄均被楚平王杀害，逃到吴国。吴王阖闾发现伍子胥是个杰出人才，便放手重用。伍子胥不负众望，使吴国迅速强大起来，连续打败楚、越等国。越国战败后，便重金贿赂吴国的太宰伯嚭，请他游说吴王夫差，允许越国的求和条件，并且伺机谗陷伍子胥。伯嚭千方百计挑拨吴王与伍子胥的关系，使吴王怀疑伍子胥的忠贞，疏远了他，后来竟然诬陷伍子胥里通外国。吴王夫差便赐给伍子胥一把名为“属镂”的宝剑，逼迫伍子胥自杀。伍子胥死后不几年，吴国就被卧薪尝胆的越国灭掉了。作者认为这是历史的教训和借鉴。其诗云：

美人如花还如云，自恃弗肯抛黄金。
画工怪不施丹青，空有颜色倾人城。
……

吁嗟不独画工尔，自古谗憸皆如此。
上官鼓舌三闾沉，宰嚭游辞子胥死。
天生尤物国之魔，蔽人之貌犹足多。[①]
方正倒置天地塞，蔽人之贤将奈何！[②]

作者的民族观、妇女观都不可取，但诗中感叹“方正倒置天地塞，蔽人之贤将奈何”，对封建社会压抑人才、摧残人才的批判还是深刻的。可惜作者囿于迂腐的妇女观，认为“天生尤物国之魔，蔽人之貌犹足多”，美丽的女子是国家的魔障，毛延寿丑化昭君，不让汉元帝见到美色，免得国家受到祸害，还是有值得肯定之处的。肯定“蔽人之貌”，否定“蔽人之贤”，这些歧视妇女的封建官僚竟然连最基本的逻辑也不顾了。

到了清代，人才问题仍然是昭君题材作品中的热门话题。很多作者是结合自身或朋友的遭遇来咏叹昭君的，因此感情特别深沉厚重。如周三汲，江西燕溪人，自幼聪颖，乡里人称他为神童。康熙六十年（公元1721年）参加会试。当时李穆堂主持会试，本来已录取他为进士，但后来朝廷派人磨勘（即复查中试试卷），以“浮议”[③]黜落十二人，周三汲恰在其中。此后他

① 魔：魔障，祸害。多：肯定，称赞。

② 方正倒置：把有德行、有才能的贤者与缺德少才的人颠倒位置。本诗见《青冢志》卷七，第3页；又见《渔石集》。

③ 浮议：议论虚浮，不合实际。

三次应举不第，落得终身遗憾。他曾写下两首《昭君怨》，诗前小序云："失进士，过王嫱故里，有感而作。"诗中大发感慨：

爱惜容光小有声，亲承宠眷义非轻。[①]
只缘片纸[②]聪明蔽，惆怅关山万里情。

不事黄金媚画工，玉门一去锁春风。
琵琶拨尽惊沙雁，寄得愁声到汉宫。[③]

第一首写自己少负才名，非常注重自己的名声，承蒙李穆堂宠爱提拔，本来可以考中进士，然而由于小人作祟陷害，致使遮蔽才路，惆怅终身。诗后作者有一段自注，说明他被磨勘黜落后，曾有一次复试机会。李穆堂派人送了一张名片通知他，结果却被同寓的人藏了起来，致使他连复试机会也失去了，这便是"只缘片纸聪明蔽"所指。第二首借昭君不向画工行贿，招致被迫远嫁，但仍然念念不忘汉宫，比喻自己虽然被人陷害，名落孙山，但仍然希望能向皇帝"寄得愁声"，一展才华。

唐建中，康熙进士，选庶吉士，清高自负，好读书，喜游历。他的朋友徐兰，字芬若，多才多艺，能诗善画，可惜屡试

① 容光：容貌，这里指名誉、才华。小有声：小有名声。宠眷：宠爱、照顾。
② 片纸：指李穆堂通知他复试的名片。
③ 本诗见《青冢志》卷二引《新安文献志》。

不第，后为宗室安郡王幕僚。康熙三十五年（公元1696年），徐兰随安郡王出塞，在归化城郊凭吊昭君墓，写下《清明日酹青冢》《青冢前卧柳》等诗，并且嘱黄遵古画了青冢图。唐建中看到这幅图画，题写了一首长诗《题徐芬若从军沙漠路经青冢嘱虞山黄遵古绘图赋诗咏之》。诗中先记他听徐兰介绍游览昭君墓的景况，然后回顾昭君一生的遭遇，末尾称赞徐兰才高一石（请注意，超过八斗），却因为不愿意行贿赂、走捷径而沉抑下僚，感叹他的遭遇与昭君何其相似：

徐君之才满一石，白首著书十指胝。
新诗句句在人口，清如珊瑚敲玻璃。
可怜三载饥臣朔，文章酷召数命奇。
虽从王门掌书记，时平不复投毛锥。
非无要路与捷径，丈夫致身羞以赀。
正如明妃恃其貌，倔强不肯赂画师。
人生遭遇有不一，侘傺岂即非良时。
假使明妃宫中死，安得香名流天涯。
披图知君心独苦，别有块垒非蛾眉。
君不见杜陵咏怀生长明妃村，
乃与庾信宋玉蜀主诸葛同伤悲。[①]

① 本诗见《青冢志》卷十，第36页；又见《莲坡诗话》。

作者劝慰徐兰，人生遭遇各有不同，挫折困境有时更能够成就人；假如昭君老死宫中，哪里能够美名流传天涯？唐建中细看昭君墓图，体会到徐兰内心独有的痛苦，感受到他借昭君之酒杯、浇自己之块磊的深层悲哀。最后两句说："您难道没有看出来吗？杜甫的《咏怀古迹》抒发的感情，与庾信、宋玉、蜀主刘备、诸葛亮一样，都是因为才能得不到承认或者因为种种原因理想不能实现、才干不能发挥而伤悲、愤懑。"这种喟叹蕴含着深刻的历史内涵。

沈德潜是乾隆进士，官至内阁学士兼礼部侍郎，可谓仕途通达。但他早年却屡试不第，曾作《王明妃》(二首)自解：

毳帐琵琶曲，休弹怨恨声。
无金偿画手，妾自误平生。

天赋殊尤质，翻为异域人。
君王不好色，遣妾去和亲。[①]

全诗以昭君自比，表面上说自己的落第全怨"无金偿画手"，自己出塞是因为"君王不好色"，其实是委婉曲折地批判社会贿赂

① 本诗见《青冢志》卷五，第29页；又见《归愚集》。

成风、君王不识贤才。本诗取义巧妙，完全符合“含蓄蕴藉、怨而不怒”的诗教。

除了落第文人喜欢以昭君自比，清代许多到过边塞的文人往往都去凭吊昭君墓，也从人才角度咏叹昭君。例如，康熙二十七年（公元1688年），清朝与俄罗斯在第二次雅克萨之战结束后，命内大臣索额图出使俄罗斯议和约。张鹏翮时任兵部理事，随行，取道张家口至库伦、恰克图。张鹏翮途经青冢时，写了《昭君青冢》诗：

独留青冢古城隅，愧杀当年汉大夫。[①]
万里长城凭粉黛，千秋国士老樵渔。[②]
香溪流影魂飞动，塞上吹箫[③]凤有无。
延寿写真君莫恨，长门空锁月明孤。[④]

作者认为汉朝用美女代替能够抵御外敌的将帅贤臣，使那些留名千载、才能出众的“国士”白白地老死民间，真是太令人感

① 古城：指归化城，即今呼和浩特市旧城。青冢在城南约九公里处。

② 万里长城：代指能够像长城一样抵御外敌的将帅、重臣。国士：受到全国敬仰的人才。樵渔：樵夫和渔夫，代指隐没于民间的贤才。

③ 吹箫：这里活用“吹箫引凤”的典故。

④ 长门：活用汉武帝时陈皇后失宠后，被闭锁长门宫的典故。本诗见《奉使俄罗斯日记》，第44页（《艺海珠尘》卷三《竹集》，听彝堂藏版）；又见《绥远通志稿》卷五十六《诗辑》。

慨了。但是，塞外即使有萧史那样善于吹箫的人，还能够引来凤凰吗？最后两句感叹：即使毛延寿没有丑图，昭君即使得到宠爱，结局也会像陈皇后那样，失宠后幽闭长门宫，空望明月，孤寂一生。作者呼吁统治者要善于发现人才、延揽人才、重用人才，不要使贤才们老死渔樵、幽闭长门。

徐树璟，湖南长沙人，曾经任归化城同知。他曾经为当年归化城八景之一的“青冢拥黛”赋诗，题目即《青冢拥黛》：

奉春[①]遗策守和亲，马上琵琶奏曲新。
不共赵家讥祸水，能令虏幕息征尘。
君王情重诛延寿，父母音哀起季伦。
此日黄昏凭吊处，贤他寂寞汉宫人。[②]

作者认为汉朝刘敬的和亲政策基本是正确的；昭君比那些被人讥为“祸水”的赵家姐妹不知高尚多少；石崇写昭君之悲，主要是思念父母之哀；昭君要比那些汉宫里的后妃、宫女们“贤”得太多太多。诗人评价昭君，以一个“贤”字高度概括。贤是古代评价人才的最高标准，既包括道德评价，又包括才能评价，德才兼备才能够当得起一个“贤”字。诗人以“贤”字评价昭君，内容容量很大，包括对昭君人品、气质、胆识和才能、功绩、

① 奉春，西汉刘敬的封号。

② 本诗见《历代歌咏昭君诗词选注》，第298页。

历史地位的肯定，表达了作者对昭君的由衷仰慕和爱戴。正是由于昭君能够作为“贤”的标志、“贤”的榜样，所以她的遭遇也成为人才遭遇的代表。

清人胡天游（字稚威）作有长诗《赋得明妃三叠》[①]，诗中多处就人才命运发出感叹。“定知造物惜红颜，故使飘零擅千古”，一定是上天爱惜昭君，才故意让她漂泊塞外，反而让她因此独能千古留名，感叹困难和挫折反而能够成就人才。“断丝枯木本无情，犹胜人心百千许”，诗人感叹人心难测、世道不公，痛骂那些妨贤病国、妒忌害人的奸佞小人，认为他们的良心简直不如制造琵琶所用的断丝枯木。“妇人妒色恒自持，尚令忘妒前相悲。如何瑰艳映海日，近出珠栊人不知。以图索马安有马，况是丹青不能画”，讽刺封建帝王不能够发现人才、识别人才，只知道按图索骥，岂知真正的美女是画不出来的。胡天游之作引起很多诗人共鸣，清代才子袁枚的《随园诗话》就对此诗大表“心折”。

看来只要社会上存在嫉妒人才、诬陷人才、压抑人才、摧残人才等丑恶现象，以昭君为典故的诗词就会络绎不绝地被人们创作出来。

---

① 本诗见《青冢志》卷五，第29页；又见《石笥山房诗文集》。

第二节　妇女问题

妇女问题的实质是男女平等问题。在中国漫长的封建社会里，妇女长期受到孔孟之道和政权、族权、夫权的压迫与束缚，受到种种歧视与侮辱，社会地位极其低下。她们没有经济权，连家庭财产的继承权也没有；她们没有受教育的权利，因为“女子无才便是德”；她们没有政治权，偶尔有女子参政、掌权也往往被骂作祸国殃民的“红颜祸水”；她们没有自由恋爱权，敢于追求爱情的都被称为“淫奔”“放荡”；她们没有婚姻自主权，婚姻全凭父母之命、媒妁之言；她们必须遵守“从一而终”的贞节观，甚至再婚也往往被视为耻辱的失节；她们的社会地位和法律地位低下，这都是有目共睹、人所共知的事实。但是，在封建社会政治、经济、法律和伦理道德的重重压迫之下，仍然有一些杰出女性不甘于命运的摆布，在夹缝中生存，在逆境中成长，在压迫中奋斗，或在某些领域取得骄人成就，或在行为道德上成为社会的楷模，成为青史留名的人物。王昭君就是这些杰出妇女的一个代表。

妇女们作为旧社会受苦最深的弱者，自然会受到具有仁爱精神的文人们的同情。王昭君作为一个与众不同的女人，她的悲惨命运、她的顽强奋斗、她的历史贡献，自然会被文人书写，他们要用昭君来为天下所有不幸的妇女申诉，也要用昭君来为天下所有杰出的妇女献上敬意。于是借昭君反映妇女问题的作品便不断产生出来。

在母系社会中，女性曾经占据生产和生活的主导地位。随着母系社会向父系社会的转变，女性在社会生产中的地位逐渐降低，她们逐步由主导变为男性的附庸。夏、商、周、秦时期，女子社会地位虽然降低，但还没有儒家思想的桎梏。到了西汉，大儒董仲舒提出“三纲五常”的道德标准，汉武帝倡导“独尊儒术”，统治阶级开始了依据儒家思想构建妇女贞节观念的过程，但在现实的庶民生活中仍保有相当的弹性与空间。那时借昭君反映妇女问题的作品，主要是感叹远嫁之悲、入宫之困、思乡之苦，如琴曲歌辞《怨旷思惟歌》等。西晋石崇《王明君辞并序》继续抒发远嫁之悲，再加上所嫁“非我族类”的感叹，民族歧视的味道很浓。南北朝不少昭君诗抒写入宫之悲。

唐代妇女社会地位相对较高，涉及妇女问题的昭君题材诗作仍然以抒发远嫁异域之悲、深宫哀怨之苦为多。李白的《王昭君》是此类作品中的名篇：“昭君拂玉鞍，上马啼红颜。今日汉宫人，明朝胡地妾。”短短四句二十字，就把远嫁之悲写得入木三分。唐人从妇女角度评价昭君，往往把她与著名后妃杨贵妃、赵飞燕、陈皇后等相比，以突出昭君的贡献和地位。如张蠙《青冢》，崔涂《过昭君故宅》。最早把昭君比作花木兰的是唐代诗人杜牧，他在《题木兰庙》诗中写下“几度思归还把酒，拂云堆上祝明妃”的佳句。

宋代出现的程朱理学极力主张“存天理、灭人欲”，蔑视妇女的权益，甚至提出“饿死事小，失节事大”。在程朱理学的影响和渗透下，民间对于妇女再婚问题的舆论评价产生了巨大的变化。然而贞节观念虽然经程朱的宣扬而加重，但在当时社会影响尚小。关于妇女贞节观的争论延续上千年，还广泛涉及爱情观、婚姻观、贞操观等问题，这些不同观点在昭君题材诗词中都有所反映。在儒家传统的道德观看来，妇女的婚姻大事应由家长做主，妇女应该从一而终。昭君既已入宫，不管是否受到召幸，都应为皇帝保持贞节，绝不允许去寻找个人的爱情和欢乐，否则就是不守妇道。特别是在涉及昭君再嫁的问题时，就更为敏感。呼韩邪单于死后，昭君再嫁其前阏氏之子，从古代匈奴民族的收继婚婚俗看是自然合理的，但从汉族封建儒学伦理看则是丧失贞节廉耻的丑行，即使是皇帝敕令“从胡俗”也不行。尽管史传明言此事，但在文学作品中，对此都是回避不谈或者干脆处理成“入胡而死”，以表现她的贞节。随着民族矛盾的激化和儒教的日益深入人心，出现了更为离奇的说法。如元稹《乐府解题》引《琴操》谓：“单于死，子世达立，昭君谓曰：‘为胡者妻母，为秦者更娶。’世达曰：‘欲从胡礼。’昭君乃吞药而死。”这种荒诞的编造，不但歪曲了史实，而且把昭君塑造成为保全人伦贞操而自尽的节妇。宋代自王安石写下“人生乐在相知心”的名句以后，很多具有反封建礼教思想倾向的文人纷纷写下诗句，赞扬昭君勇于追求个人感情的自由解放，但求知心、不避夷夏的行为。宋人吕本中《明妃》一诗就很大胆：

人生在相知，不论胡与秦。
但取眼前好，莫言长苦辛。
君看轻薄儿，何殊胡地人。①

只要双方真心相爱，不管是汉人还是胡人，都是幸福的，生活条件艰苦又怕什么！

元代是蒙古族建立的王朝，统治者虽然也做出倡导程朱理学的姿态，但在社会生活中理学对民众的束缚并不严格，再加上游牧民族习俗的影响，妇女的处境相对宽松。因此，诗人们思想也比较解放。如王恽《王昭君出塞图》(二首之二)：

朔漠风沙异紫台，琵琶心事欲谁开。
人生正有新知乐，犹胜昭阳赤凤来。②

作者无疑是肯定昭君在塞外找到了自己的知心人，找到了自己的幸福。《赤凤来》是汉代流行歌曲名。据《飞燕外传》记载，

① 本诗见《全宋诗》卷一六〇六，第18047页。

② 本诗见《青冢志》卷十，第30页。又见《秋涧集》;《历代题画诗类》卷四十二。

汉成帝皇后赵飞燕和她的妹妹昭仪赵合德都与宫奴燕赤风私通。有一次赵飞燕碰到刚刚与赵合德幽会出来的燕赤风，恰巧宫中宴会上乐队演奏《赤风来》曲，赵飞燕就讽刺挖苦妹妹说："赤风为谁来？"赵合德立刻反击说："赤风当然是为姐姐来。"赵飞燕勃然大怒。姐妹二人争风吃醋的丑闻便成为著名典故。作者借用这个典故，实际是把昭君与那些宫中贵族妇女做比较，她们虽然身居高位，甚至贵为皇后，但是得不到真正的爱情，没有知心之乐，只好偷偷摸摸地追求肉欲，甚至为一个宫奴闹出丑闻，而王昭君却在匈奴找到了知心，能够与呼韩邪相亲相爱，昭君才是真正获得了幸福。

袁桷《昭君》：[①]

鬓影愁添塞雪，花枝羞杀宫春。
谁道佳人倾国，解从绝域和亲。[②]

反驳美女祸水论，简洁有力。

元代马致远杂剧《汉宫秋》对此后的昭君诗词产生了重大影响。这部剧在情节上是昭君故事的集大成者。在马致远的笔下，昭君与元帝极尽悱恻缠绵之情。作者对昭君请行时一段言语和投江自尽情节的设计，极大地强化了她的忠贞节烈的道德

---

① 又名《题昭君图》。

② 本诗见《青冢志》卷十，第31页；又见《历代题画诗类》卷四十二。

属性（尽管这种节烈观是与爱国主义联系在一起的）。因此，尽管《汉宫秋》的艺术成就是巨大的，但作家的审美创造仍被传统的封建文化观念、道德意识束缚着，未能从根本上发掘昭君故事的全部意义。《汉宫秋》成功地塑造出一个具有强烈爱国主义思想的女英雄形象，为了使英雄形象没有瑕疵，作者让昭君在遵从妇德方面也要成为女性楷模。这个昭君形象对后代影响巨大，对诗词界影响更大。

散曲是元代最流行的诗歌样式，张可久的散曲《〔越调〕寨儿令・题昭君出寨图》从妇女人生价值角度比较昭君与杨贵妃，却以描写昭君送亲队伍入手："辞凤阁，盼滦河。别离此情将奈何？羽盖峨峨，虎皮驮驮，雁远暮云阔。建旌旗五百沙陀，送琵琶三两宫娥。翠车前白橐驼，雕笼内锦鹦哥。他，强似马嵬坡！[1]"全曲处处洋溢着别致、高雅、富贵、欢乐的气息。通过对车队的描述，赞扬昭君出塞是光荣的、幸福的、喜庆的、隆重的大事。最后一句点明主题："他，强似马嵬坡！"又如《〔双调〕水仙子・怀古》：

> 秋风远塞皂雕旗，明月高台金凤杯。红粉肯为苍生计，女妖娆能有几？两蛾眉千古光辉。汉和番昭君去，越吞吴西子归。战马空肥。[2]

① 本曲见《元人小令集》第407页；又见《全元散曲》上第785页。

②《元人小令集》第259页。

作者认为，身为美丽的女子，能够为天下苍生牺牲自己从而光辉千古的，只有两个人而已，第一个是王昭君，第二个是西施。张可久两曲，分别把昭君与杨贵妃、西施相比较。其实，昭君不但远远超过杨贵妃，而且也超过西施。这是较早把四大美女进行比较的诗词作品。

明代，统治者不断强化对妇女守节的推崇和提倡。朱元璋多次下达诏令、制定规章制度，表彰奖励贞节烈妇，有的赐祠祀，有的树牌坊；徐皇后亲自写的《内训》、解缙的《古今列女传》等所谓女教读物广泛散布民间；各地守节一生甚至殉夫从死的妇女大量涌现，二十四史中，《明史》中的节妇烈女最多。在这样的大背景下，围绕昭君再嫁的争论更加激烈。尽管如此，大多数人还是采取“为贤者讳”的回避态度。当然，大多数作者对再嫁问题的避讳是出于对昭君的热爱和尊敬，感觉这件事比较难于说清楚。然而一些封建观念浓厚的人，却抓住这点攻击昭君失节、不贞、不忠等。其中最恶劣、最露骨的是李有朋的《明妃新曲并序》[①]。他在诗前小序中就对昭君大泼污水：“予病咏明妃者多叙其情，不求其节。节已陨矣，情于何有？”从这种腐朽的贞节观念出发，他谩骂昭君“新恩育女不知丑”，认为昭君出塞不如老死深宫；他还荒唐地以楚霸王项羽的宠妃虞

① 本曲见《青冢志》卷七，第6页；又见《金华诗录》卷三十三，第18页。

姬自杀的故事去责备昭君，要昭君学习虞姬："君不见虞兮一剑倾，至今草色留芳馨。"这种观点无疑是极为迂腐和反动的。作者从儒家理学教条贞节观出发，污蔑昭君，其实连史实也没有搞清楚。和李有朋同气相求的还有杨一清《咏昭君》："骊山举火因褒姒，蜀道蒙尘为太真。能使明妃嫁胡虏，画师应是汉忠臣。"[①] 该诗直接污蔑昭君是红颜祸水。当然，像李有朋、杨一清这样露骨的卫道士虽然不得人心，但也说明明代理学的猖獗。

其实明代大多数诗人是同情昭君的，因此借昭君感叹红颜薄命的诗词数量很多。如徐学谟《昭君出塞图》二首之一：

交河初过虏尘昏，马上琵琶不可闻。
解得红颜多薄命，古来谁似汉明君。[②]

《题昭君出塞图》：

马蹄踏踏暗胡沙，马上怀恩忆汉家。
自是玉颜多薄命，空将哀怨寄琵琶。[③]

又如著名女诗人黄幼藻《题明妃出塞图》：

---

① 本诗见《绥远通志稿》卷五十六《诗辑》。

② 本诗见《青冢志》卷十，第34页；又见《归有园集》。

③ 本诗见《青冢志》卷十，第35页；又见《历代题画诗类》卷四十二。

天外边风掩[1]面沙，举头何处是中华？
早知身被丹青误，但嫁巫山百姓家。[2]

还有一些诗人把昭君塑造为委屈、软弱，在命运面前屈服的形象。如胡韶《明妃》："倾国姿容冷汉宫，罗衣染尽泪痕红。自知命薄难承宠，不敢人前怨画工。"[3]

当然，明代也有不少诗人尊重历史，肯定昭君在历史上的地位和作用，进而肯定妇女的社会地位和作用。张宁《赵松雪昭君图》，把昭君与她同时代又具有相同命运的乌孙公主相比较，认为："谁言粉黛能倾国，淑女从来无媚色。""共怜青冢蛾眉怨，不记乌孙公主碑。[4]"肯定了昭君"从来无媚色"的高尚品格，批判了美色亡国的谬论。最可贵的是，赞颂昭君在匈奴广泛获得民众爱戴，受到古今各族人民的怀念同情，而乌孙公主却没有人记得她的碑在何处。

清代，统治阶级继续加强封建礼教对妇女的控制，历代帝王都下过不少相关的诏书、制文，压制和摧残妇女的事件层出

---

① "掩"，《明诗别裁》作"扑"。

② 本诗见《青冢志》卷十，第36页；又见《历代题画诗类》。

③本诗见《青冢志》卷四，第25页；又见《金华诗录》卷五十七，第17页。

④ 本诗见《青冢志》卷十，第33页；又见《黄明风雅》卷十四，第1页。

不穷。但为妇女鸣不平的作品也不少。清代诗人在昭君贞节问题上的矛盾和纠结，通过昇寅的一首诗可以看出来。昇寅，满族，历官盛京将军、礼部尚书等，著有长诗《汉明妃冢》[①]。这首诗刻在石碑上，立在昭君墓前，碑题“汉明妃冢”。诗云：

乾坤毓秀无遐迩，半出簪缨半床笫。[②]
才貌岂足定闺贤，总观大节知臧否。
呼韩入觐诏六宫，愿嫁乌孙挺身起。
一枝秾艳别椒闱，三千粉黛皆委靡[③]。
画师伏罪汉王[④]嗔，昭君遂志单于喜。
御沟红叶[⑤]水融融，团扇秋风处处同。
回忆簪花众姊妹，可怜白首甘泉宫。
琵琶酥酪日歌舞，宠擅阏氏塞北空。

①《历代歌咏昭君诗词选注》中题为《青冢行》;《古丰识略》中题为《青冢七古》。

② 簪缨：古代男子用簪和缨把冠发固定在头上，这里代指男子。笫：竹编的床席。床笫：代指女子。

③ 委靡：颓唐懊丧，颜色惨淡无光。

④ 汉王：《诗词选注》《古丰识略》皆作“天子”。

⑤ 御沟红叶：唐代流传许多红叶题诗故事，宫女们在红叶上题诗，诉说深宫生活的寂寞凄凉和虚度青春的痛苦，投入御沟，随水流出宫外。红叶有时被读书人得到，往往历经曲折，与题诗宫女终成眷属。见《太平广记》等。

外无胡马饮江水，内无野鸡与女戎。[①]
宁为鸡口不牛后，谁识女子真英雄。
大青山下黑河沚，旁有孤坟如壁垒。
空余牧竖任樵苏，自昔流传青冢是。
当年夫殁请还朝，诏令从胡乱人理[②]。
守志贤妃从一终，君王忍不谅人只！[③]
视彼文姬返汉关，失节屡嫁中朝士[④]。
典属老人[⑤]吞雪忠，牧羊又娶胡儿婢。
名臣才女纵千秋，贞操应令昭君鄙。
闻道黄河西岸边，亦有明妃旧芳址。
噫吁嘻！一抔黄土易消沉，青冢传延[⑥]胜青史。

诗后有一段后记："成帝命从胡俗，几同乱命，昭君赋此才识，断不肯乱伦理。如欲从胡，必不请归。以是知后为阏氏生

① 野鸡：星名，《晋书·天文志》："野鸡一星主变怪，在军市中。"女戎：女祸。

② 人理：人伦之理。

③ 从一终：《易经·恒卦》："妇人贞洁，从一而终。"不谅人只：不体谅她的心。

④ 屡嫁中朝士：蔡文姬早年寡居，后入南匈奴为左贤王妾，回汉朝后又嫁董祀，先后嫁给三人。

⑤ 典属老人：苏武被汉宣帝封为典属国。

⑥ 延：《诗词选注》《古丰识略》皆作"疑"。

二女之说为诬，饮药从一之说为确。善善欲长，恶恶欲短，衷此义也。道光十一年岁次辛卯三月十六日长白昇寅题句并书。”[⑦]诗人认为，天地乾坤孕育杰出的人物，不管远近，男女各半。仅仅靠才貌不足以判断女子的贤愚，必须看整体、观大节才能正确评价人物。以下写昭君自愿出嫁匈奴，使后宫三千美女都颜色惨淡无光。昭君遂愿，单于欢喜。她比起那些靠御沟流红叶寄托情思的宫女们幸福得多。当年那些一起入宫的簪花少女，大多成为白头宫女了。而昭君则弹奏着琵琶，欣赏着歌舞，作为尊贵的阏氏享受着单于的宠爱。昭君出塞使汉朝外无战争、内无女祸，她是真正的英雄。呼韩邪单于死后，按照匈奴风俗，昭君应该嫁给呼韩邪大阏氏的长子复株累单于。昭君上书汉帝，请求还朝，汉成帝诏令她“从胡俗”。作者认为汉成帝“几同乱命”，违背人伦之理。他推测，昭君一定会坚守贞洁，从一而终。作者从封建贞节观出发，连蔡文姬、苏武都进行批判。蔡文姬早年寡居，后入南匈奴为左贤王妾，回汉朝后又嫁董祀，先后嫁给三人，故斥责她失节。苏武被汉宣帝封为典属国，他于汉武帝天汉元年（公元前100年）出使匈奴，被扣留十九年，饥吞毡毛，渴饮冰雪，忠贞不屈。但他在匈奴牧羊时也娶胡女为妻，并且生育子女。他们虽然名

⑦ 本诗见《绥远通志稿》卷五十六《诗辑》;《古丰识略》卷三十四艺文下，第10页。又见《归绥识略》及作者著《晋斋诗存》。《晋斋诗存》本诗后有作者自注，内容略与碑文后记同。

声很大，但在贞操上也应该受到鄙视。最后感叹，一座昭君墓容易消失，多处昭君墓引人争议纷纷，说明人们对昭君的深切怀念，这比青史留名还要强啊！诗人对昭君的整体评价非常高，却接受不了昭君改嫁的史实，为了维护昭君的完美形象，干脆采取鸵鸟政策，直接否定信史，采用民间故事。昇寅的态度很有代表性。

当然，在清代昭君题材诗词中，能够跳出封建伦理道德的窠臼，实事求是评价昭君的作品并不少见。如陆次云《明妃曲》（四首）：

人间应不少倾城，妾去无劳系圣情。
他日汉宫求窈窕，画图休再遣毛生。

安危大计在和亲，巾帼应推社稷臣。
但得妾行烽火熄，汉朝谁敢说无人？

赐乘鸾辂拜君恩，羽箭雕旗夹道奔。
谁谓将军无用处，也能护妾出关门。

毳舞娇歌劝酪浆，水边围坐炙黄羊。

如何夜夜穹庐月，不梦单于梦汉王。[①]

诗中说，国家的安危取决于和亲政策成功与否，昭君以自己的表现平息战火，实现民族友好，所以昭君应该被推为巾帼英雄，她理所当然是保卫国家的功臣。谁说汉朝无人？昭君这样的妇女英雄也是人才。作者的妇女观是超过那些迂腐儒生的。

刘淑慧《咏昭君》：

出舍宁辞万里遥，建功未肯让班超。
丹心不愧芙蓉面，赢得单于拜汉朝。[②]

诗人以班超比昭君，独具慧眼。

清代更多的诗人把昭君与宫廷后妃、宫女相比较。如许兆椿《昭君》(四首之二)：

烽烟碛月阵云惊，慷慨偏甘自请行。
侠气[③]我知非薄命，美人天遣不虚生。
一溪香水流南国，万马秋风靖北平。[④]

---

① 本诗见《青冢志》卷八，第12页；又见《澄江集》。

② 本诗见《巫山县志》卷三十二《诗汇》。

③ 侠气：英勇豪迈之气。

④ 北平：右北平，汉朝郡名，泛指北方边境。

三十六宫春自好，几多颜色老增城。[①]

昭君慷慨请行，是惊天动地的侠义之行，是见义勇为的豪迈之举，并非什么红颜薄命。美人降生，是上天有意安排，不会让她白白浪费生命。昭君在家乡，可使溪水变香；昭君在塞北，犹如万马千军秋风扫落叶般使边疆安宁。汉朝那么多宫殿，老死深宫的后妃、宫女数不胜数，她们与昭君相比，命运太可悲了。

郭绩昌《明妃出塞图》也认为："未甘永巷闭青苔，一曲琵琶出紫台。为谢汉家天子使，阏氏自好不思回。"[②]贾松年《王昭君》："蛾眉西嫁向遐方，不使君王有色荒。若果三边烽火静，绝胜飞燕在昭阳。"[③]说昭君远胜赵飞燕姐妹。龚景瀚《昭君词》"千年冢草尚青青，六宫粉黛终何有"，更以六宫粉黛的整体与昭君相比，她们都已灰飞烟灭，只有青冢千古流芳。

蒋敦复《昭君怨·明妃出塞图》也把昭君与蔡文姬相比：

身在胭脂山外，心在琵琶声里。青冢是何人，汉功臣。

① 三十六宫：泛指汉朝后宫宫殿很多。增城：汉代宫殿名，汉成帝的妃子班婕妤曾经住在这里。此处暗指班婕妤遭人陷害，色衰失宠，老死深宫的故事。代指汉宫里的众多美女。本诗见《青冢志》卷五，第31页；又见《秋水阁诗集》。

② 本诗见《青冢志》卷十，第40页。

③ 同上，卷五，第34页。

万里胡天冰雪，千古蛾眉奇绝[①]。有女更仳离，蔡文姬。[②]

昭君是汉朝的大功臣，是奇异而少有的女英雄；而蔡文姬不过是饱受战争之苦，夫妻离散，被掠为奴，值得同情的女词人。这个评价是符合历史真实的。

清代民间流传着许多描绘昭君形象的绘画、泥塑、装饰件等工艺品。如付作楫《乙酉元日虎邱市得昭君出塞泥影》(三首之三)：

黑水流嘶啮塞垠，黄沙隐隐动青燐。
就中多少英雄骨，千古蛾眉妾一身。[③]

康熙四十三年（公元1705年）正月初一，在今苏州虎丘，在熙熙攘攘的春节闹市上，作者买到一个昭君出塞的泥塑人像。这个泥塑人像引发了作者的诗情，写下此诗。诗中描写黑河流水撕咬、侵蚀着塞外大地，河水冲刷黄沙，隐隐约约有鬼火闪动，这其中有多少战死沙场的英雄们的骨殖，而能够流芳千载的却只有昭君一个女子。从这首诗不仅可以看出作者对昭君的高度评价，还可以看出千百年来民间一直广泛流传着昭君形象

① 奇绝：奇异而少有。

② 仳离：夫妻离散。本词见《清名家词》卷八《芬陀利室词》，第80页。

③ 本诗见《青冢志》卷十，第37页；又见《蜀雅》卷十四，第13页。

的艺术品，昭示着人民群众对昭君的热爱和尊崇。从昭君泥人，又令人联想到尤侗的一首词《浪淘沙·咏昭君套》：

一握小丁貂，艳色茸毛。金铛满座总粗豪。妆向美人头上去，别样娇娆。

双尾鬓云交，秀映眉梢。若教上马更多娇。从此香闺添小字，唤作昭昭。[①]

词与昭君无涉，但昭君套传为昭君发明，民间喜爱，长盛不衰，足见历代妇女对昭君的仰慕。

自古以来，昭君作为一个杰出的女性，往往更加得到女作家、女诗人的关注和偏爱。历代女诗人对昭君的偏爱，不仅是女性之间的同情，还有对昭君在男尊女卑的封建社会中为女子扬眉吐气而产生的敬仰之意。漫长的黑暗中，妇女在最底层，昭君犹如一抹亮色，鼓舞妇女们活出自我、活出有意义的人生。清代女诗人写昭君的特别多。年仅十九岁就去世的女诗人葛李英就有一首《题明妃出塞图》：

绝塞扬兵赋大风，[②]旌旗依旧过云中。

① 本词见《清名家词》卷一《百末词》，第29页。

② 扬兵：炫耀军威。赋大风：刘邦《大风歌》唱道："大风起兮云飞扬，……安得猛士兮守四方。"

他年重画麒麟阁，应让蛾眉第一功。[①]

昭君出塞的队伍声势浩大，旌旗招展，犹如绝塞扬兵；昭君犹如刘邦在《大风歌》中呼唤的勇士，她完全是一个指挥千军万马的巾帼英雄形象。作者认为，昭君虽非守边之猛士，但是论起她出塞的声势和保卫祖国的功劳都是第一等的，完全可以画入历代名将的英雄谱和麒麟阁中去。全诗格调雄浑高昂，气魄宏伟奔放，毫无闺阁气息，可见葛季英深为昭君而自豪，认为她是千百年来最能为女子扬眉吐气的一位。

清代郭漱玉、郭润玉姐妹皆为著名女诗人，她们也以女中豪杰王昭君而自豪，一致认为，昭君出塞不是悲剧，也不关毛延寿索贿画图等事，而是一出威武雄壮为国靖边的喜剧、正剧。郭漱玉《咏明妃》云：

竟抱琵琶塞外行，非关画图误倾城。
汉家议就和戎策，差胜防边十万兵。

郭润玉《明妃》云：

漫道黄金误此身，朔风吹散马头尘。

① 本诗见《青冢志》卷十，第41页；又见《梁溪诗钞》。

琵琶一曲干戈靖，论到边功是美人。①

二诗均一扫前人愁云惨雾，大胆歌颂昭君靖干戈、建边功的不朽功绩，为闺阁扬眉，替裙衩吐气。

女诗人周秀眉的《昭君》二首之一：

大造英华泄，春从塞地生。②
琵琶弹马上，千载壮君名。③

这首诗也写得豪迈激越。诗中说，因为上天造物时泄露出最美好、最精华的部分，所以才生长出昭君这样出类拔萃的人物，使得塞外匈奴到处如春天般温暖。诗人认为昭君绝非凡夫俗子，而是一位造物主用天地精华制造的人类精英。她的出塞，使得匈奴大地生春，人畜两旺，和平安定，社会繁荣，到处充满勃勃生机。她的名字也连同她的琵琶曲千载留名。诗人独具慧眼，立足于匈奴，难能可贵，显示出民族平等的意识。这些女诗人本来都是以写缠绵悱恻的闺阁之情而著名的，但在写到昭君出

① 以上二诗见《青冢志》卷五，第35页；又见《簪花阁诗钞》。

② 大造：即造物，指天。古人认为世界万物都是天造的，故曰“大造”。英华：事物中最重要、最美好的精华部分。此指品德才能出类拔萃的人。泄：发散出来，泄露。引申为生长出来。

③ 本诗见《青冢志》卷五，第35页；又见《东瓯诗存》卷四十六，第9页。

塞时，都不约而同地高唱起慷慨激昂的雄壮之曲，这不正好说明昭君在他们心目中确实是巾帼英雄吗？

清末杰出的资产阶级女革命家、自号“鉴湖女侠”的秋瑾，本人便是一位大义凛然的巾帼英雄，她也隐然以昭君自况，感叹自己不能像昭君那样及早为国立功。其《杂咏》诗云：

钱塘江上几回潮，作客年华鬓渐凋。
争似明妃悲出塞，尚留青冢向南朝。①

诗中前两句用钱塘江潮水的涨落起兴，感慨年华虚度，鬓发先衰。后两句叹息自己未能及早建功立业，羡慕昭君悲壮地出塞和亲，名垂青史，为人们留下爱国的榜样。

民国时期的女诗人陈逸云有《昭君怨·吊归绥昭君墓》：

卷地风沙寒重，萧索绥边青冢。恍若听琵琶，和胡笳。
休道画工鬼蜮，倾国翻成报国。抔土护娉婷，草青青！②

这首词精华在“倾国翻成报国。抔土护娉婷”等句，也是赞美昭君报国功勋的。

概括地说，古代诗人评价昭君，从妇女学角度看，大多是

① 本诗见《秋瑾集》。

② 本词见《逸云诗词遗稿》，第95页，1967年梁寒操序，手抄影印本。

以历史上其他著名女子为参照系，如其他和亲公主、著名美女后妃、女中英雄豪杰、天宫下凡仙女等，但其都有局限性。他们的共同特点就是通过肯定昭君在历史上的地位和作用，进而肯定妇女的社会地位和作用。

第三节　宫怨主题

王昭君入宫数岁，不得见御，积悲怨，成为自请出塞和亲的重要动机之一。这一经历使她自然而然地与中国古代文学中的另一个源远流长的主题——宫怨，产生了密不可分的关系。宫怨诗的产生，是中国封建社会长期实行的嫔妃制度的产物，它反映着封建社会妇女不幸命运的一个重要侧面。封建帝王的婚姻制度极为畸形，皇帝一人拥有的配偶可达数十人，他的后宫所谓正妻便有“三宫、六院、七十二妃”，其他女官、宫女数量更多，往往是“后宫佳丽三千人”，甚至多达上万人。而有幸承皇恩得宠爱的宫女则少得可怜，绝大多数的嫔妃和宫女只能在深宫之中虚度光阴，浪费青春。这种不合理的嫔妃制度使得不少宫女写诗作赋发抒怨情，也有不少诗人同情她们，于是出现了一类独特的诗歌——宫怨诗。现存最早的宫怨诗大约是西汉班婕妤的《怨歌行》。唐、宋是宫怨诗的鼎盛时期，不少诗词大家，如李白、杜甫、白居易、陆游等，都写过宫怨诗。这些宫怨诗从不同角度，描写了宫女、嫔妃们的悲惨生活和精神痛苦。诗人们从不同角度，以充满同情的笔墨，描绘了在凤阙龙楼、富贵庄严的帷幕后面宫女们的悲惨生活和哀怨情绪，显示出强烈的人道主义精神。

在历代以昭君为题材的宫怨诗中，最早的一首应该是托名王昭君自作的《怨旷思惟歌》，此后的名作有薛道衡《昭君辞》等。时代较早而又最震撼人心的作品，当推隋代侯夫人所作的《遣意》。唐代以后，昭君题材的宫怨诗不绝如缕，佳作纷呈，如李白《于阗采花》、白居易《昭君怨》、李商隐《王昭君》等。

宋代，以王安石《明妃曲》为代表的宫怨诗达到了一个新的水平。宋人韩驹的长诗《题李伯时画昭君图》则从皇帝薄幸的角度控诉嫔妃制度：

> 君不见班姬奉养长信宫，又不见昭仪举袂前当熊。
> 盛时宠幸只如此，分甘委弃匈奴中。
> …………[1]

“班姬”即班婕妤，她美而能文，很得汉成帝宠爱。但后来成帝宠幸赵飞燕、赵合德姐妹，班婕妤深恐遇害，主动请求去长信宫侍奉太后，以了余生。“昭仪”是指汉元帝姬妾冯婕妤。有

① 分甘：应分，甘愿。本诗见《全宋诗》卷一四三九，第16585页；《历代题画诗类》卷四十二。

一次，元帝和嫔妃们去虎圈观兽斗，一熊攀栏欲上，妃嫔们吓得四处逃散，只有冯婕妤挥起袍袖，当熊而立，保护元帝，使左右得以格杀熊。古人多用这个典故描绘临危不惧、奋不顾身的女性。韩驹诗中用这两个女子的遭遇说明，即使像班、冯这样有勇有才的女子，受到宠爱时也不过如此，无情的皇帝将昭君弃于匈奴是毫不奇怪的。相反倒是呼韩邪单于对昭君充满深厚的感情，一见面就钟情于她："莫道单于无厚情，一见纤腰为回首。"但作者仍然认为即使如此，含悲远嫁也是很不幸的，远不如老死故乡。因此他谆谆告诫那些农家少女，宁可炙面毁容也不要轻离家乡。全诗主旨在于控诉皇帝的恩浅刻薄、喜新厌旧，从而深刻揭示了宫女们的不幸，说明她们是永远也不可能得到真正的爱情的。

金代诗文大家元好问写下了《玉楼春》词：

惊沙猎猎风成阵，白雁一声霜有信。[①] 琵琶肠断塞门秋，却望紫台知远近。深宫桃李无人问，旧爱玉颜今自恨。明妃留在两眉愁，万古春山颦不尽。[②]

深秋季节，昭君在塞外回顾汉宫旧事，感叹像桃李花开一样美

---

① 白雁：雁的一种，略小于鸿雁，常在霜降前到来，故名霜信。

② 春山：春天的山色远望似一弯青黛，古代诗人便用春山形容妇女的眉色。颦：皱眉。本诗见唐圭璋编：《全金元词》卷上，中华书局，第119页。

丽的少女们却幽闭深宫，无人问津，不由得紧皱双眉。这种痛苦万古不尽，表达着作者对宫女们的同情。

元代诗人写宫怨的也很多，其中不少作品富于新意。如吴师道《昭君出塞图》，明确地抒写了反对选美、怨恨入宫的主题。张翥的词《昭君怨》，前面有一段小序："昔人赋昭君词，多写其红悲绿怨，作此解[①]之。"词曰：

队队毡车细马，簇拥阏氏如画。却胜汉宫人，闭长门。看取蛾眉妒宠，身后谁如遗冢？[②]千载草青青，有芳名！[③]

作者反对把昭君写得红悲绿怨、愁苦不堪，他要摆脱窠臼，抒发新意。他认为昭君在匈奴乘毡车、驾良马，贵为阏氏，众人簇拥，仍然是美貌如画。她不但生活幸福，而且能够为国立功。她的一生远远胜过汉宫里的皇后嫔妃，她的贡献随着青冢长存，流芳千载。

明清以后，诗人们从不同角度抒发了对宫妃制度的不满和谴责，其中有两个典故被经常引用，这就是班婕妤和冯婕妤的故事。前举宋人韩驹《题李伯时画昭君图》诗已经有解释。明清诗人运用得更为深入、灵活。如明人文征明《明妃曲》：

---

① 解：摆脱、消除。

② 看取：且看、看着。如：《蜕岩词》作"为"。遗冢：青冢，代指昭君。

③ 本词见《全金元词》下，第1023页；又见《蜕岩词》卷下，第18页。

佳人自有命，画工何能为。
长信宫中长别离，当时岂亦有人欺。
悠悠青冢胡沙里，千载终为汉家死。
…………[①]

这里主要活用班婕妤故事。班婕妤美而善文，很受汉成帝宠幸。有一次她陪汉成帝外出，汉成帝让她与自己并排坐在车上，她推辞说："明君应该与贤臣并排坐车，如果与宠妃并坐，我怕影响您明君的形象。"这次"让辇"使成帝非常感动。后来为避赵氏姐妹妒害，班婕妤主动要求去长信宫侍奉太后，甘愿一生寂寞清冷。相传班婕妤曾作《团扇诗》，把自己比作团扇："常恐秋节至，凉飚夺炎热。弃捐箧笥中，恩情中道绝。"文征明认为昭君的悲剧并不是画工造成的，而是皇帝喜新厌旧、刻薄寡恩造成的，像班婕妤这样有才有貌且道德高尚的女子都被遗弃在冷宫，难道是有人欺骗他吗？

贺裳《明妃词》则主要活用冯婕妤故事：

汉使北来闻近事，昭仪赐死为当熊。
几年残泪今朝尽，喜不当时贿画工。[②]

---

① 本诗见《青冢志》卷七，第5页；又见《甫田集》。

② 本诗见《青冢志》卷七，第8页；又见《曲阿诗综》卷十三，第31页。

黄龙二年（公元前47年），冯媛被选入宫，汉元帝很喜欢她。永光二年（公元前42年），生皇子刘兴，晋封婕妤。建昭年间冯婕妤奋不顾身挡熊救帝事件发生后，元帝问冯婕妤："当时情形异常可怕，人人惊避，四散而逃，你一个弱女子为什么敢上前去挡住熊呢？"冯婕妤回答："猛兽抓到一个人就会停下来，我怕它会伤害陛下，因此才用身体去挡住它。"元帝听后非常感动。而当时在场的傅昭仪等嫔妃却表现失态，很丢面子。元帝死后，傅昭仪跟着儿子刘康去了山东定陶的封国。冯婕妤的儿子刘兴后来被封为中山王。公元前7年，傅昭仪的孙子哀帝即位，傅昭仪当上了太后。此时，"当熊"的事已经过去三十多年了，但傅昭仪的心理阴影一直没有消除。翌年，傅昭仪以诅咒罪诬陷冯婕妤，牵连整死不少人。当时，傅昭仪派人去责问冯婕妤："挡熊时候你表现得何其勇敢啊！今天怎么害怕了？"冯婕妤立马明白是傅昭仪在报复自己，于是饮药自杀。直至哀帝元寿二年（公元前1年），冯婕妤的孙子刘衎继位为汉平帝，才为冯婕妤恢复了名誉。[①]"当熊"事件发生在建昭元年（公元前38年），在昭君出塞之前。冯婕妤死于建平元年（公元前6年），昭君出塞后二十多年。诗人设想消息传到匈奴，当昭君从汉使那里听到冯婕妤因为"当熊"反而被诬陷，想到勇敢顽强、立有大功的冯婕妤被自私

① 参见《汉书》卷九十七下《外戚传》。

怯懦的傅昭仪嫉妒陷害而死，昭君一定会感叹好人不得好报。但昭君愤怒之余又会感到庆幸，庆幸自己当初没有贿赂毛延寿，没有得到皇帝恩宠，否则即使对皇帝有救命之恩，也难逃嫉妒者的毒手。想到这些，昭君多年来的悲伤便化为欢喜了。

除了班婕妤、冯婕妤的典故，诗人们还喜欢用赵飞燕、赵合德姐妹的故事做反面教材，来反衬昭君。如杜濬《王嫱故里》：

> 掖庭入后众人同，下嫁休嗟妾命穷。
> 正恐伤心无一事，蛾眉空老汉宫中。
> 毛生漫负丹青责，炎季空沦祸水波。
> 若写赵家双姊妹，画师功亦敌萧何。[1]

昭君入宫后，与宫中美女们的命运是相同的，但是她自请远嫁匈奴，却是慎重考虑后的决定。昭君请大家不要嗟叹自己命运穷困，她所担心的是这一辈子一事无成，孤独凄凉地老死深宫。昭君是要把一生活得精彩，活得有价值，所以才自请出塞。此诗关键句是“炎季空沦祸水波”，古人认为西汉得火德，故称西汉为“炎刘”“炎季”；“祸水”即红颜祸水，指赵飞燕姐妹。这里指昭君出塞后，汉宫中发生的“燕啄皇孙”事件：赵飞燕、赵合德姐妹为了独占皇帝的宠爱，将其他嫔妃生的孩子统统害死，致使汉成帝没有子嗣，民间以“燕啄皇孙”做比喻。诗人

① 本诗见《变雅堂全集·茶村诗钞》卷一，第51页。

感叹，假如毛延寿像对待昭君一样，把赵飞燕姐妹画丑一些，使她们不得宠爱，就不会发生“燕啄皇孙”的悲剧，那么毛延寿的功劳也可以比得上萧何。诗人其实是在感叹，“燕啄皇孙”这种悲剧，其根源也在于宫妃制度。

更多的诗人用汉武帝时陈皇后的故事来与昭君对比。如何景明《明妃行》：

明妃绝色世无邻，粉黛那数三千人。
咫尺宫门接前殿，君王只向图中见。
当时自恃如花容，美丑谁知由画工！
……
君不见长门宫，不用黄金买词赋，
纵有朱颜君不顾。[1]

又如李攀龙《王昭君吟》：

我本良家子，承恩入汉宫。
……
美女八千名，各各分当熊。
黄金买颜色，丹青多益工。

---

① 本诗见《青冢志》卷七，第2页；又见《明三十家诗选》;《大复集》。

……

因念长门赋，夙昔亦相蒙。
君王宠自误，贱妾以和戎。
岂惜贱妾去，但惜长门宫。
涕泣顾长门，从此逐秋蓬。①

汉武帝与陈皇后（小字阿娇）青梅竹马，誓言要“金屋藏娇”，后来却移情别恋，把陈皇后遗弃在长门宫，即使陈皇后重金请司马相如写了《长门赋》，也没能挽回汉武帝心意。她的遭遇比昭君更悲惨。

明人的宫怨诗还有不少佳作，如黄澜的《明妃篇》：

天朝重大信，薄命何幽郁。
不以一人冤，谁白千人屈。②

所谓“一人冤”“千人屈”，是以昭君一人所受冤屈为代表，揭示了成千上万宫女的悲惨遭遇，引起了社会上对宫女问题的重视和同情，从而抒发了宫女的冤屈和幽恨之情。作者以轻松之笔写沉痛悲伤之情，别有一番韵味。

又如雷思霈《汉宫引》：

---

① 本诗见《青冢志》卷七，第6页；又见《沧溟集》。

② 本诗见《青冢志》卷七，第2页；又见《冶南诗薮》。

少年宫女那曾愁，相送琵琶学泪流。姊妹大家闲话旧，才人多少怨箜篌。明妃塞上已青冢，我辈宫中也白头。①

这是化用元稹的《行宫》:“寥落古行宫，宫花寂寞红。白头宫女在，闲坐话玄宗。”诗人从“少年不识愁滋味”的少女起笔，以熬成“白头宫女”结笔，其间包含着宫女们多少哀怨，多少凄凉，多少孤寂与无奈。这些白头宫女闲坐无聊，回忆当年昭君出塞的盛况。现在昭君虽然去世，但是青冢长存，名垂千古，当年的小姐妹们内心的无穷哀怨之情和深沉的盛衰之感恐怕是一言难尽。全诗语少意多，余味无穷，以乐景写哀情亦有唐诗余韵。

又如罗洪先《昭君词十八首》之十八：

黄金纵买毛延寿，玉貌当如薄命何！
多少佳人怨憔悴，算来不属图画多。②

从昭君的不幸想到宫女的不幸，从而反驳了毛延寿画图是造成悲剧的原因。真正使无数佳人憔悴的原因是什么？作者虽没有说，但明确地启发我们去憎恨宫妃制度。

明代顾璘有长诗《昭君写真图引》：

---

① 本诗见《青冢志》卷七，第7页。

② 本诗见《青冢志》卷七，第4页；又见《念庵文集》。

汉宫九重类天居，宫中美人粲璚琚。[①]
娉容淑态意非一，网户文窗烟雾虚。
……
君王行幸恣欢暱[②]，蛾眉短长难具悉。
可怜睇盼隔重霄，竟使画图欺白日。
金珠不操静女手，丹青更甚谗夫口。
妍媸反复在锱铢，移爱为憎忍相负。[③]

庄严的皇宫，辉煌富丽，美女如云，却是皇帝一人恣意寻欢作乐、蹂躏妇女的淫窟，他所拥有的美女之多，连自己也难以知道她们的“蛾眉短长”（指容貌、才情等）。而那些望眼欲穿、盼望宠幸的宫女和皇帝的距离，简直像远隔重霄一样。再加上画师欺瞒，贪贿公行，即使得到皇帝宠爱，仍然有可能随时“移爱为憎忍相负”，所以宫女们的悲惨命运更是可想而知了。这首诗生动描绘了富贵背后的淫逸、繁华背后的凄凉、美丽背后的污秽、恩爱背后的残忍，是一幅宫女嫔妃生活的血泪图。

---

① 天居：天上神仙府第。粲：音灿，鲜艳，灿烂。璚：音琼，赤玉。琚：音居，佩玉。此句形容宫中美女像块块美玉一样光彩夺目，鲜艳照人。

② 暱：亲近。

③ 本诗见《青冢志》卷十，第34页；又见《历代题画诗类》卷四十二。

清代诗人们仍然习惯于用班婕妤、冯婕妤、陈皇后、赵飞燕姐妹等著名宫女、嫔妃与昭君对比，但在思想内容上更为深刻，批判封建宫妃制度更为大胆，对昭君的评价也更为客观公正。如周廷熺《昭君咏》(四首)：

人彘穷凶出汉宫，当熊妃子泣秋风。
昭君不抱琵琶去，未必恩私竟得终。

深闭长门春复春，云和斜抱月华新。[①]
黄金若买毛延寿，不过寻常抱袴人。[②]

汉室和戎在结亲，天孙犹嫁织皮人。[③]
驱车紫塞休嗟叹，作得阏氏冠九嫔。[④]

---

① 云和：地名，传说此地盛产琴瑟等乐器，后来代指琵琶等乐器。月华新：看到新月升起。

② 抱袴人：指服杂役的宫女、侍女。

③ 天孙：天帝之女，即织女，此处指天子的子孙，如汉武帝时嫁给乌孙王的刘细君、刘解忧等和亲公主。织皮：一种毛织品，又称罽。织皮人：指游牧民族的人。

④ 九嫔：指单于后宫的众多妻妾。冠：名词用作动词，意为位在九嫔之上。

岂恃芳姿故自尊，禔躬圭璧肯求恩。①
宫人行赂知多少，那有青青冢独存。②

第一首，“人彘”的典故出自汉高祖宠妃戚夫人，她与刘邦生子赵王如意，便恃宠鼓动刘邦立如意为太子。刘邦驾崩后，吕后杀如意，断戚夫人手足、去其眼、熏其耳，将她置厕中，呼为“人彘”。诗人感叹，这种穷凶极恶的事竟然就出在汉宫里。“当熊妃子”指汉元帝妃子冯婕妤，她曾经奋不顾身为皇帝当熊，详见前引。“泣秋风”，指汉成帝宠妃班婕妤，她失宠后被弃置长信宫奉养太后，写了《怨歌行》，把自己比作秋风中的团扇。开头两句连用三个典故，说明昭君即使不去和亲，假定像戚夫人、班婕妤、冯婕妤那样受到宠爱，也未必能够始终得到恩宠，很可能也是同她们一样的悲惨下场。第二首写昭君如果用黄金买通毛延寿，也未必能够得到恩宠，大不过是个寻常服杂役的宫女，仍然深闭长门宫，年复一年地弹着琵琶，看着新月冉冉升起。第三首肯定汉室的和亲政策，认为皇帝的女儿也可以嫁给游牧民族，更何况出身平民的王昭君。因此昭君不必嗟叹，她能够做匈奴的阏氏，位在单于所有的嫔妃之上，也是足以自豪的事。第四首赞美昭君拒绝行贿，认为她并非依仗自己的美貌故意自傲，而是因为

① 禔躬：享福安身。圭璧：帝王贵族祭祀、朝聘时所执的玉器，比喻美好的品德。

② 本诗见《青冢志》卷八，第16页；又见《薇岩诗草》。

自身品德本来就高尚、纯洁，不肯做那种卑躬屈膝、行贿献媚、向人乞求恩宠的事。诗人反问：“请看那么多行贿的宫女中，有哪个像昭君一样留下青冢永存后世呢？”这四首诗互为补充，互相生发，层层深入，很有见地。

清代女诗人方婉仪，号白莲居士，她的《次韵题明妃图》云：

冢畔青青草色稠，芳名史册著千秋。
画师若把黄金嘱，老守长门到白头。[①]

“画师若把黄金嘱”是用颠倒词序的写法，意为“若把黄金嘱画师”。那些幽闭深宫的宫女，即使行贿画师，得到皇帝宠爱，最终也难免在冷宫终老，哪里能够与“芳名史册著千秋”的昭君相比。

董元恺词《塞垣春》，词牌下有小序曰：“反昭君怨。”其意思是不满历代咏叹昭君的悲怨之词，要为之翻案。词曰：

纨扇双娥老，[②]零落秋风多少。羊车过也，鸾笙何处？长门漏悄。[③]听一声、千帐琵琶调，绝胜云和斜抱。[④]待得射生

① 本诗见《历代歌咏昭君诗词选注》，第292页；又见《白莲半格诗》。

② 纨扇：即团扇。暗用“秋风捐弃”典故。双娥：女子的双眉，代指美女。

③ 羊车：此处用晋武帝司马炎“羊车望幸”之典。鸾笙：有鸾鸟图案的笙，代指皇帝临幸时欢乐歌舞的场面。漏：古代的计时工具。

④ 千帐琵琶调：代指昭君出塞后，琵琶声传到千村万帐。云和：琴瑟等弦乐器的代称。“云和斜抱”代指汉宫生活。

> 归晚，乳酒桐茶共倒。
>
> 貂锦换罗衣，拥如花醉眠芳草。夜夜擅胭脂，筚篥吹春晓。君不见汉家战士谋臣，不若汉宫人巧。若爱妾颜色，已困平城道。[①]

作者有意地与“昭君怨”唱反调，要给历代认为昭君出塞是悲剧的观点翻案。开头两句用秋风劲吹、团扇捐弃、鲜花零落比喻宫妃制度对宫女嫔妃的摧残。“羊车”三句用晋武帝司马炎“羊车望幸”之典。晋武帝后宫美女过万，他坐着羊拉的车子在后宫随意行走，羊车停在哪里，就宠幸哪个嫔妃。嫔妃们纷纷插柳枝、洒盐水吸引羊车。但嫔妃们一次又一次见羊车走过，不知道皇帝今夜在哪里笙歌乐舞，自己只能伴着滴漏悄悄老去。这是以晋代写汉代乃至历代宫女嫔妃受冷落、被禁锢，凄凉终老的悲惨境遇。“千帐琵琶调”代指昭君出塞后，她的琵琶声传到汉朝和匈奴的千村万帐，用和平的音乐代替了战争的烽火，因此她的贡献远胜于在汉宫为皇帝演奏琴瑟。以下描绘昭君在匈奴的生活：待到丈夫打猎归来，昭君为他又倒奶酒，又倒热茶，夫妻共同畅饮。昭君在匈奴冬天着貂裘，夏天换罗衣，醉酒眠芳草，夜夜享专宠，夫妻恩爱，其乐融融。诗人感叹，昭君这样一个汉宫宫女，胜过汉朝无数勇士谋臣。他不但肯定

① 爱：吝啬，舍不得。已困平城道：用刘邦平城被围典故，代指引起战争。本词见《清名家词》卷三《苍梧词》，第131页。

昭君出塞平息战火，功绩超过汉朝战将谋臣，而且描绘昭君与单于的婚姻生活，夫妻之间恩恩爱爱，与汉宫的凄凉清冷形成鲜明对照。这首词在昭君题材宫怨诗词中非常优秀，可谓凤毛麟角。

总体来看，昭君诗词中宫怨主题的作品都能在一定程度上反映和揭露封建帝王宫廷生活的黑暗腐朽，表现宫廷妇女内心的苦闷，使读者对于那些表面锦衣玉食而实际是一群女奴隶的宫女嫔妃，产生极大的同情，从而对造成她们不幸的封建制度、封建帝王感到愤慨，因而具有反封建的进步意义。但是，由于一些封建文人不能很好地理解昭君，往往把宫怨与悲叹出塞联系起来，认识不到昭君自请出塞体现出来的反抗封建宫妃制度的斗争性和积极意义。

第四节　思乡主题

在中国文学史上，思乡是文人笔下一个古老而年轻的主题。乡情是人类共同的感情之一，每个人对于自己出生、长大、长期生活过的故乡总是保留着一份珍贵的感情，人们由于种种原因离开故乡之后，思念故乡的感情往往更为强烈。因此乡情自古以来就是诱发人们艺术表现冲动的重要动源之一。由于中华民族特殊的生存环境和民族心理，安土重迁的恋乡之情特别深沉厚重，故而在中国古代文学中，思乡主题包容面很广，吸附力很强，它贯穿着古代文学的始终，并且成为凝结民族群体内聚力的一种永恒的心理动因，比较集中地体现着中华民族的文化精神。

早在周代产生的《诗经》中，就有“岂不怀归，是用作歌，将母来谂”[①]吟唱；屈原的《离骚》又将思乡的思想深度做了巨大拓展。而汉代昭君出塞的事件刚一出现，人们立即把她作为表达思乡之情的一个最好借助物。的确，选择昭君作为寄托乡思的素材是有其现实依据的，古人嫁女到邻村，尚且有大哭数日的风俗，更何况要嫁到塞外“异国”？“远托异国，昔人所悲”[②]，加之古人一直把出塞远行视为大事、难事、苦事，甚至是类似于罪犯流徙、贬官远谪式的处罚，即使是英武雄壮的战士、胸怀大志的士大夫，尚不免产生无穷感慨和思想波动，更何况像昭君那样一个美貌女子，更何况她又要一去永无归期？这个故事，的确最有利于表达人们思乡念土、怀念父母的悱恻缠绵之情。所以汉代出现的昭君歌舞和《怨旷思惟歌》等，都是以思乡为主题的。从此以后，在中国源远流长的思乡文学中，昭君始终占着重要的地位。

魏晋南北朝时期，战乱、瘟疫、饥荒频繁发生，人民流离失所，思乡之作频出。即使在南朝偏安一隅之时，由北迁南的知识分子也心境凄凉，时有思乡之作，昭君便是思乡的寄托。其中最有代表性的如南朝刘宋鲍照的《王昭君》：

---

① 谂：思念。《诗经·小雅·四牡》。

②〔南朝梁〕萧统撰：《文选》卷四一《李陵答苏武书》。

既事转蓬远，心随雁路绝。[①]
霜鞞旦夕惊，边笳中夜咽。[②]

此诗用随风旋转的蓬草来形容人生的漂泊不定，并言昭君虽然像转蓬一样远嫁塞外，但心却随着大雁一路向南飞翔，直至回绝天际。后两句又以塞外生活衬托思乡之情：结满严霜的刀柄，让人望着日夜心惊；半夜响起的胡笳，好像在悲凉地呜咽。全诗含意深沉，格调高远，很好地抒写了思念祖国和故乡之情。

南朝江淹的《恨赋》，选取历史上著名的帝王将相、英雄烈士“饮恨吞声”的死亡加以咏叹，把咏史和代言的传统引入辞赋，其中写昭君的一段云：

若夫明妃去时，仰天太息。紫台稍远，关山无极。陇

① 转蓬：蓬是一种菊科植物，其花为球状，随风旋转，故称“转蓬”。雁：即鸿雁，是一种候鸟，秋季飞向南方，春季飞向北方。古代有鸿雁代人传书的传说。

② 鞞：刀鞘。霜稗：指结满严霜的刀鞘。旦夕：日夜。笳：即胡笳，北方少数民族的一种吹奏乐器，声音悲凉，如哭泣呜咽。本诗见《乐府诗集》卷二十九；《鲍参军集》卷四，第205页；《青冢志》卷四，第16页。

雁少飞，代云雾色。[1]回风倏起，白日西匿。[2]望君王兮何期，终芜绝兮异域。[3]

这篇赋将思乡念国之情写得何等缠绵，语言简约优美，参差错落，丰富多彩，读来音韵铿锵，对后世影响很大。

北周庾信本是南朝萧梁时期的文学近臣，后来出使鲜卑族建立的西魏，被留在长安，不得南归，成了北方文坛的盟主，最后死于北周。《周书》本传说他"信虽位望通显，常有乡关之思"。这种心怀故国的感情和被迫流落异乡的感受，他很自然地通过歌咏昭君而表达出来。其《明君词》曰：

敛眉光禄塞，还望夫人城。
片片红颜落，[4]双双泪眼生。
冰河牵马渡，雪路抱鞍行。
胡风入骨冷，夜月照心明。
方调琴上曲，变入胡笳声。[5]

---

① 陇：陇州，今陕西陇县一带。代：代州，今山西代县一带。陇、代，泛指塞外。

② 回风：旋转的风。倏：迅速，极快。匿：藏。

③ 本文诗《文选》。

④ 片片红颜落：脸上消失了红润的颜色。

⑤ 本诗见《乐府诗集》卷二十九，《庾开府集》卷五；又见《青冢志》卷六，第38页。

这是一首应皇帝诏命而作的诗，故题下有“应诏”二字。全诗情重词清，特别以光禄塞和夫人城二地入诗，巧妙地表达了思乡爱国之情。光禄塞是汉武帝太初三年(公元前102年)光禄勋徐自为出五原塞(今内蒙古包头市北部草原上)外数百里、远者千余里所筑的亭障列城。夫人城指范夫人城,《汉书·匈奴传》应劭注:“本汉将筑此城。将亡，其妻(范氏)率余众保完之，因此为名也。”其地约在今内蒙古达尔罕茂明安联合旗百灵庙西北。塞在北，城在南，所以写昭君到光禄塞后，又“还望”夫人城。作者以这两个地名，暗寓昭君出塞乃为保卫国家安宁而献身，赞扬她的爱国主义高贵品质，寓意深刻，含蓄蕴藉。

庾信还有一首《王昭君》，是替王昭君诉说幽恨的代言诗。写她由于思乡念国，乃至花容失色，“围腰无一尺，垂泪有千行”等。其中显然寄托着自己的遭遇和心情。诗中“别曲真多恨，哀弦须更张”两句，更是流传千古的名句。

盛唐时代，文人躬逢盛世，普遍觉得应该有所作为。强烈的功名事业心，使他们压下了热土难离的乡情，或者到边关建功立业，或者到首都求取功名，那时的思乡之作多由哀怨低沉转为达观高昂。如卢照邻的《昭君怨》:

汉地草应绿，胡庭沙正飞。

愿逐三秋雁，年年一度归。[①]

又如郭元震的《王昭君三首》之二：

厌践冰霜域，嗟为边塞人。
思从漠南猎，一见汉家尘。[②]

由胡地的飞沙、冰霜，联想到故乡的绿草、春风，把思乡念国之情写得生动入微，既切合匈奴生活实际，又寄托怀念思归之情。希望能随着秋雁，一年回乡一次。即使不能“年年一度归”，那么借打猎之机，看看故乡的尘土，也是一种安慰。这里总的格调还是昂扬向上的。

唐人王涣的《惆怅诗十二首》第十二首也写得很好：

梦里分明入汉宫，觉来灯背锦屏空。[③]
紫台月落关山晓，肠断君恩信画工。[④]

通过昭君做梦，表达了故国之思。梦入汉宫，空有锦屏，一觉

① 本诗见《全唐诗》第523页；又见《青冢志》卷九，第20页。

② 本诗见《全唐诗》第757页；又见《青冢志》卷四，第16页。

③ 这两句写昭君梦回汉宫和梦醒后孤独凄凉的情景。

④ 本诗见《全唐诗》第7920页；又见《青冢志》卷四，第19页。

醒来，仍在毡帐。紫台月落，关山天晓，时间虽同，地域全异，相隔万里，无计重归。这都是皇帝昏庸、误信画工的结果。

宋元以后，昭君题材的思乡诗作仍然很多。如北宋苏辙的《昭君村》：

一朝远逐呼韩去，遥忆江头捕鲤鱼。
江上大鱼安敢钓，转柁横江筋力小。
深边积雪厚埋牛，两处辛勤何处好？
去家离俗慕荣华，富贵终身独可嗟。
不及故乡山上女，夜从东舍嫁西家。[①]

全诗以怀念故园的山川景物和劳动生活入手，再与匈奴塞外生活比较，从而感叹尽管富贵终身，终不如“夜从东舍嫁西家”好，把恋乡之情抒发得淋漓尽致。当然，其消极短视的局限性也是明显的。

北宋著名词人秦观著有《调笑令》十首，其第二首《昭君》云：

① 本诗见《全宋诗》卷八四九，第9819页；又见《青冢志》卷十一，第43页。

回顾，汉宫路。捍拨檀槽鸾对舞，[①] 玉容寂寞花无主。[②] 顾影偷弹玉箸[③]，未央宫殿知何处？目送征鸿南去。[④]

这首词渲染昭君思乡之情更加凄艳哀婉。昭君回顾汉宫，联想到宫中弦乐齐鸣，宫女们像彩鸾一样翩翩起舞，而自己到匈奴后，孤单寂寞，只能偷弹珠泪，遥望征鸿，寄托故国之思。

由于昭君出塞本身就是轰动一时的政治事件，随着昭君为人们带来的和平越来越长久，人们越来越认识到昭君出塞的政治意义，所以越到后来，单纯的思乡之作渐少，把思乡与爱国、忠君等政治主题相结合成为普遍现象。例如元代王结的长诗《明妃曲》说：

天心恻恻难食言，重感君恩为君死。
塞云漫漫塞草黄，羌笛一曲助悲凉。
回头遥望汉宫月，照影依依还自伤。

---

① 檀槽：用檀木制作的琵琶等乐器上架弦的格子，这里指琵琶。鸾：凤凰之类的鸟。这句是设想昭君回忆汉宫中弦乐齐奏，宫女们像彩鸾一样相对起舞的情景。

② 寂寞：孤独、失意的样子。无主：没有依靠，心神不安的样子。

③ 玉箸：比喻美人之泪。

④ 本词见《全宋词（一）》第467页；又见《淮海词》第167页。

妾生不及雁随阳[①]，茕茕终老天一方。
琵琶聊写思归意，传与中州能断肠。
南北寝兵[②]心自足，托身异域宁辞辱。
君不见乌孙公主汉懿亲，西风万里歌黄鹄。[③]

明清时期，昭君题材思乡之作数量更多，大部分同文人失意、仕途坎坷、倦于客居、思归故乡之叹相结合，更与相思怀人、悲叹国运相交错，成为文人抒发悲思愁绪的重要内容。如陈伯康《昭君出塞图》：

昭君生长昭君村，汉宫选入昭阳门。
倾城自负颜色好，薄命不得承君恩。
朔风吹动毡车发，万里远嫁单于国。
香梦空迷紫塞云，蛾眉愁对穹庐月。
关山阻隔归无缘，含情掩抑鸣哀弦。
虎头将军骨已朽，独余青冢留千年。[④]

---

① 雁随阳：像大雁那样按时飞向南方。

② 寝兵：停息战争。

③ 懿亲：至亲，多指王室宗亲。歌黄鹄：这里指乌孙公主细君所做的《悲秋歌》。

④ 本诗见《青冢志》卷十，第34页；又见《历代题画诗类》卷四十二，题作《明妃出塞图》。

魏学礼《昭君怨》：

翠袖辞金殿，青苔閟紫宫。
香寒罗帐晓，春尽玉阶空。
明月琵琶曲，惊尘朔漠风。
君恩原未薄，妾梦向来同。[①]

还有不少思乡诗，初看平淡无奇，细细品味，方知含蓄蕴藉，余味无穷。如沈士颖《昭君墓》：

可怜汉宫人，不在汉宫老。
犹奇胡地坟，不生胡地草。[②]

又如明末女诗人黄幼藻（字汉宫）《题明妃出塞图》：

天外边风掩面沙，举头何处是中华。
早知身被丹青误，但嫁巫山百姓家。[③]

① 本诗见《青冢志》卷九，第24页；又见《比玉集》。

② 本诗见《宜昌府志》卷三十四《艺文志上》。

③ 本诗见《青冢志》卷十，第36页。

嫁到巫山百姓家，虽然能过农家乐的生活，但昭君更希望的是“举头处处是中华”。

再如徐寿《王昭君》：

马上琵琶塞上风，分明吹入玉关中。
妾身本是乡村女，不解金钱买画工。①

思乡中透出天真纯洁，充满乡土气息，又有对朝廷黑暗的不着痕迹的控诉。

邓定的《昭君出猎图》在思乡诗中别开生面。诗曰：

八月天山雪作花，合围千骑度龙沙。
传呼莫射南飞雁，欲寄平安到汉家。②

昭君在塞外的生活，并非每日悲悲戚戚，向隅而泣，而是经常跃马扬鞭，指挥千骑万马冒雪围猎，飞禽走兽尽在箭下，完全是一位巾帼英雄的气派。当然，英雄也有思乡之时，看到南飞大雁，昭君便向匈奴健儿传下命令，不准射杀，因为宁胡阏氏想托大雁带一封平安家书到汉地家乡。全诗格调高昂，充满豪迈之气。

---

① 同上，卷四，第23页。

② 本诗见《绥远通志稿》卷五十六《诗辑》。

此外，民歌《时尚急催玉·王昭君》也是思乡佳作，却更带有喜剧色彩：

> 王昭君出汉宫，乔妆打扮，不梳妆，不搽粉，亲去和番。猛抬头，只见一个孤单雁。孤雁吱查叫，琵琶不住弹。�哷呀，频碧蓬，打辣酥。[1]骑着一匹骆驼，一匹骆驼碧蓬碧蓬，把都儿在后面赶。[2]

这里描绘的是一个牧民化了的王昭君，她不梳妆、不搽粉，朴朴素素，弹着琵琶，骑着一匹骆驼就出嫁了。把都儿在后面为她赶着骆驼，牧民们则随着琵琶声唱着歌，喝着打辣酥，为她送行。虽然昭君抬头望见孤雁鸣叫，不由得生出思乡之情，但总的气氛是欢乐的。这首民歌有明显的北方游牧民族生活的印痕，虽然是明朝人搜集的，但从多用蒙古语词汇来看，很可能是元代蒙古族民歌翻译为汉语的。

清代昭君题材思乡诗数量很多，艺术风格百花齐放，在思想性、艺术性方面都有值得肯定的佳作。如戴亨《明妃》：

---

① 吪哷呀、频碧蓬：均为象声词和歌曲衬词，形容唱歌声、琵琶声和骆驼行走的声音，与后一句“碧蓬”相同。打辣酥：蒙古语“酒”。

② 把都儿：蒙古语，武士、勇士、兵丁。这里指护送昭君出塞的士兵。本歌见《词林一枝·时尚急催玉》，〔明〕黄文华选辑，明万历间福建书林叶志元刻本。

奉命和戎主，甘心朔漠来。
望乡时洒泪，不上李陵台。[①]

吴伟业《戏题汝凹十二首[②]·出塞》：

玉关秋尽雁连天，碛里明驼路几千！
夜半李陵台上月，可能还是汉宫圆。[③]

李陵台是古典诗词中登高望乡的典型符号，但李陵又是晚节不保的争议人物，所以诗人们不约而同地用他来反衬昭君的高尚纯洁，在含蓄蕴藉中使思乡情愫与爱国节操水乳交融。

王锦《过青冢用杜工部荆门怀古韵》：

朔漠紫台连雁门，明妃遗迹傍荒村。
黑河滚滚风声疾，青冢漫漫日色昏。
春草有情犹识路，平沙无处可招魂。

---

① 本诗见《青冢志》卷五，第32页；又见《庆芝堂诗集》。

②《四部备要》本《吴诗集览》卷十八下题目作《戏题仕女图》。

③ 还是：《吴诗集览》《清诗选》作“还似”。本诗见《梅村家藏稿》卷二十，第101页；又见《吴诗集览》。

和亲果使边风静，麟阁何人许并论。[①]

“春草有情犹识路，平沙无处可招魂”两句清丽新颖，细细品味，平易之中又暗含青冢之草四季常青和召唤昭君魂归故里的深层内涵，也表达了思乡之情。

陈寿祺《明妃出塞图》则更有新意：

锦帔明珰出汉关，白云回首失阴山。
他年居次重归汉，可有魂随爱女还？[②]

诗中“居次”是匈奴语，是对贵族妇女的尊称，意思相当于汉语的“公主”。这里指昭君的二女儿，她嫁给匈奴贵族当于家族，被称为当于居次。当于居次在王莽当政时期曾经回归汉朝，常常受到王太后的召见。诗人别出心裁，特地设问：当于居次回到汉朝的时候，昭君的灵魂可曾随着爱女回来？

清代著名戏剧家沈自晋作有长篇套数〔南正宫·普天乐〕《拟昭君梦返旧皇宫》，此套篇幅较长，作者设想昭君梦中回到汉宫，君王如何“带笑呼”，粉黛如何“含愁妒”，但其中最生动的是描写昭君思念故乡的几支曲子：

① 本诗见《历代歌咏昭君诗词选注》，第275页。

② 本诗见《纂喜堂诗稿》。

〔南正宫·普天乐〕

雁南秋，云平暮，极目离魂路。久抛残环佩音疏，早拨断琵琶调苦。穹庐月冷倚徒黄昏步，蓦向枕畔关河随踪去。打叠起一抹胭脂，重整顿千般媚妩，却匆忙未及改换貂狐。

〔雁过声换头〕

归途。玉关未阻，边城悄残角韵孤。横鞭骤马如云雾，趁寒飚下平芜。一霎时依稀故苑规模，繁华如绣谱。只道黄沙白草把孱躯误，谁想花簇上林还似锦片铺。……

〔尾声〕魂沉乱，思恍惚，忘却在貂窝毳曲。怎禁得霜月凄清一管芦！[①]

应该指出，有一些乡情诗中乡土观念过重，又容易带来一种盲目的优越感和自我中心感，在昭君诗中往往表现为大汉族主义，助长了歧视少数民族的不良倾向，特别是在民族矛盾尖锐的时期，昭君诗的思乡之作往往带有明显的大汉族主义倾向。另外，思乡之情过重，往往造成痴迷于寻找过去、回归过去，在一定程度上妨碍了民族的开拓精神和献身精神的形成，不利于个人对事业的追求。例如金代元好问的诗作《李参军北上》："生女莫作王明君，一去紫台空佩环。生男莫作班定远，万里

① 本曲见《全清散曲（上）》，第30页，齐鲁书社，1985年。

驰书望玉关。”[1]班定远指汉代著名的外交家班超。他远离故乡三十一年，经营西域，为保持东汉王朝对西域的控制及丝绸之路的畅通做出了巨大贡献，是两汉时期第一个把汉朝声威远播到波斯湾的人物，被封为定远侯，是中华民族的骄傲。而元好问诗将他与昭君并提，统统给予否定，其原因就是安土重迁思想作怪。这也从反面说明昭君出塞的贡献几乎能与班超媲美。如果从克服安土重迁思想来说，王昭君也为我们做出了榜样。可惜大多数思乡诗的作者并没有真正理解王昭君。

从以上简单回顾，我们可以看出，昭君诗词中的思乡主题是历史的、变化的，其中包含着不同时代、不同作者的不同乡思内容，尤其是把思乡、爱国与国家命运联系起来，具有积极的一面。由于昭君诗中思乡主题的长期流传，所以从文化积淀上来说，形成了一批固定的原型意象，如“转蓬”“归雁”“紫台”“朔漠”“胡笳”等。其中有些意象原型在东汉文人诗中虽已出现，但其强化和流传无疑是得力于昭君诗词的。至于“青冢”“香溪”“汉宫”“胡沙”“琵琶”“香魂”等，则完全是由昭君诗中新创的。它们已经具有了包含昭君故事内容的特定内涵，以至于后代文人一提起这些符号，马上就会联想到昭君出塞、思乡念国等历史内容。

昭君题材作品中的思乡之作，大多数是有真情实感的，也是有一定积极意义的。它们表现着中华民族的群体意识和民族向心力、凝聚力，是维系民族与国家统一、稳定的感情纽带之一，也

① 本诗见《御订全金诗增补中州集》卷六十八。

是产生朴素的爱国主义精神的土壤和动机。从艺术上看，表达方式繁复多样、圆熟生动、委婉细腻，是古代抒情诗中的珍品。

第五节　赞美高尚人格，领悟人生哲理

昭君的一生是传奇的一生。在昭君故事中，她的一连串遭遇和行动，如拒贿画工、自请和亲、安居塞外、为国献身、不避夷夏之大防、追求知心之相乐等，在封建社会中，都是不同流俗、不惧礼教之举，在人们心目中留下了深刻的印象。一些诗人透过昭君的这些行动，超越对个人具体行动的礼赞，从人格的高度，把笔触深入昭君性格的核心，去探索其心路历程和人格的、道德的价值，从而揭示出她高尚峻洁的品质、卓尔不凡的见识和远超常人的毅力，认识到昭君从精神实质上来说具有封建社会极为罕见的特立独行的人格，从而启发诗人们对人生价值命运的思考和探讨，使人们领悟许多人生哲理。大体来说，在古代，凡是具有反对封建礼教和伦理道德等进步思想的作家，都对昭君的见识、行动表示了肯定和赞赏，他们对昭君人格的评价和悟出的人生哲理，主要有以下五个方面。

第一，悲叹命运浮沉还是勇于抗争改变命运。昭君题材作品自产生之日起，就蕴含着创作者们对人生的种种联想和感慨。由于昭君的独特经历，极易使文人们联想到自己的怀才不遇，

联想到社会的黑暗不公，感慨人生穷通变化、祸福无常，等等。加以中国古代文化怀古情绪的传统影响，由昭君而感伤自身，由个体人生的种种命运演化为对整体人生的无限追怀和哀伤感叹，并与中国哲学的“物盛则衰”“天道无常”等传统观念相结合，从而形成了大量借咏怀昭君来感叹人生的作品。这种作品往往产生于动荡混乱的时代，个人不能掌握自己的命运，今日不知明日的结果，于是用昭君故事中的大起大落、大喜大悲作为寄托，感叹人生无常，瞬息万变。其中较早的有南朝（梁）女诗人刘绘女（王淑英妻）所写的《昭君怨》：“一生竟何定，万事良难保。丹青失旧仪，匣玉成秋草。[①] ………”刘氏借昭君抒怀，哀叹人生命运难测、祸福无常、万事难保，今天还是匣中的宝玉，明日就像秋草一样凋零。其诗颇有《古诗十九首》的遗韵，感伤主义色彩特别浓厚。当然，作者的这种情调是有明显的消极、宿命意味的。

宋代苏轼《昭君村》诗感叹：“古来人事尽如此，反覆纵横安可知”，对后世影响很大。类似于苏轼发出人生命运无常之感叹的诗人很多，又如宋代文学家曾巩的《明妃曲》：

① 丹青：红色和青色的颜料，多代指绘画。旧仪：原来的面貌。此句指昭君不肯向画师行贿，画师就故意丑化昭君。《全汉三国南北朝诗》本作“丹青失旧图”。本诗见《先秦汉魏晋南北朝诗·梁诗》卷十八，第2129页；《全汉三国南北朝诗·全梁诗》卷十三，第1318页。

丹青有迹尚如此，何况无形论是非。
穷通岂不各有命，南北由来非尔为。
…………[1]

明人何乔新的《王昭君》：

爱恶原有命，不在妍与媸。
名花萎荒秽，小草植轩墀[2]。
古来尽如此，悲叹亦奚为！[3]

曾巩感叹“穷通有命”，何乔新感叹“爱恶有命”，像昭君这样的名花被抛弃在荒野，平庸之人如小草反而被种植在大殿前面的花池中。他们都对昭君的命运感到不公平，但是又都无能为力。

然而，面对命运的不公，人们的选择并不一定都是顺从，而是与命运抗争。虽然抗争不一定会成功，但不抗争就永远不会有机会。昭君恰恰就是那个屡次与命运抗争的人，也是那个克服种种艰难险阻，终于取得成功并且使自己青史留名的人。

明代诗人邱浚就对昭君情有独钟，他所作昭君题材的诗作留存多达十一首，其中对昭君敢于抗争改命多有赞赏。如《题

① 本诗见《全宋诗》卷五四七，第5552页；《曾巩集》卷四，第58页。
② 轩墀：殿前的台阶。
③ 奚为：何为，亦即为何。本诗见《青冢志》卷四，第23页。

明妃图》：

莫向西风怨画师，从来旸谷日光遗。[①]
当时不遇毛延寿，老死深宫谁得知。

又如《明妃图》（三首之三）：

功德施夷夏，声名播古今。
人言汉恩浅，妾感汉恩深。[②]

日出之地反而见不到阳光，毛延寿反而成就了昭君，为什么坏事也能变成好事？关键在于昭君抓住机遇自请出塞，抗争改变命运，才能够“功德施夷夏，声名播古今”。

从本质上说，昭君确实是一个具有反抗精神的不平凡的女性。特别是她面对命运不公，遭遇人生低谷，甚至处于绝望境地时，每每能够做出超越常人的选择和举动，即使古人对昭君这些行动有些不同的看法，她的斗争精神也是令人钦佩的。即使从封建主义的忠孝节义观出发，也有不少人肯定了昭君，如清人陆

① 旸谷：亦名汤谷，古代神话传说中太阳出浴的地方。遗：失，指太阳照不到。

② 这两首诗见《青冢志》卷十，第33页。又见《琼台会稿》;《历代题画诗类》卷四十二。

耀《王昭君辞并序》前面长篇序言的评论就比较有代表性：

> 夫始之不以色进，有班姬辞辇之贤；[①] 继之不以难委[②]，有冯女当熊之勇。至其去后宫而赴绝域，偶殊类而辑边陲，[③] 有公主和戎、木兰从军之义。而说者必援无稽之稗史为美谈，使昭君千古止为恃色逞骄，吝财失宠之女流，抑何不善成人之美也！[④]

其长诗完全模拟《木兰辞》，把昭君描写为一个花木兰式的女英雄：

> 昭君前致辞，意气何决烈。
> 群臣视愕眙，天子心吁咈。
> ……
> 乃知烈女胸，羞与群婢列。
> ……

---

① 不以色进：不凭美貌争宠。班姬辞辇：《汉书·外戚传下》载，汉成帝邀宠姬班婕妤同车游后宫，班姬辞谢说："古代的圣贤之君都有名臣在侧，亡国之君才沉溺美色。"婉言拒绝了汉成帝的邀请。

② 不以难委：不推诿困难的任务。

③ 偶殊类：指嫁给匈奴。辑：和睦、安定。

④ 援：引用。稗史：野史。恃色：凭借美色。吝财：吝惜财物。以上引自《切问斋集·王明君辞序》。

至今青冢草，牛羊不敢龁。[①]

陆耀几乎把昭君在人生紧要关头的主动选择都做了梳理，认为昭君的每一次选择都是符合“贤”“勇”“义”等道德标准的。他高度评价昭君的人格，赞美昭君的品质是高尚的，肯定昭君的功绩是伟大的。他以事实反驳、批判那些歪曲、丑化昭君的人，认为他们以小人之心度君子之腹，“不善成人之美”，他们才是真正灵魂丑恶的人。陆耀的评论在封建时代是有代表性的。

第二，随波逐流还是坚持底线。围绕昭君拒不行贿画工的故事，人们展开了人生哲学层面的探讨。中国自古以来就有与世浮沉和坚守原则两种对立的人格和处世哲学。有些人从明哲保身的处世哲学出发，指责昭君自恃貌美，孤高自赏，不肯随同流俗，不知通权达变，甚至说她吝惜金钱，结果是自讨苦吃，自误平生，等等。他们把昭君的悲剧归罪于昭君自己不识时务，过分执拗，不肯用金钱为自己铺一条向上爬的阶梯，结果被遣出塞，是咎由自取。这方面具有代表性的作品，如唐人刘长卿的《王昭君歌》：“自矜妖艳色，不顾丹青人。”[②]又如元人连文凤的《王昭君》：“使者相随出汉宫，辞君马上去匆匆。只因自恃好颜色，不把金钱买画

① 本诗见《青冢志》卷十八，第14页；又见《切问斋集》。

② 自矜：自傲。本诗见《全唐诗》第1579页；《青冢志》卷六，第39页。

工。”[①]这些作品的观点是庸俗的、丑恶的。作者维护庸俗的道德观，居然到了没有是非、没有正义感的地步。他们把社会的污浊黑暗和“潜规则”看作是正常的，甚至是神圣不可侵犯的，公然站在行贿者的立场去诋毁一个无辜的少女。事实上，这丝毫也不能有损于昭君，而只能暴露出作者自己的灵魂卑污、人格低下，最终“舞文弄墨总徒劳”。

与此相反，中国还有一种坚守原则、坚持底线、主持正义、勇于斗争，面对黑暗潮流，决不同流合污，虽九死而不悔的人格传统。昭君的同乡屈原就曾在《橘颂》中借歌颂橘树，赞美这种高尚的人格：“苏世独立，横而不流兮。”意思是清醒地独立在世界上，坚持特立独行的性格，不随波逐流。这些赞词移给昭君，她也是当之无愧的。从这种传统出发，历代诗人都对昭君的高洁行为和高尚人格表示了崇高的礼赞。如元代郭天锡《明妃曲》通篇以屈原比昭君：

君不见王昭君，家住子规啼处村。
生来进住离骚国，悲歌慷慨恶离群。
纫蕙结茝佩蘅芷，芝泽頮面彻骨熏。[②]

---

① 本诗见《青冢志》卷四，第23页。

② 纫：连缀。结：用针线缝住。佩：带。蕙、茝、蘅、芷：都是屈原诗歌中常常描绘的鲜花香草，用来比喻人的美好品质。《元诗选》“蕙”作“兰”；“彻”作“薇”。芝泽：灵芝香花的汁液。頮面：洗脸。

瑶琴惯听九歌谱，怀感远道偏消魂。[1]

昭君作为屈原的同乡，思想、言行深受屈原影响，她的高尚人格完全可以与屈原媲美。

宋人裘万顷《题昭君图》：

纷纷争赂毛延寿，今日丹青竟不传。
万事无过真实处，后人赢得写婵娟。[2]

诗人感叹，当年争先恐后贿赂毛延寿的人连一幅画也没有传下来。昭君因为不肯行贿送礼，反而博得后人为她作画不已，流传千古。看来世间万事总不及真实本色为好。诗人用鲜明的对照，赞美了昭君人格的真实、朴素、正直、无瑕。

清人吴雯《明妃》：

不把黄金买画工，进身羞与自媒[3]同。
始知绝代佳人意，即有千秋国士风。[4]

---

① 本诗见《御选元诗》卷三，第14页；又见《快雪斋集》,《元诗·选·快雪斋集》第4页。

② 本诗见《青冢志》卷第29页。

③ 自媒：女子自求丈夫。

④ 千秋：时间长久。国士：才能出众，全国都推重、仰望的人物。风：风貌、品格。

环佩几曾归夜月，琵琶惟许托宾鸿。[①]
天心特为留青冢，春草年年似汉宫。[②]

诗中写昭君不屑于行贿画工，瞧不起以下作手段求得进身的人，耻于像一般自谋钻营的妇女那样使自己得到召幸。她光明磊落，注重大事，具有流芳后世、才能出众的人物——“千秋国士”的品格和风貌。“环佩”两句，反用杜甫《咏怀古迹》诗意，诗人认为，昭君在匈奴生活得很好，何曾有“环佩空归月夜魂”那种事？她弹奏琵琶，只不过是通过鸿雁寄托思乡之情，这是人之常情，并没有什么怨恨。最后两句一反杜甫“独留青冢向黄昏”的凄凉境界，变凄凉为明丽。诗人赞叹，老天爷特意留下青冢，是要昭君芳名永存，即使在胡地同样也有汉宫春色，那里芳草青青、春色满园，美丽景色不逊汉宫。作者确是昭君的千秋知己。

蒋观云《王昭君》盛赞昭君拒绝行贿的节操：

蛾眉在深宫，千年复谁知？
空有名花貌，妍媸在画师！

① 宾鸿：即鸿雁。因其春来秋去，如宾客，故称“宾鸿”。这句说昭君并无死后魂魄归汉的事，她只不过把思乡之情寄托给鸿雁而已。

② 天心：天意。春草：《四部备要》本《莲洋集》作“春色”。本诗见《青冢志》卷五，第30页；又见《清诗别裁》卷十四，第34页。

画师重黄金，黄金非妾持，
纵复持黄金，行贿岂我为！
千载琵琶声，动节使人悲。

鲍康《明妃》写得更为直接、明快：

不向深宫拭泪痕，妍媸肯对画工论。
笑他买赋长门女，却掷黄金结主恩。[1]

这是一个坚强的昭君，她不在深宫暗暗拭泪，更不肯对画工行贿，甚至不计较画美画丑，对于像陈皇后用千金购买司马相如《长门赋》那样的人更是嗤之以鼻。这是一个高尚峻洁、不同流俗的美女形象。

第三，被动因循还是抓住机遇。围绕昭君自请出塞的史实，也有不同人生观的争议。因循守旧的人生观否定自请出塞，认为“一动不如一静”，因循苟且、老死深宫，虽然未必能得到皇帝宠幸，起码可以锦衣玉食，总比出塞去经受风霜之苦好得多。有的人甚至认为昭君是为了出风头，“宁为鸡首，不为牛后”，想表现自己。有的人说她是“不堪坐守寂寞苦，遂愿将身嫁胡虏”。还有的人是将她出塞视为命中注定，毋须怨天尤人。如隋人薛道衡

①本诗见《清诗汇》卷一四三，第2289页。

《昭君辞》:“专犹妾命薄，误使君恩轻。”[①]唐人梁献《王昭君》:“图画失天真，容华坐误人。君恩不可再，妾命在和亲。”等等。[②]

其实人的一生往往面临着多种选择，每一种选择都有不同的结局，就如走不同的路就会有不同的风景。古代也有很多诗人秉持积极有为的人生观，反对这种迂腐守旧、不思进取的谬见，热情肯定昭君自请出塞是积极主动地抓住了人生机遇，选择了青史留名之路，见识高远、不同凡俗，对她毅然请行的决心表现出极大的倾慕。实际上很多古代诗人已经意识到，昭君不是一个普普通通逆来顺受的软弱女子，不是悲剧命运的消极承受者，而是一个积极奋起掌握自己命运的人，一个要有所作为的人。这种对于实现自己人生使命和价值的积极追求，集中反映着她特立独行的人格和积极进取的人生观。如唐人王叡的《解昭君怨》:

莫怨工人丑画身，莫嫌明主遣和亲。
当时若不嫁胡虏，只是宫中一舞人。[③]

诗人并不埋怨画工和汉元帝，他只从昭君肯嫁匈奴，勇于摆脱流俗所见的羁绊，摆脱宫中舞人这类花瓶摆设地位，成为千古

---

① 本诗见《先秦汉魏晋南北朝诗》卷四，第2680页。

② 本诗见《全唐诗》，第8729页。

③ 同上，第5743页。

传颂的人物这一点，肯定了昭君出塞青史留名，立意还是可取的。宋人赵德麟《侯鲭录》曾记张文潜盛赞此诗是“所谓笃行而刚者也”。他们正是用昭君故事激励人们坚持原则，不为眼前的潮流、风气所左右，坚持正确的道路，一直走下去，就必能有所建树。

元人张翥更进了一步，他的《昭君怨》词，首先在小序中说明：“昔人赋昭君词，多写其红悲绿怨，作此解之。”意思是写这首词来抵消“红悲绿怨”的传统昭君形象，旗帜鲜明地反对把昭君写成悲怨的形象。其词云：

> 队队毡车细马，簇拥阏氏如画。却胜汉宫人，闭长门。看取蛾眉妒宠，身后谁如遗冢，千载草青青，有芳名。[1]

作者以一气呵成之笔，首先描绘昭君当了阏氏，在一队队毡车、骏马的护卫下出塞和亲，渲染出一幅昭君美丽如画、群众热情欢迎的幸福、祥和、喜悦场面。然后明确指出，昭君远远胜过那些被幽闭在汉宫中的嫔妃们，试看那些在宫中争宠斗妒的无数美女，有哪一个身后能像昭君那样留下青冢，千百年来凭吊不绝呢？有哪一个能像昭君那样留下芳名，让人们世世代代赞颂呢？他用青冢万古长青的青草和昭君流芳百世的事例，说明了昭君的胆识、

---

① 本词见《全金元词》下，第1023页。

气魄、贡献和巨大影响。尽管他的词仍题为“昭君怨”，但这只不过是承袭词曲牌名旧例，实非认为昭君有什么悲怨。

元人马祖常《昭君》：

毡车百辆入单于，不恨千金买画图。
争似山中插花女，傍家只嫁一丈夫。[①]

面对匈奴盛大的迎亲队伍，昭君为受到如此隆重的礼遇而高兴，内心并不因没有用千金贿赂画工，得不到皇帝宠幸而遗憾和怨恨。她自豪地认为：“我哪里像山中那些头插野花的村女，仅仅想在家门口嫁一个普普通通的汉子呢？”

元人刘因《昭君扇头》(二首之二)是一首题在扇面上的诗，故名“扇头”：

不忍纷纷丑女颦，百年孤愤汉宫春。
一身去国名千古，多少君臣学妇人。[②]

诗人先说昭君在汉宫不堪忍受贪赂公行、美丑不分的污浊空气，她的孤愤乃是正直之人的百年共愤。进而肯定她“一身

① 本诗见《石田文集》卷四。

② 本诗见《历代题画诗类》卷四十二，“君臣”作“名臣”；又见《青冢志》卷十，第30页。

去国”的胆识和卓见，赞扬她的决定明智，名传千古，足以使无数君臣相形见绌，值得他们认真学习。作者的见解是卓越的。

明末清初的著名文学家、戏剧家尤侗也是反对写“昭君怨”的，他有一首诗《反昭君怨》：

不成为汉后，便去作阏氏。
亦足当人主，还能杀画师。
琵琶弹毳帐，酥酪醉金卮，
强似长门里，秋风老黛眉。[①]

尤侗认为昭君在匈奴做阏氏、当人主、弹琵琶、醉金卮，生活何等欢乐潇洒，远远强过那些汉宫嫔妃。尤侗还著有杂剧《吊琵琶》，也是昭君题材戏曲的重要作品。

清代著名女诗人张緼英《昭君》二首：

莫怨丹青误此身，天教艳质靖边尘。
请看万古轮台月，照尽长门绝代人。[②]

慷慨襟怀类请缨，红颜漫道总倾城。[③]

① 本诗见《西堂全集·西堂杂俎一集》卷六，第17页。

② 轮台：古地名，在今新疆维吾尔自治区境内，此处泛指塞外边地。

③ 类：类似。请缨：用终军主动请缨去征讨南越的典故。

未妨异域埋香骨，赢得千秋不朽名。[①]

诗人作为女子，认为昭君不怨画工误身，而是抓住了老天爷给予的良机，自请出塞，安边报国。请看那万古边塞明月，却照尽了汉宫里被囚禁的绝代佳人。第二首写昭君慷慨请行，其爱国襟怀类似终军请缨去征讨南越，怎么能说美貌女子是红颜祸水，总是倾覆国家呢？昭君即使埋骨异域也无妨，因为她已经赢得了千秋不朽的美名。

清代另一位女诗人李含章写下了长诗《明妃出塞图》，诗中云：

吾恐昭君当时即不点大破，未必别遣宫中都。[②]
又况竟宁建始之间祸水作，六宫内事知何如。[③]
大抵美女如杰士，见识迥与常人殊。[④]

---

①本诗见《历代歌咏昭君诗词选注》，第295页；又见《澹鞠轩诗词稿》。

② 点大破：指毛延寿画昭君时故意在她面上点墨，使她破了相。都：此指美好的女子。

③ 竟宁：汉元帝为了纪念昭君和亲，把公元前33年改元为“竟宁”。建始：汉元帝年号，公元前33—前28年。在这期间，汉宫里嫔妃们的斗争比较激烈，故称“祸水作”。

④ 大抵：大概。迥：不同，相差很远。

春花不枯秋不落，要令青史夸名姝。[1]

一日不画画千载，安用黄金百镒烦鸦涂。[2]

这位女诗人大有眼力，诗中以充满生机的画面描绘昭君故乡和昭君墓的景色，歌颂昭君的英雄形象永不磨灭，完全扫除了一般文人诗文凄凉哀婉的情调。更重要的是，她从女性角度去理解昭君，分析其自请出塞的动机和当时形势，认为昭君和历史上的杰出人物一样，“大抵美女如杰士，见识迥与常人殊”。昭君根本不把受到皇帝的恩宠放在眼里，她追求的是“要令青史夸名姝”，“一日不画”无所谓，“千载年年画不休”才是真正的人生成功，因而她也不必用黄金去请画师们涂鸦。作者对昭君表现出深深的钦佩和敬仰，高度评价其人生选择，与二百年后董必武“胡汉和亲识见高”的诗意契合。

第四，自我中心还是以国为重。是斤斤计较于一己私利，还是牺牲小我献身于国家、民族之大我，向来是不同人生观、价值观的分水岭。昭君的一生实践了国事为重、争取青史留名的人生价值。许多诗人赞颂昭君为了国家和民族的利益，宁愿选择自

① 名姝：有美名的女子。这两句说，昭君像娇艳的花朵，无论春夏秋冬，永不枯萎凋谢，她的事迹使后人永远称颂。

② 安用：何用，哪里用得着。百镒：古代二十两或二十四两为一镒。鸦涂：即涂鸦，比喻绘画技术很差，画得乱七八糟。本诗见《青冢志》卷十，第40页；又见《滇南诗略》。

己吃苦、受屈的道路，歌颂她的高尚人格。这一类诗作，前文已经多有征引，这里重点谈谈从昭君个人角度出发而写的一些作品。

明代高璧《昭君曲》：

奉诏事和亲，从容出禁宸。
缘知平国难，犹胜奉君身。[①]

认为昭君能够正确处理个人、国家、国君的关系，把“平国难”放在首要位置，高扬了爱国主义旗帜。

明人霍瑛，祖籍丰州（今呼和浩特市），后居马邑（今山西省朔州市），他对昭君给长城内外民众带来的和平安宁深有体会。他的《青冢吊明妃》云：

蛾眉出塞万家春，不数将军作虎臣。
但使此身能报国，何妨恩宠属他人。[②]

昭君出塞使长城内外千家万户过上安宁和平的生活，犹如万家都生春色，皆大欢喜。她安定天下的大功，远远超过了那些勇武的“虎臣”。只要自己能够以身报国，皇帝的恩宠又算得了什

① 本诗见《青冢志》卷七，第2页；又见《皇明风雅》卷三十六，第3页。

② 本诗见《绥远通志稿》卷五十六《诗辑》；又见《古丰识略》卷三十三《艺文》上。

么，让给他人算了。

清人黄之隽《咏昭君》：

> 国重一身轻，辞宫便远行。有心驯汉婿，无祸到哀平。[①]
> 岂屑矜颜色，真能决死生。[②] 季伦不解事，呢呢赋私情。[③]

本诗开头就点明主题：赞美昭君“国重一身轻，辞宫便远行”。接着写她妥善处理与匈奴单于的关系，保持和平局面，使双方没有战祸，直到汉哀帝、汉平帝时期。昭君根本不屑于靠美色自夸，而是真正能够在生死关头决心为国献身。诗中充分肯定昭君以国为重，不惜自身，慨然远行，为国争得和平。赞扬她不屑于以色骄人，在决定生死存亡的紧要关头有主见、有毅力，并批评石崇曲解昭君出塞本意，只会从呢呢私情上去猜测昭君的心理，这真是燕雀安知鸿鹄之志，蜩虫安知大鹏之心，足见其见识低下浅近。

清人徐志鼎《明妃村》：

---

① 驯：驯服。汉婿：指呼韩邪单于。这句含有大汉族主义色彩。哀平：汉哀帝、汉平帝。这句说，使汉朝没有边患一直到哀帝、平帝之时。

② 矜：骄傲、自夸。决：决断。这两句说，昭君不屑于以美色自夸，真能在死生的选择前下决断。

③ 季伦：西晋石崇，字季伦。不解事：不明白事理。呢呢：亲昵的小声说话，形容儿女之情。这句话说石崇写的《王明君辞》只从呢呢私情上着笔，太不明事理。本诗见《青冢志》卷五，第28页。

天生蛾眉必有用，色荒何取盈廷讼。[①]
和亲人去洗甲兵，巾帼当为一时重。[②]

诗中套用李白“天生我才必有用”诗意，加以发挥，强调昭君追求实现人生的价值，肯定她的行动同于巾帼英雄，为汉匈双方人民、君臣所看重，并称赞她拒贿毛延寿，主动和亲“洗甲兵”，从而得以名传青史，千秋不泯。

此外，还有一些以昭君口气写的代言体诗，努力体会昭君的心情，在一定程度上揭示了昭君以国为重的高贵品格，这里不再一一列举。

第五，严守“妇道”还是追求知心。爱情观、婚姻观是探讨人生哲学不可或缺的重要内容，婚姻家庭是否幸福是一种个人的体验，是一种人生的感悟。昭君自请出塞当然有追求婚姻家庭生活幸福的因素。自王安石《明妃曲》写下“汉恩自浅胡自深，人生乐在相知心”的名句以后，围绕昭君是否有权追求自己的“知心”，如果在匈奴找到了“知心”，到底是好事还是坏事这类问题，有许多诗人争论不休。

---

① 色荒：指国君沉溺美色，荒废国政。何取：以反问表示不可取。盈廷讼：引起满朝争论。这句说，昭君不愿意因自己而引起皇帝沉迷女色，致使朝中大臣议论。

② 洗甲兵：洗净兵器，收藏起来，即息兵，指昭君一去和亲就使双方罢战言和。本诗见《兴山县志》；又见《归州志》卷十《艺文志》。

其中有明代李有朋那样否定和攻击昭君的诗作，但毕竟是不得人心的，数量也很少。相反，具有反封建礼教思想倾向的文人，却敢于歌颂、赞扬昭君反封建、争自由、追求个人感情解放，但求知心、不避夷夏的行为。这需要有更大的勇气和更高的觉悟，因为像反贪污腐败、反宫禁妇女及为国献身之类的思想，毕竟还是在封建传统道德观所允许或提倡的范围之内，可是像追求感情的自由解放、追求个人的知心和欢乐这类思想，对于一个封建时代的妇女来说，则被认为是大逆不道的事情。如宋人吕本中《明妃》一诗就很大胆："人生在相合，不论胡与秦[①]。但取眼前好，莫言长苦辛。君看轻薄儿，何殊胡地人？[②]"

清人周廷熺《昭君咏》之三：

汉室和戎在结亲，天孙犹嫁织皮人。[③]
驱车紫塞休嗟叹，作得阏氏冠九嫔。[④]

郭绩昌《明妃出塞图》：

---

①秦：这里指汉朝。

②本诗见《全宋诗》卷一六〇六，第18047页；又见《青冢志》卷四，第22页。

③天孙：天帝之女，即织女。这里还指天子的子孙。织皮人：穿毛织品衣服的人，指少数民族。

④九嫔：宫中女官，也泛指众嫔妃，这里指单于的众妻。本诗见《青冢志》卷八，第16页。

未甘永巷闭青苔，一曲琵琶出紫台。
为谢汉家天子使，阏氏自好不思回。[1]

他们都认为昭君在塞外寻找到了自己的春天。只要双方真心相爱，天上的织女也会下嫁给凡人，更何况昭君贵为阏氏呢？所以昭君在塞外生活得很好，根本不想再回汉宫了。

郭沫若在《三个叛逆的女性》中谈到王昭君时说："本来结婚的先决条件要看双方有没有爱情。有爱情的结合才能算是道德的结婚，不管对手是黑奴还是蛮子，都是不成问题，一切外形的区别，在爱情面前，都是消灭罄尽的。没有爱情的结合，就算是敬了祖宗，拜了神明，喝了交杯酒，种种仪式都是周到至十二分，然而依然只是肉体的买卖。"在中国古代，诗人们当然不能有这样透彻的认识，更不可能有马克思所论述的"现代性爱"。但我们前面所举的一些诗作说明，毕竟有些诗人已经朦胧地意识到了昭君内心要追求真正的"知心"(即使这种知心人是胡人和狄夷)是正当的、合理的、符合人性要求的，从而给予热情的肯定，这是具有启蒙意义的。

① 本诗见《青冢志》卷十，第40页；又见《击钵吟·鄂集》。

第六章　梨园丝竹千百部，新声旧乐演昭君
——历代昭君题材戏剧

第一节　马致远《汉宫秋》及元代昭君戏

元代是中国古代戏曲发展、成熟的黄金时代，有关王昭君题材的戏剧十分丰富，仅据现存资料看，就有关汉卿的《汉元帝哭昭君》、马致远的《汉宫秋》、张时起的《昭君出塞》、吴昌龄的《月夜走昭君》等多种。遗憾的是，只有马致远的《汉宫秋》剧本留存下来。

马致远，大约生活于公元1251年至1324年，字千里，号东篱，大都（今北京）人。他在年轻时曾写诗献上龙楼，热衷功名，曾任江浙行省务官。但仕途坎坷，晚年不满时政，隐居田园，致力于杂剧创作。马致远所作今知有杂剧十五种、散曲一百二十多首。他被人誉为“万花丛中马神仙”，又有“曲状元”之称，是一位“姓名香贯满梨园”的著名戏剧家。

他的名作《汉宫秋》继承了前代诗人和民间传说的优秀传统，特别是受到了《西京杂记》《王昭君变文》和大量昭君诗词

等作品的影响。他并不拘泥于正史，而是按照自己的创作意图，推陈出新，加以创造性的发展。这部杂剧，无论从思想性还是从艺术性来说，都达到了封建时代昭君题材文学作品的高峰，从而成为马致远的代表作。

《汉宫秋》[①]的剧情大意如下：汉朝中大夫毛延寿为取宠皇帝，献计在全国搜选美女，并将选中者画为图像，供皇帝按图召幸。民女王嫱(昭君)被选中，因无钱贿赂，被毛延寿把画像点破，发入冷宫。汉元帝偶然发现昭君美貌，把她封为明妃，并传旨捉拿毛延寿。毛逃到匈奴，献出昭君画像，单于便派官员向汉朝求亲。元帝不愿割爱，但满朝文武个个惧怕匈奴，都劝元帝送昭君前往和亲。昭君看到元帝矛盾痛苦的心情，便主动请求去和亲，以息刀兵。临行时，元帝亲到灞桥[②]送别，昭君留下汉家衣服，毅然登程，行到黑龙江边投江而死。单于怜惜昭君，把毛延寿解送汉朝问罪。元帝在深宫梦见昭君回汉，又被孤雁叫声惊醒。全剧以汉朝隆重接待匈奴使者、斩杀毛延寿祭奠昭君为结束。

关于《汉宫秋》的主题思想，一直存在着各种争论，直到现在也还是热门话题。争论者见仁见智，发表的文章多达一百余篇，大体上可以分为三类：第一类可以概括为“爱情主题说”。

---

①《汉宫秋》剧本见明臧晋叔编《元曲选》第一册，中华书局，1989年，1~14页。以下引用剧本不再一一注明。

②灞桥：在汉都长安东灞水上。

具体分析又有不同，有的认为是歌颂汉元帝与昭君的真挚爱情，是一出爱情悲剧；有的认为昭君出塞虽然避免了两国刀兵和生灵涂炭，但她更主要的是完成了为个人爱情的殉死。第二类可以概括为“自抒情怀主题说”。有的认为是马致远借昭君故事表达自己郁郁不得志的牢骚；有的认为他向人们展示了对历史和人生的体悟；有的认为显示出马致远在其创作时代特征下的士人心态、命运之思和悲剧情怀；有的认为这部戏剧主题是抒发作者对历史变迁与人生无常的感受；还有的认为是宣扬大汉族主义思想。第三类可以概括为“爱国主义主题说”。绝大部分学者持此类观点，但是具体分析又有不同。有的认为《汉宫秋》为时而作，借用历史故事，请出亡灵，反映元代知识分子的心态，表现作者的民族意识和爱国主义思想；有的认为主题是歌颂王昭君这个真正热爱祖国的志士，在面临国家民族危难时，挺身而出，不惜牺牲自己的生命，以捍卫国家民族的尊严；有的认为从其思想内容来看，是元灭金、灭宋的历史转折时期统治集团内部矛盾与民族矛盾在戏曲舞台上的集中反映，表现了爱国主义的思想倾向。

我认为，《汉宫秋》主题是有意识地总结宋亡、金亡的历史教训，歌颂爱国主义，批判投降妥协政策，寄托民族感情。作者是通过昭君故事，有意识地总结宋亡、金亡的历史教训，一方面歌颂王昭君的爱国主义精神和高尚的民族气节，另一方面批判汉元帝的软弱无能，并集中鞭笞那些卖国求荣的民族败类和腐朽怯懦的文武官僚。这个主题的积极意义是超出前代昭君作品的，明清的一些昭君戏也无能出其右者。

《汉宫秋》虽然以王昭君故事为题材，但它显然并不是以再现历史为目的。恰恰相反，马致远根据自己的理解，依据主题和人物形象的需要，进行独特的艺术构思，重新提炼了题材。马致远对历史事实和前代作品的大胆改造主要表现在以下六个方面：

第一，马致远有意识地改变了当时汉朝和匈奴的历史形势。汉元帝时期，本来是匈奴衰落、汉朝强盛，剧中却写成匈奴强盛、汉朝衰弱，从而把昭君出塞这一双方平等友好的和亲行动，改写成匈奴依仗武力强大，迫使汉朝献出美女和亲。匈奴使者在汉朝君臣面前公然以武力威胁，索要昭君："特差臣来，单索昭君为阏氏，以息两国刀兵。陛下若不从，俺有百万雄兵，刻日南侵，以决胜负。"汉元帝君臣无法抵抗这种侵扰的威胁，万般无奈，不得不让昭君去和亲，这便使昭君出塞无可回避地带上了浓重的民族屈辱的色彩。作者这样描写，完全是从宋元时代的社会现实出发，它带有鲜明的时代色彩，曲折地反映了金、宋政权在与元代政权斗争中的力量对比，而且其中包含了不少金、宋历史史实的影子。

第二，在昭君出塞的直接原因上，增强了对毛延寿这个人物的描写，进一步把他描写为不但是一个贪财受贿、敲诈未遂、陷害别人的卑劣小人，而且是一个卖国求荣的内奸。他的索贿丑行败露后，便携带昭君图像逃到匈奴献图邀功，从而成为单于索要昭君的直接动因。作者把毛延寿作为主要的鞭挞对象，并把他的身份由一个普通画工上升为中大夫，从而使这个形象更有典型性。作者用漫画式的手法，一开场就通过自白揭露他："为人雕心雁爪，做事欺大压小，全凭谄佞奸贪，一生受用不了。"他为了邀幸固宠，"百般巧诈，一味谄谀"，主动向汉元帝建议选美。在争得选美画像的"肥缺"之后，他便"大块黄金任意挝，血海王条全不怕。[①] 生前只要有钱财，死后哪管人唾骂"。他向昭君索贿不或，便把美人图点破，要让昭君"发入冷宫"，"受苦一世"。作者通过对毛延寿这一典型形象的塑造，集中揭露了历史上那些卖国求荣的奸贼的共同品质：贪婪、卑鄙、无耻、恶毒。同时也揭露了他们行为的共同规律：一旦阴谋败露，便厚颜事敌，投靠新的主子。作者对毛延寿的结局也改变了过去民间传说的写法，不是由元帝抓住，而是由单于主动绑送汉朝发落，然后被元帝"斩首祭献明妃"。这种处理是富于哲理的，它揭示出一切叛徒卖国贼，无论他投靠多少新主子，都不会得到真正的信任，都是没有好下场的。总之，马致远对毛延寿形象的创造性的丰富和发展是十分成功的，深化了主题。它也明显地影射着宋末大批"望风送款"的叛将降臣，如吕文焕、吕师孟、贾余庆之流，概括了他们的本质特点。

---

① 挝：敲打之意，此处意同敲诈。血海王条：指王法森严。

第三，在剧中，作者还塑造了以尚书五鹿充宗、内常侍石显为代表的满朝文武大臣的形象，这在以前的昭君作品中是没有出现过的。这些大臣平时一个个道貌岸然，俨然是国家的栋梁，一旦遇到单于的威胁，便一个个“似箭穿着雁口，没个人敢咳嗽”。他们明明是束手无策、贪生怕死，却还要引经据典，说什么“自古以来多有因女色败国者”，甚至旁敲侧击，诬蔑昭君和元帝，说什么“纣王只为宠妲己，国破身亡”。他们表面上似乎振振有词，实际上不过是大弹“女色亡国论”的老调，掩饰他们可鄙的卑怯和自私的丑态。他们的目的是鼓动元帝令昭君和番，以牺牲一个弱女子来保护他们的生命和财产。作者借汉元帝之口，连用七八支曲子，入木三分地刻画了他们的丑态，揭露和鞭挞了满朝文武的腐朽无能和卑怯自私。剧中的五鹿充宗、石显等形象并不符合史实。作者显然是以苟且偷安的南宋小朝廷为原型，来刻画将要灭亡的封建王朝那种文恬武嬉、尸位素餐的主和派大臣的。

第四，《汉宫秋》是以王昭君为题材的剧作，但作者把汉元帝作为剧中的主人公，这也是一种新颖的处理，同样体现了作者的创作意图。剧中的汉元帝是一个复杂的、矛盾的形象。一方面，他是一个昏庸、荒淫、软弱无能的封建最高统治者，后来单于逼索昭君，使他的性格有所发展，显示了他性格的另一个方面，使他开始令人同情。这是由于两个因素，第一，他对自己过去的昏庸有所觉醒，认识到毛延寿、五鹿充宗等人的真面目，他的所谓“忠臣”们，其实是“太平时卖你宰相功劳，有事处把俺佳人递流。你们干请了皇家俸，着甚的分破帝王忧”，甚至骂他们“少不的满朝中都做了毛延寿”。第二，他毕竟是作为汉族政权的代表，处在外力压迫之下，当矛盾的主要方面已经转化为民族矛盾的时侯，汉族人民自然要把同情转向汉朝皇帝，这正是作者寄托爱国主义思想的地方。作者既对他爱情上的失意和政治上的被侮辱给予同情，又揭露他在强敌面前十分软弱，只能悲叹“我呵！空掌着文武三千队、中原四百州，只待要割鸿沟，陡恁的[①]千军易得，一将难求”，甚至哀叹“我哪里是大汉皇帝”。这正是宋代那些哭哭啼啼的亡国之君的真实写照。值得注意的是，中国古典名剧《长恨歌》《梧桐雨》乃至《长生殿》，都有这种共同特点，即在民族矛盾尖锐的时代，对汉族王朝的封建统治者，一方面责其腐朽，另一方面流露出同情。这是由于民族感情，也是由于他们的遭遇与人民群众受入侵者迫害、家庭亲人不得保全的遭遇有共同之处，所以才产生某种程度的共鸣。可见，作者把汉元帝处理为主人公，正是着眼于表现政治：揭示宋朝灭亡的原因，表达对汉族王朝覆灭的同情，这就是马致远的目的所在。他绝不仅仅是把《汉宫秋》当作爱情戏来写的。诚然，剧中虚构了元帝对昭君的爱情，但这只是为了突出他的软弱、好色和可悲可悯，而且这种描写是

① 陡恁的：直如此。

有节制的，强调的是元帝对昭君姿色、技艺二者的喜爱，对其高贵品质并无多少感动，因此不能说是美化皇帝。

第五，王昭君是剧中唯一的正面人物。由于前述创作思想和元杂剧“一人主唱”[①]体制的限制，作为“末本”戏的《汉宫秋》没有给王昭君安排一段唱词，这自然限制了对昭君形象的塑造。但是，作者却用简洁的笔墨，成功地刻画了王昭君的形象。作者描写她在国难临头、奸臣卖国、元帝犹豫之际，毅然挺身而出，为了国家安宁，主动请求去和番，其实是抱定殉国壮志，表现了她顾全大局、热爱祖国的高贵品质。请听她在请行时的话：“妾既蒙陛下厚恩，当效一死以报陛下。妾情愿和番，得息刀兵，亦可留名青史。”确是忠心为国，见识超群。她临别时脱下汉家衣服，说：“今日汉宫人，明朝胡地妾。忍着主衣裳，为人做春色。”表现出高度的民族自尊心和爱国主义感情。对昭君的结局，作者没有根据史实，也没有采用传说，而是构思了她在汉匈边界的黑龙江借酒祭奠，毅然投江而死，以身殉国，从而完美地塑造了昭君这一完整的爱国主义英雄形象。《汉宫秋》所刻画的昭君艺术形象，融入了儒家君子、士人的精神。正是这个士人化的昭君形象，才如王国维所说，使《汉宫秋》展现出了一股“雄劲”之力。需要附带说明的是，剧中的黑龙

① “一人主唱”：元杂剧每部剧里只能由一个主要角色主唱，其他角色只有道白。《汉宫秋》是由汉元帝主唱的，他由“正末”扮演，这样的剧本叫作“末本”。其他昭君戏可能有由“正旦”扮演昭君主唱的，叫作“旦本”。

江并非指今东北的黑龙江，而是指今内蒙古呼和浩特市南郊的大黑河。大黑河又称黑河，古代称为金河。《王昭君变文》说："不应玉塞朝云断，直为金河夜蒙连。……坟高数丈号青冢。"《汉宫秋》的题目是《沉黑江明妃青冢恨》[①]，可证青冢与黑河在地理上的密切联系。古人所说与今昭君墓的地理位置是一致的。

马致远不但强调了昭君正直、淳朴、无私、无畏的高贵品质，而且重点歌颂她的爱国主义精神和民族气节。作者把昭君与毛延寿、五鹿充宗以及汉元帝做了鲜明的对比，使人更加痛恨那些卖国求荣者的无耻、纳贡求和者的卑怯、封建最高统治者的昏庸和无能，当然也包含着对外族侵扰势力的痛恨。作者正是通过昭君，寄托自己的爱国主义感情的。昭君的形象已不是历史人物，而是附上了现实社会中那些保持民族气节的人物的影子。

第六，对于《汉宫秋》所描绘的呼韩邪单于的形象，有人认为有些矛盾。我们认为，在前半部分，为了主题需要，作者把他写成一个强大的匈奴首领，多次侵扰汉境。但是，作者一方面由于剧情发展需要，不得不安排他以武力威胁，索要昭君；另一方面又从史实出发，让他多次表白自己愿意维护汉匈之间的甥舅友好关系，最后又让他将毛延寿解归汉朝，以实际行动表现出重视汉匈友好的态度。这样的艺术处理，显示了单于的宽阔胸怀和政治眼光，仅以对毛延寿这类人的认识来说，也是

① 元杂剧的标题一般分为"题目"和"正名"两部分，《汉宫秋》的题目是《沉黑江明妃青冢恨》，正名是《破幽梦孤雁汉宫秋》，简称《汉宫秋》。

高于汉元帝之上的。单于形象的塑造，体现了作者真诚希望民族和睦友好的愿望。

显而易见，《汉宫秋》是一部不大符合历史真实的历史剧。尽管它带有封建时代的种种局限，但其创作动机并不在于为灭亡了的汉族王朝唱挽歌，而是站在历史的高度，总结一个封建王朝覆灭的教训，当然其中也包含着对昏君的批判、对佞臣的抨击、对卖国贼的鞭挞、对保持民族气节者的赞美，也有对胜利者的肯定。中国历来有一个传统，每当一个旧王朝灭亡、新王朝建立，人们总要分析总结旧王朝灭亡的原因和教训，作为新王朝的借鉴。贾谊《过秦论》就是这个传统的代表。笔者分析马致远的创作动机，就是以戏剧为武器，来总结宋亡、金亡的历史教训，用《汉宫秋》写出一篇新的《过秦论》。

《汉宫秋》在艺术上是很成功的，历来受到人们的高度赞赏。明代臧晋叔编的《元曲选》将它列为第一篇；朱权的《太和正音谱》称其曲文“典雅清丽”，“如朝阳鸣凤”，“宜列群英之上”。清代焦循的《剧说》认为：“马东篱《汉宫秋》一剧，可称绝调。”梁廷枏《曲话》引《汉宫秋》一折两首曲子后评为“写景写情，当行出色，元曲中第一义也”。王季烈《螾庐曲谈》引《汉宫秋》一折曲子后评为“皆词旨妍丽”。这些评论充分说明了《汉宫秋》在历代文学家心目中的崇高地位。由于《汉宫秋》思想上和艺术上的巨大成功，马致远所构思的王昭君故事被一代又一代的文人接受了。戏剧向来是在中国人民中普及面最广的艺术形式，在一定程度上起着历史教科书的作用。亿万目不识丁的人民群众世世代代从戏剧舞台上学习历史，他们同样把《汉宫秋》当作历史来接受，来流传，于是昭君故事从此又有了新的面貌。

第二节　《和戎记》等明代昭君戏

到了明代，中国戏曲在元代高度繁荣的基础上又形成了一个新的高潮。当时流行的传奇戏以昆山腔、弋阳腔为主，风靡全国城市农村，涌现出许多优秀作品。由于昭君事迹本身富于传奇色彩，加上马致远《汉宫秋》的巨大影响和当时民族矛盾错综复杂，情节曲折的长篇昭君题材传奇戏纷纷出现在舞台上，《风月锦囊》《词林一枝》《摘锦奇音》《乐府红珊》《万曲长春》《群音类选》《怡春锦》《乐府菁华》《徽池雅调》等书都收有不少昭君戏的曲子。据初步统计，明代昭君戏选本现存十六种，其署名情况较为复杂，有的是异剧同名，有的是同剧异名，有的是传奇单出别题，有的是杂剧改名。比较著名的有陈与郊《昭君出塞》、胡文焕《王昭君和番》、陈宗鼎《宁胡记》、伯彭《紫台怨》、无名氏《和戎记》《青冢记》《昭君》等。现在保存下来的比较完整的剧本，只有无名氏传奇《和戎记》、陈与郊杂剧《昭君出塞》。另外还有三种残本，即陈宗鼎传奇《宁胡记》、无名氏传奇《青冢记》《昭君》。三种残本中，《宁胡记》散失过多，无法详知其内容，《青冢记》仅存“送昭”“出塞”二出，而这二出戏又源于明初无名氏的《和戎记》第二十九折，所以我们先谈一下《和戎记》。

《和戎记》现存版本有明刊富春堂本《王昭君出塞和戎记》，万历间金陵唐氏据旧本新刻，长达三十六折。《古本戏曲丛刊二集》影印。[1]此剧传播广泛，明清戏曲选本中选《和戎记》者最多，但是相互间的差异也很大。尽管如此，《和戎记》依然是明代昭君戏的代表作。

《和戎记》的基本情节一方面继承《西京杂记》和《汉宫秋》，另一方面又增加了一些带有浪漫主义色彩的虚构。其中对前人故事引人注目的改变不少。如，把王昭君的父亲由原来的务农提升为越州太守，这就大大提高了昭君的出身。又把昭君的身份由宫女提升为高贵的皇后，由于这种提升过于离谱，所以后来的戏剧中都没有继承，因为以皇后的身份毕竟是不可能出塞和亲的。剧中增加了不少新的情节，如描写昭君被奸臣毛延寿陷害，囚禁冷宫，玉皇大帝马上派太白金星“降下瑶琴一张，与他弹动，令元帝得知”，以便“要他夫妻相会”，使毛延寿毁貌事败露。又如汉元帝寻找昭君的替身，让“宫人

---

①《古本戏曲丛刊二集》，上海商务印书馆影印，1955年版。以下引用剧本原文不再一一注明出处。

萧善音假扮昭君，出塞议和”。然而三年后，毛延寿识破了假昭君，唆使匈奴索要真正的昭君。汉元帝迫不得已，才让昭君前去和番。剧中安排昭君出塞时，在逼迫匈奴立下降书降表、杀掉毛延寿之后，投乌江而死。并且“太白金星命土地变为白雁，为昭君传书元帝”。结尾沿用《汉宫秋》，让元帝与昭君梦中幽会，并增加了昭君推荐其妹王秀真（赛昭君)给元帝的情节，这样就实现了人们习惯性要求的大团圆结局。

这些增加的情节，总体看积极意义不大，反而使全剧显得内容庞杂，枝蔓太多，人物个性也不够鲜明，文学价值不能说很高。但是戏中继承了《汉宫秋》的思想倾向，爱国主义精神比较突出，也表现了人们对昭君的同情和美好祝愿。剧中不但对文武大臣给予强烈的谴责，如说“当今元帝有多少文共武，百万铁衣郎，全没个男儿性，忍将红粉去和番，要那将军则甚[1]”，而且对毛延寿给予大快人心的惩罚。对王昭君更加赞扬，说她“舍一人之命，保全万载之邦；救万民之难，免吾帝之拄，与工分忧”，突出了对昭君爱国主义思想的歌颂。在歌颂爱国主义的思想倾向方面，《和戎记》对苏武“鸿雁传书”等故事进行了移植，引导了以后昭君与苏武等爱国故事的合流之风；到了清代地方戏和通俗小说《双凤奇缘》，二者的合流基本完成。

① 则甚：做什么，有什么用。

当然，剧中不但多杂迷信色彩，而且封建道德观念更为浓厚，忠君思想更为强烈，名利思想也比较严重。作者认为昭君被选入宫，不但是她个人的幸福，而且是她全家的幸福——“一家洪福与天齐”，“父母兄弟都有高官爵位”。甚至杜撰出昭君出塞时生怕人走茶凉，失去这种“洪福”，所以在寄给元帝的“血书”里，特意提请元帝：“看念同衾枕，好看我爹娘。”这种庸俗的思想，无疑大大破坏了昭君的形象，美化了封建皇帝。作者完全把昭君看成是皇帝的附属品，想尽办法弥补元帝失去昭君的遗恨。匈奴索要昭君，作者却暗中安排一位貌似昭君的宫女萧善音代替前去和亲，留下真的昭君陪伴元帝。昭君死后，作者又荐出昭君之妹赛昭君来安慰元帝。总之，作者千方百计为皇帝着想，想方设法要龙颜大悦，充满低贱的奴才思想。在昭君出塞的动机方面，作者更多地强调是为了忠于汉元帝。尽管在古代忠君和爱国往往被人们看成是一回事(特别在民族矛盾尖锐的时候)，但二者毕竟是有区别的。这也反映出明代以后理学思想对作家的巨大影响。尽管此剧有种种局限性，但它毕竟突出了爱国主义思想，刻画昭君、汉元帝等人物形象比较生动，加以篇幅较长，情节曲折，适合舞台演出，所以在民间流传很广，影响较大。

陈与郊的杂剧《昭君出塞》仅一折。明人沈泰编的《盛明杂剧》收录于一集第九卷。[①]陈与郊(公元1544—1611年)，浙

---

①〔明〕沈泰编《盛明杂剧》一集第九卷，中国戏剧出版社，1958年。以下引用剧本原文不再一一注明。

江宁海人。万历进士，官至太常寺少卿。《昭君出塞》通过承诏、辞君、登程三个场面，描写了王昭君对故乡的思恋、对朝政的愤慨、对祖国的忠诚，反映了作者对妇女悲惨命运的深刻同情和强烈的爱国主义思想。作者对昭君“韶年受深宫业障”表示了深切同情，并借昭君与一位宫女的对话，深刻地揭露了封建宫廷的黑暗和摧残人性。然而，作者又把昭君出嫁单于比喻为“落花飞雁衔出宫墙”，认为“单则为名下阏氏，耽误了纸上王嫱”，对昭君出塞表示出深深的遗憾。作者着重描写的是昭君出塞路上的凄凉哀怨，对汉宫的依依不舍之情。尽管如此，全剧还是具有较强的反封建意义的。

《昭君出塞》浓缩众多内容于一折之中，曲辞清丽幽美，情节紧凑集中，唱腔南北曲兼用，更适于表现剧中人物时而哀怨时而悲愤的感情，所以历来受到高度评价。祁彪佳《远山堂曲品》将其列为“雅品”，并且说：“明妃从来无南曲，此剧仅一出，便觉无限低回。”[①]焦循《剧说》评价：“（此剧写昭君）不言其死，亦不言其嫁，写至出玉门关即止，最为高妙。”[②]这些评价都有一定道理。

① 中国戏曲研究院编：《中国古典戏曲论著集成（六）》，中国戏剧出版社，1959年，第156页。

②《中国古典戏曲论著集成（八）》，第190页。

第三节　尤侗《吊琵琶》及清代昭君戏

清代的昭君戏数量大，剧种多，演出场面盛大。新作剧本有尤侗《吊琵琶》、薛旦《昭君梦》、周文泉《琵琶语》、无名氏《昭君传》等。现在保存下来的有三种比较完整的剧本，即尤侗杂剧《吊琵琶》、周文泉杂剧《琵琶语》、薛旦杂剧《昭君梦》。

一、尤侗杂剧《吊琵琶》

尤侗（公元1618—1704年），字展成，祖籍苏州。顺治三年（公元1646年）副榜贡生，九年（公元1652年）授永平（今河北卢龙）推官。后辞官返回故里，自号“晦庵”，以一腔忧愤创作了许多剧本。晚年入选博学鸿词科，授翰林院编修，参修《明史》。康熙二十一年（公元1682年）长子尤珍高中进士后慨然引退，自号“西堂老人”。康熙两次南巡，尤侗亲迎于道，赐御书“鹤栖堂”匾额，晋为侍讲。《吊琵琶》杂剧作于顺治十八年（公元1661年）尤侗愤而隐居时。

《吊琵琶》算是明清昭君戏中的佼佼者。[①]它的剧情基本与

---

①《杂剧三集》卷之四，第1~19页，中国戏剧出版社，1958年；又见尤侗著，杨旭辉点校《尤侗集》，上海古籍出版社，2015年。以下剧本引文不再一一注明出处。

《汉宫秋》相同，剧中突出赞扬了王昭君的民族气节，并且对昭君形象有所发展，它是一部真正以王昭君为主人公的杂剧。作者认为《汉宫秋》虽然写得很生动，但把主人公安排为汉元帝，限制了对昭君形象的塑造，即所谓："君王曾唱汉宫秋，未若佳人自诉愁。"所以作者把主要的笔墨用在塑造昭君形象上。剧中的昭君，不但美丽、善良、正直，而且性格更为坚强，作风显得勇敢泼辣。她不仅敢于斥责文武百官，还敢于批驳皇帝，是一个更为可敬可爱的形象。剧中安排昭君自沉于番汉交界的交河，其用意与《汉宫秋》是一致的。同时，作者又受到前代诗人们的启发，在剧末（第四折）设计了蔡文姬祭奠昭君的一场戏，借蔡文姬之口极力颂扬昭君的崇高行为："吞毡、比持节苏卿远；沉渊、似怀沙屈子冤。""昭君！你投水而亡，生为汉妃，死为汉鬼，后人乃云：先嫁呼韩邪单于，复为复株累单于妇，父子聚麀[①]，岂不点污清白乎？"剧中不但明确地以传说推翻正史，而且指责历史学家"怎将汉宫人扭入匈奴传"。这种观点虽是为了表扬王昭君的爱国立场和民族气节，但思想深处也有大汉族主义情绪和封建道德观念。然而联想尤侗所处的时代，我们就会理解他所强调的重点在于歌颂坚持爱国主义、保持民族气节的英雄。因为尤侗所处的明末清初时代是民族矛盾极为尖锐的时代，尽管尤侗晚年仕途相当得意，但到底还是

① 聚麀：鹿之父子共一母鹿。此处喻指昭君先后嫁给呼韩邪父子。

亲身经历过国亡家破的惨痛现实，这种民族仇恨是不能忘怀的。他的剧作也反映了当时广大群众的悲愤心声，在一定程度上有社会意义。他和马致远一样，都是明知昭君出塞的史实而故意把历史背景加以颠倒的，以此来隐喻宋、明王朝君臣懦弱，不能保其妻孥，这显然具有借古人酒杯，浇自己块垒的用意。

与《汉宫秋》相比，《吊琵琶》在思想上、艺术上都是有差距的。剧中封建糟粕比较多，例如作者认为汉元帝与王昭君是“凤交鸾友”，让昭君死后灵魂还向元帝请求“只望你汉天子照顾丈人家”等。但从艺术上说，此剧结构严谨、故事完整，人物形象也比较动人，特别是“三曲琵琶”一场，颇得白居易《琵琶行》的神韵，所以历来仍能为人传诵。

二、薛旦的《昭君梦》

薛旦，字既扬，号诉然子，一作听然子，江南长洲(今江苏苏州)人。顺治、康熙年间在世，活了八十七岁。薛旦生而慧敏，吐属风流，绮思艳语，往往施之于词曲。其继室名停云，以擅歌唱闻名一时。

《昭君梦》不同于《汉宫秋》等剧，作者尊重历史，没有安排昭君在汉匈边界投江而死，而是把重点放在昭君出塞之后。[①] 该剧写昭君出塞后，因思念故乡与皇帝而幽怨哀愁。昭君

---

①《杂剧三集》，中国戏剧出版社，1958年。以下引用剧本原文不再一一注明出处。

自言："自和亲到此，已是数年。只道是芙蓉如面柳如腰，那知我冰雪为心玉为骨。所以，奴家忠心不死，每日里悬念皇朝。"终于有一夜在梦中又回到汉元帝身边，其实这是睡魔、氤氲大使的帮助。全剧着眼于才子佳人式的男女之情，把汉元帝描写成"风流情种"，认为王昭君"天香国色"，嫁给绝域之地的匈奴单于是"一生埋没""半世波查"，是"天地间"最大的"憾事"，甚至认为昭君即使"长守深宫，终身不见君王面，也只索罢了。老天！老天！也不该折罚她远嫁绝域"。作者明显地受到清代流行的才子佳人小说的影响，把这一故事写成为佳人不得配才子而鸣不平的言情之作。当然，作者毕竟生活在清朝初期，不能不受到时代的影响，并且明显有借昭君酒杯，浇自己块垒的思想倾向。第四折借昭君之口感叹："我想偌大汉朝，更无一人主张边事也。（唱）【二郎神前腔】皇朝谋臣雨集，雄兵云绕，束手齐称和议好，不思量龙争虎斗，却和那莽单于凤友鸾交……（唱）可怜我折柳河梁惊画角，拨琵琶声声别调。粉香飘，似横秋一雁嘹嘹。"此剧曲辞艳丽，珠圆玉润，历来受人称赞。

三、周文泉《琵琶语》及其他戏曲

周文泉是清代著名戏剧家，本名周乐清（公元1785—约1855年），字安榴，号文泉，浙江海宁人，历任湖南、山东等地知县、同知。周文泉一生著作甚丰，著有八种传奇，总名《补天石传奇》，有刻本传世，《琵琶语》是其中之一。[①]

从总题目“补天石”可以看出，作者的创作意图是修补古人遗恨的。所谓修补遗恨，即改变历史上古人的遗憾，补恨为喜，补缺为圆，有点儿像近年来流行的重生小说，让主人公重新活一遍，从而改变历史，获得美满人生。由于中国人自古就有追求完满人生和大团圆结局的审美情趣，所以补恨类戏剧、小说久盛不衰。《补天石传奇》就是为屈原、荆轲、诸葛亮、王昭君等八人补恨的作品。其实，为昭君补恨倾向的作品很多，如《吊琵琶》《昭君梦》等，但是周文泉《琵琶语》应该是为昭君补恨最为彻底的，因而它也成为补恨戏剧的代表性作品。

《琵琶语》情节的前半部分基本上继承前人故事，略叙昭君因不肯贿赂毛延寿，被毁图形，应诏出塞和亲。后半部分故事情节与前代作品差异较大，略叙陈汤、甘延寿护送昭君至雁门关，昭君因去国离乡，十分凄楚，便到圣母庙弹着琵琶哭诉遭遇。圣母怜其远嫁，遂命东方朔及青鸟使者设法护救。东方朔分析匈奴王后善妒，单于惧内，可以施法。恰巧这时毛延寿自汉逃到匈奴，向番王献昭君图，青鸟遂将图形衔去，变作宫女，把图形献给番后，番后果然十分妒忌，谋令单于退亲。由于番后的劝诫，又慑于汉朝的强大，番王终于接受番后劝告，修表请昭君还朝，并押解毛延寿归汉。于是汉元帝杀毛延寿，

①《琵琶语》见《补天石传奇》第四册，静远草堂藏版。以下剧本引文不再一一注明出处。

而昭君受东方朔和青鸟的指引，面见圣母，白日登仙。该剧之后半部分，借助荒诞的想象，全然改变了历史事实，也完全不同于前代故事。它利用番后的妒忌心理作为关键枢纽来展开剧情，使昭君不要出塞，这当然极不真实。尽管如此，《琵琶语》抓住了人们同情昭君、热爱昭君的心理，迎合了中国传统的人生圆满、白日登仙理想，对后代很有影响。

四、明清以来昭君戏曲演出的盛况

综观明清两代创作的昭君戏，受《西京杂记》和《汉宫秋》的影响比较大，不太注重历史真实，在继承前人基础上情节又有不同的发展。但是其共同特征是歌颂昭君的爱国主义精神，昭君的形象也越来越丰满，越来越令人同情和尊重。其中不同时代、不同作者又有不同的寄托。当然，其思想局限也是明显的，它反映出明清以来，大汉族主义、封建道德和礼教对文人的思想束缚越来越严重，过去的一些新鲜活泼的思想已经日益被腐朽的伦理说教所代替了。

戏剧是表演艺术，剧本创作只不过是戏剧的“第一道工序”，戏剧的最终完成要经过演员的二度创作，在舞台上面对观众进行表演，并且得到观众的反馈，这才是戏剧的真正完成。由于时代的限制，我们无法看到元、明、清时期戏剧演出的真实场景和剧场观众的反响，但是我们可以通过古人的文字，了解那时候的情况，遥想昭君戏曲演出时的盛况。

明代不但杂剧继续发展，而且在它的影响下，在南戏的基础上，一种新的戏曲形式——传奇，逐步形成并且传播到全国，使中国戏曲达到繁荣的新阶段。由于地域的不同，明代传奇在舞台演出时采用了不同的音乐声腔，主要有海盐、余姚、昆山、弋阳四种，称为“四大声腔”，其中昆山腔、弋阳腔流行地域最广。明清两代，杂剧与传奇并存又互相影响，但杂剧逐渐脱离舞台，走向衰落。而传奇则在吸收杂剧传统的基础上，进行了不少改革，形成了传奇创作的新高峰。清代以前就有很多地方戏曲剧种产生，只是在某种特定机缘和条件下，有的地方剧种逐渐扩大影响，有的地方产生出新的剧种。清朝康熙、乾隆时期，各地新老地方戏剧种普遍比较活跃，除昆山腔、弋阳腔等继续流行，又有梆子腔、乱弹调、秦腔、西腔、湖广腔、楚腔、吹腔、二黄腔、弦索腔、柳子戏、花鼓戏等，后来统称为“五大声腔”，即昆腔（昆曲声腔系统）、高腔（弋阳腔、京腔）、弦索腔（柳子戏）、梆子腔、皮黄腔。乾隆时期，人们概括地把戏曲剧种分为两种：昆曲被称为“雅部”；其他各种戏曲被称为“花部”，又称“乱弹”或“花部乱弹腔”。五大声腔都是元明杂剧、传奇的继承与发展，其中梆子腔和皮黄腔改变了旧的曲牌体制，创造出板腔体制，使戏曲艺术有了更广阔、更自由的发展空间。

明代的昭君戏，杂剧、传奇都有演出，昆山腔、弋阳腔更为流行。清朝嘉庆、道光之后，杂剧、传奇相继衰落，“花部”兴起，昭君题材的戏剧便大量出现在各种地方戏中。它们或取材于杂剧，或移植自传奇，大体上情节都承袭前代，仅在表演上各有变化。至今流传较广的有福建梨园戏、莆仙戏、广西桂剧、漳浦竹马戏的《昭君和番》，湖南祁剧、广东粤剧、浙江婺剧、北昆、川剧的《昭君出塞》，川剧《汉贞烈》，闽剧、湘戏高腔《王昭君》，京剧《汉明妃》，等等。例如中华人民共和国成立后仍广泛演出的祁阳戏高腔《出塞》，大体上就是《和戎记》第二十九折和《青冢记》"送昭""出塞"的继承和发展，仅在人物关系和性格刻画上有细微差别。如王龙这个人物在《和戎记》里是昭君的亲弟弟，只在昭君离家、送行时出现过，并没有护送昭君出塞。但在《青冢记》中却没有这种亲属关系，而是皇上派他护送昭君出塞。从剧中唱词来看，很多也是袭用前人的，如"朝中将士千千万，却遣深宫一妇人""宁做南朝黄泉客，不做他邦掌印人""雁儿一字南归去，昭君含泪往北番"等。

在表演上，各地方剧种八仙过海，各显其能，具有鲜明的地方特色和剧种特点。特别是"出塞"一场，是各剧种的演员施展表演才能的重要场子，向来有"唱死昭君，做死王龙，翻死马童"的说法，可见对演员的唱、做、念、打要求之高。在表演风格上也有所不同，梅兰芳演的昭君，唱腔、音乐、身段都比较含蓄，情感内蕴，显示出一种雍容华贵的气度。同样是京剧，还有一种较少抒情而较多技术表演的路子。以扮演王昭君而著名的粤剧名演员红线女来说，其风格则更多凄婉柔美。值得肯定的是，中华人民共和国成立后上演的各种传统昭君戏，大多数已经对一些明显具有民族歧视内容的唱词做了删除或修改，但从总的来看，并没有拭去千百年来舞台上昭君的眼泪。各地方剧种广泛演出昭君戏，既说明人民群众对昭君的热爱，又更加推动昭君故事在人民中的传播，使昭君故事更为普及，更加深入人心。

在电视、互联网普及之前，戏剧在古代和近代都是一种受众最广泛的文艺样式。在中国古代，戏剧还承担着对历朝历代数以亿计的百姓进行历史知识和政治思想、伦理道德教育的功能。它的感染力之大、影响面之广，可以使最偏僻角落的毫无文化和历史知识的群众接受它所演的故事，甚至忽略了历史的真相。元、明、清以来数量众多、演出频繁的昭君戏，在广大人民群众的头脑中深深扎了根，这种印象已经远离了《汉书》《后汉书》等正史所记载的本来面目，也完全改变了昭君出塞本来的历史意义。这种历史的积淀所造成的观众心理期待，给力图恢复历史真相的新编昭君戏带来了很多困难。

第四节　郭沫若话剧《王昭君》及近代昭君戏剧

五四运动以后，中国历史进入了新民主主义革命的新时代。站在新文化运动前列的英勇战士郭沫若，于1923年创作了两幕话剧《王昭君》。[①] 这个话剧虽然仍旧沿用了《西京杂记》的主

---

①《沫若文集》第三卷，第48~75页，人民文学出版社，1957年；又见《郭沫若全集》文学编第六卷，第59~90页，人民文学出版社，1986年。以下剧本引文不再一一注明出处。

要情节，但体现了“五四”时期反帝反封建的时代精神，给王昭君注入了一种追求个性解放、个性自由的昂扬斗志和叛逆性格，对反动黑暗的封建王朝进行了无情的揭露和批判，处处体现出作者对封建主义的无比憎恶和强烈愤怒之情，从而使这个话剧的主题思想达到了前所未有的高度。

作者在“五四”新观念的指导下，对历史事实和民间传说进行了独特的创造和全新的解释。剧中把毛延寿进一步刻画为一个大贪官、大流氓。他用各种手段要挟昭君行贿，刚直倔强的昭君坚决不从，他便点破昭君画像，导致昭君应诏出塞，而昭君的母亲也因此发疯。作者又虚构了毛延寿的女儿毛淑姬向汉元帝告发了父亲贪赃枉法的罪行，元帝才如梦初醒。元帝见到美貌的昭君后神魂颠倒，便想用杀掉毛延寿来换取昭君的谅解和好感。然而昭君已经认清了元帝的本质，看透了他不过是一个在封建帝王光圈罩映下恣意玩弄摧残妇女的老色鬼，是一个任意生杀予夺的专制暴君。所以她坚决拒绝了元帝的讨好和追求，愤怒地斥责了元帝，毅然与毛淑姬一起离开了黑暗、龌龊的汉宫，奔赴匈奴，奔向大自然的怀抱去了。

作者在1926年所作《写在〈三个叛逆的女性〉后面》一文中谈道，他本想把王昭君、卓文君、蔡文姬作为反对封建的典型人物，即反对“在家从父、出嫁从夫、夫死从子”(三从四德)的典型人物，从而写成一个“三不从”的三部曲。后来他用聂嫈[①]代

① 聂嫈：战国时期著名刺客聂政的姐姐，她为了给弟弟聂政收尸，慷慨赴死。

替了蔡文姬，创作了历史剧《聂嫈》，并明确地谈到《王昭君》的创作动机：“我做这篇剧本的主要动机，乃至是我主要的假想的，是王昭君反抗元帝的意旨自愿去下嫁匈奴。”作者认为：“昭君这个历史人物，本是素来受尽了人的赞美和同情的。她的琵琶的哀怨，青冢的黄昏，至今还使人留恋不止。她的行为在事实上本来是一点儿不道德的痕迹也没有的。她的一生诚然是一个悲剧，但这些悲剧的解释在古时候是完全归诸命运。……这种命运悲剧的解释，我完全把它改成性格的悲剧去了。”

剧中对昭君形象的塑造确实与前代迥然不同。作者认为王昭君的悲剧不是像前人所写的命运悲剧，他一反前人的习惯，突出了昭君的倔强性格和反抗精神。这种新的性格把握，只有在经过“五四”洗礼之后的进步作家身上才能出现，也才能把昭君形象上升到新的境界。在剧中，王昭君充满叛逆精神，她不把被选入宫看作什么荣耀之事，她拒不向毛延寿行贿，在毛延寿对她动手动脚时，她狠狠地打了毛的耳光。当汉元帝用皇后的高位引诱她，用甜言蜜语来追求她时，她毅然决然地违背圣旨，当面揭穿元帝的丑恶面目，坚决要求自己支配自己的命运，宁可去匈奴荒远之地，也不愿在汉宫的污秽中存身。

作者通过昭君的遭遇，首先揭露了封建宫妃制度的残酷和毫无人道。昭君被选入宫，她的义兄被逼投水自杀，母亲隐瞒身份陪伴入宫，疯癫而死。她们来到掖庭，又受到毛延寿的迫害。作者借汉元帝之口说：“王昭君，是我害了你们的一家，我自己做了当代的桀纣。”作者借王昭君之口揭露历史上的封建皇帝们：“你为满足你的淫欲，你可以强索天下的良家女子来恣你的奸淫。你为保全你的宗室，你可以逼迫天下的良家子弟去填豺狼的欲壑！如今男子不够填，要用到我们女子了，要用到我们不足供你淫弄的女子了。你也知道穷荒极北是受苦的地域吗？你的权力可以生人，可以杀人，你今天不喜欢我，你可以把我拿去投荒，你明天喜欢了我，你又可以把我来供你的淫乐，把不足供你淫乐的女子又拿去投荒。投荒是苦事，你算知道了，但是你可知道，受你淫弄的女子又不自以为苦吗？”“你究竟何所异于人，你独能恣肆威虐于万众之上呢？你丑，你也应该知丑！豺狼没有你丑，你居住的宫廷比豺狼的巢腥臭啊！”她志行高洁，一旦认清私有制度的不合理、封建专制的残酷、社会的丑恶、宫廷的脏臭，认清皇帝就是这一切罪恶的祸首，便无比地蔑视它们，坚决抛弃它们：“啊！我一刻不能忍耐了，淑姬，你引我去吧！不则我引你去，引你到沙漠里去！”她宁愿投身沙漠荒野，也不愿留在这罪恶、腥臭的宫廷。正如作者开头所暗示的那样，昭君的性格和屈原是相通的，她的悲剧不是命运的捉弄，而是封建社会对美好、高尚、纯洁、正直、善良、反抗精神的扼杀。这种性格悲剧加深了全剧的反封建主题，是一个闪耀着“五四”灵光的叛逆女神的高大形象。

显然，郭沫若笔下的王昭君是一个反对封建专制的斗士，她自愿到匈奴去，是出于追求自由的目的，这一点倒是符合昭君自请出塞的一部分动机的。但是作者认为“她之从嫁匈奴，只能作为自暴自弃的反抗精神解释”，这却不完全符合史实。昭君的自请出塞是积极地反抗封建皇权，是自觉地为民族友好贡献力量。作者对她的出塞动机如此理解，在一定程度上贬低了昭君的思想境界，抹杀了她热爱祖国、献身民族友好事业的高尚动机。

过去的汉元帝大都是受同情的软弱形象，而郭沫若不仅仅限于揭露讽刺他的昏庸、怯懦等缺点，还从根本上把他写成一个表面上仁义道德、骨子里男盗女娼的典型，写成最卑劣的大坏蛋：“你做起你那个仁慈的面孔，其实你那面孔下面的骚毛比山羊还要长五寸呢！”（毛延寿语）他并不是为了守信义才忍痛割爱让昭君出塞，主要是由于昭君拒绝他的爱，拒绝他的宠幸，自己选择了出塞。

通过对汉元帝的揭露，作者把封建皇帝神圣的外衣完全剥掉了，让他赤条条地现出了本来面目。同时也表现出作者对封建皇权的根本否定，对封建君主专制制度的根本否定。这就使该剧在《汉宫秋》之后达到了一个新的历史高度，与封建社会中的所有昭君作品划清了界限。这种彻底的反封建精神，体现着五四运动以后的新的时代精神，体现出新民主主义革命时期反封建斗士的叛逆精神。

剧中毛延寿的形象集中体现了封建官僚集团的腐朽。该剧一开幕，通过毛淑姬读《楚辞》，用屈原和毛延寿做对比，刻画了毛延寿的卑劣性格。毛延寿说：“屈原正是一位疯子。他疯了，还惹得许多人去学他。”甚至说：“我只恨秦始皇烧书没有把这部《楚辞》烧绝种。”这是一个毫无人性的冷酷残忍的人物，在他眼里，“人只是一团肉”。毛延寿还是一个色中饿鬼，他在悲愤欲绝的昭君面前威逼利诱，妄图调戏。剧中揭露他的坏、他的卑劣、他的冷酷，比前代所有剧作都更深刻、更鲜明。

剧中通过刻画汉元帝、毛延寿、龚宽（在剧中他是毛延寿的弟子），构建了宫廷阴森可怕的环境，揭示了这是一个充满丑恶、倾轧、地地道道的罪恶渊薮。作品通过毛淑姬之口，深刻揭露了这些罪恶和黑暗的根源正在于万恶的私有制度：“父亲哟，你作伪一世，只落得这样一个下场。但是我如今也醒了，我当初以为你的作恶是你自己的罪过，我现在才知道是错怪你了。在这天下为私的制度之下，你喜欢要钱，在这一夫可以奸淫万姓的感化之下，你喜欢渔色，这个我们何能怪你！”剧中这些次要人物刻画也相当生动。

受“五四”反帝反封建思潮的影响，在国家遭受帝国主义严重威胁的时代里，除了郭沫若的《王昭君》，还出现了顾青海写的三幕话剧《王昭君》[①]。该剧发表于日本帝国主义全面侵华前的1934年。民族危亡，国家危亡，而国民党反动派却日益腐败，丧权辱国，搞得民穷财尽，国势危如累卵。在这种情况下，作者没有像郭沫若那样从个性解放的角度去写王昭君，而是集中抒发反侵略反投降的爱国主义感情，把反对外来侵略与反对封建联系起来。剧中以强烈的民族主义感情，揭露汉元帝的荒淫和宫廷的腐败，比郭沫若有过之而无不及。

---

①剧本发表于《文学季刊》第二期，上海生活书店，1934年4月。

第七章 万卷编成群玉府，千载赞叹明妃心
——昭君题材小说、说唱、音乐、绘画

第一节 昭君题材小说

除了诗词和戏剧，历代小说家也很偏爱王昭君。东汉以后到魏晋南北朝的笔记中就有不少演绎昭君故事，很富于小说意味。其中最有代表性的是《西京杂记》卷二《画工弃市》中的昭君故事，此后《世说新语》卷十九下“贤媛”类的昭君故事基本相似。具体情况前文已经论述。此后的笔记小说中屡屡出现昭君形象，不过它们往往与历史事实纠缠在一起，引起不少争论。严格意义上的小说是唐代以后出现的。

一、唐传奇小说《周秦行记》

唐人开始有意写小说，但没有专门的昭君题材作品留存。其他小说中偶然出现的昭君，大多是美丽哀婉的形象。值得注意的倒是唐传奇小说《周秦行记》。这篇小说原题牛僧孺撰，实

际上可能为韦瓘所作，被收入《太平广记》[1]。韦瓘是唐朝宰相李德裕门人，当时牛、李(牛僧孺、李德裕)两党政争激烈，韦瓘企图以托名牛僧孺著此小说为手段，对牛僧孺进行政治陷害。小说以第一人称描写主人公牛秀才(影射牛僧孺)落第还乡时，路过鸣皋山，日暮失道，误入一富家宅院(后知为薄太后庙)借宿。在这个神秘的大宅里，牛秀才先后见到汉文帝之母薄太后、汉高祖刘邦的戚夫人、汉元帝的王嫱(昭君)、唐玄宗的宠妃杨太真(即杨贵妃)、南齐东昏侯妻潘淑妃等。作者描写王嫱是“柔肌稳身，貌舒态逸，光彩射远近，多服花绣”。王嫱在宴席上赋诗曰：“雪里穹庐不见春，汉衣虽旧泪痕新。如今最恨毛延寿，爱把丹青错画人。”宴会中又请西晋石崇之妾绿珠吹笛。宴毕当夜，薄太后找人陪伴牛秀才。戚夫人、潘妃、绿珠均为夫守节，推辞不从。太后便对王嫱说：“昭君始嫁呼韩邪单于，复为复株累单于妇，固自用(一作困)。且苦寒地胡鬼何能为，昭君幸无辞。”“昭君不对，低眉羞恨”，只好陪牛秀才过夜。这篇小说的创作动机是挟嫌诬陷，已不可取，思想内容更是平淡庸俗，无甚意义。特别是对昭君的态度，充满封建伦理道德观点。作者站在封建士大夫的立场，以卫道者的姿态挖苦、嘲弄王昭君，不但不尊重历史，而且态度极不公正。这种恶劣的作品，丑化诋毁昭君，显示出无聊的轻薄态度，更主要的是暴露了作者顽

---

① 李昉等撰：《太平广记》，卷四八九，中华书局，1981年。

固反动的大汉族主义思想和封建贞操观念，其思想倾向是很坏的。这篇小说一直为后人所诟病，从来没有产生过较大的影响，可见轻侮昭君是不得人心的。

宋、元时期，笔记小说和话本小说中昭君题材作品不多，如乐史的《绿珠传》[①]主要写绿珠故事，只有一小部分写昭君，情节基本上继承前人，没有多少创新。

二、明代《情史》中的昭君故事

明代是小说、戏剧等通俗文学兴盛的时期，冯梦龙（公元1574—1646年）是其代表性人物。他出身于南直隶苏州府长洲县（今江苏省苏州市）的士大夫家庭，最有名的作品为《喻世明言》(又名《古今小说》)、《警世通言》《醒世恒言》，合称“三言”。《情史》也是他的重要作品。《情史》一名《情史类略》，又名《情天宝鉴》，是冯梦龙选录历代笔记小说和其他著作中的有关男女之情的故事编纂成的一部短篇小说集，全书共二十四类，总计故事八百七十余篇。

《情史》“情憾类”第一篇就是昭君故事[②]，故事情节并没有多少创新，但作者发表议论说：“余谓延寿即能图昭君，使得近

---

①鲁迅校录：《唐宋传奇集》卷七，第247~252页，文学古籍刊行社，1956年。

②〔明〕冯梦龙：《情史》上，卷十三，春风文艺出版社，1986年，第340~341页。

御，不过玉簟笫床，一番恩宠而已。岂若青冢黄昏，令骚客情人凭吊于无穷也！”并感叹昭君出塞“是大伤情事，亦是大豪侠事”。《情史》卷二十的“情鬼类”还有一篇昭君小说，基本是收录唐传奇《周秦行记》，意义不大。

总的来看，明代以昭君为题材的小说远不如诗词、戏曲数量多，在思想性和艺术性上更难望其项背。

三、清代《双凤奇缘》等小说

清代长篇白话小说纷纷涌现。清中叶以后，昭君小说中影响较大的有《双凤奇缘》等书。《双凤奇缘》（又名《昭君传》）共八十四回，雪樵主人梓定[①]，是古代昭君题材文学作品中卷帙最大的一部。此书自清代以来广为流行，戏曲、曲艺等深受其影响，许多戏曲、说唱都是根据它改编而成的。此书还流传到越南，用当地的喃字[②]改写。现存喃字改写本有启定壬戌（公元1922年）刊、青松阮进康撰的《昭君新传》，乙酉（公元1945年）年重刊、明章氏订正的《昭君贡胡书》等。

---

①〔明〕雪樵主人梓定：《双凤奇缘》现存有嘉庆十四年（公元1809年）忠恕堂藏版本，兆敬堂嘉庆二十一年（公元1816年）刊本等。

② 喃字：又称字喃，是越南在长期使用汉字的同时，假借汉字和仿效汉字结构，依据越南主体民族京语的读音创造的一种文字，是汉字型孳乳文字中的一种。6世纪开始盛行于民间（越南正式文字一般都是汉字）。1945年之后，越南用拼音文字国语字正式取代喃字。

《双凤奇缘》的故事情节几乎包罗了自《琴操》《西京杂记》以来有关昭君的小说、戏曲、民间故事的全部内容，并且加入了作者自己的创造和想象，内容显得芜杂支蔓，但便于其他通俗文艺形式（如子弟书、大鼓书等）和舞台表演的吸收和改造，所以它流传较广、影响很大。它的基本故事情节如下：越州（并非兴山县）姑娘王嫱貌如天仙，汉元帝在梦中与她相会，一见倾心，因此命毛延寿到越州查访。毛延寿以“为昭君画像上呈元帝”为借口，敲诈勒索。昭君拒绝行贿，自己动笔描绘真容。毛延寿怀恨在心，私自在图像的眼下点了一个黑痣。毛延寿把昭君带入京城，并另选鲁员外之女鲁金定同行。毛延寿在元帝面前诬指昭君眼下黑痣是“伤夫滴泪痣”，专主“败国亡家”，并极力向元帝推荐鲁金定。毛、鲁又设计将昭君囚禁冷宫。昭君在冷宫中弹琵琶诉怨，感动了正宫林皇后，遂把她救出。元帝一见昭君，大喜过望，封她为西宫娘娘。毛延寿阴谋败露，出逃到北国，向单于献上昭君图，并极力怂恿单于进攻汉朝，索求美女。汉军兵败，昭君被迫和番，途经九天玄女庙，九天玄女赠她鹤氅仙衣，穿上此衣，人便不能靠近昭君，以保护她不损贞洁。昭君到匈奴后，有仙衣护体，触者流血，单于无法亲近。昭君祭神求脱仙衣，请单于筑桥白洋河上。筑桥整整用了十六年的时间，痴心的单于也苦苦地等待了十六年。桥成之日，昭君在桥上拜祭天地，然后投河自尽。尸身逆水而流，在百鸟的保护与簇拥下回到汉朝。昭君死后，其妹赛昭君（取名“赛过其姐”之义）亦已长大，遂为姐续缘，成为元帝皇后。赛昭君自幼受九天玄女教以武功，出兵北伐，生擒番王，为姐报仇。叛徒毛延寿最终做了番王刀下鬼。这时昭君显灵，顾念番王十六年礼遇之恩，代求免杀，放还北国。小说最后以昭君往登仙界结束。

《双凤奇缘》围绕贞节大做文章，剧中人物善善恶恶，自有报应，分毫不爽，皇帝、烈女都功德圆满，得到正果，一场悲剧也在曲曲折折的虚构情节里落下团圆的帷幕。封建主义的节烈观、忠贰观、善恶观，狭隘的民族主义情绪，虚妄的民族自大心理，荒诞的神仙道化思想，最终都得到了抚慰，而民族、人民、妇女的不幸却尽被湮没了，其局限性是明显的。

《双凤奇缘》的思想倾向是复杂的。一方面，它继承并发展了历代昭君文学作品中的积极方面，歌颂了昭君美貌多才、拒不行贿，勇于为国出塞和亲以及保持民族气节等优秀品质，对昭君表示了衷心的同情和赞美。另一方面，它也宣扬了大汉族主义思想和忠君、贞节等腐朽观念。在一些关键性情节中，往往借助于荒诞的神魔故事来完成自己的主观意图，既违背了历史真实，思想上又没有新的建树。1988年，胡式道整理《双凤奇缘》，更名为《王嫱外传》，由黑龙江人民出版社出版[1]，序文用原书之序，但对一些消极内容做了修改。

① 胡式道整理：《王嫱外传》，黑龙江人民出版社，1988年。

《双凤奇缘》之后又有李心湖《王昭君外传》[①]，其故事情节一本史料，后半部分写作者途经青冢，梦到昭君“貂服乘舆从空中而来”，于是牵羊献果，隆重祭奠，并且立碑刻诗，赞颂昭君。作者将昭君与屈原并列，给予高度评价：“秭归为山水奥区，至屈原而一发其奇，既以清忠耿介著于前；至王嫱而再发其奇，复以忠烈孝义显于后。”“屈原为千古未有之才子，王嫱为千古未有之佳人。”

另外，光绪二十七年（公元1901年）黄世崇编刻的《归州志》卷十七《列传二》收有《昭君》，对昭君及其子女和昭君兄弟子女的事迹记载较多。其他如邹之麟《女侠传》、许同莘《石步山人游记·恒代游记》中的昭君传等都是缀集前人史料而为之，没有多少新意。

四、近代《中国第一美人昭君全传》等小说

《双凤奇缘》以后的昭君小说，大多数不能摆脱前人的窠臼。如近代流行较广的通俗小说《中国第一美人昭君全传》[②]，篇幅既短，容量有限，思想上、艺术上都没有突破。但书中用相当篇幅写了昭君出塞之后，虽然悲苦，思念故乡，但能勉力约束自己，为汉匈友好贡献力量。还写了昭君在塞外的活动，如喜气洋洋地

---

① 见嘉庆二十二年（公元1817年）修《归州志·艺文志》，李炘（字心湖）主修。

②《中国第一美人昭君全传》，上海世界书局，1925年出版，作者不详。

观猎、编制乐府、教练匈奴少女歌舞乐器，自己又刻苦学习骑马射箭，甚至训练出三千女兵，帮助单于抵御了焉耆国的入侵。故各国酋长以为她是仙女下凡，匈奴得上天赞助。其所教歌女，每逢登高台演唱，匈奴居民自台下遥望，皆以为“我国阏氏，恐系嫦娥下降，是以无数仙女为之护从，赞美之声不绝于耳也”。

此后又有佚名《昭君和番》[①]《昭君演义》[②] 等小说出现，都没有更多新意。

第二节　昭君题材民间故事

两千年来，在全国各地汉族和少数民族中广泛流传着许许多多有关昭君的传说和故事。特别是在昭君故乡湖北省和昭君出塞后居住过的内蒙古地区，凡与昭君有关的一山一水、一草一木，几乎都有一个或几个美丽动人的故事。这些民间故事，大都表达了各民族人民对昭君的怀念和崇敬，倾注了人民对她的赞美和爱戴，表现出对民族友好、和睦相处、和平欢乐生活的向往。与文人作品相比，它们虽然比较幼稚、粗糙，但最可贵的是它们真挚、充实、健康，反映着人民群众的观点、立场、感情和无穷的创造力，给我们以丰富的联想和启迪，也给昭君

① 《昭君和番》，上海大达图书供应社，1935年出版。

② 《昭君演义》，竞智图书馆，1936年出版，兴山县昭君展览馆有藏本。

文学艺术作品的创作以丰富的滋养和材料。

一、南方的昭君传说和遗迹

湖北、安徽、四川等省流传着大量的昭君故事。早期流传的故事虽没有专门记载，但估计数量不少，有些已被采入小说、戏剧中。唐代诗人李远有《听王氏子话归州昭君庙》诗云："献之闲坐说归州，曾到昭君庙里游。"王献之曾游昭君庙，并与李远闲坐说话很久，可见唐代的昭君庙环境幽美，游人很多，可供谈说的民间故事不少。唐代蒋冽在《巫山之阳，香溪之阴，明妃神女旧迹存焉》诗中写道："神女归巫峡，明妃入汉宫。捣衣余石在，荐枕旧台空……"[①]可见当时已把巫山神女的荐枕台和昭君的捣衣石都当作具有神话色彩的遗迹了。直到清代，还有许多诗人记载当地流传的民间故事，如陶澍《昭君村》："昭君浣纱处，溪水至今香"，谭锡洪《秭归吊明妃》："墓草芊绵几回绿，人间还说女儿溪"，都是说香溪得名故事的。姚莹《秭归》诗还说"蛾眉底事学明妃"，写秭归的姑娘在清代还在学昭君的化妆。

20世纪80年代以来，随着民间文学研究的发展，对昭君故事的搜集整理日益得到重视。目前已出版了多种民间故事集，如《王昭君传说》(吴一虹、吴碧云编，甘肃人民出版社1983年

① 巫山：在今四川境内，是巴山山脉的高峰。传说楚怀王曾在梦中与巫山女神欢会。

出版)、《昭君故里》(吴道周编著，湖北人民出版社1984年出版)、《香溪风情》(黄德炎编著，湖北人民出版社1990年出版)、《王昭君的传说》(兴山县文化馆编辑出版，1980年)、《民间传说故事集》(兴山县文化局、兴山县民间文学协会合编，1984年出版)等。还有一些故事散见于各类报纸杂志。这些故事数量很多，但如果汰去基本内容重复者，约剩三十余种，就其涉及的范围，大约可分为四类(本章引用时，以《王昭君传说》为基础，只写篇名)：

第一类：有关昭君个人的故事、遗迹和祀庙，如昭君宅、望月楼、昭君庙、娘娘井、站穿石、楠木井、银针衣等。

第二类：山川风光和地名由来，如香溪、妃台晓日、珠潭秋月、香溪免潮、王字崖，三熟地、昭君渡、琵琶桥、骆驼峰、宝坪的由来等。

第三类：地方特产的由来，如白鹤茶、百日还乡、桃花鱼、鸽子花等。

第四类：民间风俗、节日的由来等，如河灯节。

这些故事，从思想内容方面来看，大体可分为五个方面：

第一，赞扬昭君的美丽及其勤劳、善良等优秀品德。如《望月楼》是关于昭君出生的传说，通过昭君的母亲八月十五梦到明月入怀而生昭君，以及昭君对月理妆、对月弹琴、对月唱歌、月下读书、月下绘画等，赞美昭君像月宫中的嫦娥下凡。在人民群众心目中，昭君是一个朴朴素素、大大方方、聪慧勤劳、心灵手巧、吃苦耐劳的农村少女。劳动人民按照自己的生活实践和体验，按照自己的面貌来塑造昭君。如《妃台晓日》赞扬昭君善于刺绣，她飞针走线，把故乡的山山水水都绣活了，她绣的八幅山水图成了“兴山八景”，而她常去的妃台山则成为八景之冠——“妃台晓日”。

第二，赞颂昭君帮助人民发展生产、改善生活、造福故乡的种种业绩。在故乡人民心目中，昭君是一个关心、保护劳动人民的神。《白鹤茶》的故事讲昭君救了两只白鹤，白鹤从杭州衔来龙井茶种子报答昭君，心灵手巧的昭君在家乡的土地上精心培育成功了“白鹤茶”，成为兴山特产。《楠木井》等传说则叙述昭君赶跑为害百姓的黄龙，同村里的姐妹们苦干了七天七夜，终于打成深井，世世代代造福人民的故事。《宝坪的由来》说昭君栽下油桐树，把全村照得通明透亮。财主砍倒油桐树，那块地却变成了一年三熟的“宝地”。这类故事的数量是比较多的。

第三，表现昭君助人为乐、惩恶扬善的故事。在人民心目中，昭君的心和她的容貌一样美，她善良勇敢、舍己助人、消灾祛难，是人民群众的保护神和救星。《稀荒娅》讲昭君帮助逃难姑娘西花智斗地主鲁员外的故事；《木箱溪》讲昭君依靠聪明才智和丰富的气象学知识，战胜地主鲁员外；《昭君渡》讲昭君除掉为害人民的大蟒，把自己的琵琶变成小船，摆渡乡亲过河……即使昭君死后，还惩办了作恶多端的黄太守，并宣下旨意：“在此为官者，必须清正廉洁。”（《明妃庙》）

第四，表现昭君热爱家乡、热爱祖国，对故乡人民怀有深厚的情谊，而家乡人民也对她充满思念和崇敬之情。《珍珠潭》的故事说昭君入宫前留恋故乡，把头上的一串珍珠投入潭中，从此这潭水就具有了种种神奇的功能。《桃花鱼》说昭君酷爱桃花，姑娘们把桃花撒在水中为她送行，昭君感慨万分地弹了一曲《桃花送》，水中的桃花瓣就变成了神奇的桃花鱼。无独有偶，关于昭君与桃花的故事在塞外也广为流传。坐落在呼和浩特市南郊的昭君墓旁边就是一个名叫桃花乡的地方。昭君爱桃花，桃花伴昭君，在人民心目中昭君永远和美丽的桃花在一起。其他如《香溪免潮》《站穿石》《绣鞋洞》等故事，都是表现故乡人民对昭君的怀念和眷恋之情的。

第五，歌颂昭君出塞后为沟通胡汉经济文化交流而做出的种种贡献，反映了人民群众对昭君出塞的理解、支持和赞扬，表达了人民渴求民族和睦相处，希望胡汉携手，共同繁荣经济文化的愿望。如《琵琶桥》的故事说，汉帝和番王在天宫本是一对好兄弟，下凡后竟大动干戈。玉帝派昭君为和亲天使，使他们重归于好。这个故事表现了人民群众对昭君和亲性质的理解，他们认为昭君出塞是符合“天意”的。《骆驼峰和梳子洞》则讲昭君从匈奴回来省亲，带来了呼韩邪送的三件礼物，于是引出一连串神话般的故事。《鸽子花》讲昭君用一对小白鸽沟通了匈奴与故乡的联系。《百日还香》讲昭君为故乡送来匈奴的早熟苞谷品种，表达了各民族人民希望交流农业生产技术的愿望。“百日”是指这种苞谷种下百日就能收获；“还香”不但指这种苞谷味道香美，而且是“还乡”的谐音，从中寄托了人们对昭君的感激和怀念。

有趣的是，关于昭君的神话，在20世纪末以来仍然有所发展，表现出昭君民间故事顽强的生命力和再生力。1988年4月15日，香港《明报》报道，昭君故里有一块神仙福地，不必播种，年年可以长出油菜，许多农学和植物学专家都无法解释。而当地老人说，这是昭君当年种下的油菜，她曾嘱咐“连发，连发，年年发”，所以两千年来这里一直顽强地生长着油菜。

纵观湖北、四川、安徽等地的昭君民间故事，在情节内容和主题思想方面往往互相交叉、重复，更为明显的是与中国古代民间故事的一些传统母题有直接继承关系。另外，它们与昭君题材的小说、戏曲、诗词互相影响、互相吸收，在因袭传统中往往表现出鲜明的质变，而这种质变常常透出时代的气息。这当然与民间文学的变异性有关。

二、北方的昭君传说

在我国北方各民族中一直流传着种种有关昭君的传说，尤其是内蒙古、山西、陕西、河北、河南等省、自治区，昭君故事更为丰富，但收集整理不够。吴一虹、吴碧云编的《王昭君传说》收录内蒙古故事仅有六篇（以下引用时只写篇名）。内蒙古地区一些报刊(如《内蒙古日报》《呼和浩特日报》《鄂尔多斯报》等)也零星发表过若干单篇。据我们所知，内蒙古昭君故事当不限于此数，只不过未加系统的搜集整理而已。这些民间故事为我们描绘出一位恭谨贤惠、热爱人民、致力于巩固和发展民族友好的昭君形象。塞外人民至今还把她看作和平、幸福的女神，时加奉祀和祭奠。与湖北等地的南方昭君故事不同，北方的昭君传说更多地和塞外的山山水水、风俗人情交织一起，彼此辉映，因而具有浓郁的北方草原和游牧民族特色。

北方昭君传说最重要的内容是关于她如何消弭战祸、致力和平的故事。几千年来，北方人民饱受民族间战争之苦，要求各民族和睦相处的愿望特别强烈，因而对作为和平友好象征的昭君给予高度赞美。关于昭君出生的一则神话故事说，昭君本是天上的仙女，看到人间胡汉纷争，就自愿请求下凡平息人间战乱。玉帝嘱咐她，两斗皆仇，两和皆友。要等汉匈和睦相处、百姓安宁之后，再把她召回天宫。[①]《昭君桥》的故事说，昭君和呼韩邪成亲时，在大黑河上架起一座彩色的“昭君桥”，这彩桥联起了汉匈两族人民。昭君死后，胡汉纷争又起。正当双方大兵云集在大桥两边、战争一触即发之际，大桥“咔喳”一声塌了下去，双方只好罢兵休战。故事里的桥具有象征意义，它是友谊之桥、和之平桥，绝不允许在桥上发生战争。

当然，北方昭君故事数量最多的还是她热心帮助当地人民群众的传说。《昭君的锦囊》说，有一年，匈奴遇到严重旱灾，人

① 见《鄂尔多斯报》1988年6—7月连载《昭君的传说》。

畜大量死亡。昭君打开她从汉朝带来的锦囊，用里面的金剪子剪出活蹦乱跳的小羊、小牛，剪出鲜艳的花朵和丰美的草原。还有一则故事说，昭君和呼韩邪北上单于庭，路过五原地方小憩，昭君取出琵琶弹奏一曲，就使朔风怒号、飞沙走石的五原变得风和日丽、绿草如茵。昭君又从锦囊里取出五谷种子，轻轻一撒，这里就长满绿油油的庄稼，从此阴山脚下就出现了大片良田。[①]这个故事，曲折地反映出昭君出塞把中原先进的农业生产技术带到了塞外。

在鄂尔多斯高原达拉特旗的昭君坟附近，有座山叫白土梁，又叫胭脂山。当地流传的《昭君粉》传说讲，昭君出塞来到匈奴，教会了匈奴妇女用胭脂化妆。昭君为了更多匈奴妇女有胭脂用，就把自己的粉盒埋到这座山里，才使这山盛产胭脂。匈奴妇女擦了胭脂，更加光彩照人了。因为昭君被封为“宁胡阏氏”，她们为了纪念昭君，就把这种化妆品叫作“阏氏”，汉族文人翻译时用了“胭脂”二字，这便是胭脂的由来。据语源学家考证，汉语里妇女化妆用的“胭脂”一词，的确是从匈奴语转译来的，但其起源比昭君出塞早很多。胭脂最初得名于甘肃境内的焉支山，据说山中盛产胭脂，“焉支”在匈奴语里意为“天后”。[②]汉武帝元狩二年（公元前121年），骠骑将军霍去病将万骑与匈奴

① 见《鄂尔多斯报》1988年6—7月连载《昭君的传说》。

② 焉支山：又写作崦岐山、燕支山、胭脂山，现代地图标注为大黄山，属祁连山支脉。坐落在甘肃省山丹县、永昌县交界处，河西走廊的峰腰地带，为古今军事要地。

浑邪王战于焉支山，匈奴败走，霍去病乘胜追击，“过焉支山千余里”，俘浑邪王太子和相国、都尉以下八千余人，并获休屠王祭天金人。匈奴为此悲歌：“失我祁连山，使我六畜不蕃息；失我焉支山，使我嫁妇无颜色。”[①] 可见匈奴妇女用焉支山中盛产的胭脂做化妆品由来已久，所以匈奴人把妻子也称为“阏氏”。后来胭脂才传入内地，演化为汉族妇女化妆品名称。尽管匈奴妇女用胭脂化妆不始于昭君，焉支山也不在内蒙古境内，但由这个故事推测，昭君从内地带去的化妆用品和化妆方法对匈奴妇女起过相当大的影响；而北方游牧民族把胭脂的由来附会到昭君身上，也说明人们热爱昭君，愿意把美好的事物与昭君联系起来。

在塞外的传说中，昭君不但生前帮助人们发展生产、美化生活，而且死后仍然是人民的保护神。《昭君坟》故事说，善良的人遇到困难时，一走近昭君坟，就会受到保护和帮助；恶棍歹徒一走近昭君坟，就会受到惩罚。呼和浩特市郊区有个石人湾村，这个村于得名于耸立于昭君墓前威武雄壮的石人。这个石人负责保护昭君墓，昭君娘娘常常派他去帮助周围的百姓，并且嘱咐他做了好事不留姓名。昭君坟周围的农牧民只要向昭君坟烧一炷香，就会得到石人帮助。因此石人湾人民至今保留着悄悄帮人做好事而不留姓名的习惯。这个传说表明，人民把

① 参见《汉书·匈奴传》等。

最美好的品质归于昭君，表现出对昭君的无比崇敬。另外，在蒙古族牧民心中，昭君是一位仁慈而万能的女神。她对善良的人有求必应，牧民们从昭君墓掬回一把土撒到蒙古包里，就可以保佑全家安宁、牲畜繁衍；没有孩子的妇女到昭君坟住一夜，一定会生出又白又胖的儿子；家里有了病人，到昭君坟求药，药到病除……

值得注意的是，昭君故事不但在塞外流传了千百年，而且随着时代的发展，还在不断产生新的传说，这表现出昭君故事的强大生命力，说明昭君在现代人民心目中仍然占有重要地位。《金马驹》故事是一个典型代表：昭君墓上有个很深的洞，洞里有个金马驹，它是昭君娘娘的坐骑。后来，日本鬼子入侵内蒙古，派了五个鬼子军官来挖这“稀世之宝”。他们一到墓前，看到牧民献给昭君娘娘的供品，就争着吃起来。结果，啃羊骨头的噎死了，嚼馍馍的咬断了自己的舌头，还有的肚子疼、头晕、断了气。剩下一个鬼子想把墓前石碑上的字拓回去，结果印出来的都是“镇妖石”三个字。鬼子头头亲自率领人马来炸墓，又被埋伏在墓边的八路军大青山游击队全部消灭。这个故事产生在抗日战争时期，既表现了人民对昭君的热爱和对帝国主义的仇恨，又表现了对八路军的歌颂，思想性、艺术性都很高。

当然，在昭君传说中不可避免地伴随着一些迷信色彩。笔者在少年时代曾多次骑自行车去昭君墓玩，亲眼看到农牧民去昭君坟求药治病，显然是不会有效的。在1960年左右的困难时期，不断有来自数百里外的大量农牧民赶着勒勒车，扎起蒙古包，到昭君墓烧香磕头，祈求昭君保佑他们得到粮食和医药。由于聚集的人太多，以致当地政府不得不动用广播车去宣传破除迷信。农牧民的这些行动虽然是迷信活动，但也从另一角度说明昭君在人民心中的地位和影响。

在大青山南麓，不仅存在着数十座昭君墓，而且还有不少昭君遗迹和出土文物。除前述包头出土的“单于和亲”瓦当，据《山西通志》记载，马邑城附近的蹄窟岭就是因“明妃出塞经此，石上有马蹄痕”而得名的。再如太原附近的阴地关有相传为入蕃公主石上手迹。这“入蕃公主”，一说为汉明妃，一说为唐崇徽公主。但唐代雍陶认为是昭君手迹，他有《阴地关见入蕃公主石上手迹》诗：“汉家公主昔和蕃，石上今余手迹存。风雨千年侵不灭，分明纤指印苔痕。”这些马蹄痕和手迹当然是大自然的杰作，而人们把它附会到昭君身上，也可看出昭君在人民心中印象极深。

在内蒙古，现在仍然留存着不少有关昭君的民风民俗和以昭君命名的物品。如呼和浩特市郊区桃花乡一带，过去每年腊月三十，家家户户、老老少少都要先到昭君坟烧香磕头，把昭君娘娘请到家里，才开始吃团年饭，当地人民称为“合心饭”。另如传说昭君出塞时，为防御风寒，发明了一种“昭君套”，既是帽子，又是头饰，妇女戴上它，显得雍容庄重。这种“昭君套”至今仍流行于塞外中老年的妇女中。呼和浩特每年春节，孩子们还会唱一首古老的儿歌："过大年，响大炮。爷爷戴的红缨帽，奶奶买个昭君套，孙子要买枣核桃。"

在塞外人民心目中，昭君是真、善、美的化身，是人民的保护神。直到今天，内蒙古人民仍然把他们生活中最美好的东西冠以"昭君"的名字，如内蒙古最好的美酒叫"昭君酒"，最好的香烟是"昭君牌"香烟，最豪华的饭店叫"昭君大酒店"……王昭君就这样活在人们心目之中。

第三节　昭君题材说唱、音乐作品

早在昭君出塞不久，就出现了歌咏昭君的音乐作品，《旧唐书·音乐志》记载："《明妃》，汉曲也。"东汉蔡邕《琴操》记载的《怨旷思惟歌》，托名王昭君自作，实际也是汉代无名氏创作的音乐作品。魏晋以前的音乐歌舞，上篇第二章第五节已有综论，这里不再赘述。两千年来，几乎所有的器乐曲都有昭君题材作品，其中昭君题材进入琴曲历史最为悠久，内容也最为丰富。其他如琵琶曲、古筝曲、秦安老调等也保存不少古曲。这些古曲题目大多是《王昭君》《明妃曲》《昭君怨》《昭君出塞》《昭君》等。这些作品被收入《神奇秘谱》（明代朱权辑录）、《谢琳太古遗音》（有明代正德六年刻本）、《风宣玄品》（有明嘉靖十八年刊本）、《琴谱正传》

（有明嘉靖二十六年刊本）、《杏庄太音补遗》（有明嘉靖三十六年刊本）、《琴谱大全》（明杨西峰著）、《养正轩琵琶曲》（沈瀚编著）、《中国古筝名曲荟萃》（上海音乐出版社1995年）、《中国曲艺音乐集成》（中国ISBN中心出版，1998年）等。这些乐曲有的是用工尺谱记谱的，有的是用琴曲特有的符号记谱的，只有少数乐曲被古曲专家翻译成今天的五线谱或简谱。可永雪等编纂的《历代昭君文学作品集》影印了一部分古曲曲谱，可供参考。[①]著名艺人瞎子阿炳创作的继承古曲又有创新的琵琶曲《昭君出塞》，至今仍然是琵琶演奏者必须学习的经典曲目。

除了音乐，在其他通俗文艺形式，特别是民间说唱文学中，也有许多昭君题材作品。其中时代较早，价值较高的《王昭君变文》将在本章第四节专门分析。明清以后，说唱文学作品内容大多受昭君小说的影响，普遍采用小说的情节和故事。如厦门会文堂刻的《歌仔册》中有《王昭君冷宫歌》《王昭君和番歌》，歌的内容是将小说《双凤奇缘》删繁就简编成。此外广东鼓词《木鱼歌》也有《昭君出塞》(1888年间抄写)；台湾“中央研究院”历史语言研究所藏有多种昭君题材的大鼓书抄本、子弟书抄本等。其中流传较广的有京韵大鼓《昭君出塞》

① 可永雪、余国钦编纂：《历代昭君文学作品集》，第253~287页，内蒙古人民出版社，2004年。

《鸿雁捎书》，流行曲本有很多种，有的还被灌制成唱片[①]。鼓词艺术中，除了京韵大鼓，梅花大鼓、梨花大鼓、西河大鼓、乐亭大鼓、九坠子等都有昭君曲目。还有文人罗松窗撰写的鼓词《出塞》，赞叹昭君："为救苍生罹水火，甘叫薄命葬烟尘。"[②]这些作品都反映了昭君故事在人民中流传的广泛程度。

值得指出的是，在蒙古族人民中也流传着许多昭君题材的民间说唱文学。"乌力格尔"[③]是蒙古族民间最为普及的一种说唱艺术形式，著名的蒙古族老艺人琶杰曾多年为群众演唱过昭君故事。据说全部说完这个故事需要十几天，可以想见其内容一

---

① 姜昆等主编：《京韵大鼓传统唱词大全》，中国戏剧出版社，2000年，第472~475页，第609~614页。

② 郑振铎主编：《世界文库》第五册，第1994页，上海生活书店，民国二十四年。

③ 乌力格尔：蒙古语意为"说书"，俗称"蒙古说书""蒙古琴书"，是集蒙古说唱艺术发展之大成的一种曲艺形式，广泛流行于内蒙古及其他蒙古族聚居地区，已被列入第一批国家级非物质文化遗产名录。远在成吉思汗时代就有了这种艺术形式，初期所演唱的多为长篇史诗、神话故事。清代中后期，河北、山东连年旱灾，民不聊生，清政府不得已向蒙旗提出"借地养民"，大批汉民进入蒙旗，推动蒙汉文化交融。京韵大鼓、评书、莲花落等走入大草原，并逐渐与以潮尔为伴奏的"陶力"（专门演唱英雄史诗的艺术形式）互为交融，衍化出极具草原特色的曲艺形式——"乌力格尔"。表演者自拉低音四胡或马头琴，自唱，音乐多取材于蒙古族民歌。演唱内容多为蒙古族史诗、神话故事，也有翻译的古典文学作品，如《聊斋志异》《三国演义》《水浒传》《西游记》等。其著名老艺人琶杰等曾经多次受到毛主席、周总理接见。

定非常丰富。20世纪60年代初，著名剧作家曹禺为创作《王昭君》来内蒙古搜集素材，就曾专门请琶杰演唱过昭君故事。当时有人对琶杰的演唱做过记录和翻译，可惜这些资料在“文化大革命”中都散失了。

第四节　《王昭君变文》等唐代说唱文学

唐代最重要的昭君叙事性作品是《王昭君变文》，它在昭君系列文学作品中具有里程碑的意义。

1899年，在甘肃敦煌石室发现了大量唐代流行的文学作品，其中以昭君为题材的有《王昭君变文》《王昭君安雅》《类林残卷》《王昭君安雅词》《王昭君怨诸词人连句》等。这充分说明了唐代时王昭君故事在民间文学中占有重要地位，也说明即使在敦煌这样偏远的少数民族地区，昭君故事也在长期广泛流传。令人痛心的是，这些卷子有不少被英籍匈牙利人斯坦因、法人伯希和等盗走。在敦煌遗书中，《王昭君变文》残卷最为引人注目。[1] 这是一部低回婉转、美丽动人的长篇民间文学作品。在这部变文中，昭君故事的内容和情节更为丰富，昭君的形象也更加动人。

①《王昭君变文》现藏巴黎国家图书馆，编号：伯希2553。收入《敦煌变文集》，王重民等编校，第98～108页，人民文学出版社，1957年。后有黄征、张涌泉《敦煌变文校注》，中华书局，1997年。

变文是唐代流行的一种文学形式，又叫“转变”。“转变”本来的意思是把深奥难懂的佛教经文转变为通俗易懂的故事，它本是寺院僧侣做宗教宣传时使用的文体，即把佛经故事讲给世俗听众时所用的底本。因是讲给俗家听的，所以又叫“俗讲”。后来“转变”的内容逐渐扩大，并出现了一些演唱民间传说、历史故事和现实生活题材的职业民间艺人，于是昭君故事也成为“俗讲”的重要内容。

《王昭君变文》（以下简称“《变文》”）分上下两卷。上卷前段已残损，但从现存部分来看，故事的全貌还是完整的。从卷子抄写的文字看，抄写者可能是文化水平不太高的民间艺人或文人，所以错字、别字比较多，加上文字残损、污渍，现代人编校、标点便有了很多分歧。笔者在编校标点时主要参考王重民本，但也有自己的看法，为了阅读方便，直接在原文后边用括号标明。《变文》上卷前段残损部分，可能是写昭君出塞的原因，大约与“画工毁貌说”无大区别。从《变文》现存的篇幅看，主要内容是描写昭君到匈奴以后的生活，情节和内容都比前代昭君作品有较大的发展，富有鲜明的胡地生活特色。其下列特点值得注意。

第一是详细描写了昭君出塞途中的情景和心情。如描写边疆少数民族生活习俗时说：

迅昔不停，即至牙帐[①]。更无城廓，空有山川。地僻多

---

① 牙帐：指单于所居的帐幕。

> 风，黄羊野马，日见千群万群。□□羦羝[①]，时逢十队五队。似（以）语（契）丹为东界，[②]吐蕃作西邻；北倚穷荒，南临大汉，当心而坐，其富如云。毡裘之帐，每日调弓；孤格之军，终朝错[③]箭。将斗战为业，以射猎为能。不蚕而衣，不田而食。既无谷麦，噉[④]肉充粮。少有丝麻，织毛为服。

说明作者对北方游牧民族生活习俗相当熟悉。

第二是突出描写了昭君力劝单于用和平方法解决与邻国的争端，并进一步彰显她自请出塞的高尚动机。文中写昭君即使在极端困难的条件下，还是以国家为重，以人民为重，坚持在匈奴住了下来。《变文》写昭君规劝单于说：

> 妾闻邻国者，大而小而，强自强，弱自弱。[⑤]何用逄雷电之意气，争烽火之声（胜）[⑥]，独乐一身，苦他百姓。

“妾闻”至“弱自弱”，很多人没有断开，似乎成了绕口令。我把

---

①羦：野羊。羝：应为“羝”，公羊。

②似：应为“以”字。语：应为“契”字。全句即“以契丹为东界”。

③错：磨刀石，引申为磨。

④噉：吃。

⑤本句各本标点不同，有的干脆不断句，我将此句用三个逗号断开，其理由见正文。

⑥声：应为“胜”。全句疑为“争烽火之胜（负）”。

此句用三个逗号断开，此句的含义就明白多了，其重要意义也凸显出来。此句是说：“我昭君（自称妾）听说（认为），一个国家的邻国，有大国有小国，强就强他的，弱就弱他的。”换句话说，无论国家大也罢，小也罢，强也罢，弱也罢，都应该听其自然，和平相处。这句话和下面几句密切关联。昭君接着劝说单于，对于和邻国发生的矛盾，不要动不动就发雷霆之怒，更不要动不动就用战争（烽火）的手段去解决问题。为了统治者的一时意气去争强好胜，即使打了胜仗，也只是统治者“独乐一身”，受苦的却是普通百姓。这段话虽然不长，但是鲜明地表达了王昭君坚持无论大国小国、强国弱国都应该平等相待、和平相处的立场，也说明了热爱和平是她毅然决然自请出塞的高尚动机。她坚决反对依靠战争和武力去夺取统治者的一身之乐，却给千百万人民造成痛苦和牺牲。这可以说是挖掘出了昭君思想的闪光点。

第三是突出描写了单于对昭君的关心爱护和匈奴人民对昭君的衷心爱戴。《变文》描写单于“遂拜昭军（君）为烟脂(阏氏)皇后”，“呼名更号烟脂（阏氏）氏，犹恐他嫌礼度微”。《变文》多处把“昭君”写作“昭军”，可能是笔误，更可能是当时军、君二字可以通假。

下卷描写单于为解昭君思乡之愁，传令诸蕃：“非时出腊，[①]围绕烟脂（阏氏）山，用昭军（君）作中心，万里攒军，

① 腊：应为“猎”。非时出猎：即不按时间出猎，在不应该出猎的季节组织大型出猎。

千兵逐兽。”后来昭君因思乡而得病，单于关怀备至，频多存问，并答昭君遗言曰：

忆昔辞鸾殿[①]，相将出雁门。同行复同寝，双马覆（复）双奔。度岭看玄冕[②]，临行望覆盆[③]。到家蕃里重，长愧汉家恩。……愿为宝马连长带，莫学孤蓬剪断根。公主[④]时亡仆亦死，谁能在后丧孤魂。

单于回忆他与昭君辞别汉朝皇宫宫殿，出雁门关，一路上同行同寝，双马双奔，何等恩爱。同时也表达了他对汉朝的感激和忠诚。“玄冕”，王本注为“悬瓮”，查悬瓮是太原附近一座山名，与句意不合。我的意见应为“轩冕”，轩冕是古代高级官员所乘的车子和穿的官服，代指国君和显贵。此句说单于和昭君虽然越过山岭，仍然恋恋不舍地回望送行的汉朝官员们。下

① 鸾殿：应为“銮殿”，指汉朝皇宫的豪华宫殿。

② 玄冕：应为“轩冕”。轩：古代高级官员所乘的车子。冕：官服。轩冕也代指国君和显贵。

③ 覆盆：指草原上辽阔的天空。〔汉〕王充《论衡·说日》：“视天若覆盆之状。”

④ 公主：指昭君。昭君出塞时是否封为公主，历史没有记载。但她享受的身份、待遇都与公主没有区别，在汉朝和匈奴人们的心目中，昭君理所当然就是公主。也许《王昭君变文》的前半部分残损之文里，有昭君被封为公主的情节。

句“覆盆”是指草原上辽阔的天空。由汉宫回到草原，单于亲身体会到汉朝的真诚友好，所以才“长愧汉家恩”。单于不但把昭君看作汉朝的代表，而且看作相亲相爱、同生共死的妻子和恋人，甚至说“公主时亡仆亦死，谁能在后丧孤魂”。《变文》接着写“单于重祭山川，再求日月，百计寻方，千般求术”，以图救活昭君，突出描绘了单于对昭君的深情厚爱。

第四是描写了昭君在匈奴思乡念国，郁郁不乐，终于病死。这种描绘尽管与史实不符，而且与前述昭君自请出塞的动机也不一致，但是文中写昭君对汉朝的思恋之情，却曲折反映了当时西部地区汉族人民的民族意识和民风民俗。如上卷描写昭君在匈奴的生活和思乡之情：

樽前校尉歌杨柳，① 坐上将军无乐辉。②
乍到未闲③ 胡地法，初来且着汉家衣。
冬天野马从他瘦，夏月犁牛任意肥。
边云忽然闻此曲，令妾愁肠每意归。

---

① 樽：古代酒器。校尉：古代中高级军官名。汉代有八大校尉，皆统领精锐部队，是皇帝亲信。这里指陪同昭君和单于饮酒的军官。歌杨柳：指唱《折杨柳歌》。古人有折杨柳送行的习俗，《乐府诗集》收有《折杨柳歌辞》，是征人出发前告别情人的互答之词，后来成为送别之曲。

② 无乐辉：疑为“舞落晖”。此句意为在落日的余晖中，将军从座位上站起来跳舞。

③ 闲：应为“娴”，熟悉。未闲：即不熟悉。

蒲桃未必胜春酒，毡帐如何及綵纬！
莫怪适下[①]频下泪，都为残云度岭西。

下卷写昭君登山远眺，思念故国：

昭军（君）一度登千山[②]，千回下泪，慈母只今何在？君王不见追来。当嫁单于，谁望喜乐？良由画匠，捉妾陵持，遂使望断黄沙，悲连紫塞，长辞赤县，永别神州。

第五是详细描绘昭君死后，单于和匈奴人民为她举行盛大的葬礼。在举行丧礼之时，“单于脱却天子之服，还着庶人之裳，披发临丧”，“骁(晓)夜不离丧侧”，“日夜哀吟”，胡地百姓也尽为行哀。

昭军（君）昨日子时亡，突厥[③]今朝发使忙。
三边走马传胡命，万里非书[④]奏汉王。
单于是日亲临哭，莫舍须臾守看丧。

① 适下：应为“适才”。

② 登千山：应为“登山”，“千”字疑衍。

③ 突厥：应为匈奴。唐代时北匈奴早已西迁，南匈奴已经与汉族等民族融合，在匈奴故地活动的多是突厥，故抄写者把匈奴误写为突厥。

④ 非书：应为“飞书”。

解剑脱除天子服，披发还着庶人裳。

衙官坐位刀离面①，九姓行哀截耳珰。②

为了哀悼昭君，匈奴官员以刀剺面，血泪俱流，全体匈奴人都取下耳珰等装饰品，他们用游牧民族最神圣的祭献仪式表达对昭君的热爱和怀念，表示他们完全认同昭君是与自己血肉相连的亲人。单于为昭君举行了空前隆重的国葬：

一百里铺氍毹③毛毯，踏上而行；五百（里）铺金银胡瓶，下脚无处。单于亲降，部落皆来。倾国成仪，乃葬昭军（君）。……黄金白玉莲（连）车载，宝物明珠尽库倾。昔日有秦王合国葬，校料昭军（君）亦未平。④坟高数尺号青冢，还道军人为立名。只今葬在黄河北，西南望见受降城。

关于青冢，笔者在上编已有考证，这里再说一下受降城。历史上先后有四座受降城。一是西汉武帝派公孙敖所筑，在高阙（今内蒙古巴彦淖尔市乌拉特中旗石兰计山口）西北方向。据俄罗斯、

① 离面：应为“剺面”，即用刀划面，血泪俱流。这是广泛流行于欧亚草原游牧民族的一种悼亡和祭献仪式。

② 九姓：唐代时，回纥分为九个大的部落，称为“九姓回纥”；铁勒也分为九姓。此处指所有的匈奴族人。截：割，断。耳珰：古代人耳朵上的装饰品，类似于耳坠。

③ 氍毹：用毛织的褥子。

④ 校料：比较。这句说昭君的葬礼比当年秦穆公的葬礼还要隆重。

蒙古考古学家认定，其遗址在今蒙古国南戈壁省瑙木冈县的巴音布拉格古城址。另外三处是唐代张仁愿所筑，西受降城在今巴彦淖尔市乌拉特中旗狼山石兰计山口南库伦补隆村，中受降城在今包头市西北敖陶窑子村，东受降城在呼和浩特市托克托县大皇城遗址。此处当指唐代东受降城，其位置恰好在青冢西南方向。

第六是描写汉哀帝派杨小徵持节吊唁昭君，并且全录祭文。昭君死时，单于便“表奏汉庭”，“昭军（君）昨夜子时亡，突厥（匈奴）今朝发使忙。三边走马传胡命，万里非（飞）书奏汉王”。后来汉哀帝派杨少徵持节来吊。汉帝并请单于去汉。汉哀帝刘欣在位时间为建平元年（公元前7年）至元寿二年（公元前1年），笔者由此推断，昭君去世时间应该在此七年期间。杨少徵其人，目前还没有查到资料。《变文》说：

> 后至孝哀皇帝，然发便[①]和蕃。遂差汉使杨少徵持节和来吊，金重锦韬缯[②]，入于虏廷，慰问蕃王。……大汉称尊成命重，高声读敕吊单于。“昨咸来表知其向，今叹明妃奄逝殂。故使教臣来吊祭，远道兼问有所须[③]。此间虽则人行义，彼处多应礼不殊。附马[④]赐其千匹采，公主子仍留十解

---

①便：应为“使”。

②韬：应为“縚”。

③须：应为“需”。

④附马：应为“驸马”，指单于。在汉朝使者看来，昭君为公主，单于自然是汉朝的驸马。

珠[①]。虽然与朕山河隔，每每怜乡[②]岁月孤。秋末既能安葬了，春间暂请赴京都。“单于受吊复含涕，汉使闻言悉以悲。”丘山义重恩雕[③]舍，江海虽深不可齐。一从归汉别连北，万里长怀灞岸西。闲事净坐[④]观羊马，闷则徐行悦鼓鼙。嗟呼数月运非祸，谁为今冬急解奚[⑤]？

从这些描写，也可看出当时汉匈关系是相当友好的。

《变文》最后写汉使至青冢吊唁昭君，“望其青冢，宣哀帝之命”。然后全录祭文。可惜祭文错别字、脱误、衍文太多，多处难以索解，但仍然可以看出，祭文主要内容是充分肯定昭君出塞的高尚动机，高度评价昭君的重大贡献。祭文认为昭君的功劳是“远嫁使匈奴拜首，万代信义号罢征。贤感五百里（疑衍）年间出，德应黄河写（泻）一清。祚永长传万古，图书且（千）载著住（佳）声”。她完成了“捧荷和国之殊功，金骨埋于万里。嗟呼！别翠 × 之宝帐，长居突厥之穹庐”，认为“不稼(嫁)昭军(君)，紫寒（塞）[⑥]难为运策定”。

---

① 公主子：指昭君的子女。王本认为“子”为衍文，不妥。解：应为“斛”。斛是古代度量单位，一斛十斗，后来改为五斗。

② 乡：应为“卿”字。

③ 雕：应为“难”。

④ 闲事净坐：应为“闲时静坐”。

⑤ 解奚：刘盼遂先生认为即“解携”。

⑥ 紫塞：北方边塞。因秦汉时筑长城所用的土多呈紫色，故名紫塞。

这篇变文与前代作品相比，从思想倾向上看，积极进步的方面是主要的。从艺术表现上看，内容丰富充实，情节完整，形式完美，想象丰富，感情充沛，昭君形象丰满动人。它明显地继承了《西京杂记》《琴操》中昭君故事的内容，又受到唐代文成公主入藏史实的启发，更反映了唐末北方人民在民族关系复杂动荡的条件下错综复杂的思想感情。这篇变文在唐代曾经长时期广为流传。其写定的年代，大约在唐代宗、德宗年间(公元762—805年)。

《王昭君变文》产生之后，在民间影响深远。唐代诗人王建“从军走马十三年”，熟悉边塞生活。他写有《观蛮妓》诗，描写他听一位少数民族女演员（蛮妓）演唱《王昭君变文》时的情况：“欲说昭君敛翠娥[①]，清声委曲怨于歌。谁家少年春风里，抛与金钱唱好多。”唐末诗人吉师老有《看蜀女转昭君变》诗，她们演唱的内容很可能就是我们今天见到的《王昭君变文》。这些都证明了昭君故事在唐代民间曾广泛流传，远在蜀地（今四川）的女子，甚至少数民族歌女（蛮妓）都热衷于演唱昭君故事。

吉师老《看蜀女转昭君变》比较详细地描绘了演唱的情况。诗云：

妖姬未著石榴裙。自道家在锦水濆[②]。

① 敛翠娥：皱起黛青色的蛾眉。

② 濆：水边。

檀口[1]解知千载事，清词堪叹九秋文。
翠眉频处楚边月[2]，画卷开时塞外云。
说尽绮罗当日恨，昭君传意向文君。[3]

诗中生动地描绘了当时一位蜀地女艺人俗讲王昭君故事的情景。“檀口解知千载事，清词堪叹九秋文”，可能指讲唱者手上持有变文话本参考。“画卷开时塞外云”，说明讲唱时还有挂图随时展示，图上画着昭君在塞外生活的情景。可见这种边讲、边歌、边表演、边用画卷配合说明的俗讲，的确是声情并茂、生动活泼，当然会大受群众欢迎。唐人赵璘《因话录》以及段安节《乐府杂录》中还记载了一位俗讲大师僧人文溆的事迹。据说他也善讲昭君故事，每当他登台俗讲时，都会轰动一时，“愚夫冶妇，乐闻其说，听者填咽寺舍。瞻礼崇拜，呼为和尚。教坊效其声调，以为歌曲”，“其声宛畅，感动里人”。不难想象这些俗讲广受群众欢迎的情况。

---

① 檀口：形容女子红艳的嘴唇。

② 频：应为“颦”，皱眉。楚边月：应该是描写昭君被迫从故乡选入汉宫的情节。

③ 文君：汉代著名文学家司马相如之妻名卓文君。传说司马相如富贵后欲弃妻娶妾，卓文君写了《白头吟》并且附上《诀别书》,《诀别书》首句即“锦水汤汤，与君诀别”，终于使司马相如回心转意。文君、昭君都是蜀地才女。蜀女可能是用昭君弹琵琶使汉元帝相见故事与文君相比较。本诗见《全唐诗》，第8771页。

《王昭君变文》是昭君故事在民间流传过程中的重大发展，它奠定了以后昭君故事的基础。元代马致远杂剧《汉宫秋》就明显地受到它的影响。

以上是笔者在1994年出版的《民族友好使者——王昭君》一书中的观点。经过笔者的率先研究和高度评价,《王昭君变文》渐渐引起学术界重视，二十多年来，专门研究它的论文多达近百篇，笔者的观点也被大多数人接受，有的学者还进一步深入挖掘，令笔者深感欣慰。

此外，《王昭君安雅》[1]也值得重视。关于“安雅”，目前学术界还有些争论，我认为这也是民间说唱文学的一种形式。徐注引饶宗颐先生云：“伯二五五五句亦有王昭君‘安雅’五言诗，文字正同，而称之曰‘雅’，‘雅’者犹乐府《雅歌曲辞》之‘雅’；‘安’者或谓指安国，唐贞观时为十部乐之一。‘安雅’者，犹言安国之乐府。可备一说。”《王昭君安雅》篇幅比较长，开篇就以昭君口吻说话：

自君信丹青，旷妾在掖庭。
……
惟明在视远，惟聪在听德。
奈何万乘君，而为一夫惑。

① 伯二六七三,《唐诗文丛钞五首》其二。引文参见徐俊纂辑《敦煌诗集残卷辑考》，第124页。

昭君大胆批评皇帝不“明”不“聪”，竟然被“一夫”迷惑。接着又以汉元帝口吻唱：

单于频请婚，倏忽误相许。
今日见娥眉，深辜[①]在画师。
故[②]我不明察，小人触面欺。
掖庭连大内，尚敢相朦昧。
有怨不得中，况在朝庭外。

这里的汉元帝豁达大度，深刻反思，自我批评。再以昭君口气表示出塞和亲的决心：

虽非儿女愿，终是丈夫雄。
……
顾思[③]不告劳，为国岂辞死。
太白食毛头[④]，中黄[⑤]没戍楼。

---

① 辜：犯罪，惩罚。

② 故：应为“顾”。

③ 思：应为“恩”，指国家的恩惠。

④ 太白食毛头：“太白”指金星，古人认为太白星主战争、杀伐，诗文中多喻兵戎之事。“毛头”即旄头星，古人认为旄头星转暗则战争停止，实现和平。

⑤ 中黄：古代勇士名，后代指勇士。

胡马不南牧，汉君无此忧。

昭君的大丈夫英雄气概，“为国岂辞死”的顽强意志，令人感动。《王昭君安雅》的最后两句“寄谢输金人，玉颜长自保”，委婉地嘲讽那些向毛延寿行贿的女子，希望她们好好地长期保持自己的美貌，出人意料又发人深思。

第五节　历代昭君题材绘画及工艺品

一、唐代之前的昭君绘画

昭君形象也为画家们提供了丰富的素材。中国绘画史上最早的一批著名画家，如汉代的龚宽、陈敞、阳望、刘白、樊青等，就是借助昭君故事才在历史上留下姓名的，但他们的昭君绘画作品都没有留存下来。俞剑华在《中国绘画史》中曾以无比感叹的笔触写道，毛延寿等人“为真正画家见于记载之始，惜其品行不端，卒召杀身之祸，且贻笑千古，不无遗憾耳”[①]。自从《西京杂记》把绝世美貌、大名鼎鼎的美女昭君与画家的前辈同行们搭上关系以来，历代的画家似乎为了洗刷这种耻辱和遗憾，争相描绘他们想象中的昭君，人数之多，作品之丰富，好像在进行以昭君为题的创作比赛。从唐代至清代，有史

① 见《中国绘画史》上册，商务印书馆，1937年。

料记载的由著名画家描绘的昭君图画就不下百种；宋代以来题昭君画像的诗也达上百首，可惜这些画大多没有流传下来。现代、当代的画家们，尤其是以人物画、仕女画为特长的画家，几乎都画过王昭君。在民间，昭君年画、四大美女四扇屏等，几乎普及全国城镇乡村的家家户户。

现存最早、影响最大的昭君绘画是唐代无名氏创作的《昭君出塞》图。此图是在敦煌石室发现的，后被盗走，现藏巴黎鲁韦尔博物馆。它与晋代顾恺之的《女史箴图》、唐代吴道子的《送子天王图》鼎足而三，并称为中国特有的线条画艺术极品，其作者可能是一位民间画家。从此画流传在今甘肃敦煌一带，可以看出唐代昭君画流行范围很广。

唐代著名画家韩干也绘过《昭君上马图》[①]。韩干善绘菩萨、人物，尤工画马。他巧妙地捕捉到昭君出塞时跨腿上马的一瞬间，刻画了她“飘飘秀色夺仙春，只恐丹青画不真”[②]的美好形象。

二、宋元昭君绘画

据宋代《宣和画谱》卷七记载，北宋李公麟、李伯时、无名氏均有昭君画作。李公麟作品情况不详。李伯时(即李龙眠)画过一幅《昭君图》，韩驹曾为之写诗题画。李伯时还有一幅《明妃辞

---

①见〔清〕孙岳颁等撰《佩文斋画谱》，康熙四十七年（公元1698年）内府本。国家图书馆有藏本。

②〔宋〕郭祥正《昭君上马图》诗。

汉图》藏在罗畴老家，不知是不是韩驹题咏过的那幅。王庭珪在《题罗畴老家明妃辞汉图》诗前小序中说“明妃丰容靓饰，欲去不忍之状”，看来是选取她临辞大会时的场景。画中昭君面部表情十分丰富细腻。它把昭君辞汉时丰容靓饰，欲语复吞，顾影徘徊，以至于“至尊左右皆动色”的场面活灵活现地再现于画面。

宋僧人宫素然绘的《明妃出塞图》现藏日本大阪市立美术馆《阿部收藏中国绘画》中。收藏家阿部房次郎在捐给大阪美术馆前，已将它编入《爽籁馆欣赏》正续二部之第十四图[①]。日本编辑出版的《支那名画宝鉴》也收入了这幅画。这幅画是世界知名的艺术精品，在国外备受重视。

宋代著名的昭君图画还有无名氏的《明妃出塞图》《昭君图》等，刘子翚、裘万顷皆有题咏。

在宋代还产生了包含有昭君的《四美图》木刻年画。1908年左右，俄国人科兹洛夫在今内蒙古阿拉善盟额济纳旗的黑水城[②]遗址盗掘文物。他在一座古塔中发现了大批西夏时代的文书，其中有两幅中国最早的木版年画，时代约在北宋徽宗宣和时期，也有学者认为是南宋时期，现藏俄罗斯亚历山大博物馆。这幅《四美图》年画通栏题字为“随朝窈窕呈倾国之芳容”，刻的是班姬、赵飞燕、王昭君、绿珠四位古代美人的立

① [日] 阿部房次郎：《爽籁馆欣赏》，1930年博文堂出版。

② 黑水城：蒙古语称为“哈拉浩特”，又称黑城，位于干涸的额济纳河（黑水）下游北岸的荒漠上，是古代居延文化的一部分。

像，可见四大美女的组成与后代大有不同，明以后的四大美女逐渐固定为西施、王昭君、貂蝉、杨贵妃，王昭君是其中唯一不变的一位。这幅年画画面装饰性强，古朴典雅，线条流畅刚劲，舒展自如，人物形象丰腴健美，优柔自然，明显受到唐代美女的影响。这是我国年画尚未充分成熟期的作品，说明昭君进入民间年画是很早的。这幅年画的印刷地点在平阳[①]，但是流传于西夏，发现于内蒙古，可见王昭君故事影响地域之广。

金元时期，最著名的昭君图画是元代大书法家、画家赵孟頫的《明妃出猎图》。画中描绘昭君在塞外出猎，英姿飒爽，大有巾帼英雄的豪气。后人对此图题咏云："貂裘压雪鬓堆花，绝漠黄尘滚白沙。胜似秋风图出塞，琵琶马上别官家。"[②]看来赵孟頫是真正理解昭君的少数画家之一。他不画昭君的悲悲切切，而有意描绘她出塞之后英姿勃勃、冒雪射猎的生活情景，反映了他对昭君出塞的赞扬和肯定。另外，明代张宁有《赵松雪昭君图》诗，叶向高有《题赵子昂明妃出塞图》(赵孟頫字子昂，号松雪道人)，从诗中看，赵孟頫似乎还另画有《昭君出塞图》等。除赵孟頫，见于当时人题咏的昭君画还有《昭君出塞图》《王昭君出塞图》《明妃图》《王昭君图》《昭君图》《出塞图》等。为这些图画写过题咏诗的著名作家有张天赐、赵秉文、王恽、虞集、刘因、袁桷、吴师道、杨维桢、贡

① 平阳：平阳县地处浙江省东南沿海，隶属温州市。

②〔清〕曾元澄《昭君出猎图》诗。

师泰、张可久等二十多人。元代昭君绘画的形式也日益丰富，有单幅、长卷、扇头画等。如《昭君出塞卷》描绘昭君出塞时“千群铁骑连云塞，万里金城属汉家”[①]的雄伟壮阔场面。刘因还写有《昭君扇头》诗二首。这些画，有的描绘月下昭君的形象，有的描绘她冒着风沙、怀抱琵琶的形象，有的描绘她“蒙茸狐帽貂鼠裘”的衣着……可谓千姿百态、竞展芳容。

三、明清至近代的昭君绘画

明代最著名的昭君画是当时画坊杰出的两位画家尤求和仇英的作品。尤求的《明妃出塞图》被收入日本编辑出版的《支那名画宝鉴》。仇英被称为“明代四大家”之一，他的《明妃图》屡被后代题咏。清人姚鼐《仇英明妃图》诗云：“遗事竟宁传到今，王昭有曲声中琴。仇生岂亦能知音，写出别怨关山深。正使夔州哀杜老，春风省识忽伤心。”盛赞仇英画出了昭君的心事和幽怨，即使杜甫见到也要伤心落泪。此外，王高翰的《单于昭君夜坐图》也值得重视，这是少有的描绘昭君与单于共同生活场景的作品。画中描绘单于大帐中“银烛煌煌照清夜，咫尺腥膻杂兰麝”，昭君“强含娇笑对毡裘，啼痕暗挹秋云帕。单于未醉酒频倾，琵琶不弹断肠声”。[②]

明代是书籍版画发展的高峰期，许多中国古典著名文学作

①〔元〕李祁《题昭君出塞卷》诗。

②〔明〕曹孔章《题王高翰〈单于昭君夜坐图〉》诗。挹：擦。帕：手帕。

品都有几种乃至几十种不同版本的插图艺术作品。沈泰编的《盛明杂剧》，收有《昭君出塞》(陈与郊著)，前附昭君画像两幅，一幅为昭君辞别汉元帝准备启程和亲，另一幅为昭君在出塞行程中。图中画昭君骑马，身穿绣花皮袍，衣领鬖鬣披背，头戴狐皮帽。昭君身后一侍女亦骑马、怀抱琵琶，紧随昭君。昭君身左为一骑马官员，身右为一掌大纛的步卒，步卒前立一徒步马童，手牵昭君坐骑前行。较远处有汉朝仪仗队，每人手握大旗，乘马做前导。全图布局合理，人物形象生动；背景崇峦叠嶂，林木森然，空中飞鸟，山涧流水，野景茫茫，笼罩四野，给人以苍凉萧瑟之感。此外，明代的昭君绘画还有《昭君图》《明妃出塞图》《明妃图》《昭君写真图》《昭君出塞图》《明妃渡河卷》等。写过昭君图画题咏诗的著名作家有近二十人。另外，明代民间昭君年画更为流行，现存明代杨柳青年画《昭君出塞图》就是少见的珍品。杨柳青木版年画是我国明末清初最负盛名、流传最广的民间美术作品。杨柳青年画大量描绘昭君，足证人民对她的喜爱。

清代以后，昭君绘画数量多、普及面广，其中不乏精品。如黄遵古的《青冢图》。这幅画是徐若芬从军塞外，凭吊青冢后，细述当地情况，请黄遵古画的。唐建中有《题徐若芬从军沙漠路经青冢嘱虞山黄遵古绘图赋诗咏之》，诗中说："却为奇迹人罕见，擅场画手黄生宜。请看惨淡经营处，山川粉墨无参差。按图一一为指点，百口称快含嗟咨[①]。"这幅青冢图虽没有画人

① 嗟咨：此处意为赞叹。

物，但对昭君墓景物的描绘是相当真实生动的，所以才能引起人们的“百口称快”。此外，张平山的水墨画《明妃出塞图》一反前人大多数设色画昭君的老例，用水墨淡描昭君形象，也达到相当高的艺术水平。朱彝尊《题张平山水墨明妃出塞图》说：“画师遍写春风面，杀粉研朱总未娴。似此淡描翻绝世，按图谁复诋平山。”另外，清人方濬颐藏的《明妃青冢图卷》也是著名的作品。清代昭君图画中影响较大的还有《明妃出塞图》《明妃出塞卷子》《昭君像》《昭君图》《明妃图》《仕女出塞》《昭君倚马图》《明妃画册》等。其他如《十美图》《四美图》中包括王昭君的更多。清代作诗题咏昭君画的作家多达四十多人，其中较著名的有吴梅村、朱彝尊、李调元、姚鼐、汪士慎、杨维屏、曾元海、曾元澄，以及女诗人李含章、金颖弟、葛秀英、方婉仪等。

明清以来昭君绘画在国外也流传甚广。1971年日本还出版了《王昭君绘卷》，此外菱田春草编的《日本的名画》[①] 也收有多种昭君绘画。

四、昭君形象手工艺品

历代以昭君形象制作的手工艺品应该不少，可惜不受人重视，史料记载很少。清代以来，在民间除了绘画，还广泛流行昭君泥影、纸鸢等手工艺品。如清人袁枚《和金沛恩咏昭君纸鸢》

① ［日］菱田春草编，《日本的名画》，东京：中央公论社，1977年。

云："素丝解作留仙带，细雨弹成坠马妆。莫怪洛阳多纸贵，画图终日对斜阳。"傅作楫《乙酉元日虎丘市得昭君出塞泥影》云："万里辞君出大荒，几番回首望君王。侍儿不解伤心处，还负琵琶近妾傍。"

近人邓之诚《骨董琐记·吕碧山昭君像》记载，以冶制金银手工艺品而知名的吕碧山，曾"作昭君象，琵琶乘骑、眉发衣领、花绣鬃鬣，种种精细。马腹上豆许一穴，其中嵌空。琵琶上刻'碧山'二字"。这是极为罕见的手工艺精品。

总之，历代昭君绘画及其他民间手工艺品种类繁多，影响深远。它们中的不少作品，在艺术上精益求精，代代相传。特别是一些民间作品，锤炼斧削已达到极为精粹的程度，成为我国和全人类的艺术珍品。昭君的形象以最美的形式留芳民间、流传后世，充分说明上自文人雅士，下至民间妇孺，都对昭君倾注了无限的同情和热爱。

第八章　昭君自有千秋在，胡汉和亲识见高
——当代文学艺术作品中的昭君形象

第一节　王昭君悲剧形象的成因及其变化的时代要求

昭君的一生并非悲剧的一生。然而，在旧时代大多数文学艺术作品中，她却是以悲剧形象出现的。为什么会出现这种现象？如何看待悲剧的昭君形象？

一、昭君悲剧形象的历史回顾

现存最早的昭君题材诗作是与昭君同时代的焦延寿昭君诗二首，对昭君出塞给予高度评价，全诗充溢欢庆气氛，毫无悲戚之情。大约在昭君出塞后不久，民间就产生了有关她的歌舞。《唐书·乐志》记载有题为“昭君”的汉曲，并说：“汉人怜其远嫁，为作此歌。”可见其主调是悲叹的，但悲叹的原因是“远嫁”，即思乡念亲，并不涉及对昭君出塞的整体评价。大约在东

汉末又有托名为昭君自作的《怨旷思惟歌》，此诗载于《琴操》，其基本内容可能是继承汉代昭君歌舞的，但诗中更突出了她囚禁深宫之苦和对父母、家乡的思念："离宫绝旷，身体摧藏。志念抑沉，不得颉颃。虽得委食，心有徊徨。""翩翩之燕，远集西羌。高山峨峨，河水泱泱。父兮母兮，道里悠长。呜呼哀哉，忧心恻伤。"《琴操》还记载了当时民间的昭君故事，虽然故事框架与史实相同，但把她的结局改为不愿从胡俗再嫁，"乃吞药而死"。这是出于对昭君的同情和爱护，是从汉族道德观出发的虚构。

西晋石崇的《王明君辞》在诗和序文中任意篡改史实，首先是把昭君出塞的背景写为"匈奴盛，请婚于汉"，从而把昭君出塞写成匈奴恃强逼婚的结果；其次是把昭君和亲比喻为"昔为匣中玉，今为粪上英""殊类非所安，虽贵非为荣"，把昭君和亲说成是民族耻辱；第三是极力渲染匈奴习俗的荒悖，把昭君再嫁视为最大侮辱："父子见凌辱，对之惭且惊。"这样，全诗主旨就变成了宣扬狭隘民族意识、鼓吹民族歧视的哀怨之作。这首诗对后世产生了非常恶劣的影响。

然而，在魏晋南北朝时期，文人们吟咏昭君的诗作基本上还是围绕"怜其远嫁"的。倒是在《西京杂记》中，昭君故事的演变值得注意。在这部笔记小说中，第一次把毛延寿等画工与昭君搭上了关系，虚构了昭君不肯贿赂画工，"遂不得见"的情节，对后代影响很大。

隋唐时期是有关昭君的创作进入全面繁盛的时代。不但作者、作品大大增多，而且视野广阔、思想活跃，题材和主题都大为扩展，由咏昭君故事扩大到咏昭君故乡、题昭君坟墓等，民间的变文、歌舞、绘画作品也很多。这一时期的昭君形象和作品主题大体可分为以下几类：

一是继承汉代"怜其远嫁"传统，吟咏远嫁塞外的悲苦，设想她思乡念国的种种心绪。如李白的《王昭君》："昭君拂玉鞍，上马啼红颜。今日汉宫人，明朝胡地妾。……汉家秦地月，流影照明妃。一上玉关道，天涯去不归。"杜甫《咏怀古迹》之三："一去紫台连朔漠，独留青冢向黄昏。画图省识春风面，环佩空归月夜魂。千载琵琶作胡语，分明怨恨曲中论。"

二是把批判矛头对准毛延寿，认为他是造成昭君悲剧的罪魁。如侯夫人《遣意》："毛君真可戮，不肯写昭君。"崔国辅《王昭君》："何时得见汉朝使，为妾传言斩画师。"

三是进一步追究造成悲剧的原因，指责皇帝昏庸和朝廷软弱，甚至谴责和亲政策，认为这是投降、妥协、屈辱的政策。如白居易《昭君怨》："见疏从道迷图画，知屈那教配虏庭？自是君恩薄如纸，不须一向恨丹青。"徐夤《明妃》："不用牵心恨画工，帝家无策及边戎。"

四是依据史实，肯定和亲，认为昭君出塞是值得庆幸的喜事，是为国立功的好事。前者如王睿《解昭君怨》："莫怨工人丑画身，莫嫌明主遣和亲。当时若不嫁胡虏，只是宫中一舞人。"后者如汪遵《昭君》："猛将谋臣徒自贵，蛾眉一笑塞尘清。"崔涂《过昭君故宅》:“以色静胡尘，名还异众嫔。免劳征战力，无愧绮罗身。”这些诗尽管高度评价了昭君的历史功绩，但大多是从“静胡尘”的角度去看问题，并没有认识到她对民族友好的重要意义。只有张仲素的《王昭君》以比较客观的态度肯定和亲：“仙娥今下嫁，骄子自同和。剑戟归田尽，牛羊绕塞多。”

五是借昭君故事抒发人生感慨，显示出“借昭君酒杯，浇自己块垒”的特点。如李白《于阗采花》、白居易《青冢》都是借毛延寿丑图感叹奸佞谗陷、黑白颠倒、祸福难凭、同侪相妒等世事人生的，颇富哲理意味。

宋元时期，民族矛盾激化，民族压迫沉重，昭君题材作品除继承唐代上述各类主题，普遍借昭君故事抨击当局懦弱无能，进一步深化对和亲政策的批判；同时特别注意用昭君题材激发爱国主义感情，歌颂她的爱国情操和历史功绩。前者如吕本中《明妃》:“汉氏失中策，清边烽燧频。丈夫不任事，女子去和亲。”黄庭坚《水调歌头·游览》:“堂有经纶贤相，边有纵横谋将，不减翠蛾羞。”李纲《明妃曲》:“宁辞玉质配胡虏，但恨拙谋羞汉家。”陆游《明妃曲》:“双驼驾车夷悲乐，公卿谁悟和戎非。”耶律楚材《过青冢次贾搏霄韵》:“延寿丹青本诳君，和亲犹未敛胡尘。穹庐自恨嫔戎主，泉壤相逢愧汉臣。”后者如刘子恽《明妃出塞图》:“羞貌丹青斗丽颜，为君一笑靖天山。西京自有麒麟阁，画向功臣卫霍间。”刘因《昭君扇头》:“一身去国名千古，多少君臣学妇人。”吴师道《昭君出塞图》:“一出宁胡终汉世，论功端合胜前人。”影响最大的作品当数马致远的杂剧《汉宫秋》。《汉宫秋》是集前代昭君题材作品之大成而又有大胆创新的充满时代精神的代表性作品，剧中虽然对昭君的爱国情操给予了热情歌颂，但这个形象的悲剧色彩更为浓厚。由于《汉宫秋》的成功，王昭君的悲剧形象已是妇孺皆知了。

宋元时期咏昭君诗作，最有突破和创新的是王安石《明妃曲》二首。诗中重新评价了毛延寿，认为“意态由来画不成，当时枉杀毛延寿”，从而把批判矛头集中指向封建皇帝，更重要的是，作者认为“君不见咫尺长门闭阿娇，人生失意无南北”，“汉恩自浅胡自深，人生乐在相知心”。这种冲破民族意识藩篱，超越胡汉界限的惊人之论，这种把人与人之间的“知心”看得高于一切的全新视角，大大加深了昭君题材的主题开拓，是一种时代的超越。此诗一出，引得欧阳修、司马光、曾巩、梅尧臣等名家纷纷唱和，此后也有不少人承袭此意，在某种程度上冲淡了昭君形象的悲剧色彩。

明清两代昭君题材作品数量很多，诗词之外，杂剧、传奇、小说、说唱文学成了主角。在多达三十余种的戏剧、小说中，虽然在某些方面比前代有所拓展，但总的看，由于当时已逐渐进入封建社会的末世，作者思想远不如唐代那样活跃，不但缺少引人注目的创新，而且腐朽没落的糟粕日见增多，“忠君”“贞节”等令人生厌的说教几乎成为普遍现象。昭君悲剧形象也更加深入人心了。

直到五四运动以后，昭君形象才逐渐发生变化。郭沫若的话剧《王昭君》把她塑造成一个反对封建礼教、追求个性解放的叛逆女性，但仍没有摆脱悲剧的范畴，只是把以往的命运悲剧改写为性格悲剧了。

中华人民共和国成立后，昭君形象才发生了根本变化。先是周恩来总理建议“要重新写一出民族和睦的昭君戏，写一个欢欢喜喜的昭君”。接着董必武同志写下了《题昭君墓》诗。与此同时，史学界、文学界围绕昭君出塞的历史真相和昭君艺术形象问题展开了长期的争论和研究。在这种背景下，以曹禺的话剧《王昭君》为代表的一系列戏剧、电影、电视剧、诗词、雕塑、绘画、音乐作品陆续诞生，王昭君才摆脱了哭哭啼啼的旧貌。

综上所述，旧时代的昭君艺术形象大多违背了历史真实，染上了悲剧色彩，而且随着时间推移，悲剧气氛越来越浓，至今已有近两千年的历史。研究这种艺术形象与历史真实大相径庭甚至截然相反的现象，探寻其中的原因，对于我们总结前人创作的经验教训，探讨历史真实与艺术真实的辩证关系，研究文艺创作与时代和社会等方面的关系，以及相同题材何以有不同的乃至相反的主题等问题，都提供了绝好的材料，当然也能更直接地为昭君问题研究和昭君题材创作提供借鉴。

二、多学科、全方位地考察昭君悲剧形象的成因

对于王昭君这样一位影响深远、有关作品繁多、涉及领域宽广的人物来说，她本身就非常复杂。探讨她悲剧形象的成因，不是某种单一的理由所能解释清楚的，只有按照马列主义观点，运用系统论方法，进行多学科、全方位、立体性的考察，才能揭示其中的秘密，并为今天提供有益的借鉴。

从历史学角度看，昭君的遭遇中确实有悲剧的因素，这是昭君悲剧形象产生的内因。王昭君是历史人物，历代作品对她的描绘基本是在她一生经历的四大关键的框架中进行想象、补充和加工的。这四大关键概括说即强征入宫、不得见御、出塞和亲、从俗再嫁。在她的这些遭遇中，本来就包含着悲剧因素。她作为民女被强征入宫，背乡离亲，失去自由，这是悲剧因素之一。作为美貌无双、才华出众的绝代佳人，却“入宫数岁，不得见御”，在深宫中过着漫长的凄凉、寂寞的生活，这是悲剧因素之二。她在“积悲怨”的情况下自请出塞，告别中原先进文化和优裕的生活条件，到环境艰苦、语言不通、习俗迥异的匈奴生活，其中虽然有为民族友好贡献力量的高尚动机，但在下定决心前，必然经过激烈的思想斗争。在百感交集中，有庆幸，有喜悦，有豪情，也会有悲伤，这是悲剧因素之三。在呼韩邪死后再嫁其大阏氏之子的问题上，她面临汉族传统人伦道德和胡俗的尖锐矛盾，处于十分为难的境地，她曾经上书请求归汉，虽然经过激烈的思想斗争，最终服从了汉朝“从胡俗”的旨意，

服从了民族友好的大局，但在那种艰难的抉择中，心情难免有悲哀愁苦，这是悲剧因素之四。这四个方面，每一个单独拿出来都会被古人视为巨大的不幸，而昭君竟然集于一身，所以她便成了红颜薄命的代表。如实地承认昭君的悲剧性遭遇，不等于说她一生都是悲剧，更不是否定她所做出的重大贡献。恰恰相反，昭君往往能在人生处于悲剧性冲突中时，自觉起来与命运抗争，为自己争得了喜剧性结局，从而实现了人生的价值。这充分显示出她巨大的勇气和毅力，显示出她超人的远见卓识和牺牲精神，这也正是昭君的伟大之处，是其性格的闪光之处。然而，在旧时代，大多数人并没有这样高的觉悟和这样全面分析问题的能力，因而不能抓住昭君一生最本质的方面。他们只是从自己的切身感受和当时普遍的人生观出发，真诚地对昭君表示同情，反而忽略了她人生中最有价值的方面，这便是昭君悲剧形象产生的内在原因。

从汉民族文化心理来看，受安土重迁思想影响，认为远嫁本身就是悲剧。中华民族的主体民族汉族农业发达很早，农业技术的提高和治水能力的增强使人们习惯于安居一地的生活，以小农经济为主的生产方式和山隔海阻的地理环境，形成了安土重迁的思想。西周时盘庚东迁就受到百姓反对，所以他又是劝，又是吓，颇费了一番口舌。《汉书·元帝纪》就明确地说："安土重迁，黎民之性；骨肉相附，人情所愿也。"历代统治者为了维护社会秩序，也有意识地鼓励民众安居乐业，并利用与安土重迁思想有密切联系的亲族依附关系加强统治。这种民族文化心理，随着时代发展日益强化，使人们把离乡背亲视为人生一大悲剧。女儿嫁到邻村，尚且上轿大哭，以至于形成风俗。《红楼梦》中探春远嫁，就标明一个“悲”字。何况昭君要嫁到匈奴，而且永无归期呢？所以古人一提昭君出塞，首先想到的就是远嫁之悲、思乡之苦、恋亲之情，而很少去追究其中的政治意义。

安土重迁的民族心理积淀不但使中国古代文学中的思乡之作特别发达，而且都染有浓重的悲剧色彩。现代心理学证明，人的记忆有一种选择性。童年时代所建立的以天真无邪为特点的故乡之情和亲属群体意识，随着年龄的增长会更多地保存在大脑皮层中，使故乡回忆变得越来越美好。当人们离乡背亲，处境不佳，孤寂绕心之时，思乡之情便会油然而生。这便是所谓“离群托诗以怨”的深层动因。如果要借助古人来抒发的话，最好的选择当然是王昭君。这种思乡之作往往带有作者鲜明的人生体验。因而上自帝王将相、才人骚客，下至贩夫走卒、羁旅行役，在几乎所有经历过思乡之情的人群中，它都是最容易引起共鸣的。

安土重迁思想表现出中华民族的群体意识和凝聚力，成为维系民族与国家统一、稳定社会的感情纽带，强化了人们的爱国意识。同时，思乡固有的哀愁素质强化了民族忧患意识，它还具有特别宽厚的包容力，因而这类作品也极易流传后世。从消极方面说，它表现出个性独立意识较差，使人们习惯于随顺社会伦理规范，并常常附带产生出盲目的优越感和自我中心感，也在一定程度上妨碍了民族的开拓精神和追寻视野。这两个方面在昭君题材作品中都有明显体现。

从社会政治学角度看，昭君的悲剧形象是封建社会诸多现实问题的反映。马克思主义认为，人的思想认识来源于社会实践，任何文学艺术作品归根到底都来源于社会生活。昭君悲剧形象的产生和长期流传是由中国长期的封建社会现实所决定的。每个时代的作者必然要受到当时社会状况、思想文化风尚的影响，受自身政治立场、道德水平、文化素养、审美趣味的制约，甚至作者处境遭遇、心绪状态的变化，都会使他们面对同一题材写出不同思想倾向的作品。因此，当这些作者把自己对昭君的理解物化为文学艺术作品时，就出现了多种多样的主题和形象。

例如，在封建社会中，广大妇女处于被压迫的地位，不能支配自己的命运，是男子的附属品，甚至成为统治者的玩物或礼物。这种普遍存在的社会现象，往往强烈地影响到有些作者，他们把对广大妇女的同情倾注到昭君身上，从而形成昭君的悲剧形象。中国古典文学中源远流长的宫怨主题也总是把昭君作为最常见的例证。

又如，在封建社会中，无数人才受到压抑、摧残、嫉妒、谗害，不得重用，文人总是感到怀才不遇。这种社会现实和思想感情反映到昭君题材创作上，再结合古典文学中以美人喻君子、以男女喻君臣的深厚传统，于是昭君又成了美质才高却备受压抑的典型形象。

再如，封建社会政治黑暗、贿赂公行、谗佞当道，更有庸碌不明的昏君，黑白不分、妍媸不辨，制造了不少冤案。这种现实反映到作者头脑中，昭君故事（特别是虚构的毛延寿丑图等情节）又成为批判昏君佞臣的好素材，昭君自然被塑造成黑暗政治的牺牲品。

更为普遍的是每当民族矛盾尖锐、国家命运艰难的时候，昭君总是被作为彰显爱国主义和民族气节的代表来讴歌。考察塑造昭君悲剧形象的作品，中晚唐、宋元、明末清初和清末民初时期不但数量较多，而且主题也比较一致，这正说明在政治动荡、国家危亡、民族矛盾上升时期，昭君最容易被赋予悲剧形象。

在历代昭君题材作品中，大量存在的是只从昭君一生经历中选取一点或几点，偏出旁骛的作品，作者只顾抒写自己内心所思所感，离开史实所包含的意义十分遥远。这一方面是由于中国古代文学很早就有这种传统，春秋战国的“赋诗言志”就是断章取义的，后代的咏史、怀古、咏怀之作几乎形成一种风气。另一方面，社会现实问题远比历史本身具有吸引力。像上面所举的游子思乡、高才多妒、红颜薄命、宫廷黑暗、大臣无能、帝王昏庸、民族气节等问题，对当时的作者来说显然要比昭君本身更重要，也更为一般人所关心。对这些普遍存在的社会现实问题，文学艺术家们亲眼所见、亲身所感，印象特别深刻。文学艺术作品作为社会生活的反映，借昭君故事在这些问题上大加发挥，也是很自然的事。这样写的好处，不但可以避开当时的政治迫害，而且能加深作品的历史感，因而大量昭君题材作品的主题就被吸引到另外一些方面去了，不但离历史真相越来越远，而且产生了相反的意义。这也是昭君悲剧形象形成的根本原因之一。

从民族学角度看，昭君的悲剧形象曲折反映了历史上民族关系中的某些方面，特别是民族矛盾上升、激化时期民族思想的表现。把昭君塑造为悲剧形象的作品，一般说都没有认识到昭君出塞对加强民族友好所起到的重要作用和进步意义。其根本原因在于封建时代不可能存在真正的民族平等，也不可能产生现代意义上的民族平等观念。在民族关系史上，虽然总的趋势是朝着民族友好、民族平等、民族团结的方向发展并最终归于融合，但在阶级社会里，与阶级剥削密切相连的民族矛盾、民族歧视、民族仇恨乃至民族间的战争还是司空见惯的。

数千年来，尽管我国各民族关系的主流是和睦相处、友好交往，但汉族人口一直占全国人口的绝大多数，在国家政治、经济、文化生活中影响最大，因此容易滋生大汉族主义倾向。此外，自秦汉以来就形成了以汉族王朝为正统的观念，加以历代统治阶级大多实行民族压迫政策，使得各民族间出现了种种隔阂，所以中国传统的大汉族主义思想特别浓厚。在汉族王朝强大的时期，作家们往往以泱泱大国和华夏文明自居，歧视少数民族，认为昭君出塞是“下嫁”，是“吃苦”。在汉族王朝衰弱，受到少数民族政权威胁和压迫时期，随着民族矛盾的尖锐，民族存亡问题日益提上日程，民族意识、民族情绪便表现得更为强烈，这时昭君出塞更被视为民族的耻辱，甚至把她比为被掳走的俘虏。在昭君悲剧形象的形成和传播过程中，大汉族主义思想起过相当重要的作用，这是封建社会的现实造成的。在当时的历史条件下，阶级的、历史的、民族的和认识的局限，像一堵堵无形的高墙，阻挡着作家们去表现民族友好的主题；相反，歧视和仇视少数民族的观点和词句倒是大量存在着，对此我们当然应该持批判态度。

在民族矛盾尖锐的时期，对少数民族的歧视和仇恨往往又和爱国主义思想和民族气节纠缠在一起。从绝大多数昭君题材作品来看，大汉族主义思想并没有占据主要地位，也没有成为主导方向，更不能说昭君题材作品是被大汉族主义这条“黑线”贯穿起来的。即使是那些激烈反对和亲的作品，也并不是完全为了宣扬大汉族主义，往往是宣扬爱国主义，反对投降妥协，彰显民族气节和民族自尊，反对屈辱卖国和丧失民族尊严的。

从接受美学的角度看，受前代史料和文学作品，特别是名家名作的影响，形成了读者千百年来的阅读心理定式，是昭君悲剧形象长期流传的重要原因。昭君出塞之前，西汉的和亲大多带有屈辱的色彩。汉高祖刘邦白登被围后，不得不采用刘敬和亲之计，就带有被迫的性质。当刘邦想让亲生女儿到匈奴和亲时，吕后日夜哭泣，坚决不许。后来只好找犯罪除国的宗室之女，封为公主前往，如江都王刘建之女细君、楚王刘戊之女解忧等。她们的和亲，明显带有替父辈赎罪的性质，当然是悲剧性的。他们在匈奴或乌孙都是终日愁苦，以泪洗面。细君公主还作歌曰："吾家嫁我兮天一方，远托异国兮乌孙王。穹庐为室兮旃为墙，以肉为食兮酪为浆。居常土思兮心内伤，愿为黄鹄兮归故乡。"这些信息传到汉朝，自然使人们产生和亲就是悲剧的印象。早期出现的那首《怨旷思惟歌》显然是受细君此诗的影响产生出来的。接受美学认为，文本作为传统的部分，是构成读者情景的首要要素，读者对文本的理解首先受到来自文本的内部条件的限制。这些史料和作品文本所提供的和亲屈辱的悲剧形象不断进入读者的情景，久而久之便形成一种心理定势和阅读期待，似乎和亲一概都是屈辱，和亲者一概都是悲剧人物，昭君自然也不例外。尽管由于时代不同，接受者的思想有别，但这种认识经过数千年的强化和积累，是很难改变的。

更重要的是在一系列塑造昭君悲剧形象的作者中，有许多作者是当时第一流的大诗人、大作家，如李白、杜甫、白居易、马致远……他们的作品影响特别大，流传特别广，已经成为后代公认的榜样。他们的权威性使许多人不敢打破框框，跳出写悲剧昭君的老路。特别是对于一向具有崇古、仿古、复古传统的古代文人来说，就更是亦步亦趋地模仿前人。这些名家名作像强大的磁场吸引着读者，他们的观点也特别容易对全社会产生影响。于是一代又一代的读者形成了一种心理积淀，一直延续到今天，以致有些人看到恢复了历史本来面目的昭君，便不假思索地排斥；有的即使理论上承认，感情上也觉得难以接受。曹禺的话剧《王昭君》发表后所引起的争论中，这种心理便有所反映。

同样，根据接受美学的理论，任何接受者都不是被动的，都要受时代、社会、环境和个人条件的影响。阅读过程是个再创造的过程，也是一个读者变革自身的过程，不断发现旧的释义的不妥当性，不断建立起新的释义，是接受美学提示的一条规律。在新的历史条件下，只要我们不懈地努力，在历史真实和艺术真实相结合的原则下创造出更加完美的昭君形象，就一定会为新时代的读者和观众所接受。事实也是如此，自曹禺的《王昭君》之后，不少文学艺术家在这个方向上努力，逐渐得到越来越多的读者、观众的认可。相信一个民族友好使者王昭君的形象，一定会形成新时代人民群众的阅读期待和心理积淀。

从审美心理学角度看，中国传统的悲剧观更容易导致作家把昭君塑造为悲剧典型。悲剧向来是文学艺术中的骄子，它所唤起的同情、悲悯乃至崇敬的感情能够深刻地打动人心，强烈地刺激读者的感觉系统，并容易长期地留在记忆中。所以悲剧一直是文艺家们钟情的创作类型。从中西方不同的民族传统审美趣味和审美心理来看，中国古典悲剧观特别注意把“美”与

“真”结合起来，用真实的人物和故事激发人们的悲剧感情。昭君出塞是历史上的真人真事，她的经历中又确有悲剧因素，特别是她所经历的激烈的内心冲突，她所面对的巨大社会压力，她所处环境的艰苦复杂，这些都为文艺家提供了驰骋想象、抒发感情的广阔天地，也容易激发起读者同情、哀怨、悲愤、浩叹、崇敬等悲剧类型的感情。所以许多文艺家不约而同地把昭君题材处理成了悲剧。

与西方悲剧观强调恐惧感情与净化作用相比较，我国传统悲剧观更强调把“美”与“善”结合起来，重视悲剧的伦理道德教化作用，强调悲剧要唤起崇高的感情。而昭君正是外在的美与内在的善相统一的化身，是绝代佳人和爱国英雄的完美结合，她的勇于为国家、为民族利益而献身的精神也自然会强烈地唤起人们的崇敬感情，这也使作家们在塑造昭君形象时有意识地向悲剧倾斜。

三、新的历史时期要求创造新的昭君形象

综上所述，历史上昭君悲剧形象的形成和流传是由多方面因素造成的。尽管过去时代的昭君作品普遍存在这样或那样的问题和局限，尽管悲剧昭君的形象在一定程度上违背了历史的真实，我们也不应采取一概否定的态度。因为古代作家往往受时代和阶级的局限，不能全面地认识和反映历史人物和历史事件的本质，他们更没有“历史真实”和“艺术真实”之类的概念。

同时，文学艺术是一种创造性活动，作者所处的时代和现实生活总是要顽强地在他的作品中表现出来，这是艺术规律所决定的。何况文学艺术的基本价值又具有永恒的魅力，因此在对前人作品的态度上，我们应该坚持历史唯物主义的观点，凡是反映了一定的社会现实或如实描绘了一部分人的心路历程，具有一定的认识作用或教育作用，在艺术上又有某种成就和影响的作品，都有其存在的理由，都应给予一定的地位。

董必武同志的《谒昭君墓》诗充分肯定了昭君的历史功绩，批评了旧时代昭君题材作品中存在的问题，主要是昭君的悲剧形象违背了历史真实。他并不是对前人的作品一概否定，而是意在呼唤新的昭君形象出现。周恩来同志鼓励曹禺写昭君，其用意也在于此。

中华人民共和国的成立使历史翻开了新的一页，千百年来以阶级压迫、阶级剥削为基础的旧制度从根本上被推翻了，借昭君题材写红颜薄命、怀才不遇、朝政黑暗、昏君佞臣等主题都失去了现实意义。特别是随着民族压迫和民族歧视被消灭，平等、团结、友好、互助的社会主义新型民族关系已经建立并日益深入人心，再写悲剧的昭君就与我们的社会现实和时代精神太不协调、太不相称了，而且在政治上还会产生某些消极作用。正是在这种新的历史条件下，老一辈无产阶级革命家和一些敏感的史学家、文学家，站在新的高度，以新的观念和眼光审视历史，发现了王昭君悲剧形象和历史真实的背离，发现了昭君原来是一位难得的为民族友好做出贡献的女性，也发现了恢复昭君本来面目，塑造新的昭君形象对教育群众，增强社会主义时期的民族团结有重大的现实意义。所以他们提出的要求是完全合理的，是符合历史发展内在规律的，是符合时代精神的。

在新形势的要求下，以曹禺的话剧《王昭君》为起点，已经涌现出一大批塑造新的昭君形象的文学艺术作品，尽管人们议论纷纷，指出其中许多不尽如人意之处，然而这毕竟是一种历史性的改变。我们相信，只要尊重历史，体现时代要求，遵循艺术发展的必然规律，更理想、更完美、更光辉，也更为群众所接受的昭君形象一定会出现。

第二节　一场围绕昭君形象塑造的论争和咏昭君诗的涌现

一、一场围绕昭君形象塑造的论争

中华人民共和国成立后不久，周恩来总理以马克思主义观点分析历史上的王昭君及有关文学作品，并且从巩固和发展社会主义新型民族关系的现实需要出发，给予王昭君充分的肯定和赞扬。周总理高瞻远瞩，盛赞王昭君是为发展中华民族大家庭团结有贡献的人物；并多次讲话，鼓励支边知识分子做“当代昭君”，扎根边疆、建设边疆；还建议曹禺“要重写一出民族和睦的昭君戏”。[①] 此外，董必武、陈毅、谢觉哉等老一辈革命家都曾写下歌咏昭君的诗作。

与此同时，史学界、文学界围绕昭君出塞的历史真相和昭君艺术形象塑造问题展开了热烈的探讨和研究。1959年1月21日，《人民日报》发表田汉《谈王昭君的塑造》，揭开文艺界讨论王昭君艺术形象的序幕。1961年2月5日，《光明日报》发表翦伯赞《从西汉的和亲政策说到昭君出塞》，全面分析昭君出塞的历史背景和昭君的贡献，指出“昭君出塞这个历史事件是标志着汉与匈奴之间友好关系的恢复，而王昭君在友好关系的恢复中起了很大的作用”。作者认为，“过去的诗人、戏剧家用大民族主义的态度去对待王昭君出塞这个事件”，今天我们不能再说“昭君出塞是民族国家的屈辱”，“应该替王昭君擦掉眼泪，让她以一个积极人物出现于舞台，为我们的时代服务”。紧接着2月13日，《人民日报》又发表翦伯赞的《内蒙访古》，把关于昭君出塞真相和艺术形象的讨论推向高潮。在这次大讨论中，内蒙古学者发表了多篇重要文章。经过四年多的学术探讨，1963年2月12日，《内蒙古日报》发表《关于王昭君问题和西汉与匈奴战争问题的讨论小结》。同年10月，国家副主席董必武参观呼和浩特昭君墓，写下《谒昭君墓》诗，可以看作对这场全国性大讨论的总结。

2003年，呼和浩特昭君文化研究会编写出版《昭君文化

①《曹禺谈新作“王昭君”》，《解放日报》1979年2月4日。

丛书》五种，其中马冀撰写的《昭君文化研究》一书第一次界定了“昭君文化”的概念，“以王昭君出塞和亲为核心，两千年来与此有关的一切文化现象，其中包括物质文化和精神文化，而以精神文化为重点。其所涉及的领域有历史学、政治学、民族学、文学艺术、民俗、考古、经济等”，并全面、系统地阐述了昭君文化的理论。在论述昭君出塞历史真相的基础上，首次提出了以下七个重要命题：中国传统的“和合”理论是昭君文化的哲学基础、民族团结友好是昭君文化的核心内容、昭君文化的重要内涵是促进不同经济区的互补和交流、昭君文化的重要载体是历代大量的文学艺术作品、昭君文化蕴含着丰富的人生哲理、昭君文化是追求完美的文化、昭君文化具有世界意义，并且分章节进行逐项论述。[①] 上述观点逐渐被国内外学术界接受，进而引起内蒙古、湖北等地党政领导的重视。

以1979年曹禺话剧《王昭君》首演成功为标志，此后一系列有关王昭君的诗歌、小说、戏剧、电影、电视剧、雕塑、绘画、音乐作品陆续诞生，王昭君新的正剧形象得以确立。从总体上看，新时期昭君题材的文艺作品，出现了与以前任何时代都不同的崭新面貌。其最大的特点在于主题和观点的改变，人们纷纷肯定昭君出塞对民族团结友好做出的贡献。进入21世纪后“昭君文化”概念的提出，进一步深化了人们对昭君的认知，

---

① 马冀：《昭君文化研究》，内蒙古人民出版社，2004年。

促进了新时期的昭君题材作品大量产生，弘扬了正能量，引导着主流舆论，进而成为广大人民群众的共识。

二、董必武《谒昭君墓》及谢觉哉、陈毅的昭君诗

继周总理盛赞昭君之后，董必武、谢觉哉、陈毅等老一辈无产阶级革命家都写下歌咏昭君的诗作，其中影响最大、最有代表性的是董必武同志的《谒昭君墓》。1963年10月，董必武同志参观呼和浩特南郊的桃花人民公社，写下了“蒙汉人同社，桃花艳一乡”的诗句。此后他又参谒了昭君墓，在墓前的历代碑刻周围流连徘徊，反复观赏，回到宾馆，便写下了脍炙人口的《谒昭君墓》诗：

昭君自有千秋在，胡汉和亲识见高；
词客各抒胸臆懑，舞文弄墨总徒劳。

不久，这首诗便被镌刻成巍峨的诗碑，耸立于昭君墓前。[①]董必武同志的诗，虽然只有短短四句，却是两千年来在诗坛上第一次站在马克思主义的立场上，以深刻的历史唯物主义观点，高度概括地全面评价王昭君。全诗气魄宏大，风格豪放，

---

① 此诗原件藏于呼和浩特市昭君博物院，原件诗后有两行落款小字：“录谒昭君墓诗一首为新城宾馆补壁，董必武，一九六三年十月。”此诗发表于《草原》1964年第1期。收入《董必武诗选》，人民文学出版社，1986年，第203页。

格调高昂，精炼流畅。诗的前两句是评价王昭君，侧重在肯定王昭君的历史功绩，赞美她为汉匈两族和平友好做出的贡献，赞美她为祖国各民族的团结做出了榜样，因而她千秋万代，永远受到各民族人民的尊崇和敬仰。“自有”两字，强调昭君的历史贡献和历史地位是客观存在的，是不以某些人的毁誉褒贬为转移的。“胡汉和亲识见高”，侧重于评价昭君的个人品质和出塞动机。“识见高”三字，既包含她在抉择个人命运前途时的见识高远，又包含她勇于为国家牺牲个人利益，忍受一时的艰难委屈的高贵品质，还包括她在民族关系问题上主张和睦相处的真知灼见。总之，在个人与祖国、汉族与他族、前途与命运的选择方面，都表现出昭君的见识远远高于凡俗。后两句是评价历代昭君题材文学作品。“词客各抒胸臆懑”，言简意赅地概括出了历代昭君题材文学作品的根本特点是借昭君的酒杯，浇自己的块垒。历代文人笔下的昭君，悲也罢，怨也罢，哭也罢，笑也罢，都体现着“词客”们自己胸中的悲愤和牢骚。“懑”即烦闷和愤怒，他们既为昭君的遭遇愤懑不平，又为自己的遭遇感到愤懑不平。“舞文弄墨总徒劳”是对历代“词客”之作的总体评价。“徒劳”是说他们虽然连篇累牍地写下无数咏叹昭君之作，但是没有一个人能够真正理解昭君、正确评价昭君，不少人甚至还出于阶级偏见、民族偏见而歪曲了昭君，贬低了昭君。

有人认为董老此诗有一概否定前人昭君作品之嫌。我们认为，董老此诗意在用马列主义的新观点和高标准去衡量历代昭君诗作，从而指出他们的根本缺陷，并不是超越历史条件去苛求古人。同时，董老批评的主要对象是那些把昭君写成烦恼愤懑形象的作品，表现出他不同意把昭君写成悲剧形象的鲜明态度，其中并不包括肯定昭君出塞的作品和那些流传于民间的、没有"胸臆懑"的传说故事。另外，作诗采用夸张手法乃是惯例，更何况短短二十八字的一首诗，绝不可能像论文那样说得透彻详尽。综观全诗，态度是公正的，评价是客观的。他站在历史审视的制高点上，俯看往昔烟尘，遥观明日风云，以"昭君赞"为题旨，以"民族和睦"做心曲，纵横开阖，高华杰起，独具风骨，深蕴机杼，是历代昭君诗中最精彩的珍珠。

董老的诗得到人们的普遍赞同。诗人魏传统曾有诗曰："自来墨客评青冢，唯有董君用马列。汉匈团结留英名，引得今人赞决策。"[①] 他是体会到董老诗中真意的。

此外以古体诗词功力深厚而著称的革命老人谢觉哉，曾有一首《看昭君坟碑词有感》，诗前小序云："在呼和浩特市看昭君坟碑词，并参观席力图召听喇嘛谈俺答轶事有感。"诗云：

昭君自请去和亲，俺答皈依志轶伦。[②]

① 本诗见《青冢藏墨选》，内蒙古人民出版社，1987年，第92页。

② 皈依：佛教入教仪式。秩伦：超群，出众。

万里长城杨柳绿，织成蒙汉一家春。[①]

席力图召是位于呼和浩特旧城的一座喇嘛庙，汉名延寿寺，始建于明隆庆、万历年间。俺答即俺答汗，亦名阿拉坦汗，他是明代蒙古土默特部首领。他积极主张与中原和平互市，化干戈为玉帛。他死后，其妻三娘子继承夫志，继续保持发展与明朝的友好贸易关系，促进了蒙汉人民的经济文化交流。谢老诗中把昭君自请出塞与俺答汗矢志发展民族友好关系的贡献相提并论，给予了高度评价。“皈依”，本指佛教的入教仪式，在这里一语双关，既指俺答汗笃信藏传佛教，又指他诚心诚意地依附明朝中央政权，反对封建割据，因而赞赏他志向超群出众。作者巧妙地选取来自不同民族的两位古人，歌颂他们在历史上为民族团结友好、发展各民族间的经济文化交流所做出的贡献，然后落脚于今天，歌颂了社会主义时期“万里长城杨柳绿，蒙汉织成一家春”的民族团结友好新局面。

陈毅元帅也有一首《游青冢》诗：

青山青冢青城头，黑水红河井自流。
一望丰州三千里，牧肥农好矿更稠。[②]

---

① 本诗发表于《北京晚报》1962年6月17日。收入《谢觉哉诗选》，湖南文艺出版社，1986年，第166页。

② 陈昊苏编：《陈毅诗词全集》，华夏出版社，1993年，第518页。

本诗主要是赞美呼和浩特市昭君墓周边水草肥美，青葱一片，农牧各业兴旺发达，一扫前人写青冢的幽怨凄凉之气，隐含赞叹昭君之意。

三、当代诗人咏昭君

在老一辈无产阶级革命家的带动和影响下，社会主义时期的昭君诗，从总体看，出现了与以前任何时代都不同的崭新面貌。其最大的特点在于主题和观点的改变，诗人们纷纷肯定昭君出塞对民族团结友好所做的贡献，肯定昭君这个历史人物对当代民族团结友好的教育作用。在中华人民共和国成立后出现的大量歌咏昭君的诗作中，比较有代表性的有以下一些作品。

邓拓曾填过一首题为《昭君无怨》的词，作者自注："余考词谱有《昭君怨》，流传已久，今按谢觉哉同志倡议，反其意曰'昭君无怨'，而音韵声律仍依古调，惟更换词牌耳。"这段自注已表明作者的观点。词云：

初入汉宫待命，便报单于纳聘[①]。不负女儿身，远和亲。
塞外月圆花好，千里绿洲芳草，巾帼有英才，怨何来！[②]

---

① 纳聘：指缔结婚约。

② 本诗发表于《北京晚报》1962年6月17日。

作者把昭君出塞看作不负此生的豪壮之举，认为昭君出塞月圆花好，她不愧为女子中的杰出人物，又怎么会有怨恨呢？作者对昭君赞叹、歌唱尤为不足，又发之为文，写下了同题杂文，收在《燕山夜话》中。

历史学家翦伯赞不但致力于王昭君的研究，发表了许多影响深远的史学论文，而且以雄健的笔力，写下了六首《游昭君墓》诗[①]，比较全面系统地评价了昭君出塞，显示了他在史学和文学等方面的真知灼见。如：

旗亭历历路茫茫，[②]风雪关山道路长。
莫道蛾眉无志气，不将颜色媚君王。

汉武雄图载史篇，长城万里遍烽烟。
何如一曲琵琶好，鸣镝无声五十年。[③]

前一首诗认为，昭君出塞的动机是不愿以美色媚君王，是满怀报国之志，因而出塞后她也无须魂牵梦绕于汉宫。第二首诗认为，汉武帝雄图大略，征战四方，搞得长城内外万里烽烟。若与昭君出塞相比，“一曲琵琶”弹奏出民族和好之音，形成了边

---

① 发表于《光明日报》1961年11月11日。

② 旗亭：指出塞路上的亭障。历历：一个一个的。

③ 鸣镝：响箭，代指战争。此句说，汉匈和平相处达五十年之久。

境五十多年的和平局面，恐怕汉武帝也自愧不如吧！

其他如知名学者费孝通的《题昭君墓》“绝塞埋香骨，千秋不朽名”[①]，张执一的《读马致远〈汉宫秋〉》“后人偏代古人忧，争道昭君出塞愁，毳幕高歌寒月夜，远胜长锁汉宫秋”[②]等诗作也都是杰作。

除了古体诗，还有一些现代体诗也写得很好，这里便不一一列举了。

第三节　曹禺话剧《王昭君》和其他戏剧作品

一、曹禺话剧《王昭君》[③]

20世纪60年代，内蒙古、南京等地曾有《汉宫春》《王昭君》等剧本，力图尝试用新的观点去写王昭君。由于种种原因，皆影响不大。著名戏剧家曹禺于1978年创作了五幕历史话剧《王昭君》，这是中华人民共和国成立后最有代表性的昭君题材戏剧作品。

曹禺在《关于〈王昭君〉的创作》中，谈到了他写此剧的动机和背景：“这个戏是敬爱的周总理生前交给我的任务。那

① 本诗见《青冢藏墨选》，内蒙古人民出版社，1987年。

② 同上。

③ 本节引文除另注者，均见曹禺《王昭君》，四川人民出版社，1979年。

是1960年以前的事。周总理指示我们不要大汉族主义，不要妄自尊大。”可见，《王昭君》的创作是有着鲜明的目的性的，立意在歌颂我国各民族的团结和民族之间的文化交流，体现了古为今用的精神。在这样一种创作动机下，曹禺在广泛研究历史资料的同时，多次到内蒙古参观昭君墓，收集至今仍流传在蒙汉各族人民中的昭君故事。他把人民口头传说中的昭君形象归纳为：“王昭君在那里，不是一个哭哭啼啼的妇女，而是一个美好的形象，一个神话式的人物，是蒙古族人民喜爱的汉家妇女。”曹禺认为，与历代封建文人笔下悲悲切切、哭哭啼啼的王昭君相比，这是更符合历史真实的，因此“我要写一个比较符合历史真实的剧。王昭君是个笑嘻嘻的而不是哭哭啼啼的王昭君，一个促进民族团结的王昭君，一个可能为周总理赞成的王昭君”。

曹禺《王昭君》的剧情和人物关系，都与以往的昭君题材剧作大不相同。他在塑造昭君形象上的成功之处在于以下四点：

第一，在和亲的历史背景处理上，忠于历史事实，忠于历史唯物主义，比较准确地反映了昭君出塞前后汉匈关系发展的过程。剧本第一、二幕昭君出塞前的情节，基本是写实的。作者尊重史实，如实地描绘了当时汉强匈弱的客观形势，描绘了汉匈双方都迫切要求停止武装对峙、建立和平友好关系、互通“关市”、进行经济文化交流。汉匈关系史上的重要事件在剧中几乎都曾提及。这就使昭君出塞的历史背景真实地、生动地呈现在观众面前，一扫前人构想的屈辱色彩，也突出了昭君作为肩负进一步巩固和平的使命的友好使者的地位。这样处理，不但尊重了史实，而且避免了过分夸大昭君个人作用的弊病。

第二，描绘昭君出塞动机时，大胆摆脱前人的窠臼，摒弃了毛延寿毁容和子虚乌有的元帝和昭君的爱情纠葛。作品强调昭君自动请行的动机，一是对汉宫中黄金牢笼般的生活不满，一是要为汉匈两族和好贡献力量。关于前一方面，作者虚构了两个人物：一个是苦苦等待皇帝召幸四十多年、最后悲惨而死的孙美人，她的遭遇就是昭君的一面镜子；另一个是以封建教条教育束缚宫女的宫中女官姜夫人，她的说教是对昭君的反衬。通过这两个人物和三年的宫禁生活体会，使昭君不断地反躬自问："难道我必须在这里等到地老天荒？""难道我王昭君一生就和这后宫三千人一样？""见皇帝，我已经不再想了，就是见了皇帝又能怎样？"她抓住单于求亲的机会定下决心："现在我想出去，就从这个门堂堂皇皇地出去。""这里有过孙美人，但永远不会有王美人的！""把定前程，我一人敢承当！"关于后一方面，作者更是多方烘托，如昭君之父因守边而死，临终时盼望民族和好的遗愿；昭君与屈原是同乡，从小就受到屈原高尚人格的影响；单于来朝的盛况和元帝许亲的旨意；等等。加上作者对昭君倔强性格的描绘，从而把昭君自愿请行的动机写得令人信服。自愿请行是王昭君性格中最有价值、最有光彩的优点。作者紧紧抓住这一点，塑造出成功的、有说服力的光彩形象，突出了昭君的英才胆识和反抗精神。

第三，此剧以主要篇幅描写昭君出塞后的生活，为昭君题材作品开拓了一个新的、无比广阔的表现领域。过去的昭君作品，大多局限于出塞之前，有的根本就不让她出塞。而曹禺一改旧貌，把主要的戏剧矛盾和高潮放在匈奴。描写她饱览匈奴草原的绮丽风光，经历风云变幻的政治斗争，终于以自己的善良、真挚、诚恳的品质和顾全大局的行动，战胜了与异域人民的隔膜、他人的猜忌和中伤，获得了单于和匈奴人民由衷的信任和爱戴，从而成功地揭示了昭君在边疆各族人民中享有盛誉的根本原因，成功地刻画了昭君作为汉族的亲善使者、匈奴的贤明阏氏的形象。

第四，以浪漫主义手法，运用古代诗歌素材，并构思了合欢被、化鸟等情节去赞扬昭君。作者想把这个话剧写成一个诗剧，使情节和人物都带有诗情画意，从而塑造出一个有魅力的古代美人，突出其胆识过人、志在千里、无比坚强的性格。作者注目的是人，是揭示感情丰富而又纯洁透明的灵魂。

总之，此剧比较成功地塑造了王昭君的形象，“她有志气，有胆识，愿意为民族和睦及当时汉朝百姓的安乐贡献自己的一生。她是有感情的女子，但绝不是那种奴婢对帝王的感情，而是真诚的爱情。她嫁到匈奴，就爱上草原；她嫁给了呼韩邪单于，就真心地爱他，并且也得到了他的爱。她刚毅，又温柔，她耿直，然而明事理，有耐性”[①]。这样一个崭新的昭君形象，不但基本上恢复了昭君的本来面目，而且具有现实的教育意义。

此剧的成功之处还表现在对其他人物形象的塑造上，也体现了历史风貌与时代精神的结合。

如呼韩邪单于不再是漫画式的粗野凶残的番王，而是一个有胆识、有远见，励精图治，革故立新，坚持与汉朝和好的匈奴英主。他宽容而又勇猛，富于感情而又不流于浮浅，尊重汉朝而又不卑顺；他顾大局、识大体，有政治远见，理解民族和睦的重要性和必要性，遇到重大问题不草草判断、轻率处理。其他匈奴人物的正面形象，如苦伶仃、阿婷洁、乌禅幕等，也刻画得很成功。这是过去作品和舞台上很少有的，对增进各民族互相了解、丰富民族文化画廊都具有重要意义。

孙美人是一个受到人们普遍同情和赞赏的形象。她的遭遇像镜子一样，展示了昭君久处深宫的命运。她那可怜而又可悲的痴心，更衬托出宫廷的阴森凄厉、黑暗残酷，也使昭君自愿请行有了更充分的依据。这个人物是作者独具匠心的成功创造。

萧育的形象也有历史根据。萧育之父萧望之，宣帝时任御史大夫，元帝时任前将军。宣帝甘露三年（公元前51年），呼韩邪首次来朝，诸大臣主张以臣礼接待，位在诸侯王下。独萧望之力主待以客礼，位在诸侯王上，表现出他的政治远见，为宣

① 曹禺：《昭君自有千秋在——我为什么写〈王昭君〉》，见《民族团结》1979年第2期。

帝所采纳，从而使呼韩邪深受感动。萧育本人曾两次出使匈奴，对匈奴情况熟悉，且“为人严猛尚威”。父子二人皆与匈奴有关系，选他为送亲正使，确为当时合适的人选。从这个次要人物的安排也可看出作者的匠心所在。

总的来看，《王昭君》自觉地以历史唯物主义为指导，力图正确认识和反映我国历史上的民族关系，并赋予昭君出塞这一历史事件强烈的时代精神。作者选择的是一个难题，首先是历史资料有限(故吴祖光称赞曹禺“巧妇能为无米之炊”)。作者利用有限的资料，把昭君化为活生生的艺术形象。从艺术借鉴来说，也是一空依傍的。前人的艺术积淀都是悲、怨、恨的形象，而且经过了两千年的流传，已经在人们心目中形成了心理定式。此剧不但要翻历史上大多数昭君戏的案，而且要翻亿万人心目中已经定型的王昭君的案，这是很不容易的。但作者利用艺术形象的感染力，基本上完成了这个艰难的任务。

《王昭君》的美中不足之处也是明显的。例如对昭君出塞后，面对汉匈文化、语言、习俗、生活起居等方面的巨大差异，内心的思想矛盾和斗争写得不够；由于在指导思想上强调要为现实政治服务，人物性格有过分现代化的倾向；等等。由于剧本存在上述的不足，加上历史传统在人们头脑中的巨大影响，所以《王昭君》发表后，虽然大部分人评价很高，但是台湾、香港有人因为这是周总理建议的，就贬低为“国策文学”，内地有人也应声说是“遵命文学”“主题先行”。其实鲁迅早就说过，古今中外遵命文学很多，关键是遵谁的命。周总理的建议对不对？曹禺是应付差事还是真情投入？对此，曹禺本人曾于1981年在接受《文化娱乐》杂志记者采访时给予了回答。他除对许多建设性意见表示接受和感谢，还对一些意见进行了反批评。他明确表示："文学与政治的关系是文学为人民服务，遵奉人民之命。"所以他自豪地宣称："人民要求各民族团结，反对民族分裂，当时的历史也是要求汉族匈奴一家人，所以讲我这戏是遵命文学，我是遵人民之命。"从而显示了作者鲜明的、正确的阶级立场。台湾有人批评《王昭君》是"国策文学"，曹禺认为国家的政策"适合我的生活，适合我的感情；有激情、有创作冲动才会写"[①]。

我觉得，曹禺在"文化大革命"前就开始酝酿写《王昭君》，"文化大革命"时复出后不顾年老体弱，先后十余次深入内蒙古牧区体验生活、收集资料，这样创作出来的《王昭君》不能简单贬低为"政治口号"。多年来我反复读过曹禺的作品，我认为《王昭君》是他在中华人民共和国成立后最成功的作品。它在文学史上第一次真实展现了昭君出塞的历史真相，赞美了昭君为停止战争、争取和平友好做出的努力和贡献，成功塑造了王昭君有胆有识、重情重义、正直刚毅、善良温柔的性格特征，还塑造了呼韩邪单于、孙美人等一批个性鲜明的人物形象，在正

---

①《曹禺谈〈王昭君〉》，见《文化娱乐》1981年第2期。

确处理历史真实与艺术真实、细腻刻画人物内心世界、恰当安排戏剧矛盾冲突等方面显示出炉火纯青的创作技巧。它完全可以与民国时期的《雷雨》《日出》相媲美。它在昭君题材文学史上应该具有里程碑的意义。有些人抱着一个奇怪逻辑：凡是领导人建议创作的作品，都是“政治口号”，都没有艺术性；凡是中华人民共和国成立后有作品的老作家，作品都不如中华人民共和国成立前的。一部作品好不好，应该具体问题具体分析，应该承认“遵命文学”中也有很多作品是非常成功的。

尽管该剧还有许多不够完善之处，但它毕竟是中华人民共和国成立后第一部运用历史唯物主义和无产阶级民族观去描写王昭君的文艺作品，它恢复了王昭君“和亲使者”的历史本来面目，是值得称赞的一部历史剧。它在庆祝中华人民共和国成立三十周年献礼演出中荣获创作和演出一等奖；1979至1980年演出数百场，并为许多地方剧种所移植，如粤剧《昭君出塞》、越剧《昭君公主》等。1981年，著名导演谢晋和剧作家王炼根据曹禺原著改编成电影文学剧本《王昭君》。[①] 电影剧本中对原作的一些不足之处给予了修改和补充，使人物形象更为丰满、更为可信，特别是增加了昭君在塞外生活的情节，取得了新的突破。谢晋、王炼的电影文学剧本在改编过程中也征询过曹禺的意见，因此可以说，在一定程度上曹禺也参与了这部电影文

① 载《戏剧与电影》1981年第7、8期。

学剧本的改编。

二、呼和浩特市文化局编演的歌舞剧《塞上昭君》

从汉代以来，有关昭君的歌舞节目就不绝如缕，直到今天还流传着广东音乐《昭君怨》等作品，它们几乎都是一些缠绵悱恻的哀音悲调。但是，1987年在庆祝内蒙古自治区成立四十周年之际，一部崭新的歌舞剧《塞上昭君》诞生了。这部歌舞剧由呼和浩特市文化局编导（贾勋等编剧），呼和浩特市民间歌剧团和民族歌舞团演出。它是汉、蒙古、回、满、朝鲜、达斡尔、藏等各民族艺术家通力合作的结晶。同年10月，应文化部的邀请，《塞上昭君》进京会演，并为出席中共十三大的全体代表献演，获得了代表们的热烈称赞。文化部为该剧颁发了嘉奖令和奖金，自治区政府、呼和浩特市政府也给剧组颁发了奖金。

该剧的剧情基本上是虚构的：王昭君自愿请行出塞和亲，与匈奴呼韩邪单于偕同回归塞北，在匈奴龙庭盛大的迎亲宴会上，歌舞并作，一片欢乐景象。呼韩邪前妻颛渠阏氏所生的小王子按民族礼节向新阿妈昭君敬酒三杯。昭君虽不胜酒力，但当听说这是匈奴习俗时，还是以入乡随俗的决心勉强饮下，终因酒醉头晕，失手打碎小王子的玉杯。由于玉杯是生母遗物，小王子很不满意。入夜，小王子心爱的白骆驼突然发疯，冲入昭君帐内，在即将危及昭君性命的时候，牧民女儿慈玛尼为救昭君而刺伤白驼。小王子及其外公呼衍王迁怒于昭君，家庭矛盾激化。昭君百感交集，决心不改出塞初衷，把从汉朝带来的珍宝白玉马赠送给小王子。她又亲祭小王子生母颛渠阏氏，刺血祭天，以明心迹，并派人驰回长安，从汉宫取来灵药救活白骆驼。当汉朝释放的大批匈奴战俘返回之后，牧民们欢呼雀跃，昭君以一颗真诚、善良的心赢得了匈奴人民的理解、尊重和爱戴。小王子和呼衍王深受感动，小王子认昭君为亲阿妈，呼衍王亦认昭君为亲女儿。舞剧在洋溢着团结、和睦的气氛中结束。

与其他昭君戏剧相比，该剧的独特之处有三：

一是与曹禺的话剧《王昭君》一样，突出了歌颂民族友好的主题，但着重以塞外生活为背景，展示昭君出塞之后的经历和斗争，从而以崭新的视角审视这个故事。编剧者们发现，对昭君出塞后如何克服语言障碍、适应生活方式的转变，以及如何学会去做一个少数民族首领的阏氏等一系列复杂的局面，其中的矛盾斗争、心理冲突、思潮起伏，过去几乎无人问津。这主要是由于作者们对匈奴生活不熟悉，无从设想。剧作者正是抓住这个缝隙，构想了出塞之后的生活场景和矛盾冲突，角度十分新颖。

二是改变了过去昭君戏剧多从两族政治关系重大问题入手、把昭君写成政治性人物的惯例，而是抓住昭君出塞后如何处理家庭关系的小事去写，具有以小见大的鲜明特色，通过她处理家庭矛盾，表现对单于之爱、对牧民之爱、对小王子之爱，表现她崇高的人性美，从而塑造出一个具有真善美精神品格的形象。这种独特的视角，把昭君形象刻画得更为细腻、含蓄、深沉、感人。

三是充分发挥歌舞剧这一艺术形式的特长，着力展现两千年前匈奴民族的乐舞风采和风俗人情，具有鲜明的北方民族风格和浓郁的草原气息。全剧场面宏大，舞姿古朴雅致，轻歌妙舞，诗情画意，美不胜收。例如第一场中，一群身着兽皮、手持各种猛兽面具的男青年跳起剽悍挺拔的舞蹈，一群头顶各种造型的女青年跳起匈奴铃鼓舞，动作新颖，气氛热烈，节奏明快，令人耳目一新。阳刚与阴柔之美既反差强烈，又融为一体。女巫[①]的表演出神入化，展示了古朴的祭祀巫风，具有古朴神秘的北方民族色彩。又如，在单于和昭君互诉衷情时，穿插了手执香溪柳的女舞。昭君思乡的桃花扇舞，也具有湖北民间舞蹈爽朗明快的特色。全剧南北舞风交融，很好地表达了主题。另外在音乐上注意选用具有海外特色和少数民族传统音乐的曲调(匈牙利民歌、裕固族民歌、蒙古族民歌和地方音乐)来渲染气氛，因而造成了新颖而又不陌生、极富浪漫主义色彩的效果。

《塞上昭君》的成功为昭君题材歌舞剧闯出了新路，此后以歌舞剧形式描写昭君的作品不断出现，有的在社会上轰动一时。近年来的新作有中国歌舞剧院民族歌舞剧《昭君出塞》(2016年)和李玉刚团队诗意歌舞剧《昭君出塞》(2019年)，两剧不但在国内引起轰动，而且在国外演出取得圆满成功。

---

① 匈奴人迷信巫术，故女巫特多。

三、李尔重新编京剧《王昭君》

就在《塞上昭君》上演前后，昭君故乡湖北省也推出了一台京剧《王昭君》。这部历史剧由曾任湖北省委书记的李尔重同志编剧、湖北松滋市京剧团杨至芳主演，也在1987年10月进京演出。该剧剧情概要：昭君进宫三年，偶被元帝发现，立为明妃。恰在此时，匈奴单于来汉求亲，元帝接受群臣建议，以汉匈睦邻关系为重，同意了单于的要求。昭君要求先回乡祭祖。她在故乡与众乡亲见面，喝到家乡的水觉得特别甘甜。尔后，她怀着生离死别的心情，告别乡亲，踏上了去北国的旅途。在边关，昭君偶遇千里寻夫的表嫂与表侄，看到她们母子背着战死边关者的尸骨悲痛不已。在汉匈交界处，昭君又遭到原汉朝守关义军的拦截，义军与前来迎接她的匈奴军队交战。为了劝阻双方厮杀，昭君拣起战死沙场的战士尸骨，让双方将士辨认。双方将士难辨此骨是汉人还是匈奴人，从而听从了昭君的劝解，停止交战。直到这时，昭君才真正认识到自己和亲的重要意义，愉快地嫁给了单于。

这个剧在构思上的主要特点有以下几点：

首先，此剧着重描写昭君内心的丰富感情和认识的逐渐变化。她由一个普普通通的农家姑娘被选入宫，苦等三年才偶被召幸。面对皇帝将她远嫁的决定，先是感到十分气愤和悲哀，她悲愤地唱道："哪个皇帝有真情！"但是，随着剧情的发展，她的思想感情发生了重大变化，由被迫远嫁到自愿出塞，最后得到了升华，认识到了和亲能安邦的重大意义。这个思想演变过程是可信的。

其次，与内蒙古的《塞上昭君》突出塞外风情的特点相比，此剧突出了昭君故乡的“湖北风味”。剧中广泛吸收了流传于湖北的民间故事和传说，烘托出一种浓郁的乡土气息。在昭君回乡祭祖的那场戏中，以浓墨重彩描绘了昭君与乡亲们的真挚感情，十分动人。在音乐、唱腔等方面也增加了秭归一带流行的圈鼓子(一种打击乐器)，并加进了湖北民歌伴唱，突出了地方特色。

除了以上提及的昭君戏剧，其他地区也有一些新作，各种地方戏几乎都有昭君戏演出。

第四节　昭君题材小说、影视剧及其他文艺作品

中华人民共和国成立以来，王昭君更加显示出迷人的魅力，涌现出一大批昭君题材文学艺术作品。初步统计，各类戏剧（包括话剧、歌舞剧、京剧、地方戏等）、电影、电视连续剧等约二十种，长篇小说十余种，散文、游记、各体诗词尚不及统计。对于这些作品的评论文章也很多，难以悉数。

一、蒙鄂合作的电视连续剧《王昭君》及其他影视作品

利用电影和电视连续剧这种艺术形式塑造王昭君形象，香港曾较早尝试。昭君题材电影也以香港片较多，如洪叔云执导的《王昭君》(1940年，黄鹤声主演)、赵树燊执导的《王昭君》(1955年，利青云主演)、李翰祥执导的《王昭君》(1964年，林黛主演)等。

电视连续剧方面，香港亚视的《王昭君》(1984年，魏秋华主演，二十五集)拍摄较早。但剧中违背史实，把汉匈形势处理为战火连天中汉朝求和，被迫和亲。在人物设置上也多不伦不类，如将公元前33年已经五十多岁的汉元帝描绘成一个翩翩少年，更无中生有地捏造出元帝生母太后这一角色，其实元帝生母早已死去，更没有被封为太后。此剧由于思想上、艺术上的严重缺陷，所以在社会上没有产生多大的影响。此外还有台湾中视的《昭君传奇》(1988年，宋冈陵主演)、冷杉导演的《昭君出塞》(2006年，李彩桦主演，四十九集)等。

比较而言，内地的电视连续剧更为成功。由内蒙古电视台和湖北电视剧制作中心联合摄制的十集电视剧《王昭君》(导演董利斌、孙光明，黄虹饰演王昭君)，以其尊重历史的态度、细腻的心理刻画、全面描绘昭君一生等特色受到各界高度评价。1988年8月，这部连续剧同时在全国十五个省级电视台放映，引起了全国人民和文艺界、学术界的重视。昭君第一次登上内地

荧屏就受到人们的普遍欢迎。

蒙鄂合作的电视连续剧《王昭君》与以前昭君题材戏剧的最大不同，就在于它比较充分地利用电视连续剧容量大、艺术表现手段丰富、刻画人物细腻等优势，第一次系统地、正面地描绘了昭君从成长、入宫到出塞的整个过程。剧中特别注意突出两个“真心”：一是呼韩邪单于与汉元帝两个最高领导人物真心和好；二是王昭君与呼韩邪单于真心相爱。全剧可以分为三大部分：

第一部分是第一集，以昭君故乡香溪河畔的宝坪村为背景，描写聪明美丽、勤劳善良的农家少女王昭君，哥哥战死边关，她又被强选入宫，嫂嫂珍珍请求入宫陪伴昭君。乡亲们依依送别。

第二部分是第二集至第六集，以汉宫为背景，描写昭君生性高洁，不肯同流合污，时时受到宫中女官和太监的欺辱。宫廷画师毛延寿借绘图索贿，却不点睛，昭君不卑不亢，自为画像点睛。毛延寿阴险地点破画像，致使昭君被打入冷宫。昭君悲愤交加，听到呼韩邪来朝求亲，遂有心请行。宦官石显和毛延寿怕罪行暴露，将昭君贬去为先帝守陵。昭君目睹守陵老美人的惨死，决心与命运抗争。这时恰遇呼韩邪途经陵墓，昭君远睹单于雄姿，百感交集，下决心写了请行和亲的书信，托人转呈元帝。元帝下令斩了毛延寿，囚禁了石显，并意欲留下昭君，另选他人出塞。昭君劝元帝以国家为重，不可失信。元帝深感自愧，认为“我汉室有如此见识高远之女子，真乃可喜可幸”，遂为昭君和单于举行盛大的婚礼。

第三部分是第七集至第十集，以塞外为背景，描写昭君在边关目睹昔日战场，白骨累累，狼烟犹在，心情十分沉重。接风宴上，当边关重将陈将军和匈奴左贤王拔刀相向时，昭君捧出白骨，苦苦相劝，一曲琵琶，声泪俱下。胡汉将士深受感动。这一场戏化用了古代边塞诗的意境，抒情味浓，十分感人。但左贤王对单于迎娶汉家公主深为不解，密令右大都尉先行返回龙庭挑动王子对昭君不满。王子痛恨父亲娶来汉家公主，便按匈奴风俗杀死一只羊羔扔在路口，以示阻止昭君进入龙庭，并拒绝参拜昭君。剧中充分利用匈奴民俗构成矛盾，推进剧情发展，也是可贵的创新。昭君以慈母之心谅解王子，并参拜王子生母兰琴阏氏的牌位，听单于讲述兰琴往事，深为敬慕。当王子深夜闯入单于庭帐，企图杀害昭君时，见昭君正绣着兰琴画像，初步受到感动。恰遇单于打猎归来，昭君怕王子行凶之事被单于知道，急忙先藏好王子，又让宫女放走了他，使王子深感悔恨。后来王子欲杀昭君之事终于被发觉，昭君力劝单于宽恕和释放王子，单于感动，王子也坦荡地跪地敬酒赔罪。右大都尉偷来王子弓箭欲射杀昭君，珍珍挺身相护，中箭身亡。单于见到带血的王子之箭，下令用马踏杀王子，昭君扑上去护住王子，王子含泪叫了一声“母亲”。左贤王为昭君美好的心灵所感动，诉说了右大都尉的阴谋，王子遂射杀右大都尉。在单于晋封昭君为“宁胡阏氏”的大典中，匈奴臣民表示了对昭君由衷的赞扬和爱戴，昭君永远留在了草原。

很明显，电视剧以正史为框架，又全面继承和吸收前代文学作品的精华，把二者糅合在一起，融会贯通，从而使剧情更加丰富曲折、合情合理。它的容量之大，几乎囊括了正史、小说、戏曲中谈到的昭君前半生的主要事件，与以往截取出塞故事某个片段或只予以侧面表现的作品显然不同。

导演董利斌、孙光明力图追求一种散文化和生活流般的平缓、舒展的风格，通过调动表演、造型、光影、音响等多种电视艺术语言和手段，力求拍出一种风韵美和意境美。应该说这种努力是成功的。

电视剧对王昭君形象的塑造也有新意，它着力突出昭君的人性美。剧作者们在似乎是旧故事、旧传说的重演中，努力去开掘昭君的心理空间，力图细致入微地揭示她的种种心理奥秘和性格特征。例如作为普通的农村姑娘，突出她的勤劳朴实；作为宫中的待诏，突出她的坚毅正直、外柔内刚；作为和亲公主和宁胡阏氏，突出她对胡汉友好充满信心，对单于父子满怀爱意，对匈奴上下善良诚恳，面对委屈，也能识大体、顾大局，等等。对历来争议颇多的出塞动机和心情，剧作者们着眼于从中国传统女性的特征出发，分别从史学、民族学、艺术心理学等角度，去表现、突出传统女性的自省、自悟、自觉的过程，因而掌握了比较恰当的分寸。主演黄虹也比较好地展示了昭君形象。

当然，这部连续剧在艺术上还有很多不够成熟之处。例如戏剧矛盾冲突不够尖锐，剧情起伏曲折变化不大，情节比较平淡。由于作者过分追求散文化风格，使生活流取代了结构的闪回和开阖，显得平铺直叙，缺乏力度。在充分调动电视艺术手段，对观众造成视觉效果上的强劲冲击方面也显不够。更主要的是在人物性格上挖掘和展开不足，没有设计出充分展示昭君矛盾心理的情节和场面，情节缺少内在的艺术张力，特别是出塞以后的戏显得底气不足。

像任何昭君题材的文艺作品一样，这部电视剧播出后也引起了一些不同的反映。但是，与曹禺的剧本发表后的反响不同，评论者几乎一致肯定昭君出塞对加强民族友好的积极作用。对自愿出塞、为民族和平友好贡献力量的昭君形象表示“难于接受”，甚至认为“不符合史实”的人少了，而仅仅从艺术上指出其不足之处的人却多起来。这个事实有力地说明，经过几十年文学艺术工作者和史学工作者的宣传和教育，人们渐渐从昭君悲苦凄怨的思维定式中解放出来，逐渐接受了更加符合史实的、作为民族友好使者的昭君形象了。这是一个巨大的又是潜移默化的变化。民族团结友好的大趋势毕竟是不可逆转的。

时间过去了二十年，陈家林导演的三十集电视连续剧《王昭君》（2007年，杨幂主演）登上荧屏，把昭君形象塑造得更加丰满、更加完美，也受到社会好评。

除了电影、电视连续剧，以写实为特色，摒弃虚构的电视专题片也很关注王昭君。中央电视台和内蒙古、湖北等地都有多部涉及昭君的专题片播出。其中影响最大的是2008年中央电视台一套《中华民族》栏目推出的四集专题片《王昭君》(韦燕燕编导，马冀任顾问)，经过在内蒙古、湖北等地考察古迹，采访老人，真实还原了昭君和亲的时代背景和出塞经过，回顾了两千多年来昭君对各民族人民持续不断的影响。此片翻译成英语在中央电视台九套播出后，国外反响也很好，曾经在国内外多次重播。

二、小说、散文和大众传媒中的昭君形象

小说方面，周濯街、郝存柱、姜子夫的三卷本巨著《东方和平天使——王昭君》[①]可称昭君故事的集大成之作，一出版便得到好评。长篇小说还有胡式道《王嫱外传》[②]，高阳《王昭君》[③]，庞天舒《王昭君·出塞曲》[④]，王西萍《王昭君和她的女儿们》[⑤]《王昭君的女儿——匈奴帝国的外交使节》[⑥]，胡刃《昭君出塞》[⑦]等，不少作品读来令人兴味盎然。另外还有壮族末伦《昭君

---

① 周濯街、郝存柱、姜子夫：《东方和平天使——王昭君》，内蒙古教育出版社，2006年。

② 胡式道：《王嫱外传》，黑龙江人民出版社，1988年。

③ 高阳：《王昭君》，海南出版社，1996年。

④ 庞天舒：《王昭君·出塞曲》，上海古籍出版社，1998年。

⑤ 王西萍：《王昭君和她的女儿们》，内蒙古人民出版社，2009年。

⑥ 王西萍：《王昭君的女儿——匈奴帝国的外交使节》，远方出版社，2018年。

⑦ 胡刃：《昭君出塞》，民族出版社，2006年。

和番》。其他短篇小说、散文、诗歌、说唱文学等方面，人民群众表现出旺盛的创造力，如2016年呼和浩特昭君文化研究会征集昭君诗歌新作，短短三个月就收到一千五百二十三首。

大众传播方面，历届呼和浩特昭君文化节、兴山昭君艺术节、朔州昭君文化旅游节、昭君文化高层论坛、昭君文化国际论坛以及山西、陕西等地的活动年年举办，贴近百姓、传播力强。各种媒体关注昭君文化，成为大众传播的主力军。《光明日报》、新华网、凤凰网、中国城市文化网等中央媒体经常发表相关文章；《内蒙古日报》《呼和浩特日报》《三峡日报》《朔州日报》以及内蒙古新闻网、内蒙古旅游网、湖北新闻网、湖北文化产业网、荆楚网等地方媒体，新浪网、搜狗影视等企业媒体都对昭君文化表现出浓厚兴趣，有的还开辟了专栏。网络方面，“中国民族学学会昭君文化研究分会·呼和浩特昭君文化研究会”网站 、“中国·呼和浩特昭君文化节”网站、“昭君博物院”网站等已经成为昭君文化传播的重要阵地。现在是多种媒体共同发力，弘扬昭君文化，促进民族友好，构筑和谐社会。

三、音乐、雕塑、绘画等作品中的昭君形象

随着社会主义文艺事业的发展，昭君形象不断出现在新的艺术领域，除了前述的歌舞剧、电视剧，最引人注目的是交响乐和雕塑作品。

我国著名音乐家陈钢是脍炙人口的小提琴协奏曲《梁山伯与

祝英台》的曲作者之一。他在1986年创作了一部抒情性和写意性相结合的大型作品——小提琴协奏曲《王昭君》。[①]他的这部作品是应日本著名小提琴演奏家西崎崇子的特约而创作的，这是一首单乐章的标题协奏曲，长达半个多小时。全曲共分三个部分。

第一部分：娉娉汉宫。在定音鼓节奏分明的敲击引导之后，乐队奏出辉煌激昂的歌颂王昭君的引子。在竖琴清澈透明的伴奏下，轻柔的音乐把人们带入那絮絮垂柳的汉宫。独奏小提琴以散板的节奏奏出昭君的音乐主题。它舒展华丽，勾勒出昭君神采清扬、顾盼生姿的倩影，表现着昭君凭栏独步时愉悦而又带点儿哀愁的心境。协奏曲的副题活泼俏丽，它刻画了昭君性格的另一侧面。独奏小提琴酣畅淋漓地在高音区歌唱，并和乐队呼应对答，抒发了昭君对自由和幸福的向往。

第二部分：萋萋塞外。这部分有三个层次，表现昭君出塞途中的三个波折。一阵阵节拍自由、急促不安的演奏，展示了北国边疆风沙扑面、苍茫一片的景象。独奏小提琴奏出昭君主题，但很快又被怒吼的朔风和漫漫的飞沙声所淹没。而昭君在回顾茫然、孤独徊徨之后，又逐渐变得刚劲有力，从而推出这一部分的第一个高潮。第二个高潮描写昭君在皎洁的月光下，对月生情，拨动琵琶抒发思念故乡的无限深情。作家依据传说，别出心裁，巧妙地把中国传统乐器琵琶融进了西方式的管弦乐队之中，既有

① 参见1986年11月15日《新民晚报》及1987年3月8日《中国文化报》等相关报道。

利于刻画人物，又具有时代特征和民族特色，确为全曲生色不少。富有特色的打击乐器奏出了民族色彩浓郁的节奏，烘托了琵琶的吟唱。独奏小提琴感慨地回忆起故土的闲适生活，逐渐变得刚劲有力，从而达到高潮。第三层描写昭君在经历了自然风暴和内心风暴的双重考验之后，又昂然挺立，肩负起和亲的重任，坚定地向龙庭进发。这时乐队奏出更为热烈的音乐，但独奏小提琴仍倔强地奏出高亢深沉的昭君主旋律。伴和着乐曲，歌颂昭君的引子曲调开始出现，从而多侧面地刻画出昭君聪明美丽、温柔善良、坚定勇敢、深明大义的性格特征。

第三部分：峨峨青山。乐队再次奏出昭君主题，昭君经过艰难坎坷之后，终于上升到更高的精神境界。歌颂昭君的引子音调反复出现，独奏小提琴以顿挫有力的快弓演奏，性格鲜明地结束了全曲。

这三个部分分别作为乐曲的呈示部、展开部和再现部，全曲的结构犹如一幅镶嵌精美的油画，头、尾两部分是画框，中间部分是重点描绘的画面。作者无意于叙述故事，而是运用奏鸣曲式，发挥音乐表情达意的特长，反映了昭君在生活突变面前所经历的心理状态和感情波动，用感人肺腑的音乐语言勾勒昭君的高洁形象。

这部作品经西崎崇子演出，在香港和上海都引起了轰动。她在演出后说：“《王昭君》的故事更具有悲剧性，在国际上更容易被听众所接受。陈先生用音乐为我们塑造了一个深明大义、感情丰富的中国古代女子的形象。能演奏这样的曲子，是我的荣幸。”[①]香港《明报》的评论中，把《王昭君》和《梁山伯与祝英台》做了对比，认为“《梁祝》全曲的题旨是人类艺术品中亘古长存的‘悲剧爱情’的颂歌，而这种歌颂还是情节表面式、标签式的，《王昭君》的题旨却宽阔而复杂，从个人到家国民族间的冲突抉择，歌颂的是将个人精神提高到民族甚至人类等更高境界层面的行为”[②]。这种成功，不能不说得力于昭君题材的重大、深厚和历史感。

近年来，各地创作的昭君歌曲数不胜数。王志信创作的艺术歌曲《昭君出塞》还引发了歌坛的“王志信现象”。兴山县一次征集昭君歌曲，就有新作六百多首。从音乐方面研究昭君的论文也不少。

前文提到，从古到今，昭君形象在美术界都是长盛不衰的主题。近年来，除了各种绘画，昭君形象也越来越广泛地成为雕塑家们所瞩目的题材。早在1983年，著名蒙古族雕塑家、内蒙古博物馆馆长文浩就曾提出设想，在昭君墓创作五组雕像，分别反映王昭君一生的五个阶段：“扬子江畔的少年昭君”“被选入宫”“出塞和亲”“与匈奴人民亲密无间”“儿孙满堂”。文浩说：“昭君是各民族人民敬重的历史人物，我们蒙古族人民对她的怀念之情尤为深切。”他希望能够通过昭君雕塑的创作，让

① 见香港《明报》1987年11月19日。

② 同上。

各民族团结永续、万古长青。

目前在美术界影响较大的昭君雕塑，有1986年由内蒙古雕塑家张恒创作的《王昭君》。这座高2.9米的昭君立式雕像，耸立在湖北兴山县昭君村王昭君纪念馆院内，前去瞻仰的人络绎不绝。这座雕塑形象生动、内涵丰富，具有我国南方秀女的古典美。作者采用中西结合的表现手法，使雕像富于微妙的韵律。她动中有静，静中有动，动静相宜，恰到好处，看去舒展自如，变化丰富。昭君风姿翩翩，给人以潇洒、稳重之感。特别是面部表情处理得恰到好处，体现出鲜明的性格和丰富的内心世界，显得淑静而有主见，平易而不平凡，略带微笑又不盲目乐观，从而较好地再现了昭君少女时代的风采。雕像用整块汉白玉雕成，象征着昭君的洁白无瑕。在服饰、体态的处理上，采用写实与装饰相结合的手法，力求体现外在美与内在美的统一。作者让她手拿竹简，而不是怀抱琵琶，以表现她像民间传说的那样能诗善画、多才多艺。她穿着汉代服装，但又突破长袖的限制，双手外露。衣上的花纹，既体现汉代“方圆规矩”的特点，又不拘泥于某种具体图案。两条燕尾带随着身体部位的不同而变化，富于实感。昭君的衣服都采取传统的阴线与装饰相结合的手法，流畅自然，舒卷有致。尤其是衣服的拖地部分，给予“看似不经心”的装饰性处理，风吹衣卷，仿佛泛起层层浪花，启发人们联想到她那凌波般轻盈的脚步。

在众多的昭君雕像中，思想性和艺术性最为人称道的是高矗于呼和浩特昭君墓前面的《和亲》铜像。这是一座高3.95米，用重达五吨多的红铜铸造的丰碑。它表现王昭君和呼韩邪单于在结婚盛典时双双骑马、并肩联辔向西而行的历史性场面。它的作者是来自南国广州的潘鹤教授。潘鹤是国内著名雕塑家，他的四十多座作品，分别安放在中国、日本等二十多个地方，北京卢沟桥头的《醒狮》、日本长崎的《和平》、深圳市中心的《开荒牛》都是广为人知的杰作。1986年，呼和浩特市党政领导请他以王昭君为题材创作一件表现民族团结主题的雕像。他深感责任重大，经过认真研究大量的昭君资料之后，他深为昭君的见识和行为所感动。他说："昭君出塞，已经是流传了两千多年的佳话，在漫长的历史浪涛冲刷中，呈现出熠熠闪光的历史价值。"为表现这样一个被岁月提纯、净化了的形象，他一改过去常用的国画式写意般的大起大落，甚至专门留下泥巴痕迹的粗犷手法，而是采用了精雕细琢、细腻传神的工笔人物描绘手法，无论是人物情态、服饰，还是马匹缰绳，都一丝不苟地表现出特定的含义。他认为，由于人物的特殊身份，决定了人物表情必定是含蓄深沉的。为了补充人物间感情的交流，他对马匹进行了独特的艺术处理，即两匹马中，一匹似回眸低语，一匹似侧耳倾听，相依相偎，情意绵绵，从而使整个雕像浑然一体，婉转地表达出马背上的单于和昭君夫妻间相依相随的新婚恋情。雕像中的单于和昭君面露微笑，喜气洋洋，英姿飒爽，风采照人。这座雕像被内蒙古人民称为"民族团结的象征"。

雕塑、绘画领域的昭君题材作品佳作迭出。湖北兴山县城中心广场，陕西榆林、神木红碱淖等地的昭君雕像都比较成功。近年国画、油画、版画以及瓷砖画、刺绣画、牛皮画和各种手工艺制品造型艺术中形神兼备的昭君形象纷纷涌现。

第五节 王昭君在国外

昭君故事在国外传播很早，特别是在日本、越南影响较大。

日本的诗歌中，很早就出现过引用昭君故事的诗句。日本天皇还曾经以“昭君”为题，让大臣们作诗、联句。14世纪就出现过昭君题材的绘画，15世纪时，日本的能乐中就出现过昭君故事。近现代以来，日本的王昭君题材艺术作品和昭君研究论文不断出现。例如日本山形县鹤岗市龙泽山善宝寺中，就藏有著名画家菱田春草于明治三十五年(1903年)所绘的《王昭君》。此画为横幅式，内容是描绘昭君出塞离开汉宫时的场景。画面上昭君位于前半部分，她正面带愁容，缓缓步出汉宫。两名宫女紧随其后，掩面而泣，其中一名宫女左手抱着琵琶。画的后半部分描绘了十五名宫女的群像，她们跟在昭君后面送行，神情姿态各异，有的低头沉默，有的拂袖垂泪，有的侧耳倾听……这幅作品是菱田春草与横山大观一起对没线式描法进行精心研究和探索之后的代表作。没线式描法与日本传统画法不同，它像素描那样，是以颜色涂线的一种描绘方法。这幅画可以说是吸收了西洋画的方法而创作的，明显受到15世纪意大利画家弗拉安捷科的影响。这幅画在善宝寺被视为镇寺之宝，除了其本身的艺术价值，也反映着昭君故事在日本的广泛影响。

日本的昭君研究也比较活跃，如川口久雄的《敦煌变文之素材和日本文学》(《见金·大学法文部论集》文学篇，1963年)、小林健二的《昭君考》(见《国文学研究资料馆纪要》，1981年)等，都是比较重要的论文。

昭君故事很早就流传到越南，当地出现过一些歌咏昭君的诗作。特别是用越南喃字翻译的昭君小说《昭君贡胡书》和《昭君新传》在民间流传很广。《昭君贡胡书》题有“嘉定省城明章氏订正”“粤东省佛山镇天宝楼藏版”“乙酉年重刊”等字样，乙酉年是指1825年，可见在此之前，越南已有此书流传。《昭君新传》题为“青松阮进康撰”，印刷于“启定壬戌夏”，是1922年的版本。

在西方，早在19世纪初一些介绍中国古代诗歌的著作中，就曾经提到过昭君事迹。20世纪初，英国玛克龙明、日·勒夫的《美女》，安贝特·H的《中国著名妃子——班婕妤与昭君》等重点介绍过王昭君。1949年之后，随着国内昭君题材作品和研究著作的涌现，国外对王昭君的研究也日益重视。如1980年曹禺的话剧《王昭君》在香港上演后，德国汉学家布海歌女士就曾在香港《文汇报》连续发表过评论。

在国外的昭君研究者中，引人注目的是法国高级汉学研究所的邝庆欢博士。她曾用法文撰写过一本名为《王昭君》的专著，此书是邝庆欢在巴黎第七大学时所写的博士论文，1986年由法兰西学院高级汉学研究所出版。邝博士曾多次到中国旅游、考察，并在1986年专程到内蒙古参观游览了昭君墓等文物古迹，访问了林幹、马冀等专家学者。此外她还发表过一些有关昭君研究的论文。不幸的是，邝博士已于1990年英年早逝。《王昭君》全书四百八十页，除前言、序文、导论，共分两部分：第一部分题为“传记：从史实到传说”，共分五章，分别论述了汉代和亲政策的历史背景、《汉书》和《后汉书》中的王昭君、两部传说《琴操》和《西京杂记》、类书与随笔中的王昭君、与昭君有关的历史遗迹；第二部分题为“文学中的王昭君”，共分四章，第一章题为“传记与碑铭，相传为昭君所写的作品”，第二章题为“诗”，第三章题为“剧”，第四章题为“民间传奇”。书后附有大量图表以及二十一幅图版。

这部专著是国外第一部全面研究昭君的著作。它详细地搜集和研究了从历史到文学的王昭君有关资料，考察了昭君故事的演变过程，视野广阔，方法新颖。但是作者在主要观点上仍然认为昭君出塞是基于呼韩邪单于的要求，而汉元帝答应这一要求，乃是当时汉朝软弱的一种象征。作者认为，尽管昭君出塞具有一定的积极意义，但对昭君本人来说，仍然是一个悲剧。因为匈奴人与汉人的文化和生活方式都不相同，所以昭君在匈奴的生活是不会愉快的。作者因而深为昭君的遭遇而鸣不平。作者的这种观点，在她1990年发表的《现代民间传说的王昭君》(见汉学研究中心《汉学研究》杂志第八卷第一期)等论文中又进一步发挥。她在论文中考察了流传于湖北兴山、内蒙古以及安徽等地的民间故事，认为王昭君“从一步一低徊，心欲碎，魂欲断的悲剧青衣，到扬眉阔步、气概英豪的刀马旦，是怎么会有如许的变易”，作者在文章结尾时以疑问的口气写道：“说到底，推动民族团结，的确非利用古人不可吗？”对于作者的上述观点，我们当然很难同意，道理很简单，昭君作为一个以实际行动增进了民族间和平交往、团结友好的历史人物，即使我们不刻意用她来为现实政治服务，她的客观价值还是存在的。我们不过是如实地承认历史事实，并用她来启发、教育后人，使大家了解一位两千年前的女子尚且有为民族友好而出塞的雄心和胆识，不是更有助于鼓舞和激励今天的各民族人民为民族团结而贡献力量吗？这里并没有牵强附会，硬要昭君为推动民族团结政策服务，而是昭君这个历史人物本身的行动就是在为民族团结服务。

尽管我们的学术观点有所不同，但我们始终认为国外学者研究昭君是一件好事，我们表示欢迎。学术上的不同观点，并不妨碍彼此的交流和切磋。国外学者研究昭君，表明昭君这个人物已经走出了中国，正在引起世界的关注。

由于我们见闻不广，本节所介绍国外研究昭君的情况可能还有遗漏。相信随着国内外学术文化交流的日益扩大，还会有更多的国外朋友关心王昭君，研究王昭君。

第九章　大造英华泄，千载壮君名
——王昭君魅力长存的奥秘

第一节　两千年来昭君题材文学艺术作品的总体特点

回顾两千年来昭君题材文艺创作繁荣情况，综合起来看，这些作品在思想倾向方面呈现如下一些特点：

第一，昭君的形象由喜剧—悲剧—正剧形象逐渐演变。早在汉代，焦延寿开启了昭君的喜剧形象，此后的《怨旷思惟歌》奠定了昭君题材的悲剧色彩。西晋石崇的《王明君辞》之后，咏叹昭君悲剧命运的作品不绝如缕。李白、杜甫、白居易、马致远等名家的著名作品使昭君悲剧形象更加深入人心。1923年，郭沫若创作了话剧《王昭君》，虽把她塑造成一个反封建礼教、追求个性解放的叛逆女性，但仍属悲剧范畴。

直到中华人民共和国成立后，昭君形象才有了彻底变化。先是周恩来总理建议“要重写一出民族和睦的昭君戏，写一个欢欢喜喜的昭君”，接着董必武同志写下了《谒昭君墓》诗。与此同时，史学界、文学界围绕昭君出塞的历史真相和昭君艺术形象的塑造问题展开了长期的探讨和研究。在这种背景下，以曹禺的话剧《王昭君》为代表的一系列戏剧、电影、电视剧、诗词、雕塑、绘画、音乐作品陆续诞生，王昭君最终成了一个正剧的形象。

两千年来有关昭君的作品大量出现，固然说明她的影响巨大，然而“积累愈是丰富多样，就愈难于产生出新奇的东西”[①]，特别是两千年来昭君悲剧形象的反复出现，已经在人们头脑中造成了严重的心理定式，使人们有意无意地排斥对昭君新的评价和新的形象创造，中华人民共和国成立后围绕昭君评价的史学论争和围绕曹禺话剧《王昭君》的文学论争也表现出这一点。当然，论争的结果是王昭君作为民族友好使者的形象被绝大多数人所接受了。通过论争，不但在理论上对群众进行了一次民族团结教育，而且促使更多的作者拿起笔杆，以民族友好为主题去创造新的昭君形象。可以预料，这些作品作为一种新的文化积淀作用于人民群众，造成新的心理定式，将会进一步促进社会主义的民族团结。

置于中华民族历史长河中的王昭君不断受到社会现实、民族心理、文化习俗等方面的冲击，在多维的时空中不断与接受

①［波兰］培代恩·潘尤斯基：《机遇与创造》，《国外哲学动态》1985年第10期。

者的心理期待相融合，在中国人民中具有经久不衰的魅力，她的价值永远不可低估。

第二，对昭君的肯定、赞颂、同情之中贯穿着强烈的主体意识。尽管两千年来，大多数昭君题材文艺作品描写的昭君形象是悲剧的，但作者们几乎一无例外地对她寄予肯定、赞颂、同情、哀怜的感情，同时又贯穿着强烈的主体意识，呈现出鲜明的“借昭君酒杯，浇自己块垒”的特色。人们借助昭君故事抒发个性情感，如对建功立业的渴望，对人生进取精神的追求，对世事沧桑、人生荣辱的反思，因仕途不畅、壮志难酬产生的苦闷，对人生的伤感和愤世嫉俗、抨击世风的激愤，还有乡关之思、离乱之叹、感别之怨等。它们从各个角度真实地反映不同时代、不同遭际的文人的精神风貌，展示了个体生命在现实生活面前的不同状态。正是由于每个人都到昭君那里去找“酒杯”，而且个人的命运不同，他们所抒发的情感也就不同，这就很自然地造成了昭君文学作品思想内涵差异大、倾向复杂的情况。

第三，古代文人作品与民间传说差异较大，民间的昭君很少有悲剧形象。昭君出塞，受益最大的是人民群众，所以她理所当然地成为汉族和北方少数民族人民心目中的巾帼英雄。反映在民间文学中，就是两千年来涌现出许许多多有关昭君的传说和故事。与文人作品相比，它们虽然比较幼稚、粗糙，但是最可贵的是它们真挚、充实、健康，并以喜剧形式演绎了昭君的故事，呈现出与文人作品完全不同的审美视角。这种现象能给我们以丰富的联想和启迪，也给昭君文学艺术作品的创作以丰富的滋养和材料。

第四，理论性和政治性较强。由于昭君出塞本身是一个政治性事件，历代对昭君和昭君题材作品争论又比较多，其中常常涉及一些重大理论问题和政治问题，如古代汉族和少数民族的关系、和亲政策的评价、古典文学作品中的爱国主义思想和大民族主义思想倾向、作家思想与时代的关系、历史真实与艺术真实的关系、历史题材创作如何体现时代精神，以及对古代思乡诗、宫怨诗、咏史诗、怀古诗的评价等。这些问题即使在当代，仍然具有现实的借鉴意义。

第二节　王昭君魅力长存的奥秘

在两千多年漫长的时间里，王昭君给不同阶层的人们留下了不可磨灭的印象，唤起人们广泛的关注、同情和赞美，以至于形成昭君文化现象。那么，王昭君魅力长存的奥秘到底在哪里？

关于这个问题，近年来学术界曾进行过多方探讨。有的人认为昭君一生的悲惨遭遇是引起世世代代人们同情和哀悯的主要原因[①]；有的人认为昭君在历史上起过的重大作用是使她赢得后人怀恋的主要原因[②]；还有的人认为昭君形象经久不衰的奥秘在于她出身民间，与人民群众有天然的联系，昭君的永恒生命存在于民众之中[③]。这些意见从各自不同的角度，力图揭开昭君魅力之谜，见仁见智，都有一定的道理，但是又都未能全面地、圆满地解答这个问题。

笔者认为，昭君这样一位影响深远、有关作品繁多、涉及领域宽广的人物，本身就是一个复杂、庞大的世界，绝不是某种单一的理由所能解释清楚的。只有按照马列主义观点，运用系统论的方法，对其进行多学科、全方位、立体的、动态的研究，才能够揭示其中的奥秘。

马克思主义的一条基本原则就是全面地看问题，而系统论恰恰为我们提供了一种对整体性和完整性进行探索的科学方法。系统论首先强调的就是整体性原则，按照这个原则，我们可以把以王昭君为核心的所有的相互关联、相互作用的成分视为一个整体，它是一个具有特定功能的有机整体，姑且称为“王昭

---

①参见刘知渐：《关于〈汉宫秋〉的评价问题》，《光明日报》1981年；王季思、肖德明：《从〈昭君怨〉到〈汉宫秋〉》，《社会科学战线》1985年第1期。

② 参见翦伯赞：《从西汉的和亲政策说到昭君出塞》，《光明日报》1961年2月5日。

③ 参见林丽珠：《论昭君艺术形象的产生及其历久不衰的奥秘》，《厦门大学学报》1982年第2期。

君系统”。这个系统大体上由历史学、文学、艺术、民俗学、民族学、社会学、政治学等若干子系统构成，每一个子系统又包含更小的系统，如历史学包括史籍、史论、碑铭、遗迹、出土文物等，文学包括历代诗词曲、戏剧、小说、文艺评论等，艺术包括歌舞、说唱、电影、电视、交响乐、绘画、雕塑、各种手工艺品等。各个子系统组成一个有机的整体，并与它周围的环境互相影响、互相作用。系统论要求人们把研究对象看成是一个不可分割的整体，特别强调“整体大于它的各部分的总和”，从整体中分割出来的那个部分，与在整体中发挥机能作用的同一部分，它的作用是不同的。所以我们不能把部分从有机整体中分离出来，而应当把它放在整个系统中进行考察，否则就会只见树木不见森林，瞎子摸象，陷于片面。同时，昭君系统又是动态的、开放的。它已经运动、发展了两千年，今天仍然处在运动和发展之中，甚至比封建时代更为活跃，更充满生命力。认真研究昭君系统的各个部分及其相互关系，考察这个系统与外部环境之间的相互关联和作用，才会比较全面地揭示昭君魅力永存之谜。

系统论不但重视系统的整体性，而且特别重视系统整体的结构性。任何系统所具有的整体性，都是指在一定层次中形成一定结构的基础上的整体性。要素是组成系统的必要条件，要以何种方式相互作用和联系也是构成系统不可忽视的问题，一切系统都是各种要素按照一定方式排列和组合起来的结构。因此我们研究昭君系统，首先要搞清楚构成昭君系统的要素是什么，这些要素又是以何种方式组合起来的。

首先，王昭君一生历经坎坷，大落大起，大悲大喜，其美感信息系统具有多种潜质，富于真实性、传奇性、动情性。

王昭君系统的核心是历史上的昭君其人其事。关于王昭君的事迹，《汉书》的《元帝纪》《匈奴传》和《后汉书》的《南匈奴列传》等史籍均有记载，其中以《后汉书·南匈奴列传》的记载比较详细：

> 昭君字嫱，南郡人也。初，元帝时，以良家子选入掖庭。时，呼韩邪来朝，帝敕以宫女五人赐之。昭君入宫数岁，不得见御，积悲怨，乃请掖庭令求行。呼韩邪临辞大会，帝召五女以示之（昭君是出嫁，其余四女是陪嫁的侍女）。昭君丰容靓饰，光明汉宫，顾景裴回，竦动左右。帝见大惊，意欲留之，而难于失信，遂与匈奴。生二子。及呼韩邪死，其前阏氏子代立，欲妻之，昭君上书求归，成帝敕令从胡俗，遂复为后单于阏氏焉。

《汉书》《后汉书》还记载，昭君出塞在当时是一件轰动朝野的大事，元帝为此改元“竟宁”，取“边境安宁”之意；呼韩邪封昭君为“宁胡阏氏”，取“使匈奴安宁”之意。包头还出土了“单于和亲，千秋万岁”的瓦当。在汉朝和匈奴刚刚结束了延续一百五十余年的战争，初步达成和平的形势下，昭君出塞和亲具有巩固和发展汉匈友好关系的重大意义，客观上成为一座民族友好的里程碑。此后的五六十年间，汉匈边境出现了“边城晏闭，牛马布野”，经济繁荣的和平安定局面，这也是与昭君出塞和亲分不开的。

此后有关昭君的文学作品、民间传说，基本上都以这些史实为框架进行增饰取舍。最普遍的是虚构昭君父母家世，想象昭君入宫经过的细节，渲染在宫中的悲思愁绪，甚至虚构她与元帝的爱情，特别是虚构宫廷画师毛延寿借绘图陷害的情节，几乎被人们认为是铁定无疑的史实。对于出塞情况，也是众说纷纭，有的写为被迫，有的说是自愿，有的描写为悲切切，有的塑造成喜盈盈。对昭君出塞之后的情况，有的如实描绘她当阏氏、育子女，有的则处理为在汉匈交界处投江或到匈奴后饮药而死，等等。总之是展开想象的翅膀，争奇斗胜，异彩纷呈。

然而，无论文学艺术家们笔下的昭君形象如何别开生面、花样翻新，只要我们把历史上存在的王昭君本事和绝大多数文艺作品的情节做一归纳，就会发现，它们主要包含着以下六个要素。这六个要素顺序分明，环环紧扣，形成“王昭君系统”的核心内容和内部结构：

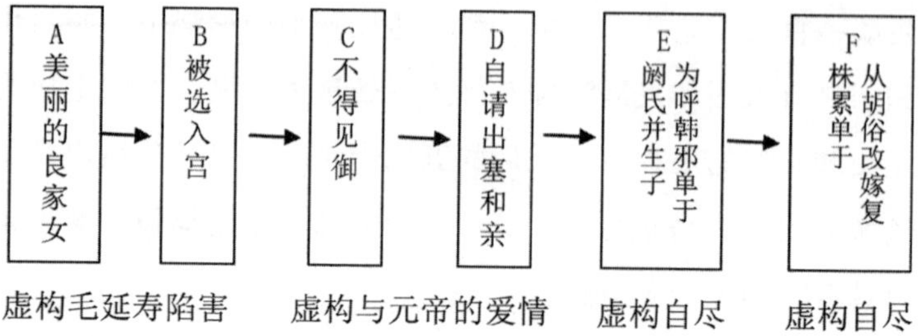

这六个要素是由时间的线性结构和随时间变化而发生空间变化的立体结构相结合而构成的，即南郡(今湖北)农村—汉宫—塞外、匈奴。随着时间空间的变化，昭君身份也发生了变化，即村女—宫女—阏氏。

从上述王昭君系统的六个要素及其结构来看，具有以下几个明显特点：

一是从美学角度来说，王昭君作为一个审美客体，她之所以是美的，首先是因为本身具有某种性质，然后才能够作用于审美主体。美的生成过程是在审美主体与审美对象的不断相互作用中产生的。审美客体与能够欣赏他的主体系统在发生和发展过程中有同步和耦合关系。昭君故事本身作为一个美感信息系统，具有多种性质。例如真实性——历史上实有其人，其事迹也基本符合史实；传奇性——可以说昭君的经历集大起大落、大悲大喜于一身，有浓郁的传奇色彩和异域情调；动情性——昭君的遭遇容易激起人们的哀怨、悲愤、喜悦等多种感情，而人物命运的波澜曲折最易于造成文学作品情节的戏剧性转折和感情抒发的跌宕起伏。这样，昭君故事就可以向审美主体(历代读者、作者)释放出多种不同的信息流，作用于欣赏者的审美心理结构，分别刺激他们的知觉、想象、情感、理解等功能，使他们产生认同感、新鲜感和感情宣泄的快感。人类的审美尺度存在着共同性，这首先是由于人类知觉有着共同的规律，而人的认知过程是一个注意中心按事物特征进行转移的过程，任何审美对象要被人注意和欣赏，必须具有一定的审美外观特征。昭君故事的真实性、传奇性、动情性等鲜明的特征，很容易吸引审美主体，唤起他们共同的审美认知表象，因而也容易吸引历代文学艺术家，成为他们进行创作时的选材对象。

二是从社会和人生哲理来说，作为一个动态的、开放的系统，王昭君现象凝聚着中国两千多年来广泛、丰富而又深刻的社会内容，而且像滚雪球一样越滚越大，从而使它具有了丰厚的艺术启示力。艺术启示力是一种自我抽象的能力，是唤起象征机制的能力，它能激起接受者的想象和联想，引起他们的共鸣，对故事进行再创造，从而使故事进入认识和审美系统的超稳定结构，具有普遍和永恒的魅力。王昭君故事中蕴含着深刻的哲理、心理内涵，具有丰富的社会历史内容，在封建社会乃至社会主义时期都具有典型性和概括性。王昭君的行为具有理解的弹性和意义的广延性，各个时代、各个阶层、各个民族的人均可从她的故事或经历的某一阶段中找到与自身心路历程的契合点，引发出种种联想和感慨，启发着人们与自身经验和情感进行平行比较，产生人生哲理的沉思。这种包蕴丰富、充满多方面哲理和启示的内涵，使昭君故事成为一座可供数千年、多方位开采的“富矿”。

三是昭君故事的关键在于出塞。由于出塞，使昭君这位山村平民女子无可避免地牵扯到中国历史上长期以来纠缠、纷争不息的民族关系问题中。自古以来，我国就是一个多民族国家，无论是汉族建立的王朝还是少数民族建立的政权，无论是统一时期还是分裂时期，无论是在中原内地还是在边陲远疆，民族关系都是政治生活中的重大问题和敏感问题。民族间，特别是较大民族之间的或战或和、或友或敌，都能直接影响政权安危和人民苦乐。昭君出塞和亲客观上联系着当时中国最强大的两个民族——汉和匈奴，关系到他们之间的和战安危，关系到两族人民的切身利益。这个具有浓厚政治色彩的重大事件，不但引起当时两族朝野上下的共同关注，而且对于数千年来一直为民族矛盾所困扰，不断急迫地寻找妥善处理民族关系办法的多民族国家来说，总是会给人们提供种种有关民族问题的思考。特别是在社会主义时期，王昭君更成为进行民族友好教育的绝好史例。可以说，只要国家还存在，民族还存在，王昭君就一直会成为人们研究和处理民族问题时永远不会忽视的课题。

四是历史资料所记载的昭君本事，仅仅为我们提供了一个很不详细、很不清楚的史实框架。信息论有一个公式：在得到消息之前，对其内容知道得越不清楚或估计得越不正确（如昭君自请出塞的动机、出塞之后的情况等），则得到消息后所获得的信息量就越大，反之就越小，即：

接收的信息量 =log（后验概率 / 先验概率）

那么昭君本事对后人提供的信息量是比较大的，这就使后人有可能、有条件进行大量的推测和想象，从而产生花样繁多的观点和文艺作品。反之，如果历史上昭君本事的记载非常详尽，则后人所能据之进行再创造的余地就很小，也就不容易或不允许进行更多的想象和虚构。接受美学指出，作者赋予作品发挥某种功能的潜力，而读者则实现这种功能。任何功能都不能由作品自身实现，必须由读者在接受过程中实现，实现功能的过程就是作品获得生命力的过程。这种理论要求作家不可肤浅显露，而应具有深邃意识，以便留给读者补充想象的余地和审美再创造的思维空间。而《汉书》和《后汉书》正是不自觉地实现了这一点，因而为后人留下了广阔的再创造余地。换言之，昭君史料之缺乏，正好造成了人物性格的模糊性，为读者和后人提供了广阔的审美再创造空间。

通过以上对昭君本事六个要素及其结构和特点的分析，我们可以看出昭君故事不断引起人们重视的内部原因是什么。正是由于昭君本事具有上述几个方面的特征，所以它能满足各方面的需要，例如历史学家把求真放在第一位，伦理学家把求善放在第一位，文学艺术家把求美放在第一位，政治家把实用放在第一位……昭君在各个不同的领域内都能满足他们的要求，而且能够达到真、善、美、用的统一，所以她自然能引起各方面的倾心和赞美。

第二，昭君一生经历丰富，利于文艺作品反映不同时代、不同社会现实的不同问题，主题具有广泛的包容性。

按照系统的层次性和相关性原则，客观世界是无限的，系统结构的层次也是无限的，一个系统对于更高一级的系统来说，它只是一个子系统(或要素)。那么昭君系统对于中国社会这个大系统来说就只是一个子系统。我们应该注意研究中国社会这个母系统与昭君子系统之间层次叠加的辩证关系。同时，任何系统都不可能是绝对封闭和静止的，它们总是存在于一定的环境之中，总是与外界其他系统进行联系或交换(物质、能量或信息等)，这就要求我们把昭君系统投入一个更大的更高层次的系统中去考察，研究被考察对象与周围系统的联系。例如对昭君系统中的文学艺术作品就不能就作品而论作品，必须把这些作品放到整个中国社会现实中去，从社会、作者、作品、读者的整体关系中去考察，联系社会学、历史学、政治学等有关的系统，从而发现其中的联系，避免简单片面的弊病。这种层次性和相关性的研究方法，是符合马克思主义原则的。

马克思主义认为，人的思想认识来源于社会实践，任何文学艺术作品归根到底都来源于社会生活。王昭君其人其事在中国文学艺术史上长盛不衰，是由中国的社会现实生活所决定的，汗牛充栋的昭君文学艺术作品都是社会生活的反映。同时我们也不能忽视作者的作用，昭君这个历史人物固然是历史的客观存在，但是不同的作者，由于出身环境、文化教养、个人遭遇、思想水平不同，对于昭君故事便有了种种不同的看法，而这种看法又大多是与作者当时的社会现实相联系的。鲁迅论《红楼梦》说："单是命意，就因读者的眼光而有种种：经学家看见《易》，道学家看见淫，才子看见缠绵，革命家看见排满，流言家看见宫闱秘事……"[①] 西方也有"一千个读者就有一千个哈姆雷特"之说。对昭君故事也是这样。古人曾从多种角度进行理解和探索，写下了大量的作品。当他们把自己对昭君的理解物化为文学艺术作品时，又不能不受到他的前理解的限制（即他所处时代的社会现实、他所受到的教育和思想水平等）。这些作者从自己的前理解出发，对昭君本事中的某一要素或某几个要素感触特别深，在他所创作出的作品中进行了重点加工和使用，于是便使作品出现了不同的主题倾向。

例如，在封建社会中，广大妇女处于被压迫的地位，不能支配自己的命运，或被迫入宫，或含悲远嫁，根本就是封建统治者的玩物或礼物，这是一种普遍存在的社会现象。这种现象进入作者的前理解，使他对昭君的入宫（B）和出塞（D）两个要素很感兴趣，于是便有大量的同情昭君之作出现，写其思乡念亲之悲、远离故国之叹，悲悲切切的昭君形象被反复吟诵，

① 鲁迅：《鲁迅全集·集外集拾遗补编·〈绛洞花主〉小引》，人民文学出版社，1981年。

构成了最早的昭君形象的悲怨主题，如汉代托名昭君自作的《怨旷思惟歌》、李白的《王昭君》、杜甫的《咏怀古迹》(之三)等。

又如，在封建社会中，贪官遍地，贿赂公行，欺上瞒下、压抑人才的佞臣，有眼无珠、昏庸糊涂的皇帝，几乎代有其人。这种不公正的社会现实进入作者的前理解，他便对昭君不得见御（C），反遣出塞（D）产生共鸣。有的作者自己还有被压抑的经历，感到才高多妒、命运多蹇，于是往往借昭君故事创作出揭露社会黑暗、批判贪官污吏、指责昏君佞臣、感叹人生和命运的作品。其中最常见的是将虚构的画师毛延寿作为靶子，以表达这种主题。这样的作品数量也是很多的，如李白的《于阗采花》，白居易的《昭君怨》《青冢》等。

到了近代，西方个性解放的民主思潮传入中国，反封建、反皇权专制，要求个性解放，摆脱“三纲五常”的呼声日益高涨。这种社会现实进入作者的前理解，他们便又对昭君的自请出塞（D）表现出浓厚兴趣，从而把王昭君塑造成追求个性解放的新女性。这类作品以郭沫若的剧本《王昭君》为代表。

更为长期和普遍的情况是在封建社会中，由于统治阶级的挑拨和利用，各民族间发生战争的事屡见不鲜，特别是在民族矛盾尖锐的历史时期，民族感情和爱国主义思潮高涨。这种社会现实进入作者的头脑，他们便会对昭君出塞时的汉匈形势和出塞和亲的和平友好动机有意无意地视而不见，把昭君和亲与历史上一些屈辱的和亲、纳贡等同起来，视为民族耻辱，写入自己的作品。为了突出这种民族感情和爱国主义精神，往往又虚构出元帝与昭君的爱情等情节，虚构出汉弱匈强的时代背景，或把矛头指向执行投降妥协政策的帝王将相们，并特别强调昭君出塞是被迫的，往往把昭君处理成不与单于成亲便自杀而死（如吞药、投江、自缢等），以强调其民族气节。其典型代表是马致远的杂剧《汉宫秋》。

但是，综观整个历史，中国境内的民族关系，其主流毕竟是和睦相处、友好交往，显示出中华民族巨大的向心力和凝聚力，而昭君出塞本身所具有的意义也正在于此。所以昭君作为民族团结友好的使者这一根本内涵，始终为广大人民群众和一部分封建文人所理解和尊重。因而在一些文人作品（如焦延寿《昭君是福》诗等）和大部分民间文学中，昭君总是作为一个为汉匈两族人民都带来和平和幸福的女神而活在人民心中。[1]正因为如此，昭君的故事才在各族人民中间口口相传，昭君的遗迹和陵墓才受到各族人民的奉祀和保护。这种现象表明了人民对民族和睦、团结、友好关系的憧憬，而昭君正是这种理想的最好寄托者。然而在封建文人中，由于阶级和时代的局限，认识到这一点的毕竟是少数。

只有到了社会主义的今天，在中国大地上出现了崭新的民族关系，各民族人民真正实现了他们梦寐以求的理想：民族平等、

---

① 参见《王昭君传说》，甘肃人民出版社，1983年。

民族团结、共同进步、共同繁荣。两千多年前的王昭君当然不可能有今天的觉悟，但她作为一个出身民间的普通女子，自愿请行出塞，以自己的行动谱写了民族友好的篇章，体现了人民群众要求民族友好的朴素愿望，因而成为对人民进行民族团结教育的好事例。于是，新时代的政治家、历史学家、民族学家、文学艺术家们纷纷把眼光投到昭君身上，让昭君恢复本来面貌，揭示她出塞的本质内涵。于是以董必武的《谒昭君墓》诗和曹禺的话剧《王昭君》为代表，一系列以歌颂民族团结友好为主题的文艺作品诞生了。这是一种历史的必然。

回顾历史上绝大多数昭君题材文学艺术作品，将其主题与作者和社会现实的对应关系列出如下一张表，从中就可以鲜明地看出昭君文学作品系统与其他系统的相关性：

<table>
<tr><th colspan="2">社会现实存在</th><th>作者态度和要素运用</th><th>作品主题</th><th>作品举例</th></tr>
<tr><td rowspan="2">妇女问题</td><td>妇女受压迫，不能主宰自己命运</td><td>同情、呼吁、感叹（A、B、C、D、E）</td><td>抒写昭君的悲愁怨恨</td><td>汉《怨旷思惟歌》、刘宋鲍照《王昭君》、唐李白《王昭君》</td></tr>
<tr><td>封建嫔妃制度</td><td>批判、揭露（A、B、C、D）</td><td>宫怨、思乡、念亲</td><td>隋侯夫人《遣意》、宋曾巩《明妃曲》</td></tr>
</table>

续表

社会现实存在		作者态度和要素运用	作品主题	作品举例
政治问题	昏君、佞臣的普遍存在，吏治腐败，政治黑暗	借虚构的毛延寿，批判昏君佞臣（B、C、D）	揭露昏君好色、昏庸、软弱，佞臣贪贿、陷害	唐白居易《昭君怨》、李商隐《王昭君》
		只反佞臣，不反昏君（B、C、D）	为昏君辩护，归罪毛延寿	唐崔国辅《王昭君》
人生价值命运问题	压抑人才、嫉贤妒能的社会现实	揭露、感叹（A、B、C、D、E）	感叹怀才不遇，世风多妬	明何乔新《王昭君》
	个人不能控制自己的命运	慨叹（A、B、C、D、E）	慨叹人生	宋苏轼《昭君村》
	要求掌握自己命运的斗争	赞扬（D、E）	赞美昭君的特立独行	宋王安石《明妃曲》
伦理道德问题	忠君爱国观念普遍存在	宣扬（B、D、E）	把昭君写为忠君典型	隋薛道衡《昭君》
	封建贞操观	宣扬（D、E、F）	攻击昭君失节	明李有明《明妃新曲》
	反封建礼教、要求个性解放、妇女解放	强调自请出塞（C、D、E）	把昭君写为反封建的叛逆女性	郭沫若话剧《王昭君》
	劳动人民善良、勤劳等优秀品德	赞美并给予神化（A、D、E）	把昭君塑造为和平幸福女神	湖北、内蒙古的民间传说
民族关系问题	封建社会民族矛盾、民族间战争的存在，民族矛盾上升时爱国主义情绪高涨	大汉族主义情绪（D、E、F）	歧视少数民族，视昭君出塞为屈辱	晋石崇《王昭君辞》
		反对和亲（D、E）	同情昭君、鼓吹抗敌、反对妥协投降政策	元马致远杂剧《汉宫秋》
		肯定和亲（D、E）	歌颂昭君为国牺牲，功比卫霍、名垂青史	唐汪遵《昭君》、宋刘子翚《明妃出塞图》

续表

社会现实存在		作者态度和要素运用	作品主题	作品举例
民族关系问题	封建社会民族矛盾、民族间战争的存在，民族矛盾上升时爱国主义情绪高涨	坚持民族气节（D），多处理为昭君未入胡而死	歌颂爱国主义和民族气节	元马致远杂剧《汉宫秋》
	要求各民族和平友好相处，进行经济文化交流的普遍愿望	肯定和亲（D、E）	歌颂昭君为和平、友好做出贡献	汉焦延寿《昭君是福》、唐张仲素《王昭君》
		朴素的民族平等和经济文化交流思想（D、E）	歌颂昭君为民族经济文化交流做出贡献	湖北、内蒙古的民间故事
	社会主义时期平等、团结、进步的新型民族关系确立	从新的高度评价昭君（A、D、E）	歌颂民族团结，赞扬昭君是民族友好的使者	曹禺的话剧《王昭君》，内蒙古、湖北合拍的电视连续剧《王昭君》

通过上表不难看出，作者们根据社会现实和自己作品的主题需要，从昭君本事中有意识地重点强调若干要素，从而构成自己的作品。而每一要素往往又有不同的理解和不同的加工，从而体现出作者的不同创作动机。在昭君本事的六个要素中，F的出现频率最低，其原因在于再嫁前夫之子（收继婚）是一种落后的群婚制遗迹，与汉族的伦理道德观念不相符，所以历代作者们不约而同地舍弃不用。而D的运用频率最高（十八次），几乎每个作者和主题都离不开这一要素，可见出塞和亲是昭君

题材历久不衰的关键。在中国的民族关系史上，和亲是长时期反复出现的现象，而和亲的对象、时代、条件、内容和后果又是多种多样的，所以历来有关和亲的争论众说纷纭。这些争论不但牵动了古代民族关系的几乎所有方面，而且对现代和将来的民族关系问题也有多方面的启示作用。在这些争论中，王昭君是经常被举出的例证，可以说在她身上凝聚着从封建社会到社会主义社会不同的民族关系的丰富内涵。经过中华人民共和国成立后数十年的争论，大家基本都承认，昭君和亲所蕴含的本质内容，是以民族间的和平友好代替战争和仇恨，体现着各族人民要求和睦相处的强烈愿望。可以预见，在今后一个时期，随着民族间的友好交往日益深入，昭君会更加引起人们的注意，会被人们世世代代传颂下去。

总之，王昭君就像一轮皎洁的明月，吸引着世世代代各种各样的人们，每个人都可以从自己的角度找到与她联系的游丝，发出自己的感慨，得到不同的启示：从历史学角度，她是少有的杰出女性；从心理学角度，她是大喜大悲、思乡念国、感叹人生等抒情心理变化的典型；从人才学角度，她是美质多才、高洁正直而又备受压抑、打击、迫害的象征；从伦理学角度，她是爱国主义和民族气节的典型，是勇于为国献身的代表；从政治学角度，她是批判朝政黑暗、揭露昏君佞臣、反对投降妥协政策的代表；从民族学角度，她是和亲政策成功的代表，是民族友好团结愿望的化身；从民俗学角度，她是善良、勤劳、为民造福的女神……这充分说明，王昭君系统的功能质是比较多的，它是一个动态的开放性结构，能够吸收和满足多方面的认识和审美要求。昭君系统的上述功能质，是通过各个子系统的相互关系以及他们与中国社会这个大系统的相互作用、影响而获得实现并长期维持的，昭君系统本身也随着时间、地域的不同发挥着不同的功能。昭君魅力长存的奥秘，正在于其巨大的包容性，在于昭君系统具有的多种功能质以及它们不断实现的运动之中。

第三，王昭君的爱国精神和巨大贡献触动着中华民族之魂，吸引着各族人民世代讲述她的故事。

昭君文化系统是在中华民族心理和文化的大背景下产生、流传、演变的，所以我们必须把它放在更广泛的范畴中来考察。昭君魅力之源在民间。自古以来，民族间，特别是较大民族之间的战与和、友与敌，都能直接影响人民的苦乐和政权的安危。昭君出塞客观上联系着汉和匈奴两族人民的切身利益，造福两族人民，所以人民不会忘记她，甚至把她神化。

原型批评的理论指出，一个伟大的文学形象的产生，往往受到集体无意识的深厚影响。昭君形象长盛不衰，正是由于其中体现了某些原型，作为一种民族心理积淀，她深深触动了民族之魂。从原始人类把年轻貌美的少女作为祭品献给神或大自然作为牺牲开始，中国古代神话中出现的女娲补天、精卫填海、大禹治水等故事，还有昭君的同乡屈原等先哲的出现，都体现了中华民族不顾个人的艰难困苦，甚至不惜献出生命，也要为全民族、全人类谋福利的牺牲精神。王昭君在这种民族心理积淀的链条上又增加了新的一环，而且她本身逐渐成为后代所歌咏和向往的这类原型之一。从这种社会环境和心理积淀来说，王昭君的魅力长存绝不是偶然现象，而是中华民族集体无意识的一种选择和支配。古往今来无数的作家和诗人不约而同地垂青和关注昭君，并不是完全由作家和诗人自己决定的，而是植根于一种超个人的、更为深邃的、全民族的集体无意识。他们不自觉地选择了昭君，因为昭君触及了他们的民族之魂，而读者们也在读到这类作品时，触动了他们潜藏内心的集体无意识，从而产生了共鸣。

我们可以说，不是诗人们创造了王昭君，而是王昭君始终吸引着诗人们。尽管昭君出塞的故事两千年来一遍又一遍地被人加以再创造，但始终是耐人咀嚼的。这种现象，正像弗莱引用罗伯特·格雷夫斯的一句诗所说的："有一个故事，而且只有一个故事，真真值得你细细地讲述。"[1]中华民族正是娓娓讲述着昭君的故事，而且越讲越细、越讲越有滋味，并且还会继续讲下去。从女娲、精卫、大禹、屈原、昭君一直到现代文学中的《牧马人》一类作品，我们可以看到一个最能牵动文学家、艺术家神经的主题，一个中华民族世代相传的基因，即热爱自己的祖国，即使在受到委屈和伤害之时(如屈原之被流放、昭君之不得见御)，自己对祖国和民族的赤心也永不改变，宁愿为它牺牲、贡献，

① 转引自《文学批评方法论基础》，第122页，江西人民出版社，1986年。

从而青史留名。这个基因不断繁衍，并且在每个时代的文艺作品中深深地打上它的烙印，一脉相承，绵延不绝。为了民族的、国家的利益而献身的英雄，永远能够唤起中华民族的崇高感和解脱感，这也是昭君故事魅力长存的原因之一。

第四，昭君行事方式体现中华“和合”理念及“世界大同”理想，哲理性强。

王昭君魅力长存的另一原因，还在于她的行事方式体现着中华“和合”理念，永远能够契合中华民族憧憬各民族友好相处，实现“世界大同”的理想，哲理性很强。从中华民族的主体民族——汉族来说，她的前身华夏族就是由许多民族和民族集团融合而形成的。从黄帝、炎帝部落联盟到夏、商、周都在不断吸收、融合着周边民族和民族集团，如北狄、西戎、东夷、南蛮等，从而形成了华夏族。春秋战国至秦汉，民族的融合趋势加快，最终形成汉族。此后汉族仍然不断吸收和融合各少数民族，与此同时，各少数民族也在吸收和融合汉族的成分。正是由于这种长期的历史现实，形成了汉族不大重视以血缘和地域来划分民族，而更强调以文明程度和思想意识来划分民族的特殊心理，并直接形成了积极要求各民族友好相处，进行经济文化交流的“四海之内皆兄弟”“和为贵”心理和“世界大同”的理想。尽管各民族存在着不少矛盾、隔阂，甚至由于剥削阶级的挑拨而发生流血战争，但这种民族心理始终占据着主导地位。王昭君和亲的成功，正是这种潜藏至深的民族心理的作用，于是她自然成为这种民族心理的集中体现和民族理想的寄托。

第五，昭君事迹适合古人怀古以讽今的传统需要。

从心理学来看，中华民族是一个怀古心理特别浓厚的民族。其原因是多方面的，例如大陆性文化及其生产方式、思维习惯让人容易偏重于既往和经验；漫长的封建专制制度及严酷的政治气候下的“文字狱”，令文人动笔时多有顾忌，往往用借古讽今、迂回曲折的怀古手法来托诗以讽；务实尚圆、贵古贱今的民族心理趋向；对古籍的重视和熟读背诵的教学方式，也使怀古心理不断得到强化。另外，从创作过程来看，怀古与记忆、回忆有密切关系，具有类似的心理波动过程，易于为创作者提供艺术思维的初萌契机，诱发艺术表现的冲动。因而“利用历史来对现实做出裁判”便成为中国源远流长的传统。从《诗经》开始，就激荡着怀古浪花。春秋战国，“赋诗言志”“引经明义”方法在政治、外交和社会生活中广泛应用，虽然是断章取义，但是大大强化了古籍古训的神圣性和多向引申性，通过引古述古，使自己的哲理意念合理化、合法化、通俗化，以便更容易地表达自己的政治理想。屈原的作品更确定了怀古作为屡遭迫害的政治家和诗人的重要精神支柱。文艺复兴时的意大利学者塔索指出：“诗人应当用真实的外衣来瞒过读者，……需要在读者的心灵里赢得这样的真实感；而借助历史的权威是很容易做到这一点的。”[①] 在

---

① 参见《欧美古典作家论现实主义和浪漫主义（一）》，第125页，中国社会科学出版社，1980年。

中华民族的文化氛围中，这样的“借助”就更为普遍，怀古恋旧成为中国文学传统中难以移易的审美坐标和心理定式，围绕昭君的怀古、咏怀、咏史之作便代代层出不穷了。

纵观怀古类型的昭君作品，其特点一是借昭君故事，发思古之幽情，特别是《青冢怀古》《过昭君村》之类凭吊之作，常常饱含忧患的泪水和感慨，突出塑造昭君悲怨的形象；二是借昭君故事反映社会现实，特别是针对当时的黑暗政治、统治者的怯懦软弱、妥协投降政策等重大问题发表议论，其中对昭君和亲的评价尽管有种种不同的态度，但都体现出一种借古讽今、针砭现实的干预精神，体现出作者对历史的反思；三是拟古、师古之作特别多，甚至出现程式化、雷同化的现象，从而使昭君及与她有关的事物大量成为历代古典诗文中的典型意象，如琵琶、风沙、青冢、夜月等。上述作品大多弥漫着一种悲怨凄凉的情韵，这也是与中国古代怀古诗的总体气氛相一致的。

第六，昭君具有外在美和内在美高度统一的典范性；她的思想和行动符合历史规律，具有与时俱进的先进性。

昭君具有外在美和内在美高度统一的典范性，她的美丽史所罕见，同时她又拥有正直纯洁、勇敢顽强、平和善良等众多高尚品德。她的完美无瑕，使之当之无愧地居于中国古代四大美人之首。王昭君符合人们追求完美的内在需求。

昭君一生多次陷入人生绝境，她在每一个关键时刻都经历了激烈的思想斗争，做出了正确的、明智的选择，表现出超越同时代人的远见卓识。在汉宫这个黄金牢笼，她坚持高洁品质，宁可多年不得见御，也不随波逐流；在呼韩邪单于求亲的时候，她抓住稍纵即逝的机会，毅然主动报名，把个人脱出牢笼与不畏艰苦、报效祖国结合起来；在出塞之后，她为汉朝和匈奴之间的和平相处多方努力，得到匈奴上下的高度评价；在面临呼韩邪去世，汉朝需要她“从胡俗”改嫁大阏氏之子时，她顾全大局，忍受委屈，维护了两大民族的友好关系……昭君的这些行动，无论放在任何时代，都是符合中华民族崇尚的道德标准的，都是符合中国各民族人民要求进行经济文化交流、互补、融合的历史发展规律的，都是符合各国、各民族人民要求和平相处的历史潮流的。王昭君代表着中华文化的优秀一面和精华部分，具有与时俱进的顽强生命力，即使到了21世纪，仍然具有进步性。

王昭君能够魅力长存，其原因是多方面的，以上列举的各方面因素共同发挥作用，并且形成合力，造就了千年不朽的美丽女神，在可以预见的将来，她的魅力还会长存下去。

第三节　中华人民共和国成立后的昭君研究与传播

两千多年来，王昭君这个历史人物在中国人民心中始终具有永不衰减的魅力，有关她的艺术形象也多姿多彩。昭君题材的文学艺术作品都或多或少地反映着其产生时代的风貌，并且都带有创作者鲜明的个人色彩。人们对于昭君的评价具有明显的群体性特征，即不同阶级、不同阶层、不同时代的人们对昭君有着不同的甚至截然相反的评价。另外，历史上有关昭君的评价及文学作品几乎无一例外地涉及民族关系问题。这些评论和作品为我们研究王昭君提供了丰富的资料和多方面的启示。中华人民共和国成立以来，有关王昭君的研究和文学创作进入了一个历史的新阶段，据不完全统计，有关的专题论文总数近四百篇，出版的作品和专著有十余种。纵观中华人民共和国成立后的王昭君研究，可以归纳出如下的鲜明特点：

一是涉及领域广，包括历史学、文学、艺术、美学、心理学、民俗学、民族学、政治学等各个领域。从史学方面来说，涉及汉代史、匈奴史、历代民族关系与和亲政策，有关历史人物、遗迹、墓冢、出土文物、方志等。从文学艺术领域说，涉及从汉代以来的历代有关昭君的诗、词、曲、戏剧、歌舞、音乐、小说、民间故事，一直到现代、当代的电视剧、电影、雕塑、绘画、交响乐、民间手工艺品等。

二是理论性和现实性都很强。昭君研究所引起的争论，大多是各个领域具有根本性的重大理论问题，如古代汉族和少数民族的关系、和亲政策的评价、古典文学作品中的爱国主义思想和大民族主义思想倾向，作家思想和时代的关系、历史真实与艺术真实的关系、历史题材创作如何体现时代精神，以及对古代思乡诗、宫怨诗、咏史诗、怀古诗的评价等。这些问题的解决都需要具备深厚的理论素养，掌握大量的资料，进行艰苦细致的分析研究。同时，昭君研究又是一个十分敏感的现实性课题，它不能不观照当今的民族关系，不能不考虑党和国家的民族政策，甚至还涉及知识青年“上山下乡”、知识分子支援边疆建设等具体问题。例如在大部分同志赞扬昭君为民族友好做出贡献的同时，也有人认为她是汉朝所设的“美人计”，是汉朝派往匈奴的“女间谍”等。这都说明昭君不仅仅是一个历史人物，昭君研究不仅仅是一个学术问题，还带有强烈的政治色彩。

三是中华人民共和国成立后有关昭君的争论，首先在史学界形成基本一致的看法，科学地评价了昭君出塞的积极作用，然后才在文艺理论界逐渐达成共识，明确了应该塑造出新的昭君艺术形象，最后才出现了昭君题材文学艺术作品的全面繁荣，民族友好使者王昭君的形象才广泛被人民群众所接受。这个过程生动地说明，以马克思主义观点研究我国丰富的文学遗产和历史遗产，拂去迷雾，推陈出新，吸取其精华，摒弃其糟粕，就能够使历史人物以新的面貌为社会主义现实服务，为民族团结友好服务。

四是研究方法不断进步并日益丰富。20世纪五六十年代的昭君研究和学术争论，促进了史学界、文学界进一步学习和掌握马克思主义的理论武器，运用历史唯物主义和马列主义民族观去研究问题。20世纪80年代以来的昭君研究，不但运用马列主义理论越来越熟练，而且出现了运用新方法的趋向，如运用比较文学、系统论、控制论、信息论等。这是十分可喜的现象。

五是研究效果显著，影响深远，即不但彻底翻了昭君出塞是哭哭啼啼，是民族屈辱的旧案，而且使民族友好使者王昭君的形象深入人心，对人民群众进行了历史唯物主义和民族团结的教育，为巩固和发展社会主义新型民族关系起到了促进作用。新的昭君形象鼓舞一代又一代知识分子和青年学生争当“新时代的昭君”，奔赴边疆，为支援少数民族地区的经济文化建设，为促进民族团结友好贡献力量。

20世纪70年代末以来，随着党的改革开放政策贯彻执行，以经济建设为中心的思想深入人心。王昭君研究已经走出书斋，与经济建设事业结合起来，不但以“昭君”命名的各种商品、企业越来越多，而且湖北兴山和内蒙古呼和浩特等地还连年举办昭君文化节、昭君庙会等大规模活动，以昭君为号召，吸引了国内外大批客商和旅游者，促进了当地经济文化事业的发展。而王昭君也在国内外产生了更大的影响。相信今后王昭君会更多地走进千家万户，与人民群众发生更密切的联系。昭君的美好形象将永远活在世世代代中国人的心中！

下篇 多学科视野下的昭君文化研究

昭君文化是以王昭君出塞和亲为核心，两千年来与此有关的一切文化现象。昭君文化的精神实质包括以下方面：昭君文化的哲学基础是中国传统的“和合”理论；昭君文化的中心内容是民族团结友好；昭君出塞是和亲政治成功的典范；昭君文化的重要内涵是促进不同经济区的交流；昭君文化的重要载体是历代丰富的文学艺术作品；昭君文化蕴含丰富的人生哲理；昭君文化是追求完美的文化；昭君文化具有世界意义。其所涉及的领域有历史学、政治学、民族学、经济学、文学、艺术学、民俗学、考古学等。

第一章　昭君文化积淀厚，进步精神需弘扬
——昭君文化的概念和特点

第一节　什么是“昭君文化”

本书进行的王昭君研究工作，企图从大文化的视野出发，对两千年来有关昭君的一切文化现象进行多学科、多角度、全方位的研究，亦即昭君文化研究。本书上编、中编分别从历史学、文艺学角度研究昭君文化现象，下编重点从哲学、政治学、民族学、经济学、美学等视角进行研究。

近年来，有关昭君文化的研究日益引起人们的重视，内蒙古呼和浩特市已经连续举办了多次昭君文化节和昭君文化理论研讨会，湖北等地也相继举办了类似活动。但是，“昭君文化”这一概念能否成立？“昭君文化”的精神实质是什么？还有一些打出“昭君”品牌的企业提出，“昭君文化”与企业文化是什么关系？“昭君文化”的提出对促进民族地区经济发展有什么影响？对于这些问题，人们还有不同认识。本书拟就上述问题

提出自己的看法。

“昭君文化”这一概念能否成立？我们认为是可以成立的。这首先应该从文化的概念说起。当前社会生活中，文化这个词使用得非常广泛，大者如物质文化、精神文化、世界文化、中国文化、古代文化、现代文化，小者如仰韶文化、红山文化、青铜文化、石刻文化，甚至有茶文化、酒文化、竹文化等。但是到底应该如何准确地给“文化”定义，人们议论纷纷。据有人统计，世界各国给“文化”的定义多达二百种左右，却至今没有一个一致公认的说法。

中国古籍中最早把“文”“化”二字联系起来的是《易经·贲卦》:“观乎人文，以化成天下。”意为圣人考察人类社会的文明，用其精神（指儒家的诗、书、礼、乐等）来教化天下人。在封建社会，“文化”一般都是从“文德教化”这个意义上使用的，如汉刘向《说苑·指武》:“凡武之兴，为不服也。文化不改，然后加诛。”南朝梁萧统编《文选》晋束皙补亡诗：“文化内辑，武功外悠。”这同我们今天使用的“文化”概念虽然有联系，但并不相同。

我们现在使用的“文化”一词，源于古拉丁文 cultue，本意为“耕作”“开化”之类；英文为 culture，在西方是指由于人类在思维和理性方面的发展而引发的整体生活的变化。日本明治维新后采用汉语“文化”二字来翻译 culture，我们又从日本引入。可见今天我们所用“文化”一词的含义，是“出口”加工后又转“内销”的。

《辞海》对“文化”的解释分为广义、狭义两种，广义是指人类社会历史实践过程中所创造的物质财富和精神财富的总和；狭义是指社会的意识形态以及与之相适应的制度和组织机构。从社会上“文化”一词实际运用的情况来看，它的含义应该更具体、更微观、更灵活一些。凡是人类超越自己的动物本能，依照自己的价值取向，作用于自然界和社会的一切活动及其成就、成果都属于文化范畴。它既包括了文化产品的创制，又包含了人类自身心智的塑造。因此，文化的概念应该是指一个社会人群所具有的相对稳定又不断演化着的物质和精神生活样态，它可以包括生产方式、组织方式、生活方式、行为方式等，其深层意蕴包括理论、观念、心理及科学、宗教、文学、艺术、法律、道德等。由此看来，我们认为“昭君文化”这一概念是可以成立的。

首先，昭君和亲是西汉和匈奴统治者衡量利弊后自觉进行的政治实践，也是昭君依照自己的价值观主动请求的行为，这个重大的历史事件史实确凿，不但有明确的史料记载，而且有出土文物为证。汉元帝竟宁元年（公元前33年）春正月，匈奴呼韩邪单于第三次来朝，自言愿当汉家女婿。出身于秭归（其地今属湖北兴山县）良家子的后宫待诏王昭君自愿请求出塞和亲，被呼韩邪单于封为“宁胡阏氏”，汉元帝也特意下诏改元

"竟宁"。[1] 这件事的意义在于汉和匈奴经过长达约一百五十年的战争刚刚结束，在此基础上，王昭君出塞是双方和平友好关系进一步稳定和发展的重要标志。因此双方对这件事都极为重视，办得极其隆重，《汉书》《后汉书》都有明确记载。今包头一带出土的"单于和亲""千秋万岁"瓦当，传世的"单于和亲、千秋万岁、长乐未央"鸳鸯砖都是当时汉朝为庆祝昭君出塞而制作的纪念品，它们和史料一起，同样证明了当时人民群众对此事的重视和欢迎。当时的著名易学家焦延寿写下的两首昭君诗，很能代表当时一般官员和知识分子的态度。

其次，昭君和亲不但在当时是轰动汉、匈朝野上下的大事，而且对此后一二百年的汉匈关系史产生了重大影响。自秦至东汉末的四百年间，匈奴一直是影响中原王朝内政外交的重要因素。秦始皇、汉武帝都曾大举北伐匈奴，但一直不能使他们臣服，甚至不能长期阻遏匈奴南下侵扰。汉朝与匈奴的战争打打停停，对峙约一百五十年，搞得两败俱伤。在汉匈双方都无力再战的情况下，呼韩邪单于主动朝见汉帝，请求和亲，汉宣帝、元帝也明智地同意，于是才有了昭君出塞。由于王昭君个人自觉地为汉和匈奴两大民族的和平友好做出了种种努力，加以双方力量的平衡及统治者的明智，汉和匈奴之间出现了上承二十年的停战、下开六十年的和平友好局面，造福两族人民，使中国北

① 参见《汉书・元帝纪》《汉书・匈奴传》《后汉书・南匈奴传》。

方广大地区获得一个繁荣发展的时机，其时间之长、贡献之巨、影响之远，在古代民族关系史上是不多见的。即使在王昭君去世以后，她的侄子、儿子、女儿、女婿、外孙数代人都致力于汉匈友好，有的甚至献出生命。西汉、新莽、更始、东汉四代中原政权与匈奴的交涉，大多是通过昭君家族、后裔的关系进行的。匈奴分裂为南、北两部分，也是因为王昭君的儿子伊屠智牙师被杀害而引发的。[①]后来南匈奴投汉，成为汉朝统治下的一个少数民族。汉和南匈奴合兵多次与北匈奴战，大批北匈奴人众归降南匈奴，“北单于逃走，不知所在”[②]。南匈奴归汉后逐渐与汉族和其他民族融合，北匈奴残部西逃后逐渐与西域、欧洲民族融合。汉匈关系四百年的演化，为中国国内民族由矛盾、冲突、战争到和亲、内附、和睦相处直至融合提供了一个典型案例，是研究中华民族的形成和发展、中华多元一体文化形成与发展的重要内容。其中昭君和亲占有显著地位。

第三，昭君和亲成功的史实，作为一种政治经验和精神财富，在中国两千年的历史中，不断被统治集团借鉴、学习，成为相对稳定又不断演化的政策、策略或政治制度。例如，清代满族统治者就明确地把“北不断亲”（即与蒙古贵族联姻）作为一种政治制度确定下来，而且取得了较好的效果。其实，中国历代王朝的民族政策，无非就是“战”或“和”（和亲、羁縻）

---

① 参见《后汉书·南匈奴传》。

② 《后汉书·窦融列传》《后汉书·南匈奴列传》。

的两手，在他们考虑、衡量应该采取哪一手的时候，昭君和亲的影响都或明或暗地存在着。这也使得昭君和亲所蕴含的理论、观念、心理积淀日益丰富深厚，成为人们看待、处理民族关系的出发点或行为方式的参照系。甚至可以说，只要国家还存在、民族还存在，王昭君就一直会成为人们研究和处理民族问题时不会忽略的课题。

第四，两千年来，围绕昭君出塞，出现了一系列文化现象，涉及历史学、政治学、民族学、经济学、伦理学、文学、艺术学、民俗学等各个领域，内涵丰富，自成系统。其中凝结着许多中华民族文化的精华，体现着中华各民族的向心力和凝聚力，至今不但没有过时，而且具有更强大的生命力。

基于以上认识，我们觉得“昭君文化”概念可以表述为昭君文化是以王昭君出塞和亲为核心，两千年来与此有关的一切文化现象。昭君文化的精神实质包括以下方面：昭君文化的哲学基础是中国传统的“和合”理论；昭君文化的中心内容是民族团结友好；昭君出塞是和亲政治成功的典范；昭君文化的重要内涵是促进不同经济区的交流；昭君文化的重要载体是历代丰富的文学艺术作品；昭君文化蕴含丰富的人生哲理；昭君文化是追求完美的文化；昭君文化具有世界意义。其所涉及的领域有历史学、政治学、民族学、经济学、文学、艺术学、民俗学、考古学等。昭君文化是一个开放的系统，这个系统不断地随着时代的发展而丰富着其精神文化的内涵。

第二节 昭君文化传承的特点及其旺盛的生命力

昭君文化能够称为一种文化，还在于它在传承过程中具有以下鲜明的特点，显示出其旺盛的生命力。

首先，在传承的时空上具有时间的延续性和地域的广阔性。从时间来说，自公元前33年昭君出塞开始，直到今天，在两千多年漫长的岁月里长盛不衰，这种文化现象在世界文化史上也是不多见的。从地域来说，以当年王昭君故乡为起点，到长安汉宫，再出塞和亲至匈奴，串联起今湖北、陕西、内蒙古及蒙古国南北一线，跨越稻作农业区、旱作农业区、游牧经济区，并以此为基础向全国扩散，其影响甚至于传播到越南、朝鲜、日本等周边国家，今天又具有了世界意义。

第二，昭君文化的传播在载体上具有丰富性和多样性。如前所述，昭君文化的载体，既有物质的，又有精神的。承载昭君文化的各种特殊载体，都是昭君文化的有机组成部分，其积累之丰厚，在中国文化史上也是很可观的。

第三，在民族心理上具有典型性和普遍性。由于昭君文化深深契合了中华民族追求“和合”、向往民族和睦友好的民族心理，并成为这种心理的象征和代表，因而能够在两千年的历史中扎根于人民群众内心深处，成为中华民族具有典型性和普遍性的“和合”情结，这是昭君文化至今仍然具有旺盛的生命力的根本原因。

第四，从内涵上看，昭君文化具有开放性和现代性。昭君自请出塞事件的本身就体现着很强的开放性和开拓精神。在两千年传承过程中，又像滚雪球一样不断扩大其内涵和外延，由历史上的真人真事演变为虚构的文学形象、神仙菩萨等，从汉、匈奴两族扩大到中国历代各个民族、周边国家。这种现象不但说明昭君文化具有很强的开放性，而且是中华民族强大凝聚力和向心力的表现。昭君文化中包含的不同文化、不同民族应该和睦相处的理念，勇于打破现状、开拓进取的精神，高尚的爱国主义品格等内涵，都是极富现代性的，可以给现代人、现代社会提供深刻的、富于哲理的启示。

综上所述，昭君文化是一种民族的、科学的、大众的、向上的、代表事物发展方向的、推动社会进步的文化，理所当然地应该是中华先进文化的重要组成部分，也是人类文化的瑰宝。她在今天更表现出强大的生命力，也是很自然的了。

一般说来，积累越丰厚的事物，其生命的再生能力便比较弱。昭君文化恰恰相反，她的积累非常丰厚，但生命力越来越蓬勃旺盛。不但封建时代的人们都能从中找到自己的契合点，在社会主义时期，它更加焕发出耀眼的光芒，显示出巨大的魅力。其根本原因就在于其符合社会主义时期民族友好的要求，在人民群众中具有广泛的影响。

早在1959年，周恩来总理就提出，希望今后出现“更多的革命的昭君”。[①] 老一辈无产阶级革命家董必武、陈毅、谢觉哉等都写下了歌咏昭君的诗作。许多著名历史学家、文学家也发表了大量论文、作品。内蒙古呼和浩特市已经举办了多届昭君文化节。中央和内蒙古自治区的党政领导也曾先后做出多次批示，指出“在内蒙古地区提出弘扬昭君文化，是一个很有民族地区特点的问题”，“此事很大”，应该“研究昭君文化，弘扬优秀传统，增强民族团结，促进经济发展”。近年来，湖北、陕西、山西等省区也逐渐重视弘扬昭君文化，可以预见，昭君文化在21世纪的中国将会焕发出更大的活力，产生更大的影响。

① 参见《当代昭君》，《人民日报》1979年4月19日。

第二章　和实生物，同则不继
——昭君文化的哲学基础是“和合”理论

第一节　“和合”哲学是中华文化的重要特征

昭君和亲这一重大历史事件的出现和成功不是偶然的，而是扎根于中国源远流长的“和合”哲学基础之上的。一方面，昭君和亲是呼韩邪单于、汉元帝等政治领袖运用“和合”哲学解决民族矛盾的体现；另一方面，昭君和亲又作为“和合”哲学成功的范例，深刻影响着此后两千多年的中国人，促进中华民族的“和合”哲学思想更加深入，更加发展，更加成熟。今天，“和合”哲学被更自觉、更广泛地运用于政治、经济、文化、外交和社会生活的各个方面。因此，研究昭君文化的哲学基础——“和合”思想，具有重大的现实意义。

“和合”（也称“合和”）是中华民族独创的哲学范畴和文化理念。“和”“合”两字最早出现于商周甲骨文、金文之中。“和”，《说文解字》解为：“相应也，从口，禾声。”“和”的异体字“龢”，《说文解字》解为：“调也，从龠，禾声。”

龠是古代的一种乐器，用一排竹管排列一起，上面有许多孔，“以调和众声也”。可见“和”字的本义是指人声或音乐的众声调和相应，合唱或合奏出和谐优美的曲子。“和”代表着两种以上不同的事物协调、共存，从而产生出一种更美好、更丰富多彩的状态。如和谐的乐曲、美味的饮食、和睦的家庭或集体。“和”字无论在古代还是在现代，都是代表事物良好状态的褒义词，例如和平、和谐、中和、和睦、和光、和合、和衷共济、调和鼎鼐……就连中医，也把人体的最佳状态称为“和”，一旦发生“不和”，肯定是有了疾病。“合”的本义是指上下唇合拢。“和”“合”两字组合连用，则是在春秋战国时期。《国语·郑语》称：“商契能和合五教，以保和于百姓也。”韦昭注：“五教，父义、母慈、兄友、弟恭、子孝。”意思是说商契能把五教加以融会贯通，使百姓安身立命。必须强调的是，由于很早就出现了将“和”“合”两字连用的哲学概念，形成了世代相传的“和合”文化传统，所以中华民族在单独使用“和”或“合”时，都包含或蕴藏着“和合”的整体含义。唐代孔颖达在《毛诗正义注疏》中特别说道：“和，犹合也。”

“和合”思想在先秦诸子学说中都有所体现。

道家学派对大自然的和谐仰慕钦羡，极尽赞美。道家创始人老子提出：“万物负阴而抱阳，冲气以为和。”[①]《庄子·田子

①《老子》第四十二章。

方》说，“至阴肃肃，至阳赫赫，……两者交通成和而万物生焉。”是说“和”为宇宙万物的本质以及天地万物生存的基础。

儒家学派以“和”“合”为自然、人文精神的核心，追求各种关系的和谐。《论语·学而》：“礼之用，和为贵，先王之道斯为美。”认为治国处事、礼仪制度，以和为最高价值标准。孟子讲：“天时不如地利，地利不如人和。”[①]把人和视为超过天时、地利的最重要因素。荀子说：“天地合而万物生，阴阳接而变化起。”[②]认为对立面的合作、交感是万物生发的前提。《易传》还提出十分重要的“太和”观念：“保合太和，乃利贞。”重视“和”“合”的价值，认为保持完满的和谐，万物就能顺利发展。

墨子指出，天下不安定的原因是“内之父子兄弟作怨仇，皆有离散之心，不能相和合”，并认为越王勾践复国成功的原因在于“教驯其臣，和合之”。[③]

“和合”是我国独有的辩证法范畴，是对立统一观念的初级形态。它所强调的是整体、对待、过程、流衍、动态中的平衡。中国哲人观察宇宙人生，多以一种“统观”“会通”的方式，即着眼于天、地、人、我，肯定各系统、要素之内外的相互依存、密切联系。人体小宇宙是个有机联系的整体，天地大宇宙也是一个有机联系的整体。古代哲学中用“统体”“一

①《孟子·公孙丑下》。

②《荀子·礼论》。

③《墨子·兼爱中》。

体”或者以“道”“一”“太极”“大全”“太和”等表述这个整体。以《周易》《老子》《大乘起信论》等为代表的辩证方法论模型，是“一物两体”“一心二门”“整体—对待—流行”的模型。例如以易、道、天、太极、太虚为“一体”，以阴阳、乾坤、形神、心物、理气、翕辟、动静等为“两面”。“两面”并不是均衡的、平行的或平等的。“两面”的相反相成，其动力即来自这两面的不平衡。所谓“一阴一阳之谓道”，“反者道之为动”，“阳中为阴，阴中有阳”，“动静无端，阴阳无始”。[①]既不把矛盾双方的对立看成是僵死的、绝对的，又不把矛盾的统一看成是双方的机械相加或一方吃掉另一方，而是在互相补充、互相渗透、互为存在条件的前提下，由矛盾主动方面对于被动方面的作用，从而构成新的均衡稳定、动态和谐的统一体。这个统一体又处在一个有机的系统之中。承认内在矛盾推动事物发展，承认“分一为二”与“合二为一”是一条长链中的不同环节，肯定事物是涵盖了肯定与否定的辩证过程，如此，就使这一思想模式具有有机性、整体性、系统性和连续性。

“和合”既非否定差异，又非抹杀矛盾和斗争。历史上著名的“和同之辩”就回答了这个问题。《国语·郑语》记史伯向郑桓公分析西周衰亡的历史教训，认为原因在于“去和

①《周易·原辞》。

而取同”，并且进一步阐述说：“夫和实生物，同则不继。以他平他谓之和，故能丰长而物归之。若以同裨同，尽乃弃矣。故先王以土与金、木、水、火，杂以成百物。是以和五味以调口，刚四肢以卫体，和六律以聪耳，正七体以役心，平八索以成人，建九纪以立纯德，合十数以训百体。出千品，具万方，计亿事，材兆物，收经入，行姟极。故王者居九畡之田，收经入以食兆民，周训而能用之，和乐如一。夫如是，和之至也。于是乎先王聘后于异姓，求财于有方，择臣取谏工，而讲以多物，务和同也。声一无听，物一无文，味一无果，物一不讲。王将弃是类也，而与 剸同，天夺之明，欲无弊，得乎？”[1]史伯对“和”“同”两个不同的哲学范畴进行了辨析，指出“和”是众多不同事物之间的协调、和谐，“同”则是同一事物之间简单的累加；“和”可以使事物发生优化的质变，“同”则只是量变；“和”的平衡、协调能够导致新事物的产生，而“同”只是相同事物的累迭相加，不但不能产生新事物，反而会产生“尽弃”的恶果。这里最基本的辩证法范畴是“和”，相反的范畴是“同”，其基础是对世界多样性及其统一的认识。从客观到主观，从自然到人类，从生产实践到文化、政治、日常生活，从养生到认识，贯穿其中的最根本的法则是“和实生物，同则不继”。世界表现为“杂”和“多”的

---

① 《国语·郑语》。

统一，因而只有把握多样性的统一，才能发展生产，健康身心，治理社会，国泰民安。这里的“多”，根据具体情况，可以是五，“金木水火土，杂以成百物”“和五味以调口”；可以是四，“刚四肢以卫体”；可以是六，“和六律以聪耳”；可以是七，“正七体以役心”；可以是八，“平八索以成人”；可以是九，“建九纪以立纯德”；可以是十、百、千、万、亿、兆：“十数以训百体。出千品，具万方，计亿事，材兆物，收经入，行姟极”，等等。相反，“声一无听，物一无文，味一无果，物一不讲”。抽象的、简单的同一，缺乏多样性的统一，世界就不能发展，事业也就遭到失败，国家就会灭亡。因此他主张“和而不同”，“五声和，则可听；五色和，则成文；五味和，则可食”。郑桓公在位时间是公元前806—前770年，史伯那么早就能够提出如此充满哲理的真知灼见，可见我们祖先的聪明智慧。

公元前525年又发生了晏婴对齐景公论“和”“同”的佳话。

《左传·昭公二十年》记载晏子论“和”“同”说：“和如羹焉，水火醯醢盐梅以烹鱼肉，燀之以薪。宰夫和之，齐之以味，济其不及，以泄其过。君子食之，以平其心。君臣亦然。君所谓可而有否焉，臣献其否以成其可。君所谓否而有可焉，臣献其可以去其否。是以政平而不干，民无争心。……声亦如味，一气、二体、三类、四物、五声、六律、七音、八风、九歌，以相成也。清浊、大小、短长、疾徐、哀乐、刚柔、迟速、高下、出入、周疏以相济也。……若以水济水，谁能食之？若琴瑟专一，谁能听之？同之不可也如是。”[①]这里，在多样性中出现了具体的对立：清浊、小大、长短、疾徐、哀乐、刚柔、迟速、高下、出入、周疏，表现了认识的发展与进步，即由“多”开始认识到“多”之中的“两”的特殊性。

“和合”思想的核心是“整体协调”，其内涵为多样性及多样性的统一。“和合”中同时包含了“同”与“不同”，“一”贯于“万殊”，体现了对立统一的辩证思想。如果真的没有了“不同”，未必真的就会“和合”，也许还蕴藏着更大的危机。因为“不同”是一个不以意志为转移的客观现实，这才需要彼此间的“和合”。《周易·系辞下》：“子曰：‘天下何思何虑；天下同归而殊途，一致而百虑。’”“物相杂，故曰文”。“和合”中之不同，并非毫无关联与瓜葛，而是整体之中的不同方面。若毫无关联，则不能为“和”。殊途而要同归，百虑而要一致。

概而言之，“和合”是指在承认“不同”事物之矛盾、差异的前提之下，把彼此不同的事物统一于一个相互依存的“和合”体中，并在不同事物和合的过程中取长补短，使之达到最佳组合，由此促进新事物的产生，推动事物的发展。“和合”并不否认矛盾、差异和必要的斗争，它本身就是矛盾的对立统一体，只是把矛盾、差异和斗争限定在相互依存的“和合”体中，防止因过度的矛盾

① 《左传·昭公二十年》。

斗争而破坏了不同事物共同存在的基础，阻碍事物的发展。

随着历史的发展，“和合”思想成为中华文化的哲学基础和精髓。“和合”精神促成了中华文化多元一体的特点；反过来，中华文化的“和合”精神，正是在多元一体文化形成过程中培育的。“和合”观念奠定了中国传统思维方式的一个主要特点，也决定了中国传统文化注重综合、注重整体的特点。所谓注重综合、注重整体就是把事物的各个部分连成一气，使之变为一个统一的整体，强调事物的普遍联系，既见树木，又见森林。

例如，西医与中医两者的历史背景不同，发展过程也不同，因此诊断、处方、用药等等都不一样。最明显的，西医常常是“头痛医头，脚痛医脚”，而中医往往是全身辨证施治，甚至是头痛医脚，比如针灸的穴位就是如此。提高到思维方式来看，中医比西医更注重普遍联系，注意整体观念。

再拿语言文字来做一个例子。印欧语系的语言，特别是那些最古老的吠陀语和梵文等，形态变化异常复杂，只看单独一个词，就能判定它的含义。汉语没有形态变化，只看单独一个词，你就不敢判定它的含义，必须把它放在一个词组中或句子中，才能判定它的含义。使用惯了这种语言的中国人，特别是汉族，在潜意识里就习惯于普遍联系，习惯于整体观念。[①]

① 参见张岱年：《神州文化集成丛书总序》，新华出版社，1993年。

第二节　昭君和亲是依据“和合”思想做出的选择

如果把昭君出塞和以前的和亲做一比较，就会发现，昭君和亲不是简单的怀柔或羁縻，更不是屈辱被迫的权宜之计，而是汉匈双方有关人士依据“和合”思想，自愿、真诚地做出的政治选择。正是由于呼韩邪单于真诚地请求和亲，汉元帝接受萧望之等人的建议，真诚地允许和亲，王昭君个人真诚地以献身精神请求出塞，汉匈人民真诚地拥护和亲，这才促成了昭君和亲的成功，从而也使昭君和亲成为体现“和合”思想的典型范例。

王昭君出塞以前的和亲，多被称为“怀柔”或“羁縻”。西汉初期，统治者使用这一政策缓解汉匈矛盾，在某种程度上取得了一定的积极作用，但并不长久。刘邦与匈奴和亲以后，在缓和的大背景下，小的争斗却一直不断，直到武帝初年，和亲也只是一时的权宜之计。汉朝方面没有诚意，匈奴一方也自恃多变；理论上也不是以民族平等友好为根据，而是从狭隘的民族利益出发，如刘敬的“甥婿关系”论与董仲舒的“利动贪人”论。故汉初的和亲难有积极效应。

而公元前33年昭君和亲一事，与前几次和亲有着本质的不同。虽然也是源于政治的需要，然而这次和亲从理论依据、主观意愿、客观效果、意义及影响都与此前有明显不同。

从呼韩邪来看，他请求和亲是真诚的。众所周知，当时的历史背景是匈奴经过长时间的战争，又遭受严重天灾，损失惨重：首先是人口与牲畜大量死亡和被俘，匈奴人、财、物顿减；其次，匈奴因战败不得不退出了许多适合游牧的地区，被迫远走漠北寒苦无水草之地，严重影响了其主业——畜牧业的发展，对匈奴又是一个重创；三是属部也因此而瓦解，丁零乘机攻其北，乌桓攻其东，乌孙攻其西，左地西嗕部落投汉朝，西域各族也群起攻匈奴，庞大的匈奴奴隶主政权一时陷入四分五裂的状态；最严重的是匈奴统治集团也发生了分裂与内讧，即“五单于争立”和郅支与呼韩邪的战争，把匈奴的部族、社会和政权推向绝境。

呼韩邪在匈奴统治集团发生内讧与分裂的情况下，开始考虑归附汉朝，以便在汉朝的支持和帮助下，打开自己的政治出路，挽回匈奴民族的危险局面，恢复和发展生产，平定叛乱，统一各部。事实证明，呼韩邪的分析和决策是完全正确的，他不愧为挽救匈奴的一代英主。为表示与汉和好的诚意，他于公元前51年、前49年、前33年三次亲自朝见汉帝，并与汉将韩昌、张猛立下盟约：“自今以来，汉与匈奴合为一家，世世代代毋得相诈相攻。……汉与匈奴敢先背约者，受天不祥。令其世世子孙尽如盟。”[①] 他在最后一次朝汉时，提出愿意当汉家女婿，与

① 《汉书 · 匈奴传下》

汉朝进一步亲近。元帝同意昭君出塞，呼韩邪单于非常高兴，认为她为匈奴人民带来了安宁，封她为“宁胡阏氏”。

呼韩邪的历史功绩不可忽视。在民族关系上，他结束了汉匈两族一百五十年的战争状态，使之转入和平、友好的关系，开创了汉匈两族团结合作的新局面，为汉匈长期友好合作奠定了基础，在汉匈关系史上写下了光辉的一页。在政治上，他打破了“自三代（夏、商、周）之盛，胡、越不与受正朔”的旧传统，开了我国北方少数民族政权接受中原中央政府领导的先河，密切了塞北与中原的关系，促成了塞北与中原的统一。

从汉元帝来看，他从小受到自己的老师萧望之的影响，而萧望之又是一位深刻了解先秦诸子“和合”思想的政治家。在处理汉匈两大民族间的关系时，宣帝、元帝君臣是在“和合”思想指导下确定和亲决策的。在匈奴内乱、呼韩邪求和的背景下，汉朝廷议形成两种意见。大多数臣僚认为匈奴为害日久，主张乘其内部大乱之机，举兵将其消灭，以绝后患，并以此控制匈奴土地和人口。萧望之却反对乘匈奴“坏乱，举兵灭之”，力谏宣帝派使者吊问，并以物资财货“辅其危弱，救其灾患”。这是基于萧望之的民族观，即“单于非正朔所加，故称敌国，宜待以不臣之礼，位在诸侯王上”[①]。意思是说单于所辖之地是汉朝之外的独立政体，各掌其国，汉朝法度难以约束，不能视他

①《汉书·萧望之传》。

们为汉朝的附属，自然不能以汉臣相待，应置单于地位在汉朝的诸侯王之上。既称匈奴为国，那么匈奴单于的地位和汉朝皇帝的地位就应该是平等的，两个民族的关系就是国与国的关系，也应该是平等的。萧望之认为这样相处下去，利于汉朝德、信的传播，利于国家的稳固久安。他的平等的民族观源于儒家“和合”的思想根基，也是以“和合”思想处理民族问题的具体体现。

汉元帝从总体上讲不失为一位较好的皇帝。在处理汉匈关系上，他是比较明智的，采取的政策也是正确的。他接受了老师萧望之的主张，认为应该和平友好地对待匈奴，继承汉宣帝与匈奴修好的政策。在对待汉匈之间一些重大的问题上，他的头脑十分清醒。如呼韩邪单于求亲，他欣然同意了昭君出塞，使汉匈关系进一步和好，为汉匈间安定团结、社会发展打下了良好的基础。汉元帝对昭君和亲极为重视，特意下诏改元“竟宁”，取“边境安宁”之意。这些都表现出他的诚意。

从王昭君看，她也深受“和合”思想影响，在充分认识汉匈两族两和皆友、两斗皆仇的基础上，自愿请求嫁给呼韩邪单于，以真诚友好的态度踏上出塞征途的。这种追求“和合”的思想，决定着她在出塞之后的人生态度和处事方式，她以实际行动表现出“和合”的诚意，从而得到了匈奴上下的普遍欢迎和赞颂。唐代《王昭君变文》写昭君规劝单于说：“妾闻邻国者，大而小而，强自强，弱自弱。何用逄雷电之意气，争烽火之声

（胜），独乐一身，苦他百姓。”[①] 这段话鲜明地表达了王昭君坚持无论大国小国、强国弱国都应该平等相待、和平相处的立场，也说明了热爱和平是她毅然决然自请出塞的高尚动机。她坚决反对依靠战争和武力去夺取统治者的一身之乐，却给千百万人民造成痛苦和牺牲。这可以说是反映出了昭君思想的闪光点。

王昭君是一根纽带，她将和亲前二十年、和亲后六十年，汉匈间八十年的历史贯穿起来，成了汉匈和睦团结的象征。王昭君出塞及其成功，有历史的必然性，但这丝毫不影响王昭君的个人作用和独特魅力。昭君和亲作为汉匈友好关系的里程碑式的事件，使王昭君“民族友好的使者”的称谓当之无愧。从客观效果看，从历史的发展看，昭君出塞有利于进一步推动民族间的友好往来，有利于中原的文化进一步向漠北地区传播，有利于扩大汉匈经济文化的交流，有利于进一步消除汉匈两族的隔阂，为汉匈的民族融合提供了条件，因而昭君出塞代表着民族关系的发展趋势，其作用和意义不是先前和亲可比的。故此，无数和亲公主都淹没在历史的长河之中，甚至连姓名都无法考证，而平民姑娘昭君的英名却在其后两千多年一直盛传不衰，流芳千古。以王昭君为题材的诗、词、曲、剧更是数不胜数，她永远受到人们的景仰。

从汉匈两族人民群众来看，他们也是迫切要求“和合”，停

①《敦煌变文集》，王重民等编校，第98~108页，人民文学出版社，1957年。

止战争的。因为在战争中受到最大损失和牺牲的总是两族的人民群众，只有民族和平友好，他们才能安居乐业，发展生产。

以这样的背景、这样的理论、这样的人物促成的和亲事件本身，在本质上就蕴含了“和合”的精神。这种“和合”的精神反映在和亲事件的各个方面——政治、经济、文化、民族、人民——之中，对此后汉匈近百年的关系起到了巨大的作用，而且对后世的影响也是长远的。王昭君以其独特的魅力长存于历史和人民心中，因为她是民族友好的象征、民族团结的化身、民族心理的体现、民族理想的寄托。她永远契合中华民族的“和合”哲学，契合中国人憧憬各民族友好相处、实现大同社会的愿望。

中国自古是崇尚“和合”的国家，“和而不同”作为体现“和合”精神的处事原则，使中国各民族的文化都得到了发展，并相互吸收。昭君文化所体现的便是典型的“和而不同”。汉朝对当时处于劣势的匈奴主动修好的意愿欣然接受，而不是断然拒绝或乘人之危，一举消灭，以报前仇；匈奴主动归附汉朝，尽释前嫌，而不是与汉朝不共戴天；汉和匈奴统一为一国，和睦相处，更是“和而不同”的体现。汉匈修好，两族人民和睦相处，边境安宁平靖，经济文化上相互交流，促进了汉匈文化的提高，也进一步促进了民族间融合，是“和合”文化的体现。对于昭君再嫁问题，汉朝表示尊重匈奴的风俗习惯，遵循的也是“和而不同”的原则。总体上说，昭君文化是遵循“和而不同”原则的“和合”的文化。昭君和亲成为汉匈民族关系最富光彩的一页，在中国民族关系史上也写下了浓重的一笔。

然而，历史上也提供了不少与此相反的事例。就在王昭君和亲三十多年后，王莽执政期间，这种“和合”的思想被彻底否定。王莽出于愚蠢的大汉族主义，反对萧望之与匈奴平等友好相处的思想，反对以“和而不同”原则处理与匈奴的关系。王莽无理干涉匈奴内部事务，蓄意压低匈奴单于的政治地位，把“匈奴单于”之号改称为“降奴服于”，歧视和污蔑匈奴民族；还企图通过武力树立威信，募兵三十万，设计进攻匈奴。王莽的上述错误政策，自然激起了匈奴的强烈不满，于是单于命令左右部及诸边王入塞报复，北方又重遭兵燹。幸赖昭君后人双方奔走，才没有酿成更大战祸。

历史的经验从正反两方面说明了“和合”思想的重要性，给后人以无限启示。

第三节　昭君和亲丰富了“和合”思想的内涵

昭君和亲是在“和合”思想指导下取得的成功，反过来，昭君和亲这个重大的历史事件又丰富了“和合”思想的内涵，促进了“和合”哲学的发展，使之深入人心，成为中华民族凝聚力的源泉和民族融合的精神动力。

以儒家为代表的先秦诸子对“和合”“和而不同”的哲学阐

述和后代哲学家的理论开拓，以及以昭君和亲为代表的政治实践，使“和合”思想成为中国传统文化重要的概念和思维方式，并在后代的实践中广为运用。国与国之间要“万邦协和”，人与自然追求“天人合一”，人自身之和称为“吾善养吾浩然之气”，人与人之间要本着“和以处众”“和为贵”的原则来交往，集体或国家渡过难关要“和衷共济”，做生意要“和气生财”，艺术创作要符合“中和”的审美尺度等。

国人的理想模式是“大一统”。统一的多民族国家的形成，就是这一理念的自然结果。古人的“大同”理想，孙中山先生提倡的“五族共和”，共产党人率领各族人民建立的中华人民共和国，在港澳实行“一国两制”，无不体现着中国优秀文化的“和合”的精神。这种“和合”精神在处理民族关系时显得尤为重要。

中华民族是一个多元一体的民族实体。费孝通指出，中华民族作为一个自在的民族实体，是在历史进程中逐渐形成的。它的主流是由许许多多分散孤立的民族单位，经过接触、混杂、联结和融合，同时也有分裂和消亡，形成一个我中有你、你中有我，而又各具个性的多元统一体 。[1] 中华五千年的文明史，同时也是一部多民族不断融合的历史。民族利益的矛盾和统一，构成了民族关系的本质特点；中国文化中的“和合”精神，一直是民族融合的精神动力。

---

① 费孝通：《中华民族多元一体格局》，中央民族学院出版社，1989年。

“和合”的哲学思想一直体现在中华民族的形成过程中，从根本上说，“和合”是中华民族之魂。中华民族的发展史，就是一部不断融合、不断多样化的历史。我国历来是一个统一的多民族国家，在漫长的历史发展中，经过长期的锤炼，形成了具有强大内聚力的中华民族。中国历史上曾经出现过三次民族大融合高潮。第一次是从春秋、战国至秦，约五百年，是以中原各族为主，吸收周围“诸夏之族”的大融合，其结果是楚人、吴人、越人、东夷、西戎、北狄、南蛮与“诸夏之族”融合成汉族，奠定了我国大统一的基础；第二次是从南北朝至唐初，约四百年，其间匈奴、鲜卑、羯、氐、羌等少数民族入主中原，建立前赵、后赵、前燕、前秦等十多个政权，逐渐汉化，最后融入汉族；第三次是从五代十国到明初，约五百年，女真、契丹、西夏、沙陀等少数民族进入西北和北部许多地区，经过五代十国，也与汉族融合。所以，汉族本身就是一个多民族同化之后的产物，具备多民族融合的复杂性。这种极强的民族融合力，得益于中华民族对“和合”观念的理解。

“和合”的观念在汉族与其他民族和谐共处、高度统一上体现得最为显著。诚然，汉族与其他民族之间有过矛盾、战争，但总体上都归于和平共处。几千年来，正是各民族间和睦相处造成的社会稳定促进了历史的前进。

汉匈两族之间的战争也不断发生。匈奴“好汉物”，常挥鞭南下，进行掳掠，对中原的北边造成严重威胁。战国时期，秦、赵、燕先后在北方修筑长城，派重兵防守以抗胡（主要是匈奴）。秦统一后，匈奴人仍频繁袭扰中原北部，威胁着秦的安全。秦始皇派大将蒙恬率三十万大军，大败匈奴，夺回今河套一带的广大地区。西汉高祖至武帝，汉匈两个民族矛盾严重激化，发生过多次战争，如平城之战(公元前200年)、马邑之战(公元前133年)、河南之战(公元前127年)、漠南河西之战(公元前121年)，漠北之战(公元前119年)。然而，从历史发展的长河看，汉匈和平共处一直是发展的主线，而且从汉匈最高层统治者对两民族现状的客观分析和发展前景的期望看，还是更多地倾向于和。可以说，汉匈两民族关系的主导思想一直是“和合”，战的思想是阶段性的，是和中出现的短暂矛盾，矛盾解决后，又归于和的局面。匈奴民族大部分（南匈奴）融合于汉族，就是其体现。

不仅汉与匈奴的关系以“和”为主，汉与其他少数民族的关系一样是遵循着客观的民族和历史发展的规律，即矛盾—斗争—友好—统一—融合。我们这个统一的多民族国家格局的确立，是汉族与历代少数民族共同努力，经过融合、统一而创造的局面。其中，汉族起了奠基和主导作用，但少数民族在某些方面起了重要的促进作用，甚至在有的历史时期内起着决定性的作用。我国边疆的广大地区是古代各少数民族最先开发的，在华夏族开发黄河流域的同时，东夷、楚、百越诸族首先开发了长江流域、东南沿海、西南一些地区，狄、羌、戎等族首先开发了西北和西南地区，北狄、匈奴等族首先开发了北部草原地区，肃慎、东胡等族首先开发了东北地区。这些地区经济文化的发展以及同中原地区联系的不断加强，为统一的多民族国家的形成奠定了基础。

历史上，各少数民族建立过许多政权，在祖国的局部地区实行了统一。秦汉时期，匈奴统一了大漠南北的广大地区；魏晋南北朝时期，鲜卑族拓跋部建立了北魏，统一了北方广大地区；隋唐时期，吐蕃、突厥、回纥、彝族分别统一过青藏高原、塞北、新疆、云贵地区和东北地区的许多地方；宋、辽、金时期，契丹建立了辽，女真建立了金，党项族建立了西夏，白族建立了大理，回鹘建立了高昌，分别统一过东北、北方、西南、西北的一些地区。这些少数民族政权在局部地区的统一，为全国的大统一创造了充分的条件。特别是个别少数民族入主中原，建立了统一的中央王朝，为统一的多民族国家的进一步发展和巩固打下了重要的基础。成吉思汗统一蒙古各部之后，忽必烈建立元朝，蒙古和元朝先后统一了西辽、西夏、金、大理、吐蕃、南宋，将内地和边疆少数民族地区管辖于中央王朝，又将西藏正式归入中国版图，实现了全国前所未有的大统一，空前扩大了中华民族的生存空间。清朝先后统一蒙古各部，进一步维护和巩固了台湾、新疆、西藏等地区与祖国的统一，使全国各族的大统一达到了空前程度，基本奠定了我国今天的疆域。

中华人民共和国成立以来，中国共产党和中国政府在民族关系上继承并发展了中国传统的“和合”的思想，以马列主义、毛泽东思想、邓小平理论关于民族和民族问题的理论和原则作为处理我国民族关系的基本准则，创造性地制定了一整套民族政策。其基本特征是民族平等、团结互助、共同繁荣。各民族在国家政治生活、经济生活和社会生活中拥有平等的地位，享有平等的权利和义务；各族人民在爱国、统一的基础上，团结一致，亲密合作；各民族在社会主义物质文明和精神文明中互通有无、互相帮助，共同繁荣。平等是社会主义民族关系的首要特征，又是民族团结互助的前提；团结是社会主义民族关系的核心，是坚持民族平等、实现互助的保证；互助是实现民族平等，加强民族团结，获得共同繁荣的重要途径。因此，平等、团结、互助这三者互为条件、互相促进、相辅相成，构成了中华人民共和国民族关系的有机整体。这个原则一脉相承地继承和发扬了我国传统的“和合”思想，并根据现实情况有实质性的创新。党和国家的民族政策是中国两千年来以“和合”的思想处理民族关系在新的历史时期的延续、发展，并将以“和合”精神创造中华民族的辉煌未来。

总之，中华民族是多民族在长期的冲突和融合中形成的，是一个文化共同体。中华民族的形成历史体现了“和合”思想，是中华文化的“和合”精神在民族问题上的具体体现。

20世纪50年代以来的大量考古发现证明，中华文明的起源是多元的。中华民族的图腾——龙的形象，就具有多元性的表征：龙是由诸多氏族和部落的特殊的图腾综合演变而成的，这种形象就体现了中华民族的多元性渊源。随着社会生产的发展，人口的增加，人民的不断交往，中华各族逐渐融合为一体。先是各地区分别出现凝聚中心，从而各自形成了初级的统一体。经过多次北方民族进入中原及中原地区的汉族向四方扩散，才逐步汇合了长城内外的农牧两大统一体。又经过各民族流动、混杂、分合的过程，汉族成为一个特大的核心，通过屯垦、移民、通商等方式在各非汉族地区形成一个点线结合的网络，把东亚这一片土地上的各民族串联在一起，形成了中华民族自在的民族实体。

中华民族的形成和发展史是“和合”思想在民族问题上的反映。“和合”思想的核心是“整体协调”，其内涵为多样性及多样性的统一。在中国民族的发展史上，各民族在承认彼此之间的矛盾、差异的前提之下，互相依存，取长补短，推动了各民族的发展，促进了作为整体的中华民族的形成。“和合”并不否认矛盾、差异和必要的斗争，因为它本身就是矛盾的对立统一体，它只是把矛盾、差异和斗争限定在相互依存的和合体中，防止因过度的矛盾斗争而破坏了不同事物共同存在的基础，阻碍事物的发展。

“和合”也并非一对一的等同，而是兼容中的一统，丰富中的协调。“和合”的对立面，一是“同”，一是“斗”。“和合”并非不分是非地混合，“和合”中同时包含了“同”与“不同”，

“一”贯于“万殊”。在民族问题上，各民族的生产方式、生活习惯、伦理道德等方面都存在较大差异，但又各有其存在的合理性，只有彼此之间互相尊重、取长补短，共处于一个大的统一体之中，才能共同获益。

第四节　弘扬“和合”文化具有广泛的现代意义

“和合”文化是中华民族特有的思想，是中国智慧的体现。科学理解和正确弘扬中华“和合”文化，加强对“和合”思想的研究和推广，是社会发展的需要，具有重要的现实意义。中华文化的“和合”精神，可以为我们今天正确处理民族团结问题、祖国统一问题、生态问题、国际关系问题等提供丰富的思想资源和有益启示。

例如，在21世纪全球文化交流的背景下，将“和合”思想运用于解决当今不同民族、不同国家因文化差异而引发的冲突，能够更好地保护文化的多样性，保护民族文化，发展民族文化。

经济的全球化，必将引起文化的全球性交流。在文化交流的过程中，一些已有的观点如“文明冲突论”及二战前形成的“西方中心论”仍被某些人固守，并因文化冲突和文化中心观点不同导致政治上的冲突。西方某些敌对势力对社会主义国家的和平演变也以“西方中心论”的文化观为思想基础，唯恐社会主义国家政治、经济、文化的飞速发展形成新的文化中心，构成对西方的威胁。另一方面，随着东方整体实力的上升，有些东方学者又提出文化上的“东方中心说”，这当然也不符合世界文化发展多元化的趋势。我们认为，在现代，把任何一个区域、国家、民族冠以“文化中心”的称谓都是有失偏颇的。因为文化所涵盖的内容太丰富了，就以精神文化来说，它也是一种以物质文化为基础的广泛的社会现象，每一社会都有同它相适应的文化，并随着社会物质生产的发展而发展。可见，文化同社会是相适应的，不同的社会和同一社会的不同发展阶段都会有不同的文化。同一民族或地域在不同的社会形态、不同的时期都需要不同的文化与之相适应，更何况是具体情况千差万别的不同国家？文化的差异是必然的客观存在。西方某些学者将差异扩大为冲突，提出“文明冲突论”，并以此为据，解释政治上的冲突和战争，其实不过是为其文化侵略和战争找一个“合理”的理由。它和文化的“西方中心论”一样都是为推行霸权主义和强权政治寻找借口。当然，“东方中心论”也并不是客观事实，不过是某些东方学者面对强势文化的压力产生的效仿行为。

随着我国进一步开放，国外各种思潮、各种文化大量进入，我国传统文化受到的冲击也很大。这既有积极的一面，又伴有消极的影响。但在总体上，我们本着“和合”的精神兼收并蓄，汲取国外文化的精华，有利于我们的发展，有利于我们走向世界。但在本质上，我们仍然坚持中国特色的社会主义的先进文化，我们的文化有别于国外，有别于资本主义国家，我们的文化在世界上是独一无二的。其实，越是民族的，就越是世界的。我们欣喜地看到，中华民族文化所蕴含的巨大魅力正在愈来愈多地被世界所认识。

在当代，我们自觉运用“和而不同”思想去处理不同文化之间的关系，从不同文化的比较、借鉴中受益，促进了中国综合国力的飞速发展，促进了中国国际地位的不断提高。20世纪80年代，中国坚定了自己的发展方向，那就是改革开放，建设有中国特色的社会主义。这中间就体现着“和而不同”的精神。我们并没有因为西方是资本主义国家，与中国的社会主义制度不同而自我封闭、盲目排斥，我们崇尚“和合”，能够敞开胸怀容纳不同的文化。另一方面，我们深知中国的国情，即我们的“不同”；深知盲目地求“同”不但不会发展，反而会搞乱社会正常的秩序，欲速而不达。所以，我们在以我为主的基础上，广泛吸收、融合他人之长，剔除、扬弃他人之短，把异己的文化有选择地吸收进来，成为自我的一部分，找到了发展的有效途径。历史的经验告诉我们，那种自我封闭、固守传统、拒绝吸收的做法只能使自己越来越落后；而不加选择、全盘西化、照搬照抄的做法最终会失掉自我。这两种做法绝对要不得，只有“和而不同”才是正确选择，这是在几十年改革开放中又一次被检验和证明了的真理。因此，历史发展到21世纪，昭君文化所体现的“和合”精神对现代社会和当今世界的作用不但没有消失，反而更应引起我们的重视。

又如，当今世界各国十分提倡的可持续发展战略，其实与中国“和合”思想暗合，不少人认为，这是中国古代“天人合一”思想的现代发挥。

生态问题是全球普遍关注的问题。怎样解决经济社会发展与保护自然的矛盾，使两者的关系协调发展，避免过度开采、过度放牧、环境污染等生态恶化和生态危机，已经引起了世界各国的普遍重视。在现代化建设中，实现可持续发展是一个重大战略问题。“可持续发展”的概念，是20世纪80年代中期由欧洲一些发达国家首先提出来的，其背景是环境污染、生态破坏日益严重，成为社会一大公害。1987年，联合国下属的世界环境与发展委员会发表长篇报告《我们共同的未来》，首次提出了“可持续发展”的定义，即“既满足当代人的需要又不危及后代人满足其需要的发展”。1992年6月，联合国在巴西里约热内卢召开的环境与发展大会，以此作为指导方针，制定了可持续发展的《21世纪行动议程》。1994年，我国政府据此制定并颁布了《中国21世纪议程》。在1995年9月中国共产党十四届五中全会通过的《中共中央关于制定国民经济和社会发展“九五”计划和2010年远景目标的建议》中，第一次把“实施经济社会可持续发展”作为主要奋斗目标和指导方针的重要内容，载入中国共产党的正式文件当中。

可持续发展战略的核心是实现人口、资源、环境与经济社会发展的互相协调，是中国古代“天人合一”观念的体现。“天人合一”思想强调人与自然、宇宙的整体协调，是对天、地、人、我的统观。这种思想在《易经》中就有体现。《易经》作为群经之首，孕育着某些科学思维的萌芽，而且表现出某种哲学意义上的智慧。它把人与自然界统一起来，并在统一中寻求生命的意义和规律。《易经》卦、爻辞所提出的最根本的问题就是人类生命为何产生、发展和实现的问题。在它看来，生命来源于自然界，并且一刻也没有脱离自然界，二者处在相互感应、相互作用的统一过程之中，是一个双流的有机整体。六十四卦中的每一卦都与自然界和人类的生命有关，每一卦的阴阳二爻是构成生命的基本要素。它所在每一卦中的地位不同，作用也就不同，因而显出复杂多样性，同时又是一个整体结构。每一卦都是一个整体。从某种意义上说，继承这种和合、共存、协调思想，实现人、社会与自然的和谐、协调发展，就是可持续发展战略的核心。

再如，中华“和合”文化在维护民族团结和实现国家统一方面有着重要的功效。由于“和合”文化精神贯穿渗透在中国各个民族、各个地区、各种思想和学派之中，因而它就成为维护中华各民族团结、维护国家统一的重要精神武器，也成为民族分裂主义分子、各种分裂势力难以逾越的巨大精神障碍。从历史上看，我国各民族共同缔造了我们伟大的祖国，共同创造了我们伟大的中华文化，各民族人民在历史上患难相依、荣辱与共、融为一体，各民族都是祖国大家庭的一员，有着共同的利益，维护民族团结和国家统一是各民族的共同愿望。

民族问题是当今世界范围内最大的现实问题之一，也是东西方哲学家、民族学家、文化学家、历史学家和社会学家讨论最为热烈的问题。历史证明，“和合”精神最有利于国家统一和民族团结。历史上许多显赫大国，如阿拉伯帝国、奥斯曼帝国……都只能在尘封的历史典籍中读到它们的名字，它们的消亡往往与民族矛盾有关。为什么只有中国，这个有着五千年历史的古老大国，却至今巍然屹立，并且青春焕发、生机勃勃？中华文化的“和合”精神渗透、贯穿于各个历史时期和各个不同民族，统治者也以此对待不同民族并处理民族问题，恐怕是一个重要原因。

从历史上看，我国各民族相互交流、相互融合，统一的多民族国家是我国历史发展的主流，这是我国实行民族区域自治政策的历史依据。数千年来，“和合”文化历史积淀成为一种共同民族心理，产生了强大的民族凝聚力。以“和合”观点来考察我国的民族问题，五十六个民族不就是和合、凝聚成一个中华民族吗？费孝通先生的中华民族多元一体论，正是我国民族“和合”发展的准确、科学概括。

另外，在实现祖国统一问题上，党和国家确定的“一国两制”的原则，其文化渊源也正是中华文化的“和合”精神。二战结束后，由于各自特定的历史原因，有的国家已实现统一，有些国家尚待统一。纵观全球，在解决国家统一的问题上，只有中国人首倡并运用了“和平统一，一国两制”的方式，并已取得香港、澳门回归的伟大成就，受到世人的瞩目和高度评价。

“一国两制”构想在国际上是一个创造性的贡献。中国人提出此种构想的依据，除了实事求是的现实主义态度，应该说与中国文化传统的“和合”思想有密切关系。邓小平同志倡导的“一国两制”，正是继承和体现了中华文化的“和合”精神，它的顺利实施，从理论和实践上为当今人类提供了“和合”的范例。“一国两制”既不否认海峡两岸存在的差异，又认为两岸可以在一个中国的前提下，各自保持不同的社会制度，和平相处，互补互济，互惠互利，从而使中华民族形成新的活力，焕发出新的生机。香港、澳门回归的实践，证明“一国两制”所体现的“和合”文化传统仍然是有生命力的，能够得到绝大多数中华儿女的理解和拥护。而分裂祖国的“台独”势力之所以不得人心，重要的根源就在于“台独”背弃了“和合”这一文化传统。祖国内地和港、澳、台地区以及海外华人社会，分属于当今世界上社会主义和资本主义两种社会制度，尽管存在差异，但他们却有着比政治制度更为深层的共同的民族特点，这就是长期历史积淀而形成的民族文化心理结构。中华文化优秀传统深藏在炎黄子孙的心中，“一国两制”构想直接继承和创造性地发挥了中华文化的优秀传统，从而获得了他们的认同。从根本上说，“和合”里面就包含了“不同”，体现着一种最大限度求同存异的包容精神，“不同”既可以是思想上的，又可以是社会制度上的。这是一种胸怀宽阔的大智慧。

“和合”思想的深入人心，使我们中华民族向来以爱好和平著称于世，与我国的和平外交政策也有密切关系。可以说，中国的和平外交政策是中华“和合”文化精神的体现。

世界上有两百多个国家，有好几千个民族，各国有不同的文化传统，存在着不同的文明，生活在不同的社会制度下，因此客观上存在着差异和矛盾。不能想象世界只有一种模式、一种文化、一种要求，它应该是多元而又互补的，既不同而又相互交流的。江泽民主席在美国布什图书馆的演讲中指出："两千多年前，中国先秦思想家孔子就提出了‘君子和而不同’的思想。和谐而又不千篇一律，不同而又不相互冲突。和谐以共生共长，不同以相辅相成。和而不同，是社会事物和社会关系发展的一条重要规律，也是人们处世行事应该遵循的准则，是人类各种文明协调发展的真谛。大千世界，丰富多彩。事物之间、国家之间、民族之间、地区之间，存在这样那样的不同和差别是正常的，也可以说是必然的。我们主张，世界各种文明、社会制度和发展模式应相互交流和相互借鉴，在和平竞争中取长补短，在求同存异中共同发展。”[①] 这正是对“和合”思想的精彩表述。

---

① 见《人民日报》2002年10月25日，第1版。

第三章　昭君守国，诸夏蒙德
——昭君出塞是和亲政治成功的典范

第一节　和亲是一种普遍存在的历史现象

一、和亲的概念

汉代以前“和亲”概念比较宽泛，包含和平、友好、亲善、上层联姻等内涵。根据汉唐以后的使用情况及研究需要，我想给和亲概念一个界定：和亲是两个政权或民族最高层决定的、以和平为目的的联姻。要点有三个：最高层决定（两国、两族平民的联姻没有最高层决定，不是和亲）；目的是和平（和亲的核心就是“和”字，目的是达成和平友好关系；即使是权宜之计的和亲，也是要尽快停止战争状态）；婚姻是标志（以男女婚姻及其后代的血缘关系来表达长期和平的诚意）。和亲者可以是王室、贵族、罪臣之女，也有民间女子如昭君，但是要最高层决定并且赋予和亲者最高层政治代表的身份，如封为公主等。和亲是国家大事，涉及战争与和平、边疆和民族、外交与内政相关政策的调整等重大问题，所以对和亲者的选择比较慎重。和亲是政治婚姻，不太重视个人意愿，这是其为人诟病的重要原因。一般说来最高层会对和亲者进行个人服从国家利益的教育，但如果本人坚决拒绝担当和亲重任，还是要换人的，因为她嫁过去不仅不能完成和平友好的政治使命，还会破坏双方关系。如刘邦与吕后之女坚决不去和亲，刘邦只好换人。然而，政治婚姻未必都是消极的，和亲未必都是屈辱的，和亲者个人也未必都是悲剧的，先结婚、后恋爱的也不少。和亲的效果如何，固然主要决定于双方实力对比消长及政策是否正确，但也与和亲者自身的表现有密切关系。

在人类历史上，王室之间的通婚原本十分自然。不仅是门当户对，还为了王国与王国结成亲家，增进相互间的信任与感情，形成利益、名分攸关的政治、军事联盟。欧洲各国的例子最多，也最为典型，成为定制。中国历史上主要表现为中原王朝的帝王对于边疆少数民族政权的君主以尚公主、降宗女、赐嫁妆的形式结为姻亲，当然也有少数民族君主之间的姻亲。

但这种政治联姻并非绝对可靠，有时适得其反。例如春秋时期鲁桓公娶了齐襄公的妹妹文姜，不但未能联手互利，反而祸起萧墙，竟致送命。欧洲历史上也不乏亲家之间因王位继承反目为仇，甚至兵戎相见的事例。毕竟两国关系要靠男女关系来维系，总有些悬乎。秦代以后，中国发生的变化太大，与欧洲后来的情况迥异。一是皇帝自认不与周边四夷的国王，包括单于（匈奴）、昆弥（乌孙）、可汗（突厥）、赞普（吐蕃）地位平等；二是帝王妃嫔众多，乃至数不胜数，不像欧洲国家基本上是一王一后制，因而秦以后的中国皇帝纳外藩、异族公主为妃，政治意义远逊于先秦时代的诸侯国间通婚和欧洲的王室间通婚。

汉朝和亲外交影响最大的就是昭君出塞。但汉代时“和亲”一词，原意并不指皇室之间的政治婚姻，而是说两国和睦亲善。当时昭君出塞嫁呼韩邪单于，也只说是“单于自言愿婿汉氏以自亲”。所以汉匈两族经常和亲，“求和亲”“约和亲”与“不许和亲”大都不牵扯王室的婚嫁，并不是“求婚”“约婚”和“不许以婚”的同义，但二者之间有一定联系。直至唐代，“和亲”才用以专指对外族王室的通婚。

二、和亲产生的根源

在中国辽阔而又相对独立的地理环境中，历史上自然形成了以汉族为主体的中原农耕民族和以北方游牧民族为主体的草原民族，他们必然首先在经济生活中追求一个互相补充的共同市场和逐渐完善的生产体系；经济生活和物质利益的相互需要构成了各民族关系发生、发展的基础。但在封建社会私有制的条件下，各民族的统治阶级一般不可能按照平等的原则来处理民族间的各种利益关系，总是以大小强弱的实力较量原则来决定民族间的关系，于是民族战争就成为不可避免的现象。而长期、频繁的战争往往使双方都遭受惨重的损失，而受害最深的人民群众更希望通过和平友好的交往来调解民族利益问题，各族统治者也根据实力对比自愿或被迫地采取和平方式来处理民族关系。这就造成了历史上民族关系打打停停、停停打打轮番不休的局面。

历史上民族关系的主要表现形态无非是战与和两种，这两种形态的交替或并存一直贯穿民族关系的始终。就战争形态来说，具有正义性质的民族战争在解决民族矛盾、促进统一、推动历史前进方面曾经起过一定的积极作用，但毕竟付出的代价太大，而且遭受最大生命财产损失的是各民族人民群众。因此，各民族、各国的人民群众都希望能通过和平方式来解决民族间的矛盾。同样，一些明智的封建统治者也会尽量采用避免战争的手段解决问题。战与和往往成为朝廷中议论政治的主要内容，甚至因此形成不同的对立路线和政治派别。

西汉初年，刘邦不得不采纳和亲建议。尽管匈奴小规模侵扰未绝，但汉朝还是从和亲中获得了喘息时机，可以集中精力处理国内问题，发展生产，人民群众更是避免了大规模战争，得以休养生息。直到汉武帝时期，经过七十多年休养生息，国力强盛，便放弃和亲政策，转而采取武力征伐匈奴。汉武帝对匈奴的战争有其正义的性质和积极的意义，尽管获得了决定性胜利，却也带来了两败俱伤的结果。匈奴方面军事失利，又遇天灾，人口锐减，牲畜死亡，统治阶层分裂，面临民族灭绝。汉朝也户口减半，赋税沉重，经济衰退，以至于汉武帝晚年“悔征伐之事”，发出罪己诏。直到呼韩邪单于诚心诚意主动归附，汉宣帝、元帝真诚希望和平，于是以王昭君出塞为标志，汉朝和匈奴才真正平息战争，达成和平友好，延续六十余年。

历史的经验反复证明，用和平的方式解决民族间的矛盾，有利于缓和民族关系，促进民族间的了解，有利于各民族的发展和进步。因此，和平交往的方式就成为历史上各民族人民和统治者经过长期比较、选择而经常地、大量地采用的处理民族关系的基本方式。这也是中国历史上各民族间的战争所占时间很短，而和平交往时间很长的原因。

和平交往的方式很多，诸如和亲、通贡、互市、会盟或其他开明的民族政策。其中，和亲是层次最高、影响最大、效果最突出的一种方式，而且往往成为两个民族（或国家）达成政治经济全面友好关系的标志。

三、和亲是一种普遍存在的历史现象

中国严格意义上的和亲始于西汉，终于清代，但“和亲”之名及华夏与夷狄之间的政治婚姻却出现于先秦。据查，我国最早使用“和亲”一词的文献是《周礼·秋官司寇》：“象胥，掌蛮、夷、闽、貉、戎、狄之国使，掌传王之言而谕说焉，以和亲之。”其意义泛指和好、亲善，未必一定包括结为婚姻的内容。但天子、诸侯、贵族采取联姻的方法达到联盟、互援等政治目的，即我们现在所指的“和亲”，却早在商周时期就屡有记载。《国语·鲁语上》云：“夫为四邻之援，结诸侯之信，重之以婚姻，申之以盟誓，固国之艰急是为。”不但在诸侯之间，而且在华夏与戎狄之间也有了联姻关系。《史记·殷本纪》载：“(纣)以西伯昌、九侯、鄂侯为三公。九侯有好女，入之纣。”《史记·匈奴列传》载：“初，周襄王欲伐郑，故娶戎狄女为后，与戎狄兵共伐郑。已而黜狄后，狄后怨，而襄王后母曰惠后，有子子带，欲立之，于是惠后与狄后、子带为内应，开戎狄，戎狄以故得入，破逐周襄王，而立子带为天子。”

和亲正式成为一种政策提出，始于刘邦。汉代最早是刘邦以宗室女为公主嫁匈奴单于为妻。武帝时又先后将两位公主(细君和解忧)嫁给西域乌孙国王(昆弥)。后来解忧公主申请回国，“年老土思，愿得归骸骨，葬汉地”，于甘露三年(公元前51年)回到长安。[①]此时公主年已七十，在西域生活了半个多世纪。解忧归汉后，又过了十八年，才有昭君出塞的事。

唐朝与周边各族的和亲也很频繁，但唐以后的汉族王朝的和亲外交则大不如以前。历史上只有宋朝和明朝没有和亲，主要原因是宋明理学日益盛行，“华夷之辨”、女德观念等导致社会普遍认为和亲是屈辱之举。辽、金、西夏、元、清则经常采用和亲的方法达成某种政治、军事目的。从总体上看，历代王朝的和亲政策呈现出上下承袭、连绵相续、不断丰富、不断完善的发展趋势。回顾自周至清的和亲，影响最大、成效最显著

①《汉书·西域传》。

的是汉之王昭君和唐之文成公主和亲，汉唐也是和亲最频繁的两个朝代。此后无论是汉族还是少数民族入主中原建立政权，他们所面临的重大政治问题和边疆问题就是如何处理、调整中原民族与周边民族特别是北方游牧民族的关系，因而他们都十分重视借鉴历史上的经验教训，吸取、承袭前代王朝的边疆、民族政策，其中王昭君、文成公主等和亲肯定给他们留下深刻印象。这就使历代王朝在执行和亲政策方面整体呈现出绵延不绝、承袭而又有所发展的特点，直到清代，基本成为一种满蒙世代通婚相对固定的政治制度，而且其效果也越来越明显。总之，随着历史的发展，和亲作为一种政治选择，越来越内容丰富、形式多样，越来越走上制度化，从而在政治制度层面上形成一种文化现象。这是很值得研究的。

第二节　和亲是统治者的政治手段

一、和亲是一种政治婚姻，其基本特点是统治者以此作为政治手段调解民族矛盾、国家矛盾，以便达到改善民族关系、结成政治联盟的目的

唐是全面对周边民族、政权实行和亲政策的朝代，深度、广度远超各代，最具有代表性。据《唐会要》《旧唐书》等史籍统计，唐出嫁的和亲公主多达二十余人，和亲的民族政权达

八九个（吐蕃、突厥、回纥等），时间贯穿唐朝始终。出嫁公主的身份地位也最高，不但有宫女、宗室女，而且有皇帝的亲生女、亲妹妹等。各民族政权都把得到唐朝和亲视为崇高的政治荣誉和政治地位。承担过和亲重任的唐朝公主有：

太宗朝，贞观四年（公元630年），九江公主（高祖李渊第八女）嫁突厥酋长执思失力。贞观十年（636年），衡阳公主（高祖李渊第十四女）嫁突厥阿史那杜尔（处罗可汗次子）。贞观十四年（公元640年），弘化公主（宗室女）嫁吐谷浑国王诺曷钵。贞观十五年（公元641年），文成公主（宗室女）嫁吐蕃赞普松赞干布。

高宗朝，麟德元年（公元664年），金城县主（会稽郡王李道恩第三女）嫁吐谷浑王子苏度摸末；金明县主（宗室女）嫁吐谷浑王子闼卢摸末。

中宗朝，景龙三年（公元709年），金城公主（雍王李守礼女）嫁吐蕃赞普迟德松赞。

玄宗朝，开元三年（公元715年），固安公主（宗室出女辛氏）嫁奚王李大酺。开元五年（公元717年），永乐公主（东平王外孙女杨氏）嫁契丹首领李失活。开元十年（公元722年），燕郡公主（宗室出女慕容氏）嫁契丹王李郁于。开元十四年（公元726年），东华公主（玄宗侄甥女陈氏）嫁契丹王李邵固；东光公主（成安公主女韦氏）嫁奚王李鲁苏。天宝三年（公元744年），和义公主（宗室女）嫁宁远国王阿悉烂达干。天宝四年（公元745年），静乐公主（玄宗外孙女独孤氏）嫁契丹王李怀秀；宜芳公主（玄宗甥女杨氏）嫁奚王李延宠。

肃宗朝，至德元年（公元756年），仆固怀恩女嫁回纥可汗少子（后为英义可汗）。乾元元年（公元758年），宁国公主（肃宗幼女）嫁回纥英武威远可汗；小宁国公主（荣王李琬女）陪嫁回纥英武可汗，后嫁英义可汗。

代宗朝，大历四年（公元769年），崇徽公主（仆固怀恩女）嫁回纥可汗。

德宗朝，贞元三年（公元787年），咸安公主（德宗女）嫁回纥长寿天亲可汗。

穆宗朝，长庆元年（公元821年），太和公主（宪宗女）嫁回纥崇德可汗。

在中国历史上，清朝也是自觉地把和亲作为重要政治工具的朝代之一。清朝在夺取全国政权之前就与蒙古联姻，并且由此获得巨大的政治、军事利益，成为其能够统一全国的重要因素。此后更把“北不断亲”定为国策，与蒙古各部形成一种牢固的政治、军事联盟。这不但是一种和亲，而且是制度化了的和亲。

清朝开国之君努尔哈赤及其继承者对蒙古采取了“顺者以德服，逆者以兵临”的所谓“恩威并举”的方针。[①] 对漠南蒙古

①《清太祖武皇帝实录》卷1。

的科尔沁部和内喀尔喀五部等主要是联合争取，凡率部归顺的一律从优款待，加官进爵，联姻婚娶，把漠南蒙古的东部纳入后金的管辖范围。内喀尔喀五部是漠南蒙古的强部之一，属部有巴岳特、扎鲁特、巴林、翁吉剌、乌齐叶特等部。巴岳特部达尔汉巴图鲁贝勒之子恩格德尔，是在努尔哈赤起兵统一各部过程中最早来贡的一个台吉。后金国建立的第二年（公元1617年），努尔哈赤以"皇弟舒尔哈齐之女"下嫁恩格德尔，招为额驸。天命九年（公元1624年），恩格德尔率众归附，努尔哈赤将其部众编为佐领，并赐以田宅、耕牛、人丁，与后金的官员享有同等权利。这不但促使恩格德尔为后金效力，而且引诱其他蒙古部归顺。在内喀尔喀五部相继归附之际，努尔哈赤明确规定其子孙代善、阿敏、莽古尔泰、皇太极、德格类、岳讬等十一位贝勒，分别与莽果尔、达赖等蒙古贝勒"结成亲家"。[①] 在满蒙结盟、联姻关系的发展过程中，喀尔喀之强部扎鲁特蒙古也于天聪二年（公元1628年）归附后金。自此之后，漠南东部蒙古各部大多陆续归附后金，不同形式地纳入后金—清的统治范围。

清政府对蒙古族的政策，以其归顺的时间早晚和居住地区不同而有所差异。从清太宗皇太极起，到乾隆帝弘历止，游牧于漠南、漠北和漠西的蒙古各部数百万人先后归附清朝。清政府把管

---

①《满文老档》太祖朝卷40。

辖蒙古、争取各部上层人物、建立牢固的满蒙贵族联盟确定为基本国策之一。它专设理藩院来管理蒙古事务，订立了不少制度和规定，以维护满洲贵族与蒙古族的关系。这些制度和规定归纳起来，主要有建立盟旗、封授爵职、联姻婚娶、朝贡互市、利用黄教。

其中联姻婚娶，实即和亲，是满蒙联盟的特殊形式。清太祖努尔哈赤的后妃中有两个蒙古族人。清太宗皇太极的后妃中有六个来自蒙古，著名的孝端文皇后、孝庄文皇后都是蒙古族。顺治帝之孝惠章皇后及淑惠妃等亦系蒙古族姑娘。皇太极在位期间招了九个外藩蒙古女婿。康熙帝之女固伦荣宪公主、和硕端静公主等七人嫁与科尔沁等蒙古部的亲王、郡王。清朝还专门建立"备指额驸"制度，从少儿时期就发现、培养公主们的和亲对象。这种互为婚娶的政策，对加强满蒙联盟、增进蒙古各部与清朝中央政府的联系起了重要作用。

从和亲史实来看，西汉与匈奴、乌孙的和亲，魏晋南北朝不同民族、政权的和亲，唐与周边民族的和亲，辽、金、西夏及蒙元的和亲，以及清代和亲，其目的都是作为一种政治工具。汉与匈奴的和亲，其目的是为了安边；汉与乌孙的和亲，主要是为了结交乌孙，夹击匈奴，减少边患；魏晋南北朝时期，因为是动荡分裂时期，所以和亲的目的主要是缔结军事、政治同盟；辽与西夏和亲的目的是进一步巩固刚刚建立的盟好关系；西夏、金与蒙古和亲主要是战败求和，献上公主，求得喘息时机；满蒙和亲主要是清与蒙古结成政治联盟，进而使蒙古成为一支在政治、军事斗争中可以直接使用的力量。这些和亲，情况复杂，但无论其主观出发点如何，客观上都达到了调和民族矛盾，维护民族关系的结果。

二、和亲又是一种政治策略，特别是在民族间发生战争期间，往往与武力交替使用，以便获得喘息时机

据张正明在《和亲通论》中的统计，“从汉到清总计，共有和亲131起，其中不同少数民族之间的和亲80起，汉族同少数民族的和亲51起”。“在这131起和亲中，就效果而论，双方或多或少收到了预期效果的有82起。”[①] 可见和亲这种缓和民族矛盾的方法在多数场合下是行之有效的。

和亲是战争的过渡形式。历史上和亲政策的推行，往往出现在大国政权积弱的时候。早在公元386年，羌族姚苌在长安即位，建立后秦，后其子姚兴继位，姚兴时后秦成为十六国时期比较强盛的一个政权。为了拉拢后秦，北魏拓跋珪于天兴五年（公元402年），派北部大人贺狄干向姚兴送马一千匹做聘礼，要求和亲。姚兴表示同意。随后由于种种原因，姚兴单方面宣布中断和亲关系，并派其弟姚平率领四万大军，攻陷北魏的柴壁。拓跋珪不甘示弱，在柴壁与后秦展开了激烈战斗，挫伤了后秦的锐气。义熙三年（公元407年），姚兴重新与北魏通好。神瑞

① 张正明：《和亲通论》，《民族史论丛》第1辑，中华书局，1986年。

元年(公元414年),北魏主动向后秦提出和亲。次年,姚兴派东武侯姚敞与尚书姚泰把西平公主送到北魏。从这类史实中不难发现,战争与和亲是相间迭乘、交替出现的。

唐代,唐高祖李渊统一全国后,所面临的问题十分复杂。周边各族迭相对唐政权造成威胁,其中威胁最大的是突厥。李渊在太原起兵时,为了结交始毕可汗,曾派襄武郡公李琛与太常卿郑元带着“女妓遗突厥始毕可汗,以结和亲”。于是始毕可汗派特勒康鞘利率领五百名士兵、两千匹战马援助李渊。武德五年(公元622年),颉利可汗继承突厥汗位后,经常骚扰唐朝边境。唐建国伊始,无力对付突厥,只好采用和亲方式笼络颉利可汗。于是唐高祖派人“赍布帛数万段与结亲”。唐太宗继位后,国力强大,遂决心消灭突厥。贞观三年(公元629年)冬拉开战幕。次年二月,颉利战败逃到铁山,自度无力与唐继续抗衡,向唐请罪。突厥处罗可汗之次子阿史那社尔与衡阳公主(李渊第十四女)结婚后,在唐与周边政权的多次战争中屡立战功,先后平定高昌,出征高丽,出兵并俘获龟兹王等,扩大了唐朝的声威。而东突厥酋长与唐高祖李渊之第八女九江公主婚后对唐朝疆域的扩大和安宁也起了不少作用。从此,唐太宗李世民把和亲看作扩大政治实力并求得边境安宁的一种重要手段。所以在贞观年间,皇帝与少数民族君长、贵族和亲联姻的事例屡见不鲜。李世民曾自己总结对周边民族政权的两套政策:“选徙十万,击而虏之,灭除凶丑,百年无事,此一策也;若遂其来请,结以婚姻，缓辔羁縻，亦足三十年安静，此亦一策也。”[①] 由此可见和亲在唐朝政治中的重要地位。

中国自古以来，和亲就是统治者从政治需要出发而进行的联姻，它是历代统治者扩大实力并求得边境安宁的一种重要手段。但双方一旦受到利益威胁，战争便不可避免。当然，和亲在减少相互冲突、改善民族关系、增进彼此间的了解、加强文化的交流方面起到了很大作用，并收到了好的效果。对于弥合民族间的分歧，促进中华民族的融合以及增强国家的安定团结，其作用之大，更是不容低估的。

三、在多个民族政权并立的情况下，和亲往往又成为各个政权进行外交的工具，以便达到争取与国孤立敌国的目的

唐初，西突厥向唐求婚，高祖征求群臣意见，封德彝说：“当今之务，莫若远交近攻，正可权许其婚，以威北狄。待之数年后，中国盛全，徐思其宜。”[②] 这清楚地表明，许婚是权宜之计，是“远交近攻”策略的组成部分，一旦“中国盛全”，就会改变策略。其实，这正概括了不少和亲的动机。

北魏拓跋焘曾多次受到柔然的攻击。拓跋焘于始光、神䴥年间（公元424—431年）连续向柔然进攻，迫使柔然远遁漠北。神䴥四年（公元431年），柔然遣使朝贡。延和三年（公元434年），

①《旧唐书·北狄传》。

②《旧唐书·突厥传》。

双方和亲，吴提可汗娶北魏西海公主，又把其妹送给拓跋焘为左昭仪，并向北魏献马。北魏从此解除了后顾之忧，这才有可能南御刘宋，东灭北燕，西平夏国和北凉，进而统一北方。由此可见北魏与柔然和亲在外交上的重要作用。

武德二年（公元619年），强大的割据势力王世充占据河南，自称皇帝，国号郑。武德三年（公元620年）五月，突厥处罗可汗遣阿史那揭多献马千匹于王世充，且求婚，世充以宗女嫁给突厥，并与之互市。这次突厥处罗可汗与工郑政权的和亲，各有其政治目的：突厥处罗可汗想乘中原丧乱，南取中原；王世充立郑称帝后，需要力量支持。

《新唐书·阿史那社尔传》载，景云二年（公元711年）三月，突厥默啜可汗派人向唐“请和亲”，唐睿宗答应“以宋王成器女为金山公主许嫁之”。默啜听说后，派了儿子杨我支特勒到长安相亲。但因睿宗不久把皇位传给玄宗，这次和亲未获成功。唐玄宗即位的次年(开元元年，公元713年)八月，默啜可汗又派儿子杨我支特勒到长安，“固求婚”，而且表示愿婚后留在长安宿卫。玄宗同意了和亲，“以蜀王女南和县主妻之”。但第二年(开元二年，公元714年)，默啜调发火拔颉利发石失毕等人的兵马攻打北庭。火拔的兵马被北庭都护郭虔瓘打得大败，火拔无颜再见默啜，便带着妻子向唐投降。降后，唐玄宗拜火拔为左武卫大将军、燕山郡王，并且封火拔妻为金山公主。这样一来，在形式上唐朝与突厥的未竟和亲便实现了，火拔成了突厥名正言顺的首领，火拔妻子在名义上成了唐朝宗室之女。突厥为什么要一再要求和亲？显而易见，突厥是想借与唐和亲抬高自己在少数民族政权中的地位，以便控制其他少数民族政权。

党项李继迁在与宋、辽的对峙中，为了联辽抗宋，向辽称臣。辽圣宗也想利用李继迁牵制宋，便以宗室女封为义成公主下嫁李继迁，后又封李为夏国王。辽太平十一年(公元1031年)，辽圣宗又许兴平公主与李元昊成婚，次年封其为夏国王，加强了双方的政治军事联盟。夏辽的联姻，完全是与宋朝进行军事抗衡的产物。

第三节　和亲客观上有利于人民群众和社会进步

就大多数和亲来说，客观地看，在不同程度上都起到了积极的历史作用。这些作用概括地说，有以下几个方面：

一、在和亲的当时或此后相当长的一段历史时期，避免了战争和对峙，达成了和平友好，缓和了民族矛盾，稳定了形势，有利于双方人民休养生息

汉与匈奴的联姻最为典型。西汉刚建立时，匈奴正处于上升时期。冒顿单于东破东胡王，西逐月氏，南并楼烦、白羊河南王，接着又侵燕、代之地，“悉复收秦所使蒙恬所夺匈奴”的

地域。而“汉兴，接秦之弊，诸侯并起，民失作业而大饥馑。凡米石五千，人相食，死者过半”。“中国疲于兵革”，无力对付上升时期的匈奴，和亲就成了西汉统治者安边的重要手段。首倡和亲之策的刘敬认为：“天下初定，士卒疲于兵，未可以武服也。”和亲实为上策。与匈奴实行和亲“非惟解兵息民，亦欲渐而臣之”。[①] 这种思想从刘邦开始，中经高后、文帝，直到宣帝、元帝，“皆用此道”。纵观汉匈和亲的历史不难发现，汉匈双方在求婚、报聘以及正式和亲中始终强调这样一条原则：“愿寝兵休士养马，除前事，复故约，以安边民，以应古始。使少者得成其长，老者得安其处，世世平乐。”“匈奴无入塞，汉无出塞。”[②] 汉与匈奴和亲基本上避免了战争和对峙，达成了和平友好，缓和了民族矛盾，稳定了形势，有利于双方人民休养生息。

二、在和亲的同时，一般都赠送给边疆民族大量的嫁妆、工匠、随从，还有每年的定期赏赐。和亲之后，往往取消经济封锁，开放官民互市。这些都促进了各民族经济文化的交流

如前所述，汉朝每一位和亲公主出嫁都带有丰厚嫁妆及很多随从人员，还有每年定期赏赐。与此同时，双方解除经济封锁，开放官方、民间的互市贸易。这些都促进了各民族经济文化交流，有利于社会进步。不仅汉朝如此，此后历代公主和亲，

①《史记·匈奴列传》。

②《册府元龟》卷九七八。

这些政策和措施几乎成为定制。

唐贞观十四年（公元641年），文成公主出嫁吐蕃赞普松赞干布。文成公主和亲除带着华贵而丰富的嫁妆，还携带史书、佛经、佛像以及工艺、医药、历法等典籍。在文成公主众多的随行队伍中还有为数不少的“技术人员”（各种手工业熟练的工匠艺人），他们成为传播中原先进农业、手工业技术的使者。文成公主途经之处，派汉族工匠装置碾坊，利用水力碾磨青稞，传播了利用水力的技术。至今藏族人民还传说文成公主在山南一带教会了他们平田地、除杂草、挖畦沟和纺织、刺绣等技术。当然，传说中精于耕作、纺织之术的文成公主，实际上是集跟随文成公主入藏的工匠、侍女于一身的理想化了的文成公主。但如果没有唐蕃和亲、文成公主入藏，汉族文化传播的规模和范围是不可能这么大这么广的。正因此，文成公主为藏族同胞世代缅怀。唐高宗初年，又应松赞干布之求，送去蚕种，派去善于酿酒、制碾坊、制纸墨的工匠。大批吐蕃贵族子弟被派到长安国子监学习，唐朝的一些文士受聘到吐蕃负责管理文书。唐朝贵族的服饰也传到了吐蕃。大量的中原文化传入吐蕃，对社会生活产生了广泛影响。同时吐蕃的音乐、药物以及肉、奶和皮革加工技艺也传入内地。经济文化交流渗透到社会生活的各个层面。

唐中宗景龙二年（公元708年），金城公主出嫁吐蕃赞普赤德祖赞。翌年十一月，吐蕃遣大臣赞咄等率千余迎亲队伍到长安。两月之后，唐朝命骁卫将军杨矩充任护送金城公主之使臣，中宗赐金城公主“绵缯别数万，杂伎诸工悉从，给龟兹乐”，并亲至始平县（今陕西咸阳西北）设宴送行。金城公主入藏，进一步促进了唐蕃间经济、文化的交流。一方面，大量丝织品和生产技术更广泛地传入吐蕃；另一方面，吐蕃土特产也相继传入内地。开元四年（公元716年），金城公主向玄宗呈《谢恩赐锦器物表》:“伏蒙皇兄所赐信物，并依数奉领，谨献金盏、羚羊、衫、缎、青长毛毡各一，奉表以闻。”赤德祖赞在开元十八年（公元730年）亦赠玄宗“金胡瓶一、金盘一、金碗一、玛瑙杯一、羚羊衫段一”。开元十九年（公元731年）唐朝应金城公主之请，赐《毛诗》《礼记》《春秋》等书。金城公主在吐蕃生活了三十年，开元二十八年（公元740年）十一月病逝于吐蕃。金城公主和文成公主一样在吐蕃民众中有广泛的影响，她的事迹至今在藏族僧俗群众中广为流传。在布达拉宫、扎什伦布寺、罗布林卡新宫、萨沙寺等处留下不少以金城公主进藏为题材的壁画。金城公主虽然不能在政治上制止吐蕃奴隶主对唐寻衅扩地的贪欲，但在缓解唐蕃冲突，促成唐蕃河源议界、赤岭定界中起了积极作用。金城公主是一位虔诚的佛教徒，因此众多的佛教僧人随她到吐蕃，佛教开始在吐蕃迅速广泛地传播，并逐渐对吐蕃社会产生了决定性影响。吐蕃和唐的政治联系加强了，军事冲突停止了，民间的文化经济交流在更深更广的层面上发展着。

三、削弱民族偏见，加深相互了解，为各民族友好相处奠定基础

和亲虽然是在最高统治层之间进行的，但在客观上促进了各族人民间的经济文化交流，增强了两族人民的相互了解，促进了民族的融合。

从历史文献记载中看，汉匈间和亲对两族人民经济文化交流以及民族融合起到的促进作用比较典型。汉匈两族经济上的交流，首先是两族百姓间的经济交往，但并不局限于此，而且逐渐影响到统治阶级。起初，“冒顿单于得汉美食好物，谓之殠恶”[①]，可见当时匈奴统治者鄙视与汉交往，排斥汉物与文化的渗入。但通过几代的和亲与多方频繁交往，逐渐改变了这种情况。公元前2世纪中叶，“武帝继位，……匈奴单于以下皆和亲，往来长城下”[②]，直到马邑事件后，匈奴“尚乐关市，嗜汉财物”[③]。由此可知，匈奴上层已由鄙视与汉进行经济往来转变为羡慕汉朝的物质文明，非常愿意与汉交往，而百姓间通过“关市”等渠道的交往更加活跃。

根据《史记》和《汉书》记载，有三个人（即中行说、赵信、卫律）对匈奴影响很大。中行说是汉人，文帝以宗室女为公主嫁单于时，中行说为宦者随行。中行说到匈奴，甚得单于亲幸，

---

①《汉书·杨恽传》。

②《史记·匈奴列传》。

③ 同上。

对匈奴影响很大。他“教单于左右疏记，以计课其人众畜物”，教单于遗汉书的式样，“牍以尺二寸”，比汉遗单于书“牍以尺一寸”还大，当然也会干预其中内容。赵信原为胡人，降汉后被封为翕侯。武帝元朔六年（公元前123年），卫青率六将军击匈奴，赵信为前将军。赵信战败，单于诱之，遂降匈奴。单于得信，尊之为“自次王”，其位仅次单于。单于还把姐姐嫁给了他，对他十分信任。在匈奴与汉战争不利的情况下，他教单于“益北绝幕，以诱疲汉兵，徼极而取之，无近塞”，这对匈奴保存实力、休养生息起了很大的作用。卫律的父亲是早年归附汉朝的胡人，卫律本人深受汉文化影响。他在汉武帝时奉命出使匈奴，后来投降匈奴。他曾经教匈奴人挖井、修城、筑楼，还曾经劝降李陵、迫降苏武、谗杀李广利，甚至参与单于废立等机密大事。这些人品德有亏，但客观上加深了双方的了解。

总的来看，和亲促进了汉匈两族经济文化的交流。两族间经济、文化交流的过程，也是民族融合的过程，正是在这种长期交流、相互接触、相互了解中，匈奴人便成千上万地移居中原，与汉杂居，渐渐地融为一体。

四、推动民族融合

除各民族上层通过和亲逐渐实现血统的交流、血缘的融会，特别要强调的是，民族上层的和亲必然引起各民族人民群众之间的民间联姻，虽然这种民间联姻不具有政治色彩，也不像和亲那样产生轰动效应，但其范围和规模远比和亲大得多，这就促进、加速了民族间的自然融合。

民族人口的大迁移，多数是由于战乱或天灾。如西汉征和三年（公元前90年），贰师将军李广利将兵七万击匈奴，因战败和巫蛊事起，便率众降匈奴。据不完全统计，仅汉武帝时期，汉兵战死、降匈奴或被杀掠的吏民共约十四万人；匈奴战死、被俘、降汉共约二十一万人。另外，还有边人奴婢，因愁苦而亡入匈奴者。这样看来，汉人通过种种渠道，被掠、降俘和逃亡入匈奴的，最少也有十多万人。这个数字对匈奴来讲，就占相当大的比重了。这些汉人流入匈奴，大部分被当作奴隶用于生产，也带去了田耕、穿井、修城、铸造汉式兵器等先进技术。因此可以说，大量汉人的流入，不但使匈奴的民族成分起了重大变化，而且对它的社会发展也起了重大影响。人口迁徙有时则是出于统治者的政治目的，例如唐代突厥人有近万家迁居长安，其中有百余位突厥贵族被唐朝任命为将军、中郎将等官职。

大量的人群迁移他乡，或入乡随俗，或融于当地的民族，但总的来说还会与家乡保持千丝万缕的联系。他们在迁居后，或许会与当地的居民发生冲突，但总的来说，是能够在磨合中逐渐融合成一家的。因为侨居的若是后进的民族，那他们为了生存必会尽快适应当地先进的文化，学习对方先进的生产技术；若迁居的是先进的民族，那他们可利用先进的生产技术和文化博得当地居民的认可。所以，侨民和土著居民最终还是会相互学习、接纳，进而达到和谐，甚至相互通婚，发生血缘融会。各民族上层的和亲婚姻自然会对他们产生影响，起到上行下效的作用。

发生血缘关系是我国民族融合过程中的一个重要特征。血缘上的联系能产生巨大的凝聚力，因为中国的宗族观念是很强的，人们可以因同一血缘而认同为一家人、同宗人、同乡人、同一国人，所以任何人想从血缘上搞分裂都将是徒劳的，任何人为造成的妻离子散、背井离乡、亡宗灭族和国破家亡，得到的结果将是最强烈的反抗和报复。

历史上的和亲政策与中华民族向心力、凝聚力的形成与发展有着密切的联系。不管实行和亲的统治者在当时出于什么动机，企图达到什么具体目的，从客观效果看，从长远发展看，都是有利于中华民族凝聚力的形成和增强的。因为从政治上分析，和亲政策总是有利于增强少数民族对中央政府的信任感，增强相互之间的内聚力，有利于边疆少数民族政权归附中央政府。而和亲公主就是具体的纽带。

较之通过武力、战争来达到统一，和亲的优越性是不言自明的。即使是那些客观上具有进步性、有利于国家统一和民族交往融合的正义战争，也总是会造成各民族的人员伤亡，造成生命财产损失和社会经济文化的巨大破坏。至少在一段时间内加深了民族间的隔阂和仇视，损害了中华民族凝聚力的发展，而抚平这种创伤和烙印却不是短时间内可以做到的。

历史上的和亲是在极其复杂的情况下进行的，因此难免在许多问题上都存在争议。例如关于汉对匈奴和亲政策的性质，有的学者认为和亲政策具有屈辱性与纳贡性，有的学者则否认和亲所具有的屈辱性质。关于和亲的作用，有的学者认为和亲是对匈奴的忍让，企图换取边境的暂时安宁，但匈奴愈益骄横，连年入侵边郡，抄掠人口畜产。因此和亲政策不仅没有达到汉朝希望的目的，还助长了匈奴掠夺的凶焰。对此我们认为，应该把眼光放长远些，不宜仅就汉朝论汉朝。即使汉朝和亲政策在某一时期、某一特定情势下具有屈辱性和纳贡性，但从中华民族的形成史和关系史看，仍不能否定和亲政策在总体上和客观上所起的积极作用。

首先，和亲对维护边境安宁、保护人民财产起到了一定的积极作用。在少数民族实力较强、中原王朝实力较弱的情况下，和亲虽不能完全阻止其入边掠夺，但毕竟使侵掠有所收敛，使中原人民获得喘息和发展的时机。这不难从史书记载中看出，汉初和亲政策在一定程度上减少了战争。据统计，从高帝九年（公元前197年）至武帝元光二年（公元前133年），共六十六年，这是汉初执行和亲政策时期，这一时期是匈奴侵扰次数较少的一段时期。

其次，和亲对于中华民族经济、文化交流以及民族融合起到了积极的作用。民族史学家马长寿先生指出："匈汉人民，即匈奴的牧民和汉朝的农民，他们各以自己辛勤的劳动从事畜牧业和农业的生产，除了阶级斗争之外，只需要和平，不需要与邻国邻族进行战争的。在两国牧民和农民之间，为了增加生产资料和调节生活资料，他们可以进行关市贸易；为了获得粮食，匈奴需要入塞垦田；等等，所有这些和平往来、团结互助、公平交易等，都是两国人民之间的主要关系。这些关系是由两国劳动人民阶级本质决定的。只有当敌国的统治者掠夺他们的人口、土地、牧畜和财富的时候，两国人民始愿意参加民族战争。”[①] 应当说，马先生的精辟之论是合乎史实的。当汉匈发生战争之时，即两族人民切身利益乃至生命财产遭到对方威胁时，两族人民处于敌对状态，往往封闭“关市”，减少来往；相反，实行和亲政策，而且伴之以通关互市，就使两族人民敌对状态消除，经济文化的交流亦因之而密切。

我们在总体上、主流上强调和亲在客观上有积极作用的同时，必须坚持具体问题具体分析，同时要充分认识和亲的历史局限性，认识和亲对大多数和亲公主个人幸福的漠视，也要认识一小部分和亲的确没有什么积极作用，还有的把和亲当成权宜之计甚至欺骗手段，等等。总之，历史上的民族关系如何，取决于双方政治、经济、文化的综合力量对比，和亲是民族政策的重要方面，但不是最重要的，更不是唯一的。因此，对和亲作用的估计一定要实事求是，恰如其分，包括像昭君这样成功的和亲。

---

① 马长寿：《北狄与匈奴 · 简短前言》，生活 · 读书 · 新知三联书店，1962年。

第四节　昭君出塞是和亲政治成功的典范

我们说昭君出塞是和亲政治成功的典范，主要理由，一是匈奴和汉朝的和亲决策者希望和平友好，动机纯正真诚，行动光明正大；二是和亲承担者王昭君对使命认识深刻，以自己的言行获得了双方官民上下一致赞美；三是和亲效果明显，双方和平友好相处六十余年；四是对后世影响深远，两千年来各民族传诵不息。

昭君出塞后，呼韩邪单于对汉朝一直友好。他死后，按照匈奴的风俗，昭君又嫁给后继的单于。后继的单于仍对汉友好，也曾亲自去长安，朝见汉朝皇帝。昭君的女儿、女婿、外孙，多次以匈奴使节的身份来到汉朝，促进两个民族友好关系的发展。昭君的两个侄儿多次任汉朝前往匈奴的使节，直至东汉初年，为汉匈友好做出了贡献。

昭君和亲与以往的和亲有本质的不同。以往匈奴只是借“和亲”之名以达到诱获汉方财物之目的，汉朝也把和亲作为暂缓边境冲突的权宜之计。汉匈关系并没有因为和亲而友好，边境也没有因此而平静安宁。那些和亲实质上是一种应急、权宜、妥协的措施，不具备和平友好性质。昭君出塞则是汉匈两族间和平友好关系发展和升华的结晶，是和平友好性质的。和亲播下和汉匈和平友好的种子，促进了民族团结与融合。

求行请往，出塞和亲，嫁给单于，这对一介弱女子来说，的确是一种壮举，一种牺牲，慷慨激昂，惊天动地。“明妃慷慨自请行，一代红颜一掷轻。”[①]“烽烟碛月阵云惊，慷慨偏甘自请行。”[②]“俯首辞汉宫，甘心去沙漠。”[③]昭君自动请行，完全是为了国家和民族的利益。正因她以社稷为重，故能以身许国，一身为轻。诗人或代言之，如：“将军仗钺妾和番，一样承恩出玉关。死战生留俱为国，敢将薄命怨红颜。”[④]将军战死沙场与昭君留在匈奴都是为国为民，重于泰山，无怨无悔。“此去妾身终许国，不劳辛苦汉三军。”[⑤]昭君以身许国，三军可以不为戍边而辛劳了。又或自论之，如：“国重一身轻，辞宫便远行。”[⑥]“当日愿和亲，报国已许身。”[⑦]“行掷此身安社稷，去留微意感君王。”[⑧]在诗人笔下，昭君成了和亲使者。她出塞的主要使命和直接目的是为了汉匈世代友好，不发生战争，使汉朝边塞安定。所以，诗人从此出发进行颂扬：“但使边城静，蛾眉敢爱身！”[⑨]“不惜倾

①〔明〕陈子龙：《明妃篇》。

②〔清〕许兆椿：《昭君》。

③〔清〕蔡寿祺：《明妃曲》。

④〔清〕汪循：《明妃》。

⑤〔明〕卢昭：《题昭君出塞图》。

⑥〔清〕黄之隽：《咏昭君》。

⑦〔清〕谢启昆：《昭君墓》。

⑧〔清〕许兆椿：《昭君》。

⑨〔明〕莫止：《昭君曲》。

城色，心期静塞尘。”[①]

昭君出塞和亲，为国家、为民族做出了重要的贡献，建立了不朽的功勋。汉元帝下令改元为“竟宁”的期望完全达到了。历代诗人也竞相吟咏。“羞貌丹青斗丽颜，为君一笑靖天山。”[②]“长城不战四夷平，臣妾一死轻鸿毛。”[③]为了安边熄烽火，置生死于度外，即使埋骨龙沙也心甘情愿，在所不惜。这足见昭君具有义无反顾的牺牲精神和以天下为己任的爱国抱负。正如陆次云所说：“至和亲之后，数十年无烽火之警者，谁之力哉？良以曲奏琵琶而声消鼙鼓也。”[④]因此，昭君出塞和亲，既巩固了汉匈之间的关系，又奠定了汉匈友好的基础，在我国民族关系史上意义深远，故赢得历代诗人的赞誉。

昭君自请出塞和亲，以国家与民族的利益为重，深明大义，不计得失，不顾安危，这种敢于牺牲、勇于奉献的精神是十分高尚和可贵的。她为国家安全与民族和睦做出的重要贡献，是应当充分肯定和颂扬的。

---

①〔清〕刘墉：《明妃曲》。

②〔宋〕刘子翚：《明妃出塞图》。

③〔宋〕高似孙：《琵琶引》。

④〔清〕陆次云：《明妃辩》。

第四章　剑戟归田尽，牛羊绕塞多
——民族友好是昭君文化的中心内容

第一节　民族的产生及发展规律

昭君文化的中心内容是民族之间团结、友好。王昭君出塞和亲，赢得世世代代各民族人民的尊敬，被人们赞扬为“民族友好使者”，就是因为她代表了汉匈两族人民的共同利益，代表了各民族人民友好的愿望。各个时代的普通百姓总是认为，和比战好，民族间的友谊、团结比对立、敌视好。民族间的友好团结不但符合当时人民的利益，而且符合历史发展的规律。对于中国这样一个多民族国家来说，她所体现的民族友好精神符合民族产生和发展的客观规律，包含着现代民族平等观的先进因素，具有普遍意义。由于民族关系问题是一个世界各国长期存在的问题，因而从民族学角度研究王昭君是十分必要的。

一、民族的产生

“民”“族”二字早在周代文献中就已经出现了。但是把两字合在一起，并使之具有现代意义的“民族”一词，最早见于1899年梁启超的《东籍月旦》。1926年，蔡元培《说民族学》一文发表后，“民族”一词才在我国逐渐广泛使用起来。

关于民族的概念，人们有不同的理解，争论也比较多。“民族是人们在历史上形成的一个有共同语言、共同地域、共同经济生活以及表现于共同的民族文化特点上的共同心理素质这四个基本特征的稳定的共同体。”这是1913年斯大林在《马克思主义和民族问题》（原题《民族问题和社会民主党》）一文中对民族定义的论述，过去被奉为经典。当然，对这“四个基本特征”必须历史地、综合地、发展地看待。按照马克思主义的基本原理，民族是一个历史的范畴，是人类发展中在一定的历史阶段和历史条件下所形成的一种特殊形态的人们共同体。民族是由许多因素相结合而构成的一种具有内部统一性的人类群体；民族不是按照人们的意愿，而是由于历史进程而产生的一种具有很大稳定性的人类共同体。

关于民族的产生阶段，我国民族理论界较有代表性的观点是翁独健先生提出的，他基本继承了美国民族学家摩尔根和恩格斯的观点，又提出了自己的见解。在《中国民族关系史纲要》[1]一书中，翁独健先生从我国民族发展的实际出发，将民族区分为广义和狭义两种。广义的民族是指具有或某种程度地具有民族特征的人们共同体，不管他处于原始社会、阶级社会，还是社会主义社会。狭义的民族是在原始社会末期或原始社会向阶级社会过渡期形成的，国家的产生则是它形成的标志。

按照翁独健的观点，我国狭义民族的形成不会晚于夏朝。夏朝是我国第一个国家性质的政权，夏朝的建立和存在标志着我国从原始社会过渡到阶级社会，也标志着我国狭义民族的形成。我国最早的民族是华夏族。华夏族是汉民族的前身。经过历史的发展，华夏族逐步发展为我国人数最多、经济文化发展水平最高的民族。居于华夏族四方的民族称为"四夷"。夏商周时期，我国存在着华夏（或以地区概称为中国）、夷、狄、戎、蛮五大民族集团。《礼记·王制》云："中国、蛮、夷、戎、狄皆有安居。"这里的中国指华夏族。蛮、夷、戎、狄四大民族集团的社会发展，相对于夏族，一般都较为落后。

汉朝以后，华夏族逐渐改称为汉族。关于汉族的形成阶段，民族理论界也有多种不同的看法。1953年，苏联史学家格·叶菲莫夫在《论中国民族的形成》一文中，依据斯大林的理论模式，认为汉族形成于19世纪和20世纪之间，此前的汉族是部落

① 翁独健：《中国民族关系史纲要》，中国社会科学出版社，2001年。

而不是民族。1954年，我国史学家范文澜先生在《自秦汉起中国成为统一国家的原因》的著名论文中，将马克思主义的民族理论和历史方法同中国历史实际相结合，深刻分析了中国的历史特点和汉族的发展过程，提出了汉族形成于秦汉的观点，指出汉族是“在独特的社会条件下形成的独特的民族”。[①] 这个观点是对汉族形成的较为科学的解释。后来汉族逐步发展成为中华民族的主体民族。

中华民族统一体的形成，是以汉族为主体，逐渐融合中华大地其他各少数民族，在长达五千年的历史演变中，不同民族、不同文化不断碰撞、冲突、交流、融合而逐步形成的。这个过程源远流长，丰富多彩。先秦时的北狄、西戎、东夷、南蛮，经过春秋战国的大融合，逐步形成了汉民族及其他少数民族；汉代又有汉和匈奴的融合；魏晋南北朝更是各民族大融合的时期，由此才开创出强大的隋唐治世；宋辽金元也是南北民族大交流、大融合的时代，尤其是元朝，各民族文化的交流是空前的、世界性的；清代是又一次实现了南北民族文化的大融合。每一次民族文化的交流和融合，都给中华文化注入了新质，注入了新的活力，使得中华文化的发展获得新的动力。正是在各民族文化的碰撞、冲突中相互学习、交流融会，逐步走向团结统一，这才形成极其伟大、极其丰富、极富生命力的中华文化。

---

①《历史研究》编辑部辑：《汉民族形成问题讨论集》，生活·读书·新知三联书店，1957年，第13页。

二、民族的发展规律

民族作为社会历史发展中的客观存在，同一切具体的事物一样，有其发生、发展、消亡的过程。人类社会从民族、胞族、部落发展到民族，从小的民族到大的民族，一些旧的民族消失了，一些新的民族又产生了。其间不断发生汇聚、融合，又不断地分化、分解。纵观人类历史，民族融合、分化，再融合、再分化，直到在遥远的将来，各民族完全融为一体，民族差别完全消失，亦即民族的消亡——这便是民族发展的客观规律。

我国是一个多民族国家，现在由五十六个民族组成。在中华民族共同体形成过程中，经历了世界上任何一个较大的和多民族国家的共同境遇。在统一体形成的过程中，经历了四次大的统一：秦汉的统一、隋唐的统一、元朝的统一、明清的统一，每一次统一之后都伴随着一次大的分裂，分裂、统一、再分裂、再统一，统一和分裂交替发展。每一次分裂都是由于阶级矛盾、民族矛盾的激化引起和造成的，这些矛盾，经过某种方式和途径，解决了、缓和了，分裂又发展为统一。民族融合、分化，再融合、再分化，直至形成具有民族共同特征的统一体，这是符合民族发展历史的客观规律的。

在中华民族漫长的历史发展过程中，汉族与四方民族在逐步分化和融合的基础上，通过各种形式的交往，结成了种种具有特定历史面貌的，生动、丰富的民族关系。民族利益的矛盾和统一，构成了民族关系的本质特点。

我国土地辽阔，地域相连，古代民族的分布状况是汉族居内地，即长江、黄河流域，少数民族主要居边隅，即东北、北方、西北、西南等地区；民族之间交错杂居，大分散、小聚居。由于各民族所聚居地区的经济地理条件不同，形成了区域经济的自然分工。这种区域经济的自然分工以及地域上的互相联结和交错杂居，为他们之间的交往和联系提供了地理条件。由于各民族的经济结构不同，发展也不平衡，因而出于生计和本民族经济的发展需要，民族间不断扩大经济往来，进行物资交换，发生经济联系。

我国东北、西北地区以高原、丘陵、大漠、森林为自然地理特征的广阔地带，高寒亢旱，植被稀疏。生活在这一地域内的人们，因地理环境的束缚，只能凭借游牧、狩猎的生产方式延续生命，并逐步形成了表现于共同文化特点上的心理素质，融合为习俗和生产方式相近的游牧民族。

与这一地区接壤的是气候温和、地势平坦、雨水充足的黄河流域，湿润的土地宜于农作物生长。这里生活着以农耕为生的农业民族。他们生活在固定的土地上，发展种植、养殖业，逐步形成不同于北方民族的另一个民族共同体。

北方民族“逐水草而居”的生活是一种粗犷而富于冒险的生活，恶劣的自然条件培养了他们极强的与自然做斗争的能力。当经济需要进一步扩大或遇到天灾时，他们往往要采取军事行动互相争夺牧场，进而把这种争夺波及与之南邻的农业民族。为了获取生活上不可缺少的农副产品，如谷物、布帛等，他们在经济上不得不依存于南方的农业民族。这种经济上的依存，因民族、地域、语言、文化等的隔阂，特别是私有制社会性质的制约，常常不能用对等交换物资的贸易形式达到目的，往往诉诸武力，以掠夺的方式来满足经济上的要求。民族间的矛盾、斗争甚至战争便由此发生。中原农业民族一方面也需要畜牧业经济的支持，需要与游牧民族的交换往来；另一方面，中原封建王朝又以正统自居，对周边民族采取歧视和压迫政策，用“剿”和“抚”两手进行征服。但这些仅仅是事物的一个方面。

更重要的是中华各民族迫切要求民族友好，这种要求是建立在相互经济需要的基础之上的。由于中国的地理条件，自然形成了以汉族为主体的农耕经济区和以北方少数民族为主体的游牧经济区两大类型区，它们之间是互相依存、互相补充、互相调节、互相促进的。这种经济上谁也离不开谁的密切联系，也许在战争时期不大容易看清，但几乎每一次战争背后深层的原因都是经济上的利益。昭君出塞实际上代表了两大经济类型区互相交流、互补互利、共同创造中华民族的经济基础这个本质要求。人民群众正是从自己的经济需求中、从几千年的历史经验中，总结出一条铁的规律：民族和睦，人民之福；民族纷争，国运不兴。因此，民族友好团结的观念是在中华文化的长期发展中形成的历史经验的结晶，是中华文化的重要特质之一，也是中华各民族所特别珍视和追求的。

中华民族形成的历史就是民族间不断由冲突走向融合的历史。中华民族的形成不是偶然的，而是有着深刻的经济、文化原因；也不是在短时期内形成的，而是经历了长期的发展过程。我国各民族之间既有矛盾斗争，又互相联系和日益接近；既有各自的民族特点，又日益形成它们在政治、经济、文化上的共同点；既分别存在和建立过不同的国家政权，又日益趋向于政治的统一和建立统一的国家。这些不同的因素和趋向交替地发挥作用，使我国历史上反复出现着统一、分裂而又复归于统一的现象。但这不是重复着同一内容的简单的历史循环，而是反映着多方面的特别是民族关系方面的进展。在中华民族每一个发展阶段上，各民族或民族集团间都是既相互影响和促进，又相互矛盾和斗争。中华民族的发展历程揭示了民族发展的客观规律。

三、我国民族关系的主流不是战争，而是交流、互补、友好和融合

所谓“主流”，是指反映事物本质的发展趋势。民族关系的主流，也就是民族关系的发展趋势。民族关系是一个历史范畴，指在一定历史条件下不同民族之间接触、交往的形式、内容及其历史发展过程的总和。关于民族关系的主流问题，我国民族理论界从20世纪50年代就开展了研究和讨论。1981年5月在北京召开的中国民族关系史研究学术座谈会，就“民族关系的主流是什么”提出了两种观点：一是“友好合作说”，一是“战争压迫说”。与会学者经过认真讨论，确认了“友好合作说”，认为民族关系的主流应是民族间的交流、互补、友好和融合。

我国历史上各民族间的关系，从本质上看，是在漫长的历史过程中，经过政治、经济、文化诸方面的愈来愈密切的接触，逐渐凝成一股强大的内聚力，从而形成今天的中华民族。尽管历史上各民族间有友好交往，也有兵戎相见，并不断出现过分裂的局面，但从总的发展趋势来看，各民族间还是相互吸收、互相依存，逐渐汇聚成一股强大的内聚流，由内聚归于统一，构成了中华民族多元一体的格局。因此，我国民族关系的主流应该是交流、友好和融合。各民族团结、互助，共同缔造和发展了统一的多民族国家，创造了中华民族的物质文明和精神文明。

民族关系的主流首先是通过历史上多元文化的交融和汇集表现出来的。早在新石器时期，黄河流域即表现出多元文化的交融和汇聚的特点，中原文化的早期代表仰韶文化就包含有黄河上游马家窑文化的成分；当仰韶文化在黄河中游衰落时，出现的是黄河下游的龙山文化。这种文化的交错和叠压现象，不仅反映了黄河上下游文化在中游地区的交融和汇集，还反映了当时中原地区各民族或者他们的祖先在黄河中游相互交往、汇集的过程。史前多元文化交融、汇集的发展趋势，为后来各民族的交融和汇集开了历史先河。在以后的历史过程中，民族关系的变化虽然曲折复杂、形式各异，但发展的趋势仍然是交融和汇集，并且规模越来越大，速度也逐渐加快。纵观民族关系的这一变化，大致是分两个步骤进行的，一是汇聚，二是内聚。第一步是将弱小分散的民族依生态地理环境和生产方式的汇聚而统一，形成初级的统一体。从事游牧的民族逐渐在草原地区汇集统一，建立游牧民族的国家。从事农耕的民族逐渐在中原地区汇集统一，建立农业民族的国家。大体上以长城为界，游牧民族居北，以漠北为庭；农业民族居南，以中原为朝，逐渐形成南北各有中心的农耕和游牧两大统一体。第二步是向中原的内聚，形成更大规模或全国性的统一体。“南北两个统一体的汇合才是中华民族作为一个民族实体进一步的完成。”[①] 中华民族的形成是我国各个民族长期的汇集和内聚而成的。

交流和融合作为民族关系的主流，从文化根源上看，与中国文化中的“和合”精神有密切的关联。可以说“和合”是民族融合的精神动力。思想文化的融合是民族融合的基础。理念的趋同使民族的心理素质走向一致，民族的认同感由此而产生。故作为意识形态的思想文化在民族融合中起了重要作用。

在中华民族发展的历史长河中，思想文化上的相互交融、认同，从来没有停止过。先秦时期，华夏文化自诞生之日起，就不断地辐射、膨胀，吸收新鲜血液，为秦汉“天下为一,万里同风”的大一统文化格局奠定了基础。自汉以后，儒、释、道

① 费孝通：《中华民族多元一体格局》，中央民族学院出版社，1989年，第9页。

相互融合，成为中华民族共同的精神力量。魏晋南北朝时期，游牧或半游半牧民族的胡文化与中原农耕民族的汉文化激荡交会，在冲突中走向融合。隋唐时期，统治者提倡“华夷一家”，为各民族文化的交融与渗透提供了宽松融洽的气氛。宋辽夏金元时期，各民族文化又在震荡迭起的历史巨变中，经受了进一步的锻造。明清时期，中华文化系统内再次出现各民族文化整合的高潮。就这样，经过悠悠数千年的不断碰撞和交融，中华传统文化形成了一个多源汇聚的庞大体系。

在这个兼收并蓄、兼容并包的思想文化体系中，大一统思想及“和合”精神是民族融合的精神动力。以儒家文化为核心的理念和精神是民族融合的基础，中原文化与“四夷”文化的交融，是实现民族融合的途径。考察中国古代史，虽然不乏民族征战、分裂的历史真实，虽然封建统治者多有“夷夏之别”的观念和大民族主义思想的桎梏，然而，“华夷一家”的大一统思想和中国文化中的“和合”精神，一直是民族融合的精神动力。这种思想体系，表现在认识和处理民族关系上就是“华夷一统”“华夷一家”“夷夏一家”，具体又通过和亲、通贡、互市、怀柔、羁縻等对边疆民族政策中得到实践。它的推行有利于冲破民族畛域，推动了中华民族的融合。

民族间的汇集和交融增强了民族凝聚力，促进了经济发展和文化交流。我国作为多民族国家的历史，经历了由小到大，由分裂到统一，再分裂再统一的过程。国家统一是主要趋势：

从时间上看，合长于分；从空间上看，合的范围不断扩大；从程度上看，合的稳定性越来越大。即使是在几次民族大分裂时期，从表面上来看，政治局面是“分”了，但从社会内部的政治、经济和文化来看，则渐渐地“合”了。而在诸多使统一能够成为主要趋势的原因中，民族融合是一个非常重要的原因。正是由于历史上不间断的民族融合，使得各民族间的关系越来越密切，民族凝聚力不断增强，历史文化认同不断扩大和演化，才有统一多民族国家的巩固和发展。

民族融合促进了经济发展。从中原地区看，西汉通西域后，传入葡萄、苜蓿、核桃、胡萝卜等作物；北朝时汉族人民学到了兄弟民族的畜牧业经验，北魏贾思勰所撰《齐民要术》还总结了北方游牧民族的生产经验；唐朝时期少数民族与汉族交往频繁，回鹘的马匹、皮毛，渤海的貂皮、海东青、人参、马、铜等大量输入；唐朝时文成公主、金城公主先后出嫁吐蕃，带去了谷物种子、工艺书籍、生产工具、天文历法等，还带去了造纸、碾等工匠。文成公主还带去了茶，藏族人民喝茶的习惯一直保持到今天。辽宋和议后，边境榷场成为民族交往的重要场所，汉族在贸易中得到羊、马、骆驼等；元朝时棉花开始在内地广泛种植，黄道婆又传播了黎族棉纺织技术并改进工具，为棉纺织业的发展做出了贡献；明代蒙古的俺答汗与明茶马互市，规模很大，双方通过交换获得各自所需的物品；建州女真也用马匹、貂皮、人参、珍珠等与汉族进行交换。从边疆民族地区看，汉朝时中原大量的先进生产技术和生产工具源源不断地进入少数民族聚居地，对少数民族的生产发展起了一定的推动作用。诸如此类的例子不胜枚举。

民族融合也大大丰富了汉族人民的精神文化生活。西汉末年，佛教通过西域传入中国，唐朝时玄奘经西域到天竺(印度)学习佛经；北朝时以《敕勒歌》为代表的北方民歌反映出游牧民族的生活状况和思想感情，为古代文学注入清新气息；蒙元时期北方各少数民族的民歌、乐曲、乐器成为元杂剧的重要元素，催成了中国戏剧的成熟和繁荣……

纵观民族发展的历史，实质就是一部民族关系史。正如恩格斯所说，一部民族关系史就像一部人类社会历史一样，是“种种联系和相互作用的无限错综的图画”，既有交流、往来、和睦的一面，又有民族矛盾、民族压迫，甚至爆发民族战争的一面。历史上每一次分裂、统一都是历史发展的客观规律，是不以人的意志为转移的。每一次的分裂都是阶级矛盾与民族矛盾激化的产物。在民族的形成过程中，矛盾冲突与融合统一始终相伴相随，然而民族关系的主流和历史规律是交流、友好和融合，战争不是主流。民族间互相吸收，互相依存，逐步接近，融合与团结的因素越来越多，隔阂与分离的因素越来越少，各民族人民群众和平相处，频繁接触，共同缔造和发展了统一的多民族国家，促进了民族的进步与繁荣。

第二节　王昭君不愧为民族友好的使者

在中国历史上，和亲始终是统治阶级处理民族矛盾、协调民族关系的重要策略和手段，历代有关和亲的记载史不绝书。其中最为成功的和亲有两次，一次是西汉王昭君和亲于匈奴呼韩邪单于，另一次是唐代的文成公主和亲于吐蕃松赞干布。特别是王昭君和亲，是民族由停战、友好、团结走向融合的象征。王昭君被誉为“民族友好的使者”是当之无愧的。王昭君和亲的典型性、代表性，就在于这次和亲不但符合汉匈两族的利益，加强了两族间政治、经济、文化的交流，开创并巩固了华夏南北民族大一统的局面，体现了历史上民族关系的主流，而且其所体现的民族友好精神符合民族产生和发展的客观规律，包含有现代民族平等观的先进因素，因而具有普遍意义。

王昭君和亲成功的原因是多方面的。马克思主义哲学的一个基本原理是用联系的、发展的眼光看问题，同时强调具体问题具体分析。对于王昭君和亲的研究，也需要放在当时特定的社会历史背景下加以考察，才能对这一重要事件有一个较为全面客观的认识，才能正确解读王昭君和亲的深刻内涵。

王昭君和亲的成功是与汉匈统治阶级的共同努力分不开的。史实证明，昭君和亲成功的关键是双方出于共同的、真诚的意愿，做出了种种努力，再加上王昭君个人的优异表现。昭君出塞之前，虽然汉和匈奴初步实现了和平，但和平局面并不稳定，甚至在呼韩邪单于两次入朝以后，汉朝还不得不在它的西北边界线上保持相当的军事力量。和亲以后，情形就不同了。史载汉元帝以王昭君赐呼韩邪单于，单于欢喜，“上书愿保塞上谷以西至敦煌，传之无穷，请罢边备塞吏卒，以休天子人民”[①]。从此以后，双方都从思想上撤去了仇恨的壁垒，燃烧了一个半世纪的烽火熄灭了，出现在北方边境线上的是和平的炊烟。有了这种局面，汉朝同匈奴之间的经济文化交流得到加强，双方的友好合作关系得到发展，塞北与中原的统一才有了可能。从当时的历史状况看，汉匈关系是制约双方生存与发展的重要问题，王昭君和亲是汉匈统治阶级共同的政治经济利益达成一致的集中体现。

一、从汉族方面看

西汉时期是我国封建中央集权制的形成和发展期。这一时期，汉族依然是中原统治民族，其他少数民族有北方的匈奴，西域的乌孙、大月氏等，东北诸夷和乌桓、鲜卑，西方众羌和西南夷，南方众越和武陵南郡众蛮等。汉族与北方民族的关系，特别是与匈奴的关系，构成西汉民族关系最重要的内容。

---

①《汉书·匈奴传下》。

西汉统治阶级在处理与其他民族的关系时，制定了一系列的民族政策。从性质上看，与夏商周没有太大的区别，但由于汉朝民族关系较为复杂，民族矛盾异常尖锐，因而其民族政策与以前相比有了较为丰富的内容。总体上看，西汉时期的民族政策可分为两大类，即班固所总结的“两科”：一科是“征伐”，另一科是“和亲”。汉与匈奴的关系，贯穿了“和亲—征伐—和亲”这样一条主线。

“征伐”即战争，是通过武力消灭矛盾的对立面。战争是民族关系的一个重要方面，但战争无论是正义的还是非正义的，都使参战的双方付出惨重的代价，常常是“竭民财力，天下虚耗，百姓流离，亡德泽与民”。从西汉初期到西汉末期，大大小小的战争绵延不断。汉匈之间的战争规模大、时间长，并且关系到双方政权的生死存亡，因而给双方带来的损失格外惨重。据不完全统计，汉武帝时，汉兵战死、降匈奴和被匈奴杀掠的吏民共约十四万人，匈奴战死、被俘和降汉的人众共约二十 万人。马匹损失更大，仅一次战斗，就“出马十四万匹，入马三万匹”[1]。由于马匹大量损失，致使汉“天下少马，平牡马匹二十万”。战争对汉匈双方社会经济的破坏是很严重的。

与战争相比，和亲则是通过各民族王室之间的政治联姻来解决矛盾和问题，当然损失要小得多，特别是对老百姓来说，

---

①《史记·卫将军骠骑列传》。

基本没有大的损失。关于和亲与战争的不同作用及利弊比较，各个时代的政治家、史学家有很多争论，应当根据不同时代、不同形势、不同目的加以具体分析，不可一概而论。但在以下两点上，学术界的看法基本一致。

首先，和亲在一定程度上可以化干戈为玉帛，避免民族冲突和战争，缓和民族矛盾，冲淡民族偏见，增进民族间相互了解、交流，建立感情。例如，由于汉朝与匈奴多次和亲的影响，到汉末魏初，入居塞内的匈奴人已有不少改姓刘，理由是从母姓。可见和亲在匈奴人中产生的亲近感和感召力。

其次，有利于推动民族的自然融合。随着和亲的缔结，姻亲关系的确立，联姻双方即建立了翁婿、舅甥、兄弟关系，这不但在血缘上加速了民族融合，而且和亲过程中诸政权间聘问、朝贡、馈赠、贺旦、互市等广泛联系，使周边民族在潜移默化中渐染华风，加速了民族融合的进程。尤其是长期留居内地的质子，他们学习汉语、汉文、汉仪，与汉族显宦名士交游，汉化速度最快。他们回本部后所起的作用不可低估。从民族发展的角度看，和亲是一种自然融合，与战争相比，更有利于建立和平的局面，有利于社会的稳定发展，有利于民族间政治、经济、文化的交流。此外，民族统治者之间和亲的成功必然会带动劳动人民之间的通婚，而且后者的范围和规模远比前者大得多，这对于民族间的自然融合起着巨大作用。

西汉的和亲始于刘邦。虽然刘敬“外孙不敢与太父亢礼”[①]之论显得太幼稚，虽然刘邦和吕后没有舍得让亲生女和亲，但是和亲作为汉朝对待匈奴的一种政策不断延续下来。其基本内容是汉以宗室女为公主嫁与匈奴单于为阏氏，岁奉匈奴絮、缯、米、食物各有数，约为兄弟，匈奴不犯汉边。可见，和亲最初的目的是以忍让换取边境的暂时安宁。

西汉和亲的对象主要是匈奴、乌孙。自汉高祖至景帝时，四次以宗室女为公主嫁给匈奴单于；汉武帝以细君公主、解忧公主先后嫁与乌孙王；汉元帝将良家子王昭君嫁给匈奴呼韩邪单于。从公元前200年左右高祖创和亲始，经惠帝、文帝到武帝的六十多年间，由于和亲政策的实施，使汉朝得以有几十年的休养生息，中央集权得以加强，汉朝国力大盛，府库充实。汉匈力量对比发生了变化，阻止了匈奴势力的南扩，稳定了中原局势。

西汉不同时期的和亲表现出不同的性质。一种是西汉初年与匈奴的和亲，学者多认为是处理敌对民族间关系的一种策略，其目的是为了安边。当时匈奴强而汉朝弱，刘邦又是在遭到包围之后的情况下做此决策，所以在许多人看来是带有一定的屈辱色彩的。然而，当时汉朝的武力不足以征服匈奴，用仁义道德也不能说服匈奴，以和亲的形式实现罢战言和是可行

①《史记·刘敬列传》。

的、有利的。和亲在政局未稳、经济残破、国力空虚、敌强我弱的特殊情况下，以有限的牺牲换取了整顿内政、休养生息、发展经济、积蓄力量的宝贵时间。没有这样的时间，西汉便不可能出现武帝时期“天下殷富、财力有余、士马强盛”的局面。

第二种是西汉中叶对乌孙的和亲。论者认为是处理同盟者之间关系的一种政策，其目的是建立、巩固双方的军事联盟。汉武帝时，乌孙兵力强盛，地理位置重要，与之结盟对于战胜匈奴至为关键。张骞出使西域回来后向汉武帝建议：“诚以此时厚赂乌孙，招以东居故地，汉遣公主为夫人，结昆弟，其势易听，则是断匈奴右臂也。既联乌孙，自其西大夏之属皆可招来而为外臣。”[①]这一建议被汉武帝采纳，于是便有了细君公主、解忧公主的出塞和亲。

第三种便是西汉中期的王昭君和亲，其性质是汉朝对刚刚内属的匈奴表示友好、信任关系的一种政策。呼韩邪单于领导的匈奴政权已归属汉王朝，汉元帝对呼韩邪单于宠以殊礼，使其位在诸侯王之上，颁发给他黄金玺，印文为“匈奴单于玺”，确定了匈奴政权对于西汉的臣属关系。匈奴成为汉王朝的地方政权，匈奴民族成为汉朝多民族国家的一个民族。因此，此时的和亲就标志着国家内部民族间的团结与友好。

王昭君出塞和亲的功绩是巨大的，它使汉匈民族关系进入

---

①《汉书·张骞传》。

到历史上的最好时期，战争让位于和平，经济文化的交流与融合代替了民族间的敌对与冲突。昭君和亲与以前历次和亲的性质有着根本的不同。它不是匈强汉弱、消极妥协的产物，不是钩心斗角的权术，不是暂时使用的策略，而是两族统治者和人民群众上下一致的、真诚的和平友好强烈愿望的产物；是民族团结、和睦相处的诗篇。昭君本人也没有辜负两族人民要求团结友好的愿望，为此做出了不懈的努力，客观上成为汉匈关系史上的一座里程碑。

二、从匈奴方面看

王昭君和亲也是符合匈奴人民和统治阶级利益的。匈奴是我国古代多民族国家中的一个游牧民族，大约公元前3世纪在我国大漠南北兴起，在冒顿单于时更加强大，建立了东接朝鲜，西接月氏、氐、羌，控弦三十万众的国家。匈奴始终非常重视与汉族互通关市，目的是换取来自汉朝的粮食和日常生活用品。匈奴每一次挑起与汉族的战争大多与经济交流受阻有直接的关系。汉武帝时，汉朝与匈奴的军事实力发生了实质性的变化，汉国力强盛、财力充实。于是，汉朝统治者转守为攻，对匈奴进行了三次带有决定性的战争，匈奴俱大败，退出河套及以西一带，从此，“漠南无王庭”。此时，匈奴连续遭受自然灾害，统治阶级内部又发生内讧，相互争夺，致使匈奴陷入了“死者以万数，畜产大耗八九，人民饥饿，相燔以求食”的悲惨境地。匈奴统治阶级中的有识之士如呼韩邪单于等也开始意识到“不依汉则无以自存”。在这种形势下，匈奴“常有欲和亲计”，并“遣使好辞以和亲”[①]。此时，汉朝也意识到了维护汉匈和平友好关系的重要性，于是恢复汉匈和亲关系被重新提到日程上来，王昭君就是在这样的社会背景下出塞的。

王昭君和亲成功是与呼韩邪单于的正确决断分不开的。西汉后期，匈奴已处于四分五裂的状态，在五单于争立中，呼韩邪单于登上历史舞台。他审时度势，认识到“事汉则安存，不事则危亡”[②]，毅然下定决心，从根本上改变匈奴与汉朝的关系，归附汉朝，依靠汉朝以保存他的政权和部族，挽回匈奴行将灭亡的危局。呼韩邪单于附汉、求亲的态度是真诚的，其原因，一是形势的逼迫，二是汉族的先进文化对他有着巨大的吸引力。从匈奴方面看，呼韩邪单于不愧为一位英主，他坚持正确的归附汉朝的方针，不但巩固了匈奴的政权，而且使匈奴摆脱灭亡命运，得到统一和稳定。匈奴上下普遍认为：“匈奴乱十余年，不绝如发，赖蒙汉力，故得复安。”[③]所以，呼韩邪单于封王昭君为“宁胡阏氏”，《汉书》颜师古注说：“言胡得之，国以安宁。”可见匈奴对昭君和亲寄予的厚望。

---

①《汉书·匈奴传下》。

② 同上。

③ 同上。

三、从王昭君个人来看

出塞和亲的成功，虽然有其历史的必然性，但王昭君作为民族友好的使者，其功绩也是突出的。马克思主义在评价历史人物时有一个重要原则，即“历史必然性的思想丝毫也不损害个人在历史上的作用，因为全部历史正是由那些无疑是活动家的个人行动构成的”①。马克思主义一点儿也不否认卓越人物的作用，王昭君在民族友好、团结方面做出的巨大贡献应该得到肯定。

王昭君与屈原是同乡，从小就受到屈原遗风的影响。屈原的爱国主义精神、反抗斗争的勇气、高尚峻洁的人格等都与王昭君后来的思想和行动有很多相通之处。此外，王昭君是以良家子身份选入掖庭的，是一位来自民间的女子，具有劳动人民善良质朴、吃苦耐劳的优秀品质，从小就养成了坚定顽强、正直不阿的性格。昭君“入宫数岁，不得见御，积悲怨”，数年的深宫之苦，使她饱受煎熬，认清了宫女的悲惨命运；为了追求美好的人生，追求人格的尊严，她渴望摆脱这禁锢人生的“黄金牢笼”，避免“上阳白发人”的悲惨命运。昭君久住宫中，对当时汉匈关系的重要性、对汉匈友好的政治意义也有一定的认识。以上这些都奠定了王昭君出塞的思想基础。她毅然主动请求出塞。临辞大会上，她精心打扮自己，“丰容靓饰，光明汉宫，顾影徘徊，

① 列宁：《什么是“人民之友”以及他们如何攻击社会民主主义者？》，《列宁选集》第1卷，第26页。

竦动左右”，充分显示了自己出塞的决心和郑重的态度。

对于昭君出塞以后的情况，史料记载虽少，但从大量的民间传说和历史遗迹来看，她在塞外与匈奴人的关系是融洽的。她自觉肩负起了“和亲使者”的重任，去巩固和发展汉匈已经建立起来的友好关系，承担起“这个王朝、帝国、民族寄托在她身上的政治使命”[①]。王昭君对自己的政治使命履行得十分认真，而且贯彻始终。昭君远离自己的家乡，安心在匈奴过着“住穹庐，被毡裘，食畜肉，饮畜乳”的游牧生活，为汉匈经济文化的交流做出了不少贡献。她劝呼韩邪单于坚持对汉友好，把中原的文化传播给匈奴。

更为难能可贵的是王昭君能够正确处理改嫁问题。呼韩邪单于去世后，按照匈奴习俗，王昭君应该嫁给呼韩邪大阏氏的长子复株累单于，昭君感到很为难，曾经上书汉成帝，请求归汉。匈奴当时流行的收继婚是原始群婚制的遗留，有鲜明的时代特点和民族特点。这是一个涉及不同民族的婚姻习惯、婚姻制度和伦理观念的问题，这个问题如果处理不好，就会影响汉匈之间的关系。不同民族、不同时代的人们常常具有不同的习俗、制度和伦理道德观念，正如恩格斯所说：“善与恶的观念，从一个民族到另一个民族，从一个时代到另一个时代变得这样

---

① 翦伯赞：《从西汉的和亲政策说到昭君出塞》，《光明日报》1961年2月5日。

厉害，以致它们常常是直接矛盾的。”[①] 匈奴的收继婚与中原汉族的伦理观念是相违背的。然而，在当时，如果王昭君违反它，就会给匈奴人造成不良的影响，进而会给汉匈关系蒙上一层阴影。在这种情况下，汉成帝接到昭君求归的上书以后，便敕令她“从胡俗”。王昭君深深体会到汉王朝的良苦用心，为了汉匈友好的大局，王昭君深明大义，再一次做出了牺牲。她尊重了少数民族的风俗习惯，维护了汉匈团结友好的大局。从这一点来看，王昭君的行动是难能可贵的。在历代的和亲公主中很少有人能有王昭君这样的精神品质。同时，她也以自己的真诚赢得了复株累单于的爱情，这从《王昭君变文》中可以清楚地看出。

王昭君出塞和亲后，在她的家族和后代人心中播下了汉匈两族和平友好的种了。她的子女、侄子、亲属和后裔几代人继续为汉匈友好做贡献；汉匈双方政权虽数次更迭，但都利用王昭君的家族关系来缓和民族间的矛盾，这成为汉匈关系史上一个值得注意的现象。正由于此，王昭君理所当然地成为汉族和北方少数民族人民心中的英雄，千百年来被传颂，甚至被神化，直到今天仍然受到人民的赞扬。

① 恩格斯：《反杜林论》,《马克思恩格斯选集》第3卷，人民出版社，1972年，第132页。

四、人民群众对昭君的评价最公正

由于王昭君和亲体现了民族发展的主流和方向，符合人民的利益和愿望，所以千百年来一直受到人们的称赞。人民群众也从自己的标准出发给予她客观、公正的评价。在浩如烟海的古代昭君题材作品中，不少文人从历史事实出发，肯定当时和亲的正确性。还有一些作家探讨昭君出塞的动机，肯定她在历史上的重要地位，热烈赞扬她所做出的杰出贡献。历代歌咏昭君出塞的诗歌中，大部分是从各种角度对昭君大加赞扬的。

此外，民间流传着许许多多有关昭君的传说。歌颂昭君出塞后为胡汉经济、文化交流而做出的种种贡献，反映了人民群众对昭君出塞的理解、支持和赞扬，表达了人民渴求民族和睦相处，希望胡汉携手共同繁荣经济文化的愿望。

第三节　从昭君和亲看历代民族政策的得失

王昭君和亲虽然是历史上的个案，但从这个个案可以看出历代当政者民族政策的得失。如果我们以王昭君和亲为参照系，观察、评价历代统治者的民族政策，就会得到很多启示。其中最重要的就是民族歧视、强迫同化政策，激化民族矛盾，违背历史规律，不得人心；民族友好、自然融合政策，最少消极后果，符合历史规律，得到人民拥护。

一、强迫同化与自然融合

民族同化和民族融合是马列主义民族理论的重要内容之一。列宁说："同化的问题，即丧失民族特征，变成另一个民族的问题。"[①] 人类历史上有两种不同的同化，即强迫同化和非强迫同化。强迫同化是指用战争、暴力或特权、法令等强制手段，强迫一个民族或一些民族成员放弃本民族的特征，接受处于统治地位的民族的特征，从而把他们变成自己这个民族的一部分。这种同化是民族压迫制度的产物，给被同化的民族带来极大的痛苦，是反动的。非强迫同化又称自然同化，有时也称自然融合或民族融合（严格意义上的民族融合，是指所有民族经过长期的历史过程，在共同发展并趋于一致的基础上，实现民族的全部消失，融为一体），它是指在不同民族之间自由发展的一个长期的自愿选择的过程，一个民族自愿或自然而然地接受另一个民族的特征成为另一个民族的一部分。在大多数自然同化的过程中包含着落后的生产方式向先进的生产方式学习的过程，包含着历史进步作用，所以列宁说："欢迎民族的任何同化，只要它不是借助于暴力或特权进行的。"[②] 以王昭君为代表的和亲是促进民族自然同化的催化剂，是比强迫同化优越许多

---

①《列宁全集》第二十卷，人民出版社，1959年，第9页。

② 同上，第18页。

的民族政策。

历史上的民族政策，就是指统治民族为维护其统治和本民族的利益而处理民族矛盾、实现民族统治、调整民族关系的措施和办法。它是统治阶级利益和意志的体现，在一定程度上也是整个统治民族利益的体现。历代统治阶级的民族政策包括武力征服、镇压、羁縻、招抚、和亲、屯垦、会盟、互市等多种形式。在秦以前，不同的民族政权在处理民族关系中已经具有了民族政策的雏形，以后逐步成为各封建政权实施统治的一项不可缺少的政策继续下来，并随着各个时期不同民族统治阶级的不同需要而得到不断发展和完善。民族政策涉及政治、经济、文化、宗教等各个方面，所以它又是不同民族在政治、经济、文化、军事上的综合关系的一种体现。

历史上的民族关系基本上是封建社会民族关系的产物。虽然历朝历代统治阶级的民族政策不尽相同，各有变化，但总体说来不外是两个方面：一方面是实行民族压迫政策；另一方面又提供了民族之间交往的条件，促进了民族的融合与发展。事实上，我国历史上统治阶级大多实行民族压迫政策，历代都存在统治民族和被统治民族，民族间的关系是不平等的。基于这种不平等的民族关系，为维护这种关系而由民族国家政权制定的民族政策，从本质上讲，当然是不平等的民族政策。在阶级对抗的时代，不管哪个民族处于统治地位，都会对被统治民族实行民族压迫政策。当汉族作为我国统治民族的时候，无论在哪个朝代，对少数民族执行的也大多是民族歧视和压迫政策；当我国某些少数民族，如匈奴、鲜卑、突厥、吐蕃、契丹、女真、蒙古、满族等，成为我国部分地区的或全国的统治民族的时候，也同样执行民族歧视和压迫政策。民族压迫的实质是阶级压迫，故历代统治者的民族政策从根本上讲还是体现了阶级压迫，这是中国历史上民族政策本质的一面。

从我国民族发展的历史看，中华民族是由多个民族集团在长期的既矛盾、斗争又交流、融合的过程中形成的。在民族融合的过程中，统治阶级民族政策和措施的实行具体表现为两种情况：一是采取政治强制手段使一个民族合并于另一个民族，即在实行民族压迫的同时进行强迫同化；另一种是通过经济文化的作用使一个民族经过自然渐进的过程融合于另一个民族，即自然融合。强迫同化与自然融合是社会历史发展过程中交互出现的两类现象。

如前所述，强迫同化带有暴力或特权色彩，常常是以战争的形式表现出来，容易造成民族隔阂、对抗和冲突，恶化民族关系，加深民族壁垒，妨碍民族接近，其结果是阻碍社会进步；但有时通过战争，可改变双方军事力量的对比，为最终的统一提供现实根据。战争是民族矛盾的积累和结果，也是民族间矛盾斗争的最高表现形式，同时也是民族间经济、文化交往的一种重要手段和方法。当民族间经济文化正常的或和平的交往受阻，往往是通过战争来打开和加强的。我国许多少数民族接受汉族的经济文化或汉族吸收少数民族的经济文化，往往是通过战争达到并加速的。在民族的形成、发展过程中，战争是与之相伴的经常的途径和方法。我国民族间的战争有两种：一种是由于一个国家内部统治民族的统治阶级对被统治民族实行压迫政策，激起了被统治民族的反抗，进而遭到镇压的战争；一种是我国疆域内不同民族建立的不同国家之间的战争。无论什么性质的战争都是历史的客观存在，都是我国民族关系中的一个重要方面，但不是全部。民族间关系的主流和重要内容是经济文化的交往，是民族间的团结、友好与融合。无论是在战争时期还是在和平时期，这种民族间的交往始终都是在进行的。

自然融合即通过经济、文化的作用使一个民族自然融合于另一个民族。历史上的自然融合有落后民族在先进民族经济文化的强烈影响下逐渐融合于先进民族，也有先进民族的部分成员因处于落后民族的汪洋大海而融合于落后民族。自然融合的本质过程是各民族之间在经济、文化交流和共同的斗争中，先进的、优秀的东西不断为大家所认识，所接受，并继续发展；落后的、低劣的东西不断被抛弃、被淘汰，从而使各民族之间共同的东西越来越多，民族差别缩小。

强迫同化与自然融合这两种情况在中国历史上都大量存在，屡见不鲜。翁独健先生从中国历史的客观事实出发，认为“民族融合是历史发展的必然，是进步的现象。民族同化，虽然所使用的政治强制手段是应该反对的，有些结果也是应该反对的，但它却是社会发展过程中不可避免的现象”[①]。在民族融合与同化的过程中，具有先进经济文化的民族总是居于优势地位，正如马克思所说："野蛮的征服者总是被那些他们所征服的民族的较高文明所征服，这是一条永恒的历史规律。"[②]在我国历史上，汉族是经济文化发展程度较高的民族，在民族融合中始终占据优势地位。

历史上出现的战争、分裂、社会动荡的局面，一般都与民族关系恶化、民族矛盾加剧直接相关。一些政权的瓦解，一些统治民族变为被统治民族，又往往与他们推行强硬的民族歧视和残酷的民族压迫政策分不开。这些历史教训不能不引起统治民族执政者的借鉴。因此，为了社会的稳定，维护他们的统治权力，统治阶级也制定和实行了一些适合当时历史条件和民族状况的政策。例如历代所实行的怀柔、羁縻、互市、和亲等形式的民族政策，虽然本质上仍然是不平等的，仍然具有民族歧视的性质，但在当时历史条件下不失为一种较好的选择。

从整体上看，历代的民族政策具有一个共同的基本特点，即以羁縻怀柔、和平交往为主，以武力征服为辅，恩威并施。夏商周时期初具雏形的民族政策中就既有和善怀柔、“文教”安抚的一面，又有武力征服的一面，二者又以“文教”安抚为主。

① 翁独健：《中国民族史纲要·绪论》，中国社会科学出版社，2001年。

② 《马克思恩格斯选集》，人民出版社，1995年。

夏商周的安抚羁縻政策集中体现在对“要服”和“荒服”的不同对待上，即“要服者贡，荒服者王”。“要服者贡”就是向天子供奉物品；“荒服者王”即只要承认天子的统治地位就可以了。[①]另一方面，中央政府又以武力征服作为实行羁縻政策的后盾，两者交替使用。先秦初具雏形的民族政策的这一基本特点被后世的统治阶级继承下来，影响极为深远。秦汉以后，“文教”发展成一整套羁縻怀柔、和平交往的政策，逐渐成为各民族政权统治阶级经过长期比较、选择，而经常、大量采用的处理民族关系的一种基本政策，而武力征服则作为一种辅助性政策同怀柔政策相结合，在迫不得已时使用。以汉代为例。西汉初，高、惠、文、景四帝时期，实行“安内和外”的民族政策，其间虽有战争，有武力征服，甚至也有战争较为频繁的时候，但总体上看，对四方民族实行以和善怀柔为主政策的时间远远超过以武力为主的政策的时间。唐以后的各个朝代，这个特点更为明显。羁縻怀柔、和平交往的民族政策，在客观上有利于中华民族凝聚力的形成和增强。

历代和亲政策就是一种自然融合的途径。从西汉到清朝，和亲始终不断。无论是统治阶级的一种暂时性策略手段，还是真诚的和平友好努力，其结果都导致了政权与政权之间、民族与民族之间的和平友好关系，推动了民族间经济、文化交流，

① 参见《尚书 · 禹贡》《史记 · 夏本纪》。

促进了民族的融合，符合民心民意，顺应了民族发展的规律。王昭君和亲的意义也正在于此。王昭君和亲的成功，也显示出了中华民族巨大的向心力和凝聚力。对于少数民族来说，凡是主动要求和亲的，通常都表示着对中原王朝的一种向往和倾慕，实质上是对先进生产方式、生活方式和先进文化的趋同，这是民族向心力和凝聚力的一种表现。许多古代民族正是通过和亲等途径逐渐走上与汉族融合的道路的。王昭君和亲时，汉与匈奴民族间的团结友好、交流融合已成为社会的主流意识，她对于巩固和加强汉匈民族间的友好关系无疑具有积极的意义。

历史上和睦相处的民族政策同中华民族凝聚力的形成与发展有着密切的关系，和亲作为和睦相处民族政策的代表形式，对于中华民族主体意识的形成无疑具有巨大的作用。古往今来无数的文人不约而同地垂青和瞩目王昭君，其重要缘由是根植于一种超个人的、深邃的、全民族的集体无意识。他们不自觉地选择了昭君，因为昭君触及了民族之魂，而读者也在读这些作品时触动了他们潜藏内心的集体无意识，从而获得共鸣。

长期以来，汉族不断吸收和同化各少数民族；与此同时，各少数民族也在吸收和同化汉族的成分。正是由于这种历史现实，造成了汉族不大重视以血缘和地域来划分民族，而更强调以文明程度和思想意识来划分民族的特殊心理，并直接导致了“四海之内皆兄弟”“和为贵”心理和“世界大同”的理想。王昭君和亲的成功，正是这种潜藏至深的民族心理的体现。

二、历史上执行错误民族政策的教训

在中国漫长的封建社会，不同时期不同民族政权实行的各种民族政策内容纷繁复杂。从民族发展的历史看，各朝代的民族政策，有成功的，有失败的，积累了丰富的经验和教训。从执行错误民族政策的事例看，教训是非常深刻的。

首先，统治阶级实行的强迫同化政策加剧了民族的矛盾，造成民族之间的隔膜，影响了民族发展的进程。强迫同化如前所说，是统治阶级采取政治强制手段使一个民族合并于另一个民族。在我国历史上，采取政治强制手段的民族同化现象屡见不鲜，具体情况大致有以下几种：1. 掳掠其他民族百姓为奴隶或农奴，使其同化于本民族；2. 通过武力征服，采取强制办法进行同化；3. 因改朝换代，为避免残酷的民族压迫而改变民族的成分；4. 以政治暴力强迫迁徙而同化。无论哪种强迫同化，都给有关的民族带来了极大的痛苦，有时还激起强烈的反抗，其结果是激化民族矛盾，影响社会安定，甚至影响政权的巩固。有的政权就是被民族反抗和起义推翻的，例如西晋的灭亡原因虽然有很多，但民族矛盾的激化无疑是一个重要原因。

其次，民族歧视和民族偏见是任何一个民族统治者民族观的实质。在中国长期的封建社会里，民族歧视政策更多地突出体现为大民族主义，特别是大汉族主义的民族观念。大汉族主义是历史上的大民族主义的最主要的表现，其主导思想是视少数民族为“非我族类”而予以歧视，从政治、经济、文化各方面制定了许多民族歧视、强迫同化的政策。从华夏族开始形成的周朝起，就有了这种大民族主义的思想。“其在东夷、北狄、西戎、南蛮，虽大曰子”[①]，“子”就是周分封诸侯五等爵的子爵，即“四夷”之国再强大也只能为子爵，反映了对周边少数民族不平等的等级观念。

西汉末年，王莽当权后，与匈奴断绝和亲，推行了一套比以前历代封建统治阶级更为露骨、骄横的大汉族主义的民族压迫政策。例如无理干涉匈奴内政，不准匈奴接受汉、乌孙、乌桓以及西域各族人民的逃亡者入境；强迫匈奴单于把名字“囊智牙斯”中的“智”改为“知”；把“匈奴单于”之号改为具有强烈侮辱色彩的“降奴服于”，并把原黄金印收回；企图出兵三十万进攻匈奴，把匈奴居地分为十五块，强立十五个单于，以削弱匈奴，等等。这些歧视压迫政策自然引起匈奴的不满和反抗。王莽为镇压反抗和不满，又杀害了单于入朝侍子，使昭君和亲开创的六十年和平友好局面毁于一旦。班固评述说：“北边自宣帝以来，数世不见烟火之警，人民炽盛，牛马布野。及莽挠乱，匈奴与之构难，边民死亡系获，又十二部兵久屯而不出，吏士罢弊，数年之间，北边虚空，野有暴骨也。”[②]

即使是唐太宗这样开明的君主，对被征服的突厥人也采取

---

①《礼记·取礼下》。

②《汉书·匈奴传下》。

了“分其土地，析其部族，使其权弱势分，易为羁制”的原则[①]。明朝法律《大明律》中规定，蒙古人、色目人“不许本类自相嫁娶，违者杖八十，男女入官为奴”。这都是实行民族强制同化政策的事例。

另外，和亲虽然在总体上看不失为一种有利于民族和睦相处的政策，但在不同时期、不同情况下还要具体分析。有的可行，有的不可行；有的成功，有的失败，其中也有不少经验教训。历史上是否采用和亲政策，以及和亲政策实施得成功与否，在某种程度上都与大汉族主义思想的强弱有一定的关系。从历史总的发展趋势来看，一方面和亲者总是把对方视为可以结交的盟友，尽管有名分的高低，但毕竟是和平统一观念在当时历史条件下的一种体现，也是对统治者民族偏见的冲击；另一方面汉族王朝大汉族主义思想始终对和亲有或强或弱的负面影响。

两晋时，出生世族的江统在《徙戎论》中认为，戎狄“非我族类，其心必异。戎狄志态，不与华同”。江统提出的“徙戎”主张表现出极大的民族歧视和偏见，在朝廷引起了一番争议，统治者最终未敢采纳。唐朝统治阶级的民族偏见相对比较淡薄，和亲事件也最多。唐太宗李世民认为：“自古皆贵中华，贱夷狄，朕独爱之如一，故其种落皆依朕如父母。”[②]这虽然与李氏几代出生于关陇阀阅之家，混有鲜卑人的血统有关，但也显示出封建

①《旧唐书·突厥传下》。

②《资治通鉴》卷一九八《唐纪十四》。

王朝上升期的胸怀和气度；而越是有大气度的民族政策越有利国家的强盛，越对周边民族有向心力、吸引力。

值得注意的是，宋、明两代一直处于北方少数民族政权的严重威胁之下，却始终未与少数民族统治者和亲，最后又都灭亡于北方少数民族政权，看似态度强硬、硬骨铮铮，实则心胸狭隘、缺乏变通，显示出汉族封建政权末世的守旧、迂腐和内在的虚弱。究其缘由，顽固的大汉族主义民族偏见和正统观念是宋、明统治者不肯和亲的精神支柱。起于北宋、盛于南宋和明朝的程朱理学，强调所谓“夷夏之辨”，“贵华夏而贱夷狄”，强调女子的贞节，所以宋朝君臣宁肯赔款、割地、称臣、称侄，也耻于将公主、宗女嫁出去和亲。到了明朝，理学的影响更加深入人心，大汉族主义在统治者思想中占据重要地位，和亲也没有出现。

从历史的发展来看，少数民族政权之间的和亲多于汉族王朝同少数民族政权的和亲。这在一定程度上反映了少数民族的民族偏见较为淡薄，也较少受理学思想的牵制。但这并不表示少数民族之间不存在民族主义的歧视和压迫。当少数民族建立政权后，所制定和实施的民族政策中同样表现出民族歧视和民族压迫的强烈倾向。鲜卑族建立的北魏政权在征伐过程中，对游牧民族实行获掠“生口”驱为奴隶的政策；契丹族建立的辽国把其征服的女真族分成若干部分，采取“分而治之”的办法，强迫女真族进献贡品；女真族建立的金对其统治下的契丹族也实施监防政策；元代，蒙古族统治阶级也实行民族压迫制度，对蒙古人犯法明显处理偏轻；满族建立的清朝优待满族，强制汉人剃发易服，推行满化政策，等等。这些都是历史上比较典型的民族歧视和民族压迫政策。

三、从中国历史的发展看，中华民族谁也离不开谁，是各民族共同创造了多元一体的中华文化

无论历史上各个民族的统治阶级实行什么样的民族政策，都不能阻碍和影响各民族间友好交流，而代表这种愿望和发展趋势的昭君和亲则生动地体现着中华各民族谁也离不开谁的密切关系，体现着中华各民族共同创造的多元一体的中华文化。

中华民族民族意识的形成是各民族在不断交融和汇集的过程中演化而来的。1989年费孝通先生在香港中文大学所做的《中华民族多元一体格局》的学术演讲中认为："民族不是个空洞的概念，而是个实实在在的社会实体。同属于一个民族的人们的认同感和一体感，是这个社会实体在人们意识上的反映，即我们通常所说的民族意识。"[①] 他还就中华民族的发展，以及各民族之间的关系提出了三个值得思考的观点：

第一，中华民族是包括中国境内五十六个民族在内的民族实体，并不是五十六个民族加在一起的总称，是相互依存、统一而不能分割的整体，在这个民族实体里所有归属的成分都已

① 费孝通：《中华民族多元一体格局》，中央民族学院出版社，1989年。

具有高一层次的民族认同意识，即共休戚、共存亡、共荣辱、共命运的感情和道义。在多元一体格局中，五十六个民族是基层，中华民族是高层。

第二，形成多元一体格局有个从分散的多元结合成一体的过程，在这个过程中必须有一个起凝聚作用的核心。由它发挥凝聚作用把多元结合成一体。

第三，高层次的认同并不一定取代或排斥低层次的认同，不同层次可以并存不悖，形成多语言、多文化的整体。所以高层次的民族可说实质上是个既一体又多元的复合体，其间存在着相对立的内部矛盾，是差异的一致，通过消长变化以适应变化不息的内外条件，而获得这共同体的生存和发展。

费孝通的中华民族多元一体格局理论的最大贡献，在于他提出并通过论证而确立了“多元一体”这个核心概念在中华民族构成格局中的重要地位，揭示了民族发展的客观规律。他认为，在几千年的历史形成过程中，中华民族的主流是由许许多多分散孤立存在的民族单位，经过接触、混杂、连接和融合，同时也有分裂和消亡，形成一个你来我去、我来你去，我中有你、你中有我，而又各具个性的多元统一体。民族间在碰撞中融合。北方民族所代表的游牧文明与中原汉族所代表的农业文明互相补充、吸收、融和，奠定了中华民族大一统格局的基础。中华民族五千年历史就是一部多民族不断融合、分化，直至形成以汉族为主体，包括众多少数民族在内的，具有共同民族特征的、统一的民族共同体的过程。从汉族到中华民族统一体的形成历史看，中华民族统一体不是由我国某一民族建立的，而是我国所有民族共同（包括历史上已消失的民族）缔造的。当代中国的五十六个民族都是中华大地的开拓者，都是祖国历史的创造者，缺了哪一个民族的历史和哪一段、哪一地区的历史，都是不符合历史实际的，都是不完整的历史。

在中华民族统一体中，汉族是主体民族，在两千多年的历史发展中由小到大，表现出惊人的同化力和凝聚力。中华民族存在一个核心，这个核心就是汉族。汉族以中原为中心，大量深入少数民族聚居区，形成了一个东密西疏的网络。经过多次与游牧民族的融合，并不断向四方扩散，逐步会合了长城内外的农、牧两大统一体，之后又不断扩大成了特大的凝聚核心，并通过屯耕、移民、通商、战争、和亲，把东亚广大土地上的各民族串联在一起，形成了中华民族自在的民族实体，并取得了大一统的格局。汉族的前身华夏族，大约形成于我国春秋时期，最初是一个分散的、不统一的民族，有许多不同的分支。随着铁制农具的使用、交通的发达、城市的繁荣，华夏族共同经济生活的联系越来越密切，出现了荀子所说的“四海之内若一家”，使天下“定于一”的共同心理素质。到秦始皇统一六国，建立中央集权的封建国家时，华夏族由分散走向统一。秦始皇采取的一系列巩固统一的措施，稳定了华夏族的共同地域，也为以后的汉族奠定了共同地域的基础。“书同文”是华夏族共同语言统一并稳定的标志，统一货币、度量衡和“车同轨”是统一和稳定华夏族共同经济生活的有力保障。秦始皇统一华夏族的种种措施，加强了华夏族的经济联系，使华夏族成为更加稳定的民族共同体，为汉族的形成打下基础。以后，汉承秦制，完全继承并发展了华夏族的历史传统和民族特征，所以华夏族的统一，就是汉族形成的开端。西汉王朝的建立，使大一统的思想进一步得到强化。大一统思想是民族共同体统一和稳定的思想基础。汉武帝采取了一系列加强封建国家中央集权的措施，使华夏族转变为汉族。华夏族发展转变为汉族的标志是汉族族称的确定。

汉族在发展壮大的过程中，不断地吸收容纳各民族成分。从秦汉开始，通过战争与和亲，通过强制和自愿的途径，使外族迁入和汉族迁出，这种民族迁徙和流动几乎贯穿于整个封建社会，其结果是不断为汉族增添新鲜血液，促进了汉族的发展。十六国时期，北方民族大规模进入中原，出现了民族间的大混杂、大融合。此时胡人改汉姓、胡汉通婚的现象相当普遍。此后，经过辽、夏、金、元等少数民族政权的建立和发展，中国大地上的民族间的混杂、融合进一步扩大，北方民族不断融于汉族(同时也有不少汉族人口被少数民族吸收、同化)，汉族的民族基因更加丰富，民族实体愈加结实，逐步发展成为中华民族的主体民族，同时也是世界上人口最多的民族，这是汉族非凡创造力、惊人吸收力和巨大凝聚力的体现。

纵观中国的五千年历史，每一次大分裂、大混战都给人民带来了灾难和痛苦，同时也造成了民族大迁徙、大杂居，加速了民族间的同化和融合。历史上的三次民族大融合，部分汉族被少数民族同化，但在更大范围内汉族融合了许多少数民族。曾建立过全国性政权的蒙古族和满族，也部分被汉族所融合。汉族以其先进的经济文化影响其他民族，又吸收其他民族各种生产技能和优秀的文化艺术，不断丰富发展本民族的经济文化。

四、中华民族凝聚力的形成

中华民族凝聚力是在各民族共同创造中华文明的历史过程中，经过长期的锤炼而形成的。

首先，中华民族凝聚力形成的历史前提是多元多流、源流交错。据史籍记载，中国民族众多，历史上曾先后出现过一百六十多个民族。要孤立地搞清一个民族的组成及其发展历史几乎是不可能的，最早的蛮、夷、戎、狄与华夏之间就存在这种源流交叉的关系。古代人，西行者形成吐蕃族，继而演进为今之藏族；南迁者入云南逐步演进为现在的纳西族等民族；东移者入于夏族成为汉族先民的一部分。13世纪的蒙古族通过征服战争，将活动在漠北草原蒙古语族和突厥语族的族属不同、各有名号的不同部落和不同部族汇聚起来，组成一个新的民族共同体。在中国几千年各民族形成和发展的过程中，这种交融分合的现象普遍而源远流长。

历史上出现这样的社会现象，原因是多方面的。民族本身必然经常发生变动、分化或与其他民族交融。匈奴分裂为南北两部后，南匈奴大部逐渐与中原汉族融合。以回纥族为主体的回纥汗国覆亡后，回纥诸部纷纷西迁。西迁后的回纥各部逐步与本地土著融合。在融合中，一些土著受回纥文化的影响，逐步成为回纥的一部分，后演变为今维吾尔族。随着民族间交往的扩大，一些旧的民族消失了，一些新的民族又不断形成和发展起来。有些民族基于自身发展的需要，吸收其他民族先进的文化，逐步改变本民族原有的特征，变成别的民族。如回族的先民包括唐宋时期从阿拉伯、波斯来华的信奉伊斯兰教的“蕃客”“蕃商”；蒙元时期成吉思汗及其继承者多次发动西征，作为工匠、士兵被签发到中国的大批阿拉伯人、波斯人和伊斯兰化的回回人。这些从域外迁入的信仰伊斯兰教及保留原有风俗习惯的原阿拉伯、波斯、中亚、西亚的不同种族的人，在中国长期生活过程中又融合了汉、蒙古、维吾尔等各族的文化，不断繁衍后代，终于聚合为一个新的民族群体——回族。这种民族间多元多流、源源交错的复杂关系构成了中国历史上各民族间的一种天然联系，形成了一种你中有我、我中有你，不断地发展着相互间的同化和融合的民族关系格局。这为中华民族凝聚力的形成创造了历史前提和历史条件。

其次，中华民族凝聚力形成的历史基础是共同开发、共同创造。中国的历史是各民族共同创造的，各民族以坚忍的精神开拓、捍卫了祖国的疆域，在面对外来侵略时表现为空前的一致性，维护了中华民族生存空间的独立、统一和完整。从中华民族疆域的发展来看，经历了两个阶段。第一阶段实现了边疆地区的局部统一；第二个阶段实现了全国的统一，确定了当今中国的疆域。在我国疆域的形成过程中，各民族为维护中华民族的独立、主权和尊严，进行了长期、不懈的努力，建立了卓越功勋，从而为中华民族凝聚力的形成奠定了坚实的历史基础。

第三，中华民族凝聚力形成的历史途径是迁徙流动、汇聚交融。任何一个民族在形成、发展或者走向衰亡的过程中都要进行或大或小的迁徙流动。这种民族的迁徙流动，大量的是边疆少数民族向内地的逐步移动。北方少数民族的迁徙呈现出由北向南、由东向西的趋势，同时内地的汉族又由内地向边疆地区移动。历史上每一次民族迁徙的高潮之后，随之而来的是各民族间凝聚力的增大和民族大融合的出现。从整体和长远看，民族迁徙起到了积极的历史作用。它打破了民族隔绝状态，促进了民族经济文化的交流和发展，推动和加速了民族间的融合和同化。民族迁徙不但改变了特定地域民族的单一性，而且为不同民族的重新组合创造了条件。民族迁徙—打破民族地域界限—民族错杂居住—民族经济文化的交往—语言融合—生产生活方式的趋同化，这是各民族历史发展中比较清晰的一种规律性现象。当然，历史上的民族迁徙，有的与民族压迫和民族歧视相关联，许多民族的迁徙是被迫的或被强制的，而且伴随着战争、掠夺、征服，有的民族甚至在不断被迫迁徙中消亡了。但无可置疑的是，民族迁徙和流动促进了民族间的交往和融合，也促进了中华民族在血缘上的融合，为中华民族凝聚力的形成提供了一个重要途径。

中华民族具有世界上无与伦比的强大统合力，表现为对国家的统合与对多民族社会的统合。在国家统合方面，是大一统的中央集权制国家形态始终成为我国历史的主流。在对多民族社会的统合方面，是中华民族形成了多元一体的伟大民族。“多元”指的是由五十六个民族组成的复合民族共同体；“一体”指的是各兄弟民族由于存在共同利益，结合成一个民族共同体。多元一体的格局，反映了中华民族生存发展的规律。王昭君和亲是中华民族多元一体格局形成过程中一个具有典型意义的案例。

第四节　昭君文化对社会主义民族关系的启示

王昭君身上凝聚着民族关系的丰富内涵，牵涉中国历史上长期以来纷争不息的民族关系问题。自古以来，我国就是一个多民族国家，无论是汉族建立的政权还是少数民族建立的政权，无论是统一时期还是分裂时期，无论是在中原内地还是在边陲远疆，民族关系问题都是政治生活中的重大问题或敏感问题。民族间，特别是较大民族集团的战与和、敌与友，都能直接导致政权安危和人民苦乐。昭君和亲作为恰当处理民族关系的历史个案，是一件带有浓厚政治色彩的重大事件，总是会给后人很多启示，影响后代政治家的民族政策。因而，从民族政策角度研究王昭君，对于处理社会主义时期的民族关系也具有借鉴作用。

中华人民共和国成立以来，中国共产党所制定的民族政策不是从天上掉下来的，是依据马克思主义原理，认真总结中国历史上处理民族问题的丰富经验，根据中国民族的实际状况，逐步制定并完善起来的。在这个过程中，中国共产党从中央到地方的几代领导人都对王昭君表现出浓厚的兴趣，并且在不同时期、不同场合多次号召人们向王昭君学习，搞好民族团结。他们对昭君精神的推崇和提倡，并非仅仅出于个人的喜好或一时心血来潮，而是在认真学习、比较大量的正反两方面的历史资料后，感觉到昭君的现代价值，感觉到昭君精神对社会主义民族关系具有推动作用，所以才大力提倡的。

在社会主义时期，一批老一辈无产阶级革命家从巩固和发展社会主义新型民族关系的现实需要出发，给予王昭君充分的肯定与赞扬。周恩来总理高瞻远瞩，盛赞昭君。革命老人谢觉哉、国家副主席董必武、陈毅元帅等都给予王昭君以极高的评价。史学家、文学家纷纷创作诗歌戏剧、撰写论文，肯定昭君出塞既代表了人民的心愿，又代表了历史的选择，还代表了时代的走向。

在社会主义民族关系已经确立的今天，正确理解和评价王昭君，对巩固发展社会主义的民族平等、民族友好、民族团结，具有重大的意义。

王昭君和亲事件蕴含着深刻而丰富的内涵：国家的统一，民族的团结，不同民族之间生产技术、文化艺术方面的交流，边疆民族地区社会的安定和经济文化的繁荣……这些内容对于解决社会主义国家的民族问题都有一定的借鉴价值。中国共产党正确总结历史上民族政策的经验，并根据马克思主义关于民族问题的基本理论，制定并实行了党和国家的民族政策。早在1949年中国人民政治协商会议第一届全体会议通过的《中国人民政治协商会议共同纲领》中就规定："中华人民共和国境内各民族一律平等，实行团结互助，反对帝国主义和各民族内部的人民公敌，使中华人民共和国成为各民族友好合作的大家庭，反对大民族主义和狭隘民族主义，禁止民族间的歧视、压迫和分裂各民族团结的行为。"在1954年宪法和1982年宪法中都重申和进一步规定："中华人民共和国各民族一律平等。国家保障各少数民族合法权益，维护和发展各民族的平等、团结、互助关系。禁止对任何民族的歧视和压迫，禁止破坏民族团结和制造民族分裂的行为。""在维护民族团结的斗争中，要反对大民族主义，主要是大汉族主义，也要反对地方民族主义。国家尽一切努力，促进全国各民族的共同繁荣。"

根据民族平等原则和各民族发展的特点，为了实现和保障各少数民族的权利和利益，国家又规定了在少数民族聚居地方实行民族区域自治。民族区域自治是中国共产党运用马列主义并根据我国国情制定的解决我国民族问题的基本政策，也是国家的一项重要政治制度。在1949年的《中国人民政治协商会议共同纲领》和1954年宪法中都规定了“各少数民族聚居区，应实行民族的区域自治”。1982年宪法更明确规定和重申了“各少数民族聚居的地方实行区域自治，设立自治机关，行使自治权。各民族自治地方都是中华人民共和国不可分离的部分”。自治机关是国家统一领导卜的一级地方政权，它“依照宪法、民族区域自治法和其他法律规定的权限行使自治权，根据本地方实际情况贯彻执行国家的法律、政策”，并规定：“自治区、自治州、自治县的人民代表大会常务委员会中应当有实行区域自治的民族的公民担任主任或者副主任。”“自治区主席、自治州州长、自治县县长由实行区域自治的民族的公民担任。”

根据党和国家的民族区域自治政策，我国建立了五个省一级的自治区（内蒙古自治区、新疆维吾尔自治区、广西壮族自治区、宁夏回族自治区、西藏自治区），三十一个地区一级的自治州，九十六个县一级的自治县，乡一级的自治地方就更多了。我国大多数少数民族都有了以本民族为主体的自治区、自治州或自治县。民族区域自治政策体现了国家尊重和保障各少数民族管理本民族内部事务的权利，体现我国民族平等、团结、互助的社会主义的民族关系，从而极大地激发了各民族人民当家做主的创造精神，对巩固国家的统一和民族的团结，促进民族自治地方和全国的社会主义建设事业起了巨大作用。随着社会主义法制建设的发展，1984年全国人民代表大会批准颁布了《中华人民共和国民族区域自治法》，把党的民族区域自治政策用国家基本法律的形式确定下来，从法律上保障了各少数民族的自治权利。

在中国共产党的领导下，全国各族人民在社会主义的发展道路上不断前进，社会主义的民族关系不断得到巩固和发展。特别是1978年，中国共产党十一届三中全会把工作重点转移到社会主义现代化建设上来之后，党和国家对少数民族地区的经济文化建设也加速了步伐。各少数民族正与汉族一道，为中国各族人民共同发展、共同繁荣而努力奋斗。中国社会主义民族关系的发展也进入了一个新的阶段。历史证明，党的民族区域自治政策是解决我国民族问题的唯一途径，是有利于民族的发展和进步的。经过几十年的考验，证明了这项制度是适应我国国情的，具有强大的生命力。当今世界上许多国家和地区民族矛盾加剧，社会动荡不安，而我国能保持长期的稳定，经济迅速发展，这与我国执行民族区域自治政策有极为重要的关系。

在当年王昭君出塞路过、呼韩邪单于长期居住过的内蒙古地区，早在1947年中国共产党领导建立了内蒙古自治区。它是我国蒙古族最大的聚居区，也是我国第一个实行民族区域自治的省级政区。历史上，蒙古民族长期处于被分割统治状态。渴望民族解放，摆脱统治阶级的剥削和压迫，实现人民当家做主是世代蒙古民族的愿望和理想。从20世纪20年代起，在中国共产党的领导下，以内蒙古劳动群众和进步知识分子为主力，联合包括爱国的王公贵族等上层在内的进步人士，坚决反对帝国主义、国内反动派和民族内部封建势力，确定了在统一的祖国大家庭内实行区域自治的正确道路。乌兰夫等同志根据党中央的指示，在内蒙古西部和东部积极开展工作，宣传党的民族平等政策，为实行民族区域自治做了艰苦努力。内蒙古自治区的成立也是中国共产党正确解决民族问题、实现蒙古民族和全国其他各少数民族解放的重大成果，是马克思列宁主义、毛泽东思想的民族理论在中国的一次伟大实践。

中华人民共和国成立后，内蒙古自治区在民族团结、经济发展和社会进步方面都走在全国前列，曾经被周恩来总理誉为“模范自治区”。内蒙古自治区的率先成立和几十年来所取得的辉煌成就，首先是由于党的正确领导和各民族人民的共同努力，而王昭君和呼韩邪单于在这里留下的民族友好传统不能说没有积极影响。在昭君出塞的内蒙古，蒙汉两族人民的关系始终比较和谐、顺畅，其中就有历史上王昭君影响的因素。现在蒙汉通婚已经变成了很寻常的事情，正如谢觉哉所赞：“万里长城杨柳绿，织成蒙汉一家春。”[①] 发源于内蒙古并引起全国关注的昭君文化，以昭君精神为号召，无疑会有利于民族的团结，有利于民族地区的社会稳定，有利于民族地区经济文化的发展与繁荣。

---

① 谢觉哉：《昭君》，载《北京晚报》1962年6月17日。

第五章　交流交融开新花，互助互补共繁荣
——昭君文化的重要内涵是促进不同经济区的交流

第一节　中国农耕、游牧两大经济区的形成及其互补关系

王昭君出生于稻作农业区的湖北，又居住过中原旱作农业区的长安，后来长期生活在游牧经济区，不管昭君有没有意识到，她实际上已成为游牧经济区与中原农业区发生各种联系的重要纽带。从经济学的角度看，她客观上对中国农耕、游牧两大经济区的交流做出了重要贡献，在她身上体现着两大经济区的互补关系。

任何民族的生息繁衍都有其具体的生存空间。中华民族生活的这片广阔土地，西起帕米尔高原，东到太平洋西岸，南到南海诸岛，北有广漠，东南临海，西南临山，四周有自然屏障，内部有结构完整的体系，形成一个相对独立的地理单元。在这个地理单元中，西部是海拔四千米以上的青藏高原，东接横断

山脉，地势下降到海拔一千到两千米的云贵高原和黄土高原，其间有塔里木盆地、四川盆地等盆地。再向东是海拔一千米以下的丘陵地带和海拔两百米以下的平原。由于从西向东倾斜的落差很大，而且南北跨度达三十多个纬度，加上各类地形地貌丰富多变，温度和湿度相差悬殊，自然形成了不同的生态环境。自远古起，就形成了不同的经济区域。

大量考古发掘的资料证明，在人类进入经济文化活动的初期，中华大地上，北到黑龙江、内蒙古，西到云南，东到台湾，都有早期人类在活动。这些长期分隔在各地的人群必须各自发展他们的经济文化以适应各自不同的自然环境，同时又进行着交融和汇聚。

黄河、长江中下游的平原地区，土地肥沃、雨量充沛、气候温和，早在新石器时期就产生了农耕文化，经过夏、商、周、秦的交流和融合，到汉代形成了农耕经济文化发达的汉族。以汉族为代表的农耕经济文化区域，一般来说有这样一些特点：

第一，自然地理环境优越，诸如肥沃平坦的土地，充沛的雨量，温和的气候，以及可引灌溉的大江大河等，为农耕提供了得天独厚的条件，所以农业生产特别发达。农民牢牢地附着于土地，安土重迁，自给自足，小农经济意识深厚而牢固。

第二，适应农耕生产和兴修水利等经济事业的需要，汉族很早就建立了高度集中统一的中央集权制度，而且中原汉族历代统治阶级都十分重视农业生产，早在春秋时期就形成“以农立国”的思想。历代政府的提倡和农民的辛勤劳动又支持了农业技术的不断发展，推动农业区域不断向周边扩展。

第三，汉族有三千多年的文字史，重视文化的积累，使其科技文化长期处于领先地位。汉族创造的表意性方块字具有特殊的性质和功能，它不但记述、保存了世界上延续时间最长、最完整的辉煌灿烂的古代文化，而且保持了汉民族书面语言的统一，体现和加强了汉民族的共同心理。加以立足于宗法关系的儒家思想传统广泛而深入地传播，更使汉族的凝聚力得到大大加强。

第四，汉民族由于其先进的生产力，独特的历史观和民族观，又善于吸收和兼容不同民族的文化，因而能像滚雪球一样不断吸收周边部族的文化和人口并扩大农耕区域，在历史上长期居于人口众多的重要地位，从而成为中华民族统一和凝聚的核心；进而形成当今世界上最大的民族之一，并始终保持着对周边民族的吸引力。

地处西南、西北的青藏高原、蒙古高原和戈壁、黄土高原等地区，山高沟深，气候恶劣，土壤贫瘠，干旱少雨，风沙很大，除少数黄土地带和盆地，都不宜耕种，而适宜发展畜牧业、狩猎业。中国历史上活跃于这些地区的一般都是游牧民族。他们以牧养牲畜为主，逐水草迁徙，畜牧业生产在社会经济中占主要地位。与农耕经济相比，游牧经济具有以下一些特点：

一是流动性大，居无恒所。因为在古代，畜群赖以生存的青草只能依靠自然生长，一片草场吃完之后，不得不转移到其他草场。当然，这种流动也有相对固定的范围，例如匈奴左右贤王等二十四长，就“各有分地”[①]。

二是分散性。由于马、牛、羊等牲畜的习性和所吃的草质各有不同，加以草原载畜量有限，牧民必须选择不同的草场分群放牧，这就决定了牧民的居住地相对分散。

三是不稳定性。游牧经济的生产力比较脆弱，抵抗干旱、暴风、雷雨、大雪和流行疫病等自然灾害的能力很低，遇到天灾，牲畜可能在短时间内大量死亡，生产迅速下降，牧民随之陷入饥饿和贫困，甚至丧失生命。严重的时候，部族的生存都要受到威胁。例如汉宣帝时，匈奴壶衍鞮单于“自将万骑击乌孙。……会天大雨雪，一日深丈余，人民畜产冻死，还者不能什一”[②]。

四是经济发展程度时高时低，文化的积累和发展比较缓慢。由于经常迁徙，加以许多北方游牧民族没有自己的文字，所以文化不易积累，生产技术和经验不易总结和传承。这不但妨碍了生产技术和经验的传播、发展、提高，而且有时代之而起的民族所拥有的社会生产力水平和文化程度反而不及先前在同一地区活动的民族。例如东汉时北匈奴西迁、南匈奴南下，这时匈奴故地由继起的鲜卑占领。但当时鲜卑的社会生产力和文化、技术程度远不及匈奴。按理说鲜卑人应该在匈奴社会生产力和

①《史记·匈奴列传》。

②《汉书·匈奴传上》。

物质文化基础上继续前进一步，然而他们面对的仅仅是匈奴人留下的一片茫茫草原，他们虽然入居匈奴故地，但一切还要从头做起。

五是政权组织简易松懈，国力忽强忽弱、骤兴骤衰。游牧经济的分散性和不稳定性，必然造成游牧民族所建立的政权机构简单、组织松懈。当畜牧业繁荣，社会生产力高涨，特别是有一些杰出的领袖人物能够号召部众、驾驭全局时，国力便迅速强大，南征北战，开疆辟土，马蹄所至，甚至达到千里万里。相反，一遇天灾，人畜大量死亡，生产力迅速萎缩，而统治者又无力控制局势时，政权往往会陷于分裂，国力急剧衰落，加上其他因素，甚至会造成政权瓦解。匈奴政权的几盛几衰便是明显的例证。

六是生产组织与军事组织相结合，即兵民合一。例如匈奴，“宽则随畜，因射猎禽兽为生业；急则人习战攻以侵伐”[①]。后来的突厥、蒙古也都是如此。这种兵民合一的社会结构和体制使得北方少数民族特别能吃苦，特别能征战，尤其善于长途奔袭，长期作战。因而这些北方游牧民族的南下历来都被农耕民族视为最大的威胁。

这里需要指出的是，北方游牧民族的兴起及向外扩张，乃是其民族的社会发展到一定历史阶段的产物，并不是如某些外

---

①《史记·匈奴列传》。

国学者所说，是什么“游牧文化圈”与“农业文化圈”的“二元对立”。[①] 根据史料分析，中国北方游牧民族（如匈奴、突厥、蒙古等）兴起的时候，都是处于由原始社会迈进奴隶制社会的时期，阶级分化和阶级剥削已经产生。在新兴起的奴隶主贵族和军事首领的指挥下，“战争和进行战争的组织现在已成为人民生活的正常职能了。邻人的财富刺激了各部族的贪欲，获得财富已成为他们最重要的生活目的之一了”[②]。所以，游牧民族和农耕民族的战争并不是由于经济类型的不同而引起的，而是由于阶级和阶级剥削压迫而产生的。否则，依照“二元对立论”，只要消灭了不同经济类型的差别，便可以达到消灭民族战争的目的，这显然是不确切的。

在北方游牧经济区和中原农耕经济区之间，有一条自然形成的地理界线，这条界线大体上就是从春秋战国开始修筑、直到现在还巍然屹立的长城。过去，人们只注意到长城是农耕民族为了抵御游牧民族南下入侵而修筑的防御线，却没有注意到，它同时也是南北两大经济区发生交流、交换、融合的互补线。

古代历史著作中连篇累牍地记载着长城南北连续不断的对峙、战争和掠夺，却忽视了经常性的、互相依存的交流和交易。其实，这才是更为重要的方面。随着生产发展和经济生活的扩

---

① 如日本学者川上正二的《征服王朝论》即持此论。参见日本《丝绸之路》杂志第6卷第2号。

② 《马克思恩格斯文选》两卷本，第二卷，第311页。

大，牧民不能满足单纯的乳肉为食、毛皮为衣。事实上，任何一个民族都不可能单纯以乳肉为食，否则会缺乏必要的营养成分，影响民族的生存。在中国、蒙古、俄罗斯境内考古挖掘的北方游牧民族墓葬中，大都发现了粮食、布帛、茶叶等，就充分证明了这一点。他们所需要的粮食、纺织品、金属器具及茶、酒等生活必需品要取给于农耕区，而农耕区所需要的马、牛、羊等畜产品要仰仗牧区，这就形成了历史上以“马绢互市”“茶马互市”为形式的民族间经济文化的密切联系和交流。即使是在两个民族发生战争时期，两大经济区的民间经济交换也没有停止过。例如西汉元狩二年（公元前121年），长安的一些汉人私自把铁器和兵器卖给匈奴人，违犯了汉朝经济封锁的法令，“坐当死者五百余人”。汲黯还为他们向武帝求情。[①] 首都长安尚且如此，长城沿线的民间“走私”“黑市”贸易更可想而知。由此可见，经济上的交流和贸易是任何行政权力也难以长期禁止的。

其实，在许多情况下，北方游牧民族政权发动南侵，直接目的就是以战争求通商。例如蒙古俺答汗曾经数十次派出使者，向明朝嘉靖皇帝提出和平、通贡互市的要求，明世宗不但无理拒绝，而且两次杀害蒙古使者。俺答汗忍无可忍，于嘉靖二十九年（公元1550年）率兵南下，直攻到北京城郊。其目的

---

① 见《汉书·汲黯传》。

就是以武力求通商。不管是用战争还是和平的手段，实现两大经济区的交流，获得经济上的利益，往往是双方行为的真正出发点。而这种交流的结果必然是民族间来往增多、了解加深、和睦相处、渐趋融合。

恩格斯指出："应该从经济关系及其发展中来解释政治及其历史，而不是相反。"[①]民族关系的存在与发展，首先是他们之间经济利益的存在与发展。在经济生活中，畜牧业离不开农业，农业离不开畜牧业。农牧业本来只是经济活动中的不同分工、不同类型，他们对哪一个民族的经济需求来说，虽有主次之分，但都是不可缺少的。随着各自经济生活需求的扩大，必然要联结成一个互相依存、互相调剂、互相补充、互相促进的经济整体。这个基本道理已经被无数历史事实所证明，在全球经济日益一体化的今天，我们已经看得更加清楚了。

忽必烈入主中原，统一全国，意识到只靠蒙古传统畜牧业而不大力发展农业，就无法维持统治。所以他大力推行汉化政策，学习、推广农业技术，提倡牧民南迁、汉农北迁，使蒙古民族由单一游牧经济走向农牧结合，也使全国经济得到较大发展。漠北地区经济生活大大改善，社会政治文化水平也显著提高。

元亡之后，明太祖朱元璋、成祖朱棣将故元势力驱至漠北，广大牧民又回到单一游牧经济。明朝长期对蒙古实行的经济封

---

①《马克思恩格斯选集》第四卷，第192页。

锁是造成北方牧区经济生活大倒退、社会文化发展停滞的重要原因。蒙古屡次犯边，除了掠夺物资，很大成分是要求经济上互相交流、开市贸易，而明政府筑边墙、设九边、布重兵，劳民伤财，却防不胜防。许多蒙古人为生活所迫迁徙内地，而内地汉人也携带铁器、茶叶、布帛等偷越关卡，换取马匹、牛羊、皮毛……直到明中叶，俺答汗经过长期艰苦努力，甚至以战求和，才迫使明朝沿长城开茶马互市，俺答汗也主动接受明朝"顺义王"的封号。此后"四塞久宁"，"数千里军民乐业"，"边疆无警，畿辅晏然，汉唐以来所未有也"。[①]

可见，民族间的战与和，背后都是为了达到经济上的联系和依赖。也就是说，各民族谁也离不开谁是经济生活的本质所决定的。中华各民族互相依存、互相促进的传统由来已久，正是这种民族间经济上的联系依赖，成为历史上民族关系的纽带，并日益牢固，以此为基础形成一种向心力、凝聚力。

第二节　以昭君为代表的和亲为两大经济区的交流做出了重要贡献

在农耕、游牧两大经济区的交流中，和亲的作用是很大的。

①《明神宗实录》卷三三，万历二年（公元1574年）。

首先，和亲公主出嫁到北方游牧民族，绝非公主一人远行，总是要随带大量的宫女、宦官、乐师、各种手工业工匠等人员。公主和这些随从人员还往往根据需要，带去中原的图书资料和生产知识、技术。除公主个人的作用，这些随从人员在两大经济区的交流中也发挥了很大作用。例如西汉著名的女外交家冯嫽就是解忧公主的陪嫁宫女。还有中行说，本是汉朝公主带到匈奴的宦官，却得到匈奴单于的特别宠信，经常为单于出谋划策，对匈奴的经济和社会生活影响很大。昭君出塞时，同样带去了大量能工巧匠，为匈奴社会进步做出了重要贡献。因此，流行于北方游牧民族的传说都把昭君描绘成一位仁慈而万能的女神，说她对善良的人有求必应，反映出昭君对塞外人民的生产和生活方式产生过重大影响。

唐代文成公主的出嫁也是一个典型例证。文成公主和亲吐蕃，除带着华贵的嫁妆，还携带着经史、佛经、佛像以及工艺、医药、历法等典籍。在她众多的随行人员中，有很多工匠，他们给吐蕃带去了中原先进的农业、手工业技术，传播了水利技术，还教会了藏族人民平整土地、除草、纺织、刺绣等。唐玄宗初年又应松赞干布之求，送去蚕种，派去善于酿酒、制碾和制墨的工匠。大批吐蕃贵族子弟被派到长安国子监学习，连唐朝的服饰也传到了吐蕃。

又如唐朝公主和亲回鹘，同样带去大量工匠。近代出土的一些回鹘碑刻，形制都是汉式。著名的《九姓回纥碑》碑文不仅有回鹘文，还有汉文，明显出自汉族工匠之手。

其次，和亲公主出嫁时，北方游牧民族往往要向中原王朝献聘礼，中原王朝陪嫁的各种物品更是种类繁多，数量惊人。而且在公主出嫁之后，中原王朝每年还定期不定期地给予各种赏赐。

早在刘邦与匈奴结和亲之约，以公主嫁单于时起，就一次赠给匈奴金千斤，另每年赠送大量的絮、缯、酒、米、食物等。[①]惠帝三年（公元前192年），文帝六年（公元前174年），景帝元年和五年（公元前156年和公元前152年）又几次遣公主和亲，陪赠和年年奉送的物品数量更多。[②]文帝后元二年（公元前162年）又赠秫蘖、金帛、丝絮等物。这种赏赐，除双方发生大的战争期间，一般年年都给，形成定例。

竟宁元年（公元前33年），呼韩邪单于向汉朝求和亲，汉元帝同意以昭君出嫁，对匈奴的“礼赐”更加丰厚：“礼赐如初，加衣服、锦、帛、絮，皆倍于黄龙时。”[③]可见昭君陪嫁的物品是非常多的。早在呼韩邪第一次朝汉时，汉朝就赐他单于玺绶、冠带、黄金、锦绣、丝絮等物，又拨运米谷三万四千斛供匈奴人食用。昭君出嫁时，陪嫁物品总数比黄龙年间增加一倍，远远超过呼韩邪第一、二次来朝。

---

①《史记·匈奴列传》。

②《汉书·惠帝纪》《汉书·景帝纪》《史记·匈奴列传》。

③《汉书·匈奴传》。

第三，和亲协议的达成，往往标志着农耕、游牧两大民族集团军事对峙或战争的停止，标志着双方政治关系的缓和甚至友好。随之而来的就是经济文化交流走向合法化、公开化、制度化，经过政府批准的通关、互市也能正常进行。这种通关、互市往往是和亲协议的重要内容。在刘邦与匈奴结和亲之约后，汉朝就开放了关市，准许汉匈两族人民交易。当时铜、铁等交易量很大，其后文帝六年贾谊的上疏中还谈道："挟铜之积，制吾弃财，以与匈奴逐争其民，则敌必坏矣。"[1]在汉与匈奴的关系中，矛盾和战争是比较多的，但双方和平相处的时间仍多于战争的时间。双方一直发生着密切的经济文化交往，即使在战争期间，这种交往也没有中断。

通过和亲、赏赐、互市等方式，汉地的铁器、铜器、陶器、缯絮、食物、金银和各种生产生活用具大量流入匈奴，使匈奴的生产生活方式发生了重大变化，以至于使匈奴化了的汉人中行说感到恐慌。他对单于说："匈奴人众不能当汉之一郡，然所以强者，以衣食异，无仰于汉也。今单于变俗好汉物，汉物不过什二，则匈奴归于汉矣。"[2]这种建议当然无法阻止匈奴从单于到一般民众对汉物的需求和爱好，因为这种现象正是游牧、农耕经济互补的体现，它决定着双方的经济联系是必然的。即使在北匈奴被击败远走后，仍不断要求与汉合市，汉也欣然同意。

①〔汉〕贾谊《新书·铜布》。

②《史记·匈奴列传》。

元和元年（公元84年），北单于遣大且渠等驱牛马万余头至武威，与汉交易，即其一例。

汉在与匈奴的交易中，也得到自己所迫切需要的牲畜和畜产品、狩猎产品。桓宽《盐铁论·力耕》就说："赢驴馲駞，衔尾入塞，驒騱騵马，尽为我畜，鼲貂狐貉、采旃文罽，充于内库。"可见这种经济往来和交换，是双方都迫切需要的，也使双方的经济联系达到不能分离的地步。

汉朝以后的各代，史书记载的中原王朝与北方游牧民族的互市交易也非常多。如东汉与鲜卑在宁城（今河北宣化市西北）以铁、缣布换马匹；突厥与隋朝的贸易中，一次就卖出马一万匹、羊两万只；唐朝每年与回纥交换马匹所用的缣布达数十万匹；明神宗时，仅张家口一地，蒙古族每年向市场提供的马就达三万六千匹；清朝时，喀尔喀蒙古诸部每年都要与清政府交换马十万匹、羊五十万只。

第四，和亲的实现还大大缓解了民族矛盾，在双方的人民群众中造成和平、友好的气氛和观念，从而推动了民间经济文化的交流。这种交流虽然很少为古代史家所注意并著于史书，但是是广泛存在、影响深远的。

史载王昭君与呼韩邪和亲之后，"边城晏闲，牛马布野，三世无犬吠之警，黎庶无干戈之役。""边人获安，中外为一，生人休息六十余年。"呼韩邪的原配夫人颛渠阏氏曾说："匈奴乱十余年，不绝如发，赖蒙汉力，故得复安。"直到东汉初，呼韩邪的孙子醢落尸逐鞮单于继位，仍然袭用了“呼韩邪”的称号，《后汉书·南匈奴传》解释说：“以其大父尝依汉得安，故欲袭其号。”其目的就是恢复一度中断的与汉的友好关系。

纵观历史上以昭君为代表的和亲在两大经济区交流中所发挥的重大作用，不仅在史料中多有记载，近几十年来，还为不断发掘的考古资料所证明。

在内蒙古和蒙古国各地发现的匈奴墓葬中，往往都有汉式的丝绸服装、青铜镜、漆器、马具等。特别值得提到的是，在远离汉匈交界处的漠北，甚至贝加尔湖一带，都出土了许多说明汉匈经济文化交流的文物。例如前举苏联和蒙古的考古学家在20世纪20年代至50年代，就发掘了位于蒙古和苏联境内的数百座匈奴墓葬，其中大部分都有来自汉朝或受汉朝影响的物品。其中有的物品写有汉字，透露出昭君和她子女的信息。

其实匈奴人墓葬风俗本身就是受到汉人的影响，据《史记·匈奴列传》说，匈奴人“逐水草迁徙，毋城郭、常处、耕田之业”，“其送死有棺椁、金银、衣裘，而无封树、丧服”。蒙古国首都北面的诺颜山匈奴墓却都有高大的堆石（封树），即是受汉葬俗影响的表现。

第三节　提倡昭君文化，对促进边疆少数民族地区经济和社会发展有积极的推动作用

1949年之后，我国废除了民族压迫，实现了民族平等、民族团结，我国各民族的发展进入了共同繁荣的新阶段。但是，历史上形成的边疆少数民族地区经济文化落后的状态使少数民族在享受各种平等权利时受到影响，传统的以游牧经济为主的布局以及经济结构的不合理状况制约了民族地区经济文化的发展速度，加之自然条件差、交通不便、信息不灵、文化科技落后、商品经济观念淡薄等原因，使这些地区与全国特别是与沿海、内地的其他地区始终存在着差距。因此，努力发展少数民族地区的经济文化，尽快缩小与其他地区的差距，既是少数民族向现代化发展的必然要求，又是解决社会主义时期民族问题的根本途径；既是全国实现现代化的战略性任务，也是巩固国防、保持国家安定与团结的基础。

早在中华人民共和国成立初期，党和国家就号召和组织大批内地的知识分子和干部支援边疆，他们被誉为“当代昭君”。20世纪50年代，包钢生产出第一炉钢水，庆功宴上，周恩来总理特意选择呼和浩特生产的“昭君黄酒”宴请中外客人，并在祝酒时深情地说：“希望中国出现更多的‘当代昭君’！”这些

支援边疆少数民族地区的知识分子和干部、工人没有辜负周总理的殷切期望。他们以昭君为榜样，把自己的知识、才能毫无保留地献给了当地各族人民群众，极大地推动了边疆少数民族地区的经济、文化、教育、社会各项事业的发展。他们中的不少人还像昭君一样，与当地人结婚生子，深深地扎下了根。尽管与内地相比，边疆少数民族地区工作、生活条件差，待遇比较低，他们仍然以“献了青春献一生，献了一生献子孙”的无怨无悔的精神，一代又一代地为建设边疆，改变当地的落后面貌贡献力量。对于这些“当代昭君”，边疆少数民族地区的人民永远不会忘记。

一些敏锐的企业家，很早就意识到“昭君”是一个品位很高、含金量很足的品牌，因而用“昭君”为自己的产品或企业冠名，迅速提高了知名度。据不完全统计，仅内蒙古自治区，以“昭君”命名的产品和企业已达数十家。在昭君的故乡湖北，也早就出现了借昭君这位历史伟人的美名，创名牌产品和企业的现象。以昭君为主题的旅游产业更是久盛不衰。

还有一些企业，虽然没有用“昭君”冠名，但也发现了昭君文化中蕴含的无限商机。例如，1994年，刚刚成立一年的内蒙古伊利集团还是一个默默无闻的乳品行业“小老弟”，但他们巧妙地打出“昭君归故里，伊利送深情”的口号，将一支冷藏车队从呼和浩特市浩浩荡荡地开到湖北省会武汉市，不但沿途宣传了自己的产品，而且通过让武汉市民免费品尝雪糕，一下子把内蒙古、湖北两地人民两千余年前的“亲情”唤醒，使昭君“娘家”湖北人对“婆家”内蒙古人格外“亲”起来。“伊利”品牌也在九省通衢的湖北牢牢地扎下根，从而拉开了伊利占领南方广大市场的序幕。这是一个成功运用先进文化宣传企业品牌、进行营销策划的案例，现在还常常被经济学家津津乐道地举例引用。如今伊利已经成为全国乳品行业数一数二的大型企业，但他们永远不会忘记创业初期昭君文化给他们带来的巨大效益。

更加令人欣喜的是，近年来，内蒙古、湖北一些地区的党政领导敏锐地意识到，提倡和发扬昭君精神，不但具有政治上的作用，而且蕴藏着无限商机，能够对发展地区经济文化产生巨大的推动作用。例如，在昭君与呼韩邪单于长期居住过的呼和浩特市，就率先提出“以草原文化为底蕴，以昭君文化为特色，以先进文化为方向”的文化发展战略，并连续成功地举办了昭君文化节。历届昭君文化节，一届比一届品位高、影响大，经济效益也愈来愈显著。通过文化节，不但弘扬了优秀传统文化，营造了民族团结进步的氛围，而且有力地推动了呼和浩特市的改革开放和经济社会发展，大大提高了呼和浩特市在全国和世界上的知名度，昭君已经成为呼和浩特市的“城市名片”。仅从经济角度来说，每届文化节都吸引了国内外大批客商，成功签订了大批交易或合作协议。另外还吸引国内外旅游人数激增，旅游收入和带动相关行业效益明显。

昭君的故乡湖北兴山县已经连续举办了多届昭君艺术节，获得了很好的经济、文化、社会效益，大大提高了兴山的知名度。近年来，宜昌市也打出了“屈原昭君故里”“世界水电名城”的城市名片，扩大了其在全国和世界的影响。

21世纪以来，党中央提出了“西部大开发”的战略性任务。生活在祖国北部边疆的各少数民族如何能够抓住机遇，加快发展，缩小与沿海、内地的差距？我们认为，提倡昭君文化，发展以昭君文化为代表的文化产业，会起到积极的推动作用。

文化产业是指从事文化产品与文化服务的生产经营活动以及为这种生产和经营提供相关服务的行业，它可以分为知识型文化产业、休闲型文化产业、娱乐型文化产业。目前主要包括文化旅游、图书报刊、影视音像、文化娱乐、艺术博览会等生产文化产品或提供文化服务的行业。国内外很多学者认为，21世纪全球最有前途的产业将是文化产业和信息产业。

文化产业的重要性首先表现在人类生活在高科技、数字化的时代，迫切追求物质需求与精神需求的平衡，这甚至将会成为人类社会生存和发展的必要条件。高科技固然为人们满足物质需求和精神需求提供了有利条件，但另一方面，它又可能压缩人们的精神生活空间，拉大人与人、人与自然的距离，使人际间的关系、人与自然的关系疏远化、陌生化。如果一个人整天只沉溺于和电脑、手机打交道，就会疏远他人、疏远大自然、疏远自我，极度孤独，精神越来越空虚，实际是走向了人的异化。这种情况如果发展下去，甚至会给人类的生存、发展带来危机。

其次，随着社会生产力的发展和人类物质生活的逐步富裕，人们的休闲时间将大大增加。现在我国每年的法定假日已达一百一十四天，这些假日如何度过？现在我国人均寿命已达七十余岁，今后还会延长，以六十岁退休计算，退休后的时间干什么？这些闲暇时间无疑会大大增加文化消费、精神消费的需求。休闲的本质和价值在于提升每个人的精神世界和文化世界，休闲产业（其中很大比重是文化产业）将占有越来越重要的地位。

另外，近几十年来，人们逐渐发现，商品的文化价值、符号价值（例如名牌就是一种符号）逐渐超过商品的使用价值和交换价值而成为主导价值，与之相关，单一的货币资本逐渐转化为货币资本、文化资本、社会资本和象征资本多元化的资本形式。其中，文化资本已经成为衡量一个国家或地区的综合实力的重要指标。文化资本的加入，为一些经济资本相对较弱而文化资源比较丰富的国家或地区提供了新的机遇。现在，国内许多经济相对落后的地区已经敏锐地意识到了这个问题，开始自觉地紧紧抓住这个机遇，大力发展文化产业，追求后发优势，以此为突破口，来赶超全国先进水平。

对内蒙古自治区来说，尤其要注意发展以昭君文化为代表的文化产业，以带动自治区经济跨越式发展，以便走在全国前列。内蒙古发展文化产业的重要性，除了以上普遍性的根据，还有自己独特的理由：

第一，内蒙古是全国的文物大区，又是多民族聚居区。从远古时代的大窑文化、红山文化开始，秦汉以来历代长城、城镇、坟茔遗址，星罗棋布。特别是在中国古代史上煊赫一时的匈奴、鲜卑、突厥、契丹、女真、蒙古、满等少数民族，都在内蒙古留下了大量的文化遗存，文化积淀十分深厚，文化类型极其丰富，为内蒙古积累了难以估价的文化资本。特别是以王昭君为代表的和亲文化，体现着民族友好团结，体现着不同类型经济区的交流融合，更具有重大的现实意义。如何利用好这些“养在深闺人未识”的文化资本，依靠这些资本形成具有内蒙古特色的文化产业，是摆在我们面前的重大课题。而这些文化产业一旦被利用起来，就会形成一种独特的、唯一的、其他地区和国家无法重复、无法模仿的特质，因而可以在全国、全球的市场竞争中占有比较优势，使别人无法与我们竞争。

第二，我国商品短缺时代已经结束。2019年，我国城镇居民的恩格尔系数为27.6%，农村为30.0%，人们开始追求一种精神、文化含量更高的生活和消费，社会消费开始向精神、文化型消费转型。人们把越来越多的精力和物力投入精神享受、文学艺术、审美体验之中。因此，满足人们的精神、文化需求成为经济增长的极其重要的动力。

第三，中央已经制定了西部大开发的伟大战略，文化产业在西部大开发中占有重要地位。西部拥有丰富的民族、民俗、宗教、文化和人文、自然景观，应该抓住这个优势（现在有许多没有开发或者是低层次开发，有的甚至是破坏性开发），这是一个很大的商机。文化产业应该是环保产业，是可持续发展产业，因此内蒙古的产业结构调整应该更多考虑文化产业的开发，例如旅游业。

旅游业的大部分是文化产业，旅游业必须以文化来支撑，从旅游景点、旅游设施到旅游产品，必须具有丰富的文化内涵。而这正是内蒙古旅游业最薄弱的环节。文化内涵的问题得不到解决，内蒙古的旅游业就不可能有大的发展，因为内蒙古的人文旅游资源有很多专业性很强的民族学、宗教学、民俗学、文化学内涵，没有专家的阐释和发掘，是不会被旅游者所了解和认识的。

现在，内蒙古自治区及各盟市、地方领导都非常希望大力发展本地的旅游业，但是由于缺乏专家对当地旅游景点文化内涵和艺术品位的阐释说明就难以定位，很多地区缺乏战略眼光和审美眼光，制订的旅游规划当然缺乏文化深度和美学价值，因而也不能吸引游客。我们必须充分发挥自治区历史、文学、文化专家的力量，对每一个旅游景点给予文化内涵的阐发和定位，制订有文化战略眼光和审美眼光的旅游文化整体规划。没有特色就没有文化，就没有深度，就没有吸引力，当然也就没有优势，因此只有发挥专家和旅游点所在地政府两个积极性，才能制订有特色、有深度、有独特艺术性和精微性的旅游业发展规划。

第四，进一步加快工业化和城市化进程将是自治区实现现代化的下一步重大战略。在21世纪，内蒙古必将兴起许多以文化产业为支柱的城市或城镇，如以成吉思汗文化为主题的城市、以昭君文化为主题的城市、以北魏（鲜卑）文化为主题的城市、以红山文化为主题的城市、以恐龙化石为主题的城市、以园林山水为主题的城市、以雕塑壁画为主题的城市等。这些城市（小城镇）各有主题、各有特色，将有效改变现在千城一貌、千市一面的现象。

第五，在中国加入世贸组织的条件下，发展文化产业还有一种国家文化安全的战略意义，而且具有紧迫性，特别是对位于边境地区的内蒙古自治区来说更是如此。现在各国的文化产业加紧向中国市场进军，他们把中国丰厚的古代文化积累看作一个富矿，好莱坞开发《花木兰》题材就是一个信号。谁知道会不会有一个强大的外国文化企业打造一部外国版的《王昭君》《成吉思汗》？所以我们必须清醒地面对形势，要明确意识到，一方面，我们积极开发文化产业，不但要面向全国，而且必须面向世界，坚持高水平，提高文化产业的国际化程度。只有把内蒙古的丰富的、独特的、珍贵的文化资源用国际水平开发出来，包装起来，使之转化为全世界亿万人民都能享受的文化商品，才能创造丰厚的利润；另一方面，我们需要把中国的、内蒙古的文化（连同我们的价值观、审美观）传播到全世界，以防止在经济全球化的背景下出现美国文化、美国价值观、美国审美观一统天下的局面。江泽民主席曾说过："总体上处于弱势地位的广大发展中国家，不仅在经济发展上面临严峻的挑战，在文化发展上也面临严峻挑战。保持和发展本民族文化的优良传统，大力弘扬民族精神，积极吸取世界其他民族的优秀文化成果，实现文化的与时俱进，是关系广大发展中国家前途和命运的重大问题。"[①] 因此，我们应该把弘扬昭君文化提高到构筑国家文化安全体系的高度来认识。

我们应该进一步转变文化行业是非生产性部门，文化没有经济价值的旧观念。诚然，相当一部分文化行业需要政府花钱，不能赚钱，如图书馆、博物馆、科技馆等公益性文化单位。但是，大部分文化行业是经营性文化行业，应该进入市场，应该实现产业化，只要改革合理、政策灵活，它们都会获得可观的经济效益。政府部门可以组织历史、文化、旅游方面的专家对当地的文化资源进行全面的调查，发掘并评估其升发前景及价值，在此基础上制定出当地的文化产业发展战略和具体规划。有重点、有步骤地逐步发展文化产业，像打造伊利、蒙牛一样，打造出若干知名的大型文化产业品牌，打向全国，打向全世界。

---

① 江泽民：《在中国文联第七次全国代表大会、中国作协第六次全国代表大会上的讲话》，见《人民日报》2001年12月18日。

第四节　用昭君精神建设企业文化

一个企业家，当他把自己的企业或产品命名为“昭君”时，他一定会有某些想法或理由。这其中便包含着昭君文化和企业文化的联系问题。为什么要用“昭君”品牌？“昭君”品牌对企业的发展乃至对地区经济的发展有什么影响？

以昭君大酒店为例。这个酒店是内蒙古最早建立的星级涉外酒店，在1987年开业时，“设计者就独具匠心，以‘昭君’为酒店冠名，把企业文化定位在浓郁的民族文化和历史文化上，以昭君精神作为企业的追求，把昭君文化作为企业文化”[①]。由于“昭君”这个名字既蕴含着丰富的历史文化内容，又充满祥和温馨和民族团结的氛围，加以酒店以昭君精神不断提高服务质量，所以在几十年的经营中，用昭君这个人人皆知、有口皆碑的形象开拓了广泛的客源市场，带来了无限商机，成功地接待了大批中外游客，使酒店名扬海内外，在激烈的竞争中站稳了脚跟。

许多企业家认为，昭君是一个积极、健康、美丽、高尚的历史文化形象。许多企业已经成功地利用这个形象的文化内涵来建设企业文化，塑造产品品牌。如发扬昭君顾大局、识大体、

① 昭君大酒店党委书记李宪梅：《弘扬昭君文化，走品牌发展之路》，收入《昭君文化理论研讨会第一～三届论文集》。

维护国家和民族利益的精神，自强不息、追求创新、勇开新路等等。

企业文化是企业素质水平和两个文明建设的综合体现。一位著名经济学家曾说："国家富强靠经济，经济繁荣靠企业，企业兴旺靠管理，管理关键在文化。"这已经成为许多企业家的共识。企业文化是使企业人格化的一种经营理念，重在"练内功"，重在培育企业可持续发展的能力。随着市场经济的不断发展，全球经济一体化的趋势日益鲜明，如何在激烈的竞争中立于不败之地，只借鉴外国的管理模式是远远不够的。我们必须有自己的一套民族的、符合中国人的历史传统和思维习惯的、优秀的文化理念来增强企业的凝聚力、创造力和生命力。而昭君文化以其丰富的内涵、先进的性质、美好的形象，成为众多企业（不仅仅是以昭君命名的企业）建设企业文化时的选择。那么，如何用昭君精神来建设企业文化呢？我认为大体上有以下几个方面。

一是发扬昭君文化所体现的"和合"精神，善于兼容并蓄，创造一种高层次、高品位，蕴含着两千年历史丰厚积累的、高雅的、祥和的、温馨的文化氛围。

二是发扬昭君识大体、顾大局、勇于牺牲、甘心奉献的爱国主义精神，以此教育企业家和全体员工坚持把国家和民族的利益放在首位，不惜牺牲个人也要维护国家和人民的长远利益，通过自己的产品和服务为祖国、为民族贡献力量。

三是汲取昭君和亲所体现的民族友好、民族团结的精神，用昭君事迹教育员工，凝聚人心，培养团队精神。

四是学习追求完美的精神品格。昭君是中国古代完美的典范，居于古代“四大美女”之首，她不但外貌美，而且具有无瑕的内在美，勤劳、勇敢、善良、顾全大局、求真疾伪……所有中华民族的美德几乎都可以在她身上得到体现。一个企业既然打出了昭君品牌，就要从产品的内在质量到外在包装，直至售后服务，都要追求完美，这才不会亵渎昭君。

五是企业家要以昭君的人格、道德力量激励自己。要像昭君那样富有超出流俗的远见卓识；敢于向未知的领域发展，勇闯新路；反对黑暗、反对虚伪，坚持真理、敢于斗争，奋起掌握个人命运；不畏艰险、敢于拼搏，以坚韧不拔的刻苦努力干出一番青史留名的事业。

六是用昭君出塞精神鼓励先进、发达地区支援边疆少数民族地区经济发展，鼓励各民族、各地区经济、文化交流。今天，在国家强调支持中西部地区经济发展的时期，昭君精神更有其现实意义。应该鼓励沿海先进地区的企业家向王昭君学习，树立为边疆少数民族地区经济文化发展贡献力量的雄心壮志；鼓励企业的科技人员安心边疆、扎根边疆，做“当代昭君”。

第六章　大抵美女如杰士，见识迥与常人殊
——昭君文化蕴含着丰富的人生哲理

第一节　面对困境的正确抉择，造就了昭君的伟大人格

昭君一生遇到过不同于常人的数次人生大困境，如被选入宫、出塞异域、再嫁单于等。如果说传说中的拒贿画工是对污浊世风的挑战，那么自请出塞则是对儒家君臣观念、婚恋观念的挑战，再嫁则是对传统道德的挑战。其间必然经过了激烈的思想斗争，其中蕴含着她丰富的内心世界的变化历程。这是一个生命观念、价值观念、道德观念逐渐开放、升腾、博大的过程，是一层层解开封建思想枷锁和世俗观念束缚的过程。这里有激烈、复杂的心理冲突，也有果断、超人的人生抉择，这一切都陶冶着她的伟大性格。面临常人一生一次都难以遇到的困境，她却每次都做出了艰难而又正确的抉择，把握住了困境后面的机遇，从而实现了自我的人生价值和充满爱心的幸福生活。

这是多么难能可贵。昭君与两代单于有无爱情、生活是否幸福，答案应该是肯定的。从两代单于对她的宠爱和尊重来看，从她的子女在匈奴享有的重要地位来看，从她死后单于悲痛欲绝和极其隆重的葬礼来看，都可以证明我们的推断。其实，昭君生活在相遇知心和自我价值被承认的自由的氛围之中，又得到故乡、祖国和匈奴各族人民的衷心爱戴，难道不是人生的最大幸福吗?

入宫是昭君人生的第一大转折。从贫困山区到豪华汉宫，从山野村姑到待诏掖庭，昭君当然没有选择的余地，甚至初进宫的少女还可能对新生活有一些幻想。但是，她很快就看穿了豪华后面的腐朽和热闹后面的枯寂。后宫的黑暗以及众多白头宫女和失宠后妃的悲惨命运，让她体味到人生的悲凉，使她思考如何脱出这“黄金牢笼”。当然，凭着她惊人的美貌，只要见到皇帝，就很可能受宠，然而她数年没有见到皇帝，于是人们自然而然地把原因附会到贿赂画工上，人们认为这与她冰清玉洁的品质格格不入。污浊的世风和她高洁的品性形成激烈的碰撞，这一切都聚焦到一件事上——拒贿画工。她相信凭自己的才智能见到君王，即使不能见到皇帝也不能失去人格，她坚守自己的道德底线，用失去人格的方法见到皇帝将会给自己的心留下永远的痛。况且，见到了皇帝又能怎么样?那些因年老色衰而失去恩宠的后妃有何幸福可言?昭君是一个自信、坚定的女子，她以清醒的头脑分析种种可能，经受住了人生旅途的第一次考验。她的这一举动，在“宫人皆赂画工”的后宫，绝对是独树一帜。这是她特立独行人格的第一次闪光。

自请出塞是昭君人生的伟大转折点，是昭君优秀性格的集中体现。她从困境中看到并抓住机遇，在生命的长河里奏响了高亢激昂的人生乐章。昭君在希望渺茫的久久等待中，产生悲怨之心是人之常情。她在深宫居住越久，就越深悉其中的黑暗，越觉得等待皇帝召见和宠幸没有什么价值。即使受到宠爱，被封为妃，也不过是皇帝手中的玩物，甚至贵为皇后，往往也并没有好结果。这种争权夺利、残酷黑暗的后宫生活，不会容忍像昭君这样表里如一、高洁耿直的人，她的国色天香只会招来更多嫉妒。昭君参透了后宫的这一玄机，以她的性格，绝对不会容忍长期生活在这样一个肮脏的氛围之中。她希望摆脱这禁锢人生的“黄金牢笼”，她必须寻找每一个可能的机遇。

命运就是这样，只要你寻找，机遇和可能总会有的。公元前33年春正月，呼韩邪来朝，并提出愿意“婿汉氏以自亲”，王昭君抓住了这个难得的机会，“请掖庭令求行”，得到元帝批准。昭君此举惊世骇俗，在当时一般人看来不好理解，其实正是昭君性格的必然体现。在临辞大会上，她精心打扮，“丰容靓饰，光明汉宫，顾影徘徊，竦动左右”，以光彩照人的形象表示了自己的决心、诚意以及郑重的态度。她的勇气、主见、果断，不但远远超出一般女子，而且是因循苟安的凡庸男子也无法比拟的。

昭君从入宫到出塞经历的心路历程使我们看出，她在逆境中不是自暴自弃，也不是怨天尤人，更不是依傍他人，而是勇敢地迎接人生的挑战，保持自我，寻求机遇，走出自己的人生之路。这种主动迎接命运挑战的态度，预示了她在以后的生活中将大有作为。我们前面推测，她不但取得了呼韩邪单于的宠爱，正如王安石的《明妃曲》其二所云“汉恩自浅胡自深，人生乐在相知心”，过上了美满的幸福生活，而且使汉匈两个民族在半个多世纪和睦相处，保了一方的平安。

从胡俗改嫁，是昭君人生中的又一次考验。

呼韩邪单于死后，按照匈奴流行的收继婚的习俗，昭君应该再嫁给复株累单于为妻。昭君感到无法接受，她上书汉成帝，请求归汉，但是成帝敕令她“从胡俗”。经过激烈的思想斗争，昭君没有忘记自己和亲的使命，没有忘记自己民族友好使者的身份，更没有忘记汉匈两族君王和人民对她的殷切期望。她不能逃，更不能死，她要坚强地活下去，继续为汉匈两族的团结友好努力，迎接命运之神的挑战。这是一颗在命运的激流里奋进的心灵。她用爱超越了道德的栅栏，升腾到生命的最高境界，显示了绝代佳人的伟大人格。她的决定和后来的表现，赢得了复株累单于的尊重，他们年龄般配，又生了两个女儿，估计感情会更和谐。

昭君以自己的行动赢得了单于和各民族人民的深深爱戴。唐代的《王昭君变文》不仅描写了单于对昭君的关心爱护，还记载了匈奴人民对昭君的衷心爱戴。变文描写单于“遂拜昭君为烟脂（阏氏）皇后”，“呼名更号烟脂氏，犹恐他嫌礼度微”。还写单于为解昭君思乡之愁，传令诸蕃出猎，“围绕烟脂山，用昭君作中心，万里攒军，千兵逐兽”。后来昭君因思乡得病，单于关怀备至，频多存问，并答昭君遗言曰：“忆昔辞鸾殿，相将出雁门。同行复同寝，双马复双奔。……愿为宝马连长带，莫学孤蓬剪断根。公主时亡仆亦死，谁能在后表孤魂。”接着描写“单于重祭山川，再求日月，百计寻方，千般求术”，以图救活昭君。最后描写昭君死后，匈奴从单于到百姓个个悲痛欲绝，为她举行了极其隆重的葬礼。在举行丧礼之时，“单于脱却天子之服，还着庶人之裳，披发临丧”，“骁（晓）夜不离丧侧”，“日夜哀吟”。胡地百姓也尽为行哀：“牛羊队队生埋圹，仕女芬芬(纷纷)耸(纵)入坑。地上筑境犹未了，泉下惟闻哭叫声。”“坟高数丈号青冢，还道军人为立名。只今葬在黄河北，西南望见受降城。”这些都表现了匈奴上下对昭君的深情厚爱。

除上面三大人生困境，昭君远嫁异域，塞外艰苦的生活条件、恶劣的气候，以及生活习惯的不同、语言的隔阂等都会给昭君设下一道道考验。但是这一切都没能挡住这个绝代佳人建树人生的脚步。在协调汉匈关系时，我们也很难想象她没有遇到过困难。但是，在半个多世纪的日子里，昭君以及其后人在维护汉匈友好关系方面，仍然做出了卓绝的贡献。

王昭君的性格是最完美的，她也是真正得到人生幸福的。她的青史留名绝非偶然，而有其必然性，是她一系列优秀性格所决定的。历史上出塞和亲的女子很多，在昭君之前有细君公主、解忧公主等，在昭君之后有唐代的文成公主、金城公主等，她们在历史的长廊里形成了独特的巾帼画卷。但是在她们中间，最具影响力的却是王昭君，特别是在民间，千百年来被人们广为传颂的也是王昭君。那么，昭君与她们比较，有何独到之处？

首先，从出塞的动机上看，昭君出塞是主动的。她自愿请行和亲，反映了她积极与命运抗争、有所作为的人生观，反映了她对和亲意义有一定认识。而细君公主、解忧公主、文成公主、金城公主等在出塞时几乎都是被动的。她们只能任凭命运的摆布，是命运把她们推到了历史的舞台上。不同的人生态度决定于不同的性格，不同的性格来源于她们不同的生长环境和人生经历。细君公主、解忧公主、文成公主、金城公主都出身皇族，从小生长在王室宫廷，饭来张口，衣来伸手，优越奢华的生活环境，造就的是被动的人生态度。而王昭君生为良家子，平民家庭的生活磨难，造就了她在命运面前主动奋进、顽强坚韧的性格特点。

其次，从出塞和出塞以后的表现来看，王昭君与她们也是截然不同的。不同的人生态度，就会有不同的人生表现，王昭君在临辞大会上是“丰容靓饰，光明汉宫，顾影徘徊，竦动左右”，表现了她出塞的决心和从容的态度。而细君则哭哭啼啼；文成公主也忧虑不安，在唐太宗的鼓励下，才走出了宫门。在出塞以后，她们也有不同的表现。王昭君和匈奴单于一起住穹庐，穿皮裘，食牛羊肉，饮酪浆，表现出不畏艰难、入乡随俗、与民一体的宽广胸怀。而细君则自筑房屋居住，一年才接见丈夫一两次，还要摆足大国公主的架子。这都反映了她们不同的人生观念，折射出不同出身的人生态度。这也是在众多的出塞女子中只有昭君千百年来广为下层人民怀念的一个原因。

第三，从出塞后发挥作用及对后世的影响看，王昭君也是极为突出的。王昭君自觉担负起民族友好的使命，《王昭君变文》就写她力劝单于不要以强凌弱，“妾闻邻国者，大而小而，强自强，弱自弱，何用逢雷电之意气，争烽火之声（胜），独乐一身，苦他百姓。”国家（民族）有大有小，有强有弱，都应该和平相处，她坚决反对依靠战争和武力去夺取统治者的“独乐一身”，却给千百万百姓造成痛苦和牺牲。在她和亲后的半个多世纪里，匈奴没有向南扩张。她的后代子孙在王莽乱政时期曾多次缓解了汉匈两族一触即发的战争，使两族百姓免除了征战役使之苦，形成了“剑戟归田尽，牛羊绕塞多”的民族友好共处局面。

少数民族统治者是否武力扩张，是否与中原汉族政权友好，绝不是和亲公主能够决定的，这主要取决于双方力量对比等多种因素；然而，和亲公主的才能和影响力也不可忽视。从客观效果看，王昭君能够促使两个强大的民族和睦相处六十年，其才能、胆量、气魄和远见卓识都是更高一筹的。她是出塞女子中最璀璨的一颗明珠。王昭君不仅是一位绝代佳人，而且是一位巾帼英雄。在她的一生里，在每一个人生关口面前，她总能处理好进与退的尺度，把握机遇，面对命运之神的捉弄，变悲为喜，变不利为有利，翻越一个个人生与封建道德的禁区，奏出了辉煌的命运进行曲。面对这个具有伟大人格的美丽女子，千年之后仍然能引起我们对人生的思考，启迪着我们如何选择人生之路。

第二节　昭君文化蕴含着丰富的人生哲理

王昭君丰富曲折的人生经历和她在人生困境面前所表现出的果断正确的抉择，不但使她青史留名，而且使后人为她的光明峻洁的伟大人格啧啧称赞。特别是文学艺术家和民间艺人大量的文艺创作，使昭君成为一种中华民族优秀人格的载体，各种美好的人格理想、各种人生道路上的痛苦和欢乐都集中到她的身上，从而使昭君文化中蕴含了丰富的人生哲理。

首先，从价值观来说，昭君文化表现出的是国家和民族利益高于一切的观念。她把自己的婚姻和报国联系起来，这是她在封建社会的夹缝中选择人生的明智之举，更是她特立独行、自由奋进、有所作为、忠于祖国的崇高人格的外化。而且在婚姻和国家两者之间，她认为国家利益高于自我婚姻，这就更为可贵。

昭君的价值观表现在君臣关系上，便是国为重、君为轻。她没有像一般宫女那样，留在宫中永远无望地等待着君王的临幸，没有为“忠君”而做白头宫女。在国家和国君之间，她选择了国家。这不但是她对人生幸福的追求，而且更说明她把国家民族利益摆在了第一位。正如明人高璧《昭君曲》所说：“缘知平国难，犹胜奉君身。”

其次，昭君文化表现了“和为贵”的民族观。昭君在抉择自己人生的时候，显然是自觉地以汉匈两族人民和平相处为主要目的的。她坚决反对依靠战争和武力去夺取统治者的一身之乐，却给千百万人民造成痛苦和牺牲的做法。昭君不但自己崇尚和为贵的价值观，而且教育她的子女亲属，影响了她的家族几代人的思想。这种价值观直到现在仍有现实意义。这种民族和睦的思想，进而发展为和平共处，不但用于民族之间，而且用于国家之间。现在，和平共处已成为我们的基本外交国策。

第三，昭君身上还表现着敢于反抗、追求幸福和自我价值的人生判断。

什么是幸福？人们历来有不同的解释。昭君自请出塞，有冲出汉宫“黄金牢笼”，追求自由的新生活和报效国家两重含义，这其中体现了她追求自由的生存环境和“天下为家百不忧”的幸福观。只有勇敢地去追求自由的生存境界才是幸福的，才能真正得到幸福。在人生中等待幸福，幸福只能与你擦肩而过。“天下为家百不忧，玉颜锦帐度春秋。”虞集的《题昭君出塞图》诗道出了昭君以天下为家，把关怀两族百姓的疾苦、为国献身作为人生乐事的幸福观。这种幸福观是昭君广阔胸怀和博爱的人生观的反映。乐在天下，才能在给人们解忧的同时，自己也得到幸福。一个吝啬的人是永远得不到幸福的，因为幸福是一种相互的情感流动。这种辩证的幸福观，揭示了人生幸福的本质。

第四，昭君自请出塞，其中一个因素就是寻找真正的爱情，追求纯真的人间真情。“人生乐在相知心”，这是昭君的爱情观。爱情的欢乐就在于彼此知心，只要得到了宝贵的知心，又何必去区别胡汉呢？王安石的一曲《明妃曲》肯定了昭君追求“知心”“乐在知心”的人生爱情观，触及了昭君性格的本质和内心世界。这种超越种族、地域和艰难困苦，一心追求人间真情的爱情观，是人类追求神圣爱情的更高层面，它在当今社会仍有现实意义。郭沫若在他的《三个叛逆的女性》中，谈到了王昭君：“有爱情的结合才能算是道德的结婚，不管对手是黑奴、是蛮子都不成问题。一切外形的区别，在爱情面前，都是消灭罄尽的。没有爱情的结合，就算是敬了祖宗，拜了神明，喝了交杯酒，种种仪式是周到至十二分，然而依然只有肉体的买卖。”这是对昭君超越地域、种族，追求人间真情的爱情观的热情肯定。

人们在昭君故事中不但发现了人生观、价值观、爱情观、幸福观、民族观等多种内容，而且体味出了种种人生感叹。并不是作家创造了美，是因为生活中本身就有美。千百年来，人们从不同的人生角度去看昭君出塞，悲怨者用其抒郁怨之气，高尚者以其发高洁之志，思乡怀人者借其吐眷念之情，不得志者以其慨叹人生……这不仅是作家在昭君身上创造出了这么多人生之思，还是因为昭君故事本身就蕴含了多重的人生感叹。

王昭君用她的一生谱写了一曲人类不断奋斗、超越的灵魂圣歌。从村女、宫女到阏氏，进而名垂千古，她一步步走出了一条人生的成功之路。她传奇而富于哲理的一生，至今还可以给青年人很多有益的启示。当他们处于人生歧路时，也许能从昭君那里得到一把解决难题的钥匙。

第七章　灵珠彩云降仙葩，四美居首独无瑕
——昭君文化是追求完美的文化

第一节　追求完美是人类的本性

人们一提到王昭君，首先就会想到一个字——美。这不仅因为她是古代著名的四大美女之一，具有绝代的美貌，还因为她是一个心灵美、内在美统一的典范。昭君文化由此也具有了鼓励人们追求外在美与内在美统一的意义。

人类发展的历史是在征服自然的同时不断发展完善人自身的历史。一切为了人，一切为了人的发展和完善，这是漫长人类历史征程中一以贯之的主旋律。人的发展和完善离不开求真、向善、追求完美三大主题。这三者是既有联系又有区别的。它们的区别在于真是求知的对象，善是人们在道德领域辨别好坏的尺度，而美是欣赏的对象；它们的联系是美必须以真为前提，以善为基础。所谓美，即蕴含着真、善的生动的形象的展现，它具有感染人、陶冶人、提高人的品格、纯洁人的灵魂，

使人类得到健康持续的发展，使人类更加完美的特征。正如伟大的英国诗人、戏剧家莎士比亚在悲剧《哈姆莱特》中所说的："人类是一件多么了不得的杰作！多么高贵的理性，多么伟大的力量！多么优美的仪表！多么文雅的举动！在行为上多么像一个天使！在智慧上多么像一个天神！宇宙的精华，万物的灵长！"16世纪的莎士比亚用诗的语言提出了一个"完美的人"的标准：宇宙的精华、万物的灵长，同时也说明了追求完美是人类的本性。

马克思则从哲学和美学的高度来揭示人的本质，提出完美的人的标准。马克思认为，人本身不仅是自然的产物，从自然中生长起来的，而且他本身就是一种自然。[①]因此，人的本质属性中含有自然的属性，正如莎士比亚所歌颂的"优美的仪表""文雅的举动"。但是，人不仅是物质的，还是精神的；不仅是动物的，还是社会的。马克思说："动物和它的生命活动是直接同一的。动物不把自己同自己的生命活动区别开来，……人则使自己的生命活动本身变成自己的意志和意识的对象。他的生命活动是有意识的。"[②]因而精神性和社会性就成了人的本质属性。莎士比亚所倡导的智慧、力量和理性，也就是我们今天所追求的人的内在精神美。当然，无论是自然性和社会性，还是物质性和精神性，都不是抽象的，而是具体地存在于一定的

① 马克思：《1844年经济学——哲学手稿》，人民出版社，1985年，第85页。

② 同上，第53页。

历史条件之中。因为人不但生活在现实世界中，而且生活在文化的传统中，人的感觉器官和思想意识都是历史的产物，也将随着历史的发展而发展。马克思这样说："人的感觉、感觉的人性，都只是由于它的对象的存在，由于人化的自然，才产生出来的。五官感觉的形成是以往全部世界历史的产物。"[①] 马克思的阐述说明了以下三个问题：第一，追求完美是人类的本性；第二，完美的人的标准；第三，怎样追求完美。完美的人包括自然性和物质性、社会性与精神性以及历史性等几方面的本质属性，融化为具有外形美与心灵美相结合的人。这样的人，既是现实生活中形成的，又是传承文化传统的结果，这样美好的人又对现实产生重大影响，本身又形成一种文化传统，为人们提供改造世界和创造世界的精神力量，这正是我们今天探讨昭君之美以及由昭君之美所形成的昭君文化的现实意义。

第二节　昭君是内在美和外在美高度统一的典范

无论从人的本质出发还是从优美、崇高这两个最基本的审美范畴出发来考察，昭君都是完美的典型。西方古代美学家认识美、探索美的本质和范畴是从优美开始的，古希腊毕达哥拉

① 马克思：《1844年经济学哲学手稿》，人民出版社，1985年，第83页。

斯学派提出“美是和谐”[①]，亚里士多德认为“美的主要形式是秩序、匀称和明确”[②]，柏拉图认为“美是理念”[③]，并把形式美的本质看作秩序、比例、和谐[④]。这些美论所研究的对象属于“优美”的范畴。公元3世纪，古罗马的朗吉弩斯第一次提出“崇高”的概念。

公元前5世纪，中国古代思想家孔子继承了西周时期的“和”的美学思想，提出了“大”的概念。优美的本质是“和谐”，根据形式逻辑直接推理的换位法可以推出和谐基本上属于优美。孔子关于“和”的论述是：“礼之用，和为贵。”[⑤]他还多方面阐述了“和”的审美观：“文质彬彬”[⑥]，是追求内容和形式的和谐；“尽善尽美”[⑦]，是要求美、善的高度和谐；“兴、观、群、怨”[⑧]，是为了实现人际关系、政治关系的和谐，如此等等。孔子关于“大”的观点是：“大哉，尧之为君也！巍巍乎，唯天为大，唯尧则之。”[⑨]孔子的意思是，尧这样的君主，真是太伟大、太崇

---

① 白贵、任贵：《美学基本理论》，内蒙古大学出版社，1999年，第20页。

② 同上，第22页。

③ 同上，第23页。

④ 李醒尘：《西方美学史教程》，北京大学出版社，1994年，第34页。

⑤《国语·周语下》。

⑥《论语·雍也》。

⑦《论语·八佾》。

⑧《论语·阳货》。

⑨《论语·泰伯》。

高了！只有天最为高大，而只有尧能学习效法天。孔子所说的“大”，继承了我国古代以大为美的观点（如“美”这个汉字就是由“羊”“大”组成的），虽然不能完全等同“崇高”的概念，但还是很接近的，应该看作中国美学史上最早的“崇高”观。这种观念出现在公元前5世纪，确实是难能可贵的。有人认为“孔子的……审美标准，用一个字来概括，就是‘和’”[①]。关于“和”，本书在下篇第三章已有专门论述。我们认为“和”与“大”应是孔子的两大审美标准。孔子的美学思想对后世影响很大。

孟子继承和发展了孔子的美学思想。他对人格美和道德修养也有许多论述。如《孟子·尽心下》：“浩生不害问曰：‘乐正子何人也？’孟子曰：‘善人也。信人也。’‘何谓善？何谓信？’曰：‘可欲之谓善，有诸己之谓信，充实之谓美，充实而有光辉之谓大，大而化之之谓圣，圣而不可知之谓神。’……”这里，孟子把人的道德修养分为六级，第五级“圣”、第六级“神”，不去说它，只说前四级。第一级“善”，是可欲，就是可以使人喜欢他；第二级“信”，是“有诸己”，就是说到做到，言行一致；第三级“美”，是充实，就是把仁、义、礼、智的道德原则努力扩充到自己的容貌形色等各个方面；第四级“大”，是充实而有光辉，就是人的道德人格不但充满自身，而且光辉地表现出来，照耀四方。可见，孟子主张的人格美是外貌美和心灵美的统一，

① 叶朗：《中国美学史大纲》，上海人民出版社，1985年，第47页。

是和谐和崇高的统一。如何进行道德的修养呢？即要善“养吾浩然之气”，方法是“配义与道”，[1] 孟子的“道”是指儒家的“仁义之道”，“义”是指符合仁义之道的行为，即符合人的善性的行为。

中国传统美学既重视人的内在美，又重视人的外貌和风姿之美。魏晋时代，人物品藻之风盛行，人物品藻着重的是人物的风采、风韵。《世说新语》中就有大量的关于人物品藻的记载。

孔子、孟子以及魏晋时期的审美观可以代表中国人传统的审美观。以中国人传统的审美观来衡量，昭君是一个完美的典型：她既具有外貌、风姿之美，又具有内在的人格美；她的外貌、风姿是优美的，她的心灵是既有和谐（即优美）美的一面，又有崇高美的一面。她的少女时代和出塞以后追求的是和谐的美，她的爱情、婚姻也属于和谐的美；她的出塞和亲的壮举以及在这一惊天动地事件中的种种表现和她的精神则属于崇高美。

我们先看王昭君的外貌形体美。

王昭君，人称“四大美女”之一。有多美？民间有“落雁”的典故，就是说的王昭君。王昭君自愿远嫁匈奴和亲，在出塞的路上，难免去国怀乡，忧从中来，在马背上熟练地弹起了琵琶。那在蓝天飞翔的大雁不禁轻轻地落到她的身旁，倾听她的琴声，注目她的美貌，久久不愿离去。“落雁”的典故和形容其

---

①《孟子·公孙丑上》。

他几个美女的典故“羞花”“闭月”“沉鱼”一起，成了美貌的同义语。

昭君的美，光彩照人，具有一种动人心魄的魅力，以至于“竦动左右”，“光明汉宫”，“帝见大惊，意欲留之”，从当时亲见昭君之美的文武大臣和汉元帝的反应中，人们都确认昭君的美是非常完满、无以复加的，那是一种具有冲击力的惊人之美。人们对人的外貌、形体、服饰的赞赏是一种正常的审美活动，一种正常的审美需要。人的外貌、形体属于自然美的一部分，它不仅是自然美，还具有社会美的性质。因为人的本质正如马克思所说的是“一种社会关系的总和”，所以人的外貌、形体必然打上人的思想情感的烙印。苏联教育家苏霍姆林斯基在《给儿子的信》中说：“外表上的美有其内在的道德根源。”[①] 服饰又反映出一个人的思想境界。服饰是文化的象征，服饰是思想的影子，从人们对服饰的选择，可以窥测到他的文化水平和道德修养的底蕴。就拿昭君来说，她在临辞大会上“丰容靓饰”，刻意装扮，既表现出她高尚的审美情趣，又反映出她对出塞和亲这一事件的高度重视和对推动汉匈团结的美好生活的向往，也可以看出她心情是兴奋而又郑重的。

人们对人的审美是从仪表开始的，人的容貌、体态、服饰应当是美的，但是“身体的美，若不与聪明才智相结合，是某

---

① ［苏联］苏霍姆林斯基：《给儿子的信》，教育科学出版社，1984年。

种动物性的东西”[①]。因为人既是物质的，又是精神的，而主要是精神的；人既是动物的，又是社会的，而主要是社会的，所以人的美应该是“内在的美与外表美的统一——这是人的道德尊严的审美表现”[②]。外形的美与内在的心灵美相比，心灵美是主要的。缺乏内在的美，即使仪表堂堂、相貌英俊、花容月貌，也不会使人产生真正的美感。正如伏尔泰所说：“外表的美只能取悦人的眼睛，而内在的美却能感染人的灵魂。”[③] 昭君的美主要是内心世界的美，即心灵美。

昭君的外貌风姿美主要属于具有和谐特征的优美范畴，而她的心灵美既有和谐美的一面，又有崇高美的一面。昭君心灵美可从以下三方面看出：

其一，少女时代的昭君是一个朴素大方、聪慧勤劳、心灵手巧、吃苦耐劳的农村少女，具有多方面的优良品德。有的故事说昭君善于刺绣，她飞针走线，把故乡的山山水水都绣活了，她绣的八幅山水图成了“兴山八景”；有的故事讲述昭君助人为乐、惩恶扬善，帮助人民发展生产，改善生活，造福故乡；有的故事表现昭君热爱家乡、热爱祖国，对故乡人民怀有深厚的

① 赫拉克利特语，引自北京大学哲学系编：《古希腊罗马哲学》，商务印书馆，1982年，第111页。

②［苏联］苏霍姆林斯基：《给儿子的信》第18页，教育科学出版社，1984年。

③［法国］伏尔泰：《纳尼涅》第一幕第一场，人民文学出版社，1980年。

情谊。

其二，昭君的爱情、婚姻生活中表现出一种和谐之美。昭君“入宫数岁，不得见御”。正如杜牧《阿房宫赋》所描述的：“一肌一容，尽态极妍。缦立远视，而望幸焉。有不见者，三十六年。”昭君面对宫中黄金牢笼般的生活，不断反躬自问：“难道我必须等到地老天荒？就是见了皇帝又能怎样？”为了冲破宫禁、摆脱束缚，追求独立自主的新生活，更为了促进汉匈两族的和好，她抓住单于求亲机会“自请求行”，实现了她的两个美好的愿望。

我们这里先看她第一个愿望的实现。昭君出塞和亲首先得到了单于的欢迎和尊重。据司马贞《史记索隐》载：“单于欢喜”，封昭君为“宁胡阏氏”。这一封号足见呼韩邪单于对王昭君的重视和尊重。尊重，是男女间建立真挚爱情的前提。封建社会妇女地位低下，丈夫尊重妻子，更是婚姻美满的前提。而呼韩邪贵为单于，他对妻室的尊重，那就成为婚姻幸福的必不可少的前提。事实上，昭君确实得到了单于的真挚的爱。唐代《王昭君变文》中突出描写了单于对昭君的关爱和深情。王安石说：“汉恩自浅胡自深，人生乐在相知心。”宋人吕本中认为：“人生在相合，不论胡与秦。但取眼前好，莫言长苦辛。君看轻薄儿，何殊胡地人。”

从社会学和美学的观点看，爱情是人类社会特有的社会现象，它反映的是人与人之间的一种特殊的社会关系。爱情也是发生在男女两性之间的一种最纯洁、最高尚、最无私的美好情感。

爱情还是人与动物相区别的重要分水岭。在动物那里，只有动物性的本能，只有生殖欲望，而人类社会的爱情是一种具有丰富含蕴的精神追求，是一定社会结构中人的道德意识、人生观、价值观、审美观的综合体现。王昭君和呼韩邪单于的爱情建立在共同的理想和追求上，建立在自尊和相互尊重的基础上，有着动人心弦的和谐美。

其三，昭君出塞的重要贡献是促进汉匈两族团结友好，形成了民族关系的和谐之美。这也是昭君出塞的又一个美好愿望。

昭君出塞是促使汉匈关系由战争转向和平、由敌对转向友好的重大事件，是汉匈关系进一步巩固和加强的重要标志。昭君出塞有利于进一步推动民族间的友好往来，有利于中原文化进一步向漠北地区传播，有利于扩大汉匈两族经济文化的交流，有利于进一步消除汉匈两族的隔阂，为其后汉匈的民族融合提供了更有利的条件。民族间的团结友好、和睦相处、大家生活在和谐之美的氛围中，是各族人民的共同愿望。这种和谐之美也是促进各族社会、经济发展的要素。

其四，昭君的心灵美除了和谐美的一面，还表现出崇高美的一面。和谐美（即优美）给人带来一种平静、安适的愉快；崇高美则让人产生崇敬感和奋发感，因为崇高美要通过艰苦卓绝的拼搏、抗争才能获得。昭君心灵的崇高美表现在她的远见卓识、独立的人格、自我牺牲的精神及不畏艰难困苦的精神、爱国主义精神诸多方面。

昭君心灵的崇高美体现在她的远见卓识上。汉元帝、呼韩邪不愧为中华民族有远见、有魄力的政治家，为汉匈两族“合为一家”搭好了舞台。昭君挺身而出，慷慨应诏，出塞和亲，完成了一曲民族友好团结的伟大正剧。做出主动请行的选择是艰难的，没有超人的远见卓识是不可能的。革命前辈董必武的诗句“昭君自有千秋在，胡汉和亲识见高”准确地揭示了昭君崇高美的第一个要素：昭君具有常人难以想象的远见卓识。

昭君心灵的崇高美体现在她特立独行的人格上。人格，既是心理学范畴，又是美学范畴。作为心理学范畴，主要是指不同于其他任何动物的心理特征的总和，即人所具有的共同的心理特征；作为美学范畴，指的是一种健康的精神品格，而健康的精神品格是能给人们以审美感受的。中国自古以来有坚守原则和与世浮沉两种对立的人格和处世哲学。昭君的独立人格具体表现在“拒不行贿”故事上，凸显了昭君刚正不阿、宁折不弯，不向恶势力屈服的高尚品格。对此，有些封建文人从明哲保身的处世哲学出发，指责昭君自恃貌美，孤芳自赏，不知通权达变，结果是自误平生等等。但是有正义感的诗人对昭君的高洁行为和高尚人格，表示了崇高的礼赞。

自我牺牲的精神是昭君心灵崇高美的第三个要素。昭君离乡背井，出塞和亲，就是以自己一身的远嫁做牺牲，来巩固汉匈两族的和平友好。而在呼韩邪单于死后，再嫁给单于前妻所生之子复株累单于为妻，更是一种伟大的自我牺牲。为了汉匈友好的大局，她不惜打破汉族传统的伦理道德观念，忍受“子蒸其母”的委屈，打消了归汉的念头，再一次做出牺牲，成全了汉匈两族的团结友好大业。由此可见，昭君确实是一个有见识、有勇气，为顾全大局而牺牲自我的不平凡的女性。

不畏艰难困苦是昭君崇高美的又一要素。昭君出塞前往的是被当时人称为苦寒蛮荒的漠北，那里大半年北风呼啸，飞沙走石，天寒地冻。那里生活习俗与内地迥异：住穹庐、被毡裘、食畜肉、饮酪浆。那里距内地路途遥远，交通工具落后，一去就难以回归，将要老死塞外，更要长期忍受思念故国家乡、父母亲人的悲苦。即使现在的内地人，不少人不愿也不敢到塞外工作、定居，而已在塞外定居、工作的内地人，有的已离开，何况两千多年前生长在山清水秀的荆楚大地，又曾经历过优裕的宫廷生活的普通的年轻女子呢？不畏艰难困苦使昭君圆满地走完了艰难曲折的出塞和亲之路，受到历代诗人的赞赏。

最重要的一点是爱国主义精神使昭君心灵的崇高美放射出耀眼的光辉。热爱祖国，报效祖国，是中华民族的优秀传统，爱国与否是检验一个人心灵美丑的试金石。用这块试金石来检验昭君，把昭君列入屈原、杜甫、陆游、岳飞、文天祥等爱国主义英雄的行列中，也是毫不逊色的。昭君不畏艰难困苦出塞和亲，她想的是国家和民族的利益，她以为国吃苦、为国效力为荣。她的“从胡俗”再嫁，还是想的国家和民族的利益。从昭君一生几次重大的抉择中，可以看出昭君确实是一个深明大义、能够从祖国和民族的最高利益出发的爱国主义英雄。崇高是一种英雄的品格。古往今来的明智之士都不把昭君单纯地看成是一个美女，而把她看为巾帼英雄、女中豪杰。

昭君以倾城倾国之貌，以令人难忘的绰约风姿，更以和谐、崇高的精神成为完美的典范。

第三节　昭君在四大美女中居于突出地位

春秋时期越国的西施、汉代的王昭君、东汉末年的貂蝉、盛唐时期的杨玉环，被人们推崇为中国古代四大美女。论容貌，四人难分轩轾。昭君有“落雁”之美，西施、貂蝉、杨玉环则分别具有“沉鱼”“闭月”“羞花”之美。传说西施在溪里洗弄她的纱巾，她的美貌倒映在水中，连游鱼也陶醉了，沉在水底一动不动。“闭月”之美形容貂蝉：皎皎明月见了貌美的貂蝉，自愧弗如，羞涩地躲到云里去了。“羞花”之美说的是杨玉环：洛阳牡丹，花中之王，雍容华贵，无与伦比，而在杨玉环的玉颜面前，自惭形秽，合上了舒展的花朵。

若论心灵之美、精神之美，则西施、貂蝉、杨玉环都难以与昭君比肩，昭君在四大美女中居突出地位。昭君的心灵美为世人所公认，为历代史学、文学、艺术作品所传颂，本书已做了论述。下面就四大美女做一比较。

西施是春秋时期越国的美女，在吴越争霸中，充当了越王勾践策划的“美人计”中的工具。越王在会稽山被吴王打败，在吴国做了三年俘虏。三年中忍辱负重，骗得了吴王的信任，回到了越国。从此，越王卧薪尝胆，励精图治，发展生产，强大兵力；同时，实施美人计，派人给吴王送去了美女西施。西施不但貌美，而且忠于越国，表面上体贴、关心吴王，暗中净是劝说吴王办些对越国有利的事，成为勾践灭吴的内应。从具体的历史事件看，西施有可称道之处，而从历史唯物主义的观点来看，春秋时期的战争无所谓正义与非正义，西施不是为了正义而献身，只不过是政治和权谋的祭品而已。近人张相文的诗《王昭君墓下作》把西施、英国莎士比亚名剧《哈姆莱特》中的乔特鲁特与昭君相比，认为西施为越国而颠覆了吴国，乔特鲁特破坏了“夫为妻纲”的伦理道德准则。而昭君奉诏和亲，一举造福两族人民，使双方人民都得以休养生息，繁荣昌盛。昭君的行为无瑕无疵，远比她们高尚。

貂蝉是一个传说中的人物，她的故事与西施有类似之处，同样是统治阶级内部争权夺利的牺牲品。东汉末年，并州牧董卓在镇压黄巾起义中发迹，依仗武力，官至丞相，独揽朝政大权，为所欲为。连追随他的官员如王允、吕布等人也不满他的骄横残暴。后来王允设连环计，诛杀了董卓。貂蝉在这连环计中唱主角。貂蝉是司徒王允府中歌妓。王允先以女儿身份，将貂蝉许嫁吕布，旋即又将貂蝉献与董卓，以离间董卓与吕布的关系，使其反目，最后借吕布之手除掉董卓。王允等人除掉董卓，自然是大快人心之事。但是除掉一个董卓，还有许许多多的董卓在欺压人民，对东汉末年整个分裂、动荡的局势并无改变——事实是汉末军阀混战的大戏才拉开了序幕。貂蝉的自我牺牲精神值得肯定，正因为她的义举，使她名传后世，但她与昭君还是无法相比的，昭君光耀千古，是一个完美的典范。貂蝉和西施一样，陷于王侯贵族争权夺利的倾轧之中，女性又一次成为政治与权谋的祭品。她与昭君还是无法相比的，昭君协和两国，光明正大，其行为利国利民、光耀千古，是一个完美的典范。

杨玉环更无法与王昭君相比。昭君“不以色进”，而杨玉环先以色进，后以色乱。她本是唐玄宗儿子寿王的妃子。因其花容月貌，被贪恋女色的玄宗霸占，封为贵妃，受到无比宠爱，连她的全家都受到玄宗的恩宠，一个个成了显贵人物，真是“一人得道，鸡犬升天”。其中祸国殃民的奸臣杨国忠，后来还官至宰相。唐玄宗自从有了杨贵妃，完全沉溺在享乐之中，很少过问政事。再加上他信任和重用杨国忠、安禄山这些坏人，唐王朝的统治越来越腐朽。安禄山得宠，杨贵妃也起了推波助澜的作用。安禄山一方面利用一切机会，挖空心思博得玄宗的欢心；另一方面，又千方百计笼络杨贵妃，拜贵妃为母，以致发展到通宵达旦与杨贵妃对坐饮酒作乐。“安史之乱”的爆发虽有其深刻的社会原因，不能全部归咎于杨贵妃，但她确实扮演了不光彩的角色，起了消极作用。在玄宗携百官逃往四川的路上，行至马嵬坡，士兵哗变，提出的主要要求就是诛杀杨氏兄妹，玄宗被迫命杨贵妃自尽。李、杨的故事也成为后代文人创作的题材。其中代表性的作品是唐代诗人白居易的长诗《长恨歌》。这首诗前半部分虽对李、杨的逸乐误国有所讥讽，但其主旨是对真爱的歌颂，对李、杨爱情悲剧的同情。由于文学作品的影响，人们对李、杨的爱情有所认同，有人对杨贵妃有所同情。其实封建社会妃子与皇帝之间不可能有真正的爱情，她们本质上是皇帝的玩物。文学作品中的表现，融进了作者的艺术想象和主观情感，《长恨歌》不能视为历史真实。即使李、杨之间有一定的真情，杨贵妃也无法与王昭君相比。杨贵妃等宠妃艳后把受到皇帝宠爱作为人生的最大价值，而王昭君则把获得自身的解放、获得真正的爱情，为汉匈两个民族的团结友好做贡献作为人生价值的取向，高下之别，泾渭分明。

有人戏言，“四大美女”之中三个是女间谍，一个是和平使者；但也有人妄言，王昭君也是汉朝使用的“美人计”。前一种说法虽是戏言，想来也不无道理。从动机、策划、具体实施、结果，特别是从对历史、对人民群众的作用几方面来考察，西施和貂蝉确实充当了王侯将相争权夺利中实施“美人计”的工具，称她们为“女间谍”，无可厚非。杨玉环受宠，虽不是明显的“美人计”，但从她家族所获得的利益，从给安禄山出入皇宫提供便利的条件两方面着眼，戏言她为“女间谍”，也无不可。唯有王昭君，无论从哪方面、从哪个角度考察，都与“美人计”“女间谍”无涉。她留在人们心目中的形象，不仅是美人，还是杰出的女性，是女英雄。正如清代女诗人葛秀英《题明妃出塞图》所颂扬的：“他年重画麒麟阁，应让蛾眉第一功。”

第四节　昭君文化是追求完美的文化

昭君文化是一种追求完美的文化。这与昭君文化之本——昭君个人素质的完美及其影响密不可分。昭君之美能够给现代人什么启示呢？至少有以下这些方面。

一是激励我们每一个人不懈地追求自身的完美。人的美是社会美的核心。人的美来自人体美和心灵美两个主要方面。人体美指人的相貌和形体的美。人体美的审美价值在于唤起人对生命的珍惜，对生活的热爱，对个性的尊重和对理想的不懈追求。人的心灵美指一个人内心世界的美，它表现在人的品质、道德情操、性格、理想追求、精神境界等方面，它在人的完美中起主导作用。对现代人来说，追求心灵美就要树立健康的、进步的人生观，具有为实现人类崇高理想而甘愿吃苦的献身精神、全心全意为人民服务的优秀品质、敢于追求真理的高尚情操、富于正义感的进取精神等。一个人要像昭君那样功在当代，利在千秋，要为人类的幸福奋斗终生，就应时刻注意塑造自己内在的心灵美。

二是激励企业不断追求企业形象的完美。企业是社会经济生活中的基层单位。企业行为的目的是实现利润最大化，但也要满足社会的需要。为达此目的并在激烈的市场竞争中生存、发展、壮大，就要抓住产品、营销、形象三大主轴。这三大主轴都可以从昭君事迹得到启示。企业的产品(进入流通领域就是商品)必须做到质量优、形象美，才能在激烈的竞争中取胜。企业从产品设计、生产管理、员工形象甚至环境都要力求完美。营销是生产者和消费者之间的纽带，销售的好坏已成为促进还是阻碍商品经济发展的重要因素。营销中若能贯穿昭君文化的“和合”精神，会收到事半功倍的效果。古语道：“和气生财。”人和、事和，销售渠道就会通畅，畅通是保证销售成功的必要条件。要想销售通畅，不但产品要外形美、质量优，而且需要讲信用、讲商德，诚信是“和”的基础。形象是一个企业的无形资产，能在激烈的市场竞争中发挥重大的作用，所以一个企业必须做好企业的形象设计，要在外部形象、内部管理上做好文章。当然，一个企业的发展，还要在完善现代企业管理制度、培养创新精神、追求完美等方面不断开拓进取、与时俱进。

三是激励一个城市追求城市形象的完美。一个人有外在美和内在美，一个企业也是如此，一个城市也是如此。追求一个城市的外在美，要在城市环境建设上下功夫。首先要消除大气污染、噪声污染、视觉污染等公害，树立“绿水青山就是金山银山”理念，营造一个天蓝、地绿、水清的自然和谐的人居环境。还要在整洁、清静、优美的基础上，构筑具有多样风格而又和谐统一的建筑布局，使城市拥有便利的服务网点、丰富的文化娱乐设施、迅捷的通信系统、良好的交通规划，以及体现地方特色的旅游服务和纪念物。总之，要用美的规律来美化我们的城市，使我们的城市面貌像昭君形象一样的靓丽，使居住在这座城市的人们以在这一城市生活为乐、为荣。一个城市的内在美主要指社会风气美。社会风气美的形成有赖于精神文明、政治文明的建设。应该切实加强市民思想道德建设，弘扬和培育民族精神，牢牢把握社会进步和文化建设的前进方向。建设一座环境优美、市民文明的城市，昭君文化无疑是一个极好的载体，这也是我们研究、探讨和弘扬昭君文化的又一个意义之所在。

第八章　美美与共，天下大同
——昭君文化具有世界意义

第一节　王昭君在国外影响越来越大

昭君文化既是民族的，又是世界的。

古今中外，和平安宁都是人类社会的理想目标。昭君出塞所体现的各民族人民团结、和平、友好，是全世界人民的共同愿望和心声。为了和平的生存环境，无数的先人做出了不懈的努力和牺牲，王昭君就是中国历史上一位优秀的代表，因而她能够被世界许多国家接受和认同。昭君故事不但在中华大地家喻户晓，而且在越南、朝鲜、日本也广为人知，近年在法国等欧洲国家亦日益引起重视。

早在中国隋唐时期，有关王昭君的诗歌、绘画、小说等就在日本民间流传开来。日本的诗歌中，很早就出现过应用、引用昭君故事的诗句。日本平安时代初期（相当于我国晚唐五代时期），就出现了用中国的汉诗体创作的诗作《王昭君》，作者是著名的诗人大江朝纲（公元884—956年）。诗为七言律诗：

翠黛红颜锦绣装，泣寻沙塞出家乡。
边风吹散秋心绪，陇水流添夜泪行。
胡角一声霜后梦，汉宫万里月前肠。
昭君若赠黄金赂，定是终身奉帝王。

一位日本早期诗人能用地道的汉诗体来反映王昭君的故事，在日本是不多见的。14世纪，日本还出现了昭君题材的绘画。15世纪时，日本的能乐曾演奏过昭君故事。日本谣曲《王昭君》也取材于明妃故事。此外，中国有关昭君的历史记录和笔记小说等也成为日本文学中昭君故事的原始材料。

近现代以来，日本的昭君题材艺术作品和昭君研究论文不断出现。例如著名文学家井上靖于20世纪50年代创作了小说《明妃曲》①，小说集中描写了王昭君与复株累若鞮单于的爱情，注重对历史真相的考证，学术性也很强。日本山形县鹤岗市龙泽山善宝寺中藏有著名画家菱田春草于明治三十五年（公元1903年）年所绘《王昭君》画像。这幅画是日本没线式描法的代表作。这幅画在善宝寺被视为镇寺之宝，除了其本身的艺术价值，也反映着昭君故事在日本的广泛影响。

日本的昭君研究论文也比较多。川口久雄的《敦煌变文之

① 有赖育芳汉译本，收入《永泰公主的项链》，作家出版社，1988年。

素材和日本文学》[1]、小林健二的《昭君考》[2]等，都是比较重要的论文。当代日本的戏剧作家宇野玄二先生多年致力于王昭君研究和创作，并将其视为一生的事业和追求。为了查证有关昭君出塞的历史，他曾前往日本国会图书馆查找资料，并先后两次来中国进行实地调查，沿着昭君出塞的路线先后赴陕西、宁夏、内蒙古等中国北部地区以及东部地区，拜访专家学者，深入实地和人群进行调查采访，还对昭君出塞的时间、空间进行了详细的考证。通过调查和研究，宇野先生回国之后便以浪漫手法创作了反映昭君出塞的歌舞剧《风·青春》。2002年，宇野玄二先生获悉呼和浩特继续举办第四届昭君文化节，便来函要求参加，急切的心情跃然纸上。由此可见，昭君文化在日本也是绵延不断、亘古永恒的。

昭君出塞的故事及昭君文化之所以深受日本人民的欢迎，是因为王昭君在日本人民心目中是一位了不起的英雄。日本人民崇尚英雄，有三种类型的英雄备受人们的喜爱：失意的英雄、自力成功的英雄、豪门望族中隐瞒身份到处流浪的英雄。将这三种类型融为一体的人物更是日本人所崇拜的英雄形象。王昭君不寻常的人生经历、超人的胆识以及出塞的历史功绩，具有日本人所崇尚的英雄人物的许多特点。王昭君非凡的气质、宽广的胸怀、自强不息的精神以及她的奉献精神、牺牲精神和爱

① 见《金·大学法文部论集 》文学篇，1963年。

② 见《国文学研究资料馆纪要》，1981年。

国精神受到日本人世世代代的敬仰和赞颂。

昭君文化在当代日本产生广泛影响，除了上述原因，还有一点很重要，那就是日本人民对战争的厌恶，对和平的渴望。第二次世界大战中日本军国主义发动的侵略战争，给亚洲各国人民带来了深重的灾难，同时也给本国人民带来了巨大的精神和物质损失。或许是由于昭君出塞的历史感召力，许多经历二战的老者悄声无息地来到中国参观访问，拜谒昭君墓。这不仅是因为昭君在日本有广泛的影响，还因他们有向往和平、热爱和平，敬仰和赞颂和平使者王昭君的一种心理因素吧。山形县的长野亘先生是一位德高望重的作家和画家。他在二战即将结束时被强征入伍，登上了满载士兵的战舰，但战舰还未离港，日本就宣布投降了。目睹了战争给世界人民和本国人民带来的深重灾难后，他反对战争、痛恨战争，这些情感在他著作的字里行间都清晰地反映了出来。他不顾年迈多病，在1990年以八十多岁高龄来到呼和浩特，下榻昭君大酒店，拜谒了昭君墓，领略塞外草原风情。归国不久，他发表了随笔《王昭君》，字里行间透出他对王昭君的敬仰之情，反映出大多数老一代日本人对世界永久和平的期盼，对战争的厌恶和痛恨。

昭君故事很早就流传到越南，并出现过一些歌吟昭君的诗作，特别是用越南喃字翻译的昭君小说《昭君贡胡书》和《昭君新传》在民间流传很广。

在西方，早在19世纪初，一些介绍中国古代诗歌的著作中，就曾经提到过昭君事迹。1949年以后，随着我国国内昭君题材的作品和研究著作的涌现，国外对王昭君的研究也日益重视。1980年曹禺的话剧《王昭君》在香港上演后，德国汉学家布海歌女士就在香港《文汇报》连续发表了评论。

法国高级汉学研究所邝庆欢博士曾用法文撰写过一本名为《王昭君》的专著，该书是她在巴黎第七大学时所写的博士论文，1986年由法兰西学院高级汉学研究所出版。邝庆欢博士曾多次到我国内地旅游、考察，并在1986年专程到内蒙古参观游览了昭君墓等文物古迹，访问了林幹、马冀等专家学者。

在美国，昭君文化也有影响。拉斯维加斯市一位名叫托马斯·泰德（音译）的市长，在2001年6月7日中央电视台四套播出的《让世界了解你》大型互动的国际交流节目中明确表示，自己愿意成为王昭君式的“和平友好使者”，愿意以昭君这样的历史人物为榜样，促进中美文化及经济的交流。可见昭君文化的影响已漂洋过海了。

第二节　昭君文化为世界不同文化、不同文明的相互了解、和谐共存提供了启示

王昭君的故事历经两千多年传诵至今，不但在中国家喻户晓，而且在世界上许多国家都出现了相关艺术作品和研究论著。

昭君文化的精神实质是和而不同，是各民族相互尊重，是要和平不要战争。王昭君在国外的影响越来越大，这种现象的出现在很大程度上反映了人们对昭君精神的认可，更反映出人们对昭君和亲所体现的“和合”文化精神的认同。这种中国式智慧具有无穷魅力，为人们解决各种矛盾和冲突提供了切实可行的思路。

一、世界上存在不同的文化体系

文化和文明的多样性，是人类智慧和知识的体现，是当代辉煌灿烂世界的成因。人类文明的发展和进步，正是不同文明交流、融合的结果。尊重和发展世界文明的多样性，推动不同文明之间的借鉴、交流、融合，是人类社会向前发展的伟大动力。说到底，人类文明史就是一部不同文明不断交流与融合的历史。昭君文化所代表的不同文明之间的交流与融合、相互尊重与求同存异、平等对待与取长补短、和平共处与共同进步等，都以独具中华特色的创新性和先进性而大大丰富了人类文明的宝库。

1998年11月，联合国大会通过决议，宣布2001年是“联合国不同文明对话年”。“文明对话”是针对“文明冲突”而来的。现在，西方某些“文明冲突”论的鼓吹者，竭力把文明差异绝对化，置它于民族、国家和人民利益诸多因素之上；把异己文明树为假想敌人，看成是引发国际冲突的决定性因素。这种论调无视文明多样性及文明间的交流、融合在人类发展史上起到的积极推动作用，鼓动敌视与对立，同和平与发展这一时代主题格格不入。

我们不否认，在人类数千年的文明史上，曾出现过文明之间的摩擦、碰撞和冲突，某种文明排斥其他文明，试图把一种价值观强加于其他文明。但历史记录清楚表明，这与人类历史发展方向是背道而驰的，也都是以失败告终的。而且历史上各种文明之间发生冲突，不论其表现形式是宗教战争还是民族冲突，其实质往往是物质利益的争夺，并非文明间的差异。当代不同文明之间固然有差异，但都在变化和进步。文明的差异不是世界冲突的根源，而是世界融合的起点。我们认为文明之间的交流、借鉴和融合应当是未来人类进步的主流，是大趋势。不同文明之间完全可以做到兼容并蓄、和平共处、共同发展。

二、对待不同文明体系有两种态度

世界上从来就有不同的民族，也有不同的文化（包括宗教等）。对于这些不同的文化，向来有两种不同的态度。一种是强调矛盾、对立、冲突、斗争，甚至“不是我吃掉你，就是你吃掉我”。如今国际社会进入了后冷战时代，当年的军事竞争变成了经济竞争；民族主义抬头，民族纠纷增加。面对这些差异和矛盾，“文明冲突”论者以西方文明排斥其他文明，抹杀各种文化相互间的交流、吸取与融合，将文明的差异极端化，企图以西方文化及价值观为标准来规范当今社会及其未来发展方向。西方个别大国以自己的文明凌驾于人类文明之上，排斥发展中国家的本土文化和民族文化，对人类文化的多样性构成威胁。这与世界文化多元发展的走向极不协调，因而遭到了许多国家和人民的反对。

另一种态度是强调“和”，认为世界是多姿多彩的，不同民族、不同文化应该通过平等交流，互相学习，和谐共存，共同发展，从而融合生成更加丰富的文化。这种态度以中华文化为代表，王昭君和亲便是典型例证。昭君和亲的行为凝聚着中国人处理不同民族、不同文化矛盾冲突时的高度智慧，是中华民族“和合”文化精神的具体体现。

世界上有二百多个国家，有好几千个民族，有不同的文明和文化，国与国之间的冲突、矛盾虽难以避免，但不应诉诸武力，而应以和平的方式化解冲突，摒弃冷战思维。在这方面，中华“和合”文化可提供解决冲突、和平共处、互不干涉、共同发展的思想理论的指导，提供反对霸权主义的价值评判标准，使人类文明和文化在迎接新时代的挑战中相互吸取优长，融会贯通，综合创新，而共同创造人类未来的文化。

三、只有和合、宽容、共存才有美好多样的世界

1988年，费孝通在香港中文大学的泰纳讲座上，提出用“中华民族多元一体格局”的概念来解释中国民族研究中的历史和文

化特征。他认为，中华文化中“和而不同”的哲学理念也是世界上成功的文明体系的主要特征。为了使各种不同文化背景、不同价值观念的人，在这个经济和文化越来越息息相关的世界上和平共处，必须在精神文化领域建立一套促进相互理解、宽容共存的跨文化交流体系，即世界范围的文化关系的多元一体格局体系。他号召人类学要为不同文明、不同文化的“各美其美、美人之美、美美与共，天下大同”做出贡献。[①]昭君文化代表的多民族大一统中国的多元一体格局，虽然是在中国文明史进程中发展出来的民族关系的现实和理想，但它对于世界文化关系构成的参考价值和规律指向是不会随着经济全球化而失去其价值的。

钱穆对中华“和合”文化深有研究和心得。他并不否定文化冲突和文化变异，但他所强调的是中国文化的融和精神。他说：“中国人常抱着一个‘天人合一’的大理想，觉得外面一切异样的新鲜的所见所值，都可融会协调，和凝为一。这是中国文化精神最主要的一个特性。”[②]他指出：“文化中发生冲突，只是一时之变，要求调和，乃是万世之常。”[③]他认为，西方文化似乎冲突性更大，而中国文化则调和力量更强，中国文化的伟大之处乃在最能调和，使冲突之各方兼容并包，共存并处，相互调剂。

在事关世界和地区和平的重大问题上，应该坚持通过协商

① 费孝通：《中华民族多元一体格局》，中央民族学院出版社，1989年。

② 钱穆：《中国文化史导论》，上海三联书店，1988年影印本，第162页。

③ 钱穆：《中国文化精神》，第51页。

谈判和平解决争端。世界是丰富多彩的，应该承认世界的多样性，尊重各国的历史文化、社会制度和发展道路。各种文明和社会制度应该而且可以长期共存，在竞争比较中取长补短，在求同存异中共同发展。中华文化“和而不同”的哲学理念，其实也是世界上成功的文明体系的主要特征。在这个经济和文化越来越息息相关的世界上，不同文化、不同价值观念的人必须在精神文化领域建立一套相互理解、宽容和共存的跨文化交流体系。因此，昭君文化中所蕴含的参考价值和规律指向便日益被人们发现、重视起来，不同文明、不同文化之间如何才能做好“各美其美、美人之美、美美与共，天下大同”，从昭君文化中可以得到不少启示，这也是昭君文化日益引起世界重视的原因。

第三节　昭君文化为世界不同民族友好、交流、融合提供了启示

现阶段，为什么世界很多多民族国家内部民族纷争不断，而中国却相对安全，民族关系友好和谐？除了中国共产党民族政策正确，以昭君文化为代表的“和合”文化源远流长也是重要的历史因素。

解决民族矛盾的物质手段并不十分缺乏，目前国际社会最为欠缺的是一种以仁爱、和谐为宗旨，能超出国家、地区、民

族、宗教、集团的界域而为世界大多数人所接受的人文主义哲学，而中国“和合”文化精神无疑具有这样的文化品格，可以成为建立一种当代新人文主义哲学的思想资源和基础。孔子和儒家讲“仁者爱人”，主张“和为贵”“和而不同”，认为人类是一个大家庭，手足相连，痛痒相关，人本有仁爱之性，扩而充之，不仅可以爱家庭爱同族，还可以爱人类爱万物。人类在互爱中共存，在互仇中俱损。有了仁爱之心，便会帮助别人，理解和尊重别人，承认多样性的差异，实行“和而不同”，这便是恕道。《周易》讲“一致而百虑，同归而殊途”，也是这种精神。有了这种仁爱通和的哲学，就能克服民族歧视，消融民族仇恨，推动民族和解，并且在信仰上承认多元，实行宽容。发扬“和为贵”的中华文化精神，有利于清除民族歧视和民族仇恨，促进族群之间的对话、沟通和合作，实现民族和解，加强宗教对话。

各民族必须学会在一个多样化文化的国内外环境中生活，善于在宗教信仰和思想文化上与各种类型的学说、主义、理念进行对话和交流，以平等的身份、宽容的态度去理解其他民族的信仰和文化，以文明的方式进行文化的交流。西方天主教旧传统是相当封闭和排他的，可是自20世纪60年代初梵蒂冈第二次大公会议以来，该教提倡宗教对话，与其他宗教或非宗教团体的关系有了很大改善。许多民族矛盾其实就是由于价值观不同引起的，而价值观是由信仰决定的，因此必须相互沟通和理解，而相互沟通和理解又必须通过对话，像朋友一样交流，承认彼此各有真理，能够设身处地去体会对方的思想感情，这样自然就会发现对方的特点和长处，也自然能够尊敬对方的信仰与文化，并且取人所长补己之短，相得而益彰。宗教文化与宗教文化的对话，宗教文化与非宗教文化的对话，应当大力提倡、认真进行，它是民族和解的一个组成部分。这个世界应该既是多元的又是和谐的，在民族关系上和宗教关系上都应如此，通过对话进行沟通是达到多元和谐的重要途径。

当前人类的发展越来越证明，各国的发展都必须要以自己的传统为基础，以全球化为目标，走一条以全球化的普遍规律为“体”、以自己特色为“用”的道路。简言之，实现和保持统一下的多样性和多样性上的统一，是未来国际政治中多极间相互作用的理想状态。人类文明和文化在迎接新时代的挑战中应该互相吸取优长，融会贯通，综合创新，共同创造21世纪人类的文化。

第四节　昭君文化启示我们，应该努力用和平方式解决国际争端

尽管世界很不太平，中国面临着复杂、多变的国际风云，但世界格局多极化仍在曲折中继续向前发展，经济全球化成为不可逆转的潮流，各国在积极抢占有利的战略地位的同时，也在加强多边和双边领域的对话与合作，积极寻求利益交会点。

面对经济、政治、军事领域的纷争甚至战争风险，人们都在努力寻求解决之道。在21世纪，人类和平与发展事业仍将面临不少挑战。不公正、不合理的国际政治经济旧秩序尚未根本改变，世界仍不太平；局部的战乱、紧张、动荡此起彼伏。当代的国际争端和地区性冲突很多是由民族矛盾引起的。这里有三种情况：一种是西方强势民族与东方和其他地区后起民族之间的矛盾，这就是霸权主义和反霸权主义的矛盾，这个矛盾由来已久，今后还会长期存在；一种是地区性的民族矛盾和冲突，其特点是土地相邻、利益相左、宿怨积累、互相排斥；一种是某些国家内部不同民族和种族之间的矛盾，如美国白人与黑人的矛盾，欧美白人与国内其他有色人种之间的矛盾。随着信息手段的发达，世界正在变成名副其实的地球村，同时全球性的生态、人口、核扩散等危机又威胁着全体人类，人类不能不风雨同舟、兴衰与共，那种“各人自扫门前雪”的思维已经过时，那种用战争手段称霸世界的做法也越来越不得人心，难以得逞。人类必须学会友好相处、携手合作，克服危机，走出困境。特别是面对新型冠状病毒肺炎疫情这样的全球性灾难时更应该如此。

首先，人们应当认识到，任何一个民族要脱离整个人类的共同利益而独立发展是不可能的，在当代和未来尤其如此。这就是说各民族之间的共同利益大于它们之间的分歧和矛盾。当今世界的政治、经济、生态的发展都是全球性的，发展得顺利，各国各民族都有利；出现严重危机，各国各民族都受损害。不但发展中的各国各民族依赖于全球经济、科技的发展和政治的和平稳定，而且发达的国家和民族也依赖于发展中各国各民族的繁荣和稳定。

其次，同一地区相近或相邻的各国各民族之间，也是共同利益大于它们之间的分歧与矛盾，和则两利，斗则两伤。无论是经贸发展还是国家安全，没有民族和解与合作都是没有保证的。真正为本民族利益着想的人，必定是主张睦邻友好的人。煽动民族仇恨的人，表面上是为了本民族的利益，实际上是把本民族时刻置于敌对民族的威胁之下，这是间接的自损自害。如果没有民族和解，大家都不会过上安宁幸福的日子。冤家宜解不宜结，历史的纷争只能通过和谈、妥协、谅解来解决，而不能诉诸武力。国际争端只能走“仇必和而解”的路，而不能仇必仇到底，仇到底是没有出路的。

中华民族自古就有以诚为本、以和为贵、以信为先的优良传统。中国在处理国际关系时始终遵循这一价值观。中国对外政策的宗旨是维护世界和平、促进共同发展。在处理国与国关系时，中国一贯主张以和平共处五项原则为指导，而不以社会制度、意识形态和价值观念的异同为标准。早在1953年，周恩来总理首次提出了互相尊重主权和领土完整、互不侵犯、互不干涉内政、平等互利、和平共处的五项原则。此后，和平共处五项原则被明确地载入中国宪法。和平共处五项原则现已成为中国同世界上所有国家建立和发展友好关系的基本原则。和平共处五项原则是中国传统“和合”哲学的体现，表现出中国希望同世界各国家建立友好合作关系的愿望。

“和合”精神指导下的中国外交取得了巨大成就，在理论和实践上都取得了重要突破。从中华人民共和国成立到现在，中国外交政策的基本原则保持了高度的连续性。同时，几代中央领导集体根据国际形势的新发展，结合新的外交实践，也对外交政策做了相应调整，从而进一步形成了具有中国特色的外交政策体系。

中国把争取和维护和平作为对外政策的首要任务，积极致力于在和平共处五项原则基础上发展同世界各国的友好合作关系，主张国与国之间超越社会制度和意识形态的差异，相互尊重，和平共处。处理国家关系既要维护自身利益，又要尊重对方的利益，努力寻求共同利益的汇合点，不断扩大互利合作。对国家间存在的分歧和争端，应坚持对话，不搞对抗，力求以和平方式妥善解决，而不诉诸武力或以武力相威胁。我们反对冷战思维，提倡新安全观，主张平等参与，协商一致，通过对话与合作解决国际和地区安全问题。我们重视联合国等国际组织的积极作用，主张加速国际关系民主化，反对以大欺小、以强凌弱、以富压贫。

特别是20世纪80年代末以来，中国奉行独立自主的和平外交政策，政治上经受住东欧剧变和苏联解体的强烈冲击，经济上积极应对亚洲金融危机的严重挑战，近年来又遭遇西方强国的贸易战、舆论战威胁，我们都能够冷静应对。我们不仅积累了搏击国际政治风云的经验，还学会了化解国际经济和金融风波的本领。现在，我们又在与世界头号强国的贸易争端中经受考验。

中国始终把加强同发展中国家的团结与合作作为对外政策的一个基本立足点。在政治上，中国主持公道、伸张正义，维护广大发展中国家的权益。在经济上，中国提出“一带一路”倡议，同世界各国积极开展经济、贸易和科技合作，共同发展。中国一贯奉行睦邻友好政策，积极致力于与所有邻国建立和发展长期稳定的睦邻友好关系。当然，如果有人以武力威胁、侵略我们，我们也会“人不犯我，我不犯人；人若犯我，我必犯人”，但是我们会把武力限制在合理范围内。

习近平同志指出：“中国共产党将始终做到以下几条：第一，一如既往为世界和平安宁作贡献。……第二，一如既往为世界共同发展作贡献。……第三，一如既往为世界文明交流互鉴作贡献。”[①]这几条体现出我党我国外交政策的根本特点。世界是丰富多彩的，各国文明的多样性是人类社会的基本特征，也是人类文明进步的动力。世界各种文明和社会制度应长期共存，在竞争比较中取长补短，在求同存异中共同发展。我们相信，代表着“和合”精神的和平女神王昭君也将会越来越受到人们的欢迎。

---

①《习近平谈治国理政》第三卷，外文出版社，2020年，第436~437页。

附录一：王昭君年表

公元前53年（汉宣帝刘询甘露元年）

正月　匈奴呼韩邪单于及郅支单于各遣子入侍。

八月　大约本年王昭君出生在南郡秭归县一个农民家里。秭归县在宋代分出一部分为兴山县，王昭君出生的宝坪村（后改名昭君村）被划到了兴山县，故昭君是今湖北省兴山县人。杜甫诗云："若道巫山女麓丑，安得此有昭君村。"《太平寰宇记》因杜说，谓："汉王昭君即此邑之人，故云昭君之县，村连巫峡，是此地。"《舆地纪胜》谓："琵琶桥在秭归县。昭君选入汉宫时，曾鼓琵琶少憩于此。"《清一统志》谓昭君村在归州北。昭君村、琵琶桥等都在今兴山县境内。明代戏剧《昭君出塞和戎记》云："奴家姓王名嫱，字淑贞，祖贯越州人氏。"《琴操》云："王昭君者，齐国王襄女也。"这些说法于史无证，显系杜撰。

传说昭君生于八月十五月圆之夜，小名皓月，大名嫱，字昭君。《说文》无"嫱"字。《汉书·匈奴传》作"王墙"。《元帝纪》作"王樯"。《后汉书》作"昭君字嫱"。其实古代嫱、墙、樯三字是通假字。昭君又作“明君”，晋石崇《王明君词序》云：“王明君者，本是王昭君。以触文帝讳，改焉。”（见《文选》）昭君亦作“明妃”。梁江淹《恨赋》有云：“若夫明妃去时，仰天太息，紫台稍远，关山无极，摇风忽起，白日西匿……”（见《文选》）

王昭君的家庭可能是殷实的农民，因为她在汉元帝时是以良家子选入掖庭的。所谓良家子，是指非医、巫、商贾、百工的子女而言。《史记·李将军列传》司马贞《史记索隐》引如淳云：“(良家子)非医、巫、商贾、百工也。”汉代非良家子不得入后宫，备宿卫。汉代的后妃大半都是良家子，宿卫亦六郡良家子。昭君还有哥哥。《汉书·匈奴传》说她有两个侄儿，一名王歙、一名王飒。他们都曾经代表中原王朝（西汉、新莽、更始、东汉）先后共同或分别出使匈奴，王歙被封为和亲侯，王飒被封为归德侯、展德侯。

冬　匈奴单于遣弟贺汉明年正旦。

是年　乌孙内乱，汉派兵入赤谷，后立解忧公主所生元贵靡（乌孙肥王嫡长男）为大昆弥，立乌就屠为小昆弥。

公元前52年（甘露二年）

冬　匈奴呼韩邪单于请明年来朝。令丞相以下议仪注，决待以客礼。

公元前51年（甘露三年）

正月　呼韩邪单于来朝，赞谒称藩臣，不名，位在诸侯王上。

二月　遣使将万六千骑送单于归国，允单于居漠南光禄塞（在今内蒙古包头市北）下。有急，得入保汉受降城（今内蒙古呼和浩特市托克托县南。一说在今蒙古国南戈壁省瑙木冈县巴音布拉格古城址）。此后呼韩邪单于在包头、呼和浩特一带居留八年之久。

公元前50年（甘露四年）

匈奴呼韩邪单于及郅支单于各遣使献于汉。

公元前49年（黄龙元年）

正月　匈奴呼韩邪单于朝于汉。

二月　单于归国。

十二月　宣帝死，皇太子奭继位，是为孝元皇帝。

公元前48年（汉元帝刘奭初元元年）

八月　上郡属国降胡万余，亡入匈奴。

九月　匈奴呼韩邪单于困乏，诏云中、五原给以谷二万斛。

是岁　初置戊己校尉，屯田车师故地。

公元前44年（初元五年）

四月　罢齐三服官、北假田官、盐铁官、常平仓。

十二月　匈奴郅支单于杀汉使谷吉等，徙于康居。

公元前43年（永光元年）

呼韩邪单于北归旧庭（即漠北单于庭），民众稍稍归之，其国遂定。标志着呼韩邪单于在五单于争立中取得胜利。

公元前42年（永光二年）

七月　陇西羌彡姐起事。发兵六万人，遣右将军冯奉世等击破之。

公元前37年（建昭二年）

正月　行幸甘泉，郊泰畤。

三月　行幸河东，祠后土。

昭君约于本年被选入宫，时年十六岁。

公元前36年（建昭三年）

秋　使西域都护、骑都尉甘延寿，副校尉陈汤矫制发屯田吏卒及西域十五国兵，分两道入康居，攻杀匈奴郅支单于，斩阏氏、太子、名王以下千五百余人，俘降者千余人。匈奴随郅支西徙者几尽。

公元前35年（建昭四年）

正月　以诛郅支单于告祠郊庙，赦天下。群臣上寿置酒。以其图书（颜师古注引服虔谓“讨郅支图书”）示后宫贵人。

公元前34年（建昭五年）

呼韩邪单于闻郅支单于既诛，且喜且惧。上书，愿入朝见。

公元前33年（竟宁元年）

正月　呼韩邪单于来朝。单于自言愿婿汉氏以自亲，元帝以后宫良家子王嫱字昭君赐单于。诏改元为“竟宁”，意为边境得以安宁，故以冠元也；或言永安宁也。《后汉书·南匈奴列传》云：“昭君入宫数岁，不得见御，积悲怨，乃请掖庭令求行。呼韩邪临辞大会，帝召五女以示之。昭君丰容靓饰，光明汉宫，顾影徘徊，竦动左右。帝见大惊，意欲留之，而难于失信，遂与匈奴。”单于欢喜，上书愿保塞上谷以西至敦煌，传之无穷。封王昭君为“宁胡阏氏”。

五月　元帝死。

六月　太子骜嗣立，是为成帝。以元舅侍中、卫尉、阳平侯王凤为大司马、大将军，领尚书事。王氏得权自此始。

公元前32年（汉成帝刘骜建始元年）

二月　右将军、长史姚尹等使匈奴。

约本年　王昭君生子，名伊屠智牙师，后被封为右日逐王、右谷蠡王。

公元前31年（建始二年）

夏　匈奴呼韩邪单于死，长子复株累若鞮单于立（名雕陶莫皋，呼韩邪单于与大阏氏所生）。昭君向汉廷上书求归，汉成帝敕令“从胡俗”。昭君依游牧民族收继婚习俗，复嫁复株累单于，两人共同生活十一年，育有二女。长女云，嫁给须卜当，称为须卜居次；次女失名，嫁给当于氏，称为当于居次。（须卜、当于皆为匈奴世袭贵族之家；居次，犹言“公主”。）后来，云生长子名奢，封大且渠；次子失名，史书称“云、当小男”。其妹妹当于居次生子，封为醯椟王。昭君的两个外孙都曾经作为匈奴使者出使中原王朝。

复株累单于遣子入侍。

公元前29年（建始四年）

秋　河决馆陶及东郡金堤，淹四郡三十二县，水居地十五万余顷，坏败官亭、室庐且四万所。

乌孙兵围西域都护段会宗，不久解去。

公元前28年（河平元年）

春　王延世为河堤使者，塞东郡决河，三十六日而成。改元河平。

匈奴单于遣右皋林王伊邪莫演等奉献，朝正月。

公元前27年（河平二年）

正月　匈奴单于遣使朝献，并上书愿朝。

公元前26年（河平三年）

八月　遣使陈农求遗书于天下，诏刘向校中秘书。

公元前25年（河平四年）

正月　复株累若鞮单于来朝，赦天下徒，赐孝弟力田爵二级，诸逋租赋所振贷勿收。

二月　单于罢归国。

公元前22年（阳朔三年）

六月　颍川铁官徒申屠圣等起义，攻掠九郡，旋败。

八月　大司马大将军王凤死。

九月　以王音为大司马、车骑将军辅政。

公元前21年（阳朔四年）

乌孙内讧。西域诸国上书，愿复得前都护段会宗。上从之。

公元前20年（鸿嘉元年）

匈奴复株累若鞮单于死，弟且糜胥立，是为搜谐若鞮单于，遣子入侍。昭君从此寡居。

公元前19年（鸿嘉二年）

初　大作昌陵。

夏　徙郡国豪杰赀五百万以上者五千户以实之。

公元前16年（永始元年）

七月　罢昌陵，止徙吏民。

公元前15年（永始二年）

正月　大司马、车骑将军王音死。

三月　以王商为大司马、卫将军辅政。

百济遣使通好于汉乐浪郡。

公元前14年（永始三年）

十一月　尉氏人樊并等十三人杀陈留太守起义，自称将军。

十二月　山阳铁官徒苏令等二百二十八人起义，自称将军，经历郡国十九，旋败。

公元前12年（元延元年）

十二月　王商死，以王根为大司马、骠骑将军辅政。

公元前11年（元延二年）

匈奴搜谐若鞮单于将入朝，未入塞，病死。弟且莫车立，为车牙若鞮单于，遣子入侍。

乌孙内讧，汉将段会宗杀故小昆弥太子番丘，以大昆弥翎侯难栖为坚守都尉。解忧公主孙伊秩靡立为大昆弥。自乌孙分立两昆弥，汉用忧劳，且无宁岁。

康居王遣子入侍。

公元前9年（元延四年）

高句丽袭破鲜卑。百济、靺鞨互攻。

公元前8年（绥和元年）

十月　王根病免，以王莽为大司马辅政。

冬　匈奴车牙若鞮单于死，弟囊知牙斯立，为乌珠留若鞮单于，遣子入侍。汉遣中郎将夏侯藩、副校尉韩容使匈奴。

公元前7年（绥和二年）

三月　成帝死。

四月　太子、前定陶王刘欣嗣位，是为哀帝。

六月　罢乐府官。

　　刘歆典领“五经”，奏上《七略》。

诏止齐三服官，无作输，放年三十以下宫人。

七月　王莽罢。

单于复遣子入侍。

公元前5年（汉哀帝刘欣建平二年）

六月　以建平二年为太初元将元年，号曰“陈圣刘太平皇帝”。

乌孙恐匈奴，遣子为质匈奴。汉遣使者责匈奴单于，令归乌孙质子。

公元前3年（建平四年）

春　关东民传西王母筹，经郡国二十六，至京师，迄秋乃止。

鲍宣上书，谓民有七亡七死。

匈奴单于请入朝。会病，复遣使愿朝明年，许之。

昭君约在本年逝世。

公元前2年（元寿元年）

哀帝约于本年派杨少徵去匈奴吊唁昭君。

在蒙古国诺颜山苏珠克图谷口外东部六号匈奴墓葬中，出土一个漆耳杯（其实是羽觞），杯底有“上林”“建平五年”等汉字。公元前2年应为建平五年，但汉哀帝改元元寿元年，蜀郡工匠不知此事，仍然沿用建平五年年号。另，在诺颜山珠鲁木图谷口匈奴墓葬（此墓以发掘者俄罗斯学者西姆克夫命名）中出土的漆耳杯，杯底有六十九个汉字（因缺一角，仅余六十七字），开头就是“建平五年蜀郡西工造乘舆肆……”。（二墓资料均参见蒙古国策·道尔吉苏荣《北匈奴》中相关考古发掘报告。蒙古人民共和国科学委员会出版，1961年。）蜀郡是王昭君故乡。说明昭君在塞外仍然钟情于故乡的手工艺品，以至于影响匈奴人也喜爱汉朝特别是蜀郡之物，故以蜀郡漆耳杯殉葬已经成为一种风气。由此推测，笔者认为昭君可能逝世于哀帝建平四年时，享年五十岁左右。据《王昭君变文》说，昭君逝世后，匈奴举行了隆重盛大的葬礼，各地匈奴贵族纷纷赶来参加，把昭君埋葬在青冢（今内蒙古呼和浩特市城南）。消息传到汉朝，哀帝曾经派杨少徵去匈奴吊唁，并且邀请单于来汉朝。这时可能已是建平五年。这些制造于建平五年的器物可能是汉朝使者吊唁昭君时带去匈奴，赏赐给匈奴贵族们的礼物。

公元前1年（元寿二年）

正月　匈奴乌珠留若鞮单于及乌孙大昆弥伊秩靡皆来朝。舍单于于上林苑蒲陶宫。是时，西域凡五十国，自译长至将、相、侯、王，皆佩汉印绶，凡三百七十六人。单于归，复遣子入侍。

六月　哀帝死。太皇太后王氏临朝。董贤免，自杀。籍其家，凡值四十三万万。王莽为大司马领尚书事，专政。

九月　中山王箕子嗣位，是为平帝。

公元1年（汉平帝刘衎元始元年）

正月　大司马王莽赐号安汉公。

公元2年（元始二年）

春　帝更名衎。

九月　王莽使人告知匈奴单于遣王昭君长女须卜居次云入侍太皇太后。云当时未来。

1940年。苏联考古学家C.B.吉谢列夫教授曾经主持发掘一座中国汉代宫殿建筑遗址，位于哈卡斯自治州首府阿巴干市以南八公里力量集体农庄附近（今俄罗斯南西伯利亚地区的米努辛斯克平原），出土文物保存于哈卡斯共和国米努辛斯克地方志博物馆。文物中有瓦当铭文“天子千秋万岁长乐未央”，系西汉末王莽时期的风格。我国周连宽、孙家洲等专家认为这座宫殿的主人是昭君长女须卜居次云，是汉朝专门为她修建的宫殿。（参见周连宽《苏联西伯利亚所发现的中国式宫殿遗址》，《考古学报》1956年第四期。孙家洲《最北方的汉式宫殿及其历史解读》，《文史天地》2018年第四期。）我们认为这个结论是正确的，故将此考古成果系于本年。

车师后王忤汉戊己校尉，亡入匈奴。婼羌去胡来王为赤水羌所逼，西域都护不救，将妻子人民亦亡入匈奴。王莽遣人索车师后王及去胡来王，杀之，以示威西域诸国。并立四条，凡汉人、乌孙人、西域诸国佩汉印绶者及乌桓人，匈奴皆不得受其降。又让匈奴单于改名为一字，以符汉制。

公元3年（元始三年）

王莽子宇阴谋反莽，事败死。

公元4年（元始四年）

王莽继续改制、改名。

公元5年（元始五年）

十二月　王莽毒死平帝，自称“假皇帝”，居摄践祚。

公元6年（汉孺子刘婴居摄元年）

三月　立广戚侯显之子子婴为太子，号孺子，年二岁。

四月　安众侯刘崇起兵反莽，败。

五月　太后诏王莽称“假皇帝”。

公元7年（居摄二年）

九月　东郡太守翟义起兵反莽，立严乡侯刘信为帝，众十余万。又三辅二十三县豪杰及人民纷纷起兵讨莽，槐里赵朋、霍鸿称将军，众亦十余万。

十二月　翟义败死。

公元8年（居摄三年、始初元年）

二月　赵朋等败死。

十一月　以居摄三年为始初元年。

期门郎张充等谋共杀王莽，立楚王，事觉被杀。

王莽即真天子位，改国号曰“新”。以十二月为始建国元年正月。

公元9年（王莽始建国元年）

正月　王莽以十二月为岁首。

大改内外官名及郡县、宫室之名。贬诸侯王号皆为公，四夷诸王皆为侯。

公元10年（始建国二年）

二月　废汉诸侯王为民。推行五均、六筦等法。

十二月　诏改匈奴单于为“降奴服于”。遣孙建率十二将、偏裨以下百八十人、甲卒三十万，准备攻匈奴。预分其地为十五国。

公元11年（始建国三年）

王莽遣使诱赂匈奴呼韩邪诸子，分匈奴地为十五国，立呼韩邪子孙十五人皆为单于。右犁汙王咸、咸子登、助三人至塞，莽胁拜咸为孝单于，助为顺单于。传送助、登至长安。咸逃归，单于贬之为於粟置支侯。助病死长安，莽以登代助为顺单于。匈奴乌珠留若鞮单于怒，分告诸部入塞，大肆杀掠。莽以击匈奴，征发苛急，人民流亡。

公元12年（始建国四年）

二月　莽杀匈奴（右犁汙王）咸子登于长安。

王莽强令高句丽发兵助击匈奴，兵多逃亡，群攻新之辽西。

莽怒，贬号为“下句丽侯”。

句町起兵反“新”，西南夷皆动。

公元13年（始建国五年）

春　乌孙大、小昆弥皆遣使贡献。

焉耆反新，杀西域都护但钦。

匈奴乌珠留若鞮单于死，用事大臣右骨都侯须卜当，即王昭君女须卜居次云之婿也。云常欲与汉和亲，又素与於粟置支侯咸厚善，见咸前后为莽所拜，故遂立咸为乌累若鞮单于。

公元14年（天凤元年）

匈奴右骨都侯须卜当、须卜居次云劝单于和亲，遣人告塞吏：“欲见和亲侯。”和亲侯即王昭君兄子歙。莽遣歙、歙弟骑都尉展德侯飒使匈奴，贺单于初立。单于遣厨唯姑夕王富送歙、飒归。后知子登为莽杀，怨之。

公元15年（天凤二年）

五月　王莽复遣和亲侯歙与王咸使匈奴，送归登之尸体。单于遣云、当之子大且渠奢至塞迎之。

王莽改“匈奴单于”为“恭奴善于”，封骨都侯当为后安公，当子奢为后安侯。

五原、代郡民纷纷起事，莽遣将击之。

十二月　王歙归，莽赐以钱二百万。

公元16年（天凤三年）

六月　莽遣将击匈奴，止屯于边。

五威将王骏等至西域，欲袭焉耆，为焉耆遮杀。戊己校尉屠焉耆老弱。

公元17年（天凤四年）

琅琊吕母起义。荆州王匡起义，据绿林山。各地农民纷纷起义。

公元18年（天凤五年）

正月　乌累若鞮单于死，弟舆立，是为呼都而尸道皋若鞮单于。单于欲传位其子，遂杀弟伊屠知牙师。伊屠智牙师是昭君之子，先封右日逐王，后封右谷蠡王。按照呼韩邪单于生前的遗规，应该封伊屠智牙师为左贤王，兄终弟及，由伊屠智牙师继承单于之位。但呼都单于悍然不顾遗规，杀弟传子，引起匈奴上下广泛不满，成为此后匈奴分裂为南北二部的导火线。

匈奴呼都而尸道皋若鞮单于遣大且渠奢与云女弟当户（于）居次子醯椟王，俱奉献至长安。莽遣和亲侯歙与奢等俱至塞下，与云、当会，以兵胁迫至长安，莽拜当为须卜单于，以分匈奴之势。云、当小男逃归，匈奴益怒，大入北方抄掠。

公元19年（天凤六年）

王莽大募天下丁男、死罪囚、吏民奴，以为锐卒，欲击匈奴。又加税赋以充军资。人民不堪重负，流亡日众。

公元20年（地皇元年）

正月　改元地皇。

九月　起九庙于长安城南，功费数百余万，卒徒死者万数。

公元21年（地皇二年）

须卜当死于长安，王莽以庶女陆逯任捷妻后安公奢（奢原为侯，进爵为公）。

大转谷、帛诣西河、五原、朔方、渔阳，每郡以百万数，备击匈奴。各地起义军壮大。

公元22年（地皇三年）

赤眉军发展，绿林军北上。

十月　刘秀起于宛，其兄起于春陵。

公元23年（王莽地皇四年，刘玄更始元年）

二月　刘玄即帝位，建元更始。

六月　刘秀取得昆阳大捷，消灭王莽主力。

九月　绿林军攻破长安，王莽死于渐台。王昭君女须卜居次云及其子奢亦死于乱兵中。

公元24年（更始二年）

冬　更始遣中郎将、归德侯王飒等使匈奴，授单于汉旧制玺绶。因送云、当余亲属、贵人、从者还匈奴。单于示不再称臣。

公元25年（更始三年，东汉光武帝刘秀建武元年）

六月　刘秀即皇帝位于鄗南，改元建武。赤眉立刘盆子为皇帝。

九月　赤眉入长安。光武帝封更始帝为淮阳王。

十月　光武帝入洛阳，定都。更始帝降于赤眉，不久被杀。

三水卢芳称上将军、西平王，结西羌、匈奴，匈奴立芳为汉帝。

公元26年（建武二年）

正月　光武帝大封功臣。

十二月　赤眉东归，众尚二十余万。

公元27年（建武三年）

闰正月　赤眉在宜阳，为刘秀破，降之。

春　彭宠称燕王，结匈奴。

公元28年（建武四年）

五月　匈奴助彭宠，败。

单于遣无楼且渠王入五原塞，欲令卢芳还汉地为帝。

公元29年（建武五年）

十一月　五原李典等结匈奴，迎卢芳。

十二月　卢芳自称天子，都九原，据五原等五郡。

窦融承制立莎车王犀为汉莎车建功怀德王、西域大都尉，五十五国皆属之。

公元30年（建武六年）

匈奴与卢芳为寇不息，光武帝令归德侯王飒使匈奴修好。匈奴亦遣使奉献。汉使中郎将韩统报命，赂以金币，以通旧好。这是史书最后一次记载昭君家族为汉与匈奴的和平相处而进行的外交努力。

【笔者注】早在1982年，张传玺整理发表了翦伯赞先生的遗著《王昭君家世、年谱及有关书信》（参见《北京大学学报》1982年第六期翦伯赞、张传玺二文），这是最早的王昭君年谱，开创之功不可磨灭。遗憾的是翦老《王昭君年谱》没有对昭君生卒年、入宫年等重要时间节点给出意见。笔者不揣简陋，在此年表中大胆推测并且标出了昭君一生的重要时间节点，补充了匈奴考古出土文物的相关资料，对一些大事做了增补，删除了一些与昭君关系不大的内容。翦老《王昭君年谱》为了突出昭君家族、子孙对汉匈关系的贡献，大大延长了昭君逝世后的时间，把昭君侄子王飒最后一次出使匈奴作为截止时间，这是很有见地的，故笔者在年表起止时间上也遵循翦老旧章。

附录三：

①头曼单于
？—前209

②头曼子
冒顿单于
前209—前174

⑤军臣弟
伊稚斜单于
前126—前114

⑥伊稚斜子
乌维单于
前114—前105

⑨呴犁湖弟
且鞮侯单于
前101—前96

⑩且鞮侯长子
狐鹿姑单于
前96—前85

⑬乌维耳孙屠耆堂
握衍朐鞮单于
前60—前58

⑭虚闾权渠子稽侯珊
呼韩邪单于
前58—前31

⑮呼韩邪子雕陶莫皋
复株累若鞮单于
前31—前20

⑯复株累弟且麋胥
搜谐若鞮单于
前20—前12

⑰搜谐弟且莫车
车牙若鞮单于
前12—前8

⑱车牙弟囊知牙斯
乌珠留若鞮单于
前8—公元13年

⑲乌珠留弟咸
乌累若鞮单于
13—18

⑳乌累弟舆　呼都而尸
道皋若鞮单于
18—46

㉑呼都子
乌达鞮侯单于
46

㉒呼都弟
蒲奴单于 →
46—？

匈奴单于世系表

③冒顿子稽粥
老上单于
前 174—前 161

④老上子
军臣单于
前 161—前 126

⑦乌维子
乌师庐儿单于
前 105—前 102

⑧乌师庐季父
呴犁湖单于
前 102—前 101

⑪狐鹿姑子
壶衍鞮单于
前 85—前 68

⑫壶衍鞮弟
虚闾权渠单于
前 68—前 60

五单于争立

握衍从兄薄胥堂　屠耆单于
前 58—前 56　争立
呼揭王
呼揭单于　　前 57 争立
右奥鞬王
车犁单于　　前 57—前 56
乌藉都尉
乌藉单于
前 57 争立

屠耆从弟
闰振单于
前 56—前 54,在西边自立
呼韩邪兄
郅支骨都侯单于
前 56—前 36,在东边自立
屠耆弟　伊利目单于,前 49

北匈奴

㉓乌珠留子比
醢落尸逐鞮南单于
48—56
南匈奴

后　记

我从小生活在呼和浩特市，少年时代曾经多次到南郊的昭君墓（即古人常常吟诵的“青冢”）玩，并且听到不少昭君故事。从南开大学毕业后，我又在内蒙古大学读研究生班，毕业后留校任教。因教学需要，接触了许多歌咏昭君的诗词，从而引起对昭君研究的兴趣，从此一发而不可收。当时有感于昭君史料和有关的文学艺术作品很多，却无人梳理，便由此入手进行研究。经过几年工作，到1991年陆续写出来三十多万字。当时青年教师出书很难，我向林幹先生谈起此事，得到林先生的大力支持和帮助。1991年，“王昭君研究”课题被列入自治区哲学社会科学研究“八五”规划。1992年，林先生主持编写“内蒙古历史文化丛书”，又决定将《民族友好使者——王昭君》列入丛书出版计划。我根据林先生提出的修改建议和丛书的体例要求，对内容加以浓缩，将篇幅削减至十五万字。另有理论性较强的章节，改写成论文发表。

1994年，《民族友好使者——王昭君》作为“内蒙古历史文化丛书”之一，由内蒙古人民出版社出版，丛书由时任内蒙古自治区党委书记的王群同志作序。本书出版前，我主动将第一作者署名为林幹，林先生几次推辞，后来又在前言中亲笔添加了一句话："本书由马冀设计、创稿，林幹审阅、定稿。"此书出版后，社会反映很好，很快便销售一空，几年后还有盗版出现。评论认为，本书在全面研究昭君出塞历史的基础上，以主要篇幅梳理、回顾昭君题材文学艺术作品的发展演变过程，总结其中的规律，堪称一部分析深刻、观点新颖的昭君题材文学史。1997年，本书被评为内蒙古社科成果荣誉奖。2007年，本书被翻译成朝鲜文，由韩国学研文化社出版。

1998年，时任呼和浩特市委副书记的郝存柱同志提出，将过去民间每年举办的昭君庙会提升为由市政府举办的昭君文化节。1999年，呼和浩特市举办首届昭君文化节。当时也有一些同志提出："昭君文化"的概念能否成立？呼和浩特市最有代表性的地域文化是什么？ 呼和浩特市文化发展战略如何规划？针对这些问题，市委、市政府召开了数次研讨会。我在会上几次发言，认为"昭君文化"的概念可以成立；呼和浩特市历史悠久，大窑文化、敕勒川文化、鲜卑文化、蒙元文化、召庙文化、乳都文化等亮点很多，但比较而言，昭君文化历史积淀丰厚，国内外知名度最高，民族友好、经济互补、社会和谐、追求完美的内涵最有积极意义，并且具有唯一性，因此应该把昭君文化作为呼和浩特市最具特色的地域文化纳入城市文化发展战略规划。2000年7月，中共呼和浩特市委、市政府发出〔2000〕22号文件《关于加强首府文化建设的意见》，明确呼和浩特市文化发展战略是“以草原文化为底蕴，以昭君文化为特色，以社会主义先进文化为方向建设首府文化”。

为进一步论述我的观点，我酝酿写一本研究昭君文化的书。而呼和浩特市昭君文化研究会成立后，也想在理论研究方面做一些基本建设工作，我便于2002年3月起草了一个编纂出版“昭君文化研究系列丛书”的建议，策划了丛书五种：第一种《昭君文化研究》由我执笔，全面论述昭君文化概念的内涵和外延、昭君文化提出的依据、昭君文化的历史价值和现实意义。此书应该是昭君文化的理论支撑，是丛书的灵魂。其余四种是《历代昭君文学作品集》《昭君研究论文选》《昭君文化与民族经济》《昭君图册》。编纂这套丛书的目的是通过五本书为昭君文化研究构建基础性、资料性的著作框架，为当代和后人的昭君研究提供方便。这个建议写出后，我首先征求董恒宇同志（时任呼和浩特市副市长、民盟内蒙古区委副主委）的意见，董主委给予了高度评价。我委托他把建议书转交给相关领导，同时也报送了市委宣传部和昭君文化研究会。很快，呼和浩特市便成立了以郝存柱副书记为主任的编委会，并筹集资金给予支持。

为了提高丛书的学术权威性和社会影响力，我又提出请林幹先生担任丛书总主编。当时林先生已经八十八岁，封笔多年，他坚持推荐我做丛书主编。我到他家详细汇报了情况，并且说明主要工作我来做。林先生后来答应担任总主编，并不只是挂名，而是拿着放大镜审阅了大部分书稿。他那不辞辛劳、老骥伏枥的精神令人感动。

2004年，“昭君文化研究系列丛书”五种由内蒙古人民出版社出版。由我执笔的《昭君文化研究》一书被评价为“国内外第一部全面、系统研究昭君文化的理论性著作”。书中界定了“昭君文化”的概念，在论述昭君出塞历史真相的基础上，首次提出了七个重要命题：中国传统的“和合”理论是昭君文化的哲学基础，民族团结友好是昭君文化的中心内容，昭君文化的重要内涵是促进农耕、游牧等不同经济区的互补和交流，昭君文化的重要载体是历代多姿多彩的文学艺术作品，昭君文化蕴含着爱国奉献、正直高洁、勇闯新路、包容宽厚等丰富的人生哲理，昭君文化是追求完美的文化，昭君文化具有世界意义，并对其进行分章论述。书中还指出，昭君文化是一个开放的系统，正在随着时代的发展而不断丰富其内涵。本书因为时间紧，曾经找几位朋友和我的研究生参与，具体工作流程是由我列出全书章、节、段的大小标题和主要观点，部分章节由任贵、杨笑寒、张丽萍、张振杰、刘寒娥、马海宁、赵延花、冯阳、李慧芳分别查找资料和撰写初稿。最后由我数次修改后定稿。关于署名问题，社会上多年来比较混乱，我当时也不能免俗，为了照顾亲情、友情、师生情，在专著、论文署名时做了一些违心之事。

《昭君文化研究》一书在社会上引起广泛重视，时任内蒙古自治区党委常委、统战部部长的伏来旺同志看过此书，认为昭君文化的精神对于统战工作也有启示意义。他还撰写了《以昭君文化为载体积极推进统一战线凝聚力工程》一文，发表在中央统战部主办的《中国统一战线》杂志2006年第5期。2006年，呼和浩特市政府聘请我为市政府文化顾问。

与此同时，我又陆续发表昭君研究论文多篇，如《论王昭君悲剧形象的成因》(收入《文学与语言论集》，内蒙古教育出版社1992年版)、《王昭君魅力长存的奥秘》(《内蒙古大学学报》1993年第1期)、《1949—1991年国内外有关王昭君的论著和文艺作品》(《民族研究动态》1993年3期)、《昭君文化论》(《实践》2003年第4期)、《论焦延寿咏昭君诗的价值》(《内蒙古大学学报》2005年第4期)、《焦延寿咏昭君诗“守”、“是”二字辨析》(《汉字文化》2006年第6期)、《昭君文化与建设和谐社会》(《内蒙古统战理论研究》2007年1期)、《论昭君文化的精神价值》(《湖北民族学院学报》2008年第6期)、《围绕王安石〈明妃曲〉的争论及其价值》(《内蒙古大学学报》2009年第4期)、《近七十年昭君文化传播和研究的思考》(《三峡大学学报》2019年第6期)等。

多年来，我与昭君文化结下了不解之缘。除了写专著、发论文，还积极参与弘扬昭君文化的各项具体工作：先后应邀在“北疆讲坛”和许多单位做学术报告、讲座约二十多次；接受中央、内蒙古、湖北等地的电视台、广播电台、报纸杂志采访三十多次。2007年，我帮助中央电视台七套《见证·发现之旅》节目策划了专题片《昭君和亲》(上下集，共六十分钟)并且出镜主讲，此片数年里反复播出。2009年，我协助中央电视台一套《中华民族》栏目拍摄了四集系列片《王昭君》(韦燕燕编导，每集四十五分钟)，任顾问并出镜主讲。此片后来被翻译为英语，在中央电视台一套、九套多次复播。2012年，匈牙利历史学家哲尔吉·道博内尔博士等来内蒙古访问，我陪同他们游览昭君墓，讲解了匈奴历史和昭君的贡献，并且协助他们拍摄了专题片《匈奴秘史》(四十六分钟)。此片先后用匈牙利语、英语、汉语、俄语在各国播出。我担任内蒙古自治区政协委员、自治区人民政府参事多年，也利用这些平台发言、写提案、提建议，为昭君文化鼓与呼。

1998年，呼和浩特昭君文化研究会成立，使昭君文化研究者第一次有了自己的组织，我有幸被选为副会长。研究会积极为呼和浩特市文化建设出谋划策，广泛联络国内外昭君文化爱好者，基本上每年召开一次昭君文化理论研讨会，都有一批高水平论文发表，组织出版了“昭君文化研究丛书”和多种论文集、文学作品，还组织书画家笔会、吟诵昭君诗词大赛等活动。在呼和浩特市昭君文化研究会影响不断扩大的基础上，我又建议成立国家级昭君文化研究会。2008年，中国民族学学会昭君文化研究分会正式成立，我被选为副会长。分会的成立，推动着昭君文化研究水平进一步提高，影响进一步扩大。

由呼和浩特市昭君文化研究会建议举办的中国·呼和浩特昭君文化节，从1999年开始，已经连续举办二十届。每一届文化节，我和研究会同仁都积极参与有关活动，提出各种建议。尽管市委、市政府多次换届，但是每一届领导都自觉坚持打造昭君文化的品牌。昭君文化节不但每年取得良好的社会效益和经济效益，而且已经成为呼和浩特最靓丽的“城市名片”，不仅在国内多次受奖，还被联合国列为“最有发展潜力的节庆活动”之一。湖北等地也相继举办了昭君艺术节等活动，我也多次被湖北省兴山县、宜昌市邀请参加相关活动。

坐落在呼和浩特市南郊的昭君墓，每天都吸引着大量游客，是弘扬昭君文化的重要基地。从中央到地方的各级领导非常重视昭君墓的建设，改革开放以来先后四次扩建。每次扩建都要请我帮助策划，我都尽心尽力提出建议。2005年，昭君墓申报国家级文物保护单位，由于个别评委不太了解情况，出现意见分歧。我听到消息，连夜给中宣部领导同志写信，说明昭君墓的历史价值和现实意义，强调昭君墓在民族团结等方面的教育作用。在有关中央领导的关心下，评委们达成了共识，昭君墓终于通过评审，成为第六批国家级文物保护单位。现在，以昭君墓为依托建成的昭君博物院景区，已经成为国家4A级景区和著名的爱国主义教育基地。

2015年，我从内蒙古自治区政府参事职务上退休，又忙于呼和浩特市昭君文化研究会和内蒙古敕勒川文化研究会的工作。2018年7月，我被选为中国民族学学会昭君文化研究分会会长时已经七十有五。我想在有生之年把自己研究昭君文化的成果做一次系统性总结，于是有了撰写《王昭君及昭君文化》一书的想法。这本书以我以前出版的两本专著和多篇论文为基础，重新构建全书框架，突出以前旧著中没有的新思想、新资料。上编、中编虽然以《民族友好使者——王昭君》为基础，但大部分为新撰；下编以《昭君文化研究》为基础，删去与上编、中编重复的部分，亦多有新撰。一些重要论文尽量改写为相关部分的章节，使其成为全书的有机组成部分。另外，我为此书写的序言《近七十年昭君文化传播和研究的思考》曾经在昭君文化研讨会上发言，承蒙《三峡大学学报》青眼，于2019年第6期以论文形式发表。

昭君文化现象已经存在了两千多年，我相信今后还将常讲常新，因为昭君文化具有蓬勃的生命力和巨大的包容性。预祝昭君文化研究水平不断提高！

马　冀

（2019年12月30日于海南文昌）